취업기본서

취업!

서류, 면접

한 번에 합격하기

박사연 · 임진혁

이제 더 이상 남의 경력으로 취업 자소설은 쓰지 말자

단군 이래 우리나라 언론에서 가장 많이 거론되어온 이야기가 청년(대졸) 취업 문제인 듯하다. 우리 사회에 더 좋고 건전한 이야기도 많은데, 왜 이렇게 어두운 이야기가 수십 년간 만연해 있을까를 고민해 보고 또 고민해 보았다.

필자는 2003년부터 오늘에 이르기까지 20년 이상 직접 총 5회의 창업을 해보았고, 공기업과 일반기업에서 20년 이상 근무, 서울 및 지방소재 4개 대학에서의 대학생 취업지도를 하여 왔다. 이러한 과정에서 2,500여 명의 취업준비생들과 상담하여 약 1,500여 명 이상을 단 한 번의 서류작성으로 합격을 시킨 바 있다. 아마 여러분들에게는 믿기 어려운 소설 같은 이야기일 것이다. 지도과정에서 느낀 문제는 단 하나였다. 대학 재학생 및 청년 취업준비생들이 한결같이 유튜브, 인터넷 및 시중에 나와 있는 여러 가지 잘못된 취업준비(서)를 바탕으로 내용만 대충 모방한 후 본인이 실제 한 것처럼 위장하는 자소설(자기소개서+소설)만 쓸 준비가 되어 있고, 정말로 필요한 본인의 스펙과 역량을 알지도 못하고 또 알려고도 하지 않는다는 것이다. 심지어 필자가 한 번에 합격하도록 서류를 만들어 주면 유튜브 및 시중에 제시되어 있는 다른 취업 참고자료와 전혀 형식과 내용이 다르다며, 혼자서 슬며시 수정 및 재작성한 후 서류 또는 면접전형에서 1차 탈락하고 다시 찾아오는 사람도 있었다. 소위 말하는 취업 재수의 지름길을 최단 기간 안에 경험해 보고 돌아온 것이다.

최근 공무원, 공기업, 일반기업에 이르기까지 채용패턴은 다양하게 변해왔고 또 변해가고 있다. 앞으로도 더 많이 변해 갈 것이다. 이제 자소설로 취업을 준비하던 시대는 지났다. 그런 방법으로 취업할 수도 없고, 운이 좋게 취업을 했다 할지라도 입사 후 1년 안에 다시 나와야 하는 쓰라린 악순환만 무한정 반복할 뿐이다.

취업에서 가장 중요한 것은 1차로 본인이 취업준비한 내용 중에서 가장 잘할 수 있는 직무를 발굴하는 것이고, 그 다음 선정한 직무에 대한 현장실습 경험 등의 준비 내용이 합격 여부를 결정한다. 소위 취업스펙이라고 인정되어온 학벌·학점·토익 등이 실제 취업 현장에서는 기업에서 필요로 하는 스펙이 아니라는 것이다.

필자는 이제까지 대학생 취업지도 이외에 여러 유형의 기업체 주·객관식 신입사원 채용시험(NCS, 경영학 등) 문제출제 및 평가, 1차·2차·3차 면접위원으로 참여해 왔다. 이 과정에서 느낀 것은 대부분 구직자들이 취업에 필요한 준비나 직무가 없는 상태에서 무작정 취업하고 싶은 회사만 무수히 골라 수십~수백 개의 기업을 대상으로 서류부터 넣고 나서, 1~2군데 서류전형 단계를 합격하면 면접에만 1주일 또는 2주일 이상 매달린다는 것이다. 또한 면접장에 들어와서 면접위원들이 하는 질문에 대해 남의 경험을 자신의 경험인 것처럼 답변하다 보니 답변하는 표정부터 달라져 듣고 있는 면접위원인 필자까지도 동정심과 측은함이 앞서곤 하였다. 이뿐만이 아니다. 처음부터 면접 단계까지 갈 수도 없는 스펙인데 운 좋게 면접참석 연락을 받자, 검증되지도 않은 인터넷에 떠도는 전문가나 전문 컨설팅 기관에 찾아가 1회당 수십만 원부터 수백만 원까지 돈 들여 가며 마치 최종합격이나 한 것 처럼 면접 10일 완성, 20일 완성 등의 면접준비에만 매달린다. 결국 돈만 버리고 시간까지도 낭비하여 이제는 돈없으면 취업도 못하는 세상이 되었다. 세계적인 코미디다.

아직도 많은 취업준비생이 본인이 하지도 않은 남의 경험을 참조하여 자신의 경험인 것처럼 서류를 작성하고 면접에 임하는 것이 얼마나 어렵고도 위험한 일인지를 모른다. 참으로 부끄럽고도 암담한 일이다. 누구나 창업을 하든지 취업을 하든지 어디에 창업·취업해야 성공할지 알 수 없고, 또 학력·경력에 상관없이 이 세상 사람 개개인 모두가 노력하면 성공할 확률은 똑같은데, 무작정 알지도 못하는 내용의 남의 서류를 모방하여 취업한들 무슨 의미가 있을까? 결론적으로 입사 후 망신만 톡톡히 당하고 중도 퇴사하여 남는 것은 아까운 돈과 시간 낭비뿐이다.

좋은 기업이란 다름 아닌 내가 내 능력을 최대한 잘 발휘하고 그러한 나의 노력과 능력을 정당하게 보상해 주는 기업이다. 꼭 대기업과 공무원·공기업만이 좋은 기업이 아닌 것이다. 쉽게 이야기 하자면 내 몸에 맞으면 다 좋은 기업인 것이다. 여기에 수록된 자료들은 20년 이전부터 최근까지 대부분 필자가 직접 서울과 지방에서 취업지도를 하고 그 당시 상담(구직)자를 추적하여 취업한 결과를 바탕으로 집필을 하였다. 고교 졸업생, 대학 재학생, 학사, 석사, 박사 학위 소지자, 한국으로 공부를 하러 온 해외 유학생, 미국 현지 유학생까지 직접 취업상담과 지도를 해온 내용 모두를 포함하였다.

이 책은 위에서 언급한 취업에 대한 잘못된 여러 정보에 대해 올바른 방향을 제시하였다. 또한 모순된 취업준비에 대한 무차별적인 소모전과 같은 문제점을 해결하고, 기업이 적시에 요구하는 올바른 인재의 채용과 취업 후 기업에 입사하여 조기 업무에 적응할 수 있는 방향을 제시하고자 집필되었다. 책 집필에 참고자료를 제공하여 도움을 주신 서울대, 고려대, 이화여대, 한양대, 경희대, 세종대, 아주대, 가천대, 한밭대, 순천향대, 한남대, 대전대, 경북대, 강원대, 원광대, 미국 소재 콜럼비아대학(동부), 스탠포드대학(서부), 텍사스주립대학(남부) 등의 졸업생들에게 깊은 감사를 드린다.

대표 저자

박사연

차 례

PART 01
최근 채용 트렌드

PART 02
진로설계 및 진로설정

PART 03
취업스펙 만들기

PART 04
이력서 및 자기소개서 작성법

PART 05

인·적성 검사 잘하기

PART 06

서류전형 합격하기

PART 07

면접전형 합격하기

PART 08

합격 자기소개서 및 면접 Q&A

PART 09

첫 3개월까지 직장생활 잘하기

부 록

출제 및 면접위원이 직접공개하는
사례중심 박사연 교수 취업TV

PART 01 최근 채용 트렌드

01 신입사원 채용 비중이 계속 줄어들고 있다

02 각 전공별 구분이 점점 옅어지고 있다

03 블라인드 채용이 점점 확대되고 있다

04 스펙 중심이 아닌 관련 직무경험 위주로 채용하고 있다

05 정기 공채보다 수시 채용이 늘고 있다

06 첫 취업 후 조기 퇴직자가 늘고 있다

07 AI 서류전형과 면접전형 채용이 증가하고 있다

08 면접 대상자를 상대평가에서 절대평가로 선발하고 있다

01 신입사원 채용 비중이 계속 줄어들고 있다

기업의 경영환경은 계속 어려워지고 경쟁은 심화되고 있다. 따라서 기업도 이제는 과거의 단순한 계량지표 위주의 스펙으로 신입사원을 채용하던 방법에서 벗어나고 있다. 더구나 이제는 대기업 및 중소기업 등 기업의 업종과 규모에 상관없이 모두가 글로벌 기업으로 나아가고 있다. 다음은 2022년 12월 말의 뉴스이다.

올해 국내 기업의 대학 졸업자 신입 정규직 채용은 줄고 인턴 채용은 늘었다는 조사 결과가 나왔다. HR테크 기업 인크루트는 회원으로 등록된 기업 681곳을 대상으로 지난 23~27일 '2022년 대졸 신입 채용결산 조사'를 한 결과를 29일 발표했다.

조사 대상 기업 중 올해 정규직 대졸 신입사원을 1명 이상 채용한 곳은 68.3%였다.

이 비율은 2019년 85.5%에서 코로나 대유행 시기인 2020년 67.0%로 떨어졌다. 이후 작년에 75.4%로 반등했다가 올해 다시 하락세로 돌아섰다. 코로나 충격에 러시아-우크라이나 전쟁과 세계 경기침체까지 겹쳐 기업 경영이 더 어려워졌고 대졸 신입 채용에도 어려움을 겪는 것으로 인크루트는 분석했다. 대기업의 경우 대졸 신입 정규직을 채용한 회사 비율이 87.2%로 최근 4년간 조사 중 가장 낮았다. 올해 정규직을 1명 이상 채용한 중견기업은 87.9%로 작년 조사 때와 같은 수준이었다. 코로나가 확산하기 시작한 2020년(76.9%)보다는 비율이 높았다. 중소기업 채용률은 2019년 80.3%에서 2020년 62.1%, 2021년 59.9%로 하락했다가 올해 64.4%로 반등했다.

인크루트는 중견·중소기업 채용률이 반등한 이유로 경기 침체에도 구인난을 겪는 '고용 있는 침체' 가능성을 꼽았다. 이에 올해 구인난 극복을 위해 채용에 나선 중견·중소기업이 많았던 것으로 인크루트는 분석했다.

대기업 채용 방식은 채용연계형과 체험형을 포함한 인턴 채용이 30.4%로, 작년 조사의 11.8%와 비교해 3배 가까운 수준으로 늘었다. 반면 지난해 대비 정기공채(29.4% → 17.4%)와 수시·상시채용(58.8% → 52.2%) 비율은 모두 줄었다.

인턴을 채용한 중견기업 비중도 작년 6.3%에서 올해 16.2%로 증가했다.

[출처: 연합뉴스(2022.12.29.). 인크루트]

이제 기업도 경쟁에서 살아남기 위해 인턴십(현장실습 등 포함) 등으로 정식 채용할 사람을 일정 기간 미리 써보지 않고는 채용을 하지 않는 시대로 접어들었다. 그러므로 필연적으로 순수 신입사원 채용인원(비중)은 줄어들 수밖에 없다.

02 각 전공별 구분이 점점 옅어지고 있다

최근 그토록 취업이 어렵다는 인문사회계 출신자들도 소프트웨어 개발 직무에 지원하는 경향이 두드러진다. 기업 또한 인문사회계 출신들의 소프트웨어 개발 분야 진출을 적극적으로 환영하고 있다. 대학도 이러한 채용 추세에 대비하여 일반 개설학과 이외에, 대학 자체 또는 여러유형의 정부사업(예. LINC, RISE, BK 사업 등) 등을 활용하여 보통 약 100개 이상의 맞춤형 융·복합 교과 과정을 지속적으로 신설하고 있다. 아래 기사를 한번 보자.

"증권회사면 증시가 오르면 사람 뽑아도, 하락하면 구조 조정하는 게 아닌가요?", "경영학과에서 기업 분석하는 학생들 주로 채용하지 않나요?"…. 증권회사의 인재상에는 '고정관념'들이 있다. 주식시장에 일희일비(一喜一悲)하거나 주변에 유혹이 많지 않을까 등이다. 때문에 주식시장에 따라 움직이는 '불안한 직장'일 것이라는 우려도 있지만, 현실은 그렇지 않다. 개인투자자들의 영향력이 늘어나고 투자자들을 지원해주는 시스템들의 필요성이 부각되면서, 인재상도 다양해지고 있다. 천편일률적으로 상경계열의 대졸자를 뽑지는 않는다는 얘기다. 특히 증권업계에서 인재 채용에 적극적 이기로 알려진 회사는 '한국투자증권'이다. 일반적인 증권사들이 '인사부'로 통칭되는 부서에서 사람을 뽑는 반면, 한국투자증권은 '채용교육부'를 신설해 채용만을 위한 조직을 만들었다. 증권업계에서는 최초다.

그동안 인재채용은 인재를 효율적으로 관리해야 하는 '자원'으로 여겨졌다. 조직 관점 채용을 주로했던 탓이다. 그러나 한국투자증권의 채용교육부는 지원자 개개인에 초점을 맞춰 디테일하게 맞춤형 인재를 키워내겠다는 의지가 담겼다. 채용교육부는 채용팀과 교육팀으로 나뉘어 하나의 유기체처럼 조화를 이루면서 한국투자증권의 '맨파워'를 높이는 역할을 하고 있다. 지난 25일 서울 영등포구 한국투자증권 본사에서 여영상 부장을 포함한 9명의 채용교육부 직원들을 만났다. 여 부장은 리서치센터에서 유통부문 베스트애널리스트로 오랫동안 근무하다가 올해 채용교육부를 담당하게 됐다. 일반 기업에서 인사부장의 모습은 아닌 셈이다. 직전까지 현장에서 실무를 뛰었던만큼 인재를 보는 눈도 남다르다. 그는 한국투자증권의 채용의 가장 큰 포인트로 인턴과정을 적극 활용한다는 점을 꼽았다. 여 부장은 "과거에 서류전형이나 면접만으로 사람을 찾았을 때는 놓쳤을 법한 인재들을 인턴 제도를 통해 발굴할 수 있었다"며 "지원자들은 인턴 활동을 통해 실제 어떤 일을 하는지 미리 경험해볼 수 있고 회사 입장에서도 코드가 맞고 조직에 잘 융화될 수 있는 직원을 찾을 수 있다"고 설명했다.

한국투자증권은 올해부터 인재를 조기에 확보하고 적재적소에 빠르게 배치하기 위해 상시채용 제도를 도입했다. 상시채용은 지원자가 언제든 지원서류를 올려두면 상시로 접수된 지원서를 검토해 채용을 진행하는 방식이다. 필요 인력 발생 시 공고를 통해 채용을 시작하는 수시채용과 달리 역량을 갖춘 지원자가 있을 경우 바로 인재를 영입하는 것이 특징이다. … (이하 기사내용 생략)

[출처: 한국경제(2021.05.26.)]

03 블라인드 채용이 점점 확대되고 있다

블라인드 채용은 단점도 일부 있지만 공정한 채용 문화를 확립한다는 측면에서 장점이 더 많다. 국민권익위원회가 2020년 실시한 '채용 공정성 체감 인식도 조사'에서 취업준비생과 공공부문 근로자 5,938명 중 45.0%는 '채용 공정성 확립'의 가장 효과적인 정책으로 블라인드 채용을 꼽았다. 실제 블라인드 채용을 도입하지 않은 1988년부터 2014년까지 강원랜드가 채용한 직원 중 임직원과 친인척 관계에 있는 근로자는 942명에 달했지만, 2015년 블라인드 채용 이후에는 9명뿐이라는 자료도 있다. 학력·나이 등에 치우치지 않는다는 점도 블라인드 채용의 장점으로 꼽힌다. 한국노동연구원이 255개 공공기관 채용 담당자 대상으로 한 설문조사에 따르면 5가지 인적 속성(출신지역·출신학교·나이·성별·외모)에서 블라인드 채용 이후, 신입 직원의 다양성이 '높아졌다'는 응답이 압도적으로 높았다.

아직도 블라인드 채용에 대한 의견들이 찬반으로 팽팽히 맞서고 있지만 일부 연구기관을 제외하고는 계속 순항하고 있다는 것이다. 아래 사례를 보자.

한국장학재단은 한국경영인증원이 주관하는 2022년도 공정 채용 우수기관 인증을 금융형공공기관 중 최초로 2년 연속 획득했다. 공정채용 인증제도는 채용에 편견 요소를 배제하고 직무능력중심의 공정채용을 모범적으로 운영하는 공공기관과 기업을 대상으로 제3자가 심사를 통하여 인증을 부여하는 제도다. 한국장학재단은 2017년부터 채용과정에서 성별, 연령, 출신지역, 가족관계, 학력 등 편견이 개입되는 차별적인 요소는 제외하고 직무능력을 중심으로 평가하는 블라인드 채용을 실시하고 있다. 서류전형은 적부심사로 진행해 많은 응시자에게 다음 전형에서 경쟁할 기회를 제공하고 있으며, 필기전형은 대구와 서울 2곳에서 동시 진행하여 응시자들의 편의를 지원하고 있다.

[출처: 중앙일보(2022.12.09.)]

04 스펙 중심이 아닌 관련 직무경험 위주로 채용하고 있다

공무원, 공기업, 일반기업에 상관없이 이제는 모든 부분에서 직무중심 채용이 대세로 자리를 잡았다. 그만큼 기업은 앞서 언급한 대로 단순한 출신 학과(전공)명이나 토익 및 학점 등 계량지표형 스펙보다 실제 구체적인 직무수행능력(신입의 경우 경험) 여부를 가지고 채용을 하고 있는 것이다. 다음 기업의 사례를 보자.

아프리카TV가 2023년 신입·경력사원 공개채용을 진행한다고 12일 밝혔다. 서류 접수는 오는 13일부터 26일까지다. 아프리카TV는 직무능력 중심의 평가를 진행할 예정이다. 모집분야는 ▲개발 ▲데이터 ▲디자인 ▲서비스기획 ▲QA ▲BJ케어 ▲게임콘텐츠 ▲광고영업 ▲광고기획 ▲글로벌 ▲모니터링 등 11개 부문이다.

채용 절차는 서류전형→1차면접(실무면접)→특별전형→2차면접→최종합격 순으로 진행된다. 모집 공고는 채용 전문 사이트인 '잡코리아'와 '사람인', '자소설 닷컴' 등에서 확인 가능하며, 서류 지원은 아프리카TV 채용 홈페이지를 통해 접수하면 된다.

아프리카TV는 라이브 스트리밍과 VOD를 통해 공개채용과 관련된 다양한 정보를 지원자들에게 제공할 예정이다. 아프리카TV 관계자는 "이번 공채에서 직무별 역량 테스트 및 사전 과제를 통해 스펙을 제외한 '직무 능력 중심'의 평가로, 지원자 모두에게 균등한 기회를 제공할 계획"이라고 전했다.

[출처: 뉴시스(2022.12.12.)]

05 정기 공채보다 수시 채용이 늘고 있다

2023년 기업의 인사담당자들이 주목하는 HR이슈로 △경기침체로 인한 채용계획 축소 및 취소(34.4%)가 가장 많이 꼽혔다. 실제 경제전문가들도 금리 인상, 환율 불안, 수출 증가세 꺾임 등으로 기업의 경영 부담이 작년에 이어 올해도 계속될 것이며, 고용위축은 더 심화될 것으로 내다보았다. 이밖에 △주 52시간제의 탄력 운영(27.6%), △최저임금 인상(27.2%), △조용한 사직 열풍(24.8%), △이직시장 활발(20.3%), △HR업무의 디지털 전환 가속화(17.0%) 등이 주목할 HR이슈로 꼽혔다. 이러한 관점에서 볼 때 기업은 중장기적으로 경영 부담을 완화하고 조직의 효율성을 증대하기 위해서, 정기 공채보다는 결원이 생길 때마다 채용하는 수시채용 방식으로 전환할 수밖에 없는 것이다. 다음 내용을 보자.

> 기업 인사담당자들이 올해 주목할HR 이슈로 '채용 계획 축소나 취소'를 가장 많이 선택했다. 올 한해 취업 시장에 찬바람이 불 것으로 예상된다. 3일 HR테크 기업 인크루트는 기업회원 인사담당자 681명을 대상으로 '2023년에 주목할 HR이슈'에 대한 설문조사를 진행한 결과 조사 기업 10곳 중 6곳(60.1%)은 '있다'고 답했고, 39.9%는 특이사항 없이 계획대로 진행했다고 밝혔다. 이번 조사는 인사담당자가 올해 관심 있게 보는 HR이슈는 무엇인지 알아보고자 진행됐으며, 올해부터 적용될 인사제도, 임금, 복지, 최근 동향 등 여러 이슈 중 1개 이상(복수응답)을 꼽아달라고 요청했다. 채용과 관련해 특이사항이 '있다'고 밝힌 기업에 지난해 채용에서 어떤 특이사항이 있었는지 묻는 질문에 △채용계획을 축소했거나 취소(60.2%)했다는 응답이 가장 많았다. 다음 △수시채용 방식으로 신입채용 전환(32.0%) △채용 시점 연기 또는 조기 진행(21.8%)이 뒤를 이었다. △채용 중단 후 계획 재검토(10.3%)했다는 답변도 일부 있었다.
>
> [출처: 서울경제(2023.01.03.)]

06 첫 취업 후 조기 퇴직자가 늘고 있다

과거부터 최근까지도 대부분의 기업은 학점, 출신대학 수준, 토익 점수, 자격증 등의 요소를 고려하여 신입사원을 뽑았다. 이러한 단순 스펙 위주의 채용결과는 참담했다. 서류전형과 면접과정에서 기업이 요구하는 직무수행역량을 평가하기가 어려웠기 때문이다. 또한 이러다 보니 스펙 위주의 채용 결과가 오히려 기업의 업무 효율성을 방해하고, 대량의 조기 이직자만 양산하는 결과를 초래하였다. 이제는 기업들도 인턴십, 현장실습 경험 유무 등 입사 후 실제로 필요로 하는 직무수행역량 위주로 채용기준을 전환하여 신입사원들을 선발하고 있다. 관련 기사를 한번 보자.

> 입사한 지 1년도 안돼 퇴사하는 '조기퇴사자'가 84.7%에 달하며 이들 10명 중 4명 이상은 3개월이 안 돼 회사를 떠나는 것으로 조사됐다. 26일 [데이터솜]이 커리어테크 플랫폼 사람인에서 진행한 '1년 이내 조기퇴사' 조사 자료를 살펴본 결과 이같이 나타났다. 기업 1,124개사를 대상으로 진행한 이 조사 자료에 따르면 1년 이내 조기 퇴사한 직원이 있었는지 질문한 결과 84.7%가 '있다'고 답했다. 이는 지난해 조사 결과(74.6%)보다도 10.1%p 증가한 수치다. 이들을 세부적으로 살펴보면 '1개월 이하'(12.1%), '2개월'(9.9%), '3개월'(22.7%) 등 44.7%가 3개월이 안돼 회사를 떠나는 것으로 나타났다. 다음으로는 4개월~6개월 사이에 회사를 떠나는 사람은 31.1%였으며 7개월~9개월 사이에 회사를 떠나는 사람은 7.5%로 가장 낮게 나타났다. 10개월~1년 사이에 떠나는 사람은 16.8%였다. 전체 신규 입사자 대비 조기퇴사자의 비율은 평균 28.7%이었다. 10명 중 3명 꼴로 조기퇴사하는 것이다. 신규 입사자들은 평균 5.2개월 근무하고 퇴사한 것으로 집계됐다.
>
> 기업들이 생각하는 직원들의 조기퇴사 사유는 '직무가 적성에 안 맞음'(45.9%, 복수응답)이 1위였다. 다음으로 '낮은 연봉(급여)'(36.2%), '조직문화 불만족'(31.5%), '높은 근무 강도'(21.4%) 등의 순이었다.

[조기퇴사자 평균 근무기간]

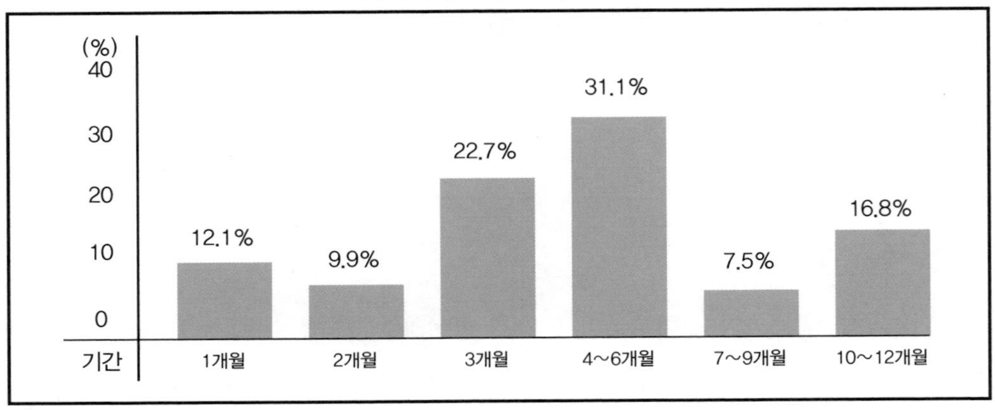

[출처: 사람인]

조기퇴사자들로 인해 기업이 입는 피해는 단연 '추가 채용으로 시간 및 비용 손해'(73.8%, 복수응답)가 가장 많았다. 계속해서 '기존 직원의 업무량 증가'(49.1%), '업무 추진 차질'(36.3%), '기존 직원의 사기 저하'(35.4%) 등이 있었다. 그러나 이러한 조기퇴사는 쉽게 근절되기 어려울 것으로 보인다. 전체 응답기업의 절반인 49.7%가 최근 3년간 조기퇴사자가 계속 늘고 있는 추세라고 답한 것. '비슷하다'는 응답은 39.5%, '줄고 있다'는 답변은 10.8%에 그쳤다.

한편 기업의 81.2%는 신규 입사자의 조기퇴사를 막기 위해 노력하는 것이 있었다. 구체적으로는 '연봉 인상 등 처우 개선'(54.2%, 복수응답), '복리후생 제도 강화'(45.7%), '수평적 조직문화 등 도입'(33.8%), '선배 직원과의 멘토링 시행'(24.4%) 등이 있었다.

[출처: 데이터솜(2022.07.26.). 사람인]

AI 서류전형과 면접전형 채용이 증가하고 있다

과거와 달리 이제는 일반기업이든 공기업이든 수시채용이 보편화되었다. 바꾸어 말해 연 1회 채용이 아니라 1년 내내 결원이 생길 경우, 채용업무를 수행해야 한다는 것이다. 그러므로 기업에서는 이러한 불편하고 과중한 업무량을 줄이기 위해 AI채용(인공지능시스템 채용, 이하 AI로 표기)방법을 속속 도입하고 있다. 일부 기업들은 AI채용(인성검사, 서류전형 및 면접전형) 방법이 과중한 업무 스트레스 해소는 물론 채용의 객관화를 가져올 수 있다고 말한다. 아래의 사례를 보자.

글로벌 시장조사기관 리서치앤마켓은 지난해 세계 AI HR 시장 규모를 38억 9000만 달러(약 5조원)로 추정했다. 2027년에는 176억1천만 달러(약 22조7천억원)에 달해 연평균 35.26% 성장률을 기록할 것으로 보고 있다. 국내 시장도 마찬가지다. 다올투자증권은 국내 AI 채용시장 규모를 2025년 3조8천억원으로 예측했다. 전문가들은 주관성을 평가하는 시스템인 만큼 AI가 내놓은 결과를 사람이 납득할 수 있게 만드는 '설명 가능한 AI' 중요성도 지금보다 더 커진다고 입을 모았다.

AI를 적용한 HR 평가 자동화가 지난해보다 보편화될 전망이다. 관련 업계에선 채용담당자나 취업준비생은 AI 이력서 검토, 면접 솔루션에 대한 거부감도 줄었다는 입장이다. 수시 채용으로 전환한 기업이 증가함에 따라 채용 횟수 자체가 늘어났다. 이에 따라 지원자를 효율적으로 뽑을 수 있는 AI 면접 시스템 수요도 덩달아 늘면서 예전보다 자동화 평가가 낯설지 않아졌다는 의미다.

송복령 무하유 프로는 "수시채용 보편화로 마치 1년 내내 채용하는 것과 같은 상황에 놓인 인사담당자들은 업무 평가를 자동화하는데 적극적일 수밖에 없는 상황이다"고 밝혔다. 송복령 프로는 "현재 고객사 HR 솔루션 재계약률이 98.7%다"며 "기계가 지원자를 평가하는 것에 대한 거부감이 많이 완화됐음을 보여준 수치다"고 강조했다. 현재 일자리를 구하는 취준생도 AI 채용 방식에 긍정적이다. 면접관 취향이나 기분에 따라 결과가 천차만별인 상황을 만회할 수 있다는 점을 주요 장점으로 봤다. 현재 구직 중인 정 모씨(27세)는 "직접 AI 채용을 경험해 보니 이전에는 들쭉날쭉했던 면접 결과에 대한 불안감이 사라졌다"고 소감을 전했다.

[출처: ZDNET KOREA(2023.01.01.)]

08 면접 대상자를 상대평가에서 절대평가로 선발하고 있다

최근 공기업들은 서류전형-인적성검사-면접전형과정에서 탈락자가 원할 경우 각 개인의 단계별 전형 유형별 평가 점수를 공개하고 있다. 이러다 보니 각 단계에서 0.01점차 수준으로 합격과 불합격자가 나누어져 누가 기업에서 필요로 하는 적합한 우수인재인지를 구분하기가 어려워졌다. 또한 탈락자들의 무한대적인 채용 관련 민원도 많이 증가하였다. 그리하여 각 공기업에서는 가급적 과거에 사용해온 방법인 선발 예정인원의 3배수, 5배수, 6배수, 10배수 등의 상대평가 선발 제도를 없애고 절대평가 제도로 바꾸고 있다. 즉 1차 선발 예정인원수에 상관없이 토익 점수, 학점, 자격증 등을 객관화하여, 계량화가 가능한 지표를 기준으로 일정 기준점수 이상이면 모두 필기시험이나 면접대상자로 합격시키고 있다. 이러다 보니 상대적으로 면접전형에 대한 과도한 집착을 불러오고 있으며, 서류 및 인·적성 합격 후 서울 등 수도권에서 멀리 지방에 있는 기관에까지 면접을 가야하는 이중고(일부 공기업 제외)도 생기게 되었다. 바꾸어 말해 공기업의 경우, 서류전형과 인·적성 단계에서 합격이 되었다고 하여도 실제 최종합격률은 더욱 더 낮아졌다고 봐야 한다. 즉 과거와는 신입사원 채용에 대한 취업 트렌드가 판이하게 달라진 것이다.

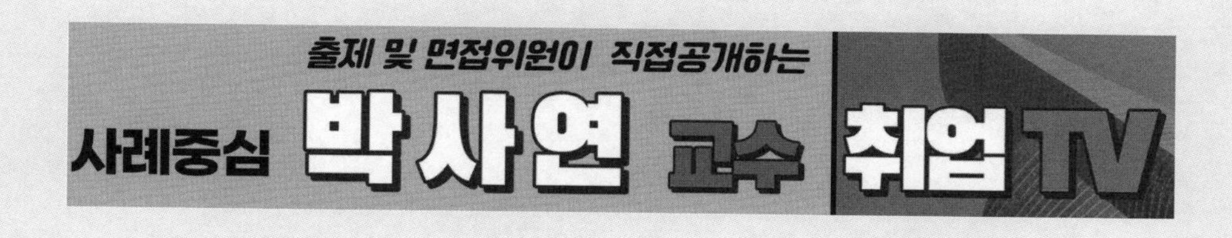
출제 및 면접위원이 직접공개하는
사례중심 박사연 교수 취업TV

PART
02 진로설계 및 진로설정

01 우리 사회에서 말하는 대졸사원이란 의미는?

02 인생 진로 설계하기

03 대학 졸업 이후 대비 진로설정 방법

04 각 학년별 취업준비 절차

05 전공·복수전공·부전공 선택하기

06 전과 및 편입의 장·단점

07 도피성 유학은 추후 취업하는 데 치명적인 약점이 된다

08 대학원에 진학할 것인지 취업할 것인지를 조기에 결정하라

01 우리 사회에서 말하는 대졸사원이란 의미는?

언제 어디서나 눈만 뜨면 대졸대졸 노래를 부른다. 그러나 정말 기업에서 요구하는 대졸수준사원을 무엇을 보고 판단해야 할지 물어보면 대부분 갸우뚱 한다. 기업에서 요구하는 대졸사원 수준에 대해, 필자가 지금까지 수십 년간 경험한 CEO와의 면담과 그들의 수행능력 또는 이제까지의 조직관리 능력을 기준으로 제시해 본다. 여러 유형의 기업이나 각 기업 내의 평가자·관리자에 따라 판단하는 기준이 다르지만 나름대로 정리를 해 보았으니 취업과 직장생활에 참고하기 바란다.

첫째, 영어는 기본. 외국어 구사 능력을 겸비해야 한다

최근까지도 우리나라에서는 전체 고졸자의 평균 80% 이상이 자의든 타의든 대학에 진학한다. 대학에서는 학종, 수능점수 등 여러 가지 자료(지표)를 기준으로 평가하여 신입생을 선발한다. 그중 국어, 영어, 수학 과목 등이 필기시험 성적에서 큰 비중을 차지할 것이다. 대학에 입학을 하고 난 후 인문사회계는 상대적으로 수학의 비중이 높지 않을 수도 있으나, 영어는 인문계나 자연계, 예체능계를 막론하고 필수적이다. 각 분야에 따라서는 우리나라보다 기술 수준이 발전한 외국에서 필요한 기술을 상시적으로 배워와야 하기 때문이다. 비단 이런 기술력 하나뿐만 아니라, 기업이 커나가고 국내나 국제 경쟁시장에서 세계적인 기업과 경쟁하여 경쟁우위로 경쟁업체를 이기기 위해서 또한 기업의 생존을 위해서 세계를 무대로 시장을 넓혀가는 데 영어는 필수적이다. 상황이 이러하므로 사회적·경제적으로 반드시 영어 및 외국어 능력은 우리 기업들에게 필수가 될 수밖에 없다. 따라서 영어회화 또는 독해, 아니면 이 둘을 대졸사원들은 꼭 겸비를 하고 기업에 입사를 해야 한다. 아무리 뛰어난 사람이라도 기업 내에서 혼자 모든 것을 다 해결할 수가 없고 우리 기업보다 기술 등이 앞선 분야는 선진 사례를 발판삼아 기업의 미래를 위해 적당히 변형하여 개척해 나가는 것이, 처음부터 완전히 새로 연구하여 결과를 도출한 후 시행하는 것보다 시간적으로나 경제적으로나 큰 이득이 된다. 그러므로 대졸사원들은 반드시 영어(외국어) 능력을 갖추고 있어야 한다. 만약 영어(외국어) 능력이 부족한 사람들은 기업에 들어간 이후라도 영어공부를 일정 수준에 이를 때까지 계속해야 한다. 그래야만 기업에서 오랫동안 계속 살아남을 수가 있다.

둘째, 업무추진에 창의력이 항상 깃들어 있어야 한다

최근에는 초등학교부터 고등학교 과정에 이르기까지 학년에 구분없이 토론, 발표 및 현장학습 등이 수시로 이루어 진다. 그러나 대학의 경우에는 입학하자마자 자발적으로 동아리 활동에서부터 시작하여 4년 동안 모든 것이 자유로운 분위기 아래, 본인의 잠재 보유 능력과 장래에 이루고자 하는 꿈을 실천하기 위해 각 개인이 선호하는 각종 활동들로 대학생활을 채우게 된다. 이 과정 중에는 여러 모임, 과제(리포트 작성 등), 실험, 현장실습, 캡스톤디자인 등의 교과 과정 활동도 포함이 된다. 누구든지 대학생활을 하면서 혼자가 아닌 조직으로 이러한 모든 교과 및 비교과 과정 활동을 통해 이론과 실무를 어느정도 익히게 된다. 그러나 이 과정들은 언제든지 하나같이 동일한 것이 없고 무엇 하나가 달라도 반드시 건별로 항상 다르다. 그러므로 이 다른 것(부분) 하나하나에 필연적으로 각 개인의 창의력이 수반되었다고 보고 기업은 채용 시에 응시자에 대한 여러 가지 대외적인 활동 부분을 많이 고려한다. 대부분 기업에서 대졸사원을 선호하는 이유가 바로 이 부분으로, 입사 전에 어느 조직 내에서나 매 순간마다 끊임없는 창의력을 발휘하여 공부나 활동을 해온 후 대학을 졸업했다고 판단하는 것이다. 고교 졸업 후 4년 이상의 기업체 경력이 있는 기존 고졸사원을 그대로 유지하면서 대졸사원을 또 새로 채용하는 이유가 바로 이 대학졸업자들의 창의력 발휘 부분이다. 물론 고졸이나 중졸이라고 창의력이 없다는 것은 아니다. 대졸자들이 상대적으로 창의력 발휘 부분에서 앞서간다는 것이다. 바꾸어 말해 대학을 졸업하고 기업에 입사한 후, 부여받은 단위 업무를 추진하는 데 있어서 창의력이 없거나 있더라도 발휘를 하지 못한다면 정상적인 대졸사원 수준으로 인정을 받을 수 없다고 보면 된다. 보통 대졸자가 입사하여 빠르면 3개월, 늦어도 1년 정도까지는 수년간 근무해

오고 있는 중졸이나 고졸사원에게 업무 수행면에서 뒤처질 수가 있다. 아니 실제로 그러기도 한다. 그러나 이 초기의 수습성 기간이 지난 이후부터는, 대졸자가 창의력을 발휘하여 업무를 추진하는 면에서 중졸이나 고졸자보다 앞서가기 시작한다는 것이 기존의 관례이다.

셋째, 위기관리능력이 있어야 한다

초등학교, 중학교, 고등학교까지는 연간 졸업생수가 대부분 수백명이다. 그러나 대학은 다르다. 보통 1년에 학부과정으로 1,000명에서 6,000명 정도가 졸업을 한다고 하면 외국인 학생과 석사 및 박사과정을 포함할 경우 거의 연평균 졸업생수가 1만명에 육박하는 대학들도 많다. 특히 지방대학의 경우는 그 지역에 졸업생들이 대부분 포진되어 있어서 한 다리만 건너면 지인 동문들이 부지기수(不知其數)다. 업무적으로나 비업무적으로 정보 교환도 상대적으로 쉽다. 수도권도 정도의 차이는 있지만 대학별로 상당히 국내와 국외로 동문들이 많이 분산되어 있다고 보면 된다. 이들 각 대학 동문들은 최소 대졸수준 이상의 학력을 가진 고급인력들로서 기업에서 중추적인 역할을 하고 있다. 또 이들은 각 기업과, 공사(공기업), 국가 공무원 등에 분산 되어 있다. 그러므로 상시적으로 동문회나 졸업 동기생 모임 등을 통해 조직관리 방법과 같은 각종 정보가 교환된다. 고교와는 차원이 다른 고급 정보가 출신대학을 중심으로 네트워킹화 되어 수시로 오고 가는 것이다. 기업이든 공무원 또는 공사든 항상 조직과 개인에게 위기가 예고없이 닥쳐오고 이를 바로바로 해결해 나가야만 하는 것이 우리의 현실이다. 그렇지 않으면 누구든지 언제나 조직 내에서 자연스레 도태되어 간다. 따라서 대졸사원은 동문인맥을 기본으로 하여 혈연, 지연에 이르기까지 가용할 수 있는 모든 네트워킹 능력을 총동원해, 회사나 자신에게 닥쳐올 위기에 대처하는 능력을 보여 주어야만 대졸사원으로서의 정당한 능력을 인정받을 수가 있다. 오늘날 기업에 닥쳐오는 여러 가지 위기에 대한 문제해결능력은 혼자서 해결할 수가 없는 경우가 대부분이기 때문이다.

02 인생 진로 설계하기

진로 설정은 가급적 조기에 하는 방안으로 준비하되 너무 서두르지 말라

취업이라는 것은 공직 또는 기업에 들어가서 며칠 또는 몇 달 근무하고 나오는 그런 것이 아니다. 10년 이상 또는 일평생 동안 본인이 하고 싶은 일 중에서 할 수 있는 일을 선정하여, 오래도록 일을 함으로써 본인에 대한 능력을 인정받고 결국은 인생을 성공으로 이끌어 가는 과정이다.

[인생 진로 설계표(예시)]

구분 \ 연령(세)	20~30	30~40	40~50	50~60	60~65	70 이상
취업⇨재취업	**취업**	**취업**	**재취업**	**재취업**	**연금**	**연금**
취업⇨창업	**취업**	**취업**	**창업**	**창업**	**창업+연금**	**창업+연금**
청년창업⇨재창업	창업	창업	재창업	재창업	재창업+연금	재창업+연금
취업⇨창업⇨취업⇨연금(필자)	취업	창업	취업	취업	연금	연금
창업⇨취업⇨창업	창업	취업	창업	창업	창업+연금	창업+연금
창업⇨취업⇨연금	창업	취업	취업	취업	연금	연금
공무원(공사)취업⇨창업⇨연금	취업	취업	취업	창업	창업	창업+연금
공무원(공사)취업⇨연금	취업	취업	취업	취업	연금	연금

주) 1) 연금은 최초 지급 시기가 다양하나 단순화하여 60~65세로 표기한 것임
2) 창업하였다고 하여 CEO 등이 계속 연금을 안 받는 게 아님(표기의 단순화)
3) 연금은 수령기간 중 일정액 이상의 다른 소득이 있을 경우 절대 금액은 점점 감소

위 표에서 보듯이 사람이 하는 일은 세부적으로 다 다르지만, 크게 보면 연령대별로 유사한 패턴으로 나아가는 것을 확인할 수 있다.

나이 60세가 넘으면 그 이전까지 본인이 한 일을 기준으로 60세 이후의 노후를 살아가게 된다. 그것은 연금이 될 수도 있고 이전에 모아둔 자산으로 살아갈 수도 있고 이것도 없으면 노후에도 계속 일을 하여 살아가야 하는 등 세부적인 방법은 모두가 각각 다양하다. 연금은 주로 4대연금을 말하는데 공무원연금과 사학연금은 만 10년 이상, 군인연금과 국민연금은 만 20년 이상을 근무해야만 받을 수 있다.

고급공무원 · 자격증 시험 합격 · 대학 학벌가지고 성공하던 시대는 지났다

한 사람이 인생에서 성공하기 위해서는 여러 가지 조건이 따라 붙는다. 대인관계, 리더십, 판단력, 도전의식, 조직력, 경청력(傾聽: 상대의 말을 듣기만 하는 것이 아니라, 상대방이 전달하고자 하는 말의 내용은 물론이며, 그 내면에 깔려있는 동기(動機)나 정서에 귀를 기울여 듣고 이해된 바를 상대방에게 피드백(feedback)하여 주는 것을 말한다. 이러한 효과적인 커뮤니케이션은 매우 중요한 기법이다.), 발표력, 문서작성능력, 결단력, 외국어 능력, 창의력, 설득력, 학력, 출신지, 가족관계 등 셀 수 없이 많다. 그래서 어느 누구나 주어진 환경하에서 스스로의 노력에 의해 성공 여부가 결정이 된다. 고졸이다, 지방대학 출신이다, 영어실력이 모자란다, 비인기학과를 나왔다 등의 이유는 큰 문제가 되지 않는다. 계속 설명하겠지만 성공으로 가는 길은 개인간 다소의 차이만 있을 뿐 누구에게나 어렵기는 마찬가지다. 대학을 졸업하고 5급직 공무원 수준의 고등고시 시험이나 자격증 시험을 같은 날에 합격해도 그 결과는 수십 년 후에 전혀 다르게 나타난다. 그런 자격증이 뭔지, 시험과목이 뭔지 모르고도 기업으로 먼저 가서 더 빨리 성공한 사람들이 사회에는 더 많다. 그러므로 본인이 필기시험에 자신 있으면 그쪽으로 가고, 그렇지 않으면 다른 곳으로 인생의 진로를 조기에 결정하는 것이 가장 바람직한 진로 선택이다. 그렇지 않고 편한길을 찾아 무작정 남들만 따라서 필기시험 준비 하나에 너무 얽매여 본인이 정말 잘하는 것을 잃어버리거나 깨닫지 못하고 시간을 보낸다면 그것만큼 불행한 일이 없을 것이다. 학벌이나 중요한 필기시험 하나 합격으로 인생이 성공하던 시대는 이미 끝났다. 사람마다 각각 다른 능력과 특성이 있는데, 어떤 사람은 필기시험에 강해 고등고시 등 필기시험 위주로 준비하여 취업하고, 말을 잘하고 글을 잘쓰는 사람은 언론계나 학계로 진출하고, 손흥민·김연경 선수처럼 축구나 배구를 잘하는 사람은 스포츠계로 진출하고, 조직 안에서 부여받은 일을 잘하는 사람은 기업에 취업하거나 창업 쪽으로 방향을 정한다. 어느 방향이든 진출하게 되면 먼 훗날 성공할 확률은 다 같다. 그러므로 나의 주특기나 자질을 먼저 보고 기본적인 진로를 결정해야 한다. 공부는 늘 열심히 하는데 시험성적은 좋지 않은 사람이 있다. 이런 경우 이 사람은 필기시험을 통한 취업은 선택하지 않는 게 좋다. 이미 그쪽으로는 능력이 부족하다고 일부분 검증이 된 것이다. 그렇다고 이 사람이 모든 능력이 부족한 게 아니다. 툭하면 우리 학생들은 공무원과 공기업만 가겠다고 고집을 부린다. 필기시험 분야에서 이미 능력이 없다고 검증이 되었는데, 3~5년 무한정 더 공부를 한다고 어려운 시험에 붙을 확률은 크게 변하지 않는다. 내게 맞는 방향이 아니면 하루라도 빨리 포기하고 자신에 맞는 진로를 찾는 게 더 중요하다. 거듭 이야기 하지만 성공으로 가는 각 개인의 달성과정은 모두가 다를지라도 성공할 확률은 누구나가 동일하다. 잘못된 결정을 무한정 고집하면서 버티다가는 결국에 토끼 두 마리를 다 놓친다.

03 대학 졸업 이후 대비 진로설정 방법

첫 OT 이후 대학 내 여러 부속기관을 방문해 보고 필요시 관련 교수들을 만나라

대입 준비로 만신창이가 된 상태에서 고교 졸업 후 대학에 들어가면 여러 가지가 다 새롭다. 우선 뭐든지 내가 스스로 다 해결해 내야 한다. 누구도 먼저 하라 말라 지시를 하지 않는다. 우선 신입생 1차 OT에 참석한 후 틈틈이 대학에서 운영하고 있는 각종 부속기관들에 대해 파악하고 각 기관들이 무슨 일을 하고 있으며, 수시로 방문하여 본인의 장래에 어떤 도움을 받을 수 있을지 상담을 받아야 한다. 대학별로 50여 개가 넘지만 몇몇 부속기관만 소개해 본다.

[대학 내 주요 진로관련 상담기관]

구분	면담대상자	상담 받을 수 있는 주요 내용
학과사무실	조교(직원)	과목별 교수현황, 학년별 학기별 이수학점, 복수전공, 실습 등
산학협력단	직원+교수	교수 수행과제 내용, 가족회사, 산학협력사업, 기업출신 교수 현황
창업지원단	직원+교수	선배창업, 창업지원, 창업동아리 및 기업출신 (창업)교수 현황
일자리센터	직원(교수)	인·적성검사, 학과별 졸업생 취업현황(기업 및 스펙준비 등), 서류작성 등
교수연구실	교 수	전공연계 개인별 진로에 대한 향후 준비 내용 등
국제교류원	직원+교수	글로벌(해외) 인턴십 및 해외취업(방법 및 기업 등)

과거와 달리 정부의 권장 사항으로 이제는 전국 모든 대학교가 산학협력단을 운영하고 있다. 대학은 영리가 목적이 아니므로, 산학협력단 등의 별도 법인 형태로 설립한 후 LINC 3.0 사업(일부 대학의 경우 RISE사업 등) 등 정부사업의 수행, 학생 및 교수

창업, 캡스톤디자인, 산학협력 사업협의 및 취업지원 연계 등 기업체 교류 관련 모든 일을 맡아서 운영하고 있다.

각 학과에서는 연구와 강의를 주로 하는 교수들이 포진되어 있고, 산학협력단에는 산학과제 수행과 관련 교과목 강의를 주로 하는 교수들이 포진되어 있다. 각 학과에도 기업출신 교수들이 많이 포진되어 있지만 산학협력단에는 공무원, 공기업, 대기업 등에서 최소 10년 이상 근무한 교수들이 대부분이다. 또한 최근에 기업 등에서 퇴직했거나 직접 기업체의 수행 과제를 가지고 대학으로 온 교수들도 많다. 이들 교수들은 가족회사 유치, 학생 현장실습(인턴십 포함) 및 취업 연계는 물론이고 기업을 수시로 방문하여 기업에서 필요로 하는 강의 교과목 발굴, 기업의 애로사항 청취 및 지원, 주요 신산업에 대한 경영·기술 자문 등을 수행한다. 또한 캡스톤디자인, 현장실습 등으로 기업 및 학생들과의 상호 교류에도 연계가 되어 있어 누구보다도 현재 기업의 흐름에 대해서 잘 알고 있다. 그러므로 수시로 방문하여 상담을 받으면, 교수 본인 출신기업(타기업 포함)에 대한 정보나 진로문제에 대해 해당기업에 현재 근무하고 있는 현직자와 대화를 할 수 있도록 지도를 받을 수가 있다.

대학에 들어가면 우선 전공·비전공·교양 과목 가리지 말고 다양하게 들어라

대부분 학생들이 대학에 들어가면 우선 영어공부와 전공, 학점 취득에 몰입한다. 그러나 이것은 매우 잘못된 것이다. 과거처럼 인터넷과 유튜브 등 다양한 정보매체가 없을 때는 이런 방식이 맞았다. 그러나 지금은 그렇지 않다. 눈만 뜨면 수많은 정보매체가 셀 수 없을 만큼 홍수를 이룬다. 바꾸어 말해 대학을 안 다녀도 이러한 정보를 이용하여 대졸 수준으로 경제활동이나 사회생활을 할 수 있다는 것이다. 또한 대학 안에서도 전공과 비전공 등 모든 전공과목의 경계가 허물어지고 있다. 대학 또한 이런 추세를 감안하여 이제는 필수학점 취득 교과목인 전공, 부전공, 복수전공, 캡스톤디자인 등과 비교과 교육과정인 각종 공모전, 인·적성검사, 선배와의 만남 등 다양한 진로지도 프로그램을 상시로 운영하고 있다.

그러므로 우선 대학에 들어가면 영어, 전공 공부, 학점 취득에만 매달리기 보다는 대학 내에서 제공하는 각종 비교과 교육에 참여하여 대학 입학 전에 생각했던 본인의 장래와 지금 현재 생각하고 느끼고 있는 진로에 대해 다시 한번 철저히 점검을 해보아야 한다. 또 우리나라 모든 대학에서 공통적으로 사용하고 있는 학과별 전공명이 이제는 매우 세분화 되고, 대학별로 각각의 교과 과정이 다양하게 개설되어 있다는 것도 알아 두어야 한다. 예를 들어 인문사회계열의 경우 과거의 신문방송학 1개 학과가 그대로 지금까지도 유지되는 경우가 있고 언론학과, 미디어학과, 언론미디어학과, 사회언론정보학과, 언론정보학과, 언론영상학과, 언론홍보학과, 정치언론학과, 커뮤니케이션학과, 언론커뮤니케이션학과, 미디어커뮤니케이션학과 등으로 세분화된 경우도 있으나 사실은 5~10개 커리큘럼만 다르고 대부분 거의 비슷하다. 자연이공계 학과의 경우 전자공학과를 보자. 글로벌반도체공학과, 나노반도체공학과, 디스플레이반도체공학과, 반도체공학과, 시스템반도체공학과, 지능형반도체공학과, 전기전자공학과, 전자정보통신공학과, 정보전자통신공학과, 항공전자정보공학부, 기계전자공학부, 전자기계융합공학과, 융합기계전기전자부품공학과, 스마트전기전자공학부, 전자공학교육과, 전기전자컴퓨터공학과 등 헤아릴 수 없을 만큼 유사한 학과명으로 설치되어 있다. 그러므로 단순히 전공명 1개보다는 업종별 계열과 나의 주력 분야 직무를 생각하고 취업을 준비해야 한다. 상세한 내용은 후반부의 서류작성 및 면접편에서 설명을 하겠다. 다시 말해 취업은 고교 시절 선생님의 지도와 본인의 고교 내신 등급 등에 의해 단순히 대학과 전공을 선택하던 것과는 근본부터 다르다. 즉 고교 내신 성적 및 수능점수 등의 계량지표와 단순한 주위 권유에 의해 명확한 나의 실제 적성과 세부적인 향후 커리큘럼에 대해서도 자세히 모르고 대학의 전공학과를 선택하는 고교시절과는 차원이 다른 것이다. 더구나 추가로 진로관련 정보가 필요하다면 다양한 각종 능력·취미·특기·MBTI 검사 등을 통해 얼마든지 별도의 비용을 들이지 않고 장래의 진로설정과 관련된 상담과 검사를 인터넷이나 대학 내 상담센터 등을 이용하여 수시로 받을 수 있다.

일반적으로 보통 2~3년제 대학의 경우 취업과 진로설정으로 연계된 프로그램이 연 평균 약 50개 이상이 있고, 4년제 대학의 경우는 100여 개 이상의 취업과 진로지원 프로그램이 상시 갖추어져 있다. 대학에 입학을 하면 언제든지 자유스러운 본인만의 시간을 가질 수 있게 되므로, 필수인 교양과목 및 전공과목을 공부하면서 틈틈이 비교과 교육과정에 선택적으로 참여하여 그 결과를 토대로 계속 나의 기존 생각을 수정 및 보완해 가면서 서서히 대학 졸업 이후 본인의 장래에 대한 인생설계의 기본틀을 갖추어 가야 한다. 이런 단계를 3학년 또는 4학년 때에 시작하게 되면 졸업 후 바로 취업하려는 일정도 늦어지고, 준비하려는 활동 폭이 다소 좁아지게 되므로 가급적 저학년 때부터 시작할 것을 권한다.

지역별·분야별·대학별로 특화되어 운영하는 각종 전문화된 프로그램에 참여하라

우리나라 대학에는 2년제 및 4년제 대학 구분이나 전공과 관련 없이 창의적이고 도전 의식을 겸비한 우수한 인재가 되고자 하는 학생들을 조기에 양성하기 위해, 특성화된 프로그램을 대학 내 또는 대학 외 교육부와 중소벤처기업부, 기타 각 관련 정부 부처, 한국연구재단 같은 산하기관에서 다양하게 운영을 하고 있다. 매년 수시로 전문화된 프로그램이 기업 및 산업별 인재 수요 맞춤형으로 계속 생겨나기도 하고 변경 또는 종료되기도 한다. 본인이 다니고 있는 또는 졸업한 대학에 그러한 과정이나 프로그램이 없다고 탓할 필요는 없다. 대학(학교) 밖으로 나가서 찾아보면 얼마든지 현재 소속되어 있는 대학의 재학 여부와 무관하게 참여할 수 있는 프로그램들도 많다. 얼마 전 어느 공기업 신입사원 채용 면접위원으로 참여하여 응시자의 이력서를 보니 전체의 반 이상이 청년취업아카데미, 삼성 SW아카데미 등의 전문 강좌 수강이력이었다. 디지털 신기술 인재양성 혁신공유대학, 4차산업혁명 혁신선도대학 등이 그 대표적인 사례다. 분야별로는 인공지능, 빅데이터, 차세대반도체, 메타버스, 딥러닝, 머신러닝, 미래자동차, 바이오헬스, 실감미디어, 지능형 로봇, 에너지 신산업 등이 있으며 주로 전공이 아닌 교과목(강좌) 위주로 진행을 하기 때문에 해당 대학 및 미참여 대학(교) 학생들도 참여가 가능하고 개방형 캠퍼스 또는 유튜브 등을 활용한 온라인 강좌도 개설되어 있다. 참여 학생에게는 강좌별 수료증이 제공되고 대학에 따라 학점 인정 또는 마일리지 등으로 인정받을 수 있다.

첫 진로 설정은 우선 하고 싶은 일(꿈) 중에서 실제 할 수 있는 것(현실)을 골라라

필자에게 찾아온 수많은 학생과 구직자들을 대상으로 맨처음 물어 보는 말이 "취업을 하려고 찾아 왔는데 무엇으로 또는 뭘 잘해서 취업하려 합니까?"이다. 열이면 열, 백이면 백 모두가 "아무것도 없습니다." 또는 묵묵부답이다. 고교, 전문대학, 대학, 대학원을 졸업한 후 취업을 하러 왔다면 최소한 당연히 본인이 잘하는 것, 즉 직무에 관한 주특기가 한두 가지는 있어야 함에도 불구하고 한결같이 잘 모른다는 것이다. 참으로 상담하기가 힘들었다. 그렇다고 토익 점수나 학점이 높다는 이야기도 하지 않는다. 확실한 것 하나는 그들이 지금껏 이력서를 100장 이상 써봤다는 것이다.

우선 취업 진로 설정은 한사람의 일평생(一平生) 진로설정과 연계가 되어 있어서 가급적 좁혀서 생각해 보아야 한다. 구체적으로 이야기 하면 첫째로 '하고 싶은 일'로 좁히고 둘째는 '할 수 있는 일'로 좁혀야 한다. 대부분의 구직자들이 대학전공이나 본인이 이제까지 보고 들은 내용을 바탕으로 "무엇이 좋다, 무엇을 하고 싶다"라고 이야기 하는데 이것은 크게 잘못된 것이다. 하고 싶어도 다 못해 보고 죽는 게 우리 인간이고, 할 수 있어도 다 못하는 게 우리 인간이다. 그런데 어떻게 사회생활도 안 해본 상태에서 미지의 세계에 대해 생각나는 대로 쉽게 이야기를 하는지 모르겠다. 알다시피 눈으로 보는 것과 실제로 본인이 겪어보는 것은 하늘과 땅 차이이다. 모두들 남이 하는 것은 쉬워 보이고 나도 쉽게 할 수 있어 보인다. 그러나 취업은 그러한 관점에서 접근하면 곤란하다. 취업은 실전이다.

공무원·공기업·일반기업·창업의 차이를 먼저 알고 결정하라. 뿌리부터 다르다

언제부터인지 언론에 회자되는 이야기로는 우리나라에 공시족이 수십만 명이라고 한다. 이것은 절대로 우리나라 경제발전에 도움이 되지 않는다. 위에서 1차 언급했던 것처럼 단순히 계량화된 점수를 기준으로 대학에 들어오면, 본인이 가장 하고 싶어 하는 것을 자세히 모르기 때문에 필수과목인 교양과 전공부터 공부를 시작하게 된다. 그러나 공시족은 이런 전공 공부보다는 관련 교과목(시험 응시과목)부터 먼저 접근하게 된다. 다시 말해 본인이 무얼 잘하는지, 실제 나에게 알맞은 적성이 무엇인지, 어디로 진로를 설정해야 되는지도 모르면서 위험하게도 무조건 공무원 또는 공기업 시험에만 매달리는 것이다. 초기에 일반 기업(체)으로 진로를 틀면 추후 기업에서 퇴사를 해도 이전 재직 기업에서 근무한 경험과 인맥을 살려서 자기가 창업을 할 수도 있지만, 처음부터 공무원·공사로 진로를 정하게 될 경우는 창업과는 상당히 거리가 멀어지게 된다. 속칭 장사 기질과 경험이 있어야 창업도 가능하기 때문이다.

[공무원·공기업·일반기업·기타기관 비교표]

구분	공무원	공기업(공사 등)	일반기업	기타(협회 등)
설립 근거	정부조직법 등	공운법 등	회사 정관 등	협회 정관 등
설립 목적	공무(공공복리)	대국민서비스	이윤추구	회원 상부상조
경쟁 구도	독 점	독 점	경 쟁	반독점
사업 방식	유에서 유창조	유에서 유창조	무에서 유창조	유에서 유창조
고객 분포	국내(일부제외)	국내(일부제외)	**국제+국내**	국 내
주요 수행업무	대국민 민원	대국민 민원	연도별 사업목표	회원사 지원
사업목표 결정	정부 또는 지자체	정부(소관부처)	경영진(임원)	이사회
업무난이도	낮 음	낮음 또는 중간	높 음	중 간
업 무 량	많 음	많 음	많 음	중 간
정 년	보 장	보 장	비보장	보장/비보장
조직 문화	보수적	보수적	역동적	중 간
종 류	국가직/지방직 등	시장형 등 다양	대/중견/중소 등	일반/특수
이직 가능성	거의 불가	거의 불가	상시 가능	중간
의사전달 방식	상의하달형	상의하달형	**개인 창의개발형**	중간
급여 지급	연공급 우선	연공급 우선	연공급+직무급	연공급 우선
승진소요연수	길 다	길 다	짧 다	길 다
승진 방법	근속연수	근속연수	업무실적+근속연수	근속연수
직급간 급여차	작 다	작 다	크 다	작 다
평균 급여	중 간	중간이상	많음(대기업)	중 간

선호 인재상	윤리형	윤리형	도전형, 창의형	윤리형
수행 주요직무	고정적(2~3개)	고정적(2~3개)	변동적(1~2개)	고정적(2~3개)
근무처(지)	주로 국내	주로 국내	국내 및 해외	주로 국내
근무지 순환	필 수	필 수	선 택	선 택
업무 전문성	보 통	보 통	높 음	보 통
채용 방식	거의 신입	거의 신입	**신입 + 경력**	거의 신입
전공연계 채용	없 음	낮 음	높 음	낮 음
업무전환 배치	상 시	낮 음	거의 없음(일부)	낮 음
퇴사 후 창업	어려움	어려움	경력활용 창업가능	어려움

주) 수많은 유형의 기업과 기관의 예외가 있으나, 평균적으로 조사한 자료임

왜냐하면 창업이라는 것은 결국 제품이든 서비스이든 무엇을 만들어 판매(제공)를 하는 것인데, 기업에서는 매일같이 이런 일들이 일어나므로 이것을 배우고 익히고 동료들과 일을 하면서 급여를 받지만, 공무원과 공기업은 무엇을 만드는 것과 판매하는 것과는 거리가 멀기 때문이다. 즉 기업에서는 본인이 수행했던 직무와 같이 일한 동료들과의 조화(팀워크)가 곧 본인의 장래 정년(停年)을 보장하는 것이다.

장래에 만드는(make) 일을 할 것인지 파는(sale) 일을 할 것인지를 1차적으로 나누어라

여러분들은 1~2학년때부터 의도적이든 비의도적이든 대학 내외에서 강의 및 기타 여러 프로그램에 참여하며 친구, 교수님, 외부강사님들 등과 대화를 하다 보면 어느 정도 본인의 성격과 장래 희망하는 회사 및 직무분야를 알게 된다. 또한 대학취업센터 혹은 대학일자리(플러스: +)센터를 방문하여 상담을 받게 되면 기존 대학선배, 학과(단과대 포함)선배들이 졸업 후 어디로 취업을 하는지 알게 되어 자연스레 본인의 미래 직업 범위를 어느 정도 좁혀 갈 수가 있다.

결국 이러한 대학 내외의 활동 과정을 여러번 반복함으로써 서서히 본인이 무엇을 만드는 분야에 재능이 있는지 아니면 무엇을 파는 분야에 재능이 있는지 혹은 이것도 저것도 아니고 중간인 성격인지 판가름 나게 된다. 전공과 직·간접적인 관련 여

부를 떠나 이러한 유형으로 1차로 대분류하고 난 다음 이 유형에 맞게 장래 희망 직업을 더욱더 세분화하여 선택하고 그 분야에 맞는 준비를 하면 취업으로 바로 연계가 될 수 있다.

구분	무엇을 만드는가?	만들고 파는 사람 지원	무엇을 파는가?
해당 기업유형	제조·생산 및 서비스	공무원/공사/협회	판매·고객지원·A/S
관련 전공계열	자연/이공/예체능	전공 무관	인문/사회계열
주요 관련학과	전기/전자/기계 등	행정/정외/교육 등	경영/경제/무역 등
주요 담당직무	**제조, SW개발 등**	**대국민 서비스**	**마케팅 전략 등**
최종 업무목적	이윤 창출	국민 복리 증진	이윤 창출
주요 종사원	기업인/근로자	공무원/공사직원	기업인/근로자
작업장 형태	주로 고정식	고정식/이동식	주로 이동식
지원대상 응시자	**만드는 재능 보유자 등**	**봉사 정신 보유자 등**	**대인관계 좋은 자 등**
주요 인물	기업총수/CEO/창업주	정치인/공공기관장	기업총수/CEO/창업주

고교 졸업 후 이제까지 수행한 모든 일들을 우선 정리해 보라

고교 졸업 이후 대부분 대학생들은 자신만의 시간을 많이 갖는다. 이 과정에서 다양한 판단도 하게 되고 이러한 감각을 바탕으로 대학생활과 사회생활에 적응하여 간다. 그러므로 대학생활 중 인턴십(현장실습 등), 아르바이트, 봉사 활동 등은 실제 사회생활의 일부분이라고 보아도 무방하다. 앞서 이야기한 대로 대학생활 중 최대한 여러 가지 활동을 해본 후, 그 과정을 통해 본인의 장래 진출 분야에 대한 방향을 어느 정도 결정을 해야 한다. 그러므로 본인이 대학을 입학 후 또는 졸업을 앞두고 있을 경우 이제까지 본인이 해왔던 모든 일들을 전공과 비전공으로 나누어 정리해 보아야 한다. 더 하고 싶거나 할 수 있는 일이 있었는지, 하고 싶거나 할 수 있었는데 시도하지 못했는지를 살펴보고 자기 진로에 필요하지만 부족한 부분은 시기를 조절하여 꼭 마무리해야 한다.

전공분야 및 비전공분야로 대학 4년간 주로 활동할 수 있는 것들(예시)

순위	구분/학기	1학년		2학년		3학년		4학년	
		1학기	2학기	1학기	2학기	1학기	2학기	1학기	2학기
1	글로벌(해외)인턴십	X	X	X	X	O	O	O	O
2	실전창업(매출올린 것 등)	X	X	X	O	O	O	O	O
3	인턴십(4학년 2학기)	X	X	X	X	X	X	X	O
4	장기현장실습(3개월 이상)	X	X	X	X	O	O	O	O
5	단기현장실습(1~2개월)	X	X	X	O	O	O	O	O
6	자격증 취득&준비	O	O	O	O	O	O	O	O
7	NCS 등 각종 전문강좌	O	O	O	O	O	O	O	O
8	캡스톤디자인&실험실습	X	X	O	O	O	O	O	O
9	창업동아리&창업대회	X	O	O	O	O	O	O	O
10	각종 경진대회&공모전	O	X	O	O	O	O	O	O
11	교수과제&팀프로젝트	O	O	O	O	O	O	O	O
12	아르바이트&단기계약직	O	O	O	O	O	O	O	O
13	동아리&신문사&방송국	X	X	O	O	O	O	O	O
14	어학연수&교환학생&토익	X	X	O	O	O	O	O	O
15	전공 교과목 공부	X	O	O	O	O	O	O	O
16	전공 이외 교과목 공부	O	X	O	O	O	O	O	O

위 순위 도표는 필자가 지금까지 구직자 및 학생들을 지도하면서 서류 등을 작성 후 최종합격 하기까지의 과정을 통해 가중치(비중)를 통계로 나타낸 자료이다. 공기업 및 대기업, 지원분야별로 위 순위에 다소 차이가 있겠지만 대부분 가중치를 적용하면 비슷하게 들어 맞는다.

위 순위 도표를 통해 대학 졸업반의 경우 지난 4년간을 뒤돌아 보고, 갓 대학에 입학한 저학년의 경우 향후 취업을 위해 무엇을 어떤 방향으로 준비해야 하는지가 구체적으로 나열되어 있다. 위 1순위부터 16순위까지의 각종 활동 내용 중 겹치는 부분이 많은 직무(분야)부터 나의 주특기가 된다. 그러면 전공과 학벌, 토익, 학점 등이 실제로 취업에 크게 도움이 안 된다는 것을 알게 될 것이다. 직무 주특기가 여러분들이 취업으로 가는 기본 요건이다. 즉 전공 또는 본인의 선택에 따라 한 개가 아니라 여러 개의 직무가 상시적으로 나올 수가 있는 것이다.

04 각 학년별 취업준비 절차

순차적으로 하나씩 선정하여 학년별로 취업준비 하던 시대는 끝났다

대학에 들어가자마자 취업준비를 하라는 뜻은 아니다. 우선은 앞의 도표에서 보았듯이 대학에 입학하여 학년별·학과별 OT를 할 때부터 장래 나의 대학 생활을 어떻게 해야 하고, 언제 누구를 만나서 무엇을 해야 하는지 그 절차가 명확해진다. 대학교 입학 후 쉬고 즐기고 하는 것, 다 좋다. 4년이라는 시간이 길다면 길고 짧다면 짧다. 그러나 무엇이 됐든 앞을 내다보면서 해야 한다. 무조건 아무 생각 없이 시간을 보낸다는 것은 본인 장래에 매우 위험한 생각이다.

최근 기업에서 신입사원 선발 시 가장 먼저 보는 것은, 의외로 응시자가 대학 졸업 전에 언제부터 지원분야 직무수행 관련 준비를 해 왔는지와 그 직무를 준비하면서 전공은 물론이고 다양한 유·무형의 다른 일들을 동시에 해왔는지이다.

왜냐하면 요즈음은 공무원·공기업이든 일반기업이든 사원 1인에게 한 가지 업무만 부여하는 경우는 거의 없기 때문이다. 이미 부여한 주요직무 1~3개 이외에 조직과 기관·회사 대내외 여러 상황에 따라 부수적인 업무 등이 시도 때도 없이 따라 다닌다. 최악의 경우 본인 고유의 업무를 중단하고 타부서 업무지원을 일정기간 나가서 해야 하는 경우도 있다.

기업에서는 대학에서 공부하는 것처럼 순차적으로 1학년 마치고 2학년으로 올라가고 2학년 마치고 3학년으로 올라가는 방식이 아닌, 무차별적인 업무 진행 방식이 시도 때도 없이 생기고 사라지기 때문에, 대학 시절부터 이러한 흐름에 적응해야만 한다. 다시 말해 1학년 때 교양과목 공부하고, 2학년 때부터 전공 들어가고, 3학년 때부터 영어 공부하고, 4학년 때 실습가고 하는 방식은 옛날 구시대적인 취업준비 방법이다. 이제는 당연히 버려야 할 습관인 것이다.

기업은 동시 다발적으로 취업준비를 한 사람을 우선적으로 선호한다

위에서 이미 일부 언급하였고 추후 이 내용에 대해 상세하게 후술하겠지만, 입사 이후 일을 첫날부터 잘하고 못하고는 입사 전 그만한 준비를 했는지 안했는지에 따라 차이가 난다. 준비를 해 온 사람은 업무에 쉽게 적응을 하여 빠르게 일을 헤쳐 나가지만 그렇지 못한 사람은 참으로 적응하기가 힘들다. 흔히 여러분들이 알고 있는 주위의 중도퇴사자들의 대부분이 이 사람들이다. 여기서 입사 전 준비라는 것은 전공 공부 등 기본적인 필수 이론 과목 이외에 대학 내외에서 여러 가지 현장실습(인턴십 포함) 등을 경험했거나 혼자 또는 조직이나 팀을 이루어서 동시 다발적으로 일을 해 보았느냐의 여부이다. 여러분들이 추후 기업에 서류를 낼 경우 직무관련 수행기간 표기 또는 자격증, 토익, 해외인턴십, 현장실습, 입학일자, 졸업(예정)일자 등의 기입 항목에 기간이나 날짜를 반드시 표기토록 되어 있다. 또 면접 과정에서 반드시 이 내용을 물어 본다. 만약 물어보지 않으면 정성(비계량) 지표 부분에서 점수를 차등화한다. 왜냐하면 아직도 입사 후 본인이 당연히 한 가지 일만하고 그 일이 변동이 되지 않으며 계속 반복되어 퇴직할 때까지 직무를 편하게 수행하는 줄 아는 사람들이 많기 때문이다. 이것은 사실이 아니고 그럴 수도 없다. 기업은 평상시와 비상시가 있고, 또 평상시와 비상시가 수시로 반복이 된다. 일의 양이 갑자기 많아졌다가 적어

[분야별 · 학년별 · 기간별 스펙 준비 방법(예시)]

순번	구분/학년	1학년	2학년	3학년	4학년
1	토익(오픽 또는 제2외국어 포함)	O	O	O	O
2	전공+부전공+복수전공 공부(전과, 편입 포함)	X	O	O	O
3	아르바이트(알바)	O	O	O	O
4	공통 자격증 취득(이공계 자격증은 4학년)	O	O	O	O
5	단기현장실습(대학 복귀형 1~2개월 내외)	X	O·X	O	O
6	장기현장실습(대학 복귀형 최소 3개월 이상)	X	X	O	O
7	NCS, SW 등 각종 전문(아카데미) 수강	O	O	O	O
8	글로벌(해외) 인턴십+채용연계형 인턴십 등	X	X	X	O

주) 분야별로 본인의 지원분야 직무수행에 관련되거나 요구되는 것만 우선 준비하면 됨

졌다 하기도 하고 바쁘기와 한가하기를 수시로 반복하여 수십 년간 흘러간다. 공무원 및 공기업 역시 마찬가지다. 그러므로 가능만 하다면 동시다발적으로 여러 개를 준비하는 것이 면접에서도 유리하고, 또한 면접관의 질문에 자신 있게 답변할 수 있는 근거가 된다.

전공분야 및 비전공분야로 직무 선택하기 및 준비과목 준비하는 법(예시)

여러분이 학내·학외로 다양한 여러 가지 활동을 하면서 어느 정도 대학과 사회를 경험하게 되면, 대학졸업 후 하고 싶은 장래의 꿈을 실현하기 위한 압축된 직무분야가 나오고, 그 분야의 대략적인 취업준비 방법에 대해 전문가나 선배들을 통해 알게 될 것이다. 다음 표는 수많은 직업과 직무 중에서 필자가 취업상담을 하면서 가장 많이 상담을 해왔고, 또 취업준비생이 가장 많이 실수를 줄이는 직무준비 방법이다. 효율적으로 취업을 준비할 수 있도록 몇 가지 직무를 선별하여 설명해 보았다. 말하는 사람마다 다소의 이론(異論)과 차이는 있겠지만 여기에 언급이 안 된 직무는 거의 대부분 전공(예, 이공계 및 예체능계 등)과 일치한다. 특별한 사유가 있지 않는 이상 전공을 통한 직무는 생략하였다. 여기서는 학부생 기준으로 전공과 비전공 통틀어서, 졸업 후 본인 희망에 따라 진출할 수 있는 직무위주로 열거하였다. 물론 이공계나 예체능계 등을 전공한 학생들도 다음 장에 있는 표의 직무로 취업진로를 새로 선택할 경우 해당 내용대로 준비를 해야 한다. 대학은 전공으로 공부나 연구를 하지만 기업은 전공불문 준비한 직무를 가지고 일을 하는 것이 1차 목적이기 때문이다.

[희망 직무별 준비해야 할 교과목 및 비교과목(예시)]

구분	교과목 (과정)	[1] 경영·경제·국제경제 계열 관련 전공자 및 수강자										
		인사 교육	총무 노무	기획 전략	마케팅					해외 영업	무역 사무	실전 창업
					영업 판매	데이터 마케팅	홍보 광고	상품 MD	고객 지원			
이론	경영학원론	○	○	○	○	○	○	○	○	○	○	○
	인사관리	○	○	○	-	-	-	-	-	-	-	○
	재무관리	-	-	○	-	○	○	○	○	-	-	○
	조직행위론	○	○	○	-	○	○	○	○	-	-	○
	마케팅관리	-	-	○	○	○	○	○	○	○	○	○
	SNS마케팅	-	-	○	○	○	○	○	○	○	-	○
	퍼포먼스마케팅	-	-	○	○	○	○	○	○	○	-	○
	경제학원론	○	○	○	○	○	○	○	○	○	○	○
	거시경제학	-	-	○	-	-	-	-	-	○	-	○
	국제경제학	-	-	○	-	-	-	-	-	○	○	○
	무역이론	-	-	-	-	-	-	-	-	○	○	○
	국제마케팅	-	-	-	-	-	-	-	-	○	○	○
	외환론	-	-	-	-	-	-	-	-	○	○	○
	창업·리더십	○	○	○	○	○	○	○	○	○	○	○
실무	M&A 실무	-	-	○	-	-	-	-	-	-	-	○
	마케팅애널리틱스	-	-	○	○	○	○	○	○	○	○	○
	무역아카데미	-	-	-	-	-	-	-	-	○	○	○
	SNS 매체 운영	-	-	○	-	○	○	○	○	-	-	○
	SPSS, R 등	-	-	○	-	○	○	○	-	-	○	○
	OA(PPT 등)	-	-	○	○	○	○	○	○	○	-	○
	프리미어프로 등	-	-	-	-	○	○	○	-	-	-	○

주) SNS: 블로그, 카페, 인스타그램, 페이스북, 유튜브, 카드뉴스, 쇼츠, 썸네일, 쇼핑몰 등

구분	교과목 (과정)	[2] 회계(세무)·재무·행정·사회학 계열 전공자 및 수강자							
		인사 교육	총무 노무	기획 전략	회계(재무) 관리		구매 자재	고객 지원	실전 창업
					기업회계	세무회계			
이론	경영학원론	○	○	○	○	○	○	○	○
	인사관리	○	○	○	○	-	-	-	○
	재무관리	-	-	○	○	○	○	-	○
	조직행위론	○	○	○	-	-	-	-	○
	마케팅관리	-	-	○	-	-	-	○	○
	SNS마케팅	-	-	○	-	-	-	○	○
	퍼포먼스마케팅	-	-	○	○	○	○	○	○
	SCM(공급망관리)	-	-	-	-	-	○	○	○
	회계학(회계원리)	○	○	○	○	○	○	○	○
	원가회계	○	○	○	○	-	○	○	○
	중급회계	-	-	-	○	○	○	○	○
	고급회계	-	-	-	○	-	○	○	○
	세무회계·세법	-	-	○	-	○	-	-	○
	행정학원론	○	○	○	-	-	-	-	-
	인사행정	○	○	○	-	-	-	-	-
	재무행정	-	-	○	○	-	-	-	-
	조직이론	-	-	○	-	-	-	-	-
	창업·리더십	○	○	○	○	○	○	○	○
실무	나라장터 쇼핑몰(공기업)	-	○	-	-	-	○	-	○
	SAP(글로벌·대기업)	-			○	○	○	○	○
	ERP(대·중견기업)				○	○	○	○	○
	더존(중소기업)	-	-	-	○	○	○	○	○
	KcLep(중소기업)	-	-	-	○	○	○	○	○
	SPSS, R 등	-	-	○	○	○	○	○	○
	OA(엑셀, PPT 등)	○	○	○	○	○	○	○	○
	프리미어 프로 등	-	-	-	-	-	-	-	○
	SNS, 쇼핑몰·홈페이지 등	-	-	○	-	-	○	○	○

구분	교과목 (과정)	[3] 미디어·언론·디자인·산업공학 계열 전공자 및 수강자							
		앱 개발	게임 개발	애니 메이션	디자인·편집		콘텐츠 기획	홍보 마케팅	품질 관리
					Window	Mac			
이론	운영체제	○	○	○	○	○	○	○	○
	컴퓨터프로그래밍	○	○	○	-	-	-	-	-
	모바일프로그래밍	○	○	○	-	-	-	-	-
	게임엔진프로그래밍	○	○	○	-	-	-	-	-
	GPU프로그래밍	○	○	○	-	-	-	-	-
	그래픽디자인	-	-	-	○	○	-	-	-
	콘텐츠마케팅	-	-	-	-	-	○	○	-
	출판콘텐츠기획	-	-	-	○	○	-	-	-
	게임애니메이션	-	-	○	-	-	-	-	-
	비쥬얼커뮤니케디자인	-	-	○	○	○	-	-	-
	3D그래픽디자인	-	-	○	○	○	-	-	-
	품질공학	-	-	-	-	-	-	-	○
	품질경영	-	-	-	-	-	-	-	○
	SCM(공급망관리)	-	-	-	-	-	-	-	○
	컴퓨터시스템 기초	○	○	○	○	○	○	○	○
	SNS(온라인) 마케팅	-	-	-	-	-	○	○	-
	퍼포먼스마케팅	-	-	-	-	-	○	○	-
	기술과 경영	○	○	○	○	○	○	○	○
	창업·리더십	○	○	○	○	○	○	○	○
실무	포토샵·일러스트	-	-	-	○	○	-	-	-
	인디자인	-	-	-	○	-	-	-	-
	QuarkXpress	-	-	-	-	○	-	-	-
	피그마, 스케치, XD(UI)	-	-	-	○	○	-	-	-
	6시그마(GB·BB)	-	-	-	-	-	-	-	○
	유튜브·썸네일 등 SNS	-	-	-	○	○	○	○	-
	곰캠·반디캠·오캠 등	-	-	-	-	-	○	○	-
	쇼핑몰·홈페이지 등	-	-	-	○	○	○	○	○
	프리미어프로(동영상)	-	-	-	○	-	○	○	-
	애프터이펙트(동영상)	-	-	-	○	-	○	○	-
	파이널컷(동영상)	-	-	-	-	○	○	○	-
	motion 5(동영상)	-	-	-	-	○	○	○	-
	미리캔버스	-	-	-	○	○	○	○	-

구분	교과목 (과정)	[4] 소프트웨어(SW) 공학 계열 전공자 및 수강자									
		수행직무(특징 및 성격)(발췌)									
		웹개발자		개발자		데스크탑 응용 프로그램 개발자	시스템 프로그래밍	.NET	객체지향	오픈소스	공학용
		프론트-엔드	백-엔드	모바일	게임						
프로그래밍 언어	자바스크립트(JavaScript)	○	○	○	-	-	-	-	-	-	-
	Elm	○	-	-	-	-	-	-	-	-	-
	타입스크립트(TypeScript)	○	-	-	○	-	-	-	-	-	-
	스칼라(Scala)	-	○	-	-	○	-	-	-	-	-
	파이썬(Python)	-	○	-	-	○	-	-	-	-	-
	Go	-	○	-	-	○	○	-	-	-	-
	루비(Ruby)	-	○	-	-	-	-	-	-	-	-
	Swift	-	-	○	-	-	-	-	-	-	-
	자바(Java)	-	-	○	-	-	-	-	-	-	-
	Objective C	-	-	○	-	-	-	-	-	-	-
	유니티 SW	-	-	-	○	-	-	-	-	-	-
	Rust	-	-	-	-	-	○	-	-	-	-
	Kotlin	○	○	○	○	○	○	-	-	○	-
	MATLAB	○	○	○	○	○	○	-	-	-	○
	C#	○	○	○	○	○	○	○	-	-	-
	C++	○	○	○	○	○	○	-	○	-	-

05 전공 · 복수전공 · 부전공 선택하기

비인기학과나 '문사철' · '문송'이라고 취업에 상대적으로 불리하지 않다

우리나라에 세계 최고 수준의 IT시대가 도래하기 이전에는 전국단위 또는 지역단위로 직업·산업별 정보교류가 활발하지 않았다. 또한 지금처럼 대학 졸업 전에 기업에 가서 현장실습이나 인턴십을 하고 졸업을 하는 과정이 보편화 되어 있지 않아, 부득이 기업에서는 지원자에 대한 직무역량수준을 별도로 평가할 기준이 없었다. 그리하여 관련은 크게 없지만 객관적인 지표가 되는 토익, 출신 학교, 이수 전공명이나 학점수준으로 신입사원들을 선발할 수 밖에 없었다. 그러다 보니 기업으로서는 응시자를 평가 시 대학의 학부나 대학원의 세부전공을 매우 중요시할 수밖에 없었으나 지금은 상황이 매우 다르다. 공무원, 공기업 및 사기업 가릴 것 없이, 이유 불문 첫날 출근하자마자 이제까지 대학 등에서 전공과목으로 공부도 안했으며, 듣지도 알지도 못하고 당장 직무수행이 불가능한 높은 수준의 업무(직무)를 부여하는 경우는 없다. 기업이나 각 단체(기관) 등에서는 이미 여러분 수준의 신입사원에 대해 수년간의 채용경험과 그들이 기업에 들어와서 수행한 직무수행역량에 대해 대부분 학습이 되어 있다. 그 학습기준에 준하여 여러분들에게도 비슷하게 직무를 부여하거나 부서 배치를 한다. 그러기 때문에 지금은 전공(명)보다는 지원분야 관련으로 준비한 교과목(이론)과 직무수행실적(실무)으로 채용 시 평가를 우선적으로 한다. 따라서 미리부터 비인기학과다, 문과계다, 문사철이다 등으로 스트레스를 받지 말고 한 분야에 대한 철저한 직무수행준비와 입사 후 기존 직원들과 잘 조화를 이루어 일을 할 수 있는 조직력을 미리 키우는 게 전공(명)보다 취업에서는 더 중요하다. 여러분들이 장래 하고자 하는 직무를 기준으로 노력만 한다면 학부단위 전공·복수전공·부전공은 수없이 많이 나올 수가 있다. 이중에서 한 개 전공으로 취업을 하면 된다.

전공명보다는 직무관련 이수 교과목 위주로 선발하는 기업이 늘고 있다

대학에 들어가면 본의 아니게 친구들과 또는 교수 및 대학과의 다양한 관계에서 여러 가지 불만족스러운 경우가 많이 발생한다. 그 과정에서 갈등을 겪게 되고 그 갈등을 이기지 못해 재수 또는 반수로 전환하기도 하고, 대학생활을 중도에 포기하기도 한다. 그러나 이제는 그런 갈등에 얽매일 필요가 없다. 기업이든 공무원 및 공사든 개인의 능력을 중심으로 사람을 채용하기 때문이다. 창업 또한 마찬가지다. 태어나서부터 17~18세쯤까지 부모님 등의 도움을 받으며 달성한 단 한 번의 고교 3개 학년 성적과 재능에 기초한 대학입시가 인생의 모든 것을 결정하는 것은 아니다. 대학 입학 이후 누구든지 본인의 능력을 발휘할 수 있는 기회는 계속하여 찾아오게 된다. 또한 본인이 그 기회를 회피하려 하여도 계속 부딪히게 된다. 그러므로 이미 선택한 전공 또는 학벌에 불만을 갖고 고민하기보다는, 하고 싶고 할 수 있는 전공과목을 찾은 후에 2학년 이후의 복수전공이나 부전공으로 선택하여 계속 대학생활을 하는 게 오히려 더 유리하다. 재수나 반수를 택할 경우 원하는 대학에 합격된다는 보장도 없고, 졸업 후 취업 시 1년 내외의 짧은 기간에 대해 손해를 볼 수도 있기 때문이다. 누구든지 1년 늦게 취업(창업 포함) 시 금전적인 면만 보더라도 거의 평생 동안 상당한 손해가 생긴다. 이제는 누구의 조언에 움직이기보다는 여러분 장래에 대한 결정은 여러분 스스로가 리드하여 나가야 한다. 여러분을 리드하는 사람은 바로 여러분 자신인 것이다.

최근 한국전력 등 공기업은 응시자의 최종 출신학과 보다는 4년간의 대학생활 중 지원분야와 관련하여 먼저 공부한 교과목 또는 구체적인 커리큘럼 위주로 선발하므로 굳이 저학년 때부터 전공을 바꿀 필요는 없다. 전공보다 지원분야와 관련된 전문화되고 세분화된 교과목 이수 여부로 평가하는 기관(기업)이 점점 늘어나는 추세이다.

06 전과 및 편입의 장·단점

전과 및 편입은 취업에 절대적으로 불리하다. 차라리 복수 전공을 택하라

필자가 서울과 수도권 및 충청권 학생들을 상대로 취업지도를 해본 결과 전과나 편입생의 경우, 취업에 매우 불리하다는 것을 알게 되었다. 막연히 학교 레벨 또는 특정 학과의 인기도를 보고 이 대학 저 대학으로 편입하거나 대학 내에서 이 학과 저 학과로 전과하는 것은 결코 바람직하지 않다. 전과나 편입의 경우 평균 일반 학생들에 비해 10% 이상 취업률이 떨어지기 때문이다. 기업은 대학을 4학년 8학기로 평가를 하지, 2학년 4학기로 평가를 하지 않는다. 물론 이 자료는 필자가 경험에 의해 조사한 자료이니 참고만 하기 바라며, 부득이하게 꼭 전과나 편입을 하고 싶은 경우 동일계열 전과나 동일계열 학과로 편입하기를 권한다. 만약 그게 여의치 않으면 복수 전공이나 부전공을 선택하는 게 좋다. 최근 기업은 전공과목 이외에 여러 가지 다양한 분야에서 지원분야 직무와 관련된 직무경험을 많이 한 사람들을 우선적으로 선발하고 있다.

취업과 별개로 순수 대학원 진학뿐만 아니라, 추후 여러분들이 정규 취업을 한 이후 필요 시 대학원에 진학할 때도 전과와 편입은 엄청나게 불리하다. 대학원은 학부와 달리 교양과정이나 기초공통과정이 별도로 개설되어 있지 않다. 그러므로 복수전공을 할 경우 학부에서 배운 그 이수학점을 대학원에서 그대로 인정받을 수 있으나, 전과나 편입인 경우는 대학원 입학 후 선수과목(출신대학 학부 전공과 대학원 진학 시 연구분야 세부전공이 동일계열 학과 출신이 아닌 경우, 대학원 과정을 이수하기 위해서 공통 필수과목으로 먼저 수강해야 하는 학부과정 교과목을 말함)을 다시 새로 수강하여야 한다. 시간과 이수과목 개수가 늘어나게 되어 여러모로 석사나 박사과정 재학 중 연구나 공부하는 데 적지않은 부담이 추가되는 것이다.

도피성 유학은 추후 취업하는 데 치명적인 약점이 된다

가급적 내가 장차 활동할 무대를 기준으로 대학도 다니고 취업준비도 하라

1990년대 말 한때 한국 사회에서 대학진학이 너무나도 어려워 상대적으로 진학이 쉽다고 생각되는 미국 대학 등으로 진학을 하여, 영어공부겸 너도나도 해외로 나가는 일명 반(semi) 도피성 해외 유학이 유행했다. 미국만 해도 어림잡아 대학이 약 5,000개 가까이 된다. 미국 교포 사회에 영어실력이 부족한 유학생들을 위한 교육지원 컨설팅 시장까지 생겨났다. 강의 및 시험, 논문작성 지도나 대행 등이 그것이다. 70~80년대 급속한 한국의 경제성장에 힘입어 생겨난 많은 신흥 부자들이 자신이 성공하기까지 겪어왔던 고생을 후손들이 하지 않도록 시도한 유학이 주로 이런 것들이다. 그 이전 시절 어렵게 혼자 교수 조교, 청소부 및 접시 닦기 등의 알바로 스스로 학비를 마련하여 유학을 해온 학생들과는 상반되는 배경이다.

이들이 대거 미국에서 대학을 졸업한 후 한국에 돌아와서 미국에서 갈고 닦은 영어 실력과 학벌을 무기로 각 기업에 우선순위로 취업하여 들어갔다. 그러나 이 즈음에 우리 한국도 초고속 인터넷망과 스마트폰이 급속히 보급되어 선진국인 미국과의 문화적인 차이도 좁혀졌고, 몇 년이 지나자 한국이 미국보다 IT 기술이 앞서는 시대가 되었다. 지금까지도 마찬가지이다. 영어도 극소수 필요한 부분 이외는 다 전문적인 관련기업들을 세분화 한 후 분야별로 업무 대행을 주고 있고, 기본적으로 우리나라에서 대학 학부를 졸업할 정도라면 충분히 기업 내에서 직무상으로 요구되는 영어 관련 업무를 도피성 유학생들보다 더 잘 수행하게 되었다. 이러다 보니 도피성 유학생들은 일상적인 영어회화만 약간 더 잘할 줄 알고 직무수행에 필요한 뚜렷한 장점도 없으면서 취업 시 높은 연봉을 요구하는 등 취업에 대한 눈높이만 높아졌다. 우리나라 사회와 기업에서 계륵(鷄肋: 무엇을 취해도 이렇다 할 이익은 없지만 버리기에는 아까운 것을 빗댈 때 흔히 쓰인다)이 되어 버린 것이다. 부득이 유학을 가고 싶거나 갈 경우는 장래 계속 미국에 머무를 것인지, 아니면 한국으로 귀국하여 일할 것인지를 미리 정해놓고 가야 한다. 무작정 유학을 떠날 경우, 한국에 남아있는 그 자리는 다른 사람들이 꿰차고 먼저 들어가 버린다. 이 점을 알고나서 선택하기 바란다.

미국 문화와 한국 문화의 차이는 종류도 많고 차이도 많다

미국 등 서양사회는 개인주의와 능력중심의 사회이다. 그러나 아직도 우리나라를 비롯한 동양사회는 집단주의와 서열중심 사회가 대부분이다. 아무리 똑똑해도 늦게 입사하면 먼저 입사한 사람을 선배나 상사로 모시는 경우가 대부분이다. 또 업무추진 결과 등에서 능력이 좀 부족하더라도 일류대나 서울에서 대학을 나오면 능력 있는 사람으로 보는 경향이 있다. 이것이 다소 잘못된 것이라고 여겨지지만 일부 사회에서는 통용되기도 한다. 바꾸어 이야기하면 일부 창의력이 있고 일류대를 나왔다고 해도, 취업을 늦게 하게 되면 좀 과장하여 우리 사회에서는 나이에 상관없이 먼저 입사한 사람을 이유 불문 상사로 모셔야 한다는 것이다. 이와 반대로 늦게 들어가서 일을 잘해 먼저 입사한 선배보다 승진(진급)을 일찍 하여 직급이 높아졌다고 해도, 밑에 있는 직원이 본인보다 나이가 많거나 먼저 입사했다면 함부로 지시하기보다는 서로 어색하지만 적당한 예우를 갖추어 공생해 나간다. 그러므로 본인이 뚜렷하게 준비해온 직무도 준비가 안 되어 있으면서 기업에 대한 눈높이만 높이면, 취업도 늦어지고 입사 이후에도 기존 부서 내 조직원들과 쉽게 어울리지 못하는 어려움이 따라 다닌다. 여러분들은 항상 이 점을 취업준비 과정에서 참고하기 바란다.

국민은행 포항지점에서는 서울 출신 연고자가 근무하지 않는다

일반적으로 기업은 공통적으로 신입사원이든 경력사원이든 구분 없이 가급적 국내와 해외로 근무지를 분류 후, 각 지역별로 직원을 배치 시 우선적으로 개인적인 연고를 고려한다. 1차로 스스로 자원(自願)한 지원자를 배치하고, 그렇지 않은 경우는 그 지역 대학을 나온 사람을 배치한다. 2차로 그 지역 고등학교나 중학교 또는 그 지역

출신자를 해당지역에 배치를 한다. 이것도 여의치 않으면 최종적으로는 순환 배치를 한다. 공무원 및 공기업은 기본이고 대기업인 경우도 일부는 그렇다. 본사인 경우는 직무 능력이나 조직력 등 다른 사항을 고려하여 배치할 수 있으나, 지방지역의 경우는 그 지역 사정을 조금이라도 더 잘 알거나 알 수 있는 사람을 배치하는 것이다. 이런 것들은 차별이 아니다. 그래서 공기업의 경우 최근에는 지역제한으로 일정비율을 할당하여 출신지역을 기준으로 사람을 선발하기도 한다. 그러므로 이러한 내용도 신입사원 지망생들은 취업준비 시에 고려해야 한다. 처음부터 무조건 서울 본사에서 근무하겠다고 우겨서 근무가 가능한 게 아니다. 물론 향후 시간이 지나 지방에 계속 근무할 수도 있고, 일정 기간 동안 경력이 쌓이면 여러 사정에 따라 본사 등으로 올라오기도 한다. 입사하여 일을 하다 보면 조직 내의 상황에 따라서 추후 인사이동의 기회가 전혀 없는 것은 아니다.

유학도 방법이 전혀 없는 것은 아니다. 도피성 유학이 아님을 증명해라

현재 이 글을 읽고 있는, 이미 미국 등 해외 유학을 다녀오거나 새로 준비하는 사람들은 "이게 무슨 말이야" 할 것이다. 세상에 방법이 없는 것은 별로 없다. 찾아보면 다 해결 방안이 나온다. 아시다시피 IT기술의 발달로 이제는 전 세계가 하나로 동시에 움직이고 있다. 영어권 유학생의 가장 큰 무기는 영어회화 등 유창한 외국어 실력이다. 유학 도중에 전공 등 연구(공부)와 병행하면서 현지 국가 소재 기업에 실습 간 일, 알바를 한 일, 현지 주민들에게 봉사활동 한 일, 현지 대학에서 동료 또는 선후배들과 캡스톤디자인 등을 한 것들을 한국에서 한국 대학생들이 대학 생활하는 것처럼 명확하게 스펙을 만들고 쌓으면 된다. 그리고 그 결과물을 잘 정리하여 한국에 와서 입사서류에 쓰고, 면접에서 사실대로 입증(증명)을 하면 된다. 그리하여 응시자가 유학생활 중 모든 것을 혼자 해결하였다는 것을 보여주면 채용기업에서도 더 이상 할 말이 없을 것이다.

08 대학원에 진학할 것인지 취업할 것인지를 조기에 결정하라

상세히 후술하겠지만 이미 언급했듯이 우리나라 고교졸업자의 평균 80% 이상이 대학에 진학한다. 한때는 85%를 넘긴 적도 있었다. 이러한 대학진학자들은 4년 후 대학을 졸업할 즈음 취업난에 부딪힌다. 어려운 여건하에서도 다행스럽게 졸업과 동시에 취업이 되면 좋지만, 취업이 안 될 경우 일부는 취업준비를 더한다는 이유로 대학원 진학을 택하고 이마저도 준비가 안 된 경우 무작정 취업 재수를 택한다. 지금은 소위 석사 이상의 고학력자가 무조건 취업에 유리하다고는 볼 수 없다. 대학원 과정 이상은 흔히 대학의 학부과정에서 말하는 전공(학과) 단위가 아니라, 본인이 준비 또는 연구한 석·박사 과정에서 제출한 논문으로 세부전공이 결정되어 졸업 후 세부연구분야와 연계된 취업 등의 진로가 결정이 된다. 수여학위명 또한 학부과정에 준해서 취득학위(학위명)가 수여되지만, 결국은 취업 시 대학원에서 연구한 세부전공으로 준비한 직무가 결정이 된다. 보통 대학원은 학부과정 입학정원의 평균 30% 이하 수준이고 지원가능 전공(학과) 개설 수준 역시 학부과정과 동일하게 설치되어 있지 않다(석사는 대부분이 학부과정 개설 수의 평균 1/3 이하 수준이고 박사과정은 석사과정의 1/3 이하라고 보면 됨). 그러므로 학문연구나 전문분야 연구가 아닌 취업을 목적으로 석·박사 과정에 진학 할 경우, 학위 취득 이후를 대비한 취업 시장을 생각해 보고 대학원 진학여부를 결정하여야 한다. 이제는 너무 흔해서 과거처럼 석사나 박사 학위 보유자라고 학위 한 개로만 채용 시 우대해 주는 경우는 거의 없다. 자칫 석사학위자가 학사들과 같이 선발되어 입사 이후에 석사라고 특별히 우대받는 것도 없이 나이만 두 살 더 먹고 학사들과 동일 수준으로 일하는 경우가 더 많다. 또한 학부에서는 현장실습, 인턴십, 캡스톤디자인 등 기업과의 연계 과정이 보편화되어 있지만 석사나 박사과정은 꼭 그렇지도 않기 때문에 이렇게 학위 구분 없이 동일하게 대우를 받더라도 전혀 이상할 게 없다.

[국내대학 기준 학사과정 이후 석·박사 취득 과정]

구분	석사	박사	석·박사 통합	비고
전공선택기준	세부 전공	세부 전공	세부 전공	수여학위명과 전공명은 다름
최소요구학점	24학점 이상	36학점 이상	60학점 이상	논문제출 과정 기준
논문제출	필수 또는 선택	필수	필수	논문 미제출 시 이수학점 추가
선수과목이수	필수	-	필수	학부과정과 다른계열
설치과정	주중, 주말 등	주중, 주말 등	주중 등	주간 및 야간 과정 등

주) 1) 대학원도 대학의 학부과정처럼 각 학기당 최소 및 최대 이수학점 기준이 있음
2) 대학원 석·박사 과정을 지원할 경우 출신학부 계열과 전공을 반드시 고려해야 함

우리나라 대부분의 기업은 학사·석사·박사 구분 없이 학사 이상으로 1단계 학력 구분만 하여 신입사원을 선발한다. 고졸과 전문대졸, 학사, 석사, 박사 소지자를 크게 2등분 후 동일선상에서 서류전형 및 면접을 거쳐 입사 후 일을 시켜본바, 실제 직무수행 능력 및 목표달성도는 각 개개인의 의지와 적극성을 띤 역량에 따라 그 결과가 달라질 뿐, 학위 수준이 크게 작용하지 않기 때문이다. 이것은 기업이 수년간의 직원채용 및 퇴사경험을 통해 터득한 사실이다. 기본적인 고용 및 취업통계 자료를 보면 학사보다는 평균적으로 석사 이상이 취업률이 높고 평균 초임이 많은 것은 사실이다. 문제는 석사 등으로 졸업 이후 취업에 도달하기까지 기간이 얼마나 되고 또 첫 직장에서 얼마나 오랫동안 머무르느냐이다. 직장생활은 1~2년 하다가 대충 끝나는 게 아니다.

초등학교 학생들이 부모 이외에 처음으로 만나는 사회인은 각급 학교 선생님들이다. 그러다 보니 어렸을 적에는 무심코 TV 등에 나오는 정치인, 장군, 과학자나 교사직을 장래의 꿈으로 갖게 된다. 약 10년 후 대학에 들어오면 상황이 많이 달라진다. 석·박사 과정을 하려면 분명한 목적이 있어야 한다. 도피성 면피성 대학원 진학은 별 의미가 없다. 과거와 달리 이제는 석·박사 졸업자들이 취업하는 곳은 대부분 정해져 있다. 기업의 연구소, 정부산하 전문 연구기관, 대학교수 정도이다. 특히 일반 공기업의 경우 석·박사학위를 취득한다고 해도 인정해주는 제도가 그리 많지 않다. 또한 직장을 다니면서 석·박사 과정을 밟는 경우가 너무 너무 흔하다. 그러므로 조기에 취업에 대한 본인의 장래 진로를 결정하는 게 좋고, 결정이 안 되었으면 우선 진학보다는 취업부터 준비하는 게 훨씬 더 바람직하다.

[참고: 대학원 유형별 석·박사 과정 및 학위적용 기준]

<table>
<tr><th rowspan="2">진출분야</th><th rowspan="2">구분</th><th colspan="3">학위과정</th><th rowspan="2">채용 및 평가기준</th></tr>
<tr><th>학부</th><th>석사</th><th>박사</th></tr>
<tr><td rowspan="4">교육기관
(대학 등)</td><td>대학</td><td>동일대학(교)</td><td>동일대학(교)</td><td>동일대학(교)</td><td>필수(대학별비율 있음)</td></tr>
<tr><td rowspan="3">(세부)
전공</td><td>동일학과</td><td>동일계열전공</td><td>동일계열전공</td><td>필수(우선)</td></tr>
<tr><td>다른학과</td><td>동일계열전공</td><td>동일계열전공</td><td>권장</td></tr>
<tr><td>다른학과</td><td>다른계열전공</td><td>다른계열전공</td><td>선택(일부 채용)</td></tr>
<tr><td rowspan="4">기업·기타
(정부·연구소)</td><td>대학</td><td>구분안함</td><td>구분안함</td><td>구분안함</td><td>출신대학별 비율없음</td></tr>
<tr><td rowspan="3">(세부)
전공</td><td>동일학과</td><td>동일계열전공</td><td>동일계열전공</td><td>필수(우선)</td></tr>
<tr><td>다른학과</td><td>동일계열전공</td><td>동일계열전공</td><td>권장</td></tr>
<tr><td>다른학과</td><td>다른계열전공</td><td>다른계열전공</td><td>거의 채용하지 않음</td></tr>
</table>

주) 1) 교수는 외국대학 학위 취득 시 국내 출신대학 학부과정과 관련이 깊음
2) 대학의 경우 교육부 등 방침으로 특정 대학 출신이 전체교수 대비 일정비율 이상 점유 시 신규임용이 제한되는 경우도 있음(판정기준은 통상 학부 출신대학)
3) 위 안은 평균적인 조사 자료이며 기관별·대학별로 여러 가지가 다양하게 적용됨 (대부분 대학이 교수 채용인 경우는 고등학교 생활기록부 사본도 동시 요구함)
4) 대학교수인 경우 채용 당시 직위와 채용 신분에 따라 적용하는 방법이 다양함
5) 대학원 이상 세부 전공은 학부에 개설된 전공학과가 없거나 다르니 잘 보고 지원해야 함

PART 03 취업스펙 만들기

01 준비 없는 취업은 절대로 없다

02 토익·학점은 이제 더 이상 취업스펙이 아니다

03 자격증만 취득하면 무조건 합격이 보장되는가?

04 무엇이 취업을 위한 스펙인가?

05 글로벌인턴십 및 해외 현장실습

06 졸업 전 4학년 2학기 취업연계형 인턴십

07 재학생 장기 및 단기현장실습

08 캡스톤디자인 및 실험실습(인문+자연 공통)

09 창업과 각종 학내·외 경진대회에 쉬지 않고 참여하라

10 전공불문 온라인마케팅 경험과 소프트웨어 개발 능력은 취업 필수 스펙이다

11 어학연수·교환학생·워킹홀리데이 등은 효과적인 취업준비가 아니다

12 직무스펙 준비 없이 조기졸업부터 서두르지 말라

13 이미 졸업을 한 경우 졸업 이후 스펙 만들기

01 준비 없는 취업은 절대로 없다

공부와 연구는 대학에서 현장실습 및 인턴십은 졸업 후 근무할 지역에서 하라

우리 학생들이 취업상담에서 흔히 필자에게 하는 이야기 중 특히 지방대학 출신 학생들이 주로 하는 이야기가 있다. 지방대학 출신이 서울이나 수도권으로 가게 되면 취업이후 업무 능력에 상관없이 근무하는 기업 내에서 출신지역과 출신대학 때문에 차별을 받는다는 것이다. 이것은 전혀 사실이 아니다. 사람이나 동물은 언제나 자기가 기존에 생활해 왔고 또 오랜 생활로 익숙한 지역에 정이 들어, 그 지역에 대한 정보도 지인들도 많아 그곳이 자기의 성장지역이 된다. 바꾸어 말해 서울이나 수도권 출신자들이 지방으로 취업을 하게 되면, 반대의 경우가 생기는 것이다. 예외 없이 누구든지 취업을 하게 되면 본인이 취업 전 이제까지 갈고 닦은 능력과, 정보(네트워크 등), 지식을 기반으로 일을 하게 된다. 당연히 출신지, 고교나 대학을 다녔던 곳과 아무런 연고가 없는 타 지역으로 취업을 할 경우 취업도 어렵거니와 직장생활도 어려워진다. "똥개도 자기 집 앞에서는 절반(1/2, 50%)은 먹고 들어간다"라는 말(즉, 자기의 영역에서 승부하라)과 같은 것이다.

자의든 타의든 태어나서 성장해 온 여러 가지 이런 다양한 이유를 한 번에 전부 극복할 수는 없다. 공무원이나 공기업은 국가나 공기업의 정책방향에 따라 의무적으로 모두가 너나 할 것 없이 이곳저곳으로 근무지를 옮겨 다닌다. 그러나 그런 부분이 좀 약하게 작용을 하는 일반기업의 경우라면 상황이 달라진다. 이런 것을 완전히 해소하는 방법은 딱히 없지만 그래도 일부는 준비와 보완이 가능하다.

먼저 본인의 장래진로가 결정되면 그 진로로 일할 지역을 졸업 후 제1순위의 취업 및 생활 지역으로 결정을 해야 한다. 지방대 출신은 출신대학이 소재한 해당 시·

도 내에서 취업을 하는 경우라면 다행이지만 그렇지 않은 경우, 즉 서울에서 수도권, 수도권에서 서울, 수도권에서 지방, 지방에서 수도권 등으로 진출을 원하는 준비생은 대학에서 연구와 공부를 하고, 졸업 후 근무할 지역에서 현장실습과 인턴십 등을 단 1개월이라도 수행하는 것이 취업에 매우 유리하다. 예외가 있다면 글로벌인턴십인데, 글로벌인턴십(해외인턴십 또는 해외 현장실습)을 통해 해외를 경험한 학생들이 국내에서 취업 시 우대를 받는 이유는 직무수행능력도 능력이지만 도전의식, 외국어 능력, 업무수행능력, 조직융화력, 다양한 문화차이 극복경험 등이 이미 검증이 되었기 때문이다. 어차피 국내대학 출신이라면 어느 기업이 당장 회사 주변 길도 모르는 사람을 무턱대고 채용하겠는가? 상상해 보라. 여러분들은 잘 모르고 또 차별대우라고 말할지 모르지만 다 이유가 있는 것이다. 거듭 이야기하지만 이것은 차별이 아니라 당연한 대우를 해주는 것이다.

이력서를 많이 쓴다는 것은 확실한 자신 있는 지원 직무(주특기)가 없다는 것이다

'하룻밤에 이력서 100장 쓰기.' 정말 귀신도 놀랄 일이다. 어떻게 경력도 전혀 없는 대졸 신입사원이 그렇게 많은 취업용 이력서를 쓸 수 있을까? 취업지도를 20년 이상 해온 필자는 도무지 이해가 되지 않는 행위로, 이는 절대 불가능한 일이다.

아무런 경력(경험)이 없는 사람이 제출할 기업이 많다는 것은 아무런 준비가 안 되어 있다는 말과 같다. 즉 본인이 집중하여 준비한 직무 임팩트(impact)있는 스펙이 없다는 것이다. 직무스펙이 없다 보니 지원분야를 사무직과 기술직 단 2개로 나누어 무조건 비슷하면 서류를 넣고 본다. 이런 행위는 완전히 잘못된 것이고 여러분들은 절대로 그렇게 하면 안 된다. 말했듯이 취업은 대충 하루 이틀 근무하고 나오는 연습이 아니다. 공무원, 공기업, 일반기업 어디든지 다 똑같다. 흔히 잘 모르는 사람들이 공무원·공사 등 공기업 근무자들은 대충 놀고 먹는다고 착각한다. 하지만 절대로 사실이 아니라고 보면된다. 공직에 있지만 업무추진과정에서 수시로 생기고 없어지는 여러가지 민원해결 문제 등 그들에게는 겉으로 표현도 못하고 말도 못하는 고통과 고뇌·고민이 수없이 있는 것이다.

앞서 젊은 청년들이 취업 후 자주 직장을 옮기는 이직 사유 조사 결과표에서 보았듯이, 가장 큰 이직 원인은 조직 내 업무에 대한 부적응이다. 생각 없이 운이 좋게 취업하여 부여받은 본인의 직무에 대한 과거 수행 경험이 없다 보니, 입사 초기 출근 첫날부터 동기생이나 다른 동료들보다 업무 속도가 떨어지고, 그러다 보니 부여받은 직무에 대해 불만이 생기고 눈치만 보게 된다. 당당히 취업을 하였다 해도 모든 회사 일에 대해 자신감이 없고 자신감이 떨어지다 보니, 자연스럽게 기존의 조직원들과 부적응 사례가 반복되고 더욱더 갈등이 증폭되어 결국은 버티지 못하고 중도 퇴사의 길로 가게 되는 것이다. 이처럼 아직 직장생활도 안 해본 상태에서 지원회사가 많다는 이야기는 첫 취업 후 한 회사에서 일을 잘 할수 있는 준비가 되어 있지 않다는 것과 같은 말이다.

진로 방향이 정해지면 나만의 고유한 스펙을 미리 만들고 준비를 해야 한다

온갖 인터넷(카페, 블로그 등)과 책자에서 실제 취업현장과 동떨어진 내용들을 가지고 본인을 취업전문가라고 소개하면서 제시하는 취업지도 내용의 공통점은 '취업바이블', '면접바이블', '1초면 합격자를 알아낼 수 있는 자소서', '취업서류 이렇게 작성하면 무조건 합격한다'는 식의 말이 미사여구로 나열되어 있다는 것이다. 같은 고교, 같은 대학, 같은 학과를 같은 날(일자)에 졸업했다고 해도 취업 서류는 모두가 각각 다르게 나온다. 그러므로 시중의 자료를 참조하여 자기의 이력서나 자기소개서를 만든다는 것은 면접 탈락의 지름길이라고 보면 된다. 앞서 제시한 각종 취업지원 프로그램 참여 및 전공·비전공 과목 공부 중 대학의 각 학과 교수님들이 제시한 대로 충분히 이수하면 누구든지 고유한 자기의 직무스펙이 반드시 나오게 되어 있다. 다만 4년동안 오로지 영어공부와 장학금 수령을 위해 높은 학점 취득만을 목표로 공부를 한 경우, 취업을 위한 스펙이 거의 나오지 않는다. 이 점 참고 하기 바란다.

취업에는 평균스펙도 없고 서류와 면접의 합격족보 및 합격스펙 또한 없다

공무원, 공기업 및 일반기업은 매년 또는 수시로 신입사원과 경력사원을 채용한다. 그러나 그 시기와 방법을 똑같이 시행하는 경우는 절대로 없다. 채용 방법도 다르고 서류심사, 면접진행(면접위원(관) 섭외 포함)에 이르기까지 모든 게 매회 달라진다. 얼핏 외부에서 보면 똑같은 것 같지만 모두 다 각 단계별로 다르다. 그런데 시중의 취업 자료를 보면 한결같이 소위 합격스펙과 평균스펙을 제시하고 있다. 응시자 수와 응시자가 매번 다른데 어떻게 예상 질문이 나오고 평균스펙과 합격스펙이 나온다는 것인가? 전혀 앞뒤가 안 맞는 모순된 내용이다. 그러므로 절대로 이런 말이나 글에 현혹 되어서는 안 된다. 서두르지 말고 기본부터, 직무부터 차근차근 준비하라. 그러면 한 번에 합격한다.

취업은 누구든지 이유 불문 준비한 대로 합격한다. 우연이나 행운은 절대 없다

취업에 "모범답안이 있다"거나 반대로 "모범답안이 없으니 내 이론대로 하라"라고 홍보하는 사람들은 분명 모순투성이이다. 기업과 조직에서 신입사원이나 경력사원을 선발 시, 수년 또는 수개월 전부터 인사팀 또는 채용부서 등 관련 부서(팀)에서는 필기시험부터 면접시험에 이르기까지 검증된 그 분야 최고의 전문가들을 사외 및 사내에서 섭외하고 전형과정에 참여하도록 한다. 또한 매회 문제 출제자나 면접진행 위원도 바뀐다. 한 번 참여한 교수나 면접위원은 최소 1년 이상 그 기업이나 기관에 다시 참여하지 못한다. 법이나 규정에 명시되어 있고, 이를 어기면 그 기관은 징계 등 불이익을 받게 된다. 또한 이렇게 철저히 준비하고 모든 것이 비밀스레 진행이 되어도 자체 검증을 몇 번이고 수없이 상호간 교차하여 진행한다. 모 대기업 인사팀 출신이라고 소개하면서 유튜브 등에 나와 "취업에는 정답이 없다"는 허무맹랑한 이야기를 하며 마치 자기가 채용에 대해 다 알고 있으니 "내 말을 듣고 믿고 그대로 따라하면 합격한다"라고 말하는 것은 완전히 잘못된 것이다. 누구나 이전부터 철저히 준비하면 준비한 대로 합격할 수 있다. 절대로 우연은 없다. 우연히 합격한 사람이나 우연히 합격하려는 사람들은 지원회사, 그 회사 조직(원), 채용 팀을 얕잡아 보는 어리석은 행동을 하는 것이나 다름없다. 추후 후반부에서 상세히 다시 그 과정을 설명할 것이다.

계속 전공만 고수(adherence, 固守) 시 서류는 통과되나 면접은 어렵다

기업은 신입사원을 채용하기 위해 접수된 서류부터 먼저 검토한 후 면접 대상자를 선발한다. 서류전형은 토익, 학점 등 계량지표 위주의 공통평가 항목과, 전공 및 자격사항 등을 통한 지원분야와 관련성 있는 준비내용, 일치도 등의 비계량지표를 점수화한 기준으로 1차 평가를 한다. 그 내용에 대해 실제 수행 여부와 직무수행능력 등을 물어서 확인하기 위해 2차로 면접을 진행한다. 문제는 공무원(직)을 제외하고는 대부분 면접이 1차에 종료되지 않는다는 점이다. 보통 기업에서 면접은 2단계 이상으로 구성하는데 1차 실무중심 면접 때는 전공 및 직무 일치도 등의 준비 내용을 물어보지만, 2차 이후는 전공관련과 전공 이외 분야에서 응시자가 서류에 서술(기술)한 각종활동 내용을 상세히 물어보거나 최근 사회적으로 문제가 되고 있는 이슈에 대한 본인의 견해나 해결 방안 등 완전히 새로운 방향과 각도에서 진행한다. 즉 1차 실무면접에서는 거의 필수적으로 전공 또는 지원분야 직무수행 관련하여 직접 또는 간접적으로 준비한 내용을 기준으로 능력에 대한 검증을 진행한다. 2차부터는 전공 포함 그 이외에서 지원분야 관련으로 체험하거나 수행한 내용을 토대로 창의성, 도전성, 윤리성, 팀워크(조직력), 조직융화력, 경청 자세, 발표 자세, 기업체 현장실습 경험, 해외 체류 경험, 글로벌 마인드, 경영(경영진) 마인드에 대한 견해, 노동조합에 대한 인식, 소속감, 외국어 수준(회화 및 독해 등), 순발력, 창업 경험, 문서작성 수준, 문서 구사(驅使) 및 표현능력 등 이루 말할 수 없이 다양한 내용을 바탕으로 종합적 진행을 한다. 2차 면접부터 접하는 이런 내용들은 대학의 전공과목과 대부분 거리가 멀기 때문에 오로지 전공 하나에 얽매여 4년 동안 전력(全力)으로 이 분야에만 질주를 할 경우 실제로는 치열한 취업 경쟁에서 통과되기가 어렵다.

일 머리와 공부 머리는 다르고 기업은 오로지 일만 하는 곳이다. 또 팀워크가 중요하다

기업체 현장실습이나 인턴십 수행 중 또는 기타 직·간접적으로 기업에서 근무하는 선·후배 직장인, 인터넷 취업지도 자료 등을 통해 취업준비생들이 가장 많이 듣거나 접하게 되는 말은 "일 머리와 공부 머리는 다르다"라는 말이다. 이 말은 "이론과 실제는 다르다"라든가 "전공으로 배운 것과 실제 직무와는 다르다"라는 말이 아니다. 물론 경우에 따라서는 이 내용을 포함하기도 한다. 하지만 사실은 그런 뜻이 아니다. "공부하는 방식과 기업에서의 일하는 방식이 다르다"라는 뜻이 더 적합하다. 그 이유와 과정을 알아보자. 여러분들이 이제까지 필기시험 위주로 고입 또는 대입 시험 준비를 할 때는 모든 것을 부모님, 선생님, 전문가 또는 주위의 도움을 받아 준비를 했다. 그리고 이러한 도움을 받은 내용을 바탕으로 오로지 혼자서 수행한 수능 등의 시험점수 및 면접결과를 가지고 평가를 받는다. 즉 토익, 오픽, 학점, 자격증 시험 합격, 학교 수석 입학 또는 조기졸업 등은 오로지 최종적으로는 혼자만의 노력인 것이다. 이러한 과정을 자세히 들여다보자. 여러분들은 토익이나 학과시험 등 어떤 시험이든지 필기시험을 치를 때 정해진 시간 안에서 무조건 순서에 관계없이(토익 듣기 시험 등 일부 제외) 1차로 먼저 아는 문제부터 풀고 나머지 모르는 문제는 2차로 다시 한번 생각하여 푼다. 마지막으로 모르거나 애매한 문제는 소위 찍기를 하는데 그 합산된 결과가 최종 점수로 환산된다. 주관식이든 객관식이든 혼자서 푸는 시험은 모두 다 동일하다. 그리하여 운 좋으면 찍기에서 많은 도움을 받아 좋은 점수가 나오기도 하고 때로는 그 반대의 경우도 있다. 바꾸어 말해 일정 수준의 고교·대학 과정을 수료한 사람들은 필기시험의 경우 극히 일부를 제외하고는 과목당 1~5문제 내외로 점수차가 나더라도 실제 지식이나 학력 수준은 거의 비슷하다고 보면 된다. 즉 아이비 리그 대학, 일류대학, 이류대학, 지방대학, 고교의 입학이나 졸업자들의 우수한 성적들이 이론시험 면에서는 크게 차이가 난다 하더라도, 실제로 실무 내용적인 면에서는 학력과 출신 등에 상관없이 크게 차이 나지 않는다는 것이다. 사실상 필기시험 1~2문제 정도의 차이는 "차이도 아니다".

그러나 기업에서 수행하는 직무수행 순서는 필기시험과 완전히 방식이 다르다.

2023년 1월에 할 일과 2월에 할 일이 다르고 월요일에 할 일과 화요일에 할 일, 오전 9시에 할 일과 오후 17시에 할 일 등이 시시각각으로 다르다. 또 하루나 일주일 동안 할 일을 전부 모아서 나열한 후 우선적으로 할 수 있는 것부터 골라서 할 수가 없다. 처음 부여받은 직무를 수행하지 못하면 무슨 이유로든 절대로 다음 직무로 넘어 가지를 못하고 넘어갈 수도 없다. 혼자서 열심히 준비하여 치르는 시험과는 그 뿌리부터 완전히 다른 것이다. 기업에서 하는 일은 혼자서 절대로 수행이 불가능하다. 어느 기업이든지 복수의 다수 사람들이 국내 및 해외, 사업부문, 본부, 지사, 팀(부(部)나 과(課) 등) 등으로 나뉘어 부여 받은 일을 한다. 내가 속한 부서의 업무는 반드시 타부서의 협조나 지원에 의해서 우선순위를 정해놓고 수행하게 된다. 그러므로 내가 수행하는 업무가 절대로 한 개만 나올 수가 없고 최소 두 개 이상 복수로 여러 가지 업무가 생긴다. 그리하여 대부분이 상대방 부서에서 요구한 것부터 먼저 수행하고, 나머지 시간에 나의 고유 업무 또는 내 부서의 일을 한다.

결론적으로 업무추진 방식은 학교 공부나 필기 및 실기시험과는 근본적으로 다르고, 본인이 속한 조직 내에서 얼마나 빨리 업무 흐름과 문화를 따라 가느냐에 개인의 능력이 평가된다. 평일 및 주말 근무, 주간 및 야간 근무 이외에도 회식 참석, 회의 준비 및 참석, 각종 보고서 작성, 업무보고, 창의력 발휘, 정보수집, 리더십, 팀워크 등도 일의 한 부분이다.

여러분들은 이제까지 학교 공부처럼 혼자서 하는 일에 익숙해져 있다. 그러나 앞서 언급했듯이 기업은 정반대다. 먼저 본인의 진로와 수행할 수 있는 직무를 정하여 기업에 가서 실습하고 그와 유사한 일을 입사 후 실제로 해보는 것이 가장 바람직하다. 이런 과정을 거치지 않으면 추후 회사 업무에 부적응하여 하염없이 취업을 연습삼아 이곳저곳의 기업으로 떠돌아 다니게 된다. 그렇기 때문에 기업에서는 응시자에 대해 무조건 직무수행 관련경험 또는 경력이 있는지를 면접 과정에서 집요하게 묻고 또 물어, 입사 후 부여받은 업무에 만족하고 견딜 수 있는지 판단하여 최종합격 여부를 결정한다.

공무원 및 공기업을 포함한 모든 기업에서 누구나 첫 출근하는 날 전공이나 출신대학, 출신지역, 토익, 학점, 학력 등과 무관한 일을 이론이나 공부가 아닌 부여받은 직무(일)를 기준으로 새로이 시작하게 된다. 또한 공무원, 대기업처럼 아무리 많은 직원들이 근무를 한다 하더라도 똑같은 업무를 두 사람 이상이 똑같이 하는 일은 없다.

무엇이 달라도 어느 한 개 이상이 분명히 다르다. 또 다를 수밖에 없게 되어 있다. 어디든지 첫 출근 이후 연도별·기간별로 수행한 일에 대해 개개인들은 주기적으로 직무수행내용에 대한 평가를 받게 된다. 그 결과를 가지고 연봉, 승진(진급), 부서(근무지) 재배치 등이 정해진다. 그러므로 입사 후 행하는 모든 본인 직무수행능력 평가 관련 지표들은 오로지 본인 혼자의 능력과 책임이지 지도교수, 출신대학(학벌), 출신지역, 전공 불일치 등의 탓이 아니다.

02 토익·학점은 이제 더 이상 취업스펙이 아니다

기업은 토익이나 학점으로 일하는 곳이 아니다

1980년대 초 일본에서 최초로 만들어진 토익이 동양권 나라에 보편화되었다. 당시 토익이 동양권 나라와 기업에 보편적으로 도입된 이유는 토플(TOEFL)이 듣기 부분보다 필기 부분이 시험의 주류(나중에 토플도 에세이 과목이 추가됨)이고 미국대학(원) 진학용 시험인데 반(反)해, 토익은 처음부터 상업용으로 목적을 두어 만들었고 전체 문항의 50%가 듣기(회화) 부분으로 구성되어 있어서, 실제 업무수행 중 외국어 회화가 필수인 일반기업에서 공인된 영어회화 능력검증용 어학시험으로 제격이었기 때문이다. 당시 토익 열풍이 불어 SK그룹(당시는 선경그룹이었음) 등은 회사에서 직원들에게 학원비를 전액 보조해 주면서 토익시험을 보도록 하고 시험결과를 승진 및 해외 파견 등의 인사고과(人事考課)에 반영하기도 하였다.

도입 초기에는 토익 830점 이상이면 최우수, 700점 이상이면 우수, 630점 이상이면 일반기업의 어학성적은 합격 안정권 이었다. 그러자 학원 등에서 토익 시험의 약점만 골라 점수를 높이는 방법을 개발하기 시작하였다. 이에 덩달아 토익위원회도 연 1회 실시하던 시험을 2회, 4회로 늘리더니 급기야 이제는 매월 1회 시행하는 체계로 바뀌었고 응시료도 점점 상향되었다. 또한 점수만 높이는 다양한 방법이 앞다투어 노출되다 보니 시험의 신뢰성에 대한 문제점도 드러나, 이에 대한 보완차원에서 서울대학교에서는 TEPS를 별도로 개발하였다. 또한 KT, ETRI 등 통신업계 기업과 연구소에서는 토익을 배제하고 LATT라는 시험을 새로 도입하였다(최근에는 대부분 토익을 중심으로 통일되어 가고 있음). 이러자 대체안으로 OPIC 등의 여러 어학시험이 다양하게 나오게 되었다. 하지만 결론적으로 기업에서는 과거에 어학 우수자들을 단순히 점수 기준으로 선발하고 외국어 회화가 필요한 부서나 지역에 배치하여 관련 업무를 부여한 결과, 토익성적 우수자나 미 응시자나 업무 수행에 별반 차이가 없다는 것을 알게 되었다.

그리하여 이제는 토익을 채용 과목 중 참고자료 정도로만 인정하고 있는 실정이다. 또한 토익 점수 700점 또는 750점 등의 하한선을 두어 이 기준만 넘으면 모두 만점(일부 기업 제외)으로 처리한다. 그러니 이제는 토익이 취업스펙이 될 수가 없다. 학점 또한 마찬가지다. 전국 400여 개의 대학과 전문대학 중 단과대학별, 소속 학과별 재학생 수준이 다르고 전공, 비전공, 복수전공, 부전공 등 다양하게 수강과목이 분포되어 있는데, 어떻게 한 기업에서 응시자들을 대학 및 학과 구분 없이 동일한 잣대(절대 및 상대)로 평가를 할 수 있겠는가? 이 또한 모순이 되어 평균 평점 3.0 또는 3.3 이상이면 정당한 대학생활을 한 것으로 보고 참고자료로만 사용하게 되었다.

그렇다면 왜 이제까지 토익과 학점이 취업스펙으로 인식이 되었을까? 이유는 간단하다. 특정기업이나 기관에서 응시자를 평가해본 결과 전체 응시자 모두가 기업에서 정말 필요로 하는 직무스펙을 제출서류에 제시하지 않았기 때문이다. 이러다 보니 면접의 비중이 높아지고, 면접 때 던진 순간적인 질문과 질문에 대한 순간적인 답변 내용을 토대로 면접위원이 불가피하게 최종합격자를 선발하게 된다. 때문에 최종적으로 합격한 응시자가 토익과 학점, 전공으로만 선발이 된 것처럼 언론과 인터넷 등에서 취업스펙이라고 퍼트린 결과가 수십년 동안 이어져 오늘에까지 이르고 있는 것이다. 필자 또한 기업에서 수십년 일하면서 토익이나 학점 우수자가 남들보다 뛰어나게 일 잘한다는 이야기는 별로 들어본 기억이 없다.

토익 점수가 아니라 영어를 사용하여 실제로 직무수행한 사실을 어필하라

어느 기업이나 기업의 상황에 따라 주력 사업 부문이나 아니면 담당부서별로 대졸수준의 영어독해가 필요한 업무도 있고, 또 독해는 기본이고 어느 정도 영어회화가 필요한 부서도 있다. 또한 여기에 더해 부여 받은 업무를 거의 매일 영어자료 독해와 비즈니스 영어회화를 사용하여 수행하는 부서가 있다. 어느 부서를 가도 우리가 말하는 토익으로 영어회화나 독해를 하지 않는다. 거듭 이야기하지만 매달 실시되는 토익은 독해에서 시험 시간에 아는 문제부터 골라서 풀지만, 회사업무는 그렇게 본인이 아는 업무만 먼저 골라서 할 수가 없다.

그러므로 정말 영어실력이 있다는 것을 보여주려면 외국 소재 기업같은 곳에 직접 가서 직무관련으로 영어를 사용하여 인턴십 등을 수행하거나, 국내 소재 외국기업이나 영어(외국어)로만 업무를 하는 기업에서 인턴십(현장실습 포함) 과정 등을 하여 지원분야 직무에 관해 영어로 수행한 결과(보고서 작성 등)를 직접 보여주어야 한다. 단순히 토익 점수나 생활영어 수준으로는 비교 자체가 불가능하다. 생활영어와 비즈니스 영어는 사용하는 방법과 용어가 달라 전혀 다른 세계이다. 여러분들이 한국에서 태어나 한글과 우리말을 아무리 잘해도, 대학 졸업 후 기업에 취업하여 회사에서 한국어로 회사의 중장기 경영전략이나 영업전략 등을 수립해 보라 하면 전혀 수행을 못하는 것과 같은 것이다. 한글로 읽고 쓰는 것과 한국말을 매우 잘하여 수능 국어과목 점수를 만점을 받았다고 해도 우리나라 기업에서 한글을 사용하여 주어진 일을 잘하는 것이 아닌데, 왜 여러분들은 토익 점수로 영어 관련 모든 결과를 평가하려 하는가? 하루빨리 토익에 대한 환상에서 벗어나기 바란다.

자격증만 취득하면 무조건 합격이 보장되는가?

결론적으로 말해서 전혀 사실이 아니다

우리나라 기업에서는 기업 유형에 따라 신입직과 경력직 채용 시 여러 가지 각종 자격증을 요구한다. 주요기업의 공고문에 나와 있는 자격증들은 다음과 같다.

구분		고교 과정	2년제 대학과정	4년제 대학과정
신입	전공관련	기능사 등	산업기사 등	기사 등
	전공무관	컴퓨터활용능력(1, 2급), 신용관리사, 신용분석사, 자산관리사, DAsP, ADsP, 경영·기술지도사, CISSP(Associate), OCA, OCJP, CCNA, OCSA, DAP, ADP, AICPA, 감정 평가사, 사회조사분석사(1급), 관세사, OCP, OCWCD, OCNA, CFA(Level2), FRM, 변리사, 세무사, 공인노무사, CISSP(Professional), CISA, OCM, CCIE, 공인회계사, 한국사능력(1, 2급), CFA(Level3), AICPA, 국내변호사 등		
경력	(전공+비전공)	(변리사), (변호사), (세무사), 기술사, 기능장 등		

문제는 한 사람이 이 자격증을 모두 보유한 경우도 거의 없거니와, 사원 채용 시 자격증에 대해 공지하는 이유가 다양하다는 것이다. 우선 대기업(일반기업 포함)의 경우는 직무중심 채용이 원칙이고 이미 기존 근무직원 중에 관련분야 자격증 보유자나 대학원 등에서 이수하고 있는 경우가 많다. 바꾸어 말해 입사 후 업무수행에 필요할 경우, 직원 스스로 또는 회사의 일정부분 금전적 지원하에 자격증 취득을 하여 기업의 신용도 평가 등 회사 운영에 필요한 만큼의 자격증 보유자 수준을 유지하고 있는 것이다. 문제는 공기업과 중소기업이다. 공기업은 주로 계량지표인 1차 서류전형에서 객관화된 점수를 환산(換算)하기 위해 각종 보유 자격증을 요구하여 가중치별로 채점 후 합산평가를 한다. 다만 이때 다른 정량(계량)지표 분야에서 가산점이 없는 경우는

자격증에서 점수를 더 많이 받을 수 있어 일부(실제로 그런 사례는 그리 많지 않음)는 다소 유리하다고 볼 수 있다. 그러나 중소 및 중견기업의 경우는 다르다. 기업에서 자금은 사람의 피와 같은 것으로, 항상 기업은 금융기관에 의지하여 자금을 융통하고 있다. 이때 필요한 것이 기업의 신용도이다. 기업신용도는 업력(業力: 사업년수), 직원수, 매출액, 당기순이익 등 평가지표 산정 종류가 다양하지만 인력관리 부분에서는 관련 자격증 보유자 평가 항목이 있다. 그러므로 이 부분에서 기준치가 미달하는 경우 기업은 외부에서 필요로 하는 해당 자격증 소지자만을 급하게 수혈(채용)한다. 그래서 공고문에 그 자격증 보유자를 우대한다고 명시 되어 있는 것이다. 극히 드물기는 하지만 직무수행능력 보유 여부를 떠나 필요자격증 보유자를 우선적으로 채용을 하는 경우도 있다. 이때가 응시자가 가장 크게 자격증의 효과를 누릴 수 있는 때(물론 케이스바이케이스)이다. 대기업도 비슷하나 대기업은 이미 사내에 관련 필요 자격증 등을 보유한 직원들이 많이 있어서 중소기업보다는 그리 급하지 않다. 또한 대기업·공기업·중소(중견)기업 구분 없이 공통으로, CPA(공인회계사) 자격증 보유자가 회사에서 근무를 하고 있다고 하여도 정관(定款: 법인(기업)의 목적, 조직, 업무 집행 따위에 관한 근본 규칙. 또는 그것을 적은 문서) 등 회계규정에 따라 외부(회계)감사는 별도로 전문 회계감사기관에서 수행을 한다.

[기업 유형별 자격증 요구 내용 및 요구 목적]

구분	주요 자격증 요구항목	주요 요구 목적
공기업, 공단 등	기사, CPA, 변호사 등	채용 시 서류전형 계량 평가지표 자료
대기업 등	산업기사, 기사, 변리사 등	서류전형, 관급공사, 입찰등급 결정 등
중견 및 중소기업 등	산업기사, 기사, 기술사 등	서류전형 및 자금, 입찰, 기업평가 등

주) 관급 및 입찰 등은 취업관련 설명과 크게 상관없으니 상세 용어설명은 생략함

결론적으로 말해 본인이 졸업 후의 진로를 결정하고 해당 분야로 진출을 하고자 할 때 그 분야 과거의 채용모집 공고문을 참고하여 자격증을 준비하면 되는 것이다. 모든 분야 채용 시 자격증이 유리하거나 미취득 시 불리하게 작용하지 않는다는 점을 밝혀둔다. 또한 CPA, 변리사, 세무사 등의 자격증을 취득 후 다른 여건으로 인해 일반적인 기업체 취업으로 가지 않을 경우, 본인이 스스로 개업(開業: 창업)을 하여 마케팅

력으로 회사(기업) 운영을 하는 경우도 있다. 다시 말하자면 (고급)자격증 한 개 취득이 당장의 성공이나 취업을 위한 만능열쇠는 아니다. 자격증 우대라고 공고된 분야의 지원자는 모두가 다 그 요건을 충족하여 지원한다고 보면 된다.

04 무엇이 취업을 위한 스펙인가?

NCS는 취업스펙이 아니라 지식·기술·태도에 대한 직업기초능력 평가 기준이다

NCS는 국가직무능력표준(NCS: National Competency Standards)이라 하여 산업현장에서 직무를 수행하기 위해 요구되는 지식·기술·소양을 바탕으로 직무적합성의 내용을 국가가 산업 부분별·수준별로 체계화한 것이다. 산업현장의 직무수행을 위해 필요한 실제적인 수행 능력인 지식·기술·태도를 국가적 차원에서 표준화했다. 과거에는 산업사회가 빠르게 변하지 않아 신입사원 교육훈련·필요자격 및 경력사원 교육 등을 기업 내에서 자체적으로 하다 보니, 전문화를 요구하는 급변하는 산업수요에 부응하지 못해 국가에서 미리 직무별로 필요한 능력을 표준화 해놓은 것이다. 2021년 기준 1,000여 개 이상 각 업종 내 직무가 표준화 되었고 지금도 계속 신산업 업종 중심으로 NCS 과목 개발이 진행되고 있다. 또한 공기업은 대부분 이 NCS를 활용하여 현장중심의 인재 양성 및 채용과, 근무 중인 재직자에 대한 (재)교육이 진행되고 있다.

NCS 채용은 해당 직무를 수행하기 위한 모든 종류의 수행능력을 포괄하여 세세하게 구분 제시하고 있으며, 이 기준에 따라 필요한 직무역량을 확인하기 위한 서류전형과 면접전형도 진행을 한다.

[참고: NCS – https://www.ncs.go.kr/index.do(한국산업인력공단)]

또한 NCS(국가직무능력표준) 기반의 채용에서는 기업이 필요한 직무 요건을 정확히 제시하고 있어 지원자들은 그 요건에 맞게 준비를 해야 한다. NCS 필기시험은 크게 모듈형과 피셋(PSAT)형이 있으며 시험 종류와 도입 방식은 기관의 성격과 채용 대행기관 시기에 따라 다르다.

[필기시험 기준 NCS 시험 종류(발췌)]

구분	모듈(module)형	피셋(PSAT)형	피듈형
목 적	개별 직무능력단위 역량평가	공직 적격성 평가 우선	모듈형 + 피셋형
시행기관	정부투자기관(공기업 등)	5급 공무원 수준 1차 시험	기관별로 다양

[측정과목, 측정역량, 출제형태 비교(발췌 예시)]

(모듈형)

주요 과목	측정역량	모듈 출제 형태
의사소통능력	논리적 사고력	• 기관(기업)의 사업, 운영 이해도를 통한 문서이해능력 측정
수리능력	정보이해, 추론, 해석	• 응용계산, 자료해석, 정보파악능력에 대해 전체적으로 측정
문제해결	수치해석, 조건해석	• SWOT 문제 해결 절차 • 발생, 탐색, 설정형 문제로 개념에 대한 이해 능력

(피셋(PSAT)형)

주요 과목	측정역량	모듈 출제 형태
언어논리	논리적 사고력	• 글의 정보(일치/부합/분석) • 지문내용을 다른 지문내용으로 반박 또는 강화
자료해석	정보이해, 추론, 해석	• 수리 계산력 측정 • 도표, 차트, 그래프 등을 제시하여 정보 파악
상황판단	수치해석, 조건해석	• 다양한 상황에 대한 해석 풀이 • 법률(규정) 제시로 판단 결과 요구 및 공식 계산

[NCS 예시]

분류번호:	0201030116_21v4
능력단위 명칭:	STP 전략 수립
능력단위 정의:	STP 전략 수립이란 마케팅 목표를 달성하기 위하여 시장을 세분화하고 타깃 시장을 선정하며, 그 타깃 시장 내에서 자사 제품을 경쟁사 대비 유리하게 위치시키기 위한 전략을 도출하는 능력이다.

능력단위요소	수행준거
0201030116_21v4.1 시장 세분화하기	1.1 구매자 집단을 확인하기 위한 시장 세분화 변수를 선정할 수 있다. 1.2 선정한 시장 세분화 변수에 따라 시장 세분화 기준을 수립할 수 있다. 1.3 수립된 기준에 따라 시장을 세분화할 수 있다. 1.4 세분화된 시장에 대하여 세분 시장의 개요서를 작성할 수 있다.
	【지식】 • 시장 세분화 개념 • 시장 세분화 변수 • 시장 세분화 효과 • STP(Segmentation, Targeting, Positioning) 전략 수립 절차 • 마케팅 전략 수립 절차 • 마케팅 리서치 기법
	【기술】 • 통계 프로그램 활용 기술 • 고객 욕구 분석 기술 • 시장 규모 측정 기술
	【태도】 • 고객 욕구를 파악하고자 하는 적극적 태도 • 마케팅 전략에 성공하고자 하는 전략적 태도 • 타 부서와의 긴밀한 유대 관계를 유지하려는 태도
0201030116_21v4.2 타기팅하기	2.1 타깃 시장을 선정하기 위하여 세분 시장의 매력도를 파악할 수 있다. 2.2 타깃 시장을 선정하기 위하여 자사의 역량을 파악할 수 있다. 2.3 타깃 시장을 선정하기 위하여 경쟁사의 역량을 파악할 수 있다. 2.4 파악된 정보를 바탕으로 타깃 시장을 선정할 수 있다.
	【지식】 • 3C 분석 기법 • 시장 매력도 평가 요인 • 경쟁적 위치 평가 요인 • 투자수익률 개념 및 산출 방법 • 타깃 시장 전략 대안 이해 • STP(Segmentation, Targeting, Positioning) 전략 수립 절차 이해 • 마케팅 전략 수립 절차 이해 • 마케팅 리서치 기법
	【기술】 • 통계 프로그램 활용 기술 • 시장 매력도와 경쟁 위치 평가 기술
	【태도】 • 전략적 중요성을 파악하기 위한 적극적인 태도 • 성장성과 수익성을 파악할 수 있는 분석적 태도 • 타깃 시장을 선정할 수 있는 종합적 태도

[출처: 한국산업인력공단]

대학원을 졸업한 석사와 박사는 취업에 유리한가?

앞서 서술했듯이 인터넷이 없어 정보공유가 어려웠던 과거에는 학사학위 이상의 석사나 박사 출신들을 기업에서 대부분 선호하였다. 그러나 지금은 사정이 많이 다르다. 우선은 일부 대학을 제외하고 석사나 박사과정 진학이 별로 어렵지 않다. 또한 다양한 정보매체를 통해 석사나 박사과정에 준하는 전문적인 강좌 등을 언제든지 학사과정을 다니면서 수강 할 수 있다. 과거에 일반 기업은 자녀 학자금지원제도가 없었고 공무원인 경우만 자녀의 고교까지 학자금을 지원해 주었다. 그러나 이제는 일반 기업에서도 능력에 따라 일만 잘하면 직급과 근속연수에 상관없이 본인이 희망하는 경우, 해외유학과 국내 대학원에 진학이 가능하다. 대학 또한 석사 이상의 야간과정과 주말강좌 등을 기업의 수요에 맞춰 개설하거나 운영하므로 굳이 취업 이전에 석사나 박사학위를 취득한다고 하여도 취업에 크게 유리하지가 않다. 다만 대학(교) 및 전문연구소 등 극히 일부 특수 분야(산업이나 업종)에 한해, 아직도 신입사원 채용 시 석사나 박사를 선호하는 경향이 있다.

또 일반 기업에서는 여러 가지 직원 교육이나 복리후생 지원제도가 잘 발달되어 있어서 채용 후 학력차이에 대한 동일 급여지급 수준 불만 등에 부담이 적다. 또한 학부 재학 시 현장실습 등에서 다소나마 자기의 능력을 검증 받은 학사 학위자가 대학을 졸업한 후 석사 이상 응시자보다 먼저 입사하여 2년 이상 기존 조직원과 융화 및 업무 적응을 잘할 경우, 석사보다 업무수행능력이 더 뛰어난 경우가 많다. 그러므로 굳이 석사·박사학위 이상 소지자를 별도로 구분하여 새로 채용할 필요가 없는 경우에는 구분하여 선발하지 않고 학사·석사·박사를 통합하여 선발하기 때문에 무조건 취업에 유리하다고만 볼 수 없다. (학점제)현장실습, 인턴십 등은 원칙적으로 대학 학부과정에만 개설되어 운영하고 있는 경우가 대부분이다. 기업들도 이러한 내용을 알고 있기에 여러 방향(경로)으로 이미 입사 후 학력별 직무수행역량의 상관관계를 수없이 경험을 해보고 결정한 것이다. 여러분들은 이 점을 필히 참고하기 바란다.

취업에서 가장 필요한 스펙은 지원분야에 대한 준비된 직무수행능력이다

언급한 대로 기업에서는 근무 중이거나 중도 퇴직한 선배들과의 업무수행 경험을 통해 여러분들의 직장 내 업무수행능력을 이미 다 파악하고 있다. 즉 운 좋게 면접에서 말 잘한다고 합격이 되지 않을 뿐만 아니라 대부분 직무에 대한 준비 내용의 깊이로 응시자를 평가한다. 그렇다면 정말 기업에서 필요로 하는 취업을 위한 스펙은 무엇인가? 이제 기업도 직무수행 성과에 대한 높고도 다양한 보상체계가 확립되어 있고, 과학적인 인적자원관리제도, 다양한 교육제도, 복리후생제도가 정착되어 언제든지 글로벌 기업으로 도약하기 위한 만반의 준비가 되어 있다. 마음만 먹으면 즉시 세계 곳곳에 공장도 짓고 직원을 보낼 수도 있다는 뜻이다. 이러다 보니 과거와는 달리 능력 있는 많은 우수한 젊은 인재들이 전세계에서 앞 다투어 기업(창업 포함)으로 몰려들고 있다. 그렇다면 이 몰려드는 인재들에 대한 과학적인 선발 기준은 무엇일까?

기업은 지난 수십 년 동안 여러 가지의 채용과정에서 응시자들을 출신대학, 전공, 토익, 학점, 자격증 보유 여부 등을 기준으로 하여 개별지표 또는 가중치를 혼합하여 선발하며 소위 채용단계에서 해 볼 만한 방법은 다 사용했다. 그러나 정작 입사 후 당장 필요로 하는 스펙은 직무수행능력인데 이를 숫자로 나타내어 과학적으로 계량화하지는 못했다. 그리하여 이제는 이런 계량화 방법에 대한 미비점을 검토 보완 후, 정기적으로 연1회 공개채용 방식으로 하던 채용방식을 수시채용 방식으로 전환하여, 일시에 몰리는 응시자를 여러 회차(차수)에 분산하도록 조치했다. 연중으로 심도 있는 방법을 통해 채용을 진행하고 있는 것이다.

이렇게 할 경우 결원이 생긴 특정 업무나 부서에 대해 꼭 필요한 인재를 특정할 수 있다. 해당 직무에 적합하다고 생각되는 지원자들만 서류에서 먼저 합격시킨 후 면접에서 응시자의 개인별 직무수행능력을 꼼꼼히 살펴보고, 진짜로 필요한 인재를 발굴하여 적기 적소에 뽑아 배치할 수 있다. 또한 적임자가 없으면 다시 공고를 내어 새로운 사람들을 새로 평가하여 부족인원을 수시로 채워나갈 수 있다.

그러므로 이제는 공무원 및 공기업과 일반 모든 기업에서 신입사원과 경력사원 채용 시에 필요로 하는 채용 스펙 1순위가 직무수행능력으로 바뀌었고 구직자 또한 직무수행능력 위주로 취업을 준비해야 한다. 대학에서도 취업을 잘하도록 무조건 후

한 학점 주기, 토익 시험 권장 또는 비용지원 등의 계량화된 취업지도 방식에서 벗어나 글로벌인턴십, 장(단)기 현장실습, 캡스톤디자인 등의 개인별 조직력과 직무역량강화를 통한 직무수행능력 배양 위주로 학생들의 진로와 취업지도를 대전환하였다. 교육부 등 정부 각 부처에서도 이러한 대학의 제도를 적극 권장 유도하고 있다.

구분		공무원	공기업(협회 포함)	일반기업(대·중·소)
서류 전형		없 음	토익, 학점 등 계량지표	토익, 학점, 자격증 등
필기 시험		직렬별 요구과목	직무별 요구과목	선 택
인적성검사		선 택	필수로 시행하되 참고 또는 면접으로 활용	대 기 업: 필수적용 일반기업: 선택적용
면접 전형	1차	필기점수 우선적용	직무수행능력(실무 등)	직무수행능력(실무 등)
	2차	선 택(5급 이상)	직무수행능력 (토론, PT발표 등)	직무수행능력 (토론, PT, 외국어능력 포함)
	3차	없 음	조직적합성, 공공성 등	조직적합성, 창의성 등

위의 표에서 보듯이 공무원의 경우 계량점수와 필기시험 성적이 합격에 절대적이고, 면접 비중이 큰 공기업인 경우는 각 전형 단계별로 허들(hurdle)식(전형 단계별로 구분하여 탈락시키고 합격자만 다음 단계로 올라가는 방식) 면접을 진행한다. 또 일반기업(대·중·소)도 면접 비중(단계별 가중치에 대한 적용 방법은 기업별로 상이함)이 크고 기업과 분야별로 차이가 있지만 대부분 직무역량과 창의성이 추가된다. 이 모든 면접 단계에서 공통적으로 겹치는 부분이 지원분야에 대한 직무수행능력이다. 참고로 다음의 기사를 보자.

기업 채용담당자 758명에 물었더니…"문과? 직무경험이 가장 중요"
일경험·자격증은 긍정 영향…학점은 기준만 넘으면 'OK'
"코로나학번, 채용영향 없거나 상황따라 달라"

이른바 '문사철'이라고 불리는 인문계열 대학생이 취직할 때 가장 큰 영향을 주는 건 일과 관련된 경험인 것으로 조사됐다.

2일 고용노동부가 여론조사 전문기관 글로벌알앤씨에 의뢰해 작년(2022) 11월 18일~12월 23일 매출액 500대 기업·중견기업의 채용 담당자 758명에게 물어본 결과를 보면, 응답자 69.1%는 경영·경제학과를 제외한 인문사회계열 전공자를 채용할 때 가장 노력해야 할 사항으로 '직무 경험'을 꼽았다. '직무능력 향상을 위한 교육훈련'(59.8%), '회사 관심도·기업분석'(18.3%), '직무 관련 복수·부전공 이수'(13.9%)이라는 답변도 많았다. '직무와 연관성이 높은 일 경험이 채용에 긍정적인 영향을 준다'는 데는 응답자의 89.1%가 동의했다. '직무 관련 자격증이 도움이 된다'는 답변도 82.6%에 달했다.

반면 학점과 관련해서는 '기준 학점 이상이면 영향 없다'는 응답이 47.6%로 가장 많았다. 인문사회계열 전공자를 채용할 때 기대하는 능력으로는 '커뮤니케이션 능력'(31.8%), '조직 적응력'(22.3%), '보고서 작성 능력'(16.0%) 등이 꼽혔다. 채용 담당자들이 '문과생 취직 역량 확대를 위해 필요한 정부 정책'으로 가장 많이 꼽은 것도 '직무 관련 일 경험 기회를 제공하는 것'(70.6%)이었다. 이어 '산업 수요가 있는 분야에 대한 직업훈련'(31.1%), '전공별 직업 경로 등 정보 제공'(22.3%) 등 순이었다.

박철성 한양대 경제금융학부 교수는 이번 조사 결과와 관련해 "문과생을 비롯해 청년들이 취업에 대한 막연한 걱정에서 벗어나 직무 경험 쌓기에 초점을 두고 준비하면 큰 도움이 될 것"이라고 말했다.

한편 이번 조사에서 코로나19 확산으로 비대면 강의를 주로 수강한 '코로나 학번'인게 채용에 부정적인 영향을 주느냐는 질문에 채용 담당자 92.4%는 '영향이 없거나 개별 상황에 따라 다르다'고 답변했다. 부정적인 영향을 준다고 응답한 채용 담당자들은 '사회적 활동 기회가 상대적으로 부족'하다거나 '다양한 경험을 하는 데 제한이 있다'는 등의 이유를 들었다.

[출처: 헤럴드경제(2023.03.02.)]

05 글로벌인턴십 및 해외 현장실습

교육부와 고용노동부 등은 글로벌인턴십(해외 현장실습)을 적극 권장하고 있다. 이러한 이유는 지금은 공무원, 공기업, 대기업, 일반기업 등 모든 기관과 기업들이 글로벌 시대에 맞추어 업무추진이나 사업을 하기 때문이다. 국내에서 고교나 대학을 졸업 후 해외에 유학을 가서 공부하고 온 학생들보다 국내 대학과정을 졸업하고 해외 소재 글로벌기업에서 인턴십 또는 현장실습을 하고 온 학생들이 입사 후 업무적응도 빠르고 업무를 더 잘하기 때문에, 기업에서 국내대학 출신 중 해외인턴십이나 현장실습 출신 응시자들을 최우선적으로 선발하고 있다. 해외인턴십을 하고 올 경우, 지원분야 직무에 대한 전문성과 외국어 실력을 별도 증빙자료 없이 동시에 파악할 수 있기 때문이다. 즉 더 이상 면접을 볼 필요도 없는 것이다. 글로벌인턴십과 해외현장실습의 차이는 글로벌인턴십은 졸업과 동시에 계속 해당기업에 근무하는 것이 원칙이지만, 해외 현장실습은 졸업 요건을 충족하기 위해 졸업 전에 한국으로 돌아오는 경우가 대부분이라는 것이다. 어찌 되었든 둘 다 취업스펙 만들기에는 가장 큰 무기가 된다. 주요 운영 프로그램별로 원칙적으로 기간은 1년 이상이나 그 이하인 경우도 일부 있고 재학생 및 졸업생 구분 모집, 재직대학 경유과정 필수, 대학추천서 등이 필요한 경우도 있다. 또한 선착순 모집이나 연도별 전체 총 선발인원수(TO)가 정해져 있는 경우 등이 있으니, 꼼꼼히 살펴본 후 가장 적합한 한 개를 선택하여 치밀하게 준비를 해야 한다.

글로벌인턴십(K-MOVE)

해외취업은 고용노동부 산하기관인 한국산업인력공단, 기타 정부 내 해외 취업관련 부서들이 연합으로 운영하는 K-MOVE 사업이 대표적이다. 또한 각 대학 내에서 운영하고 있는 국제교류원(국제교육원 등 명칭 다양) 등도 있으니, 수시로 관련 기관을 방문하여 상담을 받아보기 바라며 K-MOVE 사업의 시작부터 성공까지는 아래에 제시한 내용을 참조하기 바란다.

최근 코로나19로 인해 매년 정기적으로 시행되던 본 글로벌인턴십 등이 각국의 사정에 따라 변경되거나 확대 및 축소되는 경우가 많이 있으니 준비는 먼저 하되 세부 추진일정, 국가별 구인기업체 현황, 기업체 선정기준, 서류작성법 등은 담당 기관과 긴밀히 협의해야 한다. 지역별 국가별 취업 요건과 요구하는 졸업(예정) 여부, 어학점수 및 비자 발급조건 등의 응시요건이 다르니 취업연계 인턴십과 장기현장실습(대학복귀 형 등)을 구분하여 준비하기 바란다. 대학 내 관련 지원부서가 대부분 설치되어 있으니 저학년 때부터 전문가들이 안내하고 추천하는 방법으로 지도를 받아 도전을 위한 준비를 차근차근 하는 것이 좋을 것이다.

[참고: 월드잡 – https://www.worldjob.or.kr/new_index.do(한국산업인력공단)]

WEST(한미 대학생 연수 프로그램: Work, English, Study, Travel)

요즘 일부 학생들은 취업, 미래불안 등의 고민을 일거에 해결하기 위해 코로나 시국임에도 해외로 진출이 가능한 국가들로 나가고 있다. 더구나 여전히 대학졸업자 해외취업 비율은 점진적으로 증가하고 있다. WEST 프로그램은 정부지원을 받아 어학연수와 해외인턴십(미국만 해당됨. 기타국가 불가)까지 함께할 수 있는 프로그램이다. 취업 전 인턴 활동을 하며 업무에 대한 지식을 쌓는 것은 큰 도움이 되므로 두 마리 토끼를 한 번에 잡을 수 있는 셈이다. 최소 6개월에서 최대 18개월까지이므로 여러 종류의 일(직무)을 직접 접해볼 수도 있다. WEST 프로그램은 매년 TO제로 운영한다. 아래 주소를 참고하기 바란다.

[참고: https://www.worldjob.or.kr/ovsea/intern.do?menuId=1000000043
https://www.youtube.com/@KOREAWEST]

미국 어학연수와 인턴십 지원…교육부 'WEST' 참가자 모집
하반기 참가자 서류접수 다음달 7일까지

교육부와 국립국제교육원은 2019년 '한·미 대학생 연수(WEST: Work, English, Study, Travel)' 사업 하반기 참가자 선발을 시작한다고 7일 밝혔다.

WEST는 대학생이나 대학을 졸업한지 얼마되지 않은 이들에게 미국 어학연수, 인턴, 여행 등의 기회를 제공하는 프로그램이다. 올 하반기 모집인원은 단기 WEST(6개월) 95명 내외, 1년 내 졸업생을 대상으로 하는 WEST 플러스(12개월) 50명 등 총 145명 내외다. 접수기간은 오는 8일부터 다음달 7일까지다. 국립국제교육원 홈페이지나 월드잡플러스 홈페이지에서 자세한 사항을 확인하고 신청하면 된다. 지원 자격은 4년제 대학 4학기(전문대학은 2학기) 이상 이수한 재학생·휴학생 또는 최근 1년 이내 졸업생이다.

한편, 지난 2009년 시작된 WEST는 지난해까지 3,548명의 대학생이 참가했다. 김태훈 교육부 직업교육정책관은 "우리나라와 미국 간 대학생 교류를 대표하는 WEST 사업에 대학생들의 많은 참여를 바란다"며 "보다 질 좋은 어학연수와 인턴십이 이루어질 수 있도록 노력하겠다"고 밝혔다.

[출처: 뉴스1(2019.07.07.)]

06 졸업 전 4학년 2학기 취업연계형 인턴십

수시로 주요 공기업 및 대기업 인턴십에 도전하라

이미 언급한 대로 통상 대학에 들어가면 비교과 교육과정으로 수십 개의 자기 개발 및 취업준비 강좌 등이 마련되어 있다. 그러나 4학년 2학기(또는 전문대학의 경우는 2학년 2학기 등)에 교과목 특히 전공 선택 과목으로 학점을 취득하고 취업 연계로 인턴십(통상 국내 및 해외 불문 인턴십과 현장실습의 구분은 졸업예정자(실습 후 바로 취업이 가능한 자) 대상 실습인 경우는 인턴십이고 기타는 현장실습으로 구분함)을 가는 것은 바로 취업과 연결된다고 봐야 한다.

고용노동부와 교육부 등은 (청년) 대학생 취업률을 높이기 위해 여러 가지 학점제 병행 취업연계 인턴십을 운영하고 있다. 이 제도는 졸업예정자만을 주로 대상으로 하기 때문에 기간이 보통 3개월 이상 장기이며, 이 기간 동안에 현재 부여 받은 직무가 여러 가지 사정으로 수행이 곤란 할 경우 회사와의 협의를 통해 다시 한번 1~2회 직무 변경이 가능한 경우도 있다. 다만 여기서 여러분이 알아야 할 것은 4학년 2학기 인턴십에 참여하려면 인턴십 종료 후 바로 졸업이 가능하도록 미리 저학년 때부터 학점을 잘 관리해 두어야 한다는 것이다(통상 인턴십 개시 전까지 온라인 수업으로도 학점취득이 가능한 6학점 이하 유지가 필수임). 그리고 2~3학년 때에 단기 또는 장기현장실습을 먼저 다녀와야 본인이 지원하고자 하는 분야의 직무가 명확하게 정해져 바로 합격이 가능하다. 준비 없이 무조건 취업연계형에 도전한다고 쉽게 합격이 되는 것이 아니다. 바꾸어 말해 대기업 취업연계 인턴십에 합격하기 위해서는 또 다른 단기형 현장실습(2개월 또는 8개월)을 최소 1회 이상 먼저 가야 한다는 것이다. 공기업이든 일반기업이든 기업체 인턴십 합격을 만만하게 봐서는 안 된다.

취업연계형 인턴십은 여러 가지 종류가 있다. 대학과 무관하게 공무원, 공기업,

대기업과 일반기업에서 자체적으로 수시로 운영하는 인턴십(공무원과 공기업은 취업연계형이 아닌 직무체험형 일반인턴십이 대부분임)이 있고, 이 경우는 대부분 4학년 1학기 까지 졸업 요건에 필요한 학점을 미리 다 취득을 해야만 지원이 가능하다. 기업별로 자체적으로 운영하는 일반기업형 인턴십은 모두 모집인원이 정해져 있어서, 실제 해당기업 취업수준과 비슷한 수준으로 준비를 해야 하고 경쟁률 또한 치열하다.

대학 내 각종 사업과 무관한 외부모집 인턴십은 취업 포털과 각 기업체 모집 공고문 등을 참조해야 하며 대학 내 학점연계형 등의 인턴십을 이용할 경우 산학협력단, LINC 3.0(또는 RISE 사업) 사업단, 각 학과 사무실, 창업지원단, 기업지원센터, 현장실습센터, 일자리센터(일자리 관련 부서)에서 희망(참여) 기업을 알아볼 수 있다. 필요시 본인이 직접 실습할 기업을 발굴 후 대학에 보고하여, 학점연계형으로 진행이 가능하다면 그 기업과 협의 후 학점연계형으로 진행하면 된다.

[주요 공기업 및 대기업 인턴십 현황(예시)]

구분	정부부처 또는 기업	인턴 유형	비고
공무원	행전안전부	직무체험형	
공기업	Kotra(코트라)	직무체험형 청년인턴(해외 포함)	기업별 정기 공채 시 인턴 실적을 서류전형에 가산해 주는 기업도 일부 있음
	한국산업은행	청년인턴	
	한국도로공사	직무체험형 인턴	
	한국남부발전	직무체험형 청년인턴	
	국민건강보험공단	직무체험형 인턴	
일반기업(대기업)	포스코인터내셔널	직무체험형 인턴	
	네이버클라우드	마케팅체험형 인턴	플랫폼서비스 부문
	국민은행 등	글로벌 IB Apprentice 채용형인턴	

주) 직무체험형: 실습 종료 후 해당기업으로 취업이 바로 연계가 되지 않는 유형임

[관련기사]

모바일 금융플랫폼 '토스' 운영사 비바리퍼블리카(이하 토스)는 정규직 전환이 가능한 채용연계형 인턴십 프로그램을 진행한다고 오늘 6일 밝혔다.

이번 인턴십은 데이터 분석가(Data Analyst) 직군에 해당하며, 하반기 입사가 가능한 지원자라면 누구나 참여할 수 있다. 서류 접수는 이달 11일까지 토스 채용 홈페이

지를 통해 할 수 있다. 데이터 분석가는 데이터 수집, 분석, 테스트 등을 통해 제품과 서비스 개발 시 필요한 정량적 정보를 제공하는 역할을 주로 담당한다. 통계적 지식과 프로그래밍 언어 활용 역량이 요구되고, 데이터 활용이 중요한 금융, IT 분야에서 특히 각광받고 있는 직군이다.

이번 토스 인턴십에 선발된 최종합격자에게는 6개월간의 인턴십 과정을 거쳐 정규직 전환의 기회가 주어진다. 오는 14일 서류전형 합격자를 발표하고, 사전과제와 면접 과정을 통해 8월 중 입사일이 결정될 예정이다.

특히 사전과제와 면접에선 기존 DA 직군 채용에서 주로 시행하는 쿼리 테스트는 진행하지 않는다. 지원자의 부담을 줄이고 SQL(structured query language)에 능숙하지 않아도 데이터 분석의 역량을 확인할 수 있는 다양한 평가방법이 도입될 예정이다. 최종합격자는 기존 토스 DA와 메이트가 돼 실무 경험을 쌓고, 별도의 멘토링 지원도 받게 된다.

이번 토스 인턴십에서 선발된 최종합격자는 대기업 초임 이상의 업계 최고 수준 연봉과 기존 토스 직원과 동일한 복지혜택을 받을 수 있다. 서류접수는 이번주 11일까지 토스 채용 홈페이지에서 할 수 있고, 한자리수 인원을 채용할 예정이다.

토스 관계자는 "데이터 분석가는 IT, 모바일, 금융 등 많은 데이터 드리븐 금융비즈니스에서 핵심 포지션으로 빠르게 성장하는 직군으로 관련 수요가 증가하는 추세"라며 "토스는 이번 인턴십을 통해 역량 있는 신입 DA를 직접 발굴하고 육성해, 향후 더 많은 직군에 적용할 수 있는 계기로 삼을 계획"이라고 밝혔다.

[출처: 뉴스핌(2021.07.07.)]

IPP는 대학 3학년 때부터 이미 정규직으로 취업이 가능한 현장실습 제도이다

4학년 2학기에 참여할 수 있는 일반기업체의 자체 인턴십과는 별도로 각 대학에서는 고용노동부 또는 교육부와 연계하여 학점취득형으로 진행하는 인턴십도 있다.

IPP는 고용노동부에서 실시하는 기업연계형 장기현장실습(Industry Professional Practice)의 약자로, 이름 그대로 학기 중 기업에서 직접 실습을 하며 실제 수행업무를 배우는 제도이다. 산업체와 대학 간 상생 발전모델이며 기업 인턴, 현장실습과 같은 단기적인 실무체험에서 장기로 변형된 형태이다. 현재 모든 대학이 아닌 특정 대학들에서만 IPP사업단이라는 이름으로 이 사업을 추진하고 있다. 진행 유형은 일학습병행제와 장기현장실습 2가지 종류이다. 장기현장실습은 4학년 2학기 재학생만 신청이 가능하나 취업이 전제가 아니고 선택사항이다. 일학습병행제는 일반적으로 재학생 기준 3학년 2학기 때부터 신청이 가능하고 졸업과 동시에 실습기업으로의 취업이 필수이며 4학년 1학기 때부터 이론 강의를 시작하되 실습 학기인 4학년 2학기까지 모든 졸업 필요 요건을 꼭 이수해야만 가능하다. 실습기간별 및 대학별로 월간 취득학점은 다르다. 이 제도는 대부분 대학별·참여 학과별·과정별 TO와 기업 내에서도 종업원 수 대비 참여 인원 TO 비율이 정해져 있다.

실시 대학은 주로 이공계를 중심으로 이루어지고, 해당 대학(교)과 참여 학과는 4학년 교과목을 기존과정과 기업맞춤형과정의 투트랙(two track)으로 나누어 운영한다. 그래서 IPP 참여학생들은 전공이 같다고 하더라도 비참여학생들과 교과목도 다르고 수업방식도 다르다. 또 참여학생들은 중간중간에 본인이 졸업 후 취업하게 될 기업에 미리 가보기도 하고, 기업에서 직무수행에 필요한 내용에 대해 겸임교수 형식으로 기업의 간부나 전문가들이 실시 대학에서 직접 필수 강좌를 추가 개설하여 맞춤형 강의를 하기도 한다.

참여학생은 이 기간 동안 월단위 학점취득 이외에 대학으로부터 일부 지원금을 받고, 기업으로부터도 정식적으로 최저임금 이상 일정 수준의 급여를 받는다. 4학년 1학기는 대학을 졸업 후 일할 지원분야별 관련 전문요구과목만 이론적으로 집중하여 연구(수강)하고, 이론과정 수료와 동시에 1학기 기말시험 종료 후 또는 2학기부터 바로 기업으로 들어가서 실전으로 정규 직원처럼 일을 하게 된다. 졸업 전까지의 기업체 근무기간을 '일학습병행제' 실습 기간이라 하는데, 이 기간 중 지급하는 급여는 연도별 최저임금 이상이 의무(4대보험도 필수적으로 기업에서 들어준다)이며, 2023년 1월 기준 대학 지원금과 기업의 월급을 합산하여 월 평균 201만원 이상을 받는다(연도 별로 월급여와 지원금 지급 금액은 달라지나 매년 고용노동부가 발표하는 최저임금 금액이 월임금액의 하한선이라고 보면 된다). 기업의 경우 정규직원에 준하여 노동에 대한 대가를 주는 것이기 때문에 바로바로 지급되는 편이지만, 대학 지원금의 경우 학교의 사업 금액이기 때문에 행정을 담당하고 있는 직원 상황에 따라 지급 일정이 일부 변경되기도 한다. 각 대학에서 노동부와 공동으로 진행하는 사업인 만큼 대학별로 협약(중복 협약 가능)된 대상 기업이 각각 다르다. 앞서 언급했지만 실습기간이 길수록 취득학점이 많아지며, 또 대학별로 부여하는 월간 취득학점도 다르다. 또한 학점을 취득하는 것인 만큼 대학에서는 성적을 부여해야 하는데, 이에 대비하여 기업에서도 학생을 평가하며 종합적인 평가에 대한 상세한 근거와 지도결과 자료를 학교에 주기적으로 알려 준다. 참여대학은 매년 수시로 변경되니 아래 내용을 참조하기 바란다.
[참고: IPP – https://www.moel.go.kr/policy/policyinfo/young/list4.do]

LINC 3.0 채용연계형 현장실습은 졸업일자가 확정된 4학년 2학기만 가능하다

교육부에서는 4년제 대학과 전문대학 등 2개 카테고리로 대분류하여 3~6년 단위로 각 대학의 정부사업 수행에 필요한 준비 사항 등을 점검하는 정성평가와 취업률, 현장실습 참여율 등을 고려한 정량 지표를 바탕으로, LINC 3.0 사업(또는 RISE 사업 등) 추진대학(교)을 선정한다. 2023년 2월 기준으로 LINC 3.0은 전국 4년제 76개 내외의 대학과 2년제 59개 대학에서 이 사업을 수행 중에 있다(대학별 실시대학은 연도별로 상시로 변동이 가능하다. 최근에는 이 사업이 정부정책의 변경에 따라 지방소재 대학을 중심으로 지역 혁신 중심 대학지원체계(RISE)로 전환이 된 경우도 있으나 현장실습제도 등은 명칭만 바뀌어 동일한 방법으로 진행이 된다고 보면 됨). 이 제도는 대부분이 원칙적으로 실습 신청할 때부터 전공연계형으로 현장실습에 나가나, 인문사회계열의 경우 전공 연계가 다소 애매한 경우도 있고 기타 다른 사유가 발생할 수도 있다. 그러므로 본래 사업의 취지가 직무 체험과 취업 연계를 병행하기 때문에 학생인 점을 감안하여 실습 기간 중에 부득이한 경우는 참여학생 본인의 업무수행능력을 봐가면서 필요 시 회사와 협의를 하여 직무의 추가 또는 직무내용의 일부 변경 등도 가능하다.

LINC 3.0 학점제(보통 월 3학점 부여) 현장실습이란 LINC 3.0 사업을 수행 중인 대학의 현장실습지원센터와 기업체(기관)가 장·단기현장 실습을 진행키로 상호 합의한 후, 실습 기간 동안 참여학생이 현장실습기관에서 실무교육 및 실습을 실시하고 이를 통해 월단위로 학점을 부여하는 산학협력 교육과정이다. 이 제도는 대부분 기업별 단위 전체 TO는 있으나, 대학별 TO는 선착순 또는 응시자 역량에 따라 인원수가 대학별로 수시로 조정이 된다. 일부 기업은 4학년 2학기 학생 대상 자체 외부채용형 인턴십과 동시에 병행하기도 한다. LINC 3.0 사업에 참여하지 않는 대학에 재학 중인 경우는 외부 일반기업 자체 시행 인턴십에 도전하면 되고, LINC 3.0 참여 대학은 LINC 3.0 사업단에서 실시하는 인턴십에 응시하면 된다. 기업 자체 인턴십과 대학 참여 프로그램에 동시 지원하는 중복 실습신청은 불가능하다. 신청하더라도 결국 한쪽으로만 진행해야 한다.

LINC 3.0 장기현장실습 제도는 실습 방법이 재학생과 졸업예정자로 크게 구분되는데, 4학년 2학기 졸업예정자는 학기제(3~6월 또는 1개월 연장 시 7월/9월~12월 또는 1개월 연장 시 익년도 1월)로 최소 4개월부터 최장 5개월까지 가능하다(졸업을 앞둔 8월과 익년도 2월 대상자들은 졸업 사정 작업으로 인해 최종월은 실습이 불가능). 물론 드물기는 하지만 기업의 사정에 따라 졸업 일자가 확실히 확정된 경우는 1~2개월의 짧은 실습기간만으로도 학생들의 업무수행역량을 파악(2차 실습인 경우)하여, 업무수행능력 적합 판정을 받는다면 바로 실습 종료와 동시에 정규직 또는 계약직으로 채용(신분전환 등)이 되기도 한다. 이러한 경우 하루만 휴가 처리하여 졸업식 날 대학에 나오기만 하면 된다.

고교의 선취업 후진학 및 대학의 계약학과에 도전하라

교육부는 전문계 고교 진학생들을 위해 선취업 후진학 제도를 운영하고 있다. 미래의 능력중심 사회를 이끌기 위해 도입된 이 제도는 1998년 3월부터 시행된 초중등교육법시행령 제 91조에 따라 운영되는 고등학교 형태이다. 흔히 마이스터고, 전문계고라 불리는 특성화고등학교다. 특성화고등학교는 기존 실업계고등학교의 학교 모형과 유사하며 만화, 애니메이션, 요리, 영상제작, 인터넷, 멀티미디어, 원예 등 다양한 분야에서 재능과 소질이 있는 학생들에게 적합한 교육을 실시해 오고 있다. 즉 특정 분야의 인재와 전문 직업인 양성을 위한 특성화 교육과정을 운영하는 고등학교라고 할 수 있는데 적지 않은 숫자의 특성화고등학교가 존재하고 있는 만큼 여러 대한민국 교육제도 중에서도 특성화고등학교에 초점을 맞춘 모범적인 제도가 '선취업 후진학 제도'다.

위에서 언급한 대로 선취업 후진학 제도(학점제 포함)는 기업에 취업을 한 뒤 대학 등에 입학을 할 수 있는 것이 가장 큰 장점이다. 주로 마이스터고나 특성화고 출신 학생들을 위해 시행되며, 재직자가 특별전형을 통해 대학에 진학을 하는 제도다. 교육부는 현재 고졸 취업 문화 확산을 위해 학교 및 기업과 협력하며 학생들의 소질과 적성에 맞는 현장 중심의 직업 교육을 제공하는 데 노력하고 있으며, 이에 따라 고교 졸업 후 곧바로 취업하더라도 원하는 시기에 언제든지 대학에 진학할 수 있는 시스템(교육비는 공동부담)을 추진하고 있다. 또한 특성화고, 마이스터고의 부정적인 인식을 개선하고 후진학을 방해하는 장애 요소를 해결하기 위해 다양한 정책들이 변형되어 도입 및 시행되고 있다.

계약학과란 맞춤식 직업교육체제(work to school)를 대학의 교육과정에 도입하여 산업체 맞춤형 인력을 양성하거나(채용조건형) 소속 직원의 재교육 및 직무능력향상(재교육형)을 위해, 산업교육기관(대학)이 국가, 지방자치단체 또는 산업체 등과 계약하여 설치·운영하는 학부·학과를 말한다. 산업체의 다양한 인력수요에 탄력적으로 대응하기 위해 산학협력교육의 일환으로 2003년부터 도입되었다. 산학협력법 제8조 및 동법 시행령 제8조에 설치 근거가 있다.

입학 정원 외로 학생을 선발하며, 계약 없이 대학이 먼저 학과(양성과정)를 설치할 수 없다. 계약학과는 채용조건형과 재교육형으로 구분되고 채용조건형은 산업체 등이 채용을 조건으로 필요경비의 50% 이상의 경비를 부담하면서, 특별한 교육과정의 운영을 요구하는 것을 말한다. 재교육형(향상과정)은 산업체 등이 소속 직원의 재교육이나 직무능력 향상 또는 전직(轉職) 교육을 위하여 필요경비의 전부 또는 일부(50% 이상)를 부담하면서, 산업체에 필요한 교육과정을 의뢰하는 것을 말한다. 채용조건형 계약학과는 계약형태에 따라 '산업체 단독계약'과 '공동계약 및 3자계약'으로 구분할 수 있다. 단독계약은 주로 대기업이 대학과 계약하여 운영하는 형태이며, 공동 및 3자 계약은 주로 공공기관이 산업체와 대학간 체결된 계약에 대하여 지원하는 형태이다. 우리나라의 육·해·공군 국방(군사·군사학)에 주로 많으며, 실례로 국방대학교의 운영 실태를 보면 사실상 모든 학과가 계약학과라고 봐도 과언이 아니다. 고급 지휘관 및 관련 공무원에게 안보 교육을 하기 위해 만들어진 곳이기 때문이다. 최근 4년제 대학 등 일반대학에서는 현장에서 시급히 인력을 필요로 하는 4차산업혁명 산업, 반도체학과 등에 주로 설치를 했거나 하고 있는 중이니 전공에 상관없이 기관별 및 대학별로 시기, 설치 및 운영 현황을 알아보기 바란다.

※ [산업교육진흥 및 산학연협력촉진에 관한 법률]

제8조(계약에 의한 직업교육훈련과정 등의 설치·운영)

① 산업교육기관은 다음 각 호의 어느 하나의 경우에는 국가, 지방자치단체 또는 산업체등과의 계약에 의하여 권역별로, 산업교육기관간 또는 산업교육기관별로 직업교육훈련 과정 또는 학과 등을 설치·운영할 수 있다. 이 경우 새로운 학과·학부를 설치할 필요가 있는 때에는 그에 앞서 이미 설치되어 있는 학과·학부나 유사한 학과·학부를 우선 활용하여야 한다.

1. 국가, 지방자치단체 또는 산업체등이 채용을 조건으로 학자금 지원계약을 체결하고, 특별한 교육과정의 운영을 요구하는 경우
2. 국가, 지방자치단체 또는 산업체등이 그 소속 직원의 재교육이나 직무능력 향상 또는 전직(轉職) 교육을 위하여 그 경비의 전부 또는 일부를 부담하며 교육을 의뢰하는 경우
3. 국가, 지방자치단체 또는 산업체등이 산업사회의 요구에 부응하는 인력 양성을 위하여 학생 선발기준의 공동 마련, 교육과정·교재의 공동개발 및 산업체등 인사의 교육 참여 등을 통한 교육과정의 운영을 요구하는 경우

② 산업교육기관의 장은 제1항에 따라 계약에 의한 학과 및 학부(이하 "계약학과등"이라 한다)를 설치·운영하는 경우 대통령령으로 정하는 바에 따라 그 설치·운영계획을 교육부장관에게 신고하여야 한다.

[출처: 법제처]

재학생 장기 및 단기현장실습

교육부 LINC 3.0 사업의 장기 및 단기현장실습 제도를 최대한 적극 활용하라

앞서 언급했듯이 대학 재학생을 대상으로 실시하는 학점제(월 평균 3학점) LINC 3.0(또는 RISE 사업 등) 현장실습 중 단기현장실습은 방학기간 중 4주 또는 8주로 실시하는 교육과정(여름학기 7~8월/겨울학기 1~2월)이고, 장기현장실습 제도는 학기제(3~6월 또는 연장 시 8월/9월~12월 또는 연장 시 2월)로 최소 4개월부터 최장 6~8개월까지 가능하다. 실습 중간에 남아있던 필수 요구 학점을 모두 소진 시 상호 협의에 의해 일반 계약직 직원으로 전환하여 잔여기간 동안 실습을 계속할 수 있다. 주요 추진 내용과 신청 방법은 앞서 상세히 언급한 LINC 3.0(또는 RISE 사업 등) 채용연계형 실습제도와 같다. 이 제도는 월단위 학점 부여형 실습제도로 채용형 인턴십과 마찬가지로 대부분 기업별 전체 TO는 있으나 대학별 TO는 선착순 또는 응시자 역량에 따라 대학별로 인원수가 수시로 조정이 되고, 일부 기업은 4학년 2학기 졸업예정자 대상으로 자체 외부 채용형 인턴십과 동시에 병행하기도 한다. LINC 3.0 사업에 참여하지 않는 대학에 재학 중인 경우는 외부 일반 자체 인턴십에 도전하면 되고, LINC 3.0 참여 대학은 LINC 3.0 사업단에서 실시하는 현장실습(인턴십)에 응시하면 된다. 말했듯이 자체와 대학 프로그램에 동시 지원하는 중복신청은 불가능하다. 또한 양쪽 다 신청을 하더라도 기업에서는 한쪽으로만 선발 전형을 진행하므로 중복신청은 의미가 없다.

LINC 3.0 제도는 실습 종료 후 반드시 대학에 복귀를 하는 경우가 대부분이다. 그러므로 2차 실습을 해당기업으로 다시 갈 경우는, 미리 1차 실습 종료 전에 기업과 차기 2차 실습 방법과 시기에 대해 협의를 해 두는 게 좋다. 이렇게 하면 2차(다음학기) 실습생 선발 시 회사에서 해당 학생을 우선적으로 선발한다. 주요 실습기업체 발굴 방법은 다음과 같다.

[현장실습(일반형) 기업체 발굴 및 선정 방법]

기관	방법	비고
학과사무실	교수 추천, 외부기업 의뢰, LAB, 선배 실습기업 등	종료후 복귀
산학협력단	가족회사, 외부기업 요청, 창업기업, 대학산단 내 입주기업	"
LINC사업단	교수발굴, 가족회사, 외부기업 요청, 이전학기 실습기업	"
각 직업훈련기관	해당기관에서 실습 또는 취업대상자 요청 리스트 보유	"
각 포털 등	취업연계형이 아닌 실습기업(본인이 직접 상담 후 발굴)	"

주) 1) LINC 3.0(또는 RISE)의 경우 장기 및 단기현장실습 모두 진행방법은 동일함
2) 본인 발굴의 실습기업인 경우 취업연계와 복귀 모두가 가능한 기업도 있음

결론적으로 4학년 2학기(졸업예정자 대상) 재학 중 실습을 신청한 학생과 다른 것은, 실습 횟수(부여받을 수 있는 학점 내에서 복수로 실습 신청이 가능)와 상관이 없고, 방학 때도 2개월간 실습이 가능하며, 실습 종료 후 반드시 다시 대학으로 복귀를 해야 한다는 점이다.

또한 신청자 대부분이 2회차 또는 3회차 실습을 경험한 학생들이 아니라 기업체 근무나 직무수행경험이 거의 없이 학교에서 이론 위주의 공부만 하고 처음 기업으로 나온 경우가 많다. 따라서 업무수행 미숙으로 중도 포기, 부여 직무 부적합, 적성 불일치 등으로 업무수행에 애로를 겪는 경우가 일부 있어서, 지도교수 등이 수시로 기업 현장을 방문하여 실습생이 업무수행 요령이나 부여받은 업무에 빨리 적응을 할 수 있도록 기업·학생·대학의 협조하에 기업체 방문 등을 통한 기술 지도가 이루어진다. 이 과정에서 학생들은 본인의 업무수행방식에 대해 모르는 점을 보완하기도 하고, 전공연계 또는 비연계로 부수적인 직무를 추가하거나 직무 변경을 하기도 하여 최소 1개월 이상만 지나게 되면 대부분의 실습생들은 기존 정규직원에 준하여 업무를 수행해 나가게 된다. 다만 실습생 신분이라 부여 받은 업무 난이도가 정규직원에 비해 좀 낮을 뿐이다.

[재학생 장기 및 단기현장실습 신청방법(예시)]

기업	학생	각 사업단(대학)
기업 회원 가입	이력서/자기소개서 작성	모집공고
⇩	⇩	⇩
운영계획서 작성 및 참여 신청	사전 수강신청 후, (온라인) 현장실습 참여 신청	실습 기업 섭외
⇩	⇩	⇩
기업/학생 매칭(선발)	기업/학생 매칭(선발)	기업/학생 매칭(선발)
⇩	⇩	⇩
사전교육	사전교육	사전교육 및 상해보험 가입
⇩	⇩	⇩
협약 체결	협약 체결	협약 체결
⇩	⇩	⇩
현장실습 시행	현장실습 시행	현장실습 시행
⇩	⇩	⇩
수행평가표작성 및 만족도참여	실습일지 및 결과보고서 작성	방문지도
⇩	⇩	⇩
종료	종료	성적평가/학점부여

※ 개인별 실습을 통한 취득 학점 및 월별 부여 학점 수는 각 대학별로 다름

해외 무역은 GTEP(지역특화 청년무역전문가 양성사업) 제도를 적극 활용하라

초창기 Trade Incubator 사업이 글로벌무역전문가 양성사업으로 통합된 후 현재는 지역특화 청년무역전문가 양성사업(GTEP)으로 확대·개편하여 운영중이다. 중소·중견기업의 글로벌화를 위해, 새로운 수출동력 창출과 우리 경제의 지속 가능한 성장 핵심과제의 수행을 목적으로 산업통상자원부에서 각 수행대학을 미리 평가 후 지정하여 운영한다.

글로벌 경쟁시장에서 국제 교역환경의 급격한 변화에 따른 우리나라 중소·중견기업의 해외시장 진출 확대를 위해서는 각 해외시장에 능통한 전문가들의 육성이 필

요하다. 그리하여 시작된 GTEP 사업은, 2022년 현재 전국에 약 20여 개 대학에서 운영중이고 대학교 재학생 대상으로 관련분야에 대해 480시간 이상의 교육 및 실습을 통해 해외 특화지역별 맞춤형 청년무역전문가를 양성 후 공급하여, 지방 내수기업 및 수출 초보기업의 해외 시장진출을 확대하려는 사업 목적을 가지고 있다. 전공 불문이니 해외무역, 국제통상, 글로벌마케팅에 관심이 많은 희망자는 신청 절차 등에 대한 상세내용을 각 대학 사업단에 문의하길 바란다.
[참고: GTEP 해당사업 홍보 사이트 – https://gtep.kr/(산업통상자원부)]

[관련기사]

박서연 단국대 무역학과 학생, 해외전시회서 중소기업 제품 110만 달러 수출 '쾌거'

박서연 단국대학교 무역학과 3학년 학생이 해외무역 전시회에서 110만 달러의 수출 계약을 성사시켰다. 그는 단국대 지역특화청년무역전문가양성사업단(GTEP)의 일원으로 지난(2022) 8일부터 10일까지 두바이 월드트레이드센터에서 열린 '두바이 제과 전시회(ISM MIDDLE EAST 2022)'에 참가해 이 같은 성과를 기록했다.

박서연 학생은 충남 금산에 소재한 중소기업 ㈜아침마당에서 제조한 홍삼 제품을 이란 기업에 100만 달러, 쿠웨이트 유통 기업에 10만 달러 등 모두 110만 달러의 제품을 판매했다. 그는 홍삼의 맛과 효능에 익숙하지 않은 외국인이 쉽게 이해하고 접근할 수 있도록 제품 설명과 시음, 부스 운영, 상담 활동 등 1인 다역을 펼쳤다.

회사 형편상 해외 출장을 담당할 직원이 부족한 기업의 우수 제품을 대신 글로벌 시장에 홍보하고 계약 실무 업무까지 맡아 판매로 연계시킨 것이다.

특히 구매 욕구와 최소 주문 수량, 자유무역협정을 활용한 관세 절감 전략 등 바이어가 제품 구매 시 최우선으로 고려하는 요소들을 사전에 면밀히 공부해 전시 현장에서 좋은 결과를 맺었다. 정윤세 단국대 무역학과 교수는 "단원들이 매해 글로벌 시장에서 중소기업 제품의 판매와 계약 체결을 지원했는데 올해도 좋은 실적으로 연결돼 대견하다"고 말했다. 단국대 GTEP사업단은 산업통상자원부 지원을 받아 2009년부터 14년째 운영하고 있으며 전국 사업단 중 3위 이내의 최우수 사업단으로 평가받고 있다. 단원으로 활동하는 재학생들은 해외마케팅, 해외전시, 국내·외 인턴십 등 무역실무인재로 성장하기 위한 다양한 프로그램을 이수하고 있다.

[출처: 스마트경제(2022.11.16.)]

세계한인무역협회(World-OKTA)의 글로벌 취업지원사업에 도전하라

이 제도는 대한민국 청년인재의 일자리 지원을 위하여 세계한인무역협회(World-OKTA)가 회원사를 대상으로 구인수요를 발굴하고, 국내청년들의 해외취업과 현지정착을 지원하는 제도다. World-OKTA(World Federation of Overseas Korean Traders Associations)는 1981년에 설립되어 모국의 경제발전과 수출촉진을 위하여 활동해 오고 있으며, 750만 재외동포 중 최대의 한민족 해외 경제네트워크로서 전 세계 67개국 142개 지회에 7,000여 명의 재외동포 CEO들과 차세대 경제인 21,000여 명으로 구성된 재외동포 경제인 단체이다.

[참고: 세계한인무역협회 – https://www.okta.net/okta/]

08 캡스톤디자인 및 실험실습(인문+자연 공통)

필자가 학생들을 지도하면서 각종 유형의 실습 신청서류 또는 1차 (장)단기현장 실습 신청용 자기소개서에 자주 사용하는 직무관련 경험 중에 하나가 캡스톤디자인이다. 캡스톤디자인(capstone design)은 처음에는 공학계열 학생들에게 산업현장에서 부딪힐 수 있는 문제들을 해결할 수 있는 능력을 길러주기 위해 졸업 논문 대신 작품을 기획, 설계, 제작하는 전 과정을 경험하게 하는 교육 과정을 의미했었다. 간단히 말해 산업현장의 수요에 맞는 기술 인력을 양성하기 위한 프로그램으로, '창의적 종합 설계'라고도 한다. 캡스톤의 본래 뜻은 돌기둥이나 담(wall) 위 등 건축물의 정점에 놓인 장식, 최고의 업적·성취를 뜻하는 단어이다. 캡스톤디자인은 각 개개인의 엑셀, PPT, 워드 사용능력, 조직력, SNS 활동 능력, 학생창업 의지, 매학기별 2회 내외의 종합 과제 발표 능력에 이르기까지 참여 학생들의 모든 활동 부분을 다 파악할 수 있다. 그렇기에 기업에서도 입사서류평가(인턴십 및 현장실습 포함)에 매우 중요하게 보고 있고 또한 기업체 연계형 과제 수행 시 졸업 후 그 기업으로 바로 취업도 가능한 정식 교과목이다.

교육부 정규과목인 캡스톤디자인 과목 이외에도 각 대학 또는 대학원에서는 지역 간 및 대학 간 과제수행 형태로 또는 지자체 등과 여러 유형으로, 이와 유사한 과정을 이름만 바꾸어 운영하는 경우가 많다. 그러므로 틈틈이 대학 내 관련 기관이나 학과사무실 등을 방문하여 정보를 습득하여 참여할 준비를 하여야 한다.

융합캡스톤디자인은 미래 산업을 주제로 학생들이 전공에 상관없이 다학제(여러 전공학과 혼합형) 팀을 구성하여 스스로 아이디어를 도출하고, 교수와 전문 자문위원들의 도움을 받아 프로토타입을 완성 및 시제품까지 제작하는 수업이다. 대학은 LINC 3.0 사업단 등을 통해 팀별(보통 1팀당 평균 4명 내외로 구성함)로 재료비, 제작비, 설문조사비, 인터뷰비, 도서 구입비, 자문비 등 학생들이 프로젝트 수행과정에서 필요한 전반적인 실습비를 지원하고 있다.

[캡스톤디자인 유형(학점제 포함)]

구분	동일 학과 내	학과 간(다학제)	대학(교)·지역 간
교수가 과제선정	(기본)캡스톤디자인	융합캡스톤디자인	융복합캡스톤디자인
학생이 과제선정	(기본)캡스톤디자인	융합캡스톤디자인	융복합캡스톤디자인
기업이 과제선정	(기본)캡스톤디자인	융합캡스톤디자인	융복합캡스톤디자인
교수+기업과제선정	(기본)캡스톤디자인	융합캡스톤디자인	융복합캡스톤디자인
교수+학생 과제선정	(기본)캡스톤디자인	융합캡스톤디자인	융복합캡스톤디자인
기업+학생 과제선정	(기본)캡스톤디자인	융합캡스톤디자인	융복합캡스톤디자인
교수+기업+학생 과제선정	(기본)캡스톤디자인	융합캡스톤디자인	융복합캡스톤디자인

요약하자면 캡스톤디자인도 좋지만 융합 또는 융(복)합캡스톤디자인을 수행하거나 참여하는 것이 더 취업에 도움이 된다. 일부 대학의 경우 학생 창업을 위한 전 단계로 다학제형 융합캡스톤디자인 과목을 개설 후, 기존의 이공계 학생들과 경영학·인문사회계 학과 등 다양한 전공의 각기 다른 관심사를 가진 학생들이 모여서 새로운 아이디어를 내고 그 아이디어를 구현하는 혼합형 방식의 수업을 진행하고, 그 결과가 잘 될 경우 팀원 전체 또는 일부가 창업(팀)으로 나가는 경우가 있다. 이는 지금의 IT 시대에 우리사회가 요구하는 바람직한 교육 현상이라 할 수 있다.

각 대학은 이제 캡스톤디자인 과목의 중요성을 알고 각 학년 구분과 참여 횟수에 상관 없이 가급적 전 학과의 참여를 유도하고 있다. 여의치 않은 경우 지역 간 또는 대학 간 학생들이 상호 연합해 경진대회 등을 진행하여, 학생들이 산업현장의 수요에 적합한 제품을 창의적으로 설계하고 창의적으로 문제를 해결할 수 있는 능력을 배양하고 있다. 또한 참여 학생들도 타대학교, 타전공학과 또는 같은 학과 선후배 등이 서로 뭉쳐서 일을 수행하므로 각자의 역할(인문사회계는 자연이공계 학생의 특성을, 자연이공계 학생은 인문사회계 학생들의 특징을 서로 알게 됨)을 알 수도 있고 조직력도 배양하여 기업에서 요구하는 전문성과 조직력에 관련된 스펙을 1차로 갖추게 된다. 이제는 대학수준(학별)과 전공을 넘어선 창의형 인재교육이 1차 목표이므로 누구든지 필수적으로 캡스톤디자인에 참여를 해야 한다. 취업에서 캡스톤디자인 경험의 중요성은 점점 더 증가하고 있으므로 꼭 횟수에 상관없이 무조건 참여하기를 권한다. 또한 기업체 현장실습 경험이 없는 일반학생이 1차나 2차, 특히 1차 현장실습(인턴십 포함)을 나갈 때 이러한 캡스톤디자인 경험이 실전창업 및 창업 관련 교육과 함께 서류작성 시 가장 큰 스펙이 된다.

09 창업과 각종 학내·외 경진대회에 쉬지 않고 참여하라

대학 내 창업지원단과 대학 외 교육부, 노동부, 중소벤처기업부, 각 지방자치단체, 창업진흥원, 중소기업진흥공단, 한국과학창의재단, 각 지역창조경제혁신센터 등에서는 수많은 학생창업자, 예비 벤처창업자, 일반창업자, 초기(1년 이하 사업자) 벤처창업자들을 적극 발굴하거나 창업 육성(인큐베이팅) 지원업무를 수행해 오고 있다.

지금 이 시간에도 하루도 쉬지 않고 전국에서는 각종 아이디어 공모전, 특허등록 심사평가, 드론 경진대회 등의 각종 경진대회가 이루어진다. 대학에서는 발명아이디어 등록팀, 캡스톤디자인팀, 창업동아리팀, 일반동호인 동아리팀 등이 이를 미리 알고 준비하여 매년 정기적으로 수없이 도전해 입상하기도 한다. 이것은 실전 창업은 물론이고 취업에도 절대적으로 도움이 된다. 고교, 대학, 대학원, 일반인 등 참여대상에도 제한이 없다. 창의적인 아이디어만 있다면 언제든지 무조건 준비하여 각 기관들의 모집에 도전하면 된다. 청년창업 도전에 따른 학생 개인의 비용은 전혀 들지 않는다. 만약에 참여하고자 하는 적당한 아이디어가 없으면 필요한 아이디어를 공부 중에 언제든지 새로 발굴하면 된다. 부가적으로는 우수 아이디어나 창업자들 중 일정 인원(팀)을 선발 후 매년 1월에 개최되는 미국 CES에 참여하는 기회를 부여해 주기도 한다(비용은 정부 또는 대학에서 부담). 흔히들 준비된 아이디어가 없고 같이 진행할 팀원을 구하기가 어렵다고 한다. 이는 일종의 핑계에 불과하다. 학년 구분 없이 같은 대학, 같은 학과, 타학과 또는 각종 동아리 선후배를 찾아보면 된다. 이런 방법도 없다면 연락이 가능한 고향 사람, (지방)중학교 및 고등학교 동창 친구들을 섭외 후 현재 대학에 재학 중인 사람을 중심으로 수행 가능 여부를 구분하지 않고 만나거나, 소개를 받아 타대학 소속 대학생과 연합팀을 꾸려서 진행하면 된다. 요즘은 온라인 화상회의 플랫폼인 줌(zoom) 시스템을 이용하여 진행도 가능하므로, 얼마든지 본인이 원하기만 하면 팀을 이루어 몇 번이고 반복하여 추진할 수 있다. 오히려 같은 대학 내 학생들로 구성된 연합팀보다 나중에 서류작성과 면접에서 더 좋은 평가를 받을 수도 있다. 기업을 이제까지 한 번도 안 가 본 저학년 학생들에게는 캡스톤디자인과 학내외 실전 창업경험, 창업교육, 창업경진대회, 창업동아리 활동과 내용이 실습참여(신청) 서류작성에 최대 스펙이 되는 것은 물론 졸업 후 취업에 이르기까지 계속 가중치 있는 직무 주특기로 활용이 가능하다. 앞서 언급한 국내 현장실습 기업 발굴이나 해외 글로벌인턴십 기업 발굴 또한 이런 방법을 이용하여 대상기업, 지역, 국가 및 방법 등을 소개받거나 조언을 구하면 쉽게 해결이 될 것이다.

[참고: K－스타트업 홍보 사이트 － https://www.k－startup.go.kr/(중소벤처기업부)]

[관련기사]

인천대 권예찬 학생창업자, 2023 CES(국제전자제품박람회) 혁신상 수상

인천대학교(총장 박종태) 메카트로닉스공학과 4학년 권예찬 학생((주)큐링이노스 대표)이 2023년 1월 미국 라스베이거스에서 개최하는 CES(Consumer Electronics Show, 국제전자제품박람회)에서 CES 혁신상을 수상할 예정이다.

“Connect One, 혼자여도 모두와 함께”라는 슬로건을 기반으로 하는 주식회사 큐링이노스(이하 큐링이노스)는 혼자서도 체계적이며 자유롭게 운동을 즐길 수 있는 인공지능 1인 맞춤형 운동 파트너 로봇 시스템인 iVOLVE를 개발하는 기업이다.

iVOLVE 시스템은 사용자 데이터를 수집, 분석해 장단점 및 보완점을 도출한다. 또한 데이터를 기반으로 한 사용자 맞춤형 훈련 프로그램을 통해 이전까지 경험하지 못했던 체계화된 훈련과 랠리, 경기, 게임 등 실전적인 훈련이 가능하다.

큐링이노스를 설립한 권예찬 대표는 2019년 창업동아리를 통해 아이디어를 구체화한 데 이어 예비창업패키지로 선정되며 시제품을 개발했다. 이후 스포츠 창업지원사업, 초기창업패키지 등의 정부지원사업 선정으로 현재의 제품 개발을 완료하고 TIPS 선정, 투자유치 등 기업으로서의 성장 발판을 마련했다.

인천대학교 창업지원단은 창업동아리부터 예비창업패키지, 초기창업패키지 지원사업과 아이템 고도화를 위한 전문가 멘토링, 테스트베드 구축 및 컨설팅 지원을 통해 권예찬 대표와 ㈜큐링이노스의 성장과 함께 했으며 앞으로도 유니콘 기업으로 성장할 수 있도록 대학 차원에서 전폭적으로 지원할 예정이다.

권예찬 대표는 “CES 2020에 처음 참여하고 3년 후에 전세계의 많은 기업들과 경쟁하여 혁신상까지 수상하게 되었다”며 “3년 전에 다짐했던 목표를 이루었다는 것과 전세계에서 큐링이노스의 기술력을 인정해주었다는 사실에 감회가 새로운 것 같다”라고

수상 소감을 전했다. 박종태 인천대학교 총장은 “우리 대학에서 이렇게 우수한 학생 창업자가 나올 수 있게 되어 매우 기쁘다”며 “특히 권예찬 대표가 국내 대학생 중 CES 혁신상을 받는 두 번째 학생이라는 소식을 듣고 그간의 창업지원 노력의 결과가 헛되지 않았음을 느꼈다”고 감상을 전했다.

이어 “앞으로도 우수한 기술력을 기반으로 하는 창업자들을 적극적으로 발굴하고 지원하여 국가 경제에 이바지할 수 있는 기업들을 많이 육성하겠다”고 각오를 밝혔다.

[출처: 경인매일(2022.11.17.)]

전공불문 온라인마케팅 경험과 소프트웨어 개발 능력은 취업 필수 스펙이다

전공에 상관없이 SNS 온라인 마케팅 구사 능력은 취업에서 중요한 역할을 한다

취업지도 상담을 하면서 구직자들로부터 가장 많이 듣는 말 중에 하나가 "저 영업은 안해요"라는 말이다. 그런데 엄밀히 말해 영업과 마케팅은 다르다.

[영업과 마케팅의 비교]

구분	상품(제품)기획	홍보 및 광고	판매	수금	A/S 등
영 업	X	O	O	O	X
마케팅	O	O	O	O	O

공무원과 공기업을 제외한 일반기업은 모두가 상품(제품 또는 서비스 등 포함)을 보유하고 있다. 만약 상품이 수명이 다하거나 다할 것으로 예측이 되면 새로운 상품을 개발하여 출시를 하든지, 아니면 그 제품을 다양화 하거나 기능을 보완하든지 하는 여러 방법으로 수시로 보완하여 경쟁사와의 차별화를 통해 계속 사업을 영위해 나간다.

즉, 여러분들이 말하는 영업이란 수십 년 전 인터넷과 스마트폰, PC가 없이 일하던 내근(사무)직, 발로 뛰는 현장방문형 외근(영업)직, 생산(현장)직 시절의 이야기를 하는 것이다. 현대 기업은 모두 인터넷을 이용한 스마트폰과 PC로 사무를 보고 또 영업과 마케팅을 한다. 또 내근직도 외근직도, 영업 직무(직군)도 마케팅 직무(직군)도 뚜렷한 구분이 없다. 오히려 구분이 되면 업무 효율성이 더 떨어진다. 또한 국민소득 증가와 IoT 기술 등 정보통신(망)의 발달로 인해 국가 간 경계가 없어지고 국민(소비자)들의 사회생활이나 문화생활 방식이 수준이 높아지면서 관련 법규도 정비가 되어, 개인이든 기업이든 가정이든 상대방의 동의 없이 어떠한 방법으로도 방문·전화·만남 등의 접촉이 불가능하다. 이제는 상대방 또는 고객에 대한 일방적인 만남 요청은 공허한 메아리만 될 뿐이다.

[주요 SNS 온라인 마케팅 방법]

구분	영상	문자	이미지	혼합	비고
유튜브	O	O	O	O	구글 이용
카 페	O	O	O	O	포털 등 이용
블로그	O	O	O	O	-
카드뉴스	O	O	O	O	-
쇼츠, 썸네일	O	O	O	O	유튜브 등
인스타그램	O	O	O	O	공유 앱
카카오톡	O	O	O	O	카카오톡 앱 이용
페이스북	O	O	O	O	공유 앱
인플루언서	O	O	O	O	유튜브 등
E-mail	O	O	O	O	개인계정
문 자	O	O	O	O	개인계정
쇼핑몰 등	O	O	O	O	기업계정

주) 1) 혼합: 영상+문자+이미지(지도정보 포함) 등 포함
2) 본인의 웹주소(예. https://abc.cdef.go.kr/)는 필수로 주기적으로 관리해 놓을 것

기업들은 방문 영업에 대한 문제점을 인터넷 및 스마트폰, PC와 같은 ICT 정보통신매체로 빠르게 대체하여 해결하고 있다. 이러한 모든 온라인 매체 수단을 이용하여 마케팅 하는 방법을 통틀어서 SNS 마케팅이라고 말한다. 그래서 공직의 근무자이든 기업체 근무자이든 온라인 마케팅에 대한 지식이 없거나 온라인 마케팅의 사용 방법을 모르면 직위 고하를 막론하고 무조건 도태된다. 또 기업에 오래 근무할 수도 없고 위태롭게 계속 근무를 하더라도 승진(진급)도 조직 장악도 할 수가 없다. 국내 시장

이 좁아 물건이 안 팔려 해외에서 판매하고자 물건 판매하러 무작정 가방만 들고 해외에 나가던 시절은 이제 다 지난 것이다. 당장 여러분도 지금까지 스스로 알아서 필요 시 해외 직구를 하지 않았는가? 게다가 당장이라도 인터넷에 마음에 드는 직구 사이트가 없으면 여러분 스스로가 단독 혹은 공동으로 창업하여 직구사이트를 운영해 오지 않았는가?

결국은 지원기업, 지원직무, 전공에 상관없이 필수적으로 누구든지 온라인 마케팅 시스템에 대해 알아야 한다. 온라인 마케팅을 자유자재로 표현 및 사용하여 사업기획, 원인 분석 및 대안 제시 등을 할 수 있는 것은 취업에 가장 큰 무기 중에 하나다. 특히 인문사회계열 출신자들에게는 더욱더 중요하다. 입사서류에서 요구하는 성장과정 관련 항목이 바로 전공과 직무에 상관없는 지원분야 직무와 회사업종(산업 분석 등)에 대한 SNS 마케팅 능력이라고 보면 된다.

소프트웨어 개발 능력은 이공계만의 전공이 아닌 창의력을 동반한 직무수행능력이다

전 세계를 무대로 하는 SNS를 이용한 온라인 마케팅 기법의 발달로 인해 부수적으로 디자인 제작, UI/UX 분야가 자연스레 크게 시장화 되었고 그 결과로 주요수단이 된 플랫폼 사업이 무한대로 성장하게 되었다. 그리하여 로봇, AI, ICT 산업 분야 등에서 소프트웨어 개발은 담당 분야 또는 사업 수행에 필요로 하는 언어별로 프론트엔드, 백엔드, 서버관리 및 운영, 데브옵스(DevOps: 소프트웨어 개발 방법론의 하나로, 개발(development)과 운영(operation)을 결합한 혼성어) 등 셀 수 없을 정도로 분야별로 세분화 되어가고 있어 소프트웨어 개발이나 관련 부분 인력이 기하급수적으로 필요하게 되었다. 또 이 과정에서 기업은 기존 업무의 IT화에 따라 시급히 기업 내에서 타분야 또는 유사분야 관련 경력을 쌓아온 재직자를 재교육시켜 담당 직무를 소프트웨어 개발 담당으로 전환하기도 하고, 신입사원의 경우는 전공에 상관없이 인문사회계열 출신 전공자들을 포함하여 전문기관 또는 대학과정에서 소프트웨어 개발을 해본 경험있는 사람을 우선적으로 선발하고 있다. 일부 기업들은 오히려 이공계 소프트웨어 전문학과 출신자보다, 입사 초기에는 다소 기대치에 못 미쳐도 유연성, 창의력, 아이디어 등이 풍부하다고 생각된다면 미래의 잠재력을 보고 인문사회계 전공(학과) 출신의 인재들을 더 선호하여 선발하기도 한다.

자연이공계 학과 분야인 기계, 전기, 전자, 화학, 반도체 산업에서도 예외 없이 모두가 소프트웨어를 통해 개발이 되고 운영이 되므로, 대학들도 교과목과 커리큘럼을 소프트웨어 개발에 초점을 맞추어 계속하여 추가 개발 또는 변경을 하고 있다.

취업 시장에 있어서 이제는 출신전공에 상관없이 소프트웨어를 아는 인문사회계 출신학과 인재와 (온라인)마케팅을 아는 소프트웨어 개발형 자연 이공계 출신학과와 같이 오로지 하이브리드형(혼합형) 인재만을 선호하고 있다. 이것은 전 세계적인 추세이며 어느 기업이든지 제품생산과 마케팅이 상호 별도로 구분되어 있지 않고 하나의 통합된 시스템 안에서 운영이 되고 있다. 각 부문별 직원 상호 간에 업무 협조 또는 효율적인 업무 수행을 통해서만 경쟁에서 살아남아 회사가 바라는 미래의 기업 목표 달성이 가능하기 때문이다. 반복하지만 지금은 여러분의 장래를 여러분 스스로가 만들고 리드해 나가는 시대임을 명심해야 한다.

어학연수·교환학생·워킹홀리데이 등은 효과적인 취업준비가 아니다

대부분 학생들이 대학 재학 중에 유행병처럼 졸업 후 취업할 기업을 먼저 가려고 하기보다는 해외여행 또는 해외 어학연수나 교환학생 방문 등으로 눈을 돌리는 경우가 많다. 해외경험이 물론 잘못된 것은 아니다. 하지만 순서가 잘못 되었다. 가급적 대학 재학 중에는 글로벌인턴십이나 장기 해외인턴십을 통해 본인의 업무수행능력에 따라 얼마든지 기업의 요청대로 해외를 다녀올 기회가 생길 수 있다. 즉 두 마리 토끼를 다 잡는 것이다. 다시 말해 연수나 여행보다는 해외인턴십부터 고려하라는 이야기다. 또 기업방문보다 알바 등으로 모은 개인의 자금으로 해외를 나가는 것은 장래 진로 설정이나 취업에 크게 도움이 되지 않는다. 즉 어학연수와 교환학생 등은 취업과 크게 관련이 없다. 토익 점수도 취업서류에 크게 도움이 안 되는데, 겨우 1학기 또는 2학기(1년) 동안 해외에서 어학연수를 하고 왔다고 해서 취업용 응시 서류의 서류평가에서 좋은 점수를 받기 어렵다. 다만 신흥 경제성장국이고 우리나라 수출입과 밀접하게 관련이 있으며 삼성, LG 등 대기업들이 현지에서 공장을 운영하고 있는 영어권 이외의 나라인 베트남, 중국 등 몇 나라 정도의 어학연수는 예외라고 할 수 있겠다. 어학연수나 교환학생은 대학 공부의 연장선으로 보기 때문에 나중에 졸업 후 기업체 입사서류 작성 시 큰 어려움에 봉착(逢着)한다. 면접장에서 경쟁 응시자 들은 3~4학년 재학 시 미리 기업에 가서 일할 업무에 대해 현장실습을 하고 왔다고 답변을 하는데, 혼자만 영어공부 하려고 해외를 다녀왔다고 할 때 이에 대한 면접위원들의 평가결과는 완전히 달라진다. 기업에서는 응시자가 대학 4년 또는 6년간(군대 포함) 응시한 회사에 입사하기 위해 무엇을 어떻게 준비했느냐를 물어 본다. 이때 단순히 어학연수나 교환학생 과정은 기업의 직무수행능력과 별로 관련이 없어서 서류전형 통과도 어렵거니와 면접에서 자칫 망신만 당할 수도 있다. 기업을 먼저 경험한 이후에 가는 것과 여행이든 연수든 그냥 배낭 하나 메고 무작정 해외로 나가는 것은 매우 큰 차이가 있다는 점을 강조하고 싶다.

해외여행은 취업 후 얼마든지 갈 수 있다. 오히려 직장을 다니다가 중간에 나가면 먼저 다녀온 선임 회사 동료 직원들로부터 많은 정보를 미리 습득할 수 있으므로 세상을 보는 눈도 훨씬 더 넓어진다. 또한 최근 기업에서도 복지 혜택이나 주 5일제 근무제도 도입에 따른 휴일수나 휴가일수가 많아, 대부분 기업들이 의무적으로 부여받은 휴가를 쓰도록 권장하고 있어서 신입사원이더라도 과거와 달리 얼마든지 상사나 동료직원들의 눈치를 보지 않고, 당당하게 내 월급으로 해외여행을 다녀올 수 있는 기회가 있다.

어학연수 등도 모두가 다 그렇다는 이야기는 아니다. 4학년 1학기까지 이미 장·단기현장실습을 1회 이상 마친 학생의 경우에는 크게 문제가 될 것이 없다. 실습은 전혀 안 하고 어학연수나 해외여행만 오로지 먼저 하겠다는 학생을 두고 하는 이야기다. 뚜렷한 목적도 없이 어학연수 명분으로 해외에 나와 있는 일부 학생들을 출장 등을 통해 여러 곳에서 자주 만나게 되어, 필자는 이 제도에 대해 학생들에게 개인적으로 현지에서 취업연계 관련 충고를 한 바 있다.

굳이 대학 다닐 때 해외여행을 하고 싶다면 방학을 이용하여 짧게 다녀오는 것이 좋다. 또한 4개월 이상 장기간 기업에 가서 실습을 하게 되면 교육부는 4주를 1개월로 카운트 하기 때문에 필연적으로 장기로 실습 할 경우 실습 종료시점에 필히 며칠간의 자투리 기간이 남는다. 꼭 해외를 방학 중에 가보고 싶다면 이 기간을 이용하기를 권장하고 또 장거리에 있는 국가에 오래 머무르는 것보다는 일본이나 괌, 싱가포르, 홍콩 등의 가까운 국가에 방문하는 것이 비용이나 시간면에서 합리적일 수 있다.

호주 등 일부 국가에서 시행하고 있는 워킹홀리데이는 실제 직무와 상관이 없는 해외에서 하는 아르바이트라고 보아야 한다. 우리나라에서도 아르바이트는 취업준비를 위한 직무준비로 인정을 하지 않는다. 어학연수도 아니고 여행 비슷한 이 제도는 일부이지만 위험도 도사리고 있어 굳이 추천하고 싶지 않다. 해외국가 중 일본을 제외 하고는 한국처럼 치안 유지, 질서, ICT 정보기술, SOC(교통 및 전기·수도시설 등) 인프라(infra) 등이 잘되어 있는 나라가 그리 많지 않다.

12 직무스펙 준비 없이 조기졸업부터 서두르지 말라

일반 (대)기업이든 공무원과 공기업이든 신입사원 입사 시 연령은 채용 고려 요소에서 매우 중요한 역할을 한다. 경우에 따라서는 가장 중요한 고려 요소가 되기도 한다. 또 입사 후 근무 시에도 매우 중요하게 작용한다. 외부에 있는 응시자는 몰라도 내부에서 근무하는 서류전형 평가자나 면접관(위원)들은 응시자의 나이가 입사 후 조직에 어떻게 작용되는지에 대해 매우 잘 알고 있다. 특히 일반 (대)기업의 경우 생각보다는 신입사원들의 입사 연령이 낮다. 상투적으로 대학생 취업상담을 해보면 대학 다닐 때 졸업 이후 취업준비에 대한 아무런 준비 없이 토익에만 열중하거나 고시나 각종 자격증 시험에 도전해 보고 졸업 때까지 안되면 7급이나 9급 공무원 시험쪽으로 갈아타는 경우가 많다. 이것은 아주 방향이 잘못된 것이다. 과거와 달리 지금은 공기업의 대부분이 지방에 있고, 수도권에 있는 공기업도 지방으로 계속 이전 중이다. 그러므로 이 부분도 참고해야 하며 국가직 공무원은 언제든지 지방으로 갈 준비를 해야 한다. 지방 근무가 나쁘다는 게 아니라, 특별한 취업준비나 대외적인 활동도 없이 하나의 시험에만 매달리는 것은 매우 위험하니 각종 시험공부를 하더라도 현장실습 등의 취업준비도 같이 하라는 것이다. 이렇게 병행을 해야만 어느 기업이든 면접 때 통과가 된다. 즉 공무원이나 자격증 시험에 합격하든 안하든 기업에 먼저 가 본 경험은, 나중에 어느 방향으로 입사를 하더라도 실제 일을 할 때나 면접전형 때 똑같이 큰 도움이 된다. 특히 인문사회계열인 유통관리사, 가맹관리사, 세무사, 변호사, 경영지도사, AI CPA(미국 CPA), 공인노무사, 공인회계사 등은 합격을 해도 기업으로 바로 입사를 하지 않는 이상 창업 후 계속 스스로 영업(마케팅)을 해나가야 한다. 자격시험 한 개 합격이 인생의 전부는 아닌 것이다. 쉽게 말해 새로 경력을 쌓기 위해 시작(거의 창업에 준함)하는 것이다. 이공계열의 변리사 또한 마찬가지다.

일부 학생들을 보면 학점만 빨리 취득하여, 장학금 받고 조기에 졸업은 하였는데 졸업 후 실업자로 있는 경우가 많다. 졸업과 동시에 취업이 보장된 경우가 아니면 조기졸업은 신중히 결정해야 한다. 똑같은 응시자라 할지라도 추후 서류나 면접단계에서 졸업생과 졸업예정자의 차이는 하늘과 땅이다. 졸업 전에 직무스펙을 잘 준비하여 졸업과 동시에 6개월 또는 1년 빨리 취업하면, 조기졸업하고 취업을 곧바로 하지 못해서 무한정 혼자 학원 등 이곳저곳에서 힘들게 취업을 준비하고 있는 취준생보다 100배는 더 잘한 것이다.

어느 종류의 기업이든, 기업은 채용 시 사람을 평가할 때 서류작성 내용을 대학 졸업 전과 후로 구분하고, 졸업 전에 수행한 것을 기준으로 우선 평가를 한다. 졸업 이후는 어떠한 방법으로도 대학에서 취업에 도움을 줄 수가 없고, 또 할 수도 없어 조기취업을 원하면 공무원 시험에 빨리 합격하든지 아니면 눈높이를 확실하게 낮추어 입사를 하는 수밖에 없는 것이다.

내가 채용을 원하지 않는 사람은 다른 사람들도 필요로 하지 않고, 다른 사람이 필요로 하지 않는 사람은 나 역시 필요로 하지 않는 것은 당연한 세상의 논리다.

13 이미 졸업을 한 경우 졸업 이후 스펙 만들기

이제까지 대학(고교) 졸업 전에 준비해야 할 취업스펙 만들기에 대해서 여러 가지로 이야기 하였다. 더 찾아보면 대학(고교) 재학 중에 할 수 있는 스펙준비 방법은 한없이 많다. 또 전공 공부도 수없이 많이 선택할 수 있다. 그러나 대부분의 학생들은 이러한 프로그램에 참여하지도 않고, 또 있는지도 모른 채 졸업을 앞두고 있거나 졸업을 하는 관계로 이러한 스펙이 준비가 되어 있지 않을 것이다. 취업준비가 안되어 있다 보니 기업 현장에 가서 해본 일도 없고, 대학교 입학 전의 자신과 졸업한 지금의 자신이 별반 다르지 않고, 4년간 토익과 학점에 얽매이다 보니 세월만 쏜살같이 지나가 버린다. 결국 주위에서는 만날 때마다 왜 졸업하고서 몇 달이 지났는데 취업은 안하냐고 물어보고, 껄끄러워 피해만 다니다 보니 가족이나 주위 사람들과 갈등만 생긴다. 결국 본인의 뚜렷한 직무 발굴도 없고 아무 목적도 없이 세월만 보내면서 뒤척거리다가 인터넷 유튜브, 취업관련 카페 등에서 말하는 온갖 자극적인 "취업준비는 별도로 할 필요도 없고 토익과 학점만 있으면 되고 합격족보를 견본으로 작성된 답안을 보고 수정하여 입사서류만 잘 만들면 합격한다", "이것만 준비하면 합격한다. 면접 때 이런 말만 하니 이렇게 답변하라", "면접의 신", "면접의 왕" 등의 내용에 현혹된다. 그 말만 믿고 준비 없이 그대로 복사 또는 비슷하게 만든 후 하룻밤에 100여 장씩 서류를 만들어 제출하고 다니는 것이다. 참 안쓰럽고 측은하기도 하다. 그러다가 100장 서류 제출한 가운데 한 곳 면접참석 통보 받고 면접장에 가 보니, 주위 응시자들과 답변 내용의 질에서 경쟁 자체가 안되고 왜 나를 면접장에 부른지도 모르고 허둥대다가 나오게 된다. 결국 다른 사람의 합격을 위한 들러리만 서고 다니는 것이다. 처음에는 "언젠가는 나도 합격하겠지"하고 참고 다니지만 이것도 한 두번이지 몇 달, 몇 년 하면 어떻게 되겠는가? 지쳐서 포기하고 싶을 거다. 절대로 사실이 아닌 자극적이기만 한 정보나 조언을 믿지 마라. 스펙 만드는 방법과 기회가 대학 재학생 때보다는 적지만 그래도 우리 세상에는 절대 불가능한 것은 없다. 정답은 없어도 찾아보면 헤쳐 나갈 방법은 반드시 있다.

삼성 청년 SW(소프트웨어) 아카데미에 지원하라

삼성 청년 SW(소프트웨어) 아카데미는 삼성의 SW(소프트웨어) 교육 경험과 고용노동부의 취업지원 노하우를 바탕으로 취업준비생에게 SW(소프트웨어) 역량 향상 교육 및 다양한 취업지원 서비스를 제공하여 취업에 성공하도록 돕는 교육 프로그램이다. 캠퍼스는 서울, 대전, 광주, 구미, 부산 5개 지역에 위치하고 있다. 매년 상반기와 하반기에 모집한다. 모집 과정은 SW(소프트웨어) 테스트와 면접을 거치게 되며, 간단한 OT 후 반 배정을 통해 전문적으로 수행할 주 프로그래밍 언어가 결정된다. 일반적으로 비전공자의 경우 Python, 전공자의 경우 Java를 학습하게 되지만, 반 배치고사의 성적 및 기타 요소에 따라 반이 배정되므로 비전공자도 Java반에 들어갈 가능성이 있다. 이후 교육 과정은 각 반마다 달라지며 알고리즘 교육이 공통적으로 이루어진다. 교육과정은 총 12개월로 첫 6개월은 기본과정이고 이후 6개월은 심화과정이다.
[참고: https://www.ssafy.com/ksp/jsp/swp/swpMain.jsp(삼성청년 SW아카데미)]

고용노동부 시행 각종 미취업자용 국비(무료) 직업훈련교육 과정을 활용하라

고용노동부에서는 고졸 및 대졸 미취업자 즉 실업자를 위한 각종 국비 직업훈련 교육제도를 운영하고 있다. 이 제도를 활용하면 된다. 이 안에는 반도체, 소프트웨어 개발자 양성과정(신입사원용) 등 비중이 있는 일반 학원 과정도 포함 되어 있다. 국내에는 코리아텍(한국기술교육대학교), 한국공학대학교(한국산업기술대학), 폴리텍대학을 제외하고도 대학(교) 부설기관, 일반학원 및 직업훈련교육 기관들이 많아 이 기관 등에서 단기과정으로 인공지능 융합 개발자, 빅데이터 분석 전문가, 클라우드 운영 전문가, 클라우드 기반 JAVA 개발자, 저(低)전력반도체 설계, 딥러닝 등의 과정들이 지역별로 차별화 되고 속속 개설되어 운영 중에 있다(일부 기관의 경우 드물기는 하지만 기숙사도 제공하는 경우가 있음).

과거와 달리 구체적으로 고용노동부와 한국산업인력공단 등 국가기관(공기업)에서 직접 시행하는 직업훈련 교육과정 이외에도 이들로부터 위탁 승인 받아 수행하는 대한상공회의소, 각 시도 지자체, 공공기관 일자리센터, 일자리 재단, 각 대학의 산학협력단(기업지원센터)이나 일반 학원 등이 있어서 매우 다양하다. 개설과정도 다양하여 대학 재학생 이외는 누구든지 출신대학(학교) 전공에 관련 없이 신청 후 간단한 절차를 거쳐서 합격 후 수강하면 된다. 이 교육과정은 몇 시간 과정에서부터 1개월, 3개월, 4개월, 6개월, 1년과정까지 다양하게 운영된다. 다만 아쉬운 점은 대부분이 이공계 교육과정에 집중되어 있다는 것이다. 이 제도는 오로지 실업자용(대학 재학생 제외)이므로 토익 등 단순히 자격시험을 위한 과정은 개설이 제외된다.
[참고: www.gjf.or.kr/lms/gjf/user/education/educationList.do(경기도일자리재단)]

[각 국비 직업훈련 교육과정과 일반 교육과정 비교]

기관	구분	내일배움카드제	국비과정(무료)	자격	비고
고용 노동부 (대학 등)	양성 과정	교육기관에서 선 개설 후 모집	반도체, SW 등 운영과정 다양	청년미취업자 (실업자)	자격시험 과정은 불가 (실업자용)
	향상 과정	대학 내 산단 기업지원센터 등	장비사용 교육과정 등 다양	재직자만 가능 (고용보험가입)	참여기업+ 위탁기관 협의
위탁기관	학원	카드제 없음	개인 부담	실업자+재직자	자격시험 준비가능

주) 1) 일반 학원의 경우 무료 교육은 실업자 교육, 유료 교육은 지원자격 구분이 없음
2) 내일배움카드제(무료)는 개인별 최대허용 비용지급액의 상한선 있음(과정별/기간별)
3) 각 과정에 따라 4학년 2학기 졸업예정자(재학생)도 수강이 가능한 과정이 일부있음
4) 각 과정에 따라 면접전형이 있는 경우가 있고 최종합격 후 해당 교육 전 과정 수료 시(보통 80% 이상 출석) 바로 취업이 되는 과정도 있음(위탁 기관별로 상이함)

해외진출이나 해외관련 사업은 한국무역협회 무역아카데미 과정에서

무역아카데미는 한국무역협회가 운영하는 무역, 국제 비즈니스 및 ICT 전문 교육기관으로, 1965년 청와대 수출진흥확대회의 결의에 따라 무역전문인력을 양성하기 위해 설립되었다. 이후 무역아카데미는 1965년 '수출학교'로 시작하여 약 40만 명의 무역 인력을 배출하였으며, 대내외 무역환경 변화에 대응한 고품격 교육 서비스를 제공하고 있다. 무역, 마케팅, 외환, 창업, 해외시장, 주력산업 등 오프라인 교육은 물론,

언제 어디서나 PC와 모바일로 학습 가능한 다양한 e러닝 서비스도 제공하고 있다. 본 협회는 무역, IT, 디지털, 융·복합 소프트웨어 분야 전문인력 양성을 위해 취업연계 장기과정 등을 연중으로 운영하고 있으며, 추가로 무역관련 자격증 취득과정 이외에도 재학생 및 졸업생을 대상으로 여러 가지 관련프로그램을 진행하고 있으니, 여러분들의 현재 상황과 장래 취업, 응시자격 등을 고려하여 선택하기 바란다. 또한 무역전문 채용사이트인 '잡투게더(jobtogether.net)'를 통해 청년의 국내외 취업을 적극 지원하고 있다. 교육장소는 서울 코엑스 내에 있다(기숙사 미제공형).

[참고: https://newtradecampus.kita.net/page/KITA_MAIN(한국무역협회)]

기업의 해외영업 분야에서 일하고 싶으면 KOTRA 청년인턴십을 활용하라

위에서는 무역아카데미에 대해 설명하였다. 이와 별도로 수료 후 바로 취업은 아니지만 코트라 및 일반기업체 취업준비생을 위해 KOTRA(코트라: 한국무역진흥공사)에서는 매년 수시로 국내 및 국외 소재 코트라 지사나 무역관에서 실제로 일할 직무체험형 청년인턴을 선발하여 운영하고 있다. 분기별 1회가 원칙이나 연중 수시모집이라 미리 자격과 조건을 알아 보고 철저히 준비를 하고 있다가 공고가 나면 즉시 신청하는 것이 좋다. 이 제도는 국내 청년의 글로벌 역량 강화 및 해외영업(무역) 관련 직무경험 제공을 통한 취업역량 강화를 위해 운영되고 있는 제도이다. 주요 수행업무는 코트라가 현재 하고 있는 업무인 국내기업을 위한 해외시장개척·해외투자진출 지원 및 해외시장 정보조사, 외국인 투자유치, 내부 경영관리 업무의 보조로 기간제 근로자로서 근무기간은 6개월이다. 대학 재학 여부에 상관없이(필요할 경우 휴학하면 됨) 고등학교 졸업 이상의 학력만 있으면 되고, 유효한 토익(영어 등) 점수가 필수이며, 토익스피킹이 있으면 추가로 가산점수를 받을 수 있으므로 토익스피킹에서 합격(견본 합격 자소서 참조) 여부가 대부분 결정이 된다고 보아야 한다.

[참고: 접수방법(채용 홈페이지): https://kotra.applyin.co.kr/로 접수]

이미 대학을 졸업한 이공계 출신 학생이라면 청년 TLO 사업을 신청해 보라

청년 TLO의 TLO는 Technology Lisencing Office의 약자이다. 기술 이전 전담조직이라는 뜻이다. 각 대학마다 많은 연구실들이 있고 그 각각의 연구실에서 교수 등이 실험들을 상시 진행하여 특허 기술들이 생겨난다. 그렇지만 대학에서 이 기술들을 모두 다 사업화 하지는 못한다. 따라서 연구실마다 미(未) 사업화로 남아있는 기술들이 많이 있다. 이런 기술들을 학생들이 배워서 민간 기업으로 이전하여 기술 사업화, 창업화 등을 촉진해 일자리를 창출하는 것이 바로 TLO 사업의 목적이며 여기서 중간다리 역할을 하는게 청년 TLO라고 보면 된다.

청년 TLO의 소속 및 근무처는 모든 대학이 산업 교육 및 산학협력 촉진에 관한 법률에 따라서 설치하는 기술이전 전담 조직이다. 급여는 최저임금제 이상으로 지급되며, 정규취업 전 근무지는 보통 산학협력단 행정부서 또는 실험실, 연구실, 기술 지주회사, 대학의 연계가족회사 등이다.

6~8개월 동안 시행되는 청년 TLO의 장점으로는 대학원생 수준의 랩(lab)실 체험과 창업 등 또 다른 진로 탐색의 기회를 얻는다는 것이다. 즉 TLO를 참여하면 많은 진로 탐색의 기회가 생긴다. 사업기간 중도에도 본인이 희망하는 기업으로 어느 기업이든지 정식으로 취업이 되면 곧바로 TLO 과정이 종료되고 신분도 바뀌어 새로 취업한 기업에서 근무를 할 수 있다. 또 TLO 기간 중에 기술마케팅 과정 등을 수강 후 관련 기술을 보유하여 실전으로 본인이 창업을 하거나 그 기술을 운영 중인 기업으로 연계하여 취업도 가능하다. 우선 대학의 관련부서부터 문을 두드려 보기 바란다.
[참고: http://tlomarketing.com/(공동TLO마케팅사무국)]

뚜렷한 직무스펙 준비 없이 대학을 졸업했다면 눈높이를 확 낮추어 취업부터 하라

이미 설명했듯이 기본적으로 공무원·공기업은 채용인원도 적고 토익 등 정량지표와 NCS로 채용을 한다. 반면에 일반기업은 직무능력부터 우선 평가한다. 대학시절 포함 한두 번 각종 자격시험에 탈락 후 졸업만 하고 뚜렷한 직무스펙이 없다면 창업 이외는 눈높이를 확 낮추어 대기업 중심보다는 상대적으로 취업이 다소 쉬운 중소기업 등에 도전해야 한다. 대학 졸업을 완료한 경우에는 학점연계 또는 비연계 등 어떤 경우도 현장실습 제도에 참여할 수 없다. 다만 유사한 프로그램이 있다면 학점연계와 상관없는, 4학년 2학기 졸업예정자와 같이 모집하는 일반기업체 모집 인턴십 정도가 대부분이다. 요즈음은 대기업, 중소기업, 중견기업 등을 구분하는 기준도 모호하다. 오히려 벤처기업, IT계열 또는 ICT계열 등으로 구분하고 있다.

직무스펙도 없고 자격증, 국가고시 등의 시험 합격 능력도 없으면서 토익과 학점만으로 눈높이를 옛날 그대로 유지하면 무한정 실업자로 전락한다. 해가 갈수록 점점 나이가 많아져 취업 확률은 더욱더 낮아진다. 그러기 전에 더 많은 고생을 감수하고서라도 눈높이를 확 낮추어 무조건 기업에 들어가야 한다. 이미 언급했듯이 나이가 많으면 취업도 어렵지만 어느 곳으로 입사를 해도 직장 생활하는 데 어려움이 많다. 최악의 경우 대학 후배를 상관으로 모셔야 하는 경우도 있다. 흔히 뒤늦게 공무원 시험에 합격을 하거나 기업에 취업한 후 자주 직장을 옮기는 유형이 이런 유형의 사람들인 것이다. 결론적으로 말해서 고등고시나 CPA 시험 준비 등 이런 저런 각종 사유로 대학생활 중에 현장실습 등을 통해 기업에 가 보지 않은 사람들은 결국 눈높이를 2단계 이상 확실히 낮추어 우선 기업에 들어가서 부족한 직무준비 경험을 기존 직원들의 조언 등으로 빨리 만회하여 시급히 적응해 나가는 수밖에 없는 것이다. 직무준비 관련 경험부족에 대해 염려하기만 하는 것은 비효율적이다. 또 다른 대안은 없다. 이후 보통사람들처럼 이 기업에서 정년 도달 때까지 계속 근무를 하든지, 아니면 중도 퇴직 후 창업을 하거나, 필요한 경우 몇 년 후 중고신입 또는 경력사원 자격을 갖추어 타회사로의 이직도 가능하다. 문제는 어떤 방안이 추후 자신의 장래 성공을 위한 진로를 결정하는 것에 더 좋게 귀결(歸結: 어떤 결말이나 결과에 이름)될지는 아무도 모른다는 것이다. 다만 이러한 방안도 늦게 결정하면 할수록 그나마의 기회는 더욱더 적어지고, 또한 더 늦게 결정이 되면 될수록 이런 기회마저 잡기가 더 어려워진다. 직장생활 중에 느끼는 고생의 정도는 사람마다 상대적이기 때문에 이유불문 모두가 동일하다고 보아야 한다. 20대에 남의 이야기에 휘둘려 고생이 두려워 취업을 차일피일 미룰 경우 향후에 일평생 동안 겪는 고생의 정도는 점점 더 커져간다는 것만은 확실하다.

[2020년 대학졸업자 기간별 취업 현황(2021.12.31.기준)]

졸업자 (명)	분석 대상자 (명)	기간				
		입학 ~ 졸업전	3개월 이내	6개월 이내	9개월 이내	10개월 이상 ~
506,546	254,015	86,026	58,361	38,851	42,775	28,002
점유율(%)	100	34	23	15	17	11

주) 1) 대상기업: 회사법인+회사 이외 법인+정부 및 비 법인단체+개인기업체 포함
2) 전체 졸업자에 대한 분석대상자 비율이 (254,015÷506,546) X 100=50.1%에 불과함. 통상적인 대졸 취업률 수준에 미달하는 이유는 각 지표별 산정 기준일이 다르고 취업 후 경과기간 등 여러 사유로 인해 4대 보험 미신고자가 있는 것으로 판단됨(추정)
[출처: 교육부]

기업에서는 입사 후 여러분들이 아무리 직무에 만족을 하고 일을 잘해도, 한편으로는 직원들이 언제 이직할지 몰라 이직 방지를 위한 여러 가지 유형의 제도를 운영한다. 반대로 여러분들 역시 정식으로 입사를 해도 입사한 기업을 평생직장으로 생각하지 않고 조건만 좋으면 언제나 이직하려 한다.

[2017~2018년 대학졸업자 취업자 취업 후 3년 내 이동률(%)(2021.12.31.기준)]

구분	조사 연도	1년 내 이동	2년 내 이동	3년 내 이동	비고
전문 대학	2020(A)	24.4	39.6	48.0	누적 환산분
	2021(B)	22.5	37.4	47.8	"
	평균	23.45	38.5	47.9	"
	증 감(B-A)	▲ 1.9	▲ 2.2	▲ 0.2	
4년제 대학	2020(A)	18.2	32.0	41.2	"
	2021(B)	17.5	30.8	41.8	"
	평균	17.85	31.4	41.5	
	증감(B-A)	▲ 0.7	▲ 1.2	0.6	

주) 1) 대상기업: 회사법인+회사 이외 법인+정부 및 비 법인단체+개인기업체 포함
2) 동일기간 내 또는 연도를 넘어서 각 연도별로 재이동한 횟수 포함
3) 4년제 대학의 경우 1~2년차 이동은 줄고 3년차는 약간 늘어나는 추세임
[출처: 교육부]

그래서 지금은 경력사원 채용이 신입사원 채용보다 인원수도 더 많고 기회도 더 많다. 다시 말해 여러분들이 스스로 취업한 회사를 평생직장으로 생각하지도 않으면서, 준비된 스펙도 없이 편하고 월급 많이 받는 회사만 고르고 다니면서 세월을 보내는 것이 부질없는 행동이라는 것이다.

상기(上記) 이동률 도표가 보여주고 있는 것은 여러분들의 취업문화가 기존 여러분 선배들의 취업문화와 다르다는 것과 기업에서도 이러한 노마드(nomad)형 취업자에 대한 준비를 상시로 대비하고 있다는 것이다.

즉 이런 노마드형 취업문제에 부딪히지 않으려면 조기에 본인의 적성과 직무수행능력에 맞는 기업을 고르고 직무에 대한 준비를 하는 것이 최선의 방안이다. 이제는 기업에서도 응시자 중 순수 신입사원이 없고, 지원자 또한 마찬가지로 지원회사를 평생직장으로 생각하고 지원을 하지 않는다는 것이 보편화된 추세라는 것이다. 다만 다행스러운 것은 일반적으로 이미 현장실습 등을 통해 기업을 한 번 이상 다녀온 학생(사람)들은 이미 이직의 장·단점을 실제로 목격·경험 및 체험을 했기 때문에 그렇지 않은 일반 학생(사람)들에 비해 첫 직장 입사 후 이직률이 1/10 이하 수준으로 훨씬 낮게 나타난다는 것이다.

[우리나라 기업들의 경력사원 채용 시 경력인정 기준]

구분	일반기업	IT 및 벤처 기업	비고
현장실습·인턴십	1년 이내	1년 이내	통상 1년 이내는 경험으로 인정
기업체 근무경력	2~3년 이상	1~2년 이상	4대보험 가입 기간 기준

주) 실습 종료 후 대학 복귀형인 재학중 현장실습 및 인턴십 참여의 경우는 대부분 정규직 채용 시 직무 경험으로만 인정을 하고 4학년 2학기 채용연계형 기간인정 여부에 대해서는 각 기관 유형에 따라 추후 경력합산 적용방법이 달라짐

옛날 말 중에 "누구든지 인생에 3번의 기회가 찾아온다"는 이야기는 여러분들도 익히 알고 있을 것이다. 이 말은 이제 사실이 아니다. 이제 기회는 본인이 노력만 하면 시시 각각으로 수없이 찾아온다. 대학 때 취업준비가 부족했으면 눈높이를 낮추어 기업에 가서 승부를 걸어라. 언제 누가 어디서 성공에 빨리 도달할지는 아무도 모른다. 다만 먼저 기업에 가 본 사람이 그만큼 기회를 많이 잡는다. 먼저 사업을 오픈한 기업이 새로 진입하는 기업에 비해, 기존관리 고객과 신규사업에 대한 사업의 확장이

나 5년 후 10년 후 생존확률이 높은 것과 같은 이치이다. 이제까지의 국내 유수기업들의 생존전략을 통해서도 여러분들은 상시로 이런 사실을 알 수 있다.

이제까지 필자가 이 책에서 언급한 여러 가지 취업준비 안내, 즉 대학 저학년 때부터 취업준비를 철저히 하여 졸업과 동시에 취업을 하라는 이야기는 입사 전에 기업에서 할 일을 미리 알고 익히고 준비하여 입사 후 조직문화에 빨리 적응해 기업에서 남보다 빨리 성공의 길로 가는 기회를 잡으라는 이야기이지, 이렇게 해야 무조건 100% 성공이라고 말하는 것은 아니다. 이미 언급했듯이 누가 어디서 언제 누구를 만나 성공의 길로 갈지는 아무도 모른다. 어려운 사례이지만 뒤늦게 입사를 하여 처음에는 후배들보다 스펙과 업무 수행능력이 뒤지지만, 이후에 나름대로 다방면으로 각고(刻苦)의 노력을 통해 어려움을 잘 극복 할 경우, 수십 년 후 최후의 승리자는 누가 될지 모른다. 그렇지만 누구든지 성공의 길은 예외 없이 직장(창업 포함)에서만 이루어지므로 이 회사가 좋을까? 저 회사가 좋을까? 하며 근거없이 남의 이야기만 듣고 탐색만 하거나 고르지만 말고, 경력사원이든 신입사원이든 하루라도 빨리 입사부터 하라는 것이다. 다시 말해 취업을 한다 해도 얼마나 빨리 회사 내 직무와 환경에 적응하고 동료나 남들보다 직무를 더 잘 수행할 수 있을지도 모르면서 높은 임금에 입맛에 맞는 일만 골라서 할 수 있는 기업만을 고르는 데 시간을 낭비하지 말라는 것이다. 또 내 입맛에 맞는 기업을 아무리 기다리고 찾아 보아도 그런 기업은 결코 존재하지 않는다. 이러한 생각은 직업 선택의 기본 방향이 처음부터 잘못되었다고 보아야 한다.

기업은 입사하는 날부터 모든 개인별 근무경력 기간이 시작된다. 기업이나 기관에 근무하지 않고 공부, 연구, 학위취득, 실습 등으로 준비만 할 경우 추후 정규직으로 입사를 하여도 경력 추가환산은 대부분 불가능하다. 다만 예외적으로 드물기는 하지만 급여 산정 시 호봉(號俸: 근로자(공무원 포함)가 1년간 실제로 근무한 기간을 말함) 수 인정 정도만 가능하다. 비슷한 예를 들어 본다면, 남성의 경우 군복무를 2년간 하고 전역을 했다고 가정할 때 공무원으로 첫 입사하는 경우, 총 승진(진급) 경력 평가 시 총 근무기간에 2년은 포함되지 않지만 급여 산정 시 1차 연도에 1호봉이 아니라 3호봉부터 시작한다. 그리하여 같은 날 동시에 입사를 하여도 다른 사람들과 비교 시 상호 간에 지급되는 급여 또는 연봉총액에서 차이가 난다. 드문 사례이지만 석·박사 학위 인정 제도도 이런 비슷한 경우에 해당된다고 보면 된다.

PART

04 이력서 및 자기소개서 작성법

이제까지의 합격만을 위한 서류작성 방법은 다 잊고 새로 시작하라

이미 수차례 언급했지만 이제는 대학이 과거의 학문연구나 연구실에서의 실험 또는 기술연구만 하는 연구중심 체계에서 벗어나 교과 과정도 크게 개편됐고, 하루가 다르게 변해가고 있는 사회와 국민경제 발전에 기여하는 ICT 분야 등 여러 방면의 신산업분야 수요 맞춤형 예비 인재양성 기관으로 전환되었다. 학령 인구감소, 국내경기 활성화, 기업의 글로벌화로 인해 정부 또한 앞서 언급했듯이 그러한 방향으로 나아갈 수 있도록 각 대학에 산학협력단을 만들어 교수나 학생이 창업을 하여 매출을 올려 수익을 내도록 지원을 하고 있다. 대학도 여기에 맞추어 대학 운영체제 개편, 산학협력 중점교수 채용, 진로설계와 같은 비교과 교육과정 집중 개설 등에서 대변혁을 시도하고 있는 중이다. 정부 또한 교육부 이외에도 각 부처 구분 없이 관련 부처 전체가 대졸(대학원졸 및 고졸 포함) 청년 구직자 취업률 올리기에 모든 역량을 집중하고 있다(서울대, 카이스트 등 일부 대학은 제외).

대학도 정부 각 부처에서 시행하는 R&D 사업 등에 대한 지원금을 받기 위해서는 정부에서 요구하는 각종 지표를 맞추어야 하고, 정부 역시 대학교육이 산업계에서 요구하는 기업 맞춤형 인재를 양성하는지를 각종 고용관련 취업률 등으로 평가 지표를 설정하고 대학을 1년 단위로 평가하여 지역별·등급별 구분 및 차등화 하여 각 사업 단위별로 나누어 정부지원 자금(예산)을 집행하고 있다. 그리하여 대학도 각종 정부지원 사업 자금을 많이 받기 위해서 총장, 교수, 학생, 직원, 가족회사 등이 합심하여 학과 통폐합, 기업체 수요 요구형 신설학과 개설, 현장실습 참여 기업 발굴 등 여러 분야에서 한마음으로 뭉쳐서 쉬지 않고 일을 하고 있다. 이 과정에서 많은 지원을 받은 대학도 있고 그 반대의 경우도 있다. 대학을 졸업한 선배들이 모교에 가장 크게 기여할 수 있는 방안은 졸업 후 조기에 취업하는 것이다. 선배들이 졸업 후 취업을 미루거나 못하면 그 영향은 고스란히 대학에 남아 있는 후배들에게 본의 아니게 영향을 미치게 된다. 즉 낮은 취업률로 인해 대학발전을 위해 지원하는 각종 정부지원 사업신청 및 자금지원 등을 후배들이 못 받을 수도 있기 때문이다.

보통 대학의 취업률은 매해 8월말 졸업생을 기준으로 이 졸업생들이 졸업 후 최장 16개월(2월 졸업생 기준 당해 연도 12월 말까지 10개월) 이내 취업한 실적으로 집계하여 발표를 한다. 여러분들이 아시다시피 교육부나 고용노동부에서 매년 8월말 경에 발표하는 대졸 평균 취업률도 60~70%선에 머물고 있다. 위 산정기준 일자를 넘길 경우 그 이후에는 취업을 하여도 출신대학 취업률에 전혀 반영이 되지 않아 본인은 물론이고 전혀 모교발전에 도움을 줄 수가 없다.

이러한 중차대한 시점에 있음에 아직도 세상모르고 도서관에서 밤 12시까지 토익 시험에 매달리며 토익 점수가 잘 나오면 취업이 쉽게 되는 줄 알고 학점 잘 받아 장학생이 되는 데 온 힘으로 매진하는 학생들이 많다. 필자가 대학 다닐 때는 이게 맞는 길이었다. 그러나 지금은 정반대다. 1년 빨리 취업하면 공무원, 공기업, 대기업, 중소기업 구분 없이 늦게 취업한 사람보다 정년퇴직 이후 연금 수령시기와 금액에 이르기까지 모든 면에서 금전적으로 유리하다. 왜냐하면 취업준비로 이미 지나가 버린 시간은 어떤 경우도 늘리거나 줄일 수가 없고, 대학 졸업 후 취업하는 나이는 각각 달라도 정년이 적용되는 나이는 모두가 60세(공무원, 공사 및 기업체 등), 62세(교사 등), 63세(교장 등), 65세(교수 등) 등으로 비슷하기 때문이다.

즉 이제는 단순히 취업합격만을 위한 취업준비와 서류작성이 아니라 최종합격 후 근무를 어떻게 오래도록 잘할 것인지를 서류작성 단계에서부터 보여주어야 한다. 그리고 이후 면접에서 면접관에게 이 증거에 대한 확인을 받아 좋은 평가를 받도록 지원서류를 만들어야 한다.

다시 말하자면 기업도 이제는 청년 대학생들이 신입사원으로 입사하여 정년 때까지 평생직장이란 생각과 각오로 일하지 않는다는 것을 다 알고 있으며, 취업자 또한 기업의 종류에 상관없이 경력(능력)과 기회가 있으면 월급을 더 많이 받고 근무조건이 더 좋은 회사로 옮길 생각을 하면서 일한다. 이것은 상호 간 무언의 약속이다. 그러니 더 이상 어느 기업이든지 기업에 들어가 보지도 않고 좋은 기업을 고른다는 명분 속에 취업준비생으로만 남아서 꿈 속에서 꿈만 꾸면서 머무르지 않기를 바란다.

02 서류제출 횟수와 합격확률은 상호 반비례 한다

대학입시 지원 방법과 취업회사 지원방법은 근본부터 전혀 다르다

대학 졸업 전 철저히 다방면으로 취업을 준비한 응시자의 경우는 뚜렷한 직무가 확실하게 미리 정해져 있어서 이 직무를 가지고 기계, 통신, 전자 등 산업별 업종만 대분류 후 구분하여 지원 취업 회사를 고르게 된다. 이렇게 될 경우 준비된 직무준비는 경쟁자보다도 상세하고 깊어서 특별한 사유가 없으면 서류와 면접에 모두 다 한 번에 합격이 된다. 다시 말해 기업의 공고문에서 요구하는 직무스펙에 거의 근접하거나 일치한다는 것이다. 그러나 이와 반대로 본인의 직무 주특기가 한 개로 압축이 안 되거나, 애매하게 2~3개로 되는 경우는 무한정 입사서류를 만들게 된다. 이러다 보면 지원회사 개수와 서류작성 횟수는 증가하지만 실제로 합격할 확률은 정반대로 낮아진다. 공무원처럼 단순히 필기시험 점수 등으로 계량화된 지표가 나오지 않는 이상 어느 기업이든지 기업은 확실히 일할 수 있는 사람부터 먼저 서류전형에서 합격시킨다. 그러므로 뚜렷하게 정해진 주특기(직무)가 없이 무작정 이력서를 많이 쓰면 쓸수록 최종합격은 점점 더 어려워진다. 대학입시처럼 계량화(수치화)된 수능시험 점수 같은 것이 있으면 전국 모든 대학에 희망하는 전공명만 보고 서류를 차례대로 넣어도 정원수대로 100%를 대부분 채우므로 한 개 이상의 대학은 합격이 반드시 된다. 그러나 기업은 이와 완전히 지원방법이 뿌리부터 다르다. 다시 말해 기업은 채용인원이 미달되어 재공고를 내는 경우가 생긴다 할지라도, 해당분야 직무수행에 대한 적합한 지원자가 없어서 또는 응시자 전체가 요구 조건에 미달할 경우 지원자 수에 관계없이 그 분야는 채용을 단 한 명도 하지 않는다는 것이다. 모집공고문에 나와 있는 00명 또는 000명의 채용인원 수를 있는 그대로 믿지 마라. 무조건 채용인원은 단 한 명이다. 00명 또는 000명이라는 의미는 소속부서 전체 모집 단위 인원을 의미하는 것이다. 후반부에서 이점에 대해 다시 상세히 설명할 것이다.

03 지원 희망회사 탐색 및 선정방법

1년 이전부터 취업박람회 및 채용설명회 등을 참석하여 최대한 정보를 수집하라

이제는 대기업 및 중소기업, 공기업에 이르기까지 구분하지 않고, 또 기업의 채용담당 부서에서는 연도별 채용예정인원과 계절 및 시기에 상관없이, 연중으로 대학 취업 지원처(센터) 및 지역 내 다양한 취업교육기관 등을 찾아다니면서 각종 행사를 주관하고 우수 인재를 먼저 채용하기 위해 다양한 방법으로 자기회사를 홍보한다. 먼저 회사의 개요를 소개하고 향후 입사 지원 시 직무에 적합한 준비 내용과 중점 서류평가 및 면접평가 방법, 서류작성법, 입사 후 수행업무 등을 알려준다. 회사직원들이나 행사장 부스에 나와 있는 직원들의 조언대로 먼저 직무에 대한 준비를 꾸준히 우선적으로 하면 된다. 그러므로 뒤늦게 3학년 때부터 온라인 취업족보 등에 의존하는 소극적인 접근법보다는 미리 저학년 때부터 여러 가지 오프라인 활동을 많이 해야 한다. 온라인 구직 정보는 모두가 아는 정보이므로 크게 응시자 간에 차별화 하는 방법에 도움이 안 된다. 다만 온라인 정보로는 과거 연도 채용시기, 채용분야, 채용인원 등을 알 수 있고 서류평가 항목과 면접방법 및 질문내용 등이 있으니 이는 향후 지원 방향에 참고가 되므로 스크랩 해두어야 한다. 오프라인 기업체 구인 정보는 대학 내는 물론이고 대학 밖에서도 각종 지원회사에 대한 설명회를 수시로 많이 개최한다. 취업설명회, 기업체 근무 선배와의 대화, 캠퍼스 리크루팅, 히든챔피언, 방학 중 일반기업 및 공기업 견학 등이 있으니 필요할 경우 참여하여야 한다. 특히 취업박람회는 수시로 업종별·지역별로 개최되고 있으니, 홍보 차 나온 부스를 찾아가서 본인이 지원하고자 하는 직무분야의 입사 후 실제 수행할 직무, 입사 사전 준비사항 등을 깊이 있게 캐물어야 한다. 만약 부스에 나와 있는 직원이 아르바이트나 타부서 파견인 경우에는 명함이나 연락처를 필히 받아 두었다가 행사 종료 후 회사를 방문하거나 별도 미팅을 요청하여 가능하다면 취업준비에 대한 여러 가지 사전 조언을 들을 필요가 있다. 그리고 지원회사 사전 정보획득에 대한 이러한 노력 과정을 추후 입사지원서의 성장과정이나 지원동기란에 기술하여 서류평가나 면접과정에서 평가위원들에게 충분한 신뢰감을 주어 1회용 무차별형의 기회주의 지원자가 아니라는 점을 부각시켜야 한다.

교수 및 지인 추천 기업, 일단 실습은 가되 취업은 다시 한번 고려하라

여러분들은 대학입학 후 수업, 연구, 과제수행, 진로지도, 캡스톤디자인, 학내·외 행사 등 어떤 이유로든 학과교수나 산학협력단 교수 및 기업체 담당자들과 직·간접적으로 과제수행 등을 통해 일을 같이하게 된다. 그러던 도중 통상 2~4학년 때 현장실습이나 인턴십을 수행할 기업으로 교수들의 추천을 받는 경우가 있다. 이때 이 추천받은 기업들은 대학본부(동문기업 포함), 단과대학 소속교수, 학과교수와의 친분이 있는 경우가 대부분이다. 그러므로 현장실습이나 인턴십을 그 기업으로 갈 경우 처음에 대부분 많은 부담과 걱정 어린 마음을 가지고서 기업체 근무 경험이 전혀 없는 상태로 일을 하게 된다. 이때 여러분들은 학생 신분이므로 근무 중에도 다소 부족하거나 모르는 부분을 대학의 보호 아래 교수님의 지도를 추가로 받으며 부담도 덜고 조기에 업무 적응이 가능한 상태로 진행할 수 있으므로 전혀 모르는 기업보다는 조금이라도 더 도움이 된다. 그러나 실제로 취업하는 기업은 다르다. 여러분들이 현장실습(인턴십) 수행기간 도중 일을 매우 잘하면 다행이지만, 대부분 학생들은 경험이 부족하여 기업에서 바라는 수준으로 일을 그렇게 잘하지 못한다. 이런 상태에서 현장실습이나 인턴십을 겨우 마무리하고 나온 경우, 졸업 이후 그 회사로 정식 취업을 고집하게 되면 이미 여러분들의 업무수행능력을 알고 있는 교수나 기업체 대표자에게 부담만 주게 된다. 최악의 경우에는 대학과 기업이 상호 틀어져서 다음 학기 후배들에게 현장실습이나 인턴십을 제공하지 않을 수도 있다. 그러므로 장기 및 단기실습, 인턴십 종료 시 기업에서 사전에 정식 취업을 먼저 제안하거나 2차 재실습을 요청할 경우는 그 기업으로의 취업을 고려하되, 정규직으로 전환 채용 시 이후에 받을 급여수준을 고려하여 결정하기 바란다. 얼마 근무도 하지 않을 거면서 교수 추천으로 기업에 입사하면 본인뿐만 아니라 대학 및 기업에도 절대로 도움이 되지 않는다.

회사와 연봉을 따지지 말고 무조건 지원분야 수행직무와 우대조건을 먼저 보라

대부분의 취업준비생들이 인터넷, 유튜브, 카페, 학원 등 각종 전문가라고 자부하는 취업정보매체를 통해 취업지도나 정보를 얻고 서류작성 전 본인의 주특기가 될 수 있는 직무를 선정하지 않은 상태에서 먼저 연봉과 회사만 보고 이후에 합격스펙을 물어 본다. 간단히 말해 이것은 완전히 잘못 되었다. 내가 그 회사에 최종합격 후 무슨 일을 어떻게 해야 할지도 모르면서 근무 조건만 따지는 것이다. 대기업과 공무원, 공기업 등에 여러 번 합격한들 직무수행을 못 하면 단 1년도 못 되어 다시 나오거나 다른 곳으로 또다시 이동해서 일해야 한다. 앞서의 도표에서도 제시한 것처럼 이것은 동서고금을 통해 역사 이래 변동되지 않는 진리인 것이다. 어느 조직이나 개인 또는 팀 단위 등으로 매일 경쟁 속에 살아가는데, 일 못하는 직원을 동료로 두고 같이 일하고 싶은 사람은 없으며, 또 업무능력이 다소 뒤진다고 기존 직원들이 다들 퇴근한 후 혼자 남아서 다시 일을 잘해 보겠다고 계속 근무하고 싶다고 아무리 발버둥 쳐도 남아 있을 수도 없다. 뉴스에서 퇴사자가 전 직장에서 겪은 나쁜 일들을 이야기 하는 경우가 많은데, 극히 일부를 제외하고는 대부분 이런 경우에 해당된다고 보면 된다. 직무가 정해지고 나면 공고문상의 우대 조건을 보고 내가 그 조건에 해당할 경우만 응시를 하라. 그렇지 않으면 눈높이를 낮추어라. 세상에 공짜는 없다. 기업 안에는 더더구나 없다.

언론에 나오는 기업(군)별 평균연봉 금액에 속지 마라

1년 또는 주기적으로 때만 되면 나오는 각 언론사의 기업별 또는 기업유형별 평균연봉 비교표가 있다. 예를 들어 “삼성전자가 평균연봉이 높고 중소기업은 평균연봉이 낮다”는 식의 기사이다. 얼마 전 어느 인터넷 카페에서 “이래서 평균연봉 높은 대기업 가려고 중소기업 그만두었다”라고 자랑삼아 글을 올린 것을 보았다. 이 책에서 수없이 언급했지만 기업별 또는 기업군별 평균연봉 비교표는 신입직원인 여러분들과는 아무 관련이 없다고 보아야 한다. 필자가 대학 졸업 시 동부화재가 삼성전자보다 전체 직원 평균연봉이 높다고 언론에 기사가 나온 것을 본 기억이 있다. 이는 무엇을 말하는가? 각 기업에서 내보내는 언론사 보도자료이거나 건강보험공단 등의 자료를 기준으로 한 간접적인 조사 결과에 근거한 것이다. 각 기업별·개인별 연봉 계산 기준과 방법은 기업마다 다르다. 한 가지 기준으로 비교 자체가 불가능하다. 또한 그 연봉에 포함된 금액의 산정 기준도 각각 다르다. 어느 기업은 급여를 적게 주고 오래 근무하도록 장기 근속자부터 학자금이나 주택구입자금을 융자해 주기도 한다. 여러분이 연봉만 좇아가며 기업을 선택하고 취업에 성공해도 입사 첫 달에 급여를 받아보면 무조건 그 회사에서 가장 적은 급여를 받는다. 당초 입사 전 여러분의 기대와 달라 기대보다 실망이 더 커져 그날부터 또 급여금액(연봉 포함)에 대해 불만이 생기고 이런 이유로 다시 이직할 마음을 먹게 된다. 기업의 평균연봉에 대한 단순 비교는 쉽지가 않으며 기업별 직원들의 평균 재직기간(근속연수), 평균 근무시간 수(야근시간 수 등), 생산직 직원비율, 각종수당 종류, 상여금, 복리후생 혜택 등이 다 같지 않아 근본적으로 비교자체가 무의미하니 기업 선택 시 평균연봉보다는 내가 정말 합격하면 일을 잘할 수 있는지부터 고려하는 것이 맞다. 이게 첫 직장에서부터 장기 근무로 가는 지름길이다.

한번 합격한 사람은 계속 합격하고 이직하는 사람은 또 계속 이직을 한다

누구든지 어려운 과정을 통과 후 최종합격할 때는 "정년이 도달할 때까지 나는 무조건 이 기업에서 오래 근무할거야"라면서 첫 출근을 하지만 세상일이 그렇게 호락호락 하지가 않다. 기업 내의 여러 조직원과 업무수행 과정에서 다양한 어려움을 겪게 된다. 그래서 일부는 차라리 이럴 바에야 내가 창업을 해야겠다고 그만두고 나오기도 한다. 여러분들은 잘 모르지만 취업이든 창업이든 공무원 필기시험 커트라인처럼 기업별·조직별로 합격 임계점이 있다. 즉 한 기업에 최종합격한 사람은 다른 기업도 합격권에 들어 합격을 하는 것이 보통이다. 필자가 면접위원으로 공기업 등에 가

보면 면접불참자가 의외로 많다. 기업에서 제공해준 결시자 스펙을 보면 여기 안 와도 다른 기업에 합격할 스펙이 있다. 이 사람들의 스펙을 대략 보면 기본 공통사항인 토익과 학점, 전공은 대부분 최저점을 다른 사람들과 비슷하게 통과하여 경쟁자들과 크게 차이가 나지 않는다. 다만, 크게 차이가 나는 부분은 직무수행경험과 지원분야에 대한 직무일치도이다. 이러한 신입직 응시자의 경우 보통 2개 회사 이상에서 최소 3개월 이상의 지원분야 관련 직무수행경험이 있다. 그러기 때문에 어느 회사든지 서류전형은 무조건 통과되고, 면접에서 연봉만 고려하여 근무 여부를 결정하게 된다. 회사에서 2년 이상 근무한 경력사원 또한 이처럼 비슷한 과정으로 이동이 가능하다.

공무원과 공기업은 나이가 정년이지만 일반기업은 직무수행능력이 정년이다

공무원과 공기업 등은 통상 아무리 그 사람의 직무수행능력이나 조직 내 리더십이 뛰어나게 좋아도 입사한 일자와 입사 당시의 직급이 모든 연봉을 결정한다. 또한 업무수행능력이 다소 떨어지면 승진(진급) 정도만 동기생 대비 조금 늦을 뿐 부서별 순환근무 등을 하면서 정년에 도달하므로, 결론적으로 정년 도달 때까지 입사일자와 나이가 입사 후 매우 중요한 결정요소가 된다. 이와 반대로 업무수행능력이 뛰어나다고 해도 특별승진(승급 포함) 이외에는 별도의 특별 보너스 등 금전적으로 특별히 보상받을 기회가 거의 없다. 기업은 이 반대라고 보면 된다. 업무능력이 뛰어나면 가만 있어도 회사는 유학이나 대학원을 보내주거나 경쟁사나 타회사로의 이직을 못하도록 여러 가지로 유리한 조건을 제시하고 지원을 해준다. 또한 이와 별도로 우수한 개인의 능력에 대한 소문이나 정보가 본의 아니게 외부로 새어 나가게 되면 운동선수들처럼 항상 외부 헤드헌터(headhunter: 고급 인력을 전문적으로 스카우트하는 사람 또는 회사)의 주요 스카우트 표적이 되기도 한다. 따라서 세상에서 말하는 공무원과 공기업은 안정적이며 좋은 직장이고, 창업을 하거나 일반(대)기업 취업은 신분 보장이 안 되므로 불안하다는 이야기는 일을 못하는 극히 일부 사람들에게나 해당되는 말이다. 현실은 전혀 그렇지 않다. 기업에 들어가서 일 잘하고 리더십이 있는 사람은 일정 기간의 경력을 쌓아 본인이 대표가 되는 회사 창업으로 방향을 틀기도 하고, 같이 근무하다가 먼저 퇴직 후 창업한 선배회사로 이어서 들어가기도 하고, 이직을 안 하면 기업의 임원으로 계속 올라가기도 한다. 일부 기업의 경우 드물기는 하나 기업체 임원의 1년 연봉이 공무원 수십 년 연봉 합계보다 더 많은 경우도 있다. 누구든지 진로를 중간에 수정할 수 있는 선택의 방향은 수없이 많으며, 누가 봐도 유능한 사람은 우리 사회가 집안에 혼자 박혀 있도록 놔두지 않는다. 그런 사람은 이유를 불문하고 국가나 기업에서 반드시 일을 하도록 부르게 되어 있다. 기업은 정년이 보장이 안 되어 불안하다고 하는 사람들은 기업의 흐름을 전혀 모르고 말하고 있는 것이다. 어디를 가나 한 회사에서 오로지 정년 때까지 근무해야 한다는 강제 규정은 없다. 그 사람들의 말이 맞다면 현재 각 일반기업체에서 근무하고 있는 사람들은 모두 어떡하란 말인가?

04 서류작성 전 준비 사항

그러면 무엇이 취업을 위한 직무스펙인가? 채용인원은 무조건 1명이다

인터넷을 검색해 보면 직무(職務, job)란 “과업(task) 및 작업의 종류와 수준이 비슷한 업무들의 집합으로써 특히 직책이나 직업상 책임을 갖고 담당하여 맡은 일을 의미한다”라고 설명되어 있다. 즉 어느 정도 비슷한 업무 내용을 가진 직위(職位)들을 하나의 관리 단위로 설정한 것을 의미한다. 맞는 말이지만 이 말은 경영학이나 행정학에서 공부할 때 또는 공무원 시험 준비때나 쓰이는 용어이다. 실제 우리가 여기서 알고자 하는 직무는 여러 사람들이 여러 부서로 나누어 일을 수행할 때 각 부서 내 개개인이 수행하는 일을 말한다. 다음의 사례를 보자.

직위(직급)	성명	분야	담당업무명
팀(계)장/5급	A	행정 총괄	• 직원 근태 및 학장 직인 관리에 관한 총괄 업무 • 학생지도 및 상벌, 학생회, 동아리 관리에 관한 총괄 업무 • 학사 및 시험, 간행물 발간 총괄 업무 • 소속 건물 및 시설물 운영관리 및 관리인 근무관리 총괄 업무 • 교육용기자재(사무용 및 실험실습 비품) 관리 총괄 업무
주임/6급 (정:B.부:C)	B	교수	• 교원의 해외여행 및 국내출장 처리에 관한 업무 • 교원인사업무(학과장, 지도교수)
		학생	• 학생 출결, 휴·복학에 관한 업무 • 휴강, 결강 및 보강 진행에 관한 업무 • 장학생 선발 및 추천 업무 • 학생회 및 학생단체(동아리) 지도 업무
		입학	• 신입생 오리엔테이션 진행, 수강신청 관련 업무
사원/7급 (정:C.부:B)	C	교수	• 교원인사업무(조교추천, 시간강사위촉, 특수신분교수 추천)
		재정	• 실험실습비 운영관리 업무 • 예산 관련 업무 • 미등록자 관리 및 등록금고지서 재발급 업무

		교육	• 학생 학사상담 및 지도 업무 • 재학생 수강신청 및 교과과정 운영 업무 • 일일시간표 및 수업시간표 관리에 관한 업무 • 졸업 사정 업무, 졸업식 관련 업무 • 국가고시 준비에 관한 업무

위의 내용은 한 사립대학의 행정실과 학과사무실 또는 교학과(대학·교육기관 유형별로 부르는 명칭이 다름)의 업무 수행을 예로 본 것이다. 위에서 보듯이 각 개인 간의 업무는 거의 중복이 되지 않는다. 개인별 수행직무란 위에서 설명한 담당업무를 말한다.

다음은 국립대학이다. 공통적으로 잘 모르는 개념상의 용어는 여기에서 중요하지 않으니 상세한 용어 설명은 생략하겠다.

직위(직급)	성명	담당업무명	일자
행정실장 (행정사무관)/5급	A	• 행정실 업무 총괄 • 직원 복무관리 • 분임출납관 • 물품운용관 • 분임보안담당관 • 방화관리자	1998.10.01
행정주사 (정:B.부:C)/6급	B	• 교무, 학사, 서무 및 시설관리 주무 • 기획·평가업무 • 대외협력·홍보업무 • 인문학강좌 기획·운영업무 • 관인관수 및 물품출납공무원 • 청사 및 시설관리 업무 • 신규 재정지원사업 및 대학인문역량강화사업(CORE) 관리	1999.01.01
대학회계직 (정:C.부:B)/7급	C	• 수업 및 학적업무 • 입학전형 업무 • 산학관련 업무 • 장학 업무 • 물품관리 업무 • 강의실 사용 허가 및 관리	2009.07.01
대학회계직/8급	D	• 인문대학 대학회계 예산 편성 및 관리 • 인문대학 계약, 지출원인행위 및 지출 • 융합학과군 대학회계 예산 편성 및 관리 • 융합학과군 계약, 지출원인행위 및 지출 • 일반서무 및 급여업무	2012.01.10

국립대학도 공무원처럼 마찬가지다. 공기업 및 일반기업들도 이와 동일하다. 자세히 보면 모든 직원의 업무가 다르다. 주요 직무를 먼저 한 개 부여한 후 이 업무 관련 부수적인 업무를 묶어서 한 사람이 하는 것이다. 단 한 가지만 수행하는 사람은 거의 없다. 얼핏 비슷한 듯 하지만 자세히 보면 각자가 다 다르다. 이처럼 조직은 항상 1인 중심으로 직무를 부여하고 담당(정: 正), 부담당(부: 副)을 지정하여 B가 휴가, 출장, 파견 등 다른 업무로 자리를 비울 때 C가 임시로 수행한다. C의 업무 또한 B가 맡는다. 그리고 여기서 특히 주목해야 할 부분은 개인별로 부여 받아 수행하는 업무가 그 내용이 모두가 다르므로 전체 부서에서 몇 명을 선발하든 간에 모집부서별 및 조직별로 무조건 선발예정 인원은 한 명이라는 것이다. 0명이든 00명이든 모두가 1명이다. 동일한 직무에 대해 2명 이상으로 선발하는 경우는 없다. 그래서 기업들은 직무내용을 상세히 구분하여 적어서 모집공고문을 공표하고 그 기준에 의해 사람을 선발하는 것이다.

그리고 이렇게 업무를 나누어 수행하였으나 조직(기업) 내외의 환경 변화로 인해 현재 인원으로는 도저히 늘어나는 새로운 업무를 수행하기가 불가능 할 때 혹은 기존 근무 직원이 퇴사 시와 새로운 사업을 수행하는 데 조직 내 관련 적임자가 없을 때는 즉시 새로 직무별로 모집 공고를 낸다. 또한 모든 조직은 상호 간 역할이 구분되어 있어서 새로운 직원이 입사한 후 기존 근무 직원과 같이 호흡을 맞추어 일을 빠르게 하는 게 좋다. 여러 가지 사유로 직원 상호 간에 충돌이 생기면 해당 조직 전체가 혼란에 빠지게 된다. 그래서 대부분 기업들은 신입사원인 경우 근무 경험이 없으므로 기존 근무 직원이 하던 업무를 그대로 이어 받게 하여 빠르게 조직 내에 적응하도록 다각도로 지원을 한다. 다시 말해 신입직원이라 하더라도 완전히 전혀 모르거나, 새로운 업무를 부여 받아 일을 수행하지 않고 기존에 있었던 업무를 사람만 바꾸어 수행하므로, 본인의 노력과 집중도에 따라 얼마든지 조기에 기존 직원들 업무추진역량 수준으로 일을 할 수 있게 되는 것이다. 이게 모든 조직에서 적용되는 기본 원리이다.

준비된 직무는 가급적 종류가 적어야 하고 주특기로는 1개가 가장 바람직하다

취업컨설팅에서 가장 어려운 부분 중 하나가 이 단계이다. 평상시에도 취업상담이나 진로상담으로 찾아온 학생들 대부분이 이 부분이 정리가 되어 있지 않아 상담 중에도 더 이상 상담진행이 되지 않는다. 본인이 지난 4년간 교과 과정 및 비교과 교육과정으로 졸업과 취업준비를 하였음에도 막상 교수와 취업상담에 들어가면 아무런 이야기를 못한다. 왜 이럴까? 교수 등 전문가들과 취업상담을 할 때는 충분한 지원회사 특히 준비한 직무내용에 대한 준비 자료와 증빙(증거) 서류가 미리 준비 되어 있어야 한다. 그럼에도 불구하여 추억 속에 있는 가물가물한 이야기나 본인도 잘 모르는 경험을 대충 이야기 한다. 그러니 서류가 작성이 될 수 없다. 취업준비가 이미 되어있든 아니면 준비 중이든 상관이 없다. 상담일 현재까지의 준비된 모든 자료와 그 내용을 가지고 서류를 만들고 면접을 준비하면 된다. 그러므로 과거자료를 철저히 미리 정리해둔 후 다음 표에 나와 있는 대로 직무를 분석하되 공통적으로 겹치는 직무 중에서 가장 많이 겹치는 분야가 본인의 제1직무스펙이 된다. 그리고 차순위로 비슷하거나 약간 기간이 경과된 것이 제2직무스펙이 된다. 최종 도출된 직무스펙은 1개가 가장 좋고, 최대 2개까지 가능하나 3개 이상은 금물이다. 일부 복수전공 또는 부전공 등이 있는 경우는 약 2개까지가 가능하다. 실전(實戰) 직장생활 경력도 없는 사람(응시자)이 대졸 신입사원 채용분야에 직무스펙이 3개 이상 있다는 것은 기업에서 처음부터 믿지도 않고 혹여 보유하고 있다고 말해도 기업의 전형 평가위원들이 믿지 않는다. 또한 이럴 경우 응시자는 단계별 면접을 준비하기도 어렵고 답변하기도 매우 곤란하다. 즉 1개 직무로 확실하게 준비된 자료가 없거나 부족한 경우는 다시 관련 자료를 찾아서 출력 정리하든지, 아니면 관련 파일을 가지고와서 상담을 받아야 한다. 대학 안이나 시중에 있는 취업전문가들이 주로 수행하는 일들이 대부분 이 업무이다.

[직무별 스펙가중치 순위, 제1직무 및 제2직무스펙 발굴법(예시)]

순위	항목	인사 총무	회계 재무	기획 전략	SNS 마케팅	반도체 공정	SW 개발	품질 관리	디자인 제작
1	글로벌(해외)인턴십	X	X	X	O	X	X	X	X
2	실전창업(매출올린 것)	X	X	O	X	X	X	X	X
3	인턴십(4학년 2학기)	X	X	X	X	O	X	X	O
4	장기현장실습(3개월 이상)	X	O	X	X	O	O	O	X
5	단기현장실습(1~2개월)	O	X	X	X	X	O	X	X
6	자격증 취득&준비 등	X	O	X	X	X	O	O	O
7	NCS 등 각종 전문강좌	X	X	X	X	X	X	O	X
8	캡스톤디자인&실험실습	X	X	X	O	X	O	X	X
9	창업동아리&창업대회 등	X	X	X	X	X	X	X	X
10	각종 경진대회&공모전	X	X	O	X	X	X	X	X
11	교수과제&팀프로젝트 등	X	O	X	O	X	O	X	X
12	아르바이트&단기계약직	X	X	X	X	X	X	X	O
13	동아리&신문사&방송국	X	X	X	O	X	X	X	X
14	어학연수&교환학생&토익	X	X	X	O	X	X	X	X
15	전공 교과목 공부 등	X	X	O	O	O	O	O	O
16	전공 이외 교과목 공부	X	O	X	O	X	O	X	X

위 예시를 보고 인문사회계 1명(A), 자연이공계 1명(B)을 대상으로 가정해 보자. 우선 A학생은 SNS 마케팅이 7개가 겹치고 재무회계는 4개가 겹친다. 그러므로 A학생은 제1직무스펙이 SNS 마케팅이 되고 제2직무스펙은 4개가 겹치는 회계재무가 된다. 그러나 B학생의 경우는 SW(소프트웨어) 개발은 7개가 겹치지만 품질관리와 디자인제작이 각각 4개가 겹친다. 이 경우 B학생의 제1직무스펙은 SW(소프트웨어) 개발이 되지만, 제2직무스펙은 품질관리와 디자인제작 2개가 모두 되는 게 아니라 디자인제작이 된다. 왜냐하면 B학생은 더 가중치가 큰 디자인제작 업무를 4학년 2학기 장기인턴십으로 진행하였기 때문이다. 경우에 따라서는 B학생이 품질관리도 고집하여 넣을 수 있으나 합격확률이 낮아진다. 마찬가지로 A학생이 실전창업을 하여 매출을 올렸으므

로 경우에 따라 대기업 등의 기획전략 분야에 응시해도 된다. 이 경우 SNS 마케팅 직무도 같이 자기소개서에 기술을 해야 한다. 어떠한 경우도 똑같은 자기소개서가 나올 수가 없고 일률적으로 위 방법을 적용하기보다는 기업의 모집 요강과 전년도 모집요강을 상세히 참조하여 요구 항목별 상대비교를 통해 조금이라도 더 관련이 있는 직무를 최종적으로 선택 후 지원을 하면 된다. 제1직무스펙이라도 반드시 무조건 합격을 보장 하는 게 아니라 동시에 같은 직무분야에 응시한 상대방의 스펙과 비교하여 관련도(가중치=깊이)와 일치도, 기간, 수료일자 등을 고려 후 최종합격자가 결정되기 때문이다. 여러분들의 생각과는 달리 결론적으로는 필기시험보다 더 아주 과학적으로 정성적인 평가가 이루어 지는 것이다.

현장실습(인턴십 등 포함) 2번 안에 반드시 직무 주특기를 결정하라

얼마 전 필자가 공기업 면접 중 서류 기재 사항에 대학생활 중 6번 까지 현장실습(인턴십 포함) 경험을 기재한 응시자를 보았다. 물론 그 모든 경험이 1분야의 직무로 일치되는 것은 아니었다. 현장실습의 경우 1번은 부족하고 2번 정도 가면 대부분은 기업 상황을 다 파악할 수 있다. 취업에 필요한 것과 필요하지 않는 것까지 다 익힐 수 있다. 그러나 이것도 부족하다며 굳히기로 더 실습을 가는 것은 좋지만 새로운 직무를 추가하지는 않기를 바란다. 3번째 이후 실습에 가서 새로운 직무를 추가할 경우, 이 사람은 끝없이 더 편하고 쉽고 입맛에 맞는 직무만을 찾고 있다고 느껴진다. 물론 그런 직무도 없거니와 더 큰 문제는 정작 본인의 인성 및 적성 등이 정해지지도 않았다는 것이다. 대학생활 중 기업에 2번이나 실습을 가서도 본인의 직무를 못 찾은 사람은 그 이상 무수히 실습을 가도 원하는 직무를 알지도 찾지도 못할 것이다. 바꾸어 말해 기업에 현장실습(인턴십 포함)을 가서도 무슨 일을 할 줄도 모른다는 것이다. 직무 선택 기준은 나의 능력을 기준으로 상대방과 비교하는 절대적인 것이 아니라 나만의 능력과 재능에 대한 나만의 상대적인 비교이다. 그러므로 특별한 사유가 없는 한 2번의 실습 중에서 그나마 경험해 본 것 중 조금이라도 더 나의 적성에 맞고 일을 잘 할 수 있는 직무 1개를 상대 비교하여 결정하거나 준비가 미흡 시 최종결정 직무에 대해 3차 실습을 가기를 권한다. 셀 수도 없는 수십 수백의 직무를 다 겪어보고 직무를 결정하는 사람은 있을 수 없다.

05 모집공고문 철저히 파헤치기

아직도 신입사원 채용공고가 있다고 믿는 사람들이 신기하다

최근 필자가 일반기업과 공기업 등에 서류평가 및 면접위원으로 직접 들어가 보면 항상 느끼는 것이 순수 신입사원이 없다는 사실이다. 즉 대학에서 밤 늦도록 공부하여 갈고닦은 토익과 학점만 가지고 취업할 수 있는 기업은 이제는 거의 없다. 만약 있다면 오로지 필기시험 성적 위주만으로 채용하는 일반직 등 일부 공무원 채용정도일 뿐이다. 공무원은 계량화된 필기시험이 전부라고 봐도 된다. 매년 또는 5년 단위로 채용관련 국회의원(국회)의 자료요청, 국정감사, 감사원의 감사를 받아, 면접(교직의 경우 수업시연 등) 등에서 개인의 선입관, 외모, 감정 등 보이지 않는 부분의 입김이 많이 작용하는 정성적인 평가 부분에 많은 점수를 할애 할 수가 없기 때문이다. 또한 직무 난이도가 일반기업에 비해 평균적으로 높지 않아 직무수행능력보다는 계량화된 필기시험 성적 등으로 지표를 많이 고려(높혀서)하여 먼저 선발하는 이유도 있다. 일반기업의 경우 응시자 대부분이 최소 장기 및 단기로 공기업 및 민간기업에서 2회 이상 현장실습이나 인턴십을 수료한 경우가 기본(일반적)이다. 그런데도 아직도 토익과 학점을 취업스펙이라고 자랑하고 인터넷이나 카페, 유튜브에 떠도는 정보를 믿고 무차별적으로 수십 수백 장씩 기업에 서류를 넣고 합격을 기원하는 사람이 있다는 게 참 신기할 따름이다.

공무원, 공기업, 일반기업(대 · 중 · 소 · 스타트업)의 채용 방법은 완전히 다르다

졸업예정 대학생들과 졸업한 취업준비생들이 항상 서류전형에서 낙방하고 취업을 재수, 3수(修), 4수(修)하는 등 나이 30세가 될 때까지 헤매는 결정적인 이유가 취업에 대한 정도(right path, 正道)를 모르고 있기 때문이다. 필자는 이런 이유 때문에 이루 셀 수도 없이 서류전형과 면접전형 현장을 가 본 직접적인 경험을 바탕으로 정도를 제시하고자 이 글을 쓰고 있다. 아직도 필자가 취업현장에서 직접 보고 진행한 내용을 요약하여 여기에 글로 제시해도 이 내용을 믿지 않는 사람들이 대부분일 것이다. 고등학교 입학 전후부터 가정과 학교 및 학원 등 사회생활을 거쳐 오늘에 이르기까지 수십 년간 취업은 토익과 전공, 학점만으로 한다고 수없이 들어왔는데 갑자기 직무중심으로 취업을 한다고 주장을 하니 대혼란이 왔을 것이다.

거듭 이야기하지만 안정적으로 이미 시행했거나 수행해 왔던 정해진 규정과 방식대로 대부분의 업무를 다람쥐 쳇바퀴 돌듯이 수행하며 균형예산(예, ZBB) 집행을 전제로 하고 공익과 봉사를 추구하는 공무원 및 공기업과, 오로지 이익을 위해 자본이 없으면 자금을 빌리고 유능한 사람이 없으면 적임자를 국내·외에서 끝없이 추적 및 스카우트 하여 중장기적으로 갖가지 손해와 위험을 무릅쓰고 회사를 운영하는 대기업이나 중소기업 또는 스타트업 등의 신생기업과는 채용 방식과 요구 인재상, 입사 후 직무수행 방식이 근본적으로 다를 수밖에 없다. 그런데도 여러분들은 똑같이 생각하고 취업준비를 하고 있다. 참으로 안타까운 일이다.

※ [스타트업(startup) 기업]
설립한 지 오래되지 않은 IT / ICT 분야 등의 신생 벤처기업을 뜻하는 말로 미국 실리콘밸리의 용어이다. 1990년대 후반 이른바 '닷컴 버블(dot−com bubble)'로 창업 붐이 일어났을 때 생겨난 신조어다.

모집공고문의 지원분야 직무를 좁힐 수 있는 데까지 최대한 끝없이 좁혀라

서류를 많이 준비하는 학생들의 공통점은 지원분야에 대한 직무범위가 너무 넓게 설정되어 있다는 것이다. 예를 들면, 필자가 대학 졸업할 때 우리나라 기업의 모집공고문은 아주 간단했다. 일반적으로 사무직과 기술직 2개였고 사무직은 법학, 행정학, 경영학, 회계학, 경제학, 무역학, 영어영문학과만 주로 지원이 가능했으며 기술직은 전기(전자)공학, 화학공학, 기계(기계설계)공학, 금속·재료공학, 건축공학, 토목공학 등만 주로 모집을 하였다. 공통사항으로는 이공계의 관련 자격증 추가와 전 학과 공통과목이 영어였고 시험도 영어와 전공, 일반상식 3과목 이었다는 것이다. 아직도 이런 마인드를 가지고 무차별적으로 서류를 넣고 있는 학생들이 있어 과거의 예를 든 것이다. 이제는 기업도 이런 단순한 전공명이나 자격증, 토익, 학점 스펙 보유자들의 입사 후 업무수행능력을 수없이 검증해 보았기에 모집공고문을 아주 상세히 세분화하여 제시하고 있다. 그러므로 모집공고문상에 제시되어 있는 지원분야 직무 범위를 넓혀 대충 지원하면 절대로 서류전형 통과를 할 수 없다. 계량화된 스펙만으로 취업하던 시대는 지났다. 글로벌 경제 전쟁 시대이다. 전 세계가 하나로 뭉쳐서 무한 경쟁을 하고 있는 것이다. 영어는 토익 점수가 중요한 게 아니라 영어회화와 작문을 이용하여 직접 외국에서 또는 외국인 기업, 외국인과 함께 협력하여 기업 내의 일을 해 보았는지로 판단한다. 아무리 계량화된 스펙이 좋다고 하여도 1차 공통과정에서 서류전형은 통과가 될지 모르나, 면접통과는 거의 불가능 하다. 또 최종합격하더라도 부여 받은 일을 기존 직원들과 호흡을 맞추어 같이 할 수가 없다. 다음은 국내 지방지역 소재 어느 공기업(공단)의 최근 모집공고문이다. 상세히 알아보자. 설명의 편의를 위해 원본의 일부 내용을 수정하였음을 알려드린다.(※이하 이 책의 인용 내용은 동일 방식 적용)

[공기업 · 공단 모집공고문(예시)]

○ 모집분야: 신입직원 50명(모집분야별 직무기술서 참조)

<table>
<tr><th colspan="2" rowspan="2">구분</th><th rowspan="2">일반
(공개경쟁)</th><th rowspan="2">보훈
(제한경쟁)</th><th colspan="3">지역전문(공개경쟁)</th><th rowspan="2">소계
(단위: 명)</th></tr>
<tr><th>호남권</th><th>충청권</th><th>영남권</th></tr>
<tr><td>행정</td><td>일반행정</td><td>20</td><td>2</td><td>3</td><td>3</td><td>4</td><td>32</td></tr>
<tr><td>기술</td><td>성장혁신</td><td>10</td><td>-</td><td>3</td><td>2</td><td>3</td><td>18</td></tr>
<tr><td colspan="2">소 계</td><td>30</td><td>2</td><td>6</td><td>5</td><td>7</td><td>50</td></tr>
<tr><td>응시
자격</td><td colspan="7">▪ 병역필(예비소집일 이전 전역) 또는 <이하 생략>
▪ 학력, 전공 및 연령 <이하 생략>
(공고일 현재 만60세 이상은 지원불가, 만57세 이상 <이하 생략>)
* 지역전문(공개경쟁): 채용 후 수습사원 부터 최소 5년 이상 각 지원한 권역에 의무 근무하며, 지원자격(출신학교 소재지 등) <이하 생략>
** 보훈(제한경쟁): 취업지원대상자 <이하 생략>
▪ 국가공무원법 제33조(결격사유) 및 공단(원) 인사규정 <이하생략></td></tr>
</table>

(응시자 착안(着眼: 중점 고려) 사항)

1. 지원분야가 너무 넓으므로 이 상태에서 서류 작성이 불가하다.
2. 이경우 NCS 직무기술서로 분야와 직무를 정하여 관련 직무로 서류를 만들어야 한다.
3. '우대사항'이 없는 것으로 보아 별도 항목으로 그 내용을 공고한다는 뜻이다.

※ 우대사항: 교육사항, 자격사항, 사회형평 가점 등

이 경우는 공기업이므로 서류전형 단계는 계량과 비계량을 대부분 같은 수준으로 비중을 두되 면접은 이와 별도로 진행한다.

[서류전형 평가항목별 배점 현황(예시)]

구분	계량				비계량				합계	가점
	어학 성적	자격증	교육 이수	소계	자 기 소개서	경력·경험 <이하 생략>	직무수행 <이하 생략>	소계		
일반직	40	40	20	100	60	30	10	100	200	20

(응시자 착안(着眼: 중점 고려) 사항)

1. 계량지표는 대부분 비슷한 점수대로 차별화가 어렵다.
2. 결론은 자기소개서가 60점으로 가장 중요하다. 직무수행계획서 또한 이와 연계된다.
3. 가점은 20점을 주어 만점 합계가 200점 이상이 되어도 그 이상으로 총점은 환산한다.

[공고문에 첨부된 직무기술서(예시): 채용분야-기술(성장혁신)]

<table>
<tr><td rowspan="4">채용분야</td><td rowspan="4">기술
(기계,
금속,
전기·
전자)</td><td rowspan="4">분류체계</td><td>대분류</td><td colspan="2">01. 사업관리</td><td colspan="3">02. 경영·회계·사무</td></tr>
<tr><td>중분류</td><td colspan="2">01. 사업관리</td><td colspan="2">01. 기획사무</td><td>03. 재무·회계</td></tr>
<tr><td>소분류</td><td colspan="2">01. 프로젝트관리</td><td colspan="2">01. 경영기획</td><td>01. 재무</td></tr>
<tr><td>세분류</td><td>02. 프로젝트 관리</td><td>02. 산학협력 관리</td><td>01. 경영 기획</td><td>02. 경영 평가</td><td>01. 예산</td></tr>
<tr><td rowspan="4">분류체계</td><td>대분류</td><td colspan="3">02. 경영·회계·사무</td><td colspan="2">03. 금융/보험</td><td colspan="2">23. 환경·에너지·안전</td></tr>
<tr><td>중분류</td><td colspan="3">04. 생산·품질관리</td><td colspan="2">01. 금융</td><td colspan="2">06. 산업안전</td></tr>
<tr><td>소분류</td><td colspan="2">01. 생산관리</td><td>02. 품질관리</td><td colspan="2">03. 신용분석</td><td colspan="2">01. 산업안전관리</td></tr>
<tr><td>세분류</td><td>03. 공정 관리</td><td>04. SCM</td><td>01. QM/QC 관리</td><td>02. 기업신용 분석</td><td>03. 여신 심사</td><td>02. 전기 안전 관리</td><td>05. 가스 안전 관리</td></tr>
<tr><td colspan="2">주요사업</td><td colspan="7">◦ 정책자금, 수출마케팅 <이하 생략></td></tr>
</table>

직무수행 내용	◦ (경영기획) 경영목표 달성을 위한 계획을 수립하고, 효율적 자원 배분을 통해 경영진의 의사결정을 지원 <이하 생략> ◦ (기업진단) 기업역량과 문제점 등을 분석하고, 애로사항 해결을 위한 개선 <이하 생략> ◦ (기술지원) 기초과학 지식과 기술적 사고 등을 바탕으로 <이하 생략> ◦ (기업신용분석) 경영/영업/재무 및 산업 위험도 등을 분석 <이하 생략> ◦ (여신·투자심사) 신용 공여자로서 기금 건전성 확보와 부실률 최소화 <이하 생략>
필요지식	◦ (경영기획) <이하 생략>
필요기술	◦ (경영기획) <이하 생략>
직무태도	◦ 공적기금 운용에 대한 책임감 <이하 생략>

여기서 여러분들이 가장 중요하게 볼 것은 직무수행내용(실무역량이 합격변수)란이다. 그 다음이 필요 지식·기술·태도이다. 직무수행내용이 경영기획, 기업진단, 기술지원, 기업신용분석, 여신·투자심사 5가지이기 때문에 각 분야별로 1명씩 5명을 선발할 수도 있고 불가피하게 적임자가 없을 때는 그 분야는 안 뽑고 다른 특정 직무분야에 우수자가 있을 경우 그 직무는 2명을 뽑을 수도 있다. 그러므로 5명이라는 선발인원에 너무 집착하지 말아야 한다. 전형 과정의 상황에 따라 각 직무분야별로 인원수는 항상 달라진다. 그리하여 입사 후 관련 부서 전체 직무를 다시 일부 조정(재배치)하기도 한다. 다시 한번 이야기하지만 절대 한 개의 직무를 보고 복수의 5명을 선발하지 않는다. 무조건 직무단위별로 몇 명을 선발하든지 간에 결국은 최종 1명이라고 보면 된다. 그러므로 "공고문을 대충보고 지원하면 되겠지"하면서 계속 서류만 제출하게 된다. 혹여 운이 좋게 서류를 통과한다 해도 면접에서 통과 되지 않을 것이다.

우대사항 중 1개 이상 해당되지 않으면 서류 넣지 마라. 합격 후 근무를 못한다

이 공단(원)의 우대사항을 보자. 우대사항은 교육사항과 자격사항으로 한정하여 계량평가를 한다고 되어 있다. 즉 '다음단계 면접과는 별개'라는 뜻이다.

구분	직무관련 자격증
일반직	한국사능력(1, 2급), 컴퓨터 활용능력, 신용관리사, 신용분석사 <이하 생략>, DAsP, ADsP, 경영·기술지도사, 기사, CISSP(Associate), OCA, OCJP, CCNA <이하 생략> AICPA, 감정 평가사, 사회조사분석사(1급), 관세사, OCP, OCWCD, OCJD <이하 생략> CFA(Level 2), FRM, 변리사, 세무사, 공인노무사, CISSP(Professional) <이하 생략> 공인회계사, CFA (Level 3), 기술사, 국내 변호사

주) 1) 각 모집기관별 상세요강에 따라 자격증은 가장 유리한 것 1개만 유효한지, 아니면 보유자격증 모두 합산인지를 FAQ 등을 통해 최대한 알아내야 한다.

2) "20~22년 공공기관 청년인턴 근무경력이 3개월 이상인 경우, 20~22년 중소기업 지원관련 아이디어 공모전 입상자는 서류전형 비계량평가 우대"라는 말은
①그 주제가 기관추진 사업과의 관련성, ②창의성, ③혼자 입상인지의 여부, ④2인 이상일 경우 본인의 역할이 무엇인지 등을 자기소개서란에 지원분야 직무와 연계하여 명확하게 제시하라는 뜻이다.

3) "직무연관성 및 난이도에 따라 점수 차등부여" 내용에 유의해야 한다. 즉 무조건 변호사라고 모두 유리하다는 말이 아니다. 변호사가 필요한 부서인 경우만 우선 적용한다는 뜻이지 일률적으로 모든 부서에 공통으로 적용한다는 것이 아니다.

[대기업 모집공고문(예시)]

○ 모집 분야: 반도체 설계(※편의상 원문을 다소 설명하기 쉽게 변형하였음)

<table>
<tr><th colspan="2">구분</th><th>직무기술서</th><th>근무지: 본사 <이하 생략></th><th>모집인원: 00명</th></tr>
<tr><td colspan="2">직무개요</td><td>설계</td><td colspan="2">• 시장과 고객이 필요로 하는 메모리 반도체 제품을 설계화하고 제품화 <이하 생략>
• 시스템 및 Application 이해를 기반으로한 Architecture Design, Digital, Analog Circuit Design, Layout <이하 생략></td></tr>
<tr><td rowspan="4">Mission 및 주요수행 업무</td><td rowspan="4">주요 Task 또는 Activity</td><td>② 회로설계</td><td colspan="2">• 선행 회로 연구, 제품 양산 설계, 제품 불량 분석, 양산 제품 품질 개선, 수율향상
• SI/PI 최적화 위한 On/Off Chip 설계 <이하 생략></td></tr>
<tr><td>③ 배치설계</td><td colspan="2">• 회로설계를 소자, 공정 기술에 기반한 설계 환경을 토대로 MASK Layer를 이용하여 평면과 입체적으로 DB구성 <이하 생략>
• 단위 Block별 Layout 및 Full Chip Level Layout <이하 생략></td></tr>
<tr><td>④ 회로검증</td><td colspan="2">• 제품 Spec에 맞는 동작 검증, 새로운 검증 Methodology 개발
• 개발 기간 단축 및 검증 완성도 향상을 위한 <이하 생략></td></tr>
<tr><td>⑤ Solution 개발/검증</td><td colspan="2">• SOC 및 IP 개발, Host Interface 설계/검증, SoC water & package <이하 생략>
• Silicon Implementation(FrontEnd, BackEnd, DFT, SI/PI)
• SSD System Circuit 설계/검증 <이하 생략>
• Thermal/Mechanical 특성 최적화 설계 <이하 생략></td></tr>
<tr><td colspan="2">Requirements</td><td>자격 요건 (Education, Certificate 등)</td><td colspan="2">[우대사항]
• ① Noise 성분 규명, Design Constraint 설계, Circuit modeling 등 <이하 생략></td></tr>
</table>

		• 4년제 학사 이상 <이하 생략> • 전자, 전기, 전파, 반도체, 정보통신, 컴퓨터, 물리 등 관련 전공 • 분석적 사고, 전략적 사고, 성취지향 행동역량 <이하 생략>

위 예시 공고문을 보자. 모집 분야는 반도체 설계다. 여러분들은 대부분 반도체 설계만 공부했거나 교수과제, 전자 및 반도체 공학을 전공했고 학점 3.0 이상, 토익 800점 수준을 취득했을 것이다. 그러나 위 공고문을 보면 이런 것과는 별로 관련이 없다. 모집회사에서는 '① Noise 성분 규명, Design Constraint 설계, Circuit modeling 등의 Skill'이 우대 조건이다. 그러므로 ②번, ③번, ④번, ⑤번을 고려하여 한 개를 선택한 지원자 중에서 ①번을 충족한 사람부터 선발한다는 것이다. 즉 첫 줄의 직무개요란의 설계(반도체)만 보고 지원을 한다면 무수히 많이 서류를 제출하거나 할 수 있겠지만, 그 지원자는 위의 경우처럼 ②번만, ③번만, ④번만, ⑤번만 한 개의 주특기로 지원한 사람에게 필연적으로 후순위로 밀리게 된다. 그리하여 위 기업은 ①+②번, ①+③번만, ①+④번만, ①+⑤번만 1차로 전형을 하고, 이 1차 전형에서 계획했던 면접전형 대상 예상인원이 부족할 경우 나머지 인원을 ①+②+③번, ②+③+④번 등을 고려하여 차(후)순위의 남은 후보자 중에서 고득점자 순으로 추가 인원을 채우게 된다. 다시 말해 기업 유형에 상관없이 공고문을 보고 본인의 지원분야를 최대한 좁히고 또 좁혀서 지원해야 한다. 그래야 한 번에 무난히 합격한다. 서류작성보다 이것이 더 중요하며 이 개념이 정립이 안 될 경우 서류작성 부분까지도 흔들리게 된다.

왜 인사(노무 포함), 재무, 구매 분야는 모집공고가 적을까?

필자를 찾아오는 학생들 중에는 전공과 성별에 상관없이 인사(노무(勞務-노동조합 관련 업무 등) 포함)나 회계 및 구매 분야를 주된 직무로 하고 싶다는 일부 취준생들이 있다. 그러면서 공통적으로 내뱉는 말이 회사의 모집공고문이 기술직이나 마케팅은 많은데 위 3개 분야는 상대적으로 매우 드물고 설령 공고가 나도 모집인원이 매우 적다는 것이다. 왜 그럴까? 어느 기업이나 기업은 제조와 마케팅(서비스 포함)으로 먹고 산다. 공무원과 공기업 또한 제조(생산 공장 같은 것이 없이 서비스로 사업을 하는 경우는 서비스도 제조의 일부분이라고 보아야 함)는 없더라도(한국전력 등 일부 제외) 마케팅은 언제나 필요로 한다. 우리나라 기업들은 분야별로 같은 날짜에 동일한 자격을 갖추어 같은 직무로 입사를 할 경우 무조건 동일한 임금을 지급한다. 즉, 다시 말해 입장을 바꾸어 이야기 해보면 기업 운영에 가장 급하고 중요한 부서부터 직원들을 배치한다는 것이다. 그렇다고 어느 부서는 안 급하고 어느 부서는 중요하지 않다는 이야기가 아니다. 또한 생산과 매출이 없는 상태의 기업은 존재하지를 못한다. 기업은 직원을 중요부서부터 먼저 배치를 한다. 그 부서에서 소위 대민(對民: 민원업무 등을 말함) 또는 생산현장부서 관련 직무수행 경력을 쌓으면서 조직원과의 융화를 통해 여러모로 근무 내용 등을 평가하여 인사(노무)나 회계(재무)팀 등에 근무할 수 있는 자질이 검증된 직원 중에서 후보자를 선발하여, 2차 인사 이동 때 1:1 등의 면담을 통해 인사(노무), 회계(재무), 구매 부서에 본인의 의지에 따라 배치한다. 전체 직원의 이력서와 회사 자금을 주무르는 부서에 언제 그만둘지도 모르고 객관적으로 검증이 안 된 신입사원을 쉽게 배치할 수가 없는 것이다. 당연한 이야기이다. 구매와 전략(경영전략 또는 사업전략)부서 또한 사전에 신입사원이 막 수행하기에 어려운 고난도의 경험이 필요한 부서이다. 구매의 경우 공기업의 경우는 나라장터 쇼핑몰, 기타는 내자(內資) 및 외자(外資), 금융(리스 포함), 전산시스템, 소프트웨어(SW) 개발 등 어마어마하게 종류가 많다. 도저히 현장에서 실제 제품이나 컴퓨터시스템을 다루어 본 경험이 없으면 불가능한 업무들이다. 경영전략이나 사업전략 또한 각 사업부분별로 상세히 업무적인 특성을 비교하여 가중치를 알아야 업무를 수행할 수 있다. 따라서 위 3~4개 부서에서 장차 근무를 하고 싶은 경우는 경영지원, 생산, 소프트웨어(SW) 개발 및 마케팅 등에 조금이라도 관련이 깊은 현장의 담당 부서에 가서 먼저 일을 하는 방안이 올바른 길이다. 물론 모든 기업이 다 그렇다는 것은 아니다. 일부 예외인 경우도 있으나 외부 채용 시 신입직원에게 위 3개 해당부서 내의 부수(보조형)적인 업무를 부여하지 않는 이상 대부분의 경우는 이러한 코스로 직원들을 배치한다.

06 구직자의 무엇을 먼저 보고 서류평가를 하는가?

시대에 따라 기업의 채용 방식과 절차도 끝없이 변해간다. 미래를 보고 준비하라

1960년대 이후 본격적으로 우리나라가 경제개발 시대에 접어든 뒤 시대별로 기업들의 직원 공개채용 방법도 점점 변해왔고 또 다양해 졌다. 가장 큰 이유는 기업의 국제경쟁력 제고(提高), 대졸사원 등 고학력자의 증가, 우수한 외국어 능력 보유자 증가, 인터넷 보급을 통한 IT기술의 발달, 기업 및 대학의 환경변화 등이다. 이제는 과거처럼 단순히 한두 가지 능력만 보고 응시자를 평가하지 않고, 대학생활 전반에 걸쳐서 무엇을 했고 언제부터 준비했는지를 다각도로 본다. 이미 일부 언급했듯이 특히 전공 및 토익 위주의 단순 일변도(一邊倒: 한쪽으로만 치우침)에서 벗어나 대학 재학 중 기업체 현장실습 등을 통한 직무수행능력과 조직력(팀워크) 위주로 그 평가요소가 변해왔으며 압축되어 왔다. 과거처럼 이론시험이나 전공 위주로 취업준비 하던 시대는 지났기에 미래를 위해 취업준비는 저학년 때부터 하는 수밖에 없다. 여러 번 언급했지만 높은 학점으로 장학금 받고 조기졸업한 이후 취업스펙을 만들던 시대는 끝난 것이다.

[시대별 기업체의 표준 채용방식 변화(대기업 기준)]

구분	70년대 이전	70~80년대	90년대	2000년대	2010년대	2020~현재
대졸 학력	O	O	O	O	△	△(석·박사)
전공(법·상경+이공)	X	O	O	△	△(관련)	△(무관)
일반상식·교양	X	O	O	△	X	자격증으로 대체
토익 및 자격증	X	△	O	O	△	△(10%)

실전 직무수행능력	X	X	△	△	O	O(50%)
팀워크+창의력+도전성	X	X	X	X	O	O(40%)

주) 1) 법·상경계: 법, 행정, 경영, 경제, 무역, 회계, 영문 등(기타학과는 전공불문임)
2) 이공계: 전기, 전자, 화학, 기계(기설), 통신, 토목(건축) 등

채용 기업 유형별로 전형 단계별 및 항목별 고려하는 가중치가 전혀 다르다

필자가 이제까지 약 2,500여 명 이상의 고교 졸업자, 대학 재학생, 대학졸업자 및 국내 거주 외국인 유학생 등을 상대하여 취업상담을 해 보니, 극히 일부(100명에 1명 정도)를 제외하고 본인만이 내세울 수 있는 차별화된 직무스펙도 없고 게다가 대학을 졸업했음에도 불구하고 본인의 직무가 무엇인지도 모르며, 출신대학 수준, 전공명, 평균학점, 토익 또는 오픽 점수만 들이대며 취업을 해달라고 말하는 경우가 대부분이다. 이러니 기업에서 채용 시 고려하는 실제로 직무수행에 필요한 요소가 전혀 없고 또한 요구하는 직무수행역량과 전혀 맞지가 않는 것이다. 이래서 어렵게 기업의 취업시험에 최종합격하고도 1년이 못 되어 다시 나오거나, 기업에 근무하면서도 도리어 업무수행능력이 떨어져 쉽고 편하다고 생각되는 다른 회사로 이직할 궁리만 하는 것이다. 그 원인은 아주 간단하다.

[기업유형별 신입사원 채용 시 적용하는 계량지표 및 비계량 지표]

<table>
<tr><th>구분</th><th>공무원</th><th colspan="2">공기업(단체·협회 포함)</th><th colspan="2">일반 기업</th></tr>
<tr><td rowspan="2">계량지표
(정량지표)</td><td rowspan="2">과목별
필기시험
성적</td><td colspan="2">서류전형</td><td colspan="2">서류전형</td></tr>
<tr><td colspan="2">토익, 학점, 자격증
NCS(직업기초능력, 직무수행능력)
인·적성지원 관련분야 교과목</td><td colspan="2">외국어 능력, 학점, 자격증
전공명 및 지원 관련분야 교과목,
인·적성(대기업)
*필요시 필기시험 성적</td></tr>
<tr><td rowspan="3">비계량지표
(정성지표)</td><td rowspan="3">면접(1회)
(국가관,
윤리관 등)</td><td colspan="2">면접</td><td colspan="2">면접</td></tr>
<tr><td>1차</td><td>NCS(직무수행능력)</td><td>1차</td><td>직무수행 능력(전문성)</td></tr>
<tr><td>2차</td><td>토론, PT,
전문성, 팀워크(역량)</td><td>2차</td><td>토론·합숙면접(직무)
(도전의식, 공감, 팀워크)</td></tr>
</table>

		3차	인성, 성품 (2차와 동일)	3차	조직문화 적합성, 인성
				4차	(충성도, 성품, (인성))

주) 1) 각 기업별 유형에 따라 다소 차이가 있지만 평균적으로 빈도수별로 서술함
2) 계량지표는 2차 이후 면접 시 통상적으로 대부분 다시 평가에 반영하지 않음
3) 기업과 직무에 따라서는 면접 방식과 순서를 수시로 바꾸기도 함

이처럼 기업유형에 따라 필기점수, 채용과목, 전공명, 채용방법, 채용단계, 기업에서 요구하는 그 기업 고유 문화에 맞는 성격 보유 여부, 단계별 적용 우선순위, 가중치가 각각 다른데 어떻게 이 모든 것을 한 사람이 4년 동안에 다 준비할 수가 있을까? 그러므로 본인의 취업 진로를 저학년 때부터 서서히 몇 가지 희망 직무를 탁자에 올려놓은 후, 본인의 준비 상황과 적성에 따라 점점 압축하여 가면서 차근차근 단계별로 진행하여 최종적으로 정해진 한 개의 분야로 지원직무를 집중하여 준비를 하여야 한다. 이때 결정된 직무는 전공도 아니고 복수전공이나 부전공도 아니다. 본인이 졸업 후 입사하여 가장 능력을 잘 발휘할 수 있는 분야가 직무가 되는 것이다.

여기에서 보듯이 장래 진로 설정 시 기업명이 아니라 먼저 본인이 최고의 실력을 발휘할 수 있는 직무(주특기)를 먼저 결정해야만 합격이 가능하다. 기업의 채용전형 및 평가위원은 허수아비가 아닌 고도의 그 분야 채용 전문가들로 구성이 되기 때문이다. 기업 내부 평가위원은 더 말할 것도 없다. 신입사원으로 입사하여 본인이 잘 알지도 못하고 적성에 맞지도 않고 해 본 일도 아닌데 서류 넣어 운 좋게 합격하였다고, 하루 이틀도 아니고 수십 년을 견딘다는 것은 취업이 아니라 세칭 인생고문이다. 대학입시처럼 무조건 붙고 보자는 것은 취업(취직: 就職. 일정한 직업을 잡아 직장에 나감)이 아닌 임시로 잠시 머무르며 떠돌아 다니는 장소를 찾는 것에 불과하다.

인턴십(현장실습) 서류와 취업용 지원서류의 차이

인턴십(현장실습) 서류와 취업용 지원서류는 그 뿌리부터 완전히 다르다

이 책 앞부분에서 이미 언급했듯이 일반적으로 취업의 올바른 길(정석: 定石)은 대학(교) 입학 ⇨ 분야별 이론 및 실무(캡스톤디자인 등) 익히기 ⇨ 대학 복귀형 단(장)기 현장실습 ⇨ 취업연계형 인턴십 또는 졸업과 동시 취업의 순서이다.

구분	1차 스펙(이론)	2차 스펙	3차 스펙	최종 스펙	비고
1순위	캡스톤디자인 등	1차 현장실습	2차 현장실습	(글로벌)인턴십, 창업	추천
2순위	캡스톤디자인 등	1차 현장실습	2차 현장실습	1차, 2차실습, 자격증	추천
3순위	토익, 학점, 교과목	토익, 학점, 전공	토익, 학점, 전공	토익, 학점, 자격증, 알바	비추천
4순위	토익, 학점, 교과목	토익, 학점	토익, 학점	토익, 학점, 알바 등	비추천

이 과정에서 보면 현장실습이나 인턴십 지원서류는 졸업 후 실제로 취업할 때 제출하는 최종적인 본인의 직무스펙을 완성하기 위한 중간 과정에 불과하다. 대학(교) 2학년 2학기 겨울방학 때부터 가능한 현장실습의 경우는 당연히 지원서류에 넣어야 할 스펙이 많이 부족할 수밖에 없다. 그러므로 이 경우 기업에서는 현장실습생을 선발 시 계량지표인 학점보다는 캡스톤디자인, 아르바이트, 동아리 활동, 교수 과제 수행내용 등 학내 및 단위 전공포함 교과목 수업(이론 위주) 내용부터 검토하여 학년을 높혀가며 지원자를 비교 후 적당한 인재를 선발하게 된다. 그러므로 모든 스펙이 완성될 시점인 4학년 2학기 취업연계형 스펙 또는 당연히 졸업을 전제로 완성된 스펙으로 지원 및 제출하는 입사서류와는 그 차원이 완전히 다르다. 또한 기업에서 모집공고문에 제외하라는 항목 또는 내용이나 조건이 명시(明示)되어 있지 않은 현장실습 서류의 경

우는, 당장 자격증 최종 취득이 아직 안되었거나 실기 시험 과정 등이 현재 일부 진행 중이거나 토익 점수가 낮거나 유효기간이 지난 것, 시험결과 발표가 아직 안 나온 경우도 스펙에 최대한 포함시켜도 된다. 기업에서는 정규대학(교) 졸업생 신분이 아니기 때문에 충분히 그동안(1~3학년, 4학년 1학기)의 직무수행을 위한 준비 내용을 고려하여 이번 실습에 도움이 되는지 또는 이번 실습에 잘 적응하여 종료 후 정규직으로 선발할 때 충분한 역량을 발휘할 수 있는 잠재력이 있는지를 고려하여 선발할 것이다. 미리 응시자가 기가 죽어 스스로 준비한 여러 항목들을 스펙에서 제외할 필요가 없다는 것이다. 쉽게 말해 학생 신분에서 이런 경험, 저런 경험 전부 다 미흡하다고 생각하고 제외하면 쓸 게 하나도 없다. 인턴십(실습)의 경우 어떤 스펙으로 합격할지는 아무도 모른다. 최종선발 결과(추후 합격하여 근무 시 약간 추정 가능)를 보아야 아는 것이다.

[각 부문별 지원서류 차이점 비교]

구분		1차 현장실습(인턴십X)	2차 인턴십(현장실습)	졸업 후 입사서류
주된 평가요소		직무준비성(이론)	직무수렴도(집중도)	직무일치(관련)도
스펙활동 준비기간		대학 1~2학년	대학 3~4학년	대학 4개년 전 분야
지표(기준)	정량(계량)	학점(3.0), 토익(600) 등	학점(3.2), 토익(650) 등	학점, 토익, 자격증 등
	정성(비계량)	• 캡스톤디자인(중요) • 창업교육, 실전창업 • 공모전 참여 내용 • 각종 전문아카데미 • 직무관련 커리큘럼 • 자격증취득 준비 • 컴퓨터활용 능력 • 알바 및 동아리 • 경진대회 참여내용 • 동아리, 학생회 활동 • 전공, 부전공, 복수전공 이수 내용 등	• 1차 인턴십(현장실습) 지원용 준비 스펙 • 1차 인턴십 수행 중 추가 활동분 • 1차 현장실습 내용 (직무+직무외 경험)	• 2차 인턴십 수행 중 추가 활동분 • 1차 및 2차 실습 및 지원분야 직무 준비 내용(관련도)

현장실습(인턴십 포함)과 신입사원 채용방법은 모든 절차가 다르다

최근 현장실습 신청서류를 검토해 보면 아무렇게나 작성한 사례가 비일 비재(非一非再)하다. 벌써 일부 언급했지만 현장실습과 정규직 신입사원 채용 방법은 완전히 다르다. 기업이 현장실습생이나 인턴십 학생을 모집하는 이유는 ① 최근 대학생들의 업무수행 방법이나 패턴(pattern) 사전에 익히기, ② 해당대학 해당학과와의 커리큘럼과 자기회사(모집회사)의 수행사업 또는 직무와의 업무 관련도 테스트, ③ 우선 보조적인 실습업무 수행을 통해 실습생과 업무를 몇 개월 해본 후 업무 강도를 높여 수행한 결과를 바탕으로 적합하다고 생각하면 실습종료 후 정규직 채용전환 준비, ④ 기존 회사 내 근무 직원의 갑작스런 퇴직 등 회사 내부의 인력관리에 뜻하지 않은 문제가 발생하여 이에 대한 대안으로 임시 대체인력 투입, ⑤ 아르바이트는 아니나 업무 난이도 등 직무 성격상 정규직원이 수행하기에는 부적합한 단순보조 또는 일시적인 반복성 업무일 경우 등이다.

[유형별 요구 스펙 우선순위표(예시)]

구분		1차·2차 현장실습(대학 복귀형)	인턴십(대학 미복귀형)
자 격		2학년-3학년-4학년 1학기까지 재학생	4학년 2학기(졸업예정자 또는 졸업학점 이수자)
선발목적		(학생)직무체험 및 2차 심화실습준비 (기업)정규직 불가 직무대행자 필요	(공기업) 정규직 채용 시 우대 및 미채용형 2가지 (일반기업) 실습종료 후 정규직 채용전환이 주류
요구스펙	1순위	총실습 수행기간(장기가 최우선)	최종 취업용 졸업요건 잔여 학점수 및 졸업일자
	2순위	지원직무 일치도(유사도, 전공포함)	지원분야 직무 일치도(유사도, 자격증, 전공포함)
	3순위	2-2, 3-1, 3-2, 4-1학기 현재 재학학기	이전 현장실습 및 직무경험 유무(기간 및 회사)
	4순위	직무관련 교과목, 실무역량(창업 등)	캡스톤디자인 등 기타 실무역량(경험) 유무
	5순위	(1차) 관련이론 및 캡스톤디자인 등 (2차) 1차 실습 중 직무수행 내용 등	지원동기, 조직력, 팀웍, 창의성, 도전의식
	6순위	전산, 토익, 학점, 자격증 등 준비내용	토익, 학점, 알바, 경진대회, SNS 등
	7순위	알바, 경진대회, 성격, 인성, SNS 등	성격, 인성, (지원회사)관련 준비내용 등
	8순위	출퇴근 거리(거주지)	총 실습 수행기간(중도에 정규직으로 전환 가능)

그러므로 현장실습 신청자의 서류작성 및 면접방법은 당연히 정규직 신입사원의 방법과 비교하여 소요시간, 질문강도도 약하고 절차도 많이 생략이 된다. 면접에 관해서는 절차만 약간 다를 뿐 대동소이하기 때문에 별도로 후술(後述)하는 면접 설명편을 참고하기 바라며, 여기에서는 서류작성 및 평가 부분에 대해서만 이야기하고자 한다.

08 이력서(인턴십, 현장실습 포함) 작성법

이력서는 자유양식과 회사지정양식별 작성 방법이 다르니 구분하여 작성한다

모든 기업들이 정규채용이나 수시채용 등에서 지원자의 이력서에 회사지정양식을 요구하지는 않는다. 그렇지만 회사지정양식이 있는 경우는 회사별로 각각 형식이 다르고 요구 내용이 달라서, 홈페이지에서 제시하거나 주의할 사항을 읽어보고 그 내용대로 가급적 맞추어서 작성 후 제출하면 된다. 다만 여기서 가장 중요한 점은 회사에서 별도로 양식을 추가하여 요구하지 않기 때문에 홈페이지를 이용하여 작성 시 최종 제출분에 대해 크롬 웹브라우저 화면을 사용하여 모든 내용을 PDF 파일로 별도로 저장해 두어야 한다. 만약 작성 및 제출내용을 저장해놓지 않으면, 나중에 면접에서 답변을 잘 못하고 답변을 하였다고 해도 서류내용과 똑같이 답변했는지 다르게 답변했는지를 알 수가 없다. 특히 여러 기업에 동시에 서류를 제출한 경우에는 더욱더 그렇다. 어느 유형이든지 이력서 작성에 공통적으로 적용되는 기본사항은 '이력서 각 항목 기재란은 이유 불문 빈칸이 없어야 한다'는 것이다. 이력서상에 빈칸이 있다는 것은 응시자가 무엇이든지 최소 한 개 이상 준비가 안 되어 있다는 것으로 밖에 보이지 않는다. 이 점 꼭 유의해야 한다.

일반적인 자유양식 제출인 경우에는 다음과 같이 여러 가지 주의할 사항이 있다.

항목	추천(권장)	비추천	비고
사진	상반신 15~30도 측면촬영	정면촬영	여권사진과 다름
학력1	고교 이상만 기입	고교 이하도 기입	고졸 최종학력 포함
학력2	고교⇨대학⇨대학원순	대학원⇨대학⇨고교순	편입내용 포함
전공명	입학과 졸업 동일전공 1개	복수전공 모두 기입	입학 시 전공과 일치함
학점	소수점 둘째까지 표기	소수점 첫째까지 표기	4.20/4.50
경력	1순위: 직무관련도순	1순위: 오래된 년도/날짜순	3순위: 수행기간이 긴 것부터 위로 (공통)
	2순위: 가장 최근부터 역순	2순위: 직무와 무관 기입	
자격증	관련자격증만 기입	모든 자격증 다 기입	지원분야 직무기준
	최근자격증부터 먼저기입	취득일자별로 먼저 기입	최근일자가 위로 감
전화번호	유선 및 무선 모두 기입	무선(휴대폰)만 기입	(유선전화 기입필요)
메일	개인메일 주소	대학(회사)메일 주소	숫자중복 메일 주소 안됨
날짜표기	예) 2023.01.01.(2자리 월일)	예) 2023.1.1.(1자리 월일)	월, 일도 두 자리수
기타	각 항목별 1줄로만 작성	글자가 많으면 2줄로 작성	이유불문 1줄로 작성

자유양식 이력서 제출 또한 제출된 서류에 대해서 기업별로 동일하게 추후 면접을 대비하여 복사 및 파일 저장 등의 여러 방법으로 보관을 해두어야 한다.

09 자기소개서 작성법

자기소개서는 기본적으로 평가자에게 더 이상의 질문이 나오지 않도록 작성해야 한다

기업의 채용과정 평가위원으로서 참여를 하다보면 대부분의 응시자가 제출한 자소서 작성 내용이 본인이 실제로 한 것인지 아닌지를 알 수 없는 내용이 대부분이다. 아마 남의 것을 참고하여 작성한 것이 아닌가 하는 합리적인 의심이 들기도 한다. 심지어 직전에 평가했던 동일 직무분야 응시자가 작성한 내용과 다음 응시자의 작성 내용이 일부 중복되기도 한다. 절대로 있을 수 없는 이야기다. 우선 서류만 마구잡이로 넣어놓고 보자는 식이고 서류 통과 시 면접 리허설만 전문적인 학원에 가서 열심히 연습하면 합격할 수 있다는 것으로 밖에 보이지 않는다. 자유양식의 앞장에서 작성한 이력서의 기입 내용과 뒷장의 자기소개서 내용은 반드시 일치해야 한다. 그런데 대부분이 각자 따로 놀고 있는 것이다. 이력서 해당란에 없는 내용이 왜 자기소개서에 나오는 것일까? 응시자 스스로가 증명도 못하는 알 필요도 없는 내용의 자소설인 것이다. 자기소개서 작성의 기본은 이력서 작성내용과 자기소개서 작성내용이 기간별로 일치해야 하고, 자기소개서는 면접에서 말로써 그것을 증빙할 수 있어야 합격이 되며 그렇지 않은 경우는 최종합격해도 근무 중 중도 탈락(퇴사)이 될 수밖에 없다. 요즘 기업들은 어느 응시자가 일을 잘할까보다 어느 응시자 서류가 가짜 내용이 더 많나 하고 가짜 서류를 걸러내는 것이 우선이다. 그러므로 응시자는 철저하게 증거 위주로 이력서를 만들고 그 이력서 기재 내용에 준해서 5W1H(육(6)하원칙, 六何原則)으로 자기소개서를 만들어야 한다. 이력서는 분야별로 1줄만 쓰지만 자기소개서는 각 세부 항목별로 최소 300자에서 최대 1,500자 이상까지 쓰게 되어 있다. 그런데 자소서에 서술한 내용이 이력서에 없다면 누가 믿겠는가? 이력서는 물론이고 자소서도 "저는 이런 사람입니다. 저는 이렇게 지원분야에 대해 준비를 하였습니다. 제가 이번 채용에 적합하다고 생각되시면 면접에 꼭 불러주시고 부적합하다면 과감하게 바로 탈락 시켜 주십시오. 다른 회사에 응시하겠습니다. 감사합니다."라는 의미가 내포되도록 서술해야 한다.

대기업 등 인사팀 출신이 하는 말과 언론·유튜브 내용을 믿지 마라

우리나라만 하더라도 크고 작은 기업이 300만 개 이상이 있다. 이들 기업에서는 먼저 입사하여 기업 내 근무중인 직원들을 중심으로 평판도나 적성 등을 통해 면담 후 필요 시 인사 관련 부서로 적절하게 재배치를 한다. 또한 인사부서 근무 직원도 경우에 따라서는 적절한 때에 타부서로 이동하기도 한다. 인사부서는 크게 3가지 업무가 있다. 대부분 임원관련업무, 직원경력관리, 직원채용관리 등이다.

구분	대기업·공기업·중견기업			소기업	비고
	인사팀	각 현업부서	대표·임원실	대표(사장)	
임원관련업무	O	X	O	O	
직원경력관리	X	O	△	O	(평가부분을 말함)
직원채용관리	O(채용지원)	O	O	O	서류·면접심사
기타업무지원	O	O	O	O	총무·비서 등

여러분들은 대부분 직원채용관리 쪽에 관심이 있을 것이다. 직원경력관리는 이미 입사 후 근무하는 직원 관리를 말하며, 직원채용관리는 외부에서 새로 선발하는 경력 및 신입사원 채용업무를 말한다. 회사 규모나 종업원 수에 따라서는 한 사람이 함께 하기도 한다. 문제는 직원채용관리 부문인데 일반적으로 연간 사업계획 수립(기획관련부서) ⇨ 시기별 채용계획수립 ⇨ 모집공고 ⇨ 서류 심사 및 면접 ⇨ 합격자 발표 ⇨ 부서배치 등의 과정에서 인사부서는 대부분 각 부서나 임원이 공정하고 유능한 인재를 선발하도록 하는 정보제공이나 업무 협조만 한다는 것이다. 인사부서에서는 전체 채용일정, 서류 및 면접위원(각 현업부서 및 외부위원) 선발, 주관식 및 객관식 문제출제(내부 및 외부출제 포함), 과년도 서류전형 및 면접전형 내용(출신대학, 평점, 전공, 면접위

원, 단계별 면접 질문 내용, 부서별 최종합격 인원 등), 최근 유사 업계 채용동향, 정부 채용지침, 서류 및 면접전형 시 유의사항(인터넷·유튜브 등에 떠돌아다니는 합격수기·합격족보, 합격스펙 등), 직전 채용결과(최종합격자의 부서배치 후 중도 탈락자 및 현재 잔존 근무자수 등) 및 채용관련 민원내용 등을 정리하여 제공한다. 중요한 사실은 이 단계에서 인사팀(장)은 자기부서 채용부분만을 담당하고 타부서는 서류전형과 면접전형에서 대부분 해당 채용부서장과 임원급 수준에서 결정을 한다는 것이다. 바꾸어 말해 각 부서별 응시자에 대한 서류검토 가이드라인(질문 항목 및 가중치 설정 등)과 면접 권한(각 차수별 면접 질문 항목 가이드라인(항목별 실제 면접 질문 내용은 제외), 항목별 가중치, 면접대상자 배수, 관련 전공명, 적합도 등)을 해당 부서에서 모두 작성하여 인사팀으로 전달한다는 사실이다. 인사팀은 부서별 요구내용(수행직무 분야 등)을 토대로 취합한 내용을 바탕으로 응시자들이 과년도(직전 채용) 통계를 이용한 채용과정 중 부정행위를 하지 않도록, 각 전형단계에 대한 각종 통계나 서류 및 면접 내용 등의 중복 방지를 위한 다양한 기준을 준비하여 각 부서에 다시 전달하는 것이다. 그러므로 실제 서류전형과 면접전형은 신입직 사원을 채용하고자 하는 담당부서 과장급 이상과 임원이 결정을 하는 것이지 인사팀에서 결정하는 것이 아니다. 또한 각 전형단계별로 일부 인사팀(원)이 공정한 채용을 위해 부서에서 면접 참여 요청 시 보조하여 면접진행은 물론이고, 면접장 안에서 1명 내외가 파견 형식으로 나와 직접 참관하기도 하고, 감사팀은 면접에 부정이 있거나 부정이 있어도 면접위원이 모른 채 하는지를 면접장에서 감시만 한다. 일반 기업의 경우도 대부분 이와 비슷하다고 보면 된다.

따라서 기업의 인사팀 출신이다, 아니다하며 인터넷이나 유튜브에 떠도는 기업별 합격족보나 면접 내용은 그 당시의 사실유무를 떠나 과거의 전형결과이기 때문에, 지난번 면접에서 우연히 모두가 답변을 못하여 다시 항목을 만들어 작심하여 물어보거나 일반적으로 적용되는 공통질문 등 꼭 필요하지 않은 이상 다음 면접에서 다시 물어볼 확률은 거의 없다. 또한 기업의 인사팀장이나 인사부서에서 근무하다가 퇴직 후 유튜브에 나와 어느 회사 인사팀 출신이라고 하면서, 현직 인사팀 근무자와 채용관련으로 통화하는 장면을 보여주어 구독자 수를 모으는 유튜브 내용은 전혀 사실이 아니다. 그대로 믿으면 곤란하다. 중소기업의 경우는 거의 대표(이사)가 그 모든 채용 내용을 알고 있고 대기업은 해당 채용부서 부서장이 그 모든 채용 내용을 알고 있는데, 인사 담당이 그 면접 내용을 현장에서 촬영해 놓지 않는 이상 절대로 알 수가 없다(촬영은 불가함). 그리고 기업에서 가장 공정과 비밀을 요구하는 인사부서 직원이 앞서 퇴직한 인사팀 선배 직원에게 기업 내부의 채용정보를 알려준다는 것 자체가 소설에 불과하다. 그럴 수도 없고 만약 그런 사실이 언론에 보도되어 알려지면 회사는 물론이고 그 해당 직원에게도 징계(해고 포함) 등의 엄청난 파장을 가져올 것이다. 전혀 사실과 다르다. 그 말을 모두 믿으면 곤란하다.

마스터 · 기적의 자기소개서나 자기소개서 비법 등은 나의 합격과 상관이 없다

여러분들이 서류 제출 전 주특기(제1직무)가 확실하게 나와 있는 경우는 어느 기업이든 항목별 문장 전개방법이나 글자 수만 첨삭하여 줄이면 되니 시중의 참고용 인터넷 자료나 자기소개서 책자, 취업지원관의 취업지도, 전문기관 코칭, TV 및 언론 보도자료, 유튜브 방송, 카페 합격족보 내용 등도 어느 정도 도움이 된다고 말할 수 있다. 그러나 근본적으로 아무런 준비된 스펙이 없고 남의 스펙을 자기 스펙이라고 우기거나 거짓말로 일관하며, 본인의 진짜 스펙이 무엇인지도 모르고 무작정 비슷하니 지원한다고 하면서 지원회사 직무와 어떤 관련이 있는지도 모른다면 이런 정보들은 취준생에게는 아무런 도움이 안 된다. 오히려 계속하여 시간만 더 낭비하고 실제로는 취업에 방해만 된다.

취업이 어려워지고 이력서나 자기소개서 작성 등에 대해 명확하게 정답이나 모범답안이 없다 보니 너도나도 취업 전문가라고 떠들면서 온갖 설(說) 등이 온라인과 오프라인을 통해 퍼져나가 취업준비생들과 청년실업자만 양산하고 있다. 참 슬픈 이야기다. 준비가 안 된 스펙으로 취업을 한들 다시 회사를 나와야 하는데 왜 이런 말이나 책자에 현혹이 되는지 모르겠다. 공무원, 공기업, 일반기업 등 기업에서 최소 1년 이상 근무한 사람들은 그래도 그 분야 전문가이고 5~10년 이상 경력자는 더 이상 말할 필요도 없다. 기업은 한 번만 사람을 뽑는 게 아니다. 수없이 뽑아왔고 또 앞으로도 뽑을 것이다. 취업에는 기적이나 비법이 있는 게 아니다. 기업에서 요구하는 직무를 잘 준비하여 원하는 기업에 들어가서 원하는 그 직무를 수행하고 월급을 받는 것이 전부다. 무슨 기적이 있고 비법이 있다는 것인가? 마치 족집게로 대비하는 대입수능 시험으로 착각하는 것 같다. 기적이나 비법에 의존하는 취준생은 결국에는 취업을 못한다고 보면 된다. 왜냐하면 그런 방법으로 최종합격이 되어 기업에 들어가서 업무를 부여 받는 경우 동료들의 업무수행 속도를 따라가면서 협업하여 일을 못하기 때문이다. 차라리 그럴 바에야 준비한 대로 또 준비된 대로 그 수준에서 기업을 선택하여 서류를 작성 후 정당하게 평가받아 취업하는 것이 오히려 성공으로 가는 올바른 방법이고 빠르게 취업하는 방안이다. 어차피 사람의 성공은 취업(창업 포함) 이후 근무한 실적(결과)에 의해서 좌우되고 여기에는 언제든지 내 앞에 어떤 일들이 추가로 생기거나 없어질지 모른다. 거듭 이야기하지만 기적의 자소서나 비법으로 취업을 하려는 사람들은 기업의 채용담당자나 평가자를 완전히 무시하는 것이다. 기적을 믿는 이런 부류의 사람들을 기업에서 채용을 한다고 보는가? 어느 유형의 기업이나 조직이 나에게 잘 맞는지는 들어가서 근무를 해봐야 하고, 그러기 위해서는 솔직하게 준비된 있는 그대로를 명확하게 근거 있게 서술 후 서류와 면접전형에서 평가를 받는 것이 취업과 조직 내 업무 적응의 지름길이다. 자소설로 주목을 끄는 에피소드와 자극적인 것만을 활용한 화려한 서류작성, 완벽한 면접 답변을 위한 준비에만 매달리면 결국은 취업도 창업도 성공도 모두 놓치고 시간만 무한정 낭비하게 되는 것이다.

자소서 안의 각 항목은 본인의 실제경험 및 이력서 제출 내용과 무조건 일치시켜라

이 부분 역시 이 책에서 가장 중요한 부분 중에 하나일 것이다. 시중에 나가보면 수없이 많은 인터넷, 유튜브, 취업컨설팅 교재나 책자에 다양한 자기소개서 작성방법이나 내용들이 나름대로 정리되어 나와 있다. 최근까지도 필자는 직접 필기시험 문제도 출제하고, 실제 기업체 면접의 면접위원으로서도 참여하고 있다. 그런데 면접 중 제출된 응시자 서류의 자기소개서란을 보면 공통적으로 비슷한 내용들이 많다. 심지어 똑같은 내용도 많다. 특정 기관이나 강사·매체 등의 지도를 받아 한 개의 합격족보를 기준으로 자기소개서 내용을 약간씩 변형하여 서로가 자기 경험인 것처럼 만들어 본인이 수행한 내용으로 변형된 것들이다.

※ [자기소개서 작성원칙]

1. 오로지 실제(증빙가능) 자기가 공부했거나 겪었던 활동만 5W1H(육하원칙)로 기술하라 (언제, 어디서, 누가, 무엇을, 어떻게, 왜?)
2. 실제경험=이력서 입력=자기소개서 내용=면접답변을 반드시 일치시켜라
3. 이 한번으로 무조건 최종면접까지 가고 또 최종합격이 된다는 전제하에 작성하라
4. 면접 또는 입사 후 언제든지 작성내용 관련 질문을 받을 수 있다고 생각하고 작성하라
5. 입사서류 작성 전에 근거나 증빙(증거)이 될 수 있는 자료를 먼저 정리하라
6. 5H1W로 서류가 일관되게 구체적으로 작성이 안 된 항목은 자소설이라고 평가 받는다.

필자뿐만 아니라 다른 기업 내 평가위원이나 외부 면접관들도 이러한 내용을 다 알고 있다. 굳이 그 출처를 파악할 필요도 없다. 면접 시작 전에 면접대상자 몇 사람만 샘플로 추출 후 작성 및 제출서류를 넘겨보면 비슷하니 누구나 쉽게 알 수 있는 것이다. 여러분들은 이렇게 하면 안 된다. 추후 운 좋게 서류와 면접을 이렇게 작성 제출 후 최종합격하여도, 실제 배치 받은 부서에서 기존 직원들이나 입사 동기생들과 정상적으로 팀워크를 이루어 업무를 수행하지 못하고 중도에 포기하고 만다. 직무에 대한 준비도 하지 않고 대략 인터넷에 나와 있는 산업분석, 기업규모나 연봉 등만 고려해 시중에 떠돌아다니는 견본자료만 참고 후 서류제출 및 합격하여 중도 퇴사하는 것보다, 처음부터 순수히 본인 경험만으로 이력서를 작성 후 제출하여 평가받아 올바르게 기업에 들어가 오래도록 일하는 방안을 추천하고 싶다. 거듭 이야기하지만 한 부모로부터 쌍둥이로 태어나 초등학교 시절부터 중고교 시절까지 같은 반, 대학 전공학과 졸업 때까지 한 집에서 같은 방을 쓰며 같이 다녔다고 해도 이 세상 누구든지 절대로 동일한 이력서란 없고, 동일한 자기소개서도 절대로 있을 수가 없다. 무엇이 달라도 반드시 다르게 되어 있다. 이점을 분명히 알기 바란다.

시중에 떠도는 서류 · 면접 합격용 답안은 결코 모범답안이 아니다. 모방하지 말라

수많은 기업의 자기소개서 문항과 내용이 다르고 시중에 나와 있는 합격답안 사례 또한 근거도 없이 떠돌고 있다. 필자가 학생들에게 올바른 방향으로 자기소개서를

지도하여 주면, 시중에 나와 있는 견본과 내용 및 형식이 다르다며 필자가 지도해준 내용을 무시하고 시중의 방식대로 하여 제출한 후 탈락되면 다시 찾아와 지도한 대로 재작성 후 다른 기업에 응시하여 합격한 경우도 부지기수이다. 왜 그럴까? 시중에 나와 있는 내용들은 합격 사실의 진위 여부를 떠나 본인이 작성한 것도 아니고, 또 문제는 그 합격자조차 합격의 과정을 모르기 때문이다. 기업은 대부분 직무역량을 보고 선발을 한다. 예를 들어 모집인원이 5명이면 직무역량이 잘 나타나게 작성된 서류는 1~2명이고 나머지는 다 비슷하다. 그렇기 때문에 반대로 5명 중 4명이 적합하고 1명만 부적합 하다고 한다면 4명만 선발해도 되지만, 반대로 적합한 자 1명만을 우선 선발하고 4명을 탈락시키기에는 기존 회사 인력 운영상 퇴사예정자의 퇴사 일정, 신규사업 추진, 부서이동 등 사원채용 이후의 회사 조직운영 관련으로 기업으로서도 엄청난 부담이다. 뿐만 아니라 재공고를 낸다고 가정해도 다음선발에서 최종 충원(充員)까지는 최소 6개월 이상이 소요되며 차기 모집에서조차 찾고자 하는 우수한 적임자가 꼭 응시하여 찾아온다는 보장이 없다. 그래서 이번 1차 모집에서 우선 적합자 1명과 후(차)순위 유사 적합자 4명을 포함하여 총 5명으로 선발을 하게 되는 것이다. 이러다 보니 부적합하지만 턱걸이로 겨우 합격한 4명의 합격자들이 각각 자기가 "무엇이 우수하여 합격했다"라고 생각하는 자의적인 기준인 토익 점수, 전공명, 자격증 개수, 학점, 출신학교 수준, 출신지역, 동아리 활동, 면접 내용 등을 마치 합격 모범답안인 듯 쏟아 내고 있는 것이다. 그러므로 진짜 모범답안이 존재할 수가 없는 것이다. 단순히 액면가 그대로를 확률적으로 산출해 보아도 이런 경우 모범답안일 확률은 20% 이내다. 여러분들은 이제까지 이런 합격자 수준의 견본을 보고 모범(합격)답안이라고 생각하여, 형식과 내용만을 모방하여 서류를 만든 것이다. 향후로는 이런 일들이 없었으면 좋겠다. 최종합격 후 입사하여 직장생활을 수행하는 과정 등에서 많은 것을 겪게 될 응시자 본인에게도 결코 좋은 현상은 아니다.

공무원과 공기업 계열 기업의 경우 합격을 해도 다 같은 합격이 아닐 수도 있다.

또한 좀 더 이 부분에 대해 재론하자면 대기업 등 일반기업은 매번 채용 시마다 지원자가 제출한 서류를 기준으로 과거자료를 참고하여 원하는 인재들이 얼마나 많이 지원했냐를 보고 나서, 부서별 채용인원을 다시 정하고 예상보다 많은 우수한 인재가 몰리면 더 증원하여 뽑는다. 반대인 경우는 축소하여 부족한 인원을 다음 채용 기회에서 충원을 한다. 말 그대로 실시간으로 역동적인 것이다. 그러나 공기업은 이미 이전 년도부터 정부정책과 당시의 고용지표 등 경제 사정에 따라 각 정부 부처간 협의에 의해 차(다음)년도 및 각 연도별 채용인원(부처보고 및 국회승인 요청 계획인원 포함)이 정해진다. 그 정해진 채용인원은 당시 응시자들의 실제 요구 능력 보유 유무에 상관없이 전형과정에서 부정행위 등 특별한 사유가 없으면 대부분 계획했던 인원수(TO)대로 채용이 확정된다. 여러분들도 이와 관련된 뉴스 등을 통해 충분히 이해를 했을 것이다. 이를 바꾸어 말하면 공기업의 경우 정부정책 유지와 사업목적 달성을 위해 서류전형과 면접전형에서 1위 합격자와 최하위 합격자 간에 다소 점수차가 나거나, 서류작성 및 면접과정에서 내부나 외부 평가위원들이 응시자가 발표한 내용의 사실성에 대해 의심이 가고 100% 인정하기가 어렵더라도 불가피하게 계획했던 인원수를 채우기 위해 합격을 시켜야 하는 경우가 일부 생길 수도 있다는 것이다. 매우 드물지만 이런 경우에 해당하는 합격자들이 입사 후 조기에 회사 업무 습득에 매진하기 보다는, 합격을 자랑스러워 하며 본인의 서류작성 및 면접 사례들을 인터넷과 유튜브에 모범답안이나 합격족보라고 게시하는 경우가 많다는 것이다. 여러분들은 이런 류의 자료에 현혹되지 말고 본인만의 고유한 서류를 먼저 작성 후 전문가의 지도나 도움으로 내용에 대해 일부만 첨삭(添削)을 받을 것을 권한다.

자기소개서는 공통적으로 크게 3부분(4개도 가능)으로 나누어져 있다

자기소개서 질문 항목은 공무원, 공기업, 대기업 등 각 유형에 따라 다양한 방법으로 지원자가 준비한 직무역량, 조직력, 인·적성 등에 대해 물어보지만 실제로는 3개의 파트(part)로 나누어져 있다. 왜 3개의 파트로 나누는지를 살펴볼 필요가 있다. 앞서 이야기했지만 실제로 준비한 경험, 서류작성, 면접 질문 및 답변, 입사 후 부서배치까지 일관성을 유지하는 것이 자기소개서 작성의 기본원칙이다. 즉 이 일련의 과정 중 단 하나라도 상호 간에 일관성이 없으면 무언가가 잘못된 것이다. 그러므로 이러한 과정을 확인해야 하기 때문에 3가지 방향으로 나누어 일관성이 있는지와 진위를 면접에서 물어보게 되는 것이다. 단순히 보기 좋으라고 그렇게 요구하는 것이 아니다.

[자기소개서 질문 분야(예시)]

구분	직무준비내용	조직력(팀워크)	인·적성 및 입사 후 계획
질문 내용	지원 동기는? 지원분야 지원 이유는? 지원분야 직무준비 내용은? 직무수행에 필요한 역량? 왜 내가 뽑혀야 하나? 업종분석 및 산업분석 SWOT 분석 5 Force Model	이상적인 인간관계는? 부당한 지시를 받은 경우 갈등해결(극복) 방안은? 조직적응력 배양 방안은? 창의력(제안) 발휘 경험 리더십이란? 팀워크로 성공· 실패 경험 의견조율 경험	일 또는 직업이란? 존경인물, 책, 시, 소설 강점·약점, 본인평가 입사 후 업무 계획 회사에 대한 이해 성장과정 설명 좋은일 나쁜일 경험 향후 성취목표는?

상기 예시 이외에도 무수히 다양한 자기소개서 질문 문항들이 있지만 대부분 질문에 대한 표현 방법만 다를 뿐 결론은 위 3가지다. 왜 그럴까? 이유는 간단하다.

인터넷과 정보 매체의 발달로 이제 지원자들의 기본적인 서류작성 능력은 비슷하고 크게 차이가 없으며, 실제로 단계별 전형에 참여하여 보면 내용 또한 비슷하다. 그렇다면 지원분야에 대해 서술한 내용들의 진위를 면접에서 반드시 물어보아야 한다. 그러므로 서류작성 때 우선 다음 단계의 면접에서 물어볼 항목을 만들고 나서 면접 때 그 내용의 실제 일치 여부를 확인하여 합격자를 결정하는 것이다. 남의 이력서를 참고하여 작성 시 면접에서 탈락시키고자 이러한 문항을 만들었다고 보면 된다. 자기소개서와 이력서 등의 입사서류는 전문가 등 남의 도움으로 만들 수 있지만 면접은 반드시 혼자만이 참여하므로 당락의 결정 요인이 확실하게 나오게 된다. 그러므로 본인만의 독특한 내용이 녹아들어간 입사서류를 만들어야 한다는 것이다.

자기소개서는 지원분야에 대해 준비한 직무의 가중치로 평가받는다

필자가 수시로 전국에서 찾아오는 내담자(來談者: 상담실 등에 자발적으로 찾아와서 도움을 받는 사람)나 메일로 보내온 자기소개서를 검토해 보면 공통점이 보인다. 정작 기업에서 요구하는 실제 직무준비 내용은 거의 없고 인터넷과 유튜브 등에서 검증(檢證)되지 않은 이야기를 짜깁기 하거나, 일부 내용을 추가하여 기적의 자기 소개서, 합격 스펙 또는 합격족보라고 주장하는 어그로(aggro: 관심을 끌고 분란을 일으키기 위하여 인터넷 게시판 따위에 자극적인 내용의 글을 올리거나 악의적인 행동을 하는 일), 에피소드, 동아리 등의 활동 내용에 자기 의견을 일부 섞어서 작성한 후 가져와 지도를 해달라고 하는 것이 대부분이다. 여러 번 이야기 하였지만 이런 행위는 근거 없이 작성된 서류로 운 좋게 서류심사를 통과한다고 해도 면접에서 톡톡히 망신을 당할 수도 있다. 자기소개서 작성의 기본은 100%가 본인이 수행한 것만 쓰는 것이다. 그리고 나서 평가를 받아야 한다. 교수나 학원 또는 전문기관에서 코칭하는 사람들은 이 작성 내용을 가지고 기업의 각 전형단계별 평가위원의 수준(눈높이)에 맞게 제목달기, 문장이나 단어의 배열 정도나 순서 수정 등의 첨삭 지도하는 것이 전부다. 그러므로 처음부터 허위나 남의 경험을 인용하여 작성할 경우 그것은 자소설(자기소개서+소설)에 불과할 뿐이다.

앞서 언급했듯이 자소서는 3개 파트로 나누어져 있는데 무조건 각 항목에 맞는 내용만 골라서 가중치를 부여하여 순서대로 작성을 해야 하고 기업 내 직무수행경험이 없으면 생략하면 된다. 가중치를 적용 시 직무경험에 대한 작성 순서(순위)는 글로벌(해외)인턴십 ⇨ 실전창업(매출올린 것) ⇨ 인턴십(4학년 2학기) ⇨ 장기현장실습(3개월 이상) ⇨ 단기현장실습(1~2개월) ⇨ 자격증 취득 & 준비 ⇨ NCS 등 각종 전문강좌 ⇨ 캡스톤디자인 & 실험실습 ⇨ 창업동아리 & 창업대회 ⇨ 각종 경진대회 & 공모전 ⇨ 교수과제 & 팀프로젝트 ⇨ 아르바이트 & 단기계약직 ⇨ 동아리 & 신문사 & 방송국 ⇨ 어학연수 & 교환학생 & 토익 ⇨ 전공 교과목 공부(전공 전체가 아니라 지원분야와 관련된 교과목만 해당) ⇨ 전공 이외 교과목 공부 내용 순으로 가중치를 두어서 순서대로 작성하면 된다. 이 단계에서 여러분들이 꼭 유의해야 할 점은 이렇게 본인이 취업을 위해 준비한 필요 스펙이 충분히 있음에도 불구하고, 시중에서 떠도는 이야기만 듣고 동아리 활동, 에피소드, 미사여구 등 가중치가 작거나 불필요한 스펙을 서류에 먼저 작성하면 안 된다는 것이다. 채용하는 회사에서는 응시자가 서술된 스펙 이외에는 가중치 있는 필요한 직무스펙이 없는 것으로 평가를 한다. 나중에 임기응변식으로 면접에서 뒤늦게 정확히 답변을 한다고 해도(오히려 손해가 될 수 있음) 면접에서 평가가 충분히 이루어지지 않는다는 점을 명심하기 바란다.

향후계획보다 과거에 준비한 지원직무 관련 스펙에 집중 후 가짓수를 늘려라

향후계획이라는 것은 미래에 대한 것으로, 전부 사실일 수도 있고 일부만 사실일 수도 있고 전체가 허무맹랑한 이야기일 수도 있다. 다시 말해 검증이 안 되어 쉽게 누구든지 객관적으로 평가하기가 어렵고 또 개인 간 편차가 심하다는 것이다. 여러분 스스로가 응시자에 대한 평가를 한다고 할 때 미래에 대한 계획 항목에서 평가를 높게 줄 것인지 과거 준비 내용에 대해 평가를 높게 줄 것인지를 생각해 보라. 지원분야에 관한 과거 내용보다 향후계획에 대해 더 많이 작성했다면 해당 응시자는 전혀 준비된 내용이 없다고 봐야 한다. 자기소개서는 면접은 물론이고 향후 부서 배치와 그 이후의 직무수행역량에까지 영향을 미친다. 그런데 근무도 아직 안 해본 응시자가 미래에 대한 계획만 나열했다는 것은 당연히 서류전형에서 감점요인이다. 바꾸어 말해 지원분야 관련으로 이미 준비한 관련 경험이 거의 없다고 보아야 한다. 경험이 있다면 그 경험을 정리하여 쓰지 왜 감점이나 좋은 점수를 받지 못할 걸로 예상이 되는 미래 계획을 작성하는가. 필자의 말에 대해 여러분들도 동의할 것이다. 여러 요구 항목이 있다고 할 때 계획 부분은 지원동기 부분에서 마지막 부분이나 아니면 향후계획 항목이 별도로 있을 경우 그 항목에만 딱 1번 쓰면 된다. 다른 곳에서는 언급할 필요가 없다. 요즈음은 각 항목별로 500자, 1,000자, 1,500자 등으로 글자 수 제한이 있다. 그런데 그 좁은 글자 수 안에 증빙이 안 된 혼자만의 추상적인 생각을 견강부회(牽强附會)식으로 마구잡이로 쓴다는 것은 어리석은 일인 것이다. 오죽했으면 기업에서 "지원분야 관련 직무나 내용에 관련이 없는 이야기를 서술 시 감점처리 한다"라고 공지를 하였을까.

일반적인 자기소개서 항목별 간 문장 전개 방식은?

자기소개서 내용 작성 방법에도 순서와 기준이 있다. 무조건 직무내용만 많이 나열한다고 잘 작성되는 것이 아니다. 먼저 각 질문 요구 항목별로 써넣어야 할 제시 자료에 대한 증거(증빙) 자료부터 찾고, 공통적인 사례중심으로 가장 가중치가 큰 것을 기준으로 1개씩 정리를 해야 한다. 그리고 나서 우선 한글이나 워드 등으로 별도로 임시 작성에 들어간다.

※ [자기소개서 문장 전개방식]
1. 회사지정양식에 써넣기 전에 한글 및 워드로 준비하여 먼저 가(假) 작성하라
2. 두괄식이되 추상적인 말(예. 도전의식이 생명)이나 미사여구 단어는 무조건 쓰지 마라
3. 항목별 가중치를 두고 비슷한 경험은 나누어서 써라(예. 직무준비와 강점은?)
4. 앞장(또는 상단)의 이력서에 기술한 내용이나 그 경험에서 파생된 내용만 써라
5. 항목별 소제목을 반드시 [ ] 형식으로 달되 본문을 요약한 것만 소제목으로 써라
6. 지원분야와 가장 관련이 깊은 내용부터 아주 구체적으로 먼저 항목의 상단에 서술하라
7. 향후계획 항목 이외에는 미래의 계획에 대해 근거없이 서술하지 마라.

자기소개서는 또한 산업별·업종별(네, 카, 라, 쿠, 배, 당, 토)로 전개 방식이 달라진다

여러분 중에는 네, 카, 라, 쿠, 배, 당, 토, (직+야)(순서는 필자의 일반적인 예시임)를 모르는 사람이 없을 것이다. IT분야 소프트웨어(SW) 개발자 취준생들이 가고 싶어 하는 인기 있는 회사들을 묶어서 부르는 말이다. 물론 3개만 묶어서 '네카라'라고만 부르기도 한다.

취준생들에게 취업 1순위로 지속적인 선호를 받아 왔던 기업인 LG엔솔, SK하이닉스, 삼성전자, 현대자동차 등과 다르게 이들 기업은 B2C(business to consumer: (B to C)−IT용어로 기업과 소비자 간에 이루어지는 전자 상거래. 온라인 쇼핑 등이 대표적인 예가 됨) 서비스를 자체적으로 개발하는 기업이라는 공통적인 특징이 있다. 이러한 기업들은 일반적으로 개발자 중심의 수평적인 기업문화가 정착되어 있으며, 우리들이 이제까지 알아온 전통의 굴뚝형 제조업 기반의 수직적인 기업문화를 가진 기업에 비해 전직(轉職)과 이직(移職)이 수월하다. 때문에 소프트웨어(SW) 개발자들에게는 기존의 대기업 기업군들에 비해 훨씬 더 매력적인 기업들로 인식되어져 있어, 모든 것이 기존의 기업들과는 상당히 다르다고 할 수 있다. 최근에는 지속적으로 소프트웨어(SW) 개발 분야 이외에도 전체적으로 소속 직원들에 대한 급속한 처우 개선으로 금전적 보상 수준까지 기존 세칭 대기업들에 비해 높아지고 있어서 취준생들의 입사 선호도가 하늘을

찌른다. MZ세대에 적합한 기업문화로 구성이 되어 있기 때문에 채용방식도 다르다. 필자의 경험을 토대로 요약해 보겠다.

[각 산업별(업종별) 신입사원 채용방식 비교(예시)]

구분	전형단계	평가위원	평가위원 연령	주요평가항목	평가요소	비고
기존 기업	서류심사	채용부서 등	30대 후반	직무경험	강점, 약점	수행내용
	1차면접	실무부서장	30대 후반	직무역량	직무관련도	직무난이도
	2차면접	부서장급	40대 중반	조직력	팀워크, 융화력	정착성, P/T
	3차면접	외부위원	50대 초·중반	조직이해도	품성, 충성심	내부임원포함
IT 기업	서류심사	채용부서 등	30대 초반	직무경험	직무내용	언어, OS 등
	코딩TEST	부서실무자	30대 중반	코딩능력	숙련도	서류심사병행
	기술면접	실무부서장	30대 후반	직무역량	직무관련도	프로젝트 등
	2차면접	임원	40대 초·중반	조직력	창의성	PT 포함

우리나라뿐만 아니라 세계의 IT를 선도하고 있는 미국의 IT기업들도 이제는 기존 방식과는 판이하게 다르게, 요즘 시대에 알맞게 요구하는 오픈형 인재를 찾는 방식으로 신입사원들을 선발하고 있다. 유튜브에 일부 소개되고 있는 장면은 빙산의 일각이다. 필자는 우연하게 해외(미국) 출장 중에 채용 현장을 목격한 바가 있다. 그들은 젊고 유능한 인재를 선발하는 것이 주된 목적이 아니라 창의력과 조직력을 겸비한 인재를 뽑고 있었다. 미국 구글 사(社)의 경우 각 지원분야에 상관없이 직무별로 심지어 순환해가면서 면접을 1년간 보는 경우도 있다.

우리나라 또한 서류 심사단계에서부터 평가자의 연령대가 구분 되어 있다. 무작정 여러분들의 생각에 의해 지원분야 직무 등에 대해 관련 문장을 전개해서는 안된다. 특히 IT기업과는 달리 대기업의 경우는 나름대로 오랜 역사와 전통이 있어서 MZ세대들만 사용하는 언어나 용어(약자 및 원어 포함)로 제출서류 안에 문장을 전개할 경우, 최악에는 평가가 불가능하여 감점요인으로 작용할 수도 있다.

위와 같이 기업군, 산업별, 업종별로 채용에 대한 서류심사와 면접방법이 다르므로 종전 방식대로 한 가지 유형의 서류만 만들어 기업 업종과 유형에 상관없이 이곳저곳 서류를 넣는 것은 아무런 의미가 없다. 본인의 명확한 직무 준비경험을 기준으로 서류작성부터 면접단계에 이르기까지 일관성 있게 준비를 하여야만 면접에서 좋은 점수를 받을 수 있고, 또 그런 과정을 통해 최종합격하여야만 그 이후에도 오래도록 근무를 하게 되는 것이다.

※ [각 나라별 IT기업군(企業群: group)]

(한국)
- 5대기업: 네이버, 카카오, 라인, 쿠팡, 배달의 민족(우아한 형제들)
- 7대기업: 5대기업+당근마켓, 토스
- 9대기업: 7대기업+직방, 야놀자

(미국)
- 4대기업: MAGA(마이크로소프트(Microsoft), 애플(Apple), 구글(Google), 아마존(Amazon))
- 5대기업: FAANG(FANG: 페이스북(Facebook), 아마존(Amazon), 넷플릭스(Netflix), 구글(Google)에 애플(Apple)을 더한 용어)
  ※ 참고 ① META(메타(舊(구) 페이스북: 전 세계 최대의 소셜네트워크 서비스(SNS)로, 2004년 2월 마크 저커버그가 '페이스북'이라는 명칭으로 출범시킨 후 창업 17년 만인 2021년 10월 회사이름을 메타로 변경함
  ② MAGAT(MAGA+테슬라(Tesla))
  ③ MAFAA(Microsoft, Apple, Facebook, Amazon, Alphabet(구글))

(중국)
- 3대기업 BAT: 바이두(Baidu), 알리바바(Alibaba), 텐센트(Tencent)
- 4대기업 BATH: BAT+Huawei

지원동기란은 SWOT 분석 또는 M. 포터의 5 Force Model 개념을 도입하라

어느 회사를 불문하고 자기소개서에는 대부분 지원동기를 쓰라고 되어 있다. 이 말은 즉 지원자가 우리 회사에 대해 얼마나 알고 있으며 또 알고 있다면 어떠한 일을 어떻게 하여 우리 회사 발전에 기여한 후 그에 합당한 급여를 받을 것인지를 설명해

보라는 것이다.

일반적으로 여러 취업지도용 자료나 책자를 보면 "우선 산업분석 부터 하라, 지원기업 매출액을 연도별로 알아보라", "주식가격 및 재무제표 등을 파악하라" 등 기업의 외형적인 내용에 집중되어 있다. 그러나 그러한 내용 작성은 짧게는 한 시간 길게는 이틀이면 충분하다. 그렇다면 왜 기업은 이렇게 쉬운 내용 작성은 자기소개서 제1번의 항목으로 요구를 하는 걸까? 깊이 생각해 보자. 근본적으로 말해서 기업이 사람을 새로 채용하는 이유를 분석해 보아야 한다. ① 기존 직원의 퇴사 또는 퇴사가 예정인 경우, ② 기존 직원으로는 도저히 감당하기 어려울 만큼 해당 업무에 대한 업무량이 많아 졌거나 그렇게 예상이 되는 경우, ③ 기존 근무 직원이 최선을 다하고 있지만 역량 부족으로 해당 업무가 계획대로 진행이 잘 안되어 경쟁사에 밀리고 있거나 그럴 예상이 되는 경우, ④ 완전히 새로운 신규 사업을 새로 착수할 예정인데 극소수 내부 인원과 외부 전문경력자들을 새로이 채용하고자 할 때 등이 기업의 주요 채용요인이 된다. 이를 근거로 보면 위 요소들이 모두 공통적으로 회사의 약점 또는 예상되는 위기 상황임을 알 수 있다.

[서류작성 및 면접평가를 대비한 SWOT 분석]

현재: 직무관련 응시자 개인 역량 요소		미래: 지원회사 입사 후 발생 요소
강점 부각(S)		**기회 포착(O)**
• 지원분야에 대한 강력한 직무 주특기	⇨	• 준비한 직무스펙과 깊은 관련성 활용
• 타지원자보다 차별화된 부가스펙 보유	⇨	• 신입사원을 위한 회사의 준비된 인프라
• 현장실습 등을 통한 관련 실전 경험 습득	⇨	• 유사경험 활용을 통한 조직 내 조기적응
• 관련 직무에 대한 유사조직 내 수행가능	⇨	• 역량 있는 직원들과 시너지효과 창출
• 도전성, 창의성 있는 프로젝트 수행가능	⇨	• 맡은 분야에 대한 전문가로서 성장
약점 보완(W)		**위협 회피(T)**
• 낮은 학점수준		•과중한 업무로 스트레스 발생
• 자격증 미보유		• 본의 아닌 잦은 조직운영상 부서이동
• 낮은 외국어점수 또는 어학능력 미보유		• 지방 또는 해외근무 가능성
• 관련분야 전공 불일치(비인기학과 등)		• 돌발적인 조직 내 갈등 발생
• 출신대학 수준 또는 취업재수생(나이) 등		• 부여받은 업무에 대한 기대이하 부적응

주) 자기소개서 예시이므로 단순화하여 SO, ST, WO, WT 전략을 생략함

여기서 우리가 알아야 할 것은 이것이다. 회사의 약점은 이미 파악했기 때문에 나의 강점 부각과 기회 포착을 잘 연결하여 일을 잘하겠다(SO)고 서술하고, 추후 면접에서는 약점 보완 부분과 위협 회피 부분에 대해 기간이 많이 있으므로 틈틈이 회사 업무와 병행하면서 업무수행에 우선적으로 필요한 부분부터 노력 후 보완하여 기존 조직원들과 조화를 이루어 회사발전에 기여하겠다고 쓰면 된다. 그리하여 이미 가지고 있는 약점을 업무특성에 맞게 쉬지 않고 계속 보완한다는 논리로 평가위원을 설득하면 된다. 약점이 없는 사람이 없는데 굳이 모든 것을 다 잘한다고 강조할 필요는 없다. 평가위원들도 그러한 내용은 믿지도 않는다. 또 우리나라 굴지의 대기업 집단이나 세계적인 글로벌 기업들에 지원 시 지원분야에 따라서는 이 분석 방식 이외에 M. 포터의 5 Force Model을 추가로 적용하여 제시해도 된다. 5 Force Model(산업구조분석 모델)은 회사(기업)가 처한 환경에서 앞으로 무엇을 어떻게 고려해야 하는지 5가지 측면으로 살펴보는 분석 방법이다. 이를 통해 현재의 회사가 위협을 맞고 있는지 기회를 맞이하고 있는지 매력도가 어떠한지 판단할 수 있으며, 기업은 경쟁자가 많으면 기업의 수익성이 낮아지게 되어 경쟁에 들어가는 비용을 줄여야 수익을 확보할 수 있는데, 그렇다면 경쟁을 결정하는 것은 무엇인지에 대한 설명이 바로 이 산업구조분석 모델이다.

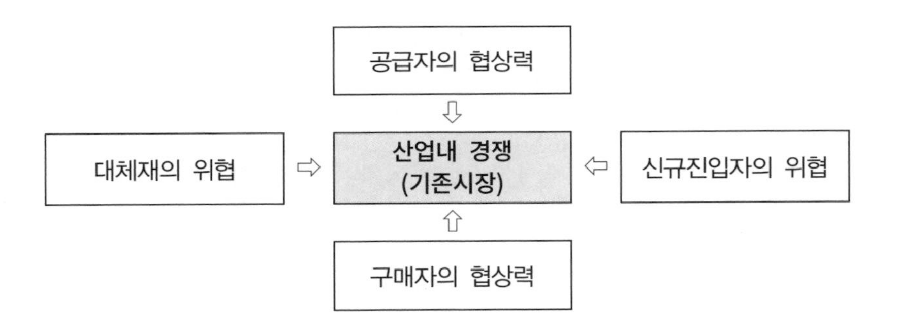

※ **[마이클 포터가 제안한 산업 분석 모델이란?]**

고전적인 산업조직론 기반 경영학의 신봉자로서, 포터는 산업의 구조가 기업의 경쟁력에 핵심적인 역할을 한다고 생각하고 있었다. M. 포터의 5 Forces Model은 포터의 사상을 정리하여 이론화한 것으로 볼 수 있다. 포터의 성향이 다분히 반영되어, 모델이 산업 분석 쪽으로 치우쳐 있다. "기업의 전략 수립자가 이 모델의 분석 결과와 기업의 내부 역량 분석을 함께 고려함으로써 효과적인 전략 수립이 가능할 것"이라는 등, "자신의 모델은 어떤 기업이 어떻게 하면 이윤을 낼 수 있는가 보다는, 그 산업의 어떤 위치에서 왜 이윤을 낼 수 있는가를 밝히고, 성공적인 진입장벽을 건설하기 위한 도구로서 마련되었다"는 등의 이야기를 한다.

기업의 경쟁 환경을 분석하기 위한 도구로서 매우 유용하다. 분석이 쉽고, 체계적이면서도 빈틈이 없어서 학부 경영학 수준에서는 이 모델만 있어도 많은 것을 설명할 수 있다. 포터는 HBR 논문(1979)을 통해, 산업 환경에 영향을 미치는 다섯 가지 요인(5 forces)으로 신규 진입의 위협, 공급자의 협상력, 구매자의 협상력, 대체재, 기존 사업자를 들고 있다. 포터는 이 다섯 가지 원동력을 분석하고, 기업의 내부 역량을 함께 고려함으로써 어떤 위협에 맞서 싸우고 어떤 위협을 회피해야 할 것인지를 효과적으로 결정할 수 있을 것이라고 말한다.

지원분야 직무에 대한 강점은 최소 2번 이상 반복하여 서술하라

여러 학생들이 찾아와서 취업상담 중에 하는 이야기가 이력서에 이미 언급한 것을 자기소개서에 또 반복하여 언급하면 감점이 아니냐는 것이다. 이는 잘못된 생각이다. 여러분들은 경력사원이 아니다. 또 경력사원이라고 해도 마찬가지이다. 응시자가 지원분야에 대해 5W1H(육하원칙)에 의해 얼마나 무엇으로 얼마동안 준비를 했느냐가 가장 중요하다. 이 내용은 개인별로 다 다르다. 전공 공부한 것, 토익, 학점, 자격증 등 혼자서 준비한 것도 있고 캡스톤디자인, 현장실습(인턴십) 등 기업 또는 학교 조직 내에서 단체로 한 것도 있다. 그러므로 앞서 이야기한 대로 지원분야에 대한 직무 준비 내용을 필자가 제시한 가중치를 적용하여 순서대로 나열한 후 자기소개서 직무별 서술란에 해당하는 내용을 써야 한다. 만약 현장실습 도중에 지원분야 관련 직무를 실습하면서 창의적인 아이디어로 제안을 했거나 업무 개선을 한 사실이 있는 경우는 ①지원분야 직무수행내용과 관련이 있어서 준비한 내용, ②창의적인 아이디어로 업무를 개선한 내용 항목에 2번 반복하게 된다. 이런 방법이 틀린 것이 아니다. 그러므로 기업에 현장실습을 다녀온 보통의 응시자인 경우에는 이력서상의 첫 장에 1회, 자기소개서 안의 지원동기란에 1회, 직무준비사항란에 1회, 창의적인 아이디어 창출로 일한 경험란에 1회 등 총 4번 중복적으로 강조되어 서술하게 된다. 그만큼 이 부분이 응시자에 대한 역량 파악에 중요하다고 보는 것이다.

[준비 세부 스펙별 주특기(직무)를 재(再) 강조하는 방법(예시)]

이력서 기재내용 및 스펙	자기소개서 작성 내용			단계별 전형방법	
	지원동기	준비직무	향후계획 등	서류심사	면접
학력(전공명, 복수전공 등)	X	△	X	△	△
총 취득 학점 및 평점	X	△	X	△	X
경력사항(직무 관련분야)	O	O	O	O	O
자격사항, 학원전문 강좌 등	X	O	△	△	△
캡스톤디자인 등	△	O	X	O	X
어학연수, 토익 등	X	△	X	△	△
직무관련 교과목, 프로젝트	△	△	X	O	X
각종 경진대회 참여 등	X	O	X	O	△
실전창업 경험 등	△	O	△	O	O
창업교육, 창업경진대회 등	△	O	△	O	△
동아리 활동, 알바 등	X	△	X	△	X

주) 1) 경력사항: 대학캠퍼스 밖에서 주로 실제로 한 일(예. 기업체 현장실습 등)
2) 실전창업: 실제로 본인이 단독 혹은 공동으로 창업한 경험(매출액과 연계)
3) 지원동기: 타항목에 서술된 내용의 소제목 또는 요약분만 간략히 재서술

여러분들은 대부분 20대로, 젊고 창의적인 아이디어가 무궁무진하게 많다. 그러므로 기업에 입사하여 3개월 이상 실습만 해도 기본적으로 창의적인 아이디어가 1개 이상(조직력도 동일함) 나오게 되어 있으므로, 기업에서도 이것을 추가적인 가점 요인으로 알아보고자 문항을 만든 것이다. 현장실습이든 다른 스펙이든 일을 함에 있어서 아무렇게나 대충 때우는 식으로 일하지 않는 이상, 필자의 경험상 거의 다 조직 내 활동 중 창의력 부분에서는 이런 내용들이 충분히 어필(appeal)이 가능하고 서류 및 면접평가에서 좋은 점수를 받을 수 있었다.

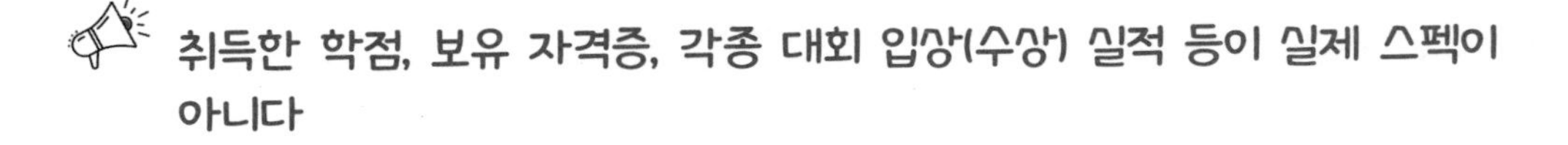

취득한 학점, 보유 자격증, 각종 대회 입상(수상) 실적 등이 실제 스펙이 아니다

이것 또한 이미 일부 언급하였듯이 학점, 자격증, 각종경진대회 입상 실적 등은

필수 요구스펙이 아니다. 왜냐하면 기업은 혼자서 하는 일보다 조직 안에서 하는 일들을 서류 및 면접전형에서 최우선적으로 고려하는데 학점, 자격증 취득은 오로지 혼자서만 해결을 하기 때문이다. 다만 경진대회 입상 등은 협업, 팀워크, 성장과정, 성격 부분에서 일부 증빙자료로 참고가 될 뿐이다. 그러므로 학점은 졸업예정자의 경우 최종적으로 4학년 2학기 성적이 누락되어 있어 미확정 결과이므로 크게 영향을 미치지 못하니, 필요하다면 다소나마 스스로 노력한 결과물인 자격증 취득에 대해서 지원분야와 관련된 공부내용 중 수험 준비서(準備書) 목차의 관련 챕터(chapter: 책안의 장(章)), 핵심 이론, 예제 또는 연습문제, 실습 및 실기 내용 등을 구체적으로 서술해야 한다. 각종 경진대회 등에 참여 후 수상한 실적은 최종 입상등위(실적)가 중요한 게 아니라, 내가 팀 내에서 얼마 동안 어떠한 방법으로 수행한 일(역할)이 무엇이고 이 역할이 현재 지원한 지원분야 직무와 실제로 어떤 관련이 있는지를 프로세스 단계별로 나누어 5W1H로 풀어서 상세히 서술하여야 한다. 수상 실적은 공동으로 한 것이고, 지원자가 현재 지원한 직무는 또 다른 것이기 때문에 무작정 경진대회에서 금상을 받았다거나 실적을 과거 대비 소속팀이 몇 % 올렸다고 서술하는 것은 각 전형 단계에서 큰 의미가 없다. 오히려 허위 사실로 인정되어 평가자들로부터 감점을 받아 손해를 볼 수도 있다.

준비된 스펙만 있다고 무조건 많이 나열하지 마라. 배열 순서가 있다

취업이 준비하기도 어렵고 서류작성이나 면접에서 어려운 이유는 누구나 대학에 입학하면 별도로 방향과 지시를 해주는 선생님 없이 혼자 스스로 모든 일을 찾아서 소문에 의해 급한 대로 개척해 나가야 하기 때문이다. 그러다 보니 자의든 타의든 자격증 준비, 토익시험, 아르바이트, 복수전공, 학비마련 등 직·간접 또는 대내·외적으로 뚜렷한 방향이 없이 여러 가지 다양한 활동만 하게 된다. 이러한 과정을 수년간 반복하다 보면 정말로 장래에 중요한 취업에 대한 본격적인 준비가 늦어지고 남은 것은 전공, 학점과 토익 또는 자격증밖에 없어 결국은 대부분이 이 3~4가지에 매달리게 된다. 수없이 이야기했지만 사실 이런 스펙은 기업의 직무수행능력과 별로 상관이 없다. 그러다 보니 기업에서 요구하는 직무준비 사항에 대한 이력서와 자기소개서에 쓸 게 없는 것이다. 결국 졸업만 하게 되고, 별수 없이 남의 스펙을 인용하거나 짜깁기

하여 자소설만 수없이 만들어 제출 후 열심히 면접에 매달리는 악순환만 반복된다. 이런 결과가 졸업 후 취업재수생으로 이어지고 또 그것도 여의치 않으면 공무원 시험으로 방향을 바꾸기도 한다. 결론적으로 자기의 진로가 조기에 정해지지 않으면 누구나 이런 길을 걸을 수 있다.

한국에서 대학 졸업 후 쌓을 수 있는 취업스펙은 매우 한정적이다. 준비 스펙이 있든지 없든지 간에 취업을 하기 위해서는 전체 본인의 지난 경험을 정리해 본 후 산업별·업종별·분야별로 추출(발굴)한 스펙을 분류해야 한다. 다음에 제시된 요구하는 항목별 준비 직무 할당방법과 순위는 필자가 사용하는 방식이며, 각 기업이나 기업 유형별 자기소개서 작성 요구문항(종류 및 개수) 및 응시자의 준비된 직무내용에 따라 상대적으로 그 가중치나 배열 위치가 달라진다는 점을 미리 밝혀둔다. 다음 내용과 항목이 같으면 그대로 사용해도 되지만 다른 경우는 가중치(키워드: keyword)를 바꾸어서 다시 적용해야 된다.

[자기소개서 내 산업(업종)별 준비 스펙 분류 및 추출 방법(예시)]

스펙 종류		1차 분류	2차 분류	최종스펙	자소서 작성
정량 지표	학 점	공통	공통	공통	공통
	토익, 외국어	공통	공통	공통	공통
	자격증	공통	공통	공통	공통
전공, 복수전공		공통	공통	공통	공통
직무준비 스펙 등		산업(업종)별 구분	관련 스펙만 우선 추출	가중치 부여	항목별 할당
기타 모든 활동		산업(업종)별 구분	관련 스펙만 우선 추출	가중치 부여	항목별 할당

주) 1) 산업(업종별) 분류: 자동차, 금융, 반도체 등
2) 직무별 분류: 기획, 전략, 반도체 (장비)설계 등
3) 가중치 부여: 자기소개서의 요구하는 관련항목별로 가중치를 부여 후 할당

[자기소개서에 스펙(키워드) 할당 방법(예시)]

구분		스펙 종류 (할당 순위)	자기소개서 내 요구 항목별 할당 기준(상대적임)		
			지원 동기[2]	준비 직무[1] : 증빙위주	향후 계획 등[3]
대외 활동	기업	현장실습 인턴십 등	중간 부분에 (①+②+③)을 요약 후 할당	① 요구직무와 관련이 가장 깊은 스펙부터 위로 배열 (준비스펙이 복수인 경우)	도입 또는 중간 부분에(①+②+③) 등을 요약 후 할당

	기타	알바, 전문 학원 강좌 등	생략 가능	③ 기업체 실습 및 캡스톤 디자인 스펙이 없을 경우 차차순위로 내려서 할당	생략 가능
대내 활동		캡스톤디자인 관련교과목 등	생략 가능	② 기업체 활동준비 스펙이 없을 경우 차순위로 할당	생략 가능
계량 지표		학점 토익 등	생략	생략	생략

주) 1) 위로배열: 요구한 1항목 내에 준비한 직무스펙이 2개 이상인 경우에 해당
2) 차(차)순위: 항목 중 "대외활동이 없는 경우 대내활동을 할당(대체) 한다"라는 뜻

위의 표에서 설명하듯이 준비된 스펙이 많이 있다고 무조건 나열하는 것이 아니다. 스펙도 가중치를 적용하여 상대비교를 통해 서열(직무 우선순위 설명란 참조)을 미리 정한 다음 서류작성 전에 기업에서 요구하는 전체 항목을 기준으로 산업별 및 업종별로 관련도가 높은 스펙을 우선하여 추출해야 한다. 그리고 1차로 자기소개서 모든 항목을 보아 키워드(keyword)를 기준으로 상대비교를 하여 우선 할당 순위를 정하는데, 지원분야 요구 내용과 준비한 직무내용의 관련도가 가장 높은 것부터 가중치를 부여하여 가중치가 높은 내용은 1순위: 준비직무 항목, 2순위: 지원동기 항목, 3순위: 기타 관련 항목에 할당을 해야 한다. 그리고 나서 각 순위 내 복수의 준비된 스펙이 있는 경우, 여기에서 또 관련도를 비교하여 높은 관련도순으로 위로 배열하되 각각 소제목을 달아야 한다. (대)기업은 일시에 수많은 응시자의 서류를 받으므로 AI 이용 또는 사람이 직접 모두 빠짐없이 검토하지만, 여러 가지 변수가 항상 있을 수 있어서 불가

[주요 대기업 최근 자기소개서 문항(예시)]

기업명	지원동기 부분	준비직무 부분	향후계획 부분 등
삼성전자	• 지원이유와 입사 후 이루고 싶은 꿈(1문항)	요구 문항 없음	• 성장과정, 사건, 인물 • 사회이슈 및 견해
현대자동차	• 지원이유 및 이루고 싶은 꿈(커리어패스)	• 직무수행 필요한 역량과 준비한 사건 및 경험	• 의견조율과 협력경험 (그 의미와 영향)
LG 에너지솔루션	• 분야 및 직무 지원동기	• 직무준비 내용 (전공과목, 관련 대외 활동, 인턴십 등)	• 특성 및 성격 장단점 (직무 위주 서술) • 나만의 꿈과 비전(회사 전략 및 본인목표일치)
SK하이닉스	요구 문항 없음 (추가설명 제시·경험)	• 전문성을 키운 노력	• 목표설정 및 성취경험 • 아이디어로 문제 개선 • 팀워크로 목표 달성

피하게 가중치나 소제목만으로도 서류평가가 이루어지는 경우가 많다.

우선 삼성전자는 '준비직무 항목'이 SK하이닉스는 '지원동기 항목'이 없다. 그렇다면 이 항목은 생략해도 된다는 것인가? 그렇지 않다. 위에서 이미 언급했지만 이력서와 자기소개서는 항상 같은 내용으로 가야하고 자기소개서 안에서의 항목 할당은 절대적인 것이 아니라 문항에 따라 상대적으로 할당을 해야 한다. 따라서 해당 항목이 없더라도 다른 차순위 항목(어차피 직무관련 스펙임)에 가중치 순서대로 5W1H에 의해 그 내용을 서술하면 된다. 다만 서술하는 방향을 약간 변경하여 질문의 요지에 맞게 전개하면 된다.

삼성전자의 경우 지원동기란의 지원이유 부분에 준비된 직무 중 가장 비중이 큰 주특기(예. 기업체 현장실습이나 인턴십 경험 등)를 쓰고 이 직무경험을 토대로 수평방향 또는 수직방향으로 기간을 추가하여 오랜 기간 근무하여 회사에 기여할 내용을 전개하고 나서, 다음 차순위 직무준비 내용을 나머지 성장과정과 사건·인물 등에 연계하여 제시하면 된다. 또 SK 하이닉스의 경우는 준비한 직무와 목표설정 및 향후계획 항목이 이미 제시되어 있으므로, 가장 비중이 큰 직무 주특기를 3개 이상 골라내어 가중치를 부여하여 ①번은 준비직무란에, ②번은 향후계획 부분 중 팀워크로 목표달성란에 서술하면 된다. 그리고 나서 ③번 이후는 직무준비 스펙을 우선순위에 따라, ③번은 목표설정 및 성취경험에 ④번은 아이디어로 문제개선란에 할당을 해야 한다. 그 다음에 추가로 남은 스펙 중 비슷한 직무준비 내용이나 교내활동 등을 ⑤번으로 하여 지원동기 부분에 넣으면 된다.

이처럼 어느 누구나 직무관련 준비한 스펙만 있으면 얼마든지 자기소개서를 회사의 업종과 지원분야에 적합하게 자유롭게 만들 수 있다. 최종적으로 합격과 불합격의 차이는 직무준비 내용의 가중치로 결정이 된다. 먼저 준비직무의 종류(①관련 정도(업종 및 산업의 연관성 포함), ②그 내용이 교내인지 교외인지와 ③준비기간이 얼마인지 등)에 따라 정확하게 매우 과학적으로 개인별 서열이 정해지게 되는 것이다. 모든 기업이 이러한 기준을 적용하여 과학적으로 평가를 하게 되면 정성평가 항목도 정확하게 응시자 간 우열이 가려지게 되고 필기시험 점수보다 더 정확하게 개인 간 서열이 가려진다. 또한 여기 각 항목란에 분명히 사전에 준비한 스펙이 있었음에도 미기재하거나 에피소드 등 다른 내용을 넣을 경우에는 탈락이라고 보면 된다. 예를 들어 자동차 업종 회사에 서류를 넣으면서 반도체 회사에서 현장실습을 한 경우를 기재하거나, 기업체 현장실습 경험을 직무준비란에 써야 하는데 대학전공 공부 내용이나 알바활동 내용을 쓸 경우 후순위로 밀리거나 탈락이 된다. 그러므로 첫째도 직무고 둘째도 직무이며 여러 회사를 많이 고르기보다는 본인이 준비한 직무 주특기를 기준으로 산업별, 업종별, 직무별로 관련이 가장 깊게 연관이 되는 기업을 골라서 지원 서류를 작성하는 것이 1번에 합격하는 방안이 된다.

신입사원의 경우 최종합격한 후 기업에서 조기에 퇴사를 하는 경우는 대부분 ① 실제 본인이 체험한 경험이나 경력이 아닌 타인의 경험을 활용하여 서류를 작성 제출한 상태에서 많은 응시자들이 일시에 몰려 서류 및 면접 과정에서 일부 착오가 발생하여 운 좋게 합격한 경우 이거나, ②모집회사 사정으로 인해 역량이 일부 부족한 응시자임에도 모집 부서에서 인원수대로 선발해 달라고 요청하여 불가피하게 차(후)순위자부터 잔여 부족 인원을 채운 경우가 대부분이다. 어찌 되었거나 모집분야에 대한 직무수행능력이 부족하고 준비가 안 된 상태에서 최종합격을 한 경우는, 추후 사실상 입사 동기들에게 밀리고 부서 내에서 상호 간 업무 협조가 이루어지지 않아 계속 근무하기가 어려워진다. 이 점 꼭 명심하기 바란다. 대학시절 기업에서 몇 개월 일을 해 본 합격자와 장학금 받기 위해 전공 공부만 열심히 한 합격자는 기업에서 볼때는 그 출발 시점부터 완전히 다른 것이다.

※ [커리어 패스(Career Path, 경력경로(經歷經路)]

1. 의미

경력과 관련된 직위 및 역할 이동의 경로를 말하며 개인이 경력을 쌓는 과정에서 수행하게 되는 여러 직무들의 배열을 의미한다. 바꾸어 말하면, 경력과 관련된 직위 및 역할 이동의 모든 경로를 통칭해서 경력경로라고 한다. 경력경로는 설계 방식에 따라 크게 전통적 경력경로, 네트워크 경력경로, 그리고 이중 경력경로로 구분된다.

2. 전통적 경력경로

전통적 경력경로(traditional career path)는 개인이 경험하는 조직 내 직무들이 수직적으로 배열된 형태이다. 조직구성원이 특정 직무를 일정기간 동안 수행한 후 상위 수준의 직무를 수행하는 경우가 전통적 경력경로에 해당된다. 즉 해당 직급 내 하나의 직무를 수행한 후에 상위 직급으로 이동하는 경우를 말한다. 예를 들어, 인력계획 담당-인사팀 대리-인사팀 과장-인사팀장-인사부문 상무로의 경로는 인사팀 소속 구성원이 경험할 수 있는 하나의 전통적 경력경로가 된다. 전통적 경력경로의 가장 큰 장점은 특정 분야의 전문성이 강화될 수 있다는 점이다.

3. 네트워크 경력경로

네트워크 경력경로(network career path)는 개인이 경험하는 조직 내 직무들이 수직적으로 뿐만 아니라 수평적으로도 배열된 형태이다. 즉, 해당 직급 내에서 여러 직무를 수행한 후에 상위 직급으로 이동하는 경우를 말한다. 예를 들어, 대리 1~2년차에 인사팀에서 교육 관련 업무를 수행한 후 대리 3년차에는 기획팀에서 업무를 수행하고 대리 4년차에 영업팀에서 업무를 수행하다가 과장으로 승급하는 경우이다. 이러한 형태의 경력경로에서는 조직구성원이 다양한 직무 경험을 할 수 있기 때문에 조직의 인력배치 유연성이 높다. 그러나 해당 직무를 수행하는 기간이 전통적 경력경로에 비해 짧아 직무의 전문성을 개발하기에는 다소 한계가 있다.

4. 이중 경력경로

이중 경력경로(dual career path)는 주로 연구개발이나 기술직 종사자들을 대상으로 한 경로로서, 경영자로 성장하는 것을 원하지 않는 인력들을 해당 직종 내에 계속 머물게 하기 위한 목적으로 고안된 것이다. 연구·기술 분야의 구성원들 중 일부는 관리나 경영보다 자신의 분야에서의 전문성 확보를 더 추구한다. 이중 경력경로에서 구성원들은 자신의 희망에 따라 경영자로서의 경력경로를 선택할 수도 있고 전문가로서의 경력경로를 선택할 수도 있다. 이와 같이 경력경로가 이원화되는 지점에서부터 경력경로의 모양이 마치 사다리와 비슷하다고 하여 이중 경력경로는 이중사다리 시스템(dual ladder system)이라고도 불린다. 이중 경력경로는 핵심 인재들의 만족도를 높이고 조직이탈율을 낮추는 효과를 가져 오나, 이중 경력경로의 성공적인 운영을 위해서는 체계적인 교육프로그램이 뒷받침되어야 하며 보상수준이나 권한 등에 있어 전문직 경로와 관리직 경로간의 형평성이 유지될 필요가 있다.

[출처: 두산백과 두피디아]

직무 종류를 각각 나누어서 항목별·직무별로 소제목을 붙여라

채용서류 심사 및 면접위원으로 참여하여 응시자에 대한 평가 시에 가장 힘든 부분이 응시자가 직무관련 준비를 한 것은 맞는 것 같은데 어떻게 응시한 지원분야와 연계가 되는지를 키워드(keyword)로 명확하게 설명을 못하는 경우이다. 대학 취업센터와 카페, 인터넷 및 유튜브 등에 수없이 작성사례가 나와 있지만 그 잘못된 제시 정보로 인해 요약을 못하고 있는 것이다. 소제목은 직무 단위로 1건마다 제목을 달아야 한다. 여러 가지 직무를 1개로 묶어서 달지 않는다. 따라서 소제목을 잘 달기 위해서는 여러 가지 준비한 직무를 먼저 나눈 다음 가중치(비중)를 고려하여 우선순위를 정한 후, 회사별로 자기소개서에서 요구하는 각항목별로 먼저 위로 배치하되 관련도 기준으로 요약 서술 내용의 글자수가 짧으면 2개 이상을 골라서, 각 분리된 문단별로 배치(중요도 높은 것이 같은 항목 내에서 위로 배열)하고 서술 내용이 길 경우는 1개만 배치하면 된다(후반부 작성사례 예시 참조).

소제목은 두괄식이고 구체적이며 괄호로 본문 내용을 요약하는 것이 되어야 한다

우리나라 입사용 자기소개서에서 가장 황당한 내용이 소제목에 들어있는 내용들이다. 100명의 서류를 보면 정확하게 제시한 소제목은 1명 정도가 있을까 말까이다. 시중에 나와 있는 대부분 취업정보 제공자료들의 소제목은 모두가 다 공통적으로 미사여구를 동원한 추상적인 글들이다. 이런 현실과 동떨어진 추상적인 소제목이 합격족보나 합격답안으로 떠돌아 다니다 보니 온 나라에 잘못된 예시 정보가 유행병처럼 번져있는 것이다. 이것은 완전히 잘못된 것이다. 소제목은 매우 중요하고 서류의 소제목을 추상적으로 쓴다는 이야기는 하단의 구체적인 내용도 추상적이며 아무런 준비를 하지 않아서 억지로 지어내 소설처럼 인용하여 썼다는 것과 같은 것이다.

[잘못 작성된 소제목 사례(예시)]

인터넷 합격족보에 나와 있는 실제 내용(틀림)	문제점 분석
후공정: 반도체 경쟁력의 핵심요소	단순한 신문기사 인용에 불과
초격차 유지에 기여하는 CMP 공정 설비기술 엔지니어	관련학과 학생 모두 다 공통임
교육, 전공, 3번의 인턴십, 미래 HRD전문가를 꿈꾸는 준비된 인재	제시항목이 많고 추상적임
photo 공정 specialist를 향한 열정	관련 학과 학생 모두 공통임
난 삼성에 뼈를 묻을 거야!	상투적인 글(감점 요인). 황당!
언어에 관한 관심, 세상에 대한 이해	무슨 내용인지 알 수가 없음
반도체에 무지한 전자공학부 학부생	무지한 학생이 왜 지원을?
10여 개의 조직에서 활동한 경험을 바탕으로	학생이 10여개 조직에서 활동?
적극적으로 상황을 해결하는 엔지니어	모든 사람은 다 적극적임
주어진 위치에서 성실하게 책임을 다하며	성실과 책임은 누구나 공통

AI나 채점자가 직접 손수 읽어보고 나서 평가하는 것을 막론하고, 소제목은 반드시 지원분야 요구 항목 내용과 일치하거나 관련이 있어야 한다. 요즈음은 모두 항목별로 글자 수 제한이 있기 때문에 직접적인 관련이 없는 내용은 무조건 쓰면 안 된다. 특히 인공지능 심사의 경우는 사람이 평가를 하지 않으므로 소제목과의 연관성이 매우 중요하다. 무조건 성실성, 도전의식, 적극적인 자세 등의 보기 좋고 좋은 말만 골라서 도배를 한다고 되는 것이 아니다. 요구내용=소제목=본문내용이 상호 근거 있게 증빙 내용을 통해서 3박자가 일치해야 한다. 하나의 예를 위에서 본다면 소제목은 'photo 공정 specialist를 향한 열정'이 아니라 '포토 공정에서 감광과 노광 작업을 반복해서 실습하다'가 맞는 것이다. 이렇게 두괄식 표현으로 소제목을 아래 본문 내용을 요약하여 제시할 경우, 평가자는 소제목을 먼저 보고 나서 자연스레 그 문장 하단에 있는 본문 내용을 보고 구체적으로 위 소제목과 본문 내용이 일치되는지와 지원분야 직무 요구사항과 관련도(이미 평가자는 알고 있음)를 보게 되어 평가 점수를 매긴다. 그러므로 이렇게 중요한 자리에 추상적인 내용을 마구 쓴다는 것은 매우 잘못된 것이고 지금까지 이렇게 쓰고도 합격했다는 것은 그 진위 여부를 떠나 결국 평가자가 부득이 아래 본문 모두를 보고 평가를 다시 했거나, 잘못 작성 제시 후 차(후)순위로 운이 좋게 합격했다고 밖에 볼 수가 없다.

또한 소제목은 꼭 시작과 끝부분에 괄호를 넣어야 한다. 괄호 넣는 방법은 "[ ]"(괄호 대신 따옴표 "소제목" 표시도 안됨)으로 표현하는 게 가장 좋다. 필자가 서류 및 면접전형에 들어가 보면 최초 접수 신청 시 응시자가 홈페이지 서버 등을 이용하여 작성한 형식이 평가자의 PC 화면에 그대로 보이지 않는 경우가 많다. 내용은 똑같으나 윗줄 소제목 옆에 또는 바로 아래 본문이 붙어 있기도 하고, 아니면 전체 여러 항목의 본문 속에 소제목이 중간중간에 괄호를 열고 닫고 하여 연이어 섞여 있는 경우가 대부분이다. 그러므로 소제목을 대괄호로 구분을 하지 않으면 그 주제별로 구분된 문장의 시작 부분과 끝부분을 모르는 경우가 많아 혼란스럽다. 또한 실제 면접 시 각 응시자 수 대비 조별 평가시간 제한이 있어서 답변 내용을 정확하게 서류내용대로 발표하는지를 쉽게 확인하지 못해, 평가자에 따라서는 최고점을 부여하고 싶어도 부득이 중간점수를 주고 마무리 하는 경우도 생기며, 최악의 경우에는 면접을 잘 보고도 실제로는 손해를 보는 경우도 있으니 각별히 유의하기 바란다.

인턴십 및 현장실습 자기소개서 작성 사례

우선 인턴십(현장실습 포함)용 자기소개서 작성사례를 먼저 서술하고 그 다음에 신입사원 취업용 자기소개서 작성 사례를 이어서 예시하겠다. 유의할 점은 현장실습 및 인턴십에 제시할 요구 항목별 직무준비 내용에 대한 가중치는 아직 정식으로 졸업하지 않았기 때문에 실제 입사 때와는 그 키워드에 대한 가중치(비중)가 다르다는 것이다.

[지원유형별 자기소개서 글자(주제)수 배당비율 및 표준 작성법]

구분		1, 2차 현장실습	인턴십(or 취업연계)	신입사원
지원 동기 (100%)	(앞)회사 및 산업분석	20% 이상	20~30% 내외	30% 이상
	(중간)준비한 직무요약	50% 이상	50% 이상	50% 이상
	(뒤)향후계획(각오) 등	30% 이내	20~30% 내외	20% 이내
전공 및 기술능력(이론 등)		교과목, 캡스톤디자인 등	각종아카데미 추가	자격증 등 추가
주요경력사항(실무경험)		SNS, 창업 및 경진대회	1, 2차 현장실습 등	현장실습 및 인턴십
성격 및 장단점		알바, 동아리, SNS 등	1, 2차 현장실습 등	현장실습 및 인턴십

주) 현장실습(인턴십)의 경우 1시간 또는 1일 이상 경험한 내용도 모두 경력사항에 추가함

[현장실습(1차-대학복귀형) 신청용 자기소개서 작성법(예시)]

(모집공고 내용: ㈜AI한국)

구분	내용	비고
주요사업	인공지능(AI) 환경 시스템 구축을 위한 최고의 솔루션 제공 (메타버스 포함 등)	회사 홈페이지 참조 (소재지: 서울)
모집분야 및 인원	1분야: Technical Marketing Manager. 2분야: XX (IT 산업분야 기술영업, 상품기획, 마케팅, 전략기획 각1명)	준비가 된 1개 분야만 선택함
지원자격	• 개개인 역량 강화에 대한 인식이 있는 분 • IT 및 AI 기업의 흐름에 관심이 있는 분	주요 키워드: 인공지능
교육목표	채용연계형 인턴 과정을 통한 인재양성을 통하여 AI 분야의 흐름과 IT산업의 Work Process 인식을 목표로하여 교육을 진행함 (25%의 직업(기초) 직무 교육을 바탕으로 75%의 실무진행, 실무인재양성을 위한 단체교육 실시)	실습기간 중 교육 비율은 통상 10% 이상

실습내용	• 1주차: 입문교육 (각 부서별 교육 커리큘럼에 의거, 교육진행) • 2주차~6주차: 현장실무 (각 부서별 팀장들의 과제부여 및 실무투입) • 7주차~8주차(이후까지): 현장실무 (업무 현장에 투입 후 실전 업무능력 배양)	단기 2개월 기준

(자기소개서 작성 사례(지원동기 부분(1차 대학복귀형: 현장실습)(예시)))

구분	서술 방법 및 내용
지원동기	**[지원 분야: Technical Marketing Manager], [실습 기간: 2개월 이상]** [가상의 IT기업을 설립 후 매출달성용 실전 경영전략을 기획해 보다] "하이 빅스비!" 우리가 생활하는 집에서 가장 많이 쓰는 말 중 하나입니다. 이와 같이 인공지능은 순식간에 인간의 삶과 밀접한 IT기술이 되었습니다. 이러한 미래 기술에 대한 저의 관심은, 하루가 다르게 성장하며 국내 인공지능 산업을 선도하는 기업인 (주)AI한국으로 이어졌습니다. 이 회사는 특히 국내 대학가의 AI 관련분야 연구 및 분석용 장비 판매를 석권하여 나가고 있습니다.(163자. 22%) 저는 지금까지 우리 사회를 바꿀 수 있는 IT산업, IT기술 등을 경험해 보고 싶어 대학에서 다양한 준비를 해왔습니다. 특히 인공지능 산업 분야에 관심이 많아, 대학 입학 이후 관련 동아리에 가입한 후 프리미어 프로를 이용하여 AI 동아리 활동에 대한 내용을 홍보영상을 직접 제작키로 하고 AI와 AR 및 VR 사업과 연계해 유튜브를 이용하여 홍보를 해보기도 하였으며, 가상 모의 AI기업에 대한 온라인 SNS 마케팅 전략의 수립, 캡스톤디자인 과목 수행과제로 기업의 SWOT 분석을 수행하기도 하였습니다. 또한 친구들과 같이 경기도 주최 연합 창업경진대회에 참여하여 기업을 실제로 창업하여 매출확대를 위한 SNS 홍보업무도 전담수행해 보았으며, 알바 중에는 일하던 회사에 고보라이트(바닥광고)를 활용한 매출확대 전략을 제시하여 매출을 크게 올린 바 있습니다. 저는 이러한 다양한 활동결과 오프라인 마케팅 전략이 IT상품 등의 판매 전략에도 충분히 적용이 가능하다는 것을 직접 체험하였습니다.(382자. 53%) 저는 이처럼 온라인과 오프라인 마케팅 전략을 수립해본 경험 등을 바탕으로 오늘에 만족하지 않고 미래를 위해 쉬지 않고 새로운 AI 기술을 선도해 나가는 (주)AI한국에서 저의 잠재력을 발휘하고 싶습니다. 그리하여 (주)AI 한국이 생산하는 AI제품을 더 많은 고객들이 이용토록 하여 (주)AI한국이 인공지능 분야 기술 산업을 선도하는 기업의 위상을 정립하는데, 이바지 하는 역할을 할 수 있도록 최대한 노력하겠습니다.(179자. 25%) [출퇴근 주소: 서울도 구로구 디지털로 26길 / 출퇴근 소요시간: 55분(편도)] ※ 회사와 협의 후 2개월 이상 현장실습도 가능합니다.(총860자)
전공 및 기술	[프리미어 프로를 이용하여 AI 동아리 활동 홍보영상을 직접 제작하다] 2023년 대학 3학년때 AI 동아리 활동을 하면서 먼저 현장실습을 다녀온 선배님 1명과 3학년 3명이 한조를 만들어 최근 떠오르고 있는 인공지능 분야 동아리 회원수 확보 차원에서 AI 동아리 활동내용을 유튜브에 홍보하기로 하였습니다. 우선 벤치마킹하기

	위해 이미 3만 구독자를 보유하고 있는 위포트 채널의 동영상 자막 및 썸네일을 조사했습니다. 결국 유튜브 성공은 알찬 콘텐츠 확보에 있다고 보고 새내기 학생들의 AI에 대한 궁금증을 예측하고 회원가입을 유도하기 위한 콘텐츠를 먼저 발굴하기로 하였습니다. 제가 맡은 부분은 AI 관련콘텐츠를 발굴하여 프리미어 프로를 이용하여 동영상에 자막을 넣는 것이었는데 MZ 세대들이 가장 관심이 있는 VR/AR을 AI와 연계하여 컨셉을 구성하였습니다. 팀원들과 끊임없는 소통과 피드백을 통해 6분용 1개와 9분용 1개를 제작하여 업로드 하였고, 오픈 4개월이 지난 현재 합계 구독자수 83명과 좋아요수 127개를 받았습니다. 1) https://www.youtube.com/XXX?v=O9fqvt_dt-Y 2) https://www.youtube.com/XXX?v=2ms7s8AA1PA&t=15s(496자) [교수 과제로 가상 모의 AI기업에 대한 온라인 SNS 마케팅 전략을 수립해보다] "마켓이노베이션" 과목 수강중 팀 프로젝트로 창업 아이템을 개발하여 모의 AI기업을 창업해 보는 과제를 수행하였습니다. 창업아이템으로는 코로나19로 원격강의나 나홀로 휘트니스족이 많아 바로 회원가입후 현재 사용중인 러닝머신에 웹캠을 설치후 운동하는 모습을 촬영하여 이를 AI기술로 분석후 건강상태를 실시간으로 확인할 수 있도록 구성하였으며, 창업후 1년단위로 시장의 증가율과 매출액을 설정하여 영업수익, 영업비용 등을 추정하였습니다. 조사 기초자료로는 소상공인시장진흥공단 조사자료를 사용하였으며, 마케팅은 고객을 세분화하여 지방은 부자층 거주지역과 서울은 강남권과 목동권 위주로 타깃을 잡은 후 키워드 검색을 통해 유튜브와 휘트니스 전문 카페 등에 직접 홍보를 하였습니다.(335자)
주요경력사항	[캡스톤디자인 과제로 SWOT분석을 수행해보다] 대학 4학년 때 학생 및 기업이 공동으로 진행하는 융복합 캡스톤디자인에 참여 하였습니다. ㈜서울이 우리에게 요구하는 내용은 회사의 신상품 출시전 4P전략을 기획하기 위한 소비자 소구점을 조사해 달라는 것이었습니다. 우선 2가지 방향으로 나누어 온라인 설문조사나 방문조사를 6:4 비율로 세팅했습니다. 그러나 온라인 응답률이 너무 저조하여 그렇게 얻은 소구점 정보로는 전략을 세우는 과정에서 한계가 있다고 보고 직접 소비자를 만나 정보를 얻고자 생각했습니다. 그래서 대면인터뷰를 진행키로 하고 2개조로 나누어 대학밖 소비자와 대학안 소비자로 나누었습니다. 길거리에는 사람들이 거의 없었고, 대면인터뷰에 대해 냉소적인 반응이 심해 목표 표본수에 도달하기 까지 많은 어려움이 있었습니다. 그러나 정보를 얻고자 하는 마음이 간절했기에 그들을 설득한 끝에 5시간 30분이라는 긴시간 동안 102명의 사람과 인터뷰를 할 수 있었고 그로부터 확실한 신상품에 대한 소구점을 얻어낼 수 있었습니다.(405자) [창업경진대회에 참여하여 SNS 홍보업무를 전담수행하다] 저는 에스테틱 브랜드인 트로이아르케의 서포터즈로 활동하면서 회사측 제품을 견본으로 받아 사용해본 후에 그 소감을 콘텐츠로 페북 등에 SNS로 올렸습니다. 이러한 저의 경험을 바탕으로 경기도 주최 4개대학 연합 창업경진대회에 친구2명과 참여 하여 트로이아르케에서 출시하는 모든제품에 대한 해외 홍보대행사업을 수행하기로 하였습니다. 회사홈피 쇼핑몰 가입을 많이 유도하기 위해 우선 미국과 중국 2개 나라를 대상으로 유사 각 제품에 대한 소비자 패턴을 비교 분석하여 시장을 세분화 한 후 저는 미국을, 중국어과를 전공한 친구 2명은 중국 시장을 담당하여 키워드를 중심으로 실시간 검색률이나 인기 키워드를 기준으로 하여 가망고객 유인 가능성이 높은 유튜브, 페북, 블로그 등에 댓글을 달아 홈피 방문을 유도하였습니다. 좀더 빨리 매출이 올라오도록 하기위해 회사측의 브랜딩 이미지 및 제품 특징 등을 세밀히 파악하고 날짜별로 방문자 수를 파악 한후 1주일 단위로 소비자 반응이 가장 좋았던 제품을 골라 효과를 극대

	화 하기 위해 포토샵을 이용하여 상품별 썸네일을 주기적으로 변경하여 각 SNS별로 올렸습니다. 웹주소: https://www.instagram.com/XXX/..(487자)
성격 및 장단점	[아이디어로 고보라이트(바닥광고) 활용방안을 제시하여 매출을 올리다] 분당 서현동 소재 탐앤탐 커피점에서 알바를 할 때 였습니다. 최근 커피점이 우후죽순처럼 생겨나 제가 있는 커피점도 주위 커피점와 치열하게 경쟁을하였습니다. 그래서 저는 지점장이 힘들어 하는 것을 보고 더 많은 고객을 유인하는 방법을 생각한 끝에 커피는 주로 점심때 이후는 저녁때 많이 팔린다는 점에 착안하여 야간 조명 고보라이트를 이용후 주위 커피점과 차별화를 시도하여 고객을 유도하기로 하였습니다. 저의 이런 아이디어 제시에 지점장도 동의하여 19시부터 21시 까지 2시간은 무조건 아메리카노는 1잔당 1,000원이라고 로고를 넣어 광고를 하였습니다. 예상대로 홍보 효과가 나타나기 시작하여 2시간 동안에는 평소보다 50% 이상의 고객이 찾아왔습니다. 사실 저도 처음에는 잘몰랐는데 조명 설치비는 그리 비싸지 않았으며 항상 매사에 좀더 한번만 더 생각해 보면 얼마든지 좋은 아이디어가 생겨날 수 있다는 점을 깨달았고, 이런 저의 세밀한 성격은 회사 업무를 수행할 때도 장점으로 발휘되어 주어진 문제를 다방면으로 끈기 있게 도전하며 꼼꼼하게 마무리를 잘할 것이라 생각합니다.(454자)

주) 1) 지원동기 이외에는 지원유형별 키워드 가중치만 구분될 뿐 방법과 내용은 동일
2) 성격의 장단점은 편의상 장점만 서술함(실습지원 서류는 단점서술 생략 가능)

[현장실습(2차-대학 미복귀형(인턴십형)) 신청용 자기소개서 작성법(예시)]

(모집공고 내용: ㈜SKMT)

구분	내용	비고
주요사업	• 전자부품소재 제조, 전자공학/광학요소 제조 • 플라스틱 적층, 도포 및 기타 표면처리	회사 홈페이지 참조 (소재지: 경기)
모집분야	OTFT 공정	이론 및 장비분야 포함
모집인원	• 화학공학과, 신소재공학과, 전자공학과 각1명	총3명
지원자격	• 4년제 정규대학 3~4학년, 학점 3.0이상 • OA 역량: 엑셀, 파워포인트 활용이 가능한 학생 • 반도체 공정 또는 TFT 공정 이해 능력 보유자 • 실험 및 측정 평가에 대한 관심이 있는 학생	주요키워드: OTFT 공정, 반도체 공통이론
교육목표	• OTFT 단위 공정 실습을 통한 반도체 공정 이해	실습기간 중 교육 비율은 통상 20% 이상
실습내용	• 1주차: OTFT 공정 이론 및 장비 사용법 교육 • 2주차: Plasma 처리, Spin coating, 증착 등 주요 단위 공정 실습 • 3~8주차: OTFT 평가 샘플 제작 Follow-up	단기 2개월 기준 (2개월후 변경 가능)

(자기소개서 작성 사례(지원동기 부분(2차 실습))(예시))

구분	서술 방법 및 내용
지원동기	**[지원 분야: OTFT 공정], [실습 기간: 6개월 이상]** [디스플레이의 미래, Flexible OTFT 실습을 위해 이론과 실무능력을 갖추다] 현재 디스플레이는 지구 어디에서나 사용되고 있습니다. 이런 디스플레이 시장은 Flexible 기술을 주목하고 있고, 저 역시 Flexible 휴대폰을 사용하면서 Flexible 기기의 편의성에 큰 감명을 받았습니다. 현재 Flexible 디스플레이에는 주로 OLED 종류가 사용되고 있습니다. 하지만 태생적인 한계로 인해 많은 issue들이 발생하고 있고 저 역시 불편함을 느낄 때가 많습니다. 디스플레이를 좀더 깊게 공부하면서 더 좋은 Flexible 디스플레이를 만들기 위한 기술인 Organic TFT, 즉 OTFT가 있다는 것을 알게 되었습니다.(245자) 저는 이 OTFT를 사용하면 더 완벽한 Flexible 디스플레이를 만들 수 있다고 생각하고 이제까지 반도체 분야에서 필수적으로 필요한 이론과 실습을 수행하여 해왔습니다. 이론적인 면으로는 TFT 직무수행에 필요한 기초이론, 디스플레이 공학의 OTFT의 구조를 이해, 반도체의 8대 필수 공정중 포토공정, 박막증착 및 불순물주입 공정을 실습실에서 실습하였고, 부수적으로는 분석 능력 향상을 위해 SEM, TEM과 같은 현미경 장비에 대해서도 직접 다루어 보았습니다. 실습 경험으로는 경기성남 소재 ㈜미콘의 부설연구소에서 현장실습 과정으로 반도체 공정의 MOS cap과 MOSFET을 제작하여 probe station을 통해 측정하는 단계부터 Channel length와 width의 변화에 따른 DIBL/mobility와 같은 특성들을 측정하는 과정까지 실습을 하였습니다. 또한 아주대와 인하대가 공동주최한 아이디어 제안 공모대전에 참여하여, FDSOI의 self-heating effect를 해결하기 위해 Silicon on Nothing 공정 방안을 제안한 바 있습니다.(437자) 현장실습 참여학생에게 가장 중요한 것은 부여받은 업무에 대해 가급적 빠르게 적응하는 것이라고 생각합니다. 저는 이처럼 반도체 전공 관련 이론 공부, 실험실 실습, 기업체 실전 실습경험, 관련 분석장비 운영 경험 등을 기반으로 반도체와 OTFT 공정이론, 그리고 샘플 평가 방법을 빠르게 습득할 수 있도록 노력 하겠습니다. 그리하여 빠른 업무 적응을 통해 OTFT 소자의 측정평가 및 프로세스를 개선하여 ㈜SKMT에 도움이 될 수 있도록 노력하겠습니다. 실습학생으로서는 6개월이라는 기간은 짧은 기간이지만, 소속 팀원들 속에 빠르게 녹아들어가 맡은바 1인분 역할을 꼭 할 수 있는 사원이 되도록 노력하겠습니다.(258자)(합977자) [출퇴근 주소: 서울시 강서구 공항대로 45길 / 출퇴근소요시간: 1시간 20분(편도)] ※ 회사와 협의 후 현장실습 종료후 취업연계도 가능합니다. (총1,068자)
전공 및 기술	[반도체의 8대공정중 포토공정, 박막증착 및 불순물주입 공정을 실습하다]. 전공교과목 수강중 포토공정과 박막형성 및 불순물 주입공정에 대해 이론과 실습을 병행하였습니다. 포토공정은 실리콘 웨이퍼에 회로 패턴을 형성하는 공정을 말하며 반도체 전체공정에서 차지하는 중요성이 매우높은 공정입니다. 우선 포토공정의 진행 과정을 살펴보면 가장 먼저 실리콘 웨이퍼를 HMDS 증기에 노출시켜 포토레지스트(Photoresist, PR)와의 접착성을 높인 후 PR을 실리콘 웨이퍼에 도포합니다. 그 후에 소프트 베이킹(Soft baking) 공정을 통해 PR에 포함된 용매(Solvent)를 제거합니다. 소프트 베이킹이 완료된 실리콘 웨이퍼는 포토 마스크(Photo Mask)와 정렬을 맞춘 다음 노광(Exposure) 공정을 통해 실리콘 웨이퍼에 도포되어 있는 PR의 화학적 구조를 패턴에 맞추어 변형시킵니다. 다시 노광 후 베이킹(Post exposure baking) 공정을 진행하고 현상(Developing) 공정을 통해 노광 공정을 통해 변형되어 있는 PR과 변형이 이루어지지 않은 PR을 선택적으로 제거하고 마지막으로 하드 베이킹(Hard baking) 공

	정을 진행함으로써 포토공정은 마무리가 됩니다. 박막형성 및 불순물 주입공정(Deposition & Doping) 중 박막 형성(Thin film deposition)공정은 반도체 제조공정에서 두께가 ㎛단위 이하인 얇은막(Thin film)을 형성하는 공정으로, 얼마나 얇은 막을 균일하게 형성할 수 있는가에 따라 반도체 미세화에 큰 영향을 주는 매우 중요한 공정입니다. 박막을 형성하는 방법에 따라 CVD (Chemical Vapor Deposition), PVD(Physical Vapor Deposition)로 나누어 지며 저는 위 2가지 모두를 실험실에서 실습을 하였습니다.(737자) [반도체 및 TFT 직무수행에 필요한 기초이론을 공부하다] 반도체 및 TFT는 최적의 반도체 소자를 만들기 위해 공정 프로세스에 대한전문성을 필요로 하며 소자에 대한 지식이 필요합니다. 이를 위해 반도체 공학과 반도체 실험과목을 수강하여 반도체 소자의 메커니즘을 알았고, IC 프로세스를 배우기 위해 IDEC(반도체설계교육센터) 등의 대학 외부전문 교육기관에서 반도체 공정 수업을 총80시간 이상 수료했습니다. 이를 통해 기업현장에서 필요로한 반도체 설계공정 흐름을 익혀 각 단위 공정에 대한 지식을 얻을 수 있었습니다.(226자) [디스플레이 공학의 OTFT의 구조를 이해하다] 대학 3학년때 디스플레이 공학을 수강하면서 Pentacene, PEDOT-PSS 등의 유기물을 사용하는 OTFT 작용에 대해 관심을 갖고, 유기물이기 때문에 printing이 가능해 throughput이 좋고 분자 밀도에 따른 증착 방법을 달리 해야한다는 것을 알았으며, 또한 All Organic과 paper like display를 만들기 위해서는 먼저 reliable하고 operation을 잘 할 수 있는 물질이 필요하다는 것을 파악하였습니다.(226자) [분석 능력 향상을 위한 관련 실습기기들을 직접 다루어 보다] 반도체 분야는 제작한 소자에 대한 평가 및 분석을 하기 위해 나노현미경에 대한 지식이 필요합니다. 저는 나노기술연구협의회에서 나노 현미경학을 수강하여 SEM, TEM과 같은 현미경 장비에 대한 학습을 하였고, 실제 실험과목에서 이런장비를 사용해 보았으며 사용중 도출된 각각의 값에 대해 OA 역량을 활용해 제작한 반도체 소자의 데이터를 직접 분석도 하였습니다.(183자)
주요경력사항	[다양한 MOS cap과 MOSFET을 제작하여 probe station을 통해 측정해 보다] 대학 4학년(2023년) 경기성남 소재 ㈜미콘의 부설연구소에서 현장실습 과정으로 반도체 공정장비에 대한 실습을 하였습니다. 이제까지 대학에서 배운 이론을 기초로 반도체 장비를 직접 다루어 봄으로써 진공과 장비작동 시 주의해야 할 점 등 실제 공정의 process에 대해 깊게 이해할 수 있었습니다. 구체적으로는 마이크로 나노소자 공정수업 때 배운대로 직접 나노미터 수준의 다양한 MOS cap과 MOSFET을 제작하여 probe station을 통해 측정해 보았습니다. 또한 각 단위 공정에서 측정한 값과 TCAD를 사용하여 얻은 이론적인 값을 비교하여 문제 해결 방안을 선임 지도교사의 도움으로 제시했으며, ALD를 통해 pressure, temp, reactive gas를 바꾸어 가며 Al_2O_3와 HfO_2를 증착하여 3nm MOS cap을 제작 후 주파수의 변화에 따른 특성도 측정했습니다. 주로 Oxide charge의 Hysteresis 등의 특성 측정 및 비교에 주력하였고, Plasma를 활용한 RIE와 다양한 공정 장비를 활용하여 10um부터 100um까지 다양한 종류의 NMOS와 PMOS를 제작 및 비교도 동시에 수행하였습니다. 마지막으로는 Channel length와 width의 변화에 따른 DIBL/mobility와 같은 특성들을 측정 및 분석하여 channel의 길이에 따른 데이터를 추출해 신뢰성 있는 테이터 값과 경향성을 반복하여 추출하였습니다.(610자)

	[FDSOI 공정 개선에 대한 주제로 공모전에 참가하여 결과를 발표하다] 22년 아주대학교와 인하대학교가 공동주최한 아이디어 제안 공모대전에 참여하였습니다. 각각 다른 전공을 가진 총4명으로 팀을 구성하였는데 저는 반도체분야가 인력부족 및 기업체 수요가 많아 반도체 분야를 발표 주제로 결정하여 개선할 방법을 찾자는 의견을 팀원들에게 제안하였습니다. 이러자 팀원중 사회학과 1명이 이탈을 하여 저는 2명분의 일을 하기로 하고 3명이 된 팀원들도 저의 각오를 보며 힘을 내어 서로 일을 분담하기 시작했습니다. 또한 공정 개선을 위해 서로의 지식을 통합하고 알려주는 것이 중요하다고 생각하고 토론 중간 중간에 SOI와 반도체의 기초에 대해 팀원들에게 미니 형식으로 설명을 해 주었습니다. 또한 NiSi가 channel을 침범하여 성능이 저하되는 문제를 해결하기 위해 신소재공학과 학생이 성장 속도가 느린 Si(100) wafer를 사용하는 방법을 제안하였습니다. 이에 저 또한 FDSOI의 self-heating effect를 해결하기 위해 Silicon on Nothing 공정 방안을 제안하였고 2가지 내용을 정리후 최종 발표를 진행하였습니다. 팀워크로 머리를 맞대어 어려움을 서로 믿고 의지하여 상호간의 헌신을 바탕으로 하나의 목표를 달성한 값진 경험이었습니다.(515자)
성격 및 장단점	[내 입장에서 상대방도 동일하게 같은 생각으로 이해 하리라고 행동을 하다] 대학 4학년 1학기때 반도체 실험 팀은 각각의 실험결과에 대한 프로젝트 최종결과 보고서를 작성해야 했습니다. 각 팀원간 서로 맡아서 작성한 부분을 정리하여 보고서를 1차로 작성하고 마지막으로 종합적으로 취합해서 최종 제출 보고서를 마무리하려 했지만, 한 팀원의 보고서는 제가 보기에 만족스럽지 않았습니다. 더 좋은 수준의 보고서를 만들기 위해 팀원에게 계속 수정해야 할 부분을 알려주었습니다. 하지만 계속 반복해도 원하는 수준의 보고서는 나오지 않았기 때문에 몇날 며칠 계속 소속 팀원과 연락했습니다. 보고서 제출 마감 며칠 전, 계속 수정을 부탁하는 저에게 팀원이 화를 내며 자신은 더 이상 못하겠다고 하였습니다. 그 순간 팀원에게 너무 과하게 요구했다는 생각이 들어 사과했고, 그 원인을 좀 알아보니 팀원에게 수정할 부분에 대해 자세하게 구체적으로 알려주지 않고 두루뭉술하게 요구했다는 것을 깨달았습니다. 그 이후부터는 팀원들과 함께 자세한 부분 까지 세밀하게 수정 후 최종 보고서를 제출하였고 A성적을 얻을 수 있었습니다. 그때 이후 저의 이런 나의 기준으로 생각하는 성격이 팀 프로젝트에서는 실패가 될 수도 있다는 생각을 하여 이런 문제점이 다시 생기지 않도록 수정이 필요할 때 두루뭉술하게 요구하지 않고 상세하게 구체적으로 문제점에 대해 알려주기 위해 노력하고 있습니다.(531자)

주) 1) 모집분야에 필요한 키워드를 가중치로 세분류 후 서술(글자수는 개인별 첨삭가능)
2) 성격의 장단점은 편의상 단점만 서술함(글자수를 고려하여 장점도 추가 가능)

[신입사원(정규직) 용 자기소개서 작성 사례(견본임)]

(지원분야: 반도체 설계–편의상 원문의 내용을 설명하기 위해 일부를 변경함)

구분	직무기술서	근무지: 서울 또는 지방	모집인원: 00명
직무개요	설계	• 시장과 고객이 필요로 하는 메모리반도체 제품설계 <이하생략> • 시스템 및 Application 이해를 기반으로 한 Architecture Design, Digital, Analog Circuit Design, Layout <이하 생략>	
Requirements	자격 요건 (**Education, Certificate** 등)	• 4년제 학사 이상 졸업(예정)자 (학/석/박) • 전자, 전기, 전파, 반도체, 정보통신, 컴퓨터, 물리 등 관련 전공 • 분석적 사고, 전략적 사고, 성취지향 <이하 생략>	

<table>
<tr><td colspan="2"></td><td></td><td>[우대사항]
• ① Noise 성분 규명, Design Constraint 설계, Circuit modeling 등의 Skill <이하 생략></td></tr>
<tr><td rowspan="4">Mission 및 주요수행 업무</td><td rowspan="4">주요 Task 또는 Activity</td><td>② 회로설계</td><td>• 선행 회로 연구, 제품 양산 설계, 제품 불량 분석, 양산 제품 품질 개선, 수율향상
• SI/PI 최적화 위한 On/Off Chip 설계 <이하 생략></td></tr>
<tr><td>③ 회로검증</td><td>• 제품 Spec에 맞는 동작 검증, 새로운 검증 <이하 생략>
• 개발 기간 단축 및 검증 완성도 향상 <이하 생략></td></tr>
<tr><td>④ 배치설계</td><td>• 회로설계를 소자, 공정 기술에 기반한 설계 환경을 토대로 MASK Layer를 이용하여 평면과 입체적 DB <이하 생략>
• 단위 Block별 Layout, Full Chip Level Layout <이하 생략></td></tr>
<tr><td>⑤ Solution 개발/검증</td><td>• SOC 및 IP 개발, Host Interface 설계/검증 <이하 생략>
• Silicon Implementation(FrontEnd, BackEnd, DFT, SI/PI)
• SSD System Circuit 설계/검증 <이하 생략>
• Thermal/Mechanical 특성 최적화 <이하 생략></td></tr>
</table>

(자기소개서 요구 항목: 각 항 공통 700~1,000자 이내, 10단락 이내)

기업명	지원 동기 부분	준비 직무 부분	향후 계획 부분 등
㈜ A반도체	(추가설명 제시·경험)	• 전문성을 키운 노력	• 목표설정 및 성취경험 • 아이디어로 문제 개선 • 팀워크로 목표 달성

필자는 앞서 '모집공고문 철저히 파헤치기' 파트에서 위 공고문에 숨어 있는 내용에 대해 1차 설명을 했다. 위 기업은 수십(00) 명을 반도체설계 분야에서 선발을 한다고 공고를 내었다. 그러나 사실은 각 4개(②번~⑤번) 분야별로 적정 인원이 이미 내정되어 있다고 봐야 한다. 예를 들어 00명이 실제로는 12명이라고 한다면, 해당 실무 부서의 부서장이 이미 채용팀에게 12명만 요청을 완료한 것이다. 다시 말해 해당부서는 최종합격 인원을 이미 1차로 ②번 4명, ③번 4명, ④번 2명, ⑤번 2명으로 확정을 한 것이다. 이렇게 인원을 먼저 할당한 이유는 기존의 국내대학의 관련학과 전공자 배출 인력수, 경쟁기업의 관련 인력 채용현황, 기존(직전) 회사의 채용결과, 회사 내 해당부서 사업변동에 따른 예상 소요 추가인력수를 감안하여 결정한 것이다. 그리고 나서 2차로 이번의 지원자 서류접수 현황(수준)과 면접평가 결과를 진행하면서 이 수준으로 인원을 그대로 유지하거나 아니면 특정 분야에 우수자가 많이 몰릴 경우 타회사로 빠져나가는 것 등을 방지하기 위하여 해당 분야에 일부 인원을 각 항목별로 +1명 또는

+2명, 덜 몰린 분야는 −1명 등으로 증감하여 5+3+2+2=12 나 3+3+3+3=12로 적정인원을 조정하게 된다. 다음 단계로 기업은 먼저 서류가 접수가 되면 우대조건을 보고 우대조건 ①번과 ②~⑤번을 동시에 통과한 사람 중 고득점자순으로 3~6배수 내외로 면접인원을 확정하게 된다. 만약 ①번 조건에 적합한 지원자가 없을 경우 내부 회의를 통해 ②~⑤번만으로 선발을 할지 재공고를 낼 것인지를 결정하게 된다(공기업 및 일반기업도 위 적용방식은 동일함). 그러므로 다시 한번 이야기하지만 채용인원수가 00명이라고 하여 최소 10명에서 최대 99명이라고 생각하고 지원한다면 엄청나게 잘못된 것이며 지원하기 전부터 거의 합격이 불가능한 수준으로 떨어진 것이다.

다음단계로 넘어가자. 각자 지원을 위해 준비된 스펙이 정리 되었으면, 서류상의 요구 항목별로 가중치를 기준으로 나누어 할당을 해야 한다. 할당하는 방법은 직무관련 키워드(keyword)를 가중치로 보고, 단계별로 합격한다는 전제하에 면접전형(질의응답 등)까지 고려하여 할당하고 문장 전개는 5W1H로 해야 한다.

[준비 직무(지원분야 키워드 기준)별 항목 할당 방법(예시)]

구분	요구항목(키워드(keyword))	준비 스펙(상위 항목 사례 기술 우선)
지원동기	• 선행 회로 연구, 제품양산 설계, 제품 불량 분석, 양산 제품 품질 개선, 수율향상	• 글로벌인턴십 내용에서 선별 후 발굴 • 장(단)기현장실습 내용에서 선별 후 추출 • 관련전공 과목공부 내용 중 연계 이론 추출
준비직무	• Design Constraint 설계	• 글로벌인턴십 중 직무수행 내용에서 발굴 • 장(단)기현장실습 중 직무수행분야에서 발굴 • 관련전공 과목공부 내용 중 연계 이론 추출
향후계획	• 창의력 활용사례 제시 • 조직력(팀워크)으로 목표달성	• 글로벌인턴십 내용에서 선별 후 발굴 • 장(단)기현장실습 내용에서 선별 후 선별 • 창업교과목, 창업경진대회에서 발굴 • 캡스톤디자인 등에서 선별 발굴(관련도 우선)

요구 항목	서술 내용(견본임: 복사 및 인용금지)
지원동기	[반도체 제품 양산에 따른 제품 불량분석 업무를 수행하다.] 2021년 3학년 2학기 중 6개월간(**언제**) 대학생 장기현장실습 과정으로 경기화성 소재 (주)콘셉(**어디서**)의 웨이퍼 불량분석 팀에 파견되어 반도체 양산에 따른 제품불량 분석 업무(**무엇을**)를 수행하였습니다. 반도체 장치 구조의 크기가 줄어들고 복잡해짐에 따라 불량 결함위치 파악 및 고장 원인분석이 더욱더 중요해 지기도 하고 또 까다로워지고 있습니다. 반도체 소자 불량의 해결문제는 제조 수율 향상, 비용 절감, 전반적인 최종 검사 실패의 최소화를 위해 매우 중요한 공정입니다.

	제가 수행한 업무는 OFI(Optical fault isolation)의 다양한 광학기술(광자방출, 정적 레이저 자극 등)을 사용하여 소자 불량의 원인을 찾아낸 후 전기적 고장 원인을 분석하는 업무였습니다. 여기에는 정적(static) 및 동적(dynamic) OFI가 모두 포함되었습니다. 저는 대학의 반도체 전공과목 공부 때 실습했었던 Static OFI 기술과 Dynamic OFI 기술 등을 사용하여 정적 광자방출 시그너처 체크, 2핀 정적 광학적 고장 분리 후 탐침, 광학적 고장 분리에서 레이저 전압 탐침 파형 분석, 동적 OFI 분석을 위해 Meridian 시스템에 도킹된 ATE(Automated Test Equipment) 일련의 과정에 이르기 까지 각각의 단계별로 전기적 활성 장치의 성능을 분석하고 장치별로 고장을 일으키는 심각한 결함을 찾아내었습니다(**어떻게**). 이렇게 제가 제조 공정에서 수행한 불량 분석 결과와 제출 보고서는 회사의 현대적인 제조(fab) 공정에 높은 수율과 수익성(**왜?**)으로 연결되었습니다. 제가 위 반도제 제품 불량분석 실습 업무에 사용한 장비는 Thermo Fisher Scientific의 Meridian 제품군의 일부로서 다양한 광학적 고장 분리 시스템 환경을 제공하고, 광자방출 및 레이저 자극 애플리케이션을 위한 시스템이 탑재된 제품이었습니다.(963자. 9단락)
준비직무	[Schematic 제작 후 설계 제약조건을 관리하는 업무를 수행하다] 2022년 여름방학(**언제**) 동안 성남소재 (주)LTT(**어디서**)의 개발팀에서 OrCAD Capture-Constraint Management를 개발(**무엇을**)하였습니다. Constraint Manager 설정과정에서 PCB를 제작할 때 설계제약 조건은 Electrical Engineer와 PCB Layout Designer의 역할이 나누어져 있는 경우 Constraint를 누가 담당해야 하는지에 대해 문제가 발생합니다. 설계 제약조건을 관리하는 방법으로는 PCB 설계자가 PCB Layout 과정에서 설계조건을 관리하는 방법과 회로설계자가 Schematic 제작 후 설계 제약 조건을 관리하는 방법이 있습니다. 저는 Schematic 제작 후 설계 제약조건을 관리하는 업무를 수행하였습니다. 구현 방법은 Migrate Constraints 창에서 1) PCB Layout의 설계 제약 조건 데이터 없이 설계조건을 설정할 것인지 아니면 데이터를 가지고 올 것인지 선택토록 하고 Migrate constraints from schematic design 옵션을 부여하였습니다. 2) Migrate constraints from PCB layout 옵션을 주었으며, PCB Editor에서 작업한 Constraint Manager를 테크 파일로 Export하여 설계제약 조건 데이터를 내보내 파일을 관리하였습니다. 3) PCB Editor에서 Export한 테크 파일을 Constraint Manager에서 Import하여 Constraint Manager에서 설계 제약 조건 불러왔습니다(**어떻게**). 이렇게 회로설계자가 Capture에서 PCB 데이터를 매칭하는 방법과 테크 파일을 이용하여 PCB 설계 조건 설정이 가능토록 설계한 후 Capture의 Constraint Manager를 이용하여 회로설계자가 PCB 설계자에게 설계 환경을 전달하거나 설계된 데이터와 PCB 간에 발생하는 문제에 대한 해결을 완료(**왜?**)하였습니다.(986자. 8단락)
향후계획	**(※ 제시사례 주제 1: 창의력 활용사례 제시-5W1H)** [배수구 필터에 와류발생기를 설치 후 문제점을 해결하다] 22년 캡스톤디자인 대회에 참여코자 한양대 2명, 아주대 2명 등 총4명으로 “미스터 클린” 팀을 구성하였으며, (글자수가 많을 경우 이 부분 요약 또는 생략가능) 출품과제는 당시 수도권에 기습폭우가 내려 강남역 일대가 침수된다는 것을 알고 이를 해결하는 방안을 제시키로 하였습니다. 1명은 과거실태 조사, 저를 포함한 3명은 배수효율을 높이기 위한 빗물받이 구조개선 방안에 대해 착수하였습니다. 그 결과 2010년 이후 총5차례의 강남역 일대에 침수가 있었음을 알았고, 배수구의 원활한 작동을 위해 이물질 유입의 방지 및 배수 효율을 향상시키는 새로운 빗물받이 구조에 대한 토론을 진행하였습니다. 3개월 이상의 연구 끝에 빗물받이에 쓰레기 유입을 방지하기 위한 필터 설치, 배수 효율을 높이기 위한 프로펠러 사용, 물과 이물질이 회전하여 필터의 구멍을 막는 것을 방지하기

	위한 필터 내부에 와류 발생기를 설치키로 하였습니다. 감전사고 방지 방안으로 전기를 사용하지 않는 비 동력원 작동 방식으로 설계하고 시간당 배수 영역을 확대하는 방식으로 제작을 하였습니다.(551자. 5단락) **(※ 제시사례 주제 2: 조직력(팀워크)으로 목표 달성-5W1H)** [외국인 유학생 전용 주문형 안내책자를 제작하다] 캡스톤디자인 과제로 한국유학을 온 외국인 학생을 위한 안내책자를 만들기로 하였습니다. 팀원(팀명: POD)은 저와 국문, 사학, 미디어학 각1명, 영문2명 등 총6명으로 구성하였으며, 목표는 한국경험이 전무한 외국인들의 한국유학 생활의 원활한 적응을 돕기 위한 책자를 만드는 것이었습니다. 우선 전체 팀원은 기존유사 도서를 대상으로 300여명 대상 설문조사를 한 후 기존 책들의 문제점을 개선 보완하는 방향으로 기획을 하였습니다. 영어판과 한글판을 동시에 한 면에 제공하여 빠른 내용파악, 직접 디자인한 캐릭터를 통해 지루할 틈 없이 볼 수 있도록 내용전개를 구성하였습니다. 페이지별 편집 배열기법은 출판사 에디터 컨설팅을 받아 수행하였고, 피드백까지 완료하여 최종 POD(주문형 출판 서비스: Publish On Demand) 등록을 하였습니다.(447자. 5단락)

10 직무수행계획서 및 경력(경험)기술서 쓰는 법

공기업 등에서 요구하는 직무수행계획서는 어떻게 쓰는가?

직무수행계획서는 원래 고위 공무원이나 기업체 간부급 이상의 경력사원 채용 시에만 요구하는 필수서류였으나, 최근 일부 공기업을 중심으로 신입사원에게도 요구를 하고 있다. 이는 그만큼 공기업에 대한 '묻지마 지원'식 선호도가 높고, 경쟁률이 높아서 이에 비례하여 지원서류 내용에도 허위 자소설이 많기 때문이다. 평가항목 중 가장 비중이 큰 자기소개서에서 지원동기 및 향후계획 등으로 이미 요구하여 제출받은 지원자의 순수한 직무수행역량을 다시 중복하여 평가하기보다는, 각 서류 항목 간 일관성이 있는지와 무차별적인 무자격 묻지마 지원자를 걸러내기 위한 보완 평가 방법으로 도입한 것이다. 직무수행계획서는 "딱 이거다"라고 정하여 쓰는 게 아니고 기업별 전체 채용 서류내용과 자기소개서 요구 항목의 요구 내용에 따라 추가 할 것과 생략할 것 등이 상대적으로 순서가 정해지게 된다. 우선은 전체 서류(지원서, 자기소개서 등)를 비교하여 자소서 내용과 중복이 되는지 아니면 별도 항목으로 구분 작성하도록 되어 있는지부터 파악하여 작성할 주제를 정해야 한다. 그리고 나서 산업분석, 회사 전체사업목표, 주요사업, 비전 등을 포함한 내용은 지원 동기나 향후계획에서 서술하고, 이를 보완하여 추후 입사 후 근무할 부서에서 수행할 내용을 더 세분화 하여 파악한 후 지원부서의 수행직무 ⇨ 나의 관련분야 준비직무 기술 ⇨ 향후 직무수행계획 순으로 서술식으로 글자수에 유의하여 5W1H 기준으로 순서대로 쓰면 된다. 또한 지원부서 업무에 대한 NCS상에 제시된 직무수행 종류가 많을 경우, 앞서 이야기 한 대로 내가 준비한 관련분야 직무 중 가장 관련 깊은 제1직무스펙을 상단부터 서술하여 전개한다. 다만 글자수가 남아 제2스펙 이하를 서술하지 못할 경우, 제1스펙(직무 키워드)으로만 요약하여 종료를 해야 한다. 부족한 공간에 모든 내용을 백화점 식으로 모조리 다 쓸 필요는 없다. 회사에서 여러분들의 그러한 서술 내용을 믿지도 않을 것이다.

[신입사원 직무수행계획서 주제 설정법(예시)]

주특기(직무)	자기소개서		직무수행계획서	비고
	지원동기	향후계획		
주제설정범위	비전 등 전체	비전 등 전체	지원직무	편의상 신입사원만 예시함
제1직무	요약 서술	일부 서술	상세 서술	직무수행계획서를 요구한 경우
제2직무	상세서술	상세 서술	X	직무수행계획서 미요구시

[직무수행계획서 문장전개 방법(예시)]

구분	개조식(個條式)	서술식(敍述式)	분량 제한방법	비고
신입사원	X(비추천)	O(추천)	글자수로 제한	•개조식: 번호붙여 요점별로 정리나열 •서술식: 내용에 따라 상세정리 기술
경력사원	O(추천)	X(비추천)	페이지수 제한	※ 견본: 별첨 부록 내용 참조

[직무수행계획서 작성사례(예시)(견본)]

(유형: 공기업, 지원분야: 기술–성장혁신)

기관 주요사업	◦ 우리나라 중소기업 정책자금, 수출마케팅, 인력양성, 창업·기술 연계지원으로 국가경제의 근간인 중소기업 <이하 생략>
직무 수행 내용	◦ **(기업신용분석)** 경영·영업·재무 및 산업 위험도 등을 분석 <이하 생략> ◦ **(기술지원) 기초과학 지식과 기술적 사고 등을 바탕으로 중소기업의 혁신성장 촉진을 위한 기술지원 및 기술·경영컨설팅** <이하 생략> ◦ **(기업진단)** 중소벤처기업 진단을 통해 기업역량과 문제점 등 <이하 생략> ◦ **(경영기획)** 경영목표 달성을 위한 계획을 수립 <이하 생략> ◦ **(여신·투자심사)** 기금 건전성 확보와 부실률 최소화를 위해 <이하 생략>

구분	서술 방법 및 내용(방식: 서술식, ※ 한자: 이해 차원 표기)
직무수행 계획서	[중소기업 혁신성장을 위한 창업 및 기술지원 연계사업을 수행하겠습니다] 2023년도 공단사업계획서상 기술(성장혁신) 사업수행 부서에서는 정부 정책자금 집행, 수출마케팅, 인력양성, 창업·기술 연계지원을 통해 한국경제의 근간인 중소기업의 성장에 중추적 역할을 하는 업무를 수행하고 있습니다. 저는 이 여러 가지 부서 내 수행 직무 중 창업·기술연계 지원 사업을 수행하겠습니다. 저는(**누가**) 2022년 대학 4학년 때(**언제**) 창업동아리 활동을 하면서 창업진흥원 주최 대학

	생창업경진대회(**어디서**)에 참여하였습니다. 우리팀의 출품작은 습윤밴드(濕潤 band) 제작 및 판매회사를 창업하여 매출을 올리는 것(**무엇을**)이었습니다. 새상품에 대한 제품 차별화는 보통의 습윤밴드는 1번 물기가 묻으면 쉽게 떨어지는데 반해 우리팀이 만든 밴드는 물기가 묻어도 24시간 이상 붙임을 유지하는 기능(**어떻게**)이 강점이었습니다. 심사위원들의 호평(好評) 속에 본선에도 진출하였으며, 또 인체에 유해하지도 않고 빨리 상처를 아물게 하는 이러한 기능성 밴드를 하루빨리 대량으로 제작하여 국내외 시장에 시판(**왜?**) 하기위해 현재 특허 등록을 출원 중에 있습니다. 이처럼 저는 제가 경험했듯이 이 시대 MZ 세대들이 가지고 있는 무궁 무진한 창의적인 아이디어의 조기 발굴 및 사업화를 지원하여, 청년들에게 "하면된다"라는 꿈을 심어주고 만성적인 청년실업문제를 일부나마 해소하여, 우리공단이 국가경제발전에 이바지하는데 선도적인 역할을 해 나가는 창업 및 기술연계 분야의 전문가가 되고자 합니다.(759자)

신입사원 경력(1년 이상) 및 경험(1년 미만) 기술서는 어떻게 쓰는가?

앞서 설명하듯이 통상적으로 직무수행계획서와 경력(경험)기술서는 경력사원 및 간부사원 이상 채용 시(時)에만 요구하는 것이 일반적이었다. 그러나 요즈음 공기업 채용시장에서 과도한 경쟁이 생기고, 가짜 허위 자소설이 홍수처럼 넘치다 보니 기업에서도 부담스럽지만 경력(경험)기술서는 요구하게 되었다. 즉 바꾸어 말해 준비 없는 기회주의자는 어차피 합격이 안 되니 지원하지 말라는 것이다. 반복하여 강조하지만 평가기준은 ①지원회사와의 관련성, ②지원직무와의 관련성, ③대학생활 및 전공 공부 이외 활동한 내용, ④기타 성격이나 팀워크를 평가할 수 있는 내용의 일관성 유지 등이다. 이것 또한 직무수행 위주로 5W1H로 내용을 상세히 요약하여 기술하여야 한다.

[경력(경험) 기술서 문장전개 방법]

구분	기술대상	문장 서술방법	첨부사항	배열순서
경력기술서	1년이상 근무실적	개조식	5W1H	(최근경력 ⇨ 직무관련도) ⇨ 근무기간 순
경험기술서	1년미만 근무실적	개조식	5W1H	직무관련도 ⇨ 최근경력 ⇨ 근무기간 순

주) 1) 신입사원의 경우 경력 및 경험 유무에 상관없이 통상 직무관련도부터 우선적용
2) 경력과 경험이 모두 있을 경우 경력기술서를 먼저 위(상단)에 배치함

[경력(경험) 기술서 작성사례(예시)]

(유형: 공기업, 지원분야: 기술–성장혁신. 위 직무기술서 사례와 동일 적용)

구분	서술 방법 및 내용(방식: 개조식)
경력(경험) 기술서	**[경력기술서(상단)-기업명 우선] ※ 순서: 경력을 경험보다 위에 배치할 것** 1. (주)한국창조 • 근무기간: 2022.01.01.~2022.12.31.(1년) • 기업명 및 부서: (주)한국창조(기획팀) • 주소: 서울 강남구 테헤란로 38길(윗줄 장소 뒤로 서술해도 무방) • 직위(직급) 및 신분: 사원(7급)/계약직 • 주요 수행 직무 - 연도별 사업계획서 작성(연 1회 이상) - 중장기사업 추진 전략 수립(연 2회) - 사업분야별 B/C(비용편익값-경제적타당성) 분석(상시) 등 2. (주)대한전자 .... (양식 위와 동일) **[경험기술서(하단)-직무명 우선]** 1. 장기현장실습 수행 • 기업명 및 부서: (주)한국투자(경기지사 여신팀) • 기간: 2022.09.01.~2022.12.31.(4개월) • 직위(직급) 및 신분: 현장실습생(대학생)/인턴직 • 주소: 경기도 화성시 동탄1신도시(윗줄 장소 뒤로 서술해도 무방) • 주요 수행 직무 - 화성시 소재 벤처인증기업 현황 리스트 작성(매출액 기준 분기별 작성) - 관내 벤처기업의 사업유형별 여신대출 현황표를 엑셀로 작성 - 연도별 신규 자금대출 신청기업에 대한 신용도 분석 업무 보조 등 2. 창업경진대회 참여 • 주관기관: 창업진흥원 • 기간: 2022.10.01.~2022.10.14.(2주간) • 장소: 경기창조경제혁신센터(1층) • 참여방법: 아주대, 경희대, 성균관대, 단국대 학생 각 1명 총 4명이 1팀 • 수행 내용 - 연합 캡스톤디자인 수행 과제를 실전 창업 사례로 활용코자 도전 - 강력한 부착 기능을 가진 습윤밴드의 특허 등록 후 사업화 - 주요기술에 대한 특허 출원 등 3. 무역아카데미 수강 ... (양식 위와 동일)

11 항목별 글자수 늘리기와 줄이는 법

전체 내용 중 직무수행 과정(프로세스)을 기준으로 글자수를 줄여라

온 나라가 자소설로 하룻밤에 서류만 수없이 만들어 제출하는 거짓말 공화국이 되었고 그 내용도 점점 검증하기가 어려워 각 기업들은 이제 앞을 다투어 무조건 항목별 글자수를 제한하고, 그것도 모자라 1차로는 AI로 검토를 먼저 진행하고 2차 적합한 사람만 골라서 수작업(手作業)으로 정밀 검증을 진행하기도 한다. 그러다 보니 학원 등에서는 미사여구, 에피소드, 자극적인 내용 등만 무조건 동원하여 작성하도록 지도하고 있다. 이것은 완전히 뿌리부터 잘못된 것이다. 글자수 체크는 시중에 있는 프로그램을 돌려도 되고, (아래)한글로 작성한 경우는 메뉴 ⇨ 문서정보 ⇨ 문서통계로 가면 공백 포함과 공백 제외로 모든 내용이 나와 있어 작성하면서 수시로 글자수를 늘리거나 줄일 수 있게 되어 있다. 알파벳, ①, ○, ?, 숫자 등의 기호(8비트=1바이트)나 숫자(8비트=1바이트)는 기본 단위 표시가 1바이트인데 반해, 한글은 2바이트(16비트)가 한글 1글자와 같게 된다. 이런 기준을 알면 얼마든지 바이트 수나 글자수를 기업에서 요구한 대로 자유롭게 조절이 가능하다. 중요한 것은 먼저 한글 화면에 모든 내용을 나열 후 정리하고 난 후 서버(PC 홈페이지 화면)의 요구 항목에 최종 옮기는 과정에서 글자수 초과 등의 문제가 생긴다는 것이다. 그러므로 한글 화면(10P 기준 1줄에 38자 내외임)에서 서버 입력 요구 글자수를 기준으로 최대로 허용하여도 95% 내외 수준으로 맞추어야 한다. 그래야 PC 화면에서 단락이 끝나면 빈 줄 줄바꾸기(물론 줄바꾸기를 해도 실제 서류 및 면접 평가자 전산화면에는 그대로 안 보이는 경우가 대부분임) 등이 가능하다. 그리고 입력 전 한글 화면에서 글자수를 줄일 때는 무조건 현장실습 등의 결과보다는 실습 중 지원분야 직무수행 관련 준비에 대한 프로세스(과정) 위주로 줄이고, 나머지는 삭제해도 된다. 가장 좋은 방법은 5W1H를 모두 그 항목 안에 넣는 것이지만 부득이 앞부분 이력서에 일부 내용이 들어가 있는 경우 평가자가 의심스러우면 앞부분을 찾아가서 다시 보기 때문에, 자소서 안에는 글자수가 남을 때는 실제로 한 일만 요약 및 압축(축소)하여 쓰면 되는 것이다.

다음의 작성 예를 보자. 물론 1차 수정 이전에 최종합격은 하였다.

[지역: 서울, 기업유형: 대기업, 지원분야 직무: 마케팅]
- 기업체 - 개별 요구역량
  ① 콘텐츠 기획 및 제작 경험
  ② SNS와 커뮤니티(오픈채팅방) 채널에 대한 이해
- 우대사항
  ① 꼼꼼하고 실수가 적으신 분
  ② 의사소통을 잘하고 효율적인 업무를 추구하며 일하는 방식을 개선해 나가시는 분

우대 사항은 누구나 해당이 되기 때문에 우열을 나누기가 어렵고 결국은 요구역량이 가장 중요하다. 이 요구한 준비 역량이 비슷하면 최근 경험의 가중치(관련도)로 1차 가리고 또 비슷한 스펙인 경우에는 준비 기간이 긴 사람이 합격하게 된다. 우선 앞장의 이력서에 5W1H(언제, 누가, 어디서, 무엇을, 어떻게, 왜?) 6개 중 ①언제, ②누가(본인), ③어디서는 이미 서술이 되어 있어서 글자수가 남게 되면 의미가 중복이 되므로, 이것부터 제외를 하고 그 자리에 정말로 필요한 부분이지만 앞장에서 서술하지 못한 나만의 고유 프로세스 내용을 상세하게 추가하여야 한다. 이렇게 하지 않으면 흔하고 흔한 남의 자소서를 복사한 자소설로 인정받기 쉽다.

(수정 전: 900자 이내)

[소제목: 프리미어 프로를 사용하여 뮤직비디오를 제작하다(△).]

2022년 4학년 1학기 때 우정사업본부 주최 전국 대학생 서포터즈로 참여하였습니다. 주요 활동목적이 우체국 예금에 대한 브랜드 가치 및 상품과 서비스에 대한 대외 홍보였습니다. 저는 첫날 OT때 최근 MZ세대들이 어르신 세대들 보다 우체국에 대한 이용과 활동이 저조하다는 이야기를 듣고 MZ세대인 제가 생각하고 있는 우체국에 대한 이미지를 개선하여 MZ세대들의 주목을 끌 수 있는 방향으로 컨셉(필자가 설명한 내용임－concept: 개념-홍보분야 용어의 하나)을 정하였습니다. 그 결과 MZ세대들은 어르신 세대들 처럼 두꺼운 책을 이용한 독서 스타일 보다 엄지족(필자가 설명한 내용

임－휴대폰을 많이 사용하는 신세대를 일컫는 말) 세대라는 사실을 알고 유튜브에 동영상으로 제작하여 홍보를 하기로 하였습니다. 도구와 방법은 2학년 때 부터 공부하여 동아리 등에서 몇 번 제작해 본 경험이 있는 프리미어 프로를 사용하기로 하고, 직접 뮤직비디오에 넣을 홍보용 스토리 구성을 하였는데, 우선 MZ들이 많이 좋아하고 듣는 레이디 가가의 노래인 "Born This Way"를 선정하였습니다. 이곡을 선정한 이유는 가사 내용이 MZ세대의 취향에 맞고 또 가수가 유명하며 따라 부르기 쉽고, 요즈음 취업 때문에 지쳐있고 힘들어하는 우리 MZ세대들에게 우정사업본부에서 취급하는 예금상품 홍보 및 애호하는 음악으로 연결하여 상품에 대한 주목을 끌도록 하여 결론적으로 지쳐있는 MZ세대들에게 희망을 주는 내용으로 편집하였습니다. 그리하여 지금은 힘들고 어렵지만 조금만 더 참고 열심히 노력하면 취업 성공에 이른다는 컨셉을 부드럽게 이어지도록 구성하였고, 최종적으로는 졸업후 취업시 우리 우체국 예금 부터 먼저 많이 이용해 달라고 홍보하였습니다. 그 결과 6개월간의 서포터즈 활동을 종료하고 참여자에 대한 개인별 평가 부분에서 최우수상을 수상하였습니다. 이러한 저의 관련 경험이 회사의 업무를 추진하는 데에 큰 도움이 될것이라고 확신합니다. (총 778자)

> ※ [어도비–프리미어 프로(Adobe Premiere Pro)]
> 어도비 프리미어 프로는 실시간, 타임라인 기반의 영상 편집 응용 소프트웨어이다. 어도비 시스템즈가 만든 그래픽 디자인, 영상 편집, 웹 개발 응용 프로그램의 제품군인 어도비 크리에이티브 클라우드에 속해 있다.

(1차 수정 후: 600자 이내(제출후 합격))

[소제목: 프리미어 프로를 사용하여 상품홍보용 뮤직비디오를 제작하다(○).]

우정사업본부 주최 전국 대학생 서포터즈로 참여하여 첫날 OT때 최근 MZ세대들이 어르신 세대들 보다 우체국에 대한 이용과 활동이 저조하다는 이야기를 듣고 MZ세대인 제가 생각하고 있는 우체국에 대한 이미지를 개선하여 MZ세대들의 주목을 끌 수 있는 방향으로 컨셉을 정하였습니다. 그 결과 MZ세대들은 어르신 세대들처럼 두꺼운 책을 이용한 독서 스타일 보다 엄지족 세대라는 사실을 알고 유튜브에 동영상으로 제작하여 홍보를 하기로 하였습니다. 우선 MZ들이 많이 좋아하여 듣는 레이디 가가의 노래인 "Born This Way"를 선정하였습니다. 이곡을 선정한 이유는 가사 내용이 MZ세대의 취향에 맞고 또 가수가 유명하며 따라 부르기 쉽고, 요즈음 취업 때문에 지쳐있고 힘들어하는 우리 MZ세대들에게 우정사업본부에서 취급하는 예금상품 홍보 및 애호하는 음악으로 연결하여 상품에 대한 주목을 끌도록 하여 결론적으로 지쳐있는 MZ세대들에게 희망을 주는 내용으로 편집하였습니다. 그리하여 지금은 힘들고 어렵지만 조금만 더 참고 열심히 노력하면 취업 성공에 이른다는 컨셉(concept)을 부드럽게 이어지도록 구성하였고, 최종적으로는 졸업후 취업시 우리 우체국 예금부터 먼저 많이 이용해 달라고 홍보하였습니다. 그 결과 6개월간의 서포터즈 활동을 종료하고 참여자에 대한 개인별 평가 부분에서 최우수상을 수상하였습니다. 이러한 저의 관련 경험이 회사의 업무를 추진하는 데에 큰 도움이 될 것이라고 확신합니다. (총 587자)

(2차 추가 수정: 300자 이내)

[소제목: 프리미어 프로로 우체국 상품홍보용 뮤직비디오를 제작하다(○).]

우정사업본부 주최 서포터즈로 참여하여 MZ세대들의 우체국과 상품에 대한 이미지의 개선 및 주목을 끌 수 있도록 유튜브에 동영상으로 제작하여 홍보를 하기로 하였습니다. 레이디 가가의 노래인 “Born This Way”를 선정하여 MZ세대의 취향에 맞도록 연결하여, 취업으로 지쳐있는 MZ세대들에게 우정사업본부 예금상품 홍보 및 희망을 주는 내용으로 홍보하였습니다. 그리하여 지금은 힘들고 어렵지만 조금만 더 참고 열심히 노력하면 취업 성공에 이른다는 컨셉(concept)을 부드럽게 이어지도록 구성하였고 최종적으로는 졸업 후 취업시 우리 우체국 예금부터 먼저 많이 이용해 달라고 제작하였습니다. (총 287자)

12 좋아하는 인물과 책 연결법

좋아하는 인물과 책은 주로 재벌그룹 소속의 주요 100대 대기업 군(群)에서 자주 나오는 요구 항목이다. 최근에는 많이 줄어드는 추세이지만, 그래도 삼성그룹같은 기업군에서는 필수적으로 요구하는 항목이다. 또한 LG, SK 등 일반기업이나 공기업도 서류에서는 요구하지 않지만 (임원)면접 등에서 약방의 감초처럼 물어보는 경향이 있다. 먼저 여러분들이 익히 알고 있는 주요(대)기업에 대해서 현재 기준으로 간단히 살펴보자.

[그룹사 기준 주요기업 창업 현황]

구분	상속형 창업			자수성가(自手成家)형 창업			공기업
창업유형	단독	공동	단독	단독	단독	단독	단독
회사명	삼성	LG	SK	현대	롯데	카카오	포스코
설립 연도	1938	1947	1953	1947	1948	2013	1968
창업주	이병철	구인회 허만정	최종건	정주영	신격호	김범수	한국정부
성장인물	이건희	구본무	최종현	정주영 외	신격호	김범수	박태준
현재 대표	이재용	구광모	최태원	정의선	신동빈	김범수	(최정우)
경영이념	인류공헌	인간존중	사회가치	도전정신	미래창조	더나은세상	기업시민

주) 1) LG는 이후 LG(구인회) 그룹과 2005년 GS(허만정) 그룹으로 각각 분리됨
2) (주)카카오의 모체는 1995년 2월 설립된 (주)다음커뮤니케이션이다. 2014년 10월 다음커뮤니케이션이 (주)카카오와 합병하여 (주)다음카카오를 출범시킨 후, 2015년 10월 회사명을 (주)카카오로 변경함
3) 성장인물 및 경념이념은 시대별로 변해서 대표적인 내용으로 간략히 표기함

위에서 보듯이 업종과 시대에 상관없이 모두 비슷한 것 같지만 약간씩 창업정신과 기업사훈(企業社訓)이 달라져 왔다. 그래도 IT기업을 제외한 일반 대기업군에서는

서류작성이나 면접에서 존경하는 인물이나 좋아하는 책을 요구하는 경우가 많다. 그래서 여러분들은 서류전형과 면접전형 모두에 대비하여 존경하거나 좋아하는 인물과 책을 항상 준비하고 있어야 한다. 하지만 그 전에 이러한 요구를 하는 이유부터 알아야 서류작성이나 면접을 통과할 수가 있다. 요구하는 이유는 ①창업 내용(회사연혁 등), ②창업주 정신, ③회사(그룹사)만의 고유 기업문화 ④응시자 직무경험과의 관련성 등이다. 흔히 이야기 하는 정치인, 노벨상 수상자, 위인전에 나오는 인물을 요구하는 것이 아니다. 또한 실제 생존하지 않았어도 소설 속의 주인공을 기업 또는 지원직무(추천) 기준으로 연결하여 이야기를 해도 된다.

[기업에서 인물과 책을 요구하는 기본 이유]

구분	공기업·공무원	대기업·일반기업
서류전형	• 윤리규범 준수 여부, 희생정신 • 도덕성 및 적극성, 봉사정신	• 산업분석 및 기업(업종) 분석 정도 • 지원직무와 관련한 깊이있는 전문성
면접전형	• 공평하고 정의로운 사회건설에 대한 봉사의지 및 인성 • 기존 조직원과의 팀워크 가능성 (상대방에 대한 배려와 존중)	• 기업 성장역사 및 고유 조직문화 특성 • 창의성 및 도전의식 보유 여부 • 적극성 및 리더십 유무 • 기회주의자가 아닌 준비된 인재 여부

이때 여러분들은 위 표에서 보듯이 요구 내용에 맞는 유형대로 자신이 지원한 직무과 관련한 인물과 책을 연결하거나 언급을 하여야 한다. 과거에 면접장에 들어가 보면 대충 서류만 넣어 운이 좋게 면접에 나와서 좋아하는 인물로 '부모님'이라고 말하는 경우가 많았는데, 이것은 면접 준비의 기본이 안 된 것이다. 평가위원과 면접관들은 이미 그런 가족 간 태생의 문제는 다 알고 있어서, 그 다음 취업과 직업선택의 단계를 물어보고 있는데 엉뚱한 대답을 하는 것이다. 아주 잘못된 것이다.

그렇다면 여러분들이 서류작성이나 면접현장에서 자주 나오는 나만의 특·장점에 대해 요구 받을 경우는 어떻게 대처할 것인가? 일반적인 사례는 면접 상세 부분에서 다시 이야기하겠지만 우선적으로 대학 교과목을 기준으로 이야기하면 본인 전공기준, 즉 인문사회계와 자연이공계를 기준으로 상대방 분야에 대한 교차 탐색을 위해 향후 직장생활 관련으로 공부한 교과목(책) 1개 이상씩은 기본으로 준비해야 될 것이다.

[대학 교과목 중 필수 계열별 교차수강 교목(예시)]

인문사회계열 학생이 자연이공계열 전공관련으로 수강해야 할 필수 과목	자연이공계열 학생이 인문사회계열 전공관련으로 수강해야 할 필수과목
경영정보시스템(MIS)/공업수학	기술과 경영/심리학 개론

[유형별 존경하는 인물(필자가 조사한 자료 기준)]

관련 키워드	인물명	제시 이유
전문성, 창의적사고	테드 카플(Ted Koppel) (전(前) ABC 방송앵커)	• 전문성과 끊임없는 노력의 화신 • 한 회사에서만 42년간 근무한 끈기
대인관계, 위기관리	오바마 (전(前) 미국 대통령)	• 유머리더십(원만한 대인관계 유지) - 전주비빔밥 반대말은 이번주 비빔밥!
솔선수범, 청렴결백	잠롱 스리무앙 (전(前) 방콕 시장)	• 나이시안(깨끗한 남자. 부정부패 No!) • 미스터 클린(Mr. Clean, 청백리)
문제해결, 대인관계	링컨 (전(前) 미국 대통령)	• 죽도록 미워했던 라이벌까지 과감하게 끌어안은 포용의 리더십
고객지향, 직업윤리	김용기 전(前) 교장 (가나안 농군학교)	• 사회공익실현 운동에 기여 • 희생과 봉사정신(종교적 관점 제외)

[지원기업 유형별 관련이 있는 책(필자가 조사한 자료 기준임)]

구분		공기업·공무원·일반기업(책명/저자/출판사)	직무 또는 키워드
전체 공통		• 부자 아빠 가난한 아빠(시리즈-전공무관 필독) (로버트 기요사키/안진환 역/민음인) • 총균쇠(재레드 다이아몬드/김진준 역/문학사상)	인생관/재테크 등 역사/인류의 운명
공기업 계열		• 조국 근대화의 언덕에서(백영훈/마음과 생각)	국가관/열정/책임감
일반기업	글로벌 경영	• 불모지대(야마사키 도요코)(대기업 공통) • 인간의 조건(고미카와 준페이)(대기업 공통)	글로벌 도전정신 정도(正道)경영
	반도체 전자	• 이건희 반도체 전쟁(허문명)(삼성) • LG구본무 미래변화를 주도하라(김래주)(LG)	창의성 및 도전의식 전략경영
	건설 토목	• 이 땅에 태어나서(나의 살아온 이야기, 정주영 자서전)(정주영)(현대)	창의력/협상력 도전정신/불굴 투지
	IT·ICT	• 바이오그래피 매거진 ISSUE 9 김범수 김범수 편-만들다(스리체어스 편집부)(카카오) • 손정의 300년 왕국의 야망 (스기모토 다카시 저/유윤한 역)(소프트뱅크) • 저커버그처럼 생각하라	도전과 야망 도전정신 창의력 팀워크/조직력 SNS 마케팅

		(예카테리나 월터/황숙혜 역/청림출판)(페이스북)	전략경영
	철강	• 박태준 평전(이대환/아시아)(포스코)	불굴의 도전정신
	기업가 정신 등	• SK그룹 최종현 연구(이건희/수서원)(SK) • 스물일곱 이건희처럼(이지성/다산라이프)(삼성) • 일본전산 이야기(김성호/쌤앤파커스)(공통)	기업의 사회적 책임 조직관리 전략/팀웍
여성·의료 교육		• 20대, 세계무대에 너를 세워라(김영희/동아일보) • 이길여 회고록-길을 묻다(이길여/샘터사)	공직관/도전정신 자기관리/창의력
인성 적성		• 한권으로 읽는 사기(사마천 저/아이템북스) • 대망(도쿠가와 이에야스) (야마오카 소하치/박재희 역/동서문화사) • 인간관계론(데일 카네기/현대지성)	리더십 인간관계, 처세술 팀워크/조직력 충성심(로열티)

주) 1) 일부 책은 현재 품절이 될 수도 있어 유사 내용으로 서술한 책으로 대체 가능
2) 중편: 이 땅에 태어나서, 박태준 평전, 이길여 회고록
3) 장편 및 대하소설(필수): 불모지대, 인간의 조건, 대망(도쿠가와 이에야스)
☞ 중·장편 책은 시간상으로 전체를 못읽을 경우 요약본이라도 꼭 읽어 볼 것

PART
05 인·적성 검사 잘하기

01 대기업과 중소기업의 인적성검사 차이

02 공기업 NCS 인적성검사

03 인성검사 및 적성검사의 이해

04 인적성검사와 서류전형 및 면접과의 관계

01 대기업과 중소기업의 인적성검사 차이

중소기업이 왜 초기에 취업하기도 적응하기도 쉬운가?

대부분 취준생들이 "대기업은 안정적이고 중소기업은 그렇지 않다"라고 이야기 하는데 이것은 완전히 본질을 모르고 하는 말이다. 대기업 중 중소기업을 거치지 않은 회사가 있을까? 거듭 반복하지만 성공의 방정식은 어느 누구든지 창업이든 취업이든 모든 부분에서 본인의 노력에 의해 동일한 과정을 거쳐서 이루어지며 성공확률 또한 모두 다 똑같다. 앞서 이야기한 존경하는 인물이나 좋아하는 책 내용을 살펴보면 책에 거론되는 인물이나 주인공들이 한결같이 남다르게 창의적이고 도전의식이 있으면서 위기관리능력을 갖춘 사람들이다. 같은 날 기업에 입사하고 같은 날 국가고등고시 시험에 합격해도 30년 뒤에는 완전히 서로 간에 위치가 달라져 있다. 어디든지 다 마찬가지다. 해외도 마찬가지다. 중소기업이나 대기업이나 들어가는 방식은 다 같다. 다만 중소기업이 대기업보다 들어가기가 쉬운 것은 경쟁률이 낮아서가 아니라, 대기업은 종업원 수가 많아 개인별 직무가 매우 세밀하게 나누어져 있는데 반해, 중소기업은 종업원 수가 적다 보니 세분화된 업무를 한 사람이 2개 이상의 유사한 직무로 묶어서 주업무와 부업무로 구분하여 복수형태로 일을 한다. 그러다 보니 확률적으로 신입직의 경우 지원자의 준비직무와 중소기업 직원의 업무들 중 하나가 관련이 되거나 일치가 되기 때문에 합격이 쉽다. 이것을 인적성검사면에서 추론해 보자. 기업의 퇴사 사유 중 가장 많은 사유 중에 하나가 조직(원)과의 부적응 문제인데, 대기업 대비 상대적으로 중소기업은 여러 가지 직무 중에 하나가 최소한 본인의 인적성과 관련되어 일부분 일치될 수도 있다. 따라서 전체적으로는 인적성이 안 맞는다고 해도 그 중 일치되는 직무 한 개가 본 응시자의 추후 장기 근무체계로 가는 실마리가 될 수도 있다. 또한 회사에서도 이 부분을 기존 직원(사람)들과의 오랜 근무 경험을 통해서 알고 있다. 게다가 성장하는 중소기업은 젊고 역동적이며, 추후 크게 성장하여 일정요건을 갖추게 될 경우 증권거래소에 주식을 상장 시 우리사주(employee ownership) 등을 받을 수 있는 기회도 있다. 또한 의사결정이 빨라 신속하게 업무가 이루어지는 등의 장점이 있기도 하다. 여기에 반해 대기업의 경우 역사가 오래되어 기업의 전통이 명확하게 세워져 있고 새로운 거래처보다 기존에 관리해 오던 거래처가 많을 뿐만 아니라, 경험 많은 노련한 직원들이 많아 위기가 닥쳐 오더라도 쉽게 기존 경험을 살려서 자체적으로 해결해 내는 장점이 있기도 하다. 이처럼 단편적으로 1~2개의 항목만을 기준으로 각 기업규모나 그룹 군(群)간의 장단점을 쉽게 비교하기는 어렵기에 본인의 의지와 준비한 분야에 대한 업무수행능력에 따라 기업 유형을 선택하는 것이 바람직하다. 단순히 연봉 등 급여가 많으니 대기업을 선택한다거나 공기업은 정년이 무조건 보장이 되고 업무가 적고 편하다고 생각하여 자신의 진로를 성급히 한 곳으로 선택한다는 것은 매우 잘못된 결정이다. 거듭 이야기하지만 항상 일장일단(一長一短)이 있는 것이다. 기업 유형을 떠나 어디를 가든지 유능한 사람은 1년 내내 바쁘고 쉴 틈이 없다. 이미 수없이 말했듯이 유능한 인재를 놀리는 기업이나 조직은 이 세상 어디에도 없다.

대기업과 달리 중소기업은 왜 인적성검사를 보지 않는가?

최근 우리나라 기업은 기업 유형을 막론하고 한 분야에서 특출나게 뛰어나지 않은 이상, 비슷한 스펙이면 입사 후 조직 내에서 크고 작은 어려움을 잘 극복하고 장기적으로 무탈(無頉)하게 근무할 수 있는 응시자를 선호한다. 초기 업무 숙달에 다소 문제가 있더라도 일정기간 잘 지도하면 견딜 수 있는 사람을 선발한다는 것이다. 기업의 규모가 작으면 작을수록 이런 경향이 강하다. 단순 비교만 하더라도 공기업 및 대기업은 경쟁자가 많아 일일이 서류를 단기간에 세밀히 읽어보기가 부담스러울 때가 많다. 그래서 1차로 AI나 인적성검사를 이용해 적합자를 분류한다. 중소기업의 경우는 부담이 가지만 그래도 일일이 모두 서류를 들여다본다. 그러므로 실제로는 중소기업이 더 정확하게 인적성을 본다고 생각하면 된다. 그렇다면 중소기업은 AI나 필기시험이 아닌 방법으로 어떻게 인적성을 볼 수 있을까? 중소기업은 대기업과 같은 방법으로 서류를 받는데 일부는 자유양식으로 서류를 받기도 한다. 다만 자유양식으로 서류를 받더라도 순서만 약간 다를 뿐 전체적인 내용은 거의 비슷하다. 그래서 기업의 채용담당자들은 이력서와 자소서에 기입되어 있는 전체 내용을 보고 내용의 일관성 유지, 직무적합도, 직무관련도 준비내용의 깊이, 전공 및 전공 이외 활동 등을 종합적으로 판단하여 성격이나 조직력, 전문성 등을 과거의 채용경험과 비교하고 추론해 평가한다. 이 과정에서 지원자의 인적성에 대해 전체 자료의 흐름으로 예측이나 판단을 하게 되는 것이다.

02 공기업 NCS 인적성검사

NCS에 대해서는 앞서 이론적인면을 대략적으로 설명을 하였다. NCS는 학력중심 사회가 아니라 능력 중심의 서구권 사회에서 개인별 직무역량을 공정하게 평가(우리나라에서 흔히 말하는 직무급)하기 위해 만든 것이다. 우리나라는 당초 김대중 정부에서 도입하였으나, 현장의 반발이 너무 심해 일단 전면 시행을 보류하였다. 이후 급변하는 국제경제 시대에 능동적으로 대처해야 했고 기업 내외의 환경변화와 IT기술 등의 발달로 우리 사회도 서서히 학사, 석사, 박사 등의 단순한 학위 보유에 따른 업무수행능력의 차이에 대한 경계가 무너지면서, 학력 기준으로 개인의 직무능력 수준을 중요시하는 패턴에서 벗어나는 변화가 나타났다. 그러자 박근혜 정부에 들어서서 본격적으로 전문가들의 연구를 통해 NCS시스템을 정립하여 도입 및 시행하게 되었다. 바꾸어 말해 과거에는 대학만 나오면 만사가 오케이였으나, 이제는 IT기술의 발달로 초등학생 때부터 대학원생에 이르기까지 창의력만 있으면 집안에서든 집밖에서든 사업(창업)도 하고 SW개발도 동시에 가능하게 되자, 산업별 직무를 세분화하여 개인의 직무능력중심으로 모든 역량을 평가하기 위해 종류별·수준별·레벨별로 직무수행을 분리해 놓은 것이다. NCS 기반에서 신기술자격 기술수준은 분야별로 단계별로 세분류되어 있는데 대부분 단계는 Level 1부터 Level 8까지 8단계이며 L3이 산업기사, L5가 기사, L7이 기술사 수준과 비슷하므로 대졸수준은 L5라고 보면 된다.

NCS 인적성검사는 NCS 직무능력평가의 한 과정으로 인성검사와 적성검사로 나뉜다. 인성검사는 응시자의 성향과 직무 적합성 등을 평가하기 위한 검사로 일반적으로 문항에 O 또는 X를 표시하는 식으로 진행된다. 적성검사의 경우 직무적성검사 또는 사무능력검사라고도 하며 추리·수리·언어 등을 평가하는 테스트이다. 실제로 인성검사는 기업의 성격과 지원분야 직무관련으로 연계하여 응시자의 내외향 성향과 어떤 가치관을 가졌는지 등 개개인 특유의 기질과 성격을 확인할 수 있는 유형으로 출제된다. 단순한 질문이지만 대체로 300문항 정도를 약 40~50분 안에 해결하도록 구성되어 있다. 공기업 등에서 많이 실시하는 체계화된 인성검사의 경우 Yes 나 No 형식으로 답하도록 되어 있다. 인성검사를 실시하는 대부분의 공기업의 경우 최소 20%에서 최대 30%가 실제로 검사 단계에서 탈락이 되며, 대기업의 경우는 2% 내외만 탈락(일부 기업 제외)이 된다. 또 합격한 사람들의 경우에도 다음 단계인 면접에서 참고자료로만 사용이 된다. 합격준비 방법으로는 시중에 나와 있는 유사 예상문제나 기출문제로 여러 번 다양하게 풀어보는 수밖에 없으며 검사 때 공통적으로 모든 문항에 대해 빠짐없이 응답(일부문항에 대해 미응답 처리 시 감점됨)을 해야만 한다.

03 인성검사 및 적성검사의 이해

[인성검사와 적성검사의 비교]

구분	인성검사	적성검사
정 의	• 각 개인이 갖고 있는 사고와 행동 특성을 측정하는 검사(타고난 것 포함) • 검사의 목적은 자신과 타인의 행동을 예측하고 명확하게 인식하기 위해 일상에서 사용하는 개념들로 각 개개인들을 평가	• 미래 특정한 영역의 성취를 측정하고 예측하는 검사 • 검사의 목적은 특정유형의 정신적 보유 능력을 측정하기 위한 검사로 보통 특정한 영역에 대한 성취를 예언(예측)

인성검사의 타당도는 기본적으로 최소한 정말 아닌 사람은 제외하자는 데 목적이 있다. 즉 1차로는 분류가 목적이지 탈락이 목적이 아니다.

[인성검사의 구성]

구분	인성척도	역량척도	임상척도	타당도 척도
개념	성과와 관련된 개인의 포괄적이고 기본적인 인성 척도	조직의 핵심가치, 인재상 등 조직이 구성원들에게 제시하는 구체적 행동 양식을 나타 내는 척도	이상 행동과 관련되어 조직 내에서 반 사회적 행동 또는 비윤리적 행위 정도를 나타내는 척도	수검자의 왜곡, 거짓 반응이나 과장 반응을 구분하는 척도
관련 항목	책임감 / 도전 사교성 / 변화 신중성 / 진취 신뢰성 / 이타	• 팀워크 • 의사소통 • 대인관계 • 분석적 사고	• 반사회성 • 불안 • 우울	• 호감도 • well being(행복) • 응답신뢰도 • 무응답

[대표적인 인성검사]

구분	NEO-PI	MMPI-2	MBTI	비고
검 사 방 법	5요인 모델 - 개방성 - 성실성 - 외향성 - 친화성 - 신경증	2개의 기본척도 타탕도 척도 - 임상 척도 (4개의 부가척도) * 군(軍) 입대 때 사용하는 검사	2개의 태도지표 - 외향: 내향 - 판단: 인식 2개의 기능지표 - 감각: 직관 - 사고: 감정	현재 대학 등에서 가장 많이 사용하는 MBTI 검사는 총16개의 성격 유형으로 나타냄

[적성검사의 구성]

분야	측정 내용
언어 능력	기본적인 어휘력, 제시문 독해력 등 측정 예) 어휘력, 언어유추력, 언어추리력
수리 능력	숫자에 대한 개념, 수학 관련 개념 및 지식, 연산능력 등 측정 예) 응용계산력, 숫자에 대한 추리력, 도표분석 및 해석
추리 능력	논리적 사고력, 추론 능력 등 측정 예) 정보추론, 논리력, 추리력 등
공간지각 능력	3D 사물이나 공간의 형태와 구조를 형상화하는 능력 측정 예) 도형회전, 전개도, 시각적 사고 등

[대기업과 공기업의 인성검사 및 적성검사 비교]

구분		대기업	공기업
인성검사		기업별 인성검사(자체 개발)	시판(전문기관 제작) 인성검사
		screening(적격심사, 선별)	screening(적격심사, 선별), 참고용
		핵심 역량 점수	기본 성격 점수, 역량점수
		직무면접에 활용안함	직무면접에 활용함
적성검사	탈락률(%)	평균 2% 내외	평균 20~30%
	검사 방법	직무적성검사	공기업 NCS
	합격 기준	원하는 수준이상이면 되는 사람	지금당장 일을 잘하는(할수 있는) 사람
	검사 이론	원리(原理)에 치중	응용(應用)에 치중
	검사 요소	언어능력, 수리능력, 추리능력	의사소통능력, 수리능력, 문제해결 능력

04 인적성검사와 서류전형 및 면접과의 관계

그러면 최초의 인적성검사는 어떻게 준비해야 하나?

본인의 전공 포함 크고 작은 모든 세세한 스펙까지 빠짐없이 정리하여 최종적으로 1개의 지원직무(주특기)가 정해지면 지원할 기업을 찾을 것이다. 그러면 기업과 직무가 정해진 것이다. 이 상태에서 과거 본인이 대학 전(全) 학년 동안 활동한 내용에 대해 준비한 스펙을 기억을 더듬어서 또는 파일을 출력하여 매우 상세히 살펴보고 당시 상황과 배경, 본인의 역할, 활동 결과 등을 분석해 본다. 그 이후 해당기업 과거 인적성 검사자료나 예상문제를 면밀히 분석하여 문제별로 O·X를 반복해 보고 내용도 외워 보아라. 워크넷 사이트나 대학 내 취업지원센터 등 관련 기관에 가서 MBTI 검사 등을 반복하여 테스트를 해보라. 본인이 걸어온 길을 정리하고 연습문제 및 MBTI 검사를 여러 번 시행하다 보면 공통적으로 1개의 확실한 성격이 나올 것이다. 새로 준비한 성격검사 결과가 현재의 지원분야 직무와 같으면 통과가 되는 것이고, 그렇지 않으면 탈락이니 그 결과에 따라야 한다. 현재 기준에서 안 되는 일과 특정기업에만 너무 집착하지 마라. 성공의 기회는 준비만 하고 있으면 언제든지 또 온다.

인적성검사 2번 이상 탈락 시 그 기업이나 조직에는 절대 다시 지원하지 마라

보통 대기업 및 공기업은 서류전형을 거쳐 필기시험이나 인적성검사를 통과해야만 면접전형에 이른다. 문제는 서류전형 통과 이후 필기로 보는 인적성검사는 확실한 통과 방법도 없고 노력을 한다고 해도 한계가 있으며, 시중에 나와 있는 기출문제나 예상문제 외에는 별다른 방안이 없다. 대기업은 단계별 점수도 공개하지 않고 공기업의 경우도 대부분 필기가 아닌 인적성에 대해서는 세부 탈락 요소를 공개하지 않는다. 이미 언급했듯이 이러한 인적성검사는 미국 등에서 시행해 오던 검사 방법으로 오로지 응시자의 질문지에 대한 문답 통계 결과로만 평가를 하는 것이다. 바꾸어 말해 그 시스템으로 응시자가 인적성검사를 보게 되면 1차 탈락 시 2차 응시 이후에도 특별하게 다른 방법으로 준비하지 않는 이상 계속 탈락할 수도 있다는 것이다. 본인이 아무리 적성에 맞는다고 주장하여도 시스템의 결과지가 다르게 나온다면 할 말이 없다. 그러므로 다음에는 다른 기업을 선택하거나 필기로 인적성검사를 시행하지 않는 기업을 선택하는 수밖에 없다. 다시 말해 대기업 입사시 한 기업의 인적성검사에서 2번 이상 떨어지면 그 기업은 과감히 포기하라는 것이다. 가능성도 없는 인적성에 너무 시간만 낭비할 경우 정말 본인이 원하는 기업을 놓칠 수도 있다. 그 기업이 인생의 전부는 아니다.

다행히도 서류전형에서 1차 탈락 시 대부분은 지원직무를 잘못 선택한 경우다

이제까지 학생 지도를 하다 보면 대부분 내담자들이 본인의 확실한 직무도 모르면서 회사 모집공고문만 들고 연봉이 높다든가 대기업이다, 안정적이다, 공기업이다 하며 지원하겠다고 찾아와서 서류를 작성해 달라고 요구한다. 필자가 그 기업 그 직무에는 능력이 안 되니 제출하지 말라고 권장하면 돌아가서 카페 등 합격족보를 참고하여 대충 작성하여 서류를 무조건 넣고 본다. 이렇게 하여 대부분 몇십 번 탈락이 되면 다시 찾아온다. 이런 행위는 합격 후 장차 동료로 같이 일할 회사의 근무자들을 얕잡아 보는 것이라고 여러번 이야기하였다. 채용업무나 서류평가를 하는 사람들은 그렇게 호락호락하지 않다. 시간적으로 급박하여 혹여 실수인 경우라면 몰라도 절대로 그런 식으로 대충 사람을 채용하지 않는다. 기업에서는 신입사원을 채용 후 채용된 그 사람이 조기에 퇴직하거나 업무수행을 제대로 못하면 1차로 채용담당자가 그 책임을 지게 되어 있다. 최악의 경우 신입사원이 일을 잘 못하거나 자주 퇴사 시 당시의 채용자가 연대 책임을 지고 향후 채용업무 등에서 배제될 수도 있다. 그러므로 대충 선발 할 수가 없는 것이다. 확실한 나의 주특기 직무가 정해지지 않으면 절대 서류작성도 하지도 말고, 지원도 하지 마라. 공연히 합격족보 보고 작성하여 한번 합격한 후 나중에 일 못하겠다고 중도에 하차 시 기존 직원들로부터 보이지 않는 욕만 얻어먹고, 남아있는 직원과 채용담당자들만 괴롭히는 결과만 낳는다. 결국에는 같이 일했던 동료들의 사기만 꺾는 것이다. 추후 알게 되겠지만 회사는 들어오는 사람의 자리는 잘 안 보이는데 나간 사람자리는 생각보다 크게 보인다. 당초 기대와 달리 여러분들이 결국 조직에 적응을 못하고 부득이 퇴사를 할 경우 남아 있는 직원들도 허탈할 때가 많다.

1차 면접에서 한 번 탈락된 기업에 재도전 시 분명한 도전 사유가 있어야 한다

보통 학생들은 직무가 아닌 특정 기업만을 고집한다. 앞서 아주 잘못된 방법이라고 이야기하였다. 특정 기업 면접에서 2번 이상 탈락 시 재응시(도전)를 필자는 권장하지 않는다. 1차 면접에서 탈락 시 공기업의 경우는 간혹 면접 운이 없어 그럴 수도 있어 2번까지는 가능할 수도 있다. 탈락된 사유에 대한 점수가 응시자에게 공개되어 나오므로 그것만 확실하게 보완하여, 다시 한번 도전해 볼 수도 있다. 또 다음 차수 면접(통상 면접관이 일부 또는 전부가 변경이 됨)에서 직접 재도전 의지를 확실하게 밝히고 그간의 노력한 결과를 이야기하여 평가를 받으면 된다. 문제는 이렇게 재도전하여 1차 면접에 통과가 되더라도 2차(임원 또는 PT면접 등)에서 통과 된다는 보장이 없다는 것이다. 이미 지난 해에 나의 약점이 어느 정도 노출되어 있었기 때문에, 졸업 후 1년 동안에 모든 내용을 충분히 보완을 했다는 말을 강하게 한다고 해도 면접관의 마음을 크게 움직이거나 납득을 못 시킬 수도 있기 때문이다. 어느 기업이든지 동일 조건이면 나이가 한 살이라도 어린 사람을 우선하여 선발한다(아무리 블라인드 채용이라고 해도 기업에서는 면접 중 최근에 한 일 등에 대해 대화를 해보거나 제출된 자료의 여러 내용들에 대한 질문을 통해 자연스럽게 사람의 나이를 알아보는 눈이 있다).

그러나 일반기업은 다르다. 일반기업은 신생기업이 아닌 이상 기업마다 역사와 전통이 있다. IT기업의 경우는 20대 임원도 있고 30대 임원도 있다. 우리나라같이 학연, 혈연, 지연에 얽매여 일하는 나라도 드물 것이다. 문제는 기업의 특성에 따라 조직과 인력이 운영되는 것이 더 중요하므로 아무리 서류와 면접에서 직무준비가 잘 되어 있어도 1차 면접에서 탈락할 수가 있다. 특정 대학, 특정 지역, 남성 또는 여성 비율 등 우리가 모르는 수시로 변하는 비밀스러운 제한 조건이 많이 있다. 예를 들어 공고문상에는 제시되어 있지 않았어도 필자가 기업에 가 보면 여성을 선발하지 않겠다고 CEO가 말하는 경우도 있다. 성차별이 아니라 반대로 어떤 곳은 여성이 회사 전체 또는 부서단위 기준으로 직원의 80% 이상인 기업도 있다. 이러다 보니 남성들이 힘을 제대로 쓰지 못하여 동일 조건이면 남성을 우선 채용하겠다는 기업도 있다. 이 반대의 경우도 마찬가지이다. 출신대학도 출신지역도 마찬가지이고 특히 생산직과 사무직은 부서 간 평균 나이 차이도 많다. 따로 근무지가 멀리 떨어져 있든 없든 간에 내가 지원한 부서의 기존 직원들보다 나이가 유달리 많으면 회사는 채용을 꺼려한다. 공기업 또한 마찬가지라고 보면된다. 즉 이것은 차별이 아니라 조직운영 방안에 대한 포트폴리오(portfolio: 위험분산)를 적용하겠다는 것이다. 기업의 고유한 특성을 고려하면 무작정 틀린 말도 아니다. 또한 일반기업의 경우 탈락사유도 점수도 공개하지 않고 요구할 수도 없다. 최종면접에서 탈락 시 재도전해도 되지만 1차 실무자 면접에서 탈락된 경우는, 모든 기업이 다 그런 것은 아니지만 필자의 입장에서는 앞서 말한 비밀스러운 사유가 분명이 있을 수가 있으므로 과감하게 포기하고 다른 기업에 도전하라고 권하고 싶다. 드문 예를 들어, 어느 부서에 기존 직원 10명이 있는데 9명은 서울출신이고 단 1명만 지방출신(반대일 때도 동일함)일 때, 이 지방출신 1명이 신입직원인 경우는 곧바로 회사 분위기(큰 것은 아니지만 서울과 같은 지역별 고유의 문화적인 습성 등)에 적응하기가 쉽지 않을 수도 있다. 본인도 모르고 입사했는데 나중에 이런 내용을 알고 쉽게 포기하여 버리는 것이다. 다시 말해 과거 이런 유형의 오래된 기업 경험 데이터 관리에 의해 취업에 대한 추가 변수가 일부분이라도 명확하게 작동되는 것이지, 단순한 운에 의해 취업이 결정되는 것은 아니라는 것이다.

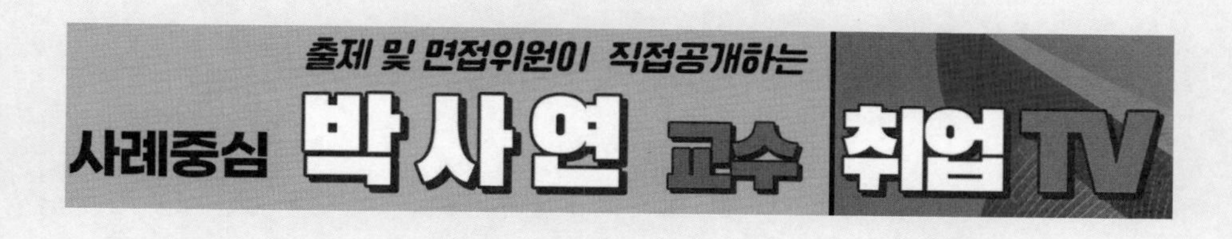

출제 및 면접위원이 직접공개하는
사례중심 박사연 교수 취업TV

PART 06 서류전형 합격하기

01 서류작성 전 필히 준비해야 할 사항

02 신입사원 채용 평가위원의 선발

03 서류전형 방법의 이해

04 서류전형 정성적 평가방법

05 자기소개서 질문 항목별 평가 포인트

06 자기소개서 요구 항목별 역량 평가 등급 산정 기준

01 서류작성 전 필히 준비해야 할 사항

몇 년 전부터 우리나라 공기업(공사 등 포함)에서는 현재까지 완전 블라인드 채용을 원칙적으로 적용하고 있다. 대기업이나 일반기업은 그렇지 않지만 공기업은 당분간 대부분 이 기조를 계속 유지할 것으로 판단이 된다. 그러더라도 각 채용기관별로 약간씩 상이한 요건도 있다. 여러분들은 대학에 들어가면 특별한 사유가 없는 한 대학전용 메일주소를 부여 받는다. 취업서류를 만들기 전에 우선 이것부터 고쳐야 한다. 예로, 박사연 교수(필자) 메일이 sypark@ajou.ac.kr이라고 가정한다면 이미 여기에 소속대학이 나온다. 서류작성 이전부터 이미 블라인드 채용조건에 위배된다. 그러므로 네이버나 다음 등의 포털 메일 사용을 추가로 권한다. 이제 다시보자. 필자의 개인메일 주소는 sayounpk@daum.net이다. 중복된 연속알파벳(예. saayoounpk@)이나 연속된 숫자(예. sayounpk1111 또는 sayounpk1122 등)가 없다. 사소한 것 같지만 중요한 사항이다. 여러분들이 기업에 서류제출 후 전형과정에 대해 수시로 연락을 받을 수 있는 방법은 주로 메일주소, 비상연락용 핸드폰번호(문자 또는 카톡), 집 전화번호(집 전화번호가 없을시 핸드폰 번호) 3개다. 기업에서는 지원자가 오류 기재한 내용을 서버에 입력 시 애매하게 메일주소가 알파벳과 숫자, 기호(예. 대시(−)와 언더 바(_))가 여러 개 중복되었더라도 철저하게 잘 준비하여 입력을 하겠지만 회사에서 혹여 입력 실수로 인해 생기는 문제에 대해 책임을 지지 않는다고 공지사항에 미리 기재하고 있다. 어떤 사유로 어느 단계에서 어떻게 실수가 생겼는지 알 수 없는 경우도 있다. 이 점 미리 대처하기 바라며, 이력서상의 주소는 기재를 요할 경우 ①연락이 가능한 현재 거주지 주소(본적지, 출신지 또는 주민등록지가 아님), ②면접을 대비하여 해당기업 인근에 연고가 있는 지인의 주소 등을 기입 하는 것이 좋다. 사진은 지원서와 동일한 것을 파일로 받아 보관하여 최종합격한 후 정식 입사절차를 밟을 때 신분증 제작, 인사기록카드 작성, 4대보험 가입 등을 위해 주민등록초본 또는 등본과 같이 제출하면 된다.

(공기업) 블라인드 채용 위반을 피해가는 법은?

우선 주요 공기업이 공고문에 제시한 블라인드 채용관련 지시내용을 보자.

<table>
<tr><th>구분</th><th>구체 제시형</th><th>일반 제시형</th></tr>
<tr><td>개인신상정보</td><td>• 성명, 생년월일, 출신학교 등 언급불가
• 학력수준(대졸, 석사 등) 언급 불가</td><td rowspan="3">• 지원서에 사진, 성별, 기업명 등 신상정보 관련 기입란 없음
• e-mail에 학교명, 특정 단체명이 드러나는 메일 주소 기재 금지
• 성명, 연락처 등은 면접 전형 시 블라인드 처리
• 구직비용 절감용 평상복 면접 등</td></tr>
<tr><td>경력 및 경험사항</td><td>• 경력: 금전적 보상을 받는 경우
• 경험: 금전적 보상이 없는 경우</td></tr>
<tr><td>교육 및 자격사항</td><td>• 학교명 이외 기관명, 성적, 전공 언급가능
• 어학 자격사항 언급가능</td></tr>
</table>

다시 언급하지만, 블라인드 채용은 기관별로 제시하는 요구 조건이 다소 차이가 있다. 구체형과 일반형 등 다양하다. 과년도 전형 시기(일정)를 보든지 아니면 미리 응시코자 하는 회사를 정한 후 서류작성(가급적 사전 방문을 권장함)에 대비를 하여야 한다. 특히 경력 기술사항은 민감한 부분이 많으므로 회사 인사팀에서도 잘 모르는 경우가 있다. 필자가 공기업 등의 서류전형이나 면접전형에 참석하여 보면 공고문에 "블라인드 처리하라"고 되어 있어 일부 응시생들이 항목별로 가중치를 무시하고 상세히 확인도 하지 않은 채 지시내용과 유사한 모든 항목, 즉 기업명 등의 고유명사 부분을 00으로 처리한 경우가 있다. 그러나 이런 서류작성은 자칫 자소설로 오인되기 쉬우니 사전에 채용팀에서 제시한 서류작성 Q&A를 면밀히 읽어 보고 나서, 그래도 애매하거나 의심스러우면 전화, 메일, 방문 등을 통해 추가 질문(채용 예정인원수 문의는 제외)을 끊임없이 한 후 최종 방향(지침)을 정하여 작성에 들어가야 한다. 결론적으로 회사에서 금지(주로 응시자 본인 신상에 해당하는 것들이 대부분 임)한 것 이외에는 가급적 모든 내용을 있는 그대로 이력서 부분에 성실히 기입하고 자소서에도 일관되게 상세히 서술을 해주는 것이 좋다. 수없이 언급하지만 가급적 1개라도 더 추가하여 상세히 서술을 해야 서류심사에 통과가 된다. 이것저것 다 생략하면 결국 남의 경험을 토대로 소설을 쓰는 방법 밖에는 없는 것이다. 또한 아무리 블라인드 채용이라 해도 이력서와 자소서, 직무수행계획서, 경력(경험)기술서 등 각 분야(자기소개서 안의 구분된 질문

항목 등)별로 허용과 금지 항목이 명확하게 구분되어 있다. 예를 들어 기업명이나 학교명도 응시한 본인 및 가족사항에 해당하는 것은 금지이나 현장실습, 인턴십 및 각종 대외 활동으로 수행한 실적서술란 안에서는 허용이 되는 게 일반적인 블라인드 채용 방식이다. 대학 재학 중 기업체에 나가서 현장실습을 하던 도중 타대학교 학생들과 협업하여 창의적인 아이디어를 도출해 제안을 하거나 팀 프로젝트를 수행 시 당연히 공동 참여자에 대한 대학명 등 신상정보가 들어가기 마련이다. 이런 경우는 모집회사의 지시내용에 작성금지가 아니면 써 넣을 수 있고, 애매하면 재확인 차 회사에 물어보아야 한다. 블라인드 채용도 서류전형과 면접전형이 완전히 다르다는 점을 확실하게 알아두기 바란다. 거듭 이야기하지만 혼자만의 생각으로 마구잡이식 작성 시 합격할 확률은 매우 낮아진다. 나의 준비사항을 하나라도 더 상세히 추가로 기입하여 제출하는 것이 서류평가에 유리하다는 것은 물어볼 필요도 없다.

02 신입사원 채용 평가위원의 선발

반복적으로 말했지만 시중에 떠도는 인사팀 출신 이야기를 믿으면 안 된다. 상황은 매번 다르다. 기업의 규모와 상황에 따라 채용계획이 확정되면 인사팀은 채용절차에 들어간다. 기업 유형 및 사업 형태에 따라 약간씩 다르나 이번에 신규채용 인원을 요구한 부서는 대부분 인사팀의 사전 요청에 의해 채용에 참여할 전형위원 명단과 요구직무, 요구조건, 분야별 채용인원수 등을 정량 및 정성으로 나누어 제출하고 미제출 시 인사팀이 그 부분만 협의 후 작성 한다. 이때 모집 직무나 부서별로 회사 일정(해외출장 예정자 등 제외)과 진행 상황을 고려 후 평가위원이 정해지면 1차 서류전형만 참여할 위원, 서류전형과 1차 및 2차 면접에 모두 참여할 인원(정부(正副): 1순위와 2순위 등)을 할당(필요시 외부 전문가 위원 포함)한다. 삼성, LG, SK 등 일부 대기업의 경우 수년 전부터 대표이사, 임원, 부문장, 본부장, 부장(임원 승진후보자 급)급을 중심으로 우수인재 채용과 채용 이후 부적응 사례를 줄이고자 이러한 위원들을 선발하고 있다. 해당 위원들은 인사팀의 준비계획에 따라 구조화된 방법과 국내외 유수의 채용전문기관의 컨설팅을 통해 부적응자 및 중도퇴사 가능자 걸러내는 법 등의 채용방법과 평가기준(직무관련 요구 키워드(keyword) 및 항목별 가중치 적용 등), 역량검증 방법(도전, 팀워크, 창의적 사고, 분석적 의사결정, 공기업의 경우 NCS 기반 10가지 직업기초 능력 항목 등), 추후 문제가 될 소지가 있는 응모자 걸러내기 등 조금이라도 더 우수한 사람들을 선발하기 위한 채용관련 교육컨설팅을 주기적으로 받아온 사람 중에서 기본적으로 선발된다. 그러므로 시중에 나도는 그런 단순한 방법으로 서류전형이나 면접을 통과한다는 것은 전혀 사실이 아니다. 재론하지만 신입사원 채용결과에 대한 최종책임은 1차로 단위부서장이고 2차는 임원이 된다. 그런데 어떻게 인사팀(주로 채용 진행 및 면접 참관만 함)이 사람을 뽑는단 말인가? 각 서류평가 및 면접관은 인사팀에게 질문 내용을 알려주지 않는다. 바꾸어 말해 대표이사가 인사팀장에게 면접 질문 내용을 미리 알려준다거나, 사전에 일면식도 없는 상태로 당일 면접관 예비 교육장에서 만난 외부 면접관이 회사 인사팀장(팀원)에게 면접 질문 내용을 알려준다는 것 자체가 모순이라는 것이다.

03 서류전형 방법의 이해

입사를 하기 위한 제1차 관문이 서류전형 통과이다. 앞서 언급했듯이 서류전형은 실제로 대학 4년간 자기가 수행한 직무관련 경력과 경험 위주로 서술해야 한다. 최종 합격하여 부서 배치 후 맡은 바 직무에 대해 확실하게 일을 할 수 있다는 각오나 증빙을 증거서류와 자소서 안에서 성실하게 보여 주어야 한다. 서류전형의 심사는 다음과 같이 순차적으로 이루어진다.

전형 과정	주요 평가 내용
직무별 지원자격 확인	• 모집공고문에 안내한 자격요건을 지원자가 충족하는지 여부 확인 • 응시자(지원자)가 입력한 내용 중 잘못 기입한 것이 없는지 검토
정량적·정성적 평가	• 사전에 설계된 구조화된 관련 필수 keyword(해당 모집부서에서 제시)에 의해 정량적(계량) 및 정성적(비계량)으로 나누어서 평가 진행
가점부여 및 지원자 순위 도출	• 채용법규 및 지침에서 규정하는 우대사항을 확인한 후 가점 부여 • 가점 부여 후 합계 최종점수로 서류전형 결과에 따라 순위 결정
서류전형 평가결과 검토	• 서류전형과 관련하여 응시자가 제출한 서류내용의 사실여부를 검토한 후 이상이 없으면 그대로 순위 결과 확정(증빙서류 일치여부 확인)
전형결과 발표 및 탈락자 점수공개	• 결과확정 후 전형결과를 메일, 문자 등의 수단으로 다음 전형단계 안내 내용을 포함하여 안내(통보)

위의 표 항목에서 보듯이 서류전형 초기단계에서부터 전개 방향이 틀어지면 통과도 어렵고 통과됐다고 가정하더라도 면접전형에서 답변할 수 있는 게 아무것도 없다. 속칭 본인도 모르게 망신만 당하는 것이다. 수없이 반복하여 재론하지만 실전경험 =증빙내용=이력서=자소서의 일관성이 무조건 기본이다.

[정량(定量, 계량(計量)) 평가와 정성(定性, 비계량(非計量)) 평가 방법과 기준]

구분	주요 평가 내용
정량 (계량)	• 항목별 평가기준(평가요소, 점수기준, 가중치(우선순위) 등)을 토대로 평가를 수행하며 객관화된 수치(점수-숫자)로 나타내어 적용 예) 교육사항(각종 아카데미, 관련 교과목 등), 자격사항 등
정성 (비계량)	• 조직과의 적합성, 직무수행 적합도 등을 평가하기 위한 질문 문항과 평가기준 개발, 평가지표 및 척도(5-4-3-2-1, 3-2-1, 매우우수-보통-매우미흡 등)에 따라 평가 수행

[공기업 서류심사 평가방식 기준(예시)]

배점항목	가중치	평가 내용
국어능력	10점	• 국어능력 인증 시험 등
한국사자격	10점	• 한국사능력검정 1~4급(국사편찬위원회)
전산능력	20점	• 정보처리기사, 컴퓨터 활용능력 1급, 정보처리산업기사 등
전문가자격	20점	• 전산회계운용사 1-2-3급, 사회조사 분석사 1-2급 등
교육이수	20점	• 채용분야별 직무관련 교육 분야(전공 또는 이수 교과목수 등) • 학위취득 외 직업교육 과정이 총16시간 이상이 되는 것 • 전문대학 이상 학교교육, 직업교육, 평생교육 등을 통해 이수한 교과목
직무경력(경험)	20점	• (공기업 및 일반기업) 기간제 근로자 4개월 이상 근무한자 • 체험형(청년) 인턴으로 4개월 이상 근무자 등 ※ 경력에 대한 증빙서류(경력증명서)는 입사일자와 퇴사일자 필수명기

04 서류전형 정성적 평가방법

공기업과 대기업 구분 없이 기관이나 기업별로 기업 특성에 따라 약간씩 차이가 있지만 가중치 적용방법 등과 평가기준 과정은 크게 차이가 없다. 다만 공기업은 윤리성과 공공성이 강조되고, 대기업은 도전정신과 충성심(조직 및 창업주 등) 등이 더 강조되는 경우도 일부 있다. 아래는 자기소개서 내용에 대한 점수평가 부여방식이다.

배점	5점	4점	3점	2점	1점
평가기준	평가 지표 모두가 뛰어난 수준으로 명확하게 드러난다	평가 지표 중 3개가 명확하게 드러난다	평가 지표 중 2개가 명확하게 드러난다	평가 지표 중 1개가 명확하게 드러난다	평가 지표 중 어떤 것도 잘 드러나지 않는다

[평가자 유의사항(예시)]

다음 항목에 해당하는 경우는 최저점(1점)을 부여하여 <이하 생략>

1. 타기관(타기업명 등) 및 부서(팀명)를 그대로 복사하여 지원기관의 명칭이나 부서명이 잘못 기재되어 <이하 생략>
2. 요구질문과 무관한 서술, 동일내용 복사 편집 혹은 작성 분량 부족, 앞뒤 문맥과 맞지 않는 내용으로 작성하여 작성 내용에 대한 평가가 불가능 <이하 생략>
3. 평가요소가 대체로 미약한 편이며, 원론적인 이야기나 자기 가치관의 서술, 추상적인 의욕과 성실함만 지나치게 강조 <이하 생략>

[공기업 실전 자기소개서 문항별 평가방식(예시)]

문항요구 내용	• 지원자가 입사 후 본 기관(기업)에 기여할 수 있다는 적합한 인재라는 것을 가장 잘 보여주는 사례와 그 근거를 구체적으로 기술하여 주시기 바랍니다.
평가 포인트	• 응시자 개인 특성과 기관(기업)특성이 부합되거나 부합이 되지 않더라도 기관특성에 대해 수용적인 자세를 견지(堅持)하며 기관에 기여하고자 하는지를 평가 함
평가지표	• 기관(기업)의 고유문화, 특성, 환경 여건 등에 대해 잘 파악 후 작성했다. • 지원자 자신이 기관에 기여할 수 있는 바와 합리적인 근거를 명확하게 제시했다. • 기관(기업)의 고유문화, 환경 여건 등에 대해 긍정적이고 수용적인 태도를 제시했다. • 지원자 개인 특성이 기관의 고유문화, 특성, 환경여건과 일치하는 부분을 구체적으로 기술했다.

05 자기소개서 질문 항목별 평가 포인트

앞서 예시한 대로 공기업과 일반기업은 요구 항목 표현 방법만 약간 다를 뿐 큰 카테고리와 세부 주제는 대동소이(大同小異)하다

[질문 항목별 평가 포인트(예시)]

평가요소	평가 핵심 포인트	요구 내용
지원동기	기관과 직무에 지원한 분명한 동기가 서술되어 있다.	지원자가 기관 및 지원분야에 관심을 가지게 된 계기는 무엇이며 이를 위해 그동안 어떤 노력을 했는지를 구체적으로 기술하여 주시기 바랍니다.
지원직무에 대한 전문성	끊임없는 학습과 자기개발을 통해 담당분야의 전문가가 되기 위해 노력했다.	지원분야에 대한 전문성을 향상시키기 위하여 꾸준히 노력하는 사람임을 가장 잘 나타내는 최근 5년 이내의 사례를 기술해 주시기 바랍니다.
도전정신 (창의력)	변화를 두려워하지 않으며 창조적 사고와 열정으로 가능성을 현실화하였다.	지원자 본인이 불확실한 결과를 두려워하지 않고 열정적으로 노력하는 사람임을 가장 잘 나타내는 최근 5년 이내의 사례를 기술하여 주시기 바랍니다.
협력-팀워크 (조직력)	상호 간의 신뢰를 바탕으로 공생발전을 선도한다.	자신의 소속집단뿐만 아니라 주변사람과 집단까지 고려하고 배려하는 사람임을 가장 장 나타내는 최근 5년 이내의 사례를 기술해 주시기 바랍니다.

자기소개서 요구 항목별 역량 평가 등급 산정 기준

아무래도 자기소개서는 정량화된 필기시험 등 계량화된 점수지표가 아니므로 평가위원(내부평가 위원 및 외부 평가위원 공통)들이 전체적인 큰 틀 안에서 지원자의 항목별 문장에 대한 논리 전개 방식이나 직무와의 관련도 등을 분석 후 서류 안에 항목별로 제시하거나 사용한 사례들에 대한 키워드들의 가중치를 근거로 등급을 정하게 된다. 예를 들어 직무관련 경험을 요구할 경우 학교 안에서의 사례보다는 현장실습 등을 통한 학교 밖 기업에서의 서술 사례가 더 많은 점수를 받을 수 있다.

[요구 항목별 제시 사례에 등급 평가 방법(예시)]

평가 요소	문장 전개 내용
작성형식 준수 (일관성 유지 등)	• 본인이 한 행동에 대한 서술이 구체적이었나? • 문장에 사용한 용어나 형식이 지원자 수준에 적절한가? • 전체 요구항목 구성이나 문장 작성 흐름이 앞뒤와 연계하여 양호한가?
내용의 적절성 (관련도 등)	• 지원자가 작성 제시한 사례가 요구한 주제에 맞는 적절한 사례인가? • 그 직무 실천(수행) 난이도가 높은 사례인가? 낮은 사례인가? (기업체 실습 내용인지? 교과목 수준의 과제인지? 동아리 활동 내용인지?)
내용의 사실성	• 실제로 응시자 본인이 할 수 있는 수준의 역할이나 행동에 맞는 사례인가? • 실제 본인이 수행한 역할 및 행동이 성과에 결정적인 것이었나?(기여 부분) • 응시자 본인이 실제 수행한 역할 및 행동의 강도가 높은 수준이었나?
공기업만 해당 (블라인드 서류 작성 준수여부)	• 응시자 인적사항과 관련하여 직접적으로 유추할 수 있는 내용이 있는가? • 블라인드 서류작성 기준에 위배 시 위배한 수준이 어느 정도 수준인가? (서류심사 단계에서 탈락시킬 정도로 위반 내용이 심각한지? 아닌지?)

PART 07

면접전형 합격하기

01 기업은 왜 면접을 보는가?

02 어떤 응시자가 서류통과 후 면접에 참석하나?

03 면접에서 가장 중요시 하는 것은?

04 면접 장소에 따른 종류

05 꼭 해야할 말과 행동, 하면 안 되는 말과 행동

06 AI 면접에 대한 이해 및 준비하기

07 NCS면접 개요 및 준비 방법

08 직무역량평가 면접 및 준비 방법

09 실전 일반면접 리허설(예시)

10 일반적인 면접 답변 방법

01 기업은 왜 면접을 보는가?

면접은 이력서와 자기소개서 작성 내용의 일치 여부를 실제로 확인하는 과정이다

얼마 전 우연히 TV뉴스에서 한 방송사 기자가 청년취업 관련 문제해결 기획 특집 리포트로 서울 어느 대학교 캠퍼스에 들어가서 졸업을 앞둔 취업준비생과 인터뷰하는 것을 보았다. 기자와의 인터뷰 중에 취업준비생이 "내일이 면접인데 무얼 물어볼지 몰라 걱정만 앞서고 혼란하기만 하다"라고 대답을 하였다. 이것은 사실 걱정할 필요도 없는 부분이다. 쉽게 생각해 보면 기업이 필요한 직무에 필요한 사람을 뽑아서 쓰려고 하는데, 응시자가 제출한 서류를 기준으로 1차 적합성 여부를 평가를 하고, 그 서류내용이 사실인지 아닌지를 일정한 장소로 불러서 물어 보는 게 면접의 전부다. 그렇다면 면접 때 물어볼 것이 무엇인지는 이미 다 알고 있고 그것에 대해서만 철저하게 준비만 하면 된다. 그런데 면접에 무엇을 준비해야 할지 모른다는 게 말이 될 수 있을까? 기업은 여러분에게 경력사원에 준하는 질문을 하지 않는다.

전형방법	방법	비고
서류	• 대학 취업지원 센터 • 대학교수 및 취업전문가 • 취업 학원 및 컨설팅 회사 • 취업관련 각종 안내책자 • 유튜브 강좌 • 인터넷 카페 등	집단 토론 및 자료공유 등의 여러 가지 반복된 작업을 통해 단독 또는 협의 후 공동으로 작성 (혼자 작성 안해도 됨)
면접	면접자와 피면접자 간 상호 대화 (1:1 또는 1:다(多), 다(多):다(多) 등)	오로지 혼자만의 능력으로 진행함

결론적으로 말해 면접이란 필기시험과 서류작성 과정에서 여러 가지 사실이 아닌 내용이나 오류 등의 사례들이 있을 수 있으므로, 입사 후 실제 업무를 수행하는 데 요구되는 개인별 직무역량 기준을 정해, 작성된 서류에 열거된 내용들이 직접 지원자가 확실하게 수행을 했는지 수행했다면 혼자인지 아니면 집단의 일부인지를 구분하여 본인의 구체적인 역할을 직접 물어 보아 최종합격 여부를 가리기 위한 절차이다. 요구한 수준의 역량을 갖추었으면 합격이 되고 아니면 탈락이 된다. 그러므로 본인이 실제 수행한 준비사항이 아닌 내용으로 서류를 만들어 제출하면 합격도 어렵고 합격이 된다하여도 부여 받은 직무를 수행할 수가 없는 것이다.

면접은 완전한 사람을 순서대로 선발하는 것이 목적이 아니다

면접의 기본 목적은 우선 첫째로 많은 기업들이 조금이라도 더 역량 있는 적합한 인재를 채용하는 것이다. 둘째로는 과거에는 우수인재 채용이 주목적이었지만 요즘 같이 AI, 인터넷 등 각종 정보매체를 동원한 정보 공유가 실시간으로 활발한 때에는 면접관과 피면접자 간 상호간에 평가행위를 하기 위함이다. 면접관들이 피면접자들을 평가하는 그 시간에 피면접자들은 질문을 하는 면접관들을 평가하는 것이다. 면접관의 질문 수준과 태도는 그 회사가 보유한 역량과 문화를 보여주며, 피면접자들은 면접을 통해 나를 알아주고 인정해 주는 회사를 찾을 수 있고, 내가 가진 역량을 마음껏 펼칠 수 있는 회사인지 향후 수행 가능한 직무인지에 대해서도 파악을 할 수가 있다. 세 번째로는 뽑지 말아야 할 사람을 거르는 것이다. 회사는 꼭 원하는 인재를 한 번으로 뽑고자 하지만, 상호 간에 평가가 이루어지므로 피면접자가 역으로 회사를 고르기도 한다. 또 한 회사에서 원하는 인재는 다른 회사에서도 동일하게 원하게 되므로, 필요한 역량을 다 갖춘 인재이면서도 회사에서 주는 조금은 부족한 연봉과 불편한 환경을 인내할 수 있는 참을성마저 갖추어야 하기에 기업에서는 최선을 다하지만 항상 인재를 뽑기가 어렵다. 이 과정에서 중요한 것은 80%만 만족하고 나머지 20%에서 심각한 결격 사유가 없는지에 대해서만 판단을 하여, 결격 사유가 있는 해당 응시자를 배제하는 것이다.

어떤 응시자가 서류통과 후 면접에 참석하나?

통상 필자가 기업의 채용과정에 참여하여 서류전형이나 면접전형 평가를 진행해보면 서류에 서술된 소제목만 보아도 응시자가 혼자서 서류를 만든 것인지 아닌지를 알 수가 있다. 산술적으로 가정하면 2명의 채용예정 인원을 기준으로 6배수인 12명을 면접에 참석시킨다고 할 때 10%선인 1~2명 정도만 기업에서 요구한 확실한 역량을 준비하고, 나머지 10~11명은 들러리 정도밖에 안 되는 역량을 갖춘다. 대기업인 경우는 불가피 3~6개월 뒤 재공고가 들어가지만 공기업은 정부의 청년고용문제해결 의지에 대한 지침도 있고, 재공고 시 기간과 예산이 1회당 수억 원 이상 들어가니 부득이하게 울며 겨자 먹기로 조금 부족한 듯해도 나머지 차점자순으로 최종 2명을 꼭 채워서 선발을 한다. 이런 이유가 발생되는 것은 본인이 준비하고 보유한 고유의 직무(주특기)를 무시하고, 연봉이나 지원회사만 보고 지원하기 때문이다. 더 큰 문제는 이 차점으로 합격한 사람들이 1등으로 합격이나 한 듯이 온갖 인터넷과 취업관련 기관에 나와 검증되지도 않은 합격족보를 퍼트리고 있다는 것이다. 정상적으로 기업에 입사한 사람들은 신입사원으로 입사 하자마자 부여받은 업무를 익히기에도 눈코뜰 새 없이 바빠서 언론 인터뷰 또는 유튜버 등 외부인을 만날 시간도 없고, 심지어 전화 받을 시간도 없다. 또한 외부 인터뷰 등을 할 경우 상사 또는 사전에 소속 회사 부서장의 허락이나 승인을 받아야 하는데도 요즈음의 취준생들은 그런 잘못된 행위들을 실제 사실로 믿고 있다. 최근 공기업 면접관 참석과정에서 들은 이야기인데 이제는 대기업뿐만 아니라 공기업(공사 포함)도 입사 후 1년도 안 되어 중도에 퇴사하는 사람들이 많다고 한다. 대기업이 힘드니 공무원을 노렸고 그중에 좀 더 급여가 많은 공기업에 묻지마 지원하여 겨우 합격은 하였는데, 정작 필요한 일을 못하는 것이다. 안타까운 일이다. 다음의 사례를 보자. 단 아래 사례 중 각 항목 간 가중치는 동일하다고 본다(일부 예외도 있음을 고려하기 바람).

[서류전형 및 인적성 통과 과정(예시)]

구분			공기업			대기업(일반기업)		
응시자명			A	B	C	D	E	F
서류 평가 요소	정량지표 (학점 3.00, 토익 800점 이상)	학 점	3.20	3.80	4.01	3.51	3.89	4.06
		토 익	820	830	910	840	960	880
		자격증	한국사	기사	없음	컴활2급	컴활1급	컴활1급
		평가결과	통과	통과	통과	통과	통과	통과
	자기소개서	현장실습(인턴십)	4개월	6개월	4개월	4개월	4개월	4개월
		현장실습 기업유형	사기업	공기업	공기업	사기업	공기업	사기업
		창업·창업교육 등	교육1회	없음	없음	교육1회	없음	없음
		캡스톤디자인 등	1회	1회	1회	1회	1회	1회
		동아리, 알바 등	3개	4개	3개	5개	5개	4개
	정성지표	도전정신	5점	3점	3점	5점	3점	3점
		전문성 및 난이도	5점(+1)	5점	4점	5점	4점	5점
		팀워크 및 조직력	4점(+1)	4점	3점	4점	3점(-1)	4점
		활동성·성실성 등	3점	4점	3점	5점	5점	4점
		소 계	17점	16점	13점	19점	15점	16점
서류전형 결과(상위 2명 합격)			합격	합격	탈락	합격	탈락	합격
평가기준 1순위 고려 요소			창업	6개월	4개월	창업	공기업	사기업
인적성 검사			합격	합격	-	합격	-	합격

위의 표에서 보면 기본적으로 정량지표는 절대평가를 정성지표는 상대평가를 하되 도전정신은 공통으로 창업(교육)이 우선이고, 전문성 및 난이도는 사기업(사기업(+1)은 공기업 실습 경험을 포함함) 현장실습 중 장기(+1)가 1순위, 공기업 현장실습이 2순위, 팀워크 및 조직력은 사기업(+1), 실습기간(+1)이 1순위, 활동성 및 성실성은 단순히 사례수대로 점수를 부여하였다. 만약에 4개월 실습 1회와 2개월 실습 2회(총 4개월)가 상호경쟁 시 각각의 실습한 기업 3개와 지원회사와의 직무관련성, 회사 주 소재지, 주력사업(업종) 내용 등의 여러 변수를 2차로 따져서 최종 결정을 하게 된다.

03 면접에서 가장 중요시 하는 것은?

교수님 그렇게 많은 자기소개서 내용을 다 읽어 보나요?

취업지도를 하면서 취업준비생에게 가장 많이 받는 질문 중에 하나가 이것이다. 반대로 생각해 보자. 기업은 읽어 보지 않을 자기소개서 내용을 왜 작성하라고 할까? 답은 명약관화(明若觀火: '불을 보듯 분명하고 뻔함'을 뜻함)한 것이다. 이 질문 속에는 대충 서류만 전문가의 도움을 받아 작성하면 통과되는데 왜 이렇게 꼰대처럼 세세히 준비하라 할까라는 의미가 숨어 있다. 각 기업에는 다른 어떠한 기관들보다 우수한 인재들이 포진되어 있다. 예를 들어 연구소, 공무원이나 공기업의 등의 경우는 다소 직무수행역량이 부족하다 하여도 윗사람과 호흡이 잘 맞거나 조직력 부분만 어느 정도 갖추었으면 중요부서에 간혹 포진되기도 한다. 그러나 대기업 등 일반기업은 다르다. 첫 출근하는 날부터 무한 경쟁 속에 들어가서 퇴직 할 때 까지 계속된다. 이러한 경쟁은 개인 간, 팀 간, 부서 간, 사업부문 간, 지역 간 등 다양하고 1가지 또는 2가지 이상의 조건으로 진행된다. 이 모든 결과는 정량(숫자)지표로 매년 주기적으로 일정 시점에 공표가 된다. 그런데 기업에서 대충 서류만 훑어보고, 같이 팀원으로 일 할 사람을 외모나 태도만 보며, 면접장에서 1회용으로 말 잘하는 사람을 선발할까? 전혀 아니다. 회사나 조직은 직원채용 시 그 조직 내 최정예 직원을 투입하여 채용업무에 전담토록 특별 임무를 부여한다. 그러면 담당자는 공정하고 객관적으로 구조화된 기준 평가요소를 근거로, 현재를 기준으로 자기가 속한 부서에 가장 필요하고 가장 적합한 후보자를 고심 끝에 골라서 부서장에게 보고하고 결재(決裁: 결정할 권한이 있는 상관이 부하가 제출한 안건을 검토하여 허가 하거나 승인함)를 받는다. 즉 책임을 공동으로 진다는 것이다. 그리하여 최종합격자가 선발 이후 업무수행 및 적응에 이르기까지 전 과정에 대한 책임을 1차로 맡아서 같이 일을 수행하는 것이다.

주로 어떤 사람들이 면접전형 단계까지 올라오나?

기업이나 조직에서 새로운 우수 인력 확보는 곧 기업의 생존으로 직결된다. 공기업, 일반기업 등 어느 기업이나 다 마찬가지다. 특히 일반기업의 경우 우수인력이 단 한명도 응시하지 않거나 적정한 인원이 응시를 하지 않으면, 기업은 제2선택 방안으로 추가 자금(예산)을 투입하여 경쟁사에 있는 우수 인력이나 외국 등에서 경력이 있는 사람들을 무슨 수를 써서라도 데려온다. 이 과정은 신입사원 선발절차와도 동일하다. 반대로 기업 내에서 조직과 호흡이 안 되고 업무역량이 떨어지면 부서를 바꾸거나 불가피한 경우 회사 밖으로 내보낼 수도 있다. 면접은 직원 채용단계에서 마지막 최종단계이고 가장 중요한 과제이다. 기업은 사전 준비된 평가자료(과거 경험치 포함)를 기준으로 회사에서 정해놓은 정량지표와 정성지표를 가지고 응시자가 작성 제출한 이력서, 자기소개서, 자격증, 포트폴리오 등 모든 서류를 입사 후 수행할 업무내용과 연계 후 분석하고 또 분석한다. 그리고 최종 후보자를 직무 적합성, 조직력 등의 여러 가지 기준으로 정량화하여 고득점자순으로 후보자 리스트를 만든다. 그 다음에 1차로 서류내용의 진실성 검증을 통해 확실하게 본인의 강점을 임팩트(impact)있게 기술한 사람부터 면접대상자로서 몇 배수를 선정하게 된다.

면접은 '외모'나 '자극적인 내용'만 잘 포장 후 말 잘하는 사람을 뽑는 것이 아니다

언제부터인지 온나라가 '면접－면접 또 면접'만 외치고 있다. 왜 그럴까? 이유는 간단하다. 응시자가 지원분야에 대한 현장실습(인턴십) 경험 등 확실한 강점도 없고 준비도 하지 않은 채 삼성, 현대, LG 등 회사 이름과 연봉만 보고 서류를 작성하기 때문이다. 기업은 그 응시자의 제출된 서류내용만으로 1차 면접대상자를 선발하기 때문에 서류에 제시된 사례에 대한 사실성, 증빙자료 구비 유무, 직무에 대한 연관성을 중심으로 면접에서 물어볼 만한 확실한 장점이 있는 사람을 우선 면접대상자로 고르게 된다. 그리고 나서 더 이상 고를 만한 사람이 없을 경우, 예를 들어 능력은 되는 것 같은데 서류에 서술한 내용이 애매하여 직접 꼭 불러서 물어볼 필요가 있는 경우를 기준으로 전공, 토익, 출신대학, 학점 등의 순으로 몇 배수 내에서 대상자를 추가 한다. 바꾸어 말해 지원분야에 대한 본인의 확실한 강점이 없는 경우는 면접 자체도 준비하기가 곤란해진다. 서류작성은 어떻게든 남 또는 주위 전문가 등의 도움과 잘못된 내용들로 겨우 작성했지만, 면접은 오로지 혼자서만 해결해야 하니 이것저것 가리지 않고 대한민국 모든 기업에서 채용 시 기존에 했었던 면접방법, 면접질문 내용만을 가지고 한 달이고 두 달이고 달달달 외우며 연습만 하는 것이다. 여기에 한술 더 떠서 최근 유행하는 에피소드, 자극적인 내용만 잘 묶어서 단정한 외모와 깨끗한 목소리만으로 면접에 임하면 된다고 떠드는 사례가 대부분이다. 전부가 다 소설을 쓰고 있는 것이다. 면접은 외모나 에피소드나 자극적인 내용으로 평가를 받는 것이 아니라, 본인이 사전에 회사 및 지원분야와 관련하여 오래 전부터 준비한 직무 내용에 대해 면접관이 깊이 있는 사실 확인 차원에서 질문을 하면, 각각의 질문에 대한 분명한 본인의 견해를 그 상황에 맞도록 이제까지 가지고 있는 모든 경험과 지식을 총동원하여 재구성한 후 적절히 전달(표현)하여 평가를 받는 과정인 것이다. 단순히 눈앞에 보이는 태도로 면접이 이루어지는 것이 아니다. 시중에 나와 있듯이 신입사원이 면접 준비에 4일 이상 걸린다는 것은 앞뒤가 안 맞는 이야기이다. 면접 준비에 1주일 또는 2주일 이상이 걸린다면 공정한 평가를 위해서 기업에서도 1개월 또는 2개월 전에 면접대상자를 선발하여 통보를 할 것이다. 그런데 우리나라에는 아직까지 그렇게 미리 면접 대상자를 통보해 주는 기업이 없다. 즉, 면접만 오랫동안 준비하는 사람은 본인의 명확한 직무준비없이 무조건 서류만 넣고 보자는 것일 수밖에 없다. 더 심하게 이야기 하자면 이러한 부류의 사람들은 취업이 목적이 아니라 면접을 목적으로 마치 전공과목인 양 착각하고 있는 것으로 보인다. 고도의 준비되고 경험이 풍부한 대한민국 고위공직자도 임명동의안이 국회에 회부되면 15일 이내에 보통 청문회를 마친다. 면접을 전공으로 삼지 마라. 나중에 필히 후회한다.

면접은 측정이나 결과를 물어보는 게 아니라 목표달성 과정 등을 평가한다

통상 일정한 양을 기준으로 하여 같은 종류의 다른 양을 계량적으로 비교하는 방식인 측정방법은 면접방식이 아니다. 면접은 원칙적으로 비계량지표를 말하는 것으로 기 제출한 서류작성 항목 구성에 대한 가중치로 깊이의 부여, 항목별 서류작성 응답 내용, 면접장에서의 응시자의 답변태도, 면접관의 질문에 대한 답변의 전개방식, 질문에 대한 이해력과 표현력 등 당장 눈에 보이지 않는 모든 부분까지를 종합적으로 판단하여 계량화한 평가표이다. 예를 들어 자기소개서에서 서술한 내용 중 준비과정도 없이 가상으로 목표를 설정한 후 첫째, 창업경진대회에 참가하여 대상을 받았다든지, 둘째, 월간 판매목표를 설정하여 목표액 대비 200% 달성하였다라는 것은 일종의 측정방법에 가까운 것이다. 그러므로 이런 식으로 검증되지 않은 최우수상 수상, 목표액 대비 100% 달성, 200% 달성 등은 실제 면접에서 아무런 의미가 없다. 만약 면접장에서 응시자가 운 좋게 이런 유형의 질문을 받는다면 다른 서술 항목에 대해서는 물어볼 만한 내용이 없는데 참석은 했으니, 겨우 체면치레로 한 번 정도 물어본 것에 불과한 것이다. 물론 말할 것도 없이 서류전형 단계에서 먼저 탈락이 된다고 봐야 한다. 그러니 면접 때 답변도 못할 검증되지 않은 남의 경험과 실적으로 날밤 새워 지원 서류를 수백 장 만들지 말라는 것이다. 대학 4년 동안 한 대학생이 교과목 및 비교과목 등의 활동으로 참여할 수 있는 각종 대회나 대학 내 활동이 최소 수십에서 최대 수백 가지에 이른다고 이미 말한바 있다. 그 많은 경험과 서술 내용 중 지원분야 업무수행과 관련되거나 업무관련으로 직접 준비한 것만 골라서 면접관은 물어보고 응시자의 견해나 그렇게 수행하게 된 배경과 근거, 또한 누구와 어떻게 처리를 했으며 전체 수행 내용 중에 실제 본인이 담당한 분야와 처리과정에 대해 면밀하게 듣고 나서 종합적으로 평가를 한다. 그러므로 답변 도중 긴장하여 말을 약간 더듬었다거나, 갑자기 생각이 안나서 헤맸다거나, 혹여 면접참석 복장의 옷 색깔이 면접장 분위기와 어울리지 않는다든지 등의 사유로 약간의 문제점이 생겼다고 하여 감점을 받는 것이 아니다. 이런 약간의 부자연스러운 태도나 표현상의 실수는 감점시킬 만한 중요한 요소로 작용하지 않는다. 전체 평가요소 중 부수적인 것이 되므로 면접관들도 신입사원 채용

시 피면접자들이 흔히 범하는 실수로 인정하고 전체적인 맥락에서 흐름을 기준으로 질문에 깊이 있게 답변한 내용에 중점을 두어 종합적인 평가를 한다. 즉 면접장에서의 사소한 실수 한 번으로 탈락이 되거나, 반대로 우연한 행운으로 답변을 통해 유달리 타응시생들보다 답변 하나를 잘하여 합격하는 일은 거의 없다고 봐야 한다. 면접 준비는 평상시 대학생활 중 하던 방식대로 꾸준히 다양하게 준비해야 발표장에서 실수를 하지 않는다. 무조건 며칠 동안 또는 한 달간 날밤 새워 예상문제만 준비하는 방식으로 외워서 준비한다고 해결되는 것이 아니다.

04 면접 장소에 따른 종류

면접은 진행하는 장소에 따라 대면과 비대면으로 크게 나뉜다. 또 면접은 정기 및 수시로 나누어 현장실습, 인턴십(계약직), 신입(경력)사원 등 채용자의 신분 및 유형에 따라 각각 다르며 기업별로도 약간씩 차이가 있다. 같은 기업임에도 불구하고 채용 시기나 채용부서(직무)에 따라 케이스 바이 케이스로 방법이나 절차가 달라지기도 한다. 대표적인 표준형 진행방법만 간단히 열거를 해본다.

구분	비대면 면접			대면면접	비고
	비화상면접	화상면접			
	전화면접	ZOOM화상	AI화상면접		
현장실습	O	O	-	O	전화·ZOOM 면접은 코로나19로 한시적이며 화상 면접은 주로 AI면접방식임
인턴십	△	O	△	O	
신입(경력사원)	-	O	△	O	

주) 전화면접도 일부 화상면접 방식으로 진행하기도 함

꼭 해야할 말과 행동, 하면 안 되는 말과 행동

여러 유형의 면접을 가보게 되면 천차만별의 답변이 나온다. 심지어 눈물로 읍소하면서 "꼭 합격시켜 달라"고 말하는 경우도 있다. 요즘같이 투명한 사회에서 절대 비밀이 있을 수 없다. 읍소로 설령 합격이 된다고 하여도 추후 근무지에 배치 받아 일하게 되면 자연스레 그 내용이 여러 가지 경로를 통해 대부분 다 알려지게 된다. 그런식으로 합격하여 중도에 불미스러운 일로 퇴사하는 일이 없기를 바란다. 그러므로 공명정대하게 떳떳하게 준비하고 자신 있게 답변하여 공정하게 평가받아 합격하는 것이 가장 평범하고도 당연한 순리인 것이다.

구분	꼭 해야할 말과 행동	하면 안 되는 할 말과 행동
말	(답변시작 시: 결론부터 두괄식 표현) • 네. 답변 드리겠습니다. - 1~2초 내에 전체 내용을 요약하여 답변할 시간을 자연스레 얻는다. (답변 종료 시) • 이상입니다. - 본인 답변의 끝을 알리어 면접관이 편하게 다음 응시자에게 질문토록 미리 배려함으로써 호감을 받는다.	(답변시작 시: 서론⇨본결⇨결론 표현) • 질문 끝나기가 무섭게 즉시 답변을하지 말라. (1초 이상 이격할 것) (답변시작, 중간 또는 종료 시) • 이력서·자소서에 서술한 대로 언급 금지 • "저를 면접에 초대(초청, 불러)해주셔서 먼저 감사드립니다" 금지 • "바쁘신데도 오늘 면접관으로 매우 수고(고생)가 많으셨습니다" 금지
행동	• 질문을 한 면접위원(관)에게만 시선을 돌린다 (1번 이상도 가능). - 다른 면접관은 무시하라 • 종료시점에서 질문과 내용 등 순서에 상관없이 준비된 대로 먼저 답변을 하라고 하면 반드시 손을 들어 허락을 받아 답변한다.	• 오늘 꼭 하고 싶은 이야기를 말하라 하면 "없습니다"라고 끝내지 말라. - 이유 불문 반드시 말을 만들라. (※ SNS사례, 글자수 제한 등으로 기술못한 것 등) • 모르는 질문 또는 다른 응시자가 동일한 답변을 해도 당황하지 말라. (다음 질문에 대한 준비를 더 하라)

06 AI 면접에 대한 이해 및 준비하기

면접은 일반면접과 AI면접으로 크게 나눌 수 있다. 여기서는 AI 면접만 설명하고 내용이 긴 일반면접은 다음 장에서 다루도록 하겠다.

AI면접(이하 'AI역량검사'와 동일)의 개요

현재 사용중인 AI역량검사(AI면접) 시작은 2017년에 일본의 T&A사가 개발한 샤인(ShaiN)으로 보고 있다. 우리나라의 경우 본격적으로 도입한 회사가 포스코건설 사내 벤처기업으로 시작한 마이다스IT의 'in AIR'이다. 일본의 샤인과는 달리 'in AIR'는 특정한 기업을 위해서 사용되는 솔루션(solution: 해결책, 해법 등을 의미하고, IT에서의 솔루션은 어떤 특정 상황의 문제를 해결하는 데 사용되는 프로그램으로 하드웨어, 소프트웨어, 기술 등을 말함)으로 현재 시점에서 국내 점유율이 가장 높은 기업용 AI역량검사(AI면접) 솔루션이라 할 수 있다. 따라서 먼저 여러분들이 알아야 할 것은 AI면접은 시행 및 도입 기업별로 그 세부 내용이 모두 기업 맞춤형으로 되어 있다는 전제하에 준비해야 한다는 것이다. 즉 한 가지로 통일이 되어 있지가 않다는 것이다.

AI면접 필요 장비

AI면접을 받기 위해서는 기본적인 PC하드웨어 이외에 노트북, 키보드, 마우스, 웹캠(webcam: 인터넷으로 화상을 통해 전화하거나 상황 따위를 파악하고자 할 때 컴퓨터에 연결하여 사용하는 카메라), 마이크 등이 기본적으로 필요하다.

AI면접 방법

기본면접과 역량면접으로 나누어지는데 기본면접은 자기소개, 성격의 장단점, 지원동기 등의 세 가지 기본질문이 나오고, 30초간의 생각할 시간이 주어지고 90초간 답변할 시간이 주어진다. 이는 평소에 연습을 할 경우 크게 어렵지 않다.

'AI 역량면접'은 본격적으로 테스트를 받는 AI면접이라고 할 수 있겠다. AI면접(AI역량검사) 솔루션 'in AIR'도 그렇고 유사한 응시환경을 제공하는 AI면접 시뮬레이터(simulator) 솔루션인 에듀스의 'in FACE'도 그렇고 AI면접은 솔루션을 크게 3가지 유형으로 구분할 수 있다. 물론 사용자 등록단계를 뺀 순수 AI면접의 유형 부분만 그렇다는 것이다.

순수면접은 세 가지 요소이고 여기에 성향분석, 보상선호, AI게임 등 총6가지로 전체가 보통 구성되어 있다.

[AI면접의 진행단계 및 순서]

01	02	03	04	05	06	07
사용자 등록	기본면접	성향분석	상황대처	보상선호	AI게임	심층면접

[01: 사용자 등록]

사전면접에 필요한 갖가지 장치 등의 이상 유무를 확인하고 이상이 없으면 지원자 본인이 맞는지 확인 및 등록 단계를 거치게 된다. 얼굴은 네모박스 안에 정확하게 일치시켜야 하며 음성은 소음이 없는 깨끗한 공간에서 해야 한다. 비교적 다소 큰소리로 응답을 해야 한다.

[02: 기본면접]

기본면접의 경우 해당기업의 관리자 설정에서 설정된 값에 따라 질문을 하게 된다. 다만, 현재는 대부분 거의 모든 기업들이 동일한 질문을 하도록 설정되어 있다. 총 3개의 기초적인 질문인데 주요 항목은 다음과 같다.

①자기소개, ②성격의 장·단점, ③지원동기

일단 30초 정도의 생각할 시간을 주고 90초 동안 답변을 하게 된다.

[O3: 성향분석]

성향분석은 쉽게 이야기 하자면 오프라인상의 인성검사라고 보면 된다. 약 170여 개의 문항에 대해 응답을 하게 되는데, 한 개의 화면에 10개의 문항을 보여주고 60초 이내에 풀어야 한다. 성향분석 테스트의 경우 그 자체로 중요성도 있지만, 성향분석 결과를 토대로 이후에 심층면접이 진행이 되므로 이런 부분이 더 중요하다고 할 수 있다.

[O4: 상황 대처]

상황대처는 전통적인 방식인 지필고사에서도 존재했던 평가 방식이다. 직무수행에 대한 맥락적 상황 혹은 일상생활에서의 상황 등 특정한 상황과 조건을 보여주고 어떻게 대처하는지를 물어보는 면접이다. 기본면접과 다르게 60초 정도 답변을 할 수 있는데 시간은 관리자가 설정이 가능하므로 참고만 하기 바란다. 다만 유의해야 할 점은 "~을 어떻게 하겠습니다"라는 방식이 아니라 "실제로 그 상황에서 실제로 그 사람이 되어서 똑같이 Roll Play(역할 연기)를 해야 한다"는 것이다. 이런 Roll Play(역할 연기)는 약간의 연습이 필요하기도 하지만, 앞서 언급한 대로 답변의 내용이 중요하다고 하기보다는 응시자가 면접에 임하는 자세, 표정관리, 목소리 등이 더 중요하다.

[O5: 보상선호]

"~같은 경우 성과에 대한 인센티브(보너스=상여금)를 어떻게(지금즉시? 또는 30일 후에?) 수령하시겠습니까?(지금 즉시 포인트를 받는다고 응답하면 당장 받는 포인트의 액수는 줄어들고 나중에 받는 포인트의 기간이 줄어들거나 금액이 커진다)" 형식의 질문이 3분 동안 계속이 된다. 특정한 규칙에 대한 정답이 있는 것이 아니고 '별도의 결과지'에 의사결정 유형과 정보 활용 유형 등을 나타내어보고자 하는 것이므로 자기선호에 맞게 질문에 응답하면 된다.

[O6: AI게임]

AI역량검사(면접)를 보는 가장 많은 응시자들이 최고로 어려워하고 당황하는 항목이다. 개발자는 평가목적에 대한 의견으로 “직군별로 제시되는 게임을 수행하는 과정에서 지원자의 무의식적인 행동 및 수행성과를 분석하여 전전두엽(prefrontal cortex) 6개영역과 관련된 역량(정서, 추론, 계획, 작업기억, 멀티 테스킹(multi－tasking) 조절, 의사결정 등)을 측정하고 직무수행에 필요한 인성 및 인지능력 보유 유무를 판단한다”라고 말하고 있다.

AI게임에서는 약 20여 개의 게임 중에서 직군별로 또는 기업별로 몇 가지 게임을 선택하여 보통 6～10개의 게임을 하고 상당부분 결과가 바로 나오게 된다. 이러한 게임은 연습할 필요도 없고 학습효과가 전혀 없다고 말하기도 하는데, 일부는 맞고 일부는 틀리다고 할 수 있다. 정답이 없는 것들과 정답이 있더라도 학습효과가 거의 없는 게임이 있는 반면, 연습을 통해 정답률을 높이는 것이 가능한 게임도 있기 때문이다.

[07: 심층면접]

심층면접에서는 흔히 우리들이 실제 면접장에서 보는 면접이라 부르는 형태로 여러 가지 직무 및 지원자의 성향에 대해 질문을 하게 된다. 심층면접도 상황 대처와 동일하게 60초 정도로 답변할 수 있는데 시간은 관리자가 설정하게 되어 있어서 증감이 가능하다. 보통 질문은 2～4개 정도로 각 질문에 꼬리질문이 추가로 2～3개 포함될 수 있다. 예를 들어보면 다음과 같다.

① 기분이 상해서 일을 망친 경험이 있나요?

② 기분에 대해 민감한 편인가요? 아니면 둔감한 편인가요?

③ 통상 기분으로 인해 일을 망치지 않는 나름대로의 자신만의 방법이 있나요?

이러한 면접 질문은 앞서 응시하였던 ‘성향평가’로부터 연관되어 결정이 되는데 ‘성향평가’에서 어떤 점이 문제가 되었거나 확인해야 할 부분이 있다면 그와 관련된 질문이 다시 나올 가능성이 높다고 볼 수 있다. 즉 내용이 중요하기보다는 호감도에 더 무게가 있고, 응시자의 얼굴, 목소리(톤(tone)이나 크기), 답변하는 모습이 자연스러운지 등을 분석하여 호감도 지표를 도출한다.

[AI면접 준비방법]

순서	01	02	03	04	05	06
단계	기본면접	성향분석	상황대처	보상선호	AI게임	심층면접
준비내용	• 자세관리 • 표정관리 • 목소리 (자연스러운 자세 연습)	• 본인의 장·단점 • 1분 자기 소개하기 • 당신이 꼭 뽑혀야 하는 이유	• 진실된 답 • 각 답변의 일관성유지 • 몰입금지	• 특정 정답 고르기 보다 솔직하게 질문에 대해 응답하기	• 사전게임의 운영 규칙과 유형에 익숙해지기 (게임유형을 이해하기)	• 시선처리 • 카메라응시 • 자연스러움

07 NCS면접 개요 및 준비 방법

NCS면접이란?

현재 대부분의 공무원 및 공기업이 NCS를 기반으로 면접을 진행하고 있다. NCS 면접은 통상 1차, 2차, 3차로 나누어지는데, 기관별로 각각의 단계별로 순서가 다르다고 할지라도 그 차수별 면접 내용은 비슷하며 각 단계별 특징은 다음과 같다.

구분	면접의 특징
1차면접	[실무진 면접] • 항목: 경청능력, 언어구사력, 컴활, 정보처리능력, 조직체제 이해 등 10가지 • 과제 문답형 역량 면접(상황판단, 직군별, 직무별) • 현업(현장업무 수행팀) 부서에 의한 실기면접 • 외국어 능력: 언어구사력, 기초외국어 능력 등
2차면접	• PT면접: 문서작성, 언어구사력, 사고력, 도표(그림)작성 능력 • 집단면접(합숙면접 등 포함): 경청능력, 언어구사력 등 • 역할연기(role play): 언어구사력, 갈등관리 능력, 협상능력 • 인바스켓 면접: 문서작성능력, 언어구사력, 시간자원관리 능력, 예산관리능력, 물적자원관리 능력, 인적자원관리 능력 등
3차면접	[주로 임원면접] • 경청능력, 언어구사력, 조직체계 이해능력, 기업의 경영이해 능력 등

※ [인바스켓(법)]

인바스켓법이란 관리자의 결재(決裁)능력을 높이기 위한 훈련방법의 하나로서 관리자의 일상 상황과 비슷한 장면을 설정하고, 결재서류를 인바스켓(미결재함)에 넣어 두면 수강자는 그러한 서류에 대하여 차례로 의사결정을 하여 아웃바스켓(기결재함)으로 옮겨 넣는데, 비교적 단시간(30~45분)에 다량(20~30통)의 서류를 처리하게 함으로써 독해력·판단력·결단력 등을 높이고자 하는 것이다. 우선 훈련받는 사람이 개인으로서 서류를 처리하고, 다음에는 그것에 근거하여 집단으로 토의한 후, 그 결과를 전체토의에 회부하는 방식을 취하여 상호계발을 촉진한다.

[출처: 두산백과 두피디아, 두산백과]

NCS 직업기초능력 면접

직업기초능력 기반의 면접평가는 직종이나 직위에 상관없이 모든 직업인들에게 공통적으로 요구되는 기본적인 능력 및 자질이다. 직업인이 갖추어야 할 열 가지 영역의 기초능력과 기업이 추구하는 인재상 및 핵심역량에 대해서 주로 평가를 한다.

[직업기초능력 10개 영역 및 34개 하위 영역]

10개 영역	34개 하위 영역
의사소통능력	문서이해능력, 문서작성능력, 경청능력, 의사표현능력, 기초외국어능력
자원관리능력	시간관리능력, 예산관리능력, 물적자원관리능력, 인적자원관리능력
문제해결능력	사고력, 문제처리능력
정보능력	컴퓨터 활용능력, 정보처리능력
조직이해능력	국제 감각, 조직 체제 이해능력, 경영이해능력, 업무이해능력
수리능력	기초연산능력, 기초통계능력, 도표분석능력, 도표작성능력
자기개발능력	자아인식능력, 자기관리능력, 경력개발능력
대인관계능력	팀워크 능력, 리더십능력, 갈등관리능력, 협상능력, 고객서비스능력
기술능력	기술이해능력, 기술선택능력, 기술적용능력
직업윤리	근로윤리, 공동체윤리

[NCS 핵심역량평가 방법]

1단계		2단계		3단계
(직업기초능력) • NCS 10개 영역 - 의사소통영역 등 (핵심역량) • 공공기관이 보유하고 있는 인재상 및 핵심 보유 역량	⇨ ⇨ ⇨	(핵심평가요소) • 직업기초능력과 핵심 역량의 매칭을 통한 해당기업의 평가요소 • 10개 직업기초능력을 고려하여 개별 또는 묶음으로 평가	⇨ ⇨ ⇨	(직업기초능력) • 면접평가요소의 특성에 맞는 면접 과제개발 및 적용 • 신규도구 개발 또는 기존도구의 개정 등

"입사 후 상사가 비합리적인 지시를 할 경우 어떻게 대처하시겠습니까?" 등의 질문은 전형적인 비구조화된 면접 질문이라고 할 수 있다. 하지만 이러한 전통적 면접의 경우, 의견을 묻는 질문들은 정해진 답이 없기 때문에 면접관의 주관에 따라 평가점수가 정해진다. 따라서 입사지원자가 면접장 안에서 가치관이나 생각이 자신과 같은 면접관을 만나면 면접을 통과할 가능성이 높아지고, 그렇지 않은 경우에는 면접에서 탈락할 가능성이 높아지기 때문에 상당 부분 면접 당일의 운이 면접의 성패를 좌우할 수도 있다. NCS는 이런 단점을 보완하기 위해 구조화된 질문지를 사용하고 있다. 구조화된 질문지란 각자가 체험한 구성요소에 대해 구체적으로 파악이 가능한 질문을 말한다. 구조화된 면접은 과거의 채용경험 자료와 이번 응시자의 수준을 보아 내용과 수준이 정해지고, 이러한 절차에 따라 면접일 이전에 질문과 평가척도가 정해진다. 모든 지원자들에게 동일한 질문을 하고 동일한 기준으로 평가하기 때문에 면접의 당락이 운에 따라 좌우될 가능성이 적다. 또한 면접 오류를 제거하기 위해 지속적으로 참여 면접관에 대한 사전 교육을 실시하므로 면접관의 주관이 개입될 가능성이 현저히 낮아진다.

[면접관의 구조화된 질문과 비(非)구조화된 면접 질문 비교]

구분	비(非)구조화된 면접 질문	구조화된 면접질문
평가기준	지원자들을 놓고 서로 비교	지원자들을 하나의 기준으로 비교
면접지 내용구성	특별히 정해진 양식 없음 (면접관이 임의로 작성 및 구성)	S(situation)-T(task)-A(action)-R(result)-(F)(feedback)
평가 방법	• 면접관 개인의 주관적 질문, 주관적 평정(평가) • 의견을 묻는 질문이 다수 • 각 면접관이 서로 상이한 기준에 의해 평가 • 면접관이 오류를 통제할 수 없음 • 면접과 성과 간의 관련성이 적음 • 1인당 평가시간 짧고, 지원자는 본인의 어떤 점으로 평가를 받았는지 알 수 없음	• 모든 지원자에게 동일한 질문, 동일한 평정 기준(척도) 적용 • 과거 경험이나 상황에서의 행동을 묻는 질문이 다수 • 면접 교육을 통해 면접관 간 점수의 일치도(신뢰도)를 높임 • 면접과 직무수행간의 관련성이 높음 • 1인당 평가시간이 상대적으로 길고, 지원자는 자신의 모습을 많이 어필(보여줄)할 수 있었다고 인식

[면접 질문 방법(예시)]

구 분	전통적인 면접 방식	NCS 기반 면접 방식
질문형식	경험유무 확인 또는 단편적 질문	다음 심층질문과 연계한 구조화된 질문
평가요소	평가자의 주관적인 판단에 의존	응시자의 실제 직무수행역량 수준
질문예시	• 자기소개 한번 해 보세요 • 남다른 자신만의 장점이 있다면?	어떤 일 또는 과제를 수행하면서 일의 프로세스를 개선했던 경험이 있다면 그 사례를 구체적으로 말해 주십시오
추가질문	• 술은 잘 마시나요? • 알바경험이 있는지요? • 사회성은 좋은지요?	• 그 당시 그 일을 더 잘하기 위해 응시자는 어떠한 노력을 했습니까? • 왜 그렇게 노력을 하였나요?

08 직무역량평가 면접 및 준비 방법

앞서서 일반 경험면접 및 NCS면접에 대해 이야기하였다. 자세히 살펴보았듯이 이제는 NCS면접적용 여부에 상관없이 공기업 및 일반기업 모두가 공통으로 구조화된 면접으로 진행하는 것이 기본이다. 직무수행에 관한 준비만 되어 있다면 굳이 면접 형식에 대해서는 구분할 필요가 없는 것이다. 기업이나 기관의 성격에 따라 질문내용의 방향과 깊이만 다를 뿐이다. 또한 역량 평가가 주류를 이룬다. 앞으로는 공기업 및 일반기업에 공통적으로 적용되는 면접 및 면접 준비 방법에 대해서 이야기하겠다.

[공통적으로 진행하는 면접 질문 4단계]

단계	1단계	2단계	3단계	4단계
질문분야	오픈멘트	기본질문	상황질문	심층질문
주요사례	• 오시는 길에... • 식사는 잘...	• 이력서 확인 • 자기소개서 확인 • 1분 자기소개	• 역량을 물어봄 (갈등해결, 직무 기술서 내용, 조직력, 지원이유 등)	• STAR-F 질문 (각 상황에 대한 매우 구체적인 내용 질문)

[면접 종류별 주요특징 및 답변 방법]

종류	목적 및 특징	답변방법
경험면접	• 선발하고자 하는 직무능력 및 역량을 발휘한 과거에 대해 질문	• 과거시점을 그대로 유지 • 지원직무와의 관련성 제시
상황면접	• 향후 직무수행 시 접할 수 있는 상황을 제시하여 응시자의 행동을 관찰하고 실제 상황을 예상함(미래 포함)	• 상황을 각 평가요소와 논리적으로 연계(조직력, 팀워크 등) • 가급적 경험과 행동을 일치
발표면접	• 특정 주제와 관련된 응시자의 발표내용과 질의응답을 통해 응시자의 역량을 평가	• 전체를 기승전결로 구성하여 주제의 논리성·완결성 유지 • 제시 주제의 명확한 이해

토론면접	• 토론과제 제시 후 토의 및 의견 수렴과정에서 나타난 응시자의 역량 및 상호작용을 종합적으로 평가	• 상대방 발언에 대한 논리적 구조와 설득력의 정도나 방법 • 제시자료 이해와 상호 간 작용

[피면접자 및 면접관수에 따른 면접 분류]

종류	방법 및 특징	답변 방법 및 유의사항
단독면접 (1:1면접)	• 전문직 채용 또는 중소기업이나 외국계 기업 등 소수 인원을 선발할 때 자주 활용되는 방법	• 면접관의 과잉 친절이나 압박성 면접에 유의
개인면접 (응시생1: 면접관 3~5명)	• 면접관 여러명이 한 명의 응시생을 대면하여 질문하는 형식	• 자세, 시선관리, 어휘구사에 유의하여야 하며 답변 시 항상 질문한 면접관을 보면서 대답
PT 면접 (주제발표식 면접)	• 문서작성능력, 지식, 시사상식, 전문성, 기획력, 분석력 등을 파악 • 시사적인 문제나 회사 내의 직무를 수행하는 데 직면할 수 있는 상황을 중심으로 주제 제시 (1인 1주제 당 5~10분 발표)	• 평소에 신문사설, 시론, 칼럼 등을 통하여 논리력, 사고력을 키우고 시사토론 같은 방송 프로그램을 시청하여 발표력, 어휘력 등을 향상
집단면접	• 다수의 면접관이 다수의 응시생을 면접하는 방법 (통상 응시생 5명: 면접관 5명)	• 면접 시간이나 질문의 횟수는 그렇게 중요하지가 않다.
집단토론식 면접	• 면접에 임한 응시생들에게 특정한 주제를 주고 토론하는 과정을 평가하는 면접 (팀당: 30분. 1팀: 5~8명)	• 주제에 입각한 발언을 하고 요점을 명확히 하기 위해 결론부터 이야기 해야 한다.

PT면접(주제발표식 면접: 프레젠테이션 면접) 준비 6단계

최근 공기업·일반기업 가리지 않고 더 많은 회사들이 응시자에 대한 종합적인 능력을 판단하는 요소로 PT면접을 요구하고 있다. 앞서 이야기했듯이 점점 서류작성 등이 정교하고 그럴듯하게 위장이 되어 있어서 직접 응시자의 창의력, 업무능력, 문서작성능력, 프로젝트 관리능력 및 커뮤니케이션 능력에 대해 확인해 보려는 취지로 간단한 발표를 요구하는 것이다. PT면접 방법은 크게 2가지로 서류전형 통과 전후(서류전형 전에 연락이 오는 경우도 있음)로 메일 등을 통해 응시자에게 서류전형 합격결과 통보와 함께 PT면접 발표 며칠 전(보통 2~3일 전쯤)에 과제(준비사항 등 포함)가 동시에 주어지는 방식이 있고, 면접 당일 본 면접 직전에 바로 주제를 설정(선택형 포함)한 후 작성 및 발표를 하는 방식이 있다. 어떤 유형이든 간에 이때부터 물론 면접은 시작되었다고 보아야 한다.

[PT면접 며칠 전에 과제를 부여 받은 경우(주로 대기업 또는 경력직)]

면접관은 서류평가를 통해 어느 정도 채용할 가능성이 있어서 직접 서류작성 내용(주위의 도움으로 작성했다고 알고 있음)에 대해 실제 보유 또는 준비능력을 묻고자 PT 과제를 선정하여 1인 발표를 요청한다(대부분 회사는 발표 전날까지 당일 발표할 자료를 사전에 지정된 이메일 주소 등을 통해 요구 했던 회사양식대로 파일명을 만들어서 압축 저장 후 송부하도록 함). 이때 주어지는 과제는 크게 2가지로 ①지원회사나 지원직무에 관한 것과 ②최근 사회적인 문제가 되는 내용에 대한 본인의 견해의 2종류이다.

선택 주제가 없이 단일 항목인 경우는 그대로 준비해야 하나, 객관식으로 여러 가지 중에서 1개의 주제를 고르는 자유선택인 경우에는 철저하게 자기의 지원분야나 지원직무와 가급적 관련이 조금이라도 더 관련되는 항목을 주제로 선택하여 자소서 등에 이미 기입한 내용과 일부 연계해 일관성 있게 발표 자료를 준비해야 한다. ②번으로 선택 시 사회경험이 없는 취준생들의 경우 아무리 주위의 도움을 많이 받아 수준 높게 발표(준비)를 잘했다고 해도 경험 많은 노련한 면접관의 눈높이에 도달하기가 매우 어렵다. 또 면접관도 취준생들의 발표 내용에 대해 몇 가지 질문을 해보고 발표 내용에 대한 질의응답 결과(전문성 등)와 이미 제출한 서류작성 내용 수준과의 격차가 벌어지면 신뢰를 하지 않아 오히려 점수가 낮게 나올 수도 있다. 특히 ②번의 경우 다수의 언론에 나와 있는 논평을 요약하여 전달하는 것이 중요한 게 아니라 이슈(issue)화된 본질적인 문제에 대한 여러분 개인의 직무수행 준비사항과 연계하여 견해를 어필하는 것이 매우 중요하다. 그리고 예비 조치로 전날까지 제출한 파일자료 등은 추가로 개인용 USB 등에 저장하여 당일에 지참을 하여야 한다. 만에 하나 제출과정에서 파일이 해킹이나 바이러스 침투 등으로 일부 잘못 전달될 수도 있고 각각의 SW 버전(version)이 달라서 내용이 다르게 표현되기도 하니(글자가 깨지기도 함) 필요 시 즉석에서 응시자가 새로 보완 및 수정하여 기존 파일과 교체를 할 수 있어야 한다. 면접 대기장에서는 진행요원이 그런 사소한 일들을 해주지도 않고 또 해줄 수도 없다.

[당일 PT면접 개시 전에 과제를 부여 받은 경우(공기업 인턴 또는 신입직)]

필자가 PT면접에서 면접관으로 참여해 보면 당일 즉석 주제 제시 및 발표인 경우 진행절차는 다음과 같다(이때 각 조나 시간대별로 주제가 각각 달라질 수도 있음). 대부분이 PT발표 전 스마트폰 등 각종 이용 도구를 모두 반납하고 주어진 복수의 과제 중 선택한 1개 과제에 대해 본인의 순수한 지식과 능력을 바탕으로 30분 정도 준비를 한 후 진행요원에게 작성 내용물을 제출하고 나서 순번대로 발표장에 들어가게 된다(신입직인 경우 일부회사는 각각의 주제에 대한 보충 설명문과 참고자료 등의 자료를 주제 선정 또는 발표 내용에 사용하도록 배부하여 줌). 아니면 과제 작성을 위해 미리 대기실에서 제공받은 매직 등을 사용하여 큰 종이나 투명판에 수기(手記)로 발표 자료를 만드는 경우도 있고, 정식 PC 도구를 제공받아 OA 능력을 활용하여 작성하는 경우도 있다.

어느 방법으로 진행을 하든지 대부분 1명씩 발표장에 들어가며, 실제 면접 발표장 안의 자리는 의자에 앉아서 하도록 준비가 되어 있지만 시작 전 미리 면접위원장의 허락을 얻어 서서 하는 것이 좋다. 면접관은 보통 이런 정도의 응시자 의견은 대부분 들어준다. 발표자와 면접관은 동시에 스크린(또는 수기 등의 작성지)을 보면서 면접을 진행하게 되는데 발표자에게 가장 중요한 포인트는 가급적 전체 내용이 기승전결 흐름을 유지하되 발표 내용을 지원회사 또는 지원직무와 연계하는 것이 가점 요인이 된다. 또한 PT면접은 다음과 같이 준비할 것을 권한다.

1단계: 발표 내용의 명확한 흐름을 잡아내라

발표 자료를 준비할 때는 전달하고자 하는 내용을 되도록 명확한 구조로 담아냈을 때 다른 응시자와는 차별이 되어 면접관의 눈에 띄는 데 도움이 된다. 면접관이 듣고 싶어 하는 분야가 무엇인지를 표정을 보고 먼저 파악한 뒤, 각각의 주제가 서로 간에 자연스러운 흐름으로 연결될 수 있도록 만든다.

[프레젠테이션 구조 잡는 방법: 기(起)–승(承)–전(轉)–결(結)]

① 서론부분(기): 발표하고자 하는 주제에 대한 간략한 개요를 전달하도록 구성한다(서론).

② 설명부분(승–전): 전달하고자 하는 의견을 자세하게 소개하고 글머리 기호 등

을 사용하여 각 요점을 강조한다(본론).

③ 요약부분(결): 프레젠테이션의 내용을 간결하게 요약하여 제시한다(결론).

2단계: 기존의 형식적인 프레임(틀)에서 벗어난 변화를 시도하라

회사에서 제공하는 파워포인트나 프레지 등이 있을 경우는 아이콘이나 여러 가지 도구를 사용하여 창의성이나 전문성을 강조하거나 돋보이게 작성한다.

> ※ [프레지(prezi)]
> 웹클라우드 기반의 프레젠테이션 도구로 계정만 등록하면 되고 프로그램을 별도로 설치할 필요가 없다. 발표 중 강조하고 싶은 부분의 글 머리 기호 등의 확대 및 축소가 가능한 3D 형식의 프레젠테이션을 만들 수 있는 OA 도구임.

3단계: 간결하게 만들어 주목도와 이해도를 높인다.

보통 최소 1개 슬라이드에서 최대 4~5개의 슬라이드가 있는 경우 전체를 5분, 7~8개의 슬라이드의 경우에는 10분 정도를 소요하는 것이 적합하고, 1개의 슬라이드 화면에 글자가 너무 많으면 눈에 쉽게 들어오지 않기 때문에, 되도록 간략하게 필요한 문자만을 담아 전체 발표 시간을 잘 배분하라. 발표 종료 후 면접관의 질문과 답변 시간을 고려해야 한다. 필자가 면접장에서 보면 흔히 시간 배분을 못하여 면접위원장이 중간 종료 1분전 쯤에 남은 시간을 알려주면 황급히 마무리하는 상황이 자주 발생한다. 주의해야 할 점이다.

4단계: 입실 전 발표 내용을 최대한 연습해라

프레젠테이션 면접을 자신감 있게 잘 진행하기 위해서는 사전 리허설은 반드시 해 보아야 한다. 우선 자신이 전달하고자 하는 바를 다 전달할 수 있는 지, 말할 때의 호흡과 시선처리는 적절한지 미리 확인하고 미리 적당하게 스스로 미세 조정을 하는 것이 좋다. 또 전체 흐름을 이해하고 있어야 긴장이 되더라도 발표가 끊기거나 중단이 되지 않는다. 혼자만이 발표를 하므로 긴장이 더욱더 되어 아는 것도 생각이 나지 않는데 무작정 외워서 발표하기란 무리다.

5단계: 전체 발표시간을 보고 시간을 관리하라

프레젠테이션 면접에서 또 한 가지 중요한 것은 주어진 전체 시간을 잘 관리하여 사용해야 된다는 것이다. 발표가 너무 빨리 끝날 경우 충분한 노력이 들어가지 않은 것처럼 보일 수 있고, 또 너무 길어질 경우에는 전반적인 관리능력이 부족하다고 보일 수 있다. 위에서 말한 대로 보통 종료 1분 전에 면접관이 잔여 시간을 알려주지만 그래도 앞부분에서 너무 시간을 많이 소비해 버리면 전체 내용이 부실해지기 마련이고 시간에 쫓기어 후반부 결론에 대해서는 발표를 제대로 못하는 경우도 생긴다. 미리 여러 번 시나리오(리허설)로 진행해보는 것을 권한다(면접관용 시계로 동시 활용이 가능할 경우 그 시계를 같이 활용해도 됨－강당 등).

6단계: 면접관의 질문에 대한 대비까지 생각하고 발표를 하라

대부분의 PT면접은 반드시 응시자의 선 발표에 이어서 면접관들의 5~10분 정도 후(後) 질문이 있게 된다. 응시자가 준비한 대로 잘 진행되어 완벽하게 발표를 끝내더라도 면접관의 질문이 있을 것이라고 항상 예상하고 대비하는 것이 필요하다. 많은 타응시자들과의 차별화를 위한 좋은 기회이므로 돌발 질문에 당황하지 말고, 사실에 입각(立脚)하여 솔직하고 간결한 답변을 잘 사용하여 면접관에게 깊은 인상을 주면 된다.

※ [PT면접 고득점 하는 방법]

- 목차 구성
  ① 주제선정 취지 및 목적(설정 근거: 지원직무 또는 회사와 연계 등)
  ② 관련 현황과 문제점 파악
  ③ 대안 제시를 위한 자료 분석
  ④ 최적의 대안 제시
  ⑤ 제시 대안에 대한 결론 및 기대효과

- **면접관 입장에서 생각해 본다**
  발표 내용은 보는 사람의 입장에서 만들어야 하고 주제와 본문의 내용이 눈에 잘 들어오며 짧은 시간에 핵심을 파악할 수 있게 작성하는 것이 중요하다.

- **핵심내용은 가능하다면 도식화(圖式化) 하라**

  도식화란 구조, 관계, 변화 상태 따위를 그림이나 양식으로 만드는 것을 말하며, 핵심 내용만 골라서 도식화하고 면접관이 화면을 통해 핵심 내용을 파악하고 응시자의 발표(전달)에 집중하게 만든다. 또한 픽토그램(pictogram: 사물이나 시설, 사회적인 행위나 개념 따위를 누구나 쉽게 알아볼 수 있게 단순화하여 나타낸 그림 문자. 또는 그런 그림 문자를 사용한 안내판이나 표지판. 주로 공공시설이나 교통 안내판 따위에 사용된다)도 활용하면 더욱 좋다.

인성면접 준비 방법

인성면접은 처음 단계부터 보기도 하지만 주로 보통 임원면접 등에서 많이 사용된다. 1차 직무면접 및 2차 역량평가 면접 등으로 이 면접 단계에서는 지원회사의 분위기나 대내외 환경을 어느 정도 접해 본 상태이므로, 결국은 이제까지 준비한 모든 내용에 대한 총체적인 면접이라고 보아야 한다. 그러므로 무조건 잘하기 보다는 실수를 안 하는 것이 더 중요하다고 볼 수 있다.

면접장에서의 담력, 실수 안하는 것, 잘못한 답변에 대한 관리능력, 질문에 대한 위험 회피 전략, 질문에 대한 이해력, 돌발 상황 발생 시 위기관리능력, 얼굴 표정에 이르기까지 지식, 기술, 태도 등 모든 요소가 면접 평가요소가 된다.

평가 방법은 구조화된 가점, 감점요소 등을 참고하여 면접관들이 지원자들의 표정과, 동작, 질문에 대한 답변(태도 포함) 등을 주의 깊게 관찰한 후 평가를 한다.

[인성면접 관찰요소]

표정 관찰	동작(태도) 관찰	언어 관찰
• 눈의 표정(흔들림 등) • 시선은 어디에? • 안색변화(당황할 때) • 안정된 호흡형태	• 대면자세(예. 예의바르고 당당한 모습인지?) • 바디랭귀지, 제스처는? • 오버액션 등	• 언어 표현이 솔직하고 정확한지? (예. 사용하는 어휘가 표준어인지?) • 완성된 문자 • 자신감 등

[인성면접 가점요소 및 감점요소]

가점 요소	감점 요소
• 적극성 있는 유형의 발언 • 답변에 명확한 핵심이 있고 그 내용에 정당한 논리가 있는 답변을 하는 경우 • 다른 사람의 정당한 발언에 공감하는 반응과 태도를 보이는 경우 • 긍정적인 태도로 표현을 하는 경우 • 개선될 수 있는 약점이라면 인정할 경우 • 구체적이고 세세한 답변을 할 경우 • 솔직하게 답변할 경우 • 남의 말을 잘 듣는 경우 • 열정이 있는 표현이 자주 표출되는 경우	• 표정변화가 심한 사람 • 눈을 마주치지 못하는 사람 • 의례적으로 큰소리로 답변하는 사람 • 알려진 뻔한 이야기를 하는 사람 • 질문할 기회를 주어도 답변을 못하는 사람 • 목소리가 지나치게 작거나 낮은 사람 • 발음이 부정확한 사람 • 말의 표현 방법이 우물우물 거리는 사람 • 말의 내용에 핵심이 없고 길기만한 사람 (중언 부언) • 상황파악을 올바르게 하지 못하는 사람

09 실전 일반면접 리허설(예시)

이미 언급했듯이 오늘날 면접은 기업의 유형을 막론하고 피면접자(응시생, 지원자)에게만 해당되는 것이 아니다. 면접관(면접위원)도 똑같이 면접에 참석한 피면접자들로부터 개인별로 평가(피드백)를 받는다. 과거처럼 고압적이고 망신을 주고 위압감만 주는 면접은 이제는 거의 없다고 보아야 한다. 누구나 공정하게 실력 대 실력인 것이다. 필자 또한 기관의 면접에 임할 때는 응시생들 보다 더 긴장을 한다. 채용회사에서도 이런 문제를 잘 알고 있고 그래서 최대한 면접관들도 경험 많은 사람들로 정예화하여 선발한다. 그리고 면접일 전날 밤까지 면접 장소가 있는 곳에 도착하여 면접관도 응시생들처럼 컨디션을 조절하고 면접장 주위를 둘러본다. 당일에는 면접개시 최소 30분 또는 1시간 이전에 면접위원 대기실에 도착해서 면접진행(면접 순서, 면접 해당직무, 면접방법, 면접위원 조편성, 블라인드 면접 주의사항 등)에 대해 다시 한번 교육을 받는다. 그러므로 여러분들이 면접장에서 부딪히는 여러 가지 돌발 상황과 면접관의 실수는 의도적인 시나리오일 가능성이 매우 높다. 다시 말해 실수가 나왔을 경우 여러분들의 당시 상황에 대한 대처 능력을 모두 평가하겠다는 것이다. 무작정 면박(面駁)주기 위해 하는 행동이 아니다.

[면접 평가 시 적용되는 고려사항(공통)]

구분	가점 요소	감점 요소
항목	• 적극적인 발언 • 논리적인 발언 • 다른 지원자에 대한 공감 표현 • 기본예의 및 태도가 바른 사람 • 두루뭉술이 아닌 구체적인 답변 • 산만하지 않는 차분한 답변 • 시종일관 밝은 표정 (질문에 대한 답변 전(前)과 후(後))	• 무표정한 모습 • 산만한 시선과 잦은 눈 깜빡거림 • 많이 들어본 듯한 틀에 박힌 답변 • 자신감 없는 목소리 • 부정확한 발음(우물우물 등) • 답변 시 '사실은, 솔직히' 등 섞는 경우 • 중언부언(重言復言)한 답변 • 불필요하고 장황한 답변 및 제스처

[면접 유형별 면접관의 평가 포인트(예시)]

유형	질문영역 또는 항목	평가내용
경험 면접	상황의 적절성	5W1H(그 일을 맡게 된 계기 등)
	상황판단 및 인식	본인의 역할과 과제가 무엇이었나?(팀활동 시 특히 주의)
	행동방향 설정	어떤 일을 어떻게 수행하였는가?
	행동목표 설정	어려움을 극복하고 목표달성을 위해 한 역할은?
	결과의 도출	본인의 행동에 대해 상대방의 뭐라고 말했나?
	결과의 평가	결과적으로 어떻게 마무리 되었나?(최종 내용)
압박 면접	태도	의연한 태도를 보이는가?
		자신감 있는 목소리 인가?
	표현력	창의력 있는 참신한 대답이었는가?
		정직한 대답이었는가?
		위트와 유머가 가미된 대답이었는가?
PT 면접	공통	실현 가능한 대안인가?
		논리적으로 구조화가 되어 있는가?
		목소리는 자신감이 있는가?
		시선은 면접관을 응시하는가?
		답변자세는 안정감이 있는가?
	발상 전환형	순발력과 창의적인 발상이 있는가?
	개념 정리형	개념에 대한 정확한 이해가 있는가?
	사례제시 분석형	대안을 제시하는 능력이 있는가?
		문제의 핵심을 정확히 이해했는가?
		정보를 정확히 찾아서 분석하는 능력이 있는가?
토론 면접	토론 참여	누가 발언을 먼저 했는가?
		사회자 역할을 스스로 맡았는가?
		조정자 역할을 누가 했는가?
		창의적인 아이디어를 가장 많이 낸 사람은?
		여러 각도로 분석 후 대안을 낸 사람은? (분석적인 사람)
		토론의 활성화를 위해 팀원들의 참여를 유도한 역할은?
		거론된 다양한 의견에 대해 통합하려는 노력과 능력은?
	토론 태도	상대방이 이야기할 때의 경청하는 자세는?
		자신감 있고 확신에 차있는 목소리인가?
인성 면접	태도(행동)	적극적인 과제 수행 여부는?
		합리적인 문제해결 능력은?
		인적 네트워크 능력 보유는?
		과제수행을 통해서 수행한 구체적인 학습 내용은?

일반 경험면접 진행방법

대부분 면접 대상자 대기 장소에 도착한 후 지정시간이 되면, 먼저 면접진행 요원이 여러 가지 당일 일정에 대해 참석자 전체를 모아 놓고 이야기를 해준다. 간혹 오전 팀과 오후 팀이 구분되거나 대기시간이 길어지면 추후에 민원이 들어올 여지가 있으므로, 상황에 따라서는 1시간 간격으로 구분하여 집합 장소와 시간을 알려주기도 한다. 여하튼 무슨 일이 있어도 요구하는 시간보다 최소 1시간 이전에 도착이 되어야 한다. 그리고 도착하고 나서는 편안한 마음으로 긴장을 풀고 대기하면 된다. 이후 조 편성이 끝나고 5~6인이 1조로 이동하여 면접장소에 들어가면 면접관도 5~6인이 있다. 1차면접은 대부분 면접관이 회사 간부들인 내부 면접관들이고, 2차와 3차는 내·외부면접관이 약(평균) 5 : 5 수준으로 동석을 하게 된다. 안내요원에 지시에 따라 빠른 번호가 안쪽으로 들어간다.

면접관 중 가운데 있는 사람이 위원장으로서 조별 면접을 진행하고 면접 시간을 체크하기도 한다. 신입사원인 경우 각 단계별 면접 시 5인 1조든, 6인 1조든 1인당 평균 3분정도 시간을 주고 구조화된 여러 가지 질문을 동일하게 한다. 첫째 질문이 1번부터 6번이면 공정하게 하기 위해 두 번째 질문은 6번부터 역순 또는 4번부터 시작을 하니 주의 깊게 면접관의 지시를 들어야 한다. 답변은 특별하게 면접관이 시간을 미리 안내하면 그 시간 안에 하면 되고 그렇지 않으면 30초~1분 이내에 무조건 마무리 해야 한다. 통상 1분이 넘어가면 다음 면접 대상자에 대한 배려로 면접관이 대부분 제지를 하므로 정작 답변하고자 하는 본인의 답변을 못할 수가 있다. 사전 예비작업으로 어느 면접이든지 막론하고 1분 자기소개서는 항상 필수적으로 준비를 하여 옷안에 휴대를 하여야 한다.

1분 자기소개서 작성법

요즈음은 각 기업별로 면접 방식이 다양하여 상황에 따라 다르지만, 그래도 공통적으로 대부분의 기업이 각 면접 첫 단계에서 꼭 빠지지 않고 물어보는 것이 1분 자기소개(서)이다. 단계별로 구분된 면접에서는 1분 자기소개를 1번 또는 2번 이상 요구하는 경우가 있기도 하고 또 전혀 없거나 지원동기와 연계하여 물어보기도 한다. 1분

자기소개는 어느 단계에서 필요로 할지 모르니 항상 준비를 해야 하고 형식이 아니라 내용이 중요하다. 또한 회사별로 1차 서류 요구 항목이 다양하므로, 먼저 제출 자료를 기준으로 여러 가지 질문 항목을 총정리 하여 요약 후 항목을 상대별로 비교하여 핵심적인 부분만 뽑아내 한 가지로만 절대적으로 준비하는 것보다는, 1차 및 2차 등 면접 단계별로 예상 질문을 가상하여 내용을 첨삭해 작성하는 것이 좋다. 1차면접은 1분자소서 발표 내용 중에서 판가름 나기도 한다. 왜냐하면 이 내용에서 면접관들은 질문을 1차로 추출하기 때문이다. 또한 경우에 따라서는 오히려 최종합격 이후 회사에 첫 출근 하여 부서장과의 만남에서도 이 내용의 일부가 필요한 경우도 있다(특히 공기업의 경우는 부서 배치나 업무 부여 시에 참고자료로 사용되기도 한다).

1분 자기소개서 항목 구성은 지원회사에 최초 제출한 지원서류 양식과 질문 항목에 따라 각각 달라지나 보통 지원동기와 비슷하게(회사별로 상이할 수도 있음) 준비를 하면 된다. 앞부분에 회사 개요, 중간에 본인의 직무관련 준비 내용, 끝부분에 향후 각오나 계획 등을 압축하여 작성 후 스스로 시간을 직접 재가면서 1분 이내로 마무리 되는지를 부지런히 연습하되, 1분이 초과될 시 글자수를 더 압축해야 한다.

도입부는 면접 통보를 받고도 며칠 이내로 작성을 할 수가 있지만 전개부는 만만치 않다. 현장실습이나 인턴십의 경우는 본인이 지원한 직무분야에 대해 기존에 제출한 서류를 기준으로 요약을 하되, 주로 직무경험과 관련 이론을 항목별로 정리하여 각 주제별 소제목만 끌고 와서 전개부에 넣어도 된다. 이럴 경우 끌고 온 소제목은 항상 지원분야와 관련(연계)이 되어야 한다. 다음장의 예시를 보면, E－커머스 운영팀이라서 예시에는 중요한 2가지만 서술했지만 2가지가 없는 경우는 가중치를 보아 더 낮은 항목이라도 포함을 해야 한다.

또한 신입사원직인 경우에는 이미 제출한 전체 지원서 문항을 보아 본인만이 합격해야 하는 이유, 본인만의 남다른 특·장점, 지원분야에 대한 준비직무 경험 등을 비교하여 가중치가 가장 큰 것 기준으로 지원분야에 가깝거나 회사의 사업목표 달성에 기여할 수 있는 키워드 항목을 골라내어 요약한 후 전개부(2~3개 이내)에 넣어야 한다. 종결부는 미래에 대한 향후계획이나 각오이므로 다소 미흡하더라도 당락에 크게 영향을 미치지 않는다.

[1분 자기소개서(예시)]

구분	비율	현장실습 및 인턴십직 (지원직무: E-커머스 운영)	비율	신입 및 경력사원직 (지원직무: 파이썬 스크립터)
도입 (서)	20 (%) 내외	안녕하십니까! 응시번호 1번 홍길남 입니다. (주)IKS는 디지털 광고 미디어 렙사로 데이터 기반 광고성과 예측을 통해 광고매체 믹스 제안 서비스를 진행하고 있습니다. AK텔레콤과 함께 개발한 MMS 기반의 CPS 광고 상품인 빅딜은 AI 큐레이션을 통해 온라인 최저가로 고객별 추천 맞춤 서비스를 제공하고 있습니다. (177자)	30 (%) 내외	안녕하십니까! 응시번호 1번 홍길동 입니다. (주)AT는 AI로 고객들의 꿈을 이루게 하자라는 큰 포부 아래, 쉬지 않고 달리고 있으며 세상의 모든 문제들을 AI기술로 쉽게 풀어나가는 회사로 AI안면인식 기술력은 국내 1위이며, 세계최고 수준에 위치하고 있습니다. (148자)
전개 (본)	50 (%) 이상	저는 압구정동 소재 백화점에서 약 6개월간 상품 판매 및 자사몰 상품 등록, 고객 응대를 통해 상품을 직접 판매하면서 상품에 대한 특징을 파악하고 온라인 쇼핑몰에 대한 전반적인 프로세스를 경험하였습니다. 또한 대학에서 마켓 이노베이션 과목을 수강하면서 포털의 RTB(실시간입찰)에 대해 공부했고 이 분야를 좀 더 깊게 알기 위해 프로그래매틱 광고도 공부하였습니다. 사용자가 웹사이트 또는 모바일 앱을 방문하면 광고주가 광고 공간을 놓고 경쟁 입찰하는 실시간 경매가 진행되고, 해당 광고주의 광고가 퍼블리셔의 웹사이트 또는 모바일 앱에 게재되는 과정 까지를 반복 실습하였습니다. (321자)	50 (%) 이상	저는 서울강남소재 (주)로직의 개발팀에서 현장실습을 하면서 Python 라이브러리인 Pandas를 이용해 데이터 Parsing과 Cleansing을 수행하였습니다. 이를 통해 빅데이터를 요구하는 대로 처리할 수 있는 능력을 기른 후, Python의 유용한 라이브러리를 자유롭게 다루면서 적합한 메서드를 선택할 수 있는 능력도 갖추었습니다. 이후 MySQL을 이용한 DB를 생성도 해 보았습니다. 또한 Python 언어에 능통하기 위해 한국정보인재개발원의 파이썬 프로그래밍 심화교육 과정을 수강 후 파이썬의 주요함수와 모듈을 모두 사용해 보았으며 제어문, 조건문, 반복문에 대한 개념도 확고히 했습니다. (336자)
종결 (결)	30 (%) 내외	위와 같은 온라인 및 오프라인 광고홍보 및 실습 경험을 바탕으로 (주)IKS의 E-커머스 운영팀에서 일해 보고자 지원하였습니다. 감사합니다. (76자)	20 (%) 내외	이처럼 저는 파이썬 언어를 이용한 빅데이터 처리능력, 파이썬 주요함수와 모듈을 모두 사용해 본 경험 등을 바탕으로 (주)AT의 파이썬 스크립터로 일해 보고자 지원하였습니다. 그리하여 AI영상인식 분야의 최고 전문가가 되도록 쉬지 않고 노력하겠습니다. 감사합니다. (146자)
소계	100	574자	100	630자

주) 각 파트별 분량은 지원회사의 규모, 주력사업과 지원직무에 따라 일부 증감이 가능함

면접장 내에서의 진행질의 응답 프로세스(공통 사항)

면접 당일에는 기업 내 타부서에서 직접 진행요원을 지원형식으로 파견하는 경우도 있고, 외부 전문 업체가 전체일정을 관리하는 경우도 있다. 그 내용은 중요하지 않으나 항상 당일 면접이 1차인지, 2차인지, PT면접인지, 혼합(최근에는 오전과 오후로 나누어서 당일에 모두 면접을 마무리 하는 사례가 늘고 있음)인지를 알고 있어야 한다. 또한 안내에 따라 스마트폰을 반납하거나 수령과 반납을 반복하기도 하고, 조별(예, 오전조와 오후조)로 응시자 간 상호 만나지 않도록 동선을 별도 관리하기도 하니, 각각의 절차에 대한 대기장소와 면접장소가 수시로 바뀌거나 변경될 수 있다는 점을 꼭 미리 알아두어야 한다.

[공기업 블라인드 면접진행 프로세스(전 직무(실습 및 취업) 공통)]

단계	담당자	면접관	피면접자
면접대기	진행요원	면접위원별로 착석 및 조별 시간체크 준비	면접대기실
입실	진행요원	빠른 번호순 대로 안쪽으로 앉도록 (재)안내	이동 및 착석
면접전형	면접 위원장	오늘 우리 기관(기업) 면접에 참여하여 주셔서 감사드립니다. 지원자 번호(공기업은 이름이 없음)부터 확인하겠습니다. (※ 면접관 및 응시자 모두 마스크를 벗어주세요(투명마스크 사용시 생략). 우리기관은 공정한 면접진행을 위해 기피 및 제척 제도를 운영하고 있습니다. 여러분께서 아시는 면접관이 있으면 손을 들거나 지적을 하여 주시기 바랍니다(이때 지적당한 면접관은 바로 퇴실하고 그 자리는 비운채로 진행함). 없으십니까? (예). 그러면 면접을 진행하겠습니다. 많이 긴장이 되실텐데 편하게 답변하여 주시기 바랍니다.(이때 “라포”를 사용하는 경우도 있음). 본 면접은 블라인드 면접으로 개인정보를 유추할 수 있는 답변은 감점요인이 될 수 있으며, (답변)시간이 제한되어 있으므로 답변이 길어지면 각 면접위원이 중단하고 추가질문을 할 수도 있습니다. 괜찮으시죠? (예) 그러면 지금 부터 면접을 시작하겠습니다.(약2분)	안쪽부터 빠른 번호 순서대로 착석하되 결시자 자리는 비우고 그 다음 자리부터 의자 뒤로 서서 인사 후 착석함. (이때 단체 차려, 경례, 착석 등의 구호는 필요 없음-진행요원이 미리 안내함)
	1번 면접위원	그럼 첫 번째 질문을 드리겠습니다. 답변 순서는 1번부터 6번까지 앉아있는 순서대로 답변을 하여 주시기 바랍니다. “각 1분 자기소개를 하여 주시기 바랍니다.”(총6분)	(1번 응시자) 네,답변드리겠습니다. ...
	2번 면접위원	두 번째 질문 드리겠습니다. 이번에는 공통질문이구요. 답변시간은 30초 이내입니다. 답변순서는 이전과 반대로 6번부터 1번까지 역순으로 답변하여 주시기 바랍니다. “응시자 본인이 학교나 대학 밖의 기업이나 단체에서 창의적인 아이디어	(6번 응시자) 네, 답변드리겠습니다.

		로 업무를 개선했거나 아이디어를 제시한 사실이 있으면 답변하여 주시기 바랍니다."(총3분)	
	계속...	계속...	계속..
면접정리(생략도 가능)	면접 위원장	네, 성실한 답변 감사드립니다. 시간이 약간만 남아서 간단히 답변하여 주시기 바랍니다. 오늘 면접을 많이 준비하셨을 텐데, 준비한 답변이 안나왔다든지 꼭 이것만은 말씀드려야겠다거나 본 기관에 대해 하고싶은 말이 있으면 준비된 응시자부터 손을 들고 말씀하여 주시기 바랍니다.(4번 거수) 네, 4번 응시자 말씀하여 주시기 바랍니다.(약 2분)	(4번 응시자) 네. 답변(말씀) 드리겠습니다.
면접종료	면접 위원장	네, 장시간 오늘 면접에 수고가 많으셨습니다. 면접은 종료되었습니다. 이제 돌아가시면 되겠습니다. 밖으로 나가셔서 진행요원의 안내를 받으시기 바랍니다. (※ 좋은 결과가 있기를 기대 합니다)	개인별 인사 후 역순으로 퇴장
퇴장 이후	면접관	면접 위반사항 유무 교차 체크 후 개인별 평가완료	다음 장소 이동

[※ 라포(rapport)]

- 의미: 의사소통에서 상대방과 형성되는 친밀감 또는 신뢰관계를 말하는 것으로, 면접장에서는 피면접자가 빠른 시간 안에 긴장을 풀고 충분히 준비한 실력을 발휘하도록 하기 위해 면접관이 먼저 말을 건네주고 받아 편한 자세로 답변하도록 하는 관계 설정을 의미함.
- 기능: 면접(장)에서의 정확한 정보를 얻기 위한 주요한 방법
- 사례: ①(도입부) "식사는 잘하셨습니까?", "오시는데 불편한 점은 없었습니까?" 등
  ②(언어적) "너무 긴장하지 말고 편하게 답변하세요"(중간에도 가능)
  (비언어적) 피면접자의 대답에 고개를 면접관이 끄덕임 또는 눈맞춤 함

[일반(경험면접)면접 질문의 기본 구성도(예시)]

질문 내용			**기업 또는 대학 내·외 조직(집단, 그룹, 팀 등)에 속한 다른 구성원들과 협력하여 어떤 문제를 해결했거나 목표를 달성했던 경험이 있으면 이야기하여 주시기 바랍니다. 답변 시간은 1분입니다.**
심층질문	상황(situation)		(그 당시) 당신이 속해있던 조직이 처한 상황과 목표로 하고 있었던 과제는 무엇이었습니까?
	과제(task)		당신이 그 팀에서 수행한 일(역할)은 무엇이었나요?
	행동(action)	상생 에너지 창출노력 및 기여	조직내 각 구성원들 간의 협업은 어떻게 이루어 졌으며, 당신은 그 구성원들의 협조를 이끌어 내기 위해 어떤 노력을 하였습니까?
			팀 내 정보 및 자료와 아이디어에 대한 공유는 어떤 식으로 이루어졌으

			며, 당신은 소속한 팀 내 구성원들의 협조를 이끌어 내기 위해 어떤 노력을 하였습니까?
			그 당시 당신에게 맡겨진 역할 이상으로 노력한 부분은 무엇이엇으며, 그 노력한 결과가 목표달성에 얼마나 큰 영향을 미쳤다고 생각하시나요?
	결과 (result)		그래서 그 결과는 최종적으로 어떻게 되었나요? 초기 계획했던(문제해결 또는 목표달성 수행과제) 것들은 모두 해결하셨나요? (아니오) 해결하지 못하셨다고 했는데 그 이유는 무엇이라고 생각하나요?

[경험면접 질문 실제 사례]

주질문	세부(심층) 질문
어떤 일을 시작하기에 앞서 소속팀 구성원들에게 이 일의 내용을 설명하고 방향을 제시했던 경험이 있으면 이야기하여 주시기 바랍니다.	[상황설정 및 과제] 위 사례와 관련하여 그 당시 상황을 구제적으로 이야기하여 주시기 바랍니다. 예를 들어 언제 있었던 일이며 관련된 사람은 누구였습니까? [본인의 역할] 이 일에 대해 본인이 실제로 했던 역할은 무엇이었습니까? [일한 행동] 소속 구성원들에게 원활하고 효율적으로 일이 마무리 되도록 일의 진행 방향에 대해 설명하기 위한 노력은 주로 어떤 것들이 있었습니까? [최종결과] 그런 결과로 달성된 내용에 대해 말씀하여 주시기 바랍니다.

[상황면접 질문 실제 사례]

주질문	세부(심층) 질문
당신은 토익990점, 학점 4.45로 세칭 거의 최고의 취업 스펙을 보유하고 있습니다. 그런데 실제 우리 공단에 입사 후 3개월이 지나도록 당신보다 더 스펙이 낮은 입사동기생들에 비해 업무역량이 뒤쳐진다고 평가 받을 때 어떻게 하시겠습니까?	[핵심이슈] 제시된 상황에서 파악한 가장 중요한 이슈는 무엇인가요? [중요과제] 이 문제를 해결하기 위해 고려할 사항은 무엇인가요? [판단근거] 그렇게 생각한 이유나 근거는 무엇인가요? [실천행동] 그러면 이 과제를 해결하기 위해 구체적으로 어떻게 하시겠습니까? 또한 어떤 점을 고려하여 그런 결정을 하시게 된 겁니까? [기대효과] 그렇게 행동을 함으로써 얻을 수 있는 구체적인 효과는 무엇인가요. 또 그렇게 생각하는 이유는?

[PT면접 질문 실제 사례]

주질문	세부(심층) 질문
지원자는 아래 제시된 자료를 검토한 뒤 본 은행의 업무효율성을 증대시키고 매출을 확대시킬 수 있는 방안을 제시하여 주시기 바랍니다.	[제시문: 빅블러] 빅블러(Big Blur)는 "경계융화가 일어나는 현상"을 의미한다. 좀 더 구체적인 정의는 "소비자 역할, 기업 관심사, 서비스 역할, 비즈니스모델, 산업장벽, 경쟁범위의 6가지 측면에서 동시다발적인 힘이 작용하며 생산자-소비자, 소기업-대기업, 온·오프라인, 제품 서비스간 경계융화를 중심으로 산업/업종간 경계가 급속하게 사라지는 현상"을 뜻한다. 하나의 시대적 흐름으로 비즈니스영역에서 주요 경계가 사라지고 있으며 이에 따라 사는자와 파는자, 작은것과 큰것, 만질 수 있는것과 없는것(서비스와 제품, 오프라인과 온라인)의 경계에서 다양한 혁신의 새로운 흐름이 일어나고 있음을 일컫는 말로 특히 최근 유통혁명, 금융혁명과 관련하여 빅블러를 주요한 현상 중 하나로 기업들이 받아들이고 대응하고 있다. [출처: 위키백과] [문제점 분석] 그렇게 판단한 근거는 무엇인가요? 주로 본 은행의 어떤 부분과 관련이 된다고 생각하나요? [대안의 모색 및 제시] 그 대안이 본 은행 매출 확대에 어떻게 관련이 되나요? 그렇게 판단한 이유나 근거는 무엇인가요? [기대효과] 어느정도 매출확대가 될 걸로 예상되나요? 응시자의 기대대로 업무가 효율적으로 개선이 되고 덩달아 매출이 비례해서 확대된다고 말하는 근거는 무엇인가요?

[토론(집단)면접 질문 실제 사례]

주질문	세부(심층) 질문
지원자는 아래 제시된 자료를 검토한 뒤 조 구성원들과의 토론을 통해 서울시의 적절한 버스 및 지하철 요금 인상 방안을 도출하여 제시하여 주시기 바랍니다.	[제시문: 서울시, 버스·지하철 요금 인상 하반기로 연기] 서울시가 대중교통 요금 인상을 하반기로 미뤘습니다. 서울시는 오늘(15일) 버스와 지하철 기본요금 인상 시점을 하반기로 조정한다고 밝혔습니다. 지속되는 고물가로 인한 서민 가계부담을 고려하고, 정부의 공공요금 상반기 동결 기조에 호응한다는 취지입니다. 시는 최근 지하철과 버스 요금을 최대 400원 인상하는 방안을 오는 4월 시행을 목표로 추진할 계획이었습니다. 대중교통 요금 인상 시기는 미뤄졌지만, 인상을 위한 행정절차는 계획대로 진행될 예정입니다. [출처: 연합뉴스TV(2023.2.15.)] [당면 문제점 분석] 그렇게 판단한 근거는 무엇인가요?

	서울시의 상반기 중 요금 동결 계획은 적절한 방안인지요? [대안의 모색 및 제시] 그 제시한 대안 이외에 다른 대안은 없었나요? 그렇게 판단하고 제시한 이유나 근거는 무엇인가요? [기대효과] 하반기로 연기 시에 기대 효과는 무엇인가요? 연기 시 서울시의 운송수입 누적 적자는 더욱더 커질 것으로 판단되는데 여기에 대해 제시한 대안이 적절한 이유가 된다고 생각하는 근거는 무엇인가요?

[인성면접 질문 실제 사례]

주질문	세부(심층) 질문
간단히 자기소개를 한번 해보세요	산업공학을 전공하셨는데 왜 전공과 다른분야인 반도체분야에 지원하셨나요?
	우리 회사에서 계속 근무하여 향후에 최종 어느 직위까지 올라가고 싶은가요?
	다른 지원자보다 본인만의 더 나은 점이 있다면 무엇이라고 생각하나요? 말씀해 주세요.
리더십을 발휘한 경험이 있었나요?	존경하는 사람이 누구라고 이야기 하셨는데 그 이유는요? 감명 깊게 읽은 책이 있다면 무슨 책이며 그 이유는요?
	공동체 생활에서는 갈등이 필연적으로 생기게 되는데 이제까지 그런 경우는 어떻게 해결해 오셨는지요?
	이력서를 보니 매우 열심히 살아오셨는데 마지막 하고 싶은 이야기가 있으면 이야기 하여 주세요. 시간은 30초 드립니다.

10 일반적인 면접 답변 방법

사실 이 부분에서 '면접 답변 방법'이라고 기술하는 것이 필자로서도 약간 어색하기도 하다. 면접은 여러 번 언급했듯이 ①지원회사에 대한 지식, ②지원분야 직무에 대한 준비내용, ③본인의 인·적성 관련 부분 등 3개 부분이 주된 질문 항목이다. 기타 부분은 질문이 있더라도 당락과 크게 관련이 없다고 보면되며 이들에 대한 답변 방법은 며칠이나 몇 주 날밤 새워 준비했다고 되는 것이 아니다. 고도로 훈련된 면접관들은 단순한 한두 개의 질문과 답변만을 기준으로 측정을 하는 것이 아니다. 응시자가 이제까지 입사하기 위해 해왔던 대학 내 및 대학 이외의 모든 활동에 대해 깊이 있게, 순서에 상관없이 동일한 질문을 계속 반복하는 경우가 있더라도 반드시 물어볼 것은 꼭 물어보면서 신중하게 평가를 하게 된다. 즉 질문은 동일하지만 답변 방법은 면접 단계별로 각각 다 달라야 맞는 것이다. 그러나 일반적으로 관례화된 면접 질문에 대한 답변하는 형식이 있으니 이 부분만 설명을 해보겠다.

이미 언급한 바 있듯이 평소에는 말도 잘하고 대인관계도 좋은 사람이지만 실제 면접장에 들어가 보면 누구나 자신의 실력을 다 발휘하지 못하는 것은 당연한 것이다. 피면접자가 한두 개 모르는 질문에 대해 답변을 못하거나 한두 개 정도 답변 실수 또는 잘못 답변했다고 너무 후회할 필요는 없으며, 실수를 가급적 줄이되 아는 것을 최대한 잘 답변해야겠다는 편안한 자세가 오히려 면접에 더 도움이 된다. 필자 또한 지금도 그런 것을 느끼고 있다. 대학교수나 각급 학교교사들도 매일같이 진행하는 강의나 수업에 최선을 다하지만 항상 강의나 수업 이후에는 본인의 의도한 대로 잘 안되어 부족함을 느끼기도 하고 어렵게 전달된 내용이 있다는 것을 느끼게 되어 있다. 하물며 더 긴장이 되는 면접은 얼마나 많은 실수나 오류가 나오겠는가? 물어볼 필요도 없다.

면접답변은 SMART 기법으로 하라

면접 답변 SMART 기법이란 'Specific(구체적으로)-Measurable(측정(평가)이 가능하게)-Action Oriented(행동지향적으로)-Result Focused(결과 중심으로)-Time Bounded(정해진 시간(또는 기간)안에)'의 앞 글자를 줄인 것이다. 본래 조직이나 기업에서 목표나 계획을 수립할 때 활용하는 도구로써 흔히 사용되어 왔으며, 여러 가지 상황에 따라 몇몇 단어를 다른 단어로 바꿔서 사용하기도 한다. 그런데 이 기법은 꽤나 범용적인 속성을 가지고 있어서 목표 수립 기법 이외에 다른 용도로 활용을 해도 유의미한 가치를 지니고 있다. 앞서 일부 이야기 했듯이 SMART 면접 답변 기법은 단순히 면접장에서 면접 질문에 대답하는 것 말고도 이미 제출했던 자기소개서 내용과도 그 맥이 상통(相通)해야 한다. 전혀 다를 경우 아무리 잘 답변을 했다고 하여도 좋은 점수를 받기가 어렵다. 앞뒤가 다르기 때문이다. 그러므로 면접참석 연락이 오면 즉시 기업에 제출한 모든 서류들에 대해 순서 및 항목대로 잘 정리하여 구체적인 요구 항목별 전후 상황에 대하여 다시 한번 상세히 확인을 해보고, 1차 답변에 대한 2차 이후 압박질문에 대비하여 활동을 통해 얻은 결과물이 무엇인지 정확한 숫자와 일정 등을 체크해 두어야 한다. 또한 답변에 대한 가중치는 앞서 설명한 대로 자소서안(서류)에 적용된 가중치(키워드) 순서대로 답변을 해야 동일한 답변을 하더라도 위원들로부터 좋은 점수를 받을 수 있다.

Specific: 구체적으로 이야기하라

입사 후 실제로 일할 능력을 물어보는 것이 주 목적이므로 당연히 경력과 경험 중 기업체에서 수행한 경험이나 사례를 우선적으로 구체적인 답변을 해야 한다. 면접장에서 질문에 대한 구체적인 답변은 면접관에게 베푸는 친절이며, 지원자 본인에 대한 적극적인 홍보이다. 5W1H를 기준으로 전달하려는 내용의 배경과 환경, 전후 상황부터 상세하게 이야기해야 한다. 구체적으로 답변하면 답변 내용도 좋아지고 반대로 이후 질문받을 내용도 적어지게 된다. 또한 면접관은 지원자의 답변 내용을 이해하기가 보다 편안해져 지원자에 대해 깊게 파고들기 위한 면접관의 질문의 수도 자연스레 줄어든다. 만약 블라인드 채용면접인 경우, 답변 내용이 애매할 경우 미리 답변 내용에 들어가는 항목에 대해 현장실습 회사명 등의 고유명사 등을 포함하여 답변해도 되는지를 면접관에게 답변 시작 전에 미리 물어보고 나서 본답변을 해도 된다.

Measurable: 측정이 가능한 것들은 정확한 숫자를 제시하라

팀 등 전체 숫자보다는 실제 본인이 한 역할에 대한 결과치를 가지고 숫자를 제시할 경우 신뢰도를 높여주는 놀라운 힘이 있다. 면접관은 지원자가 말하는 내용에 대하여 보다 집중하게 될 것이고, 지원자가 정확하고 세밀한 사람이라는 인상까지 가지게 될 것이다. 실제 추후에 회사생활에서는 모든 것을 정확한 숫자로 설명하고, 설득해야 하는 일이 매우 많다.

Action Oriented: 실제 경험 속 행동을 중심으로 이야기하라

기업은 혼자서 일하는 곳이 아니라고 수없이 이 책에서 언급을 하였다. 면접관은 지원자가 입사 이후 자기 기업의 조직 내에서 실제 어떤 모습으로 행동(일) 할 사람인지 궁금해 한다. 그러므로 자신의 특성을 잘 표현할 수 있는 다양한 활동 사례를 가중치를 중심으로 가중치가 큰 것 부터 미리 준비해 두어야 한다. 가급적 대학 내 활동보다는 대학 밖에서 조직적 활동 또는 기업체 현장실습(인턴십 포함) 등의 활동 상황을 먼저 이야기하고 특정한 상황에서 응시자가 구체적으로 어떠한 행동을 보였는지와 그 행동을 한 이유 또는 근거(방법)가 무엇이었는지를 논리 정연하게 설명해야 한다.

Result Focused: 경험을 통해 얻은 결과를 소개하라

기업은 그 유형을 막론하고 주어진 목표에 대한 성과 창출에 목숨을 거는 조직이다. 공기업 및 공무원 또한 마찬가지이다. 면접관들은 이제까지 어떤 분야에서 지원자가 어떤 성취를 해왔는지 면밀히 살펴보고, 앞으로 입사 후 기업에서는 어떠한 성과를 도출해 낼지를 예측하여 판단한다. 이를 성과 지향적 면접이라 하는데 각자의 실전 경험 속에서 본인의 행동과 노력으로 인해 얻은 결과물들을 제시해야 한다. 구체적으로 눈에 띄는 가시적인 결과물이 좋고, 이것마저 없으면 다소 추상적이지만 본인 내면의 변화도 좋다. 나름대로의 기업 안에서 겪었던 직무수행 준비와 관련된 의미가 담겨있는 결과물을 반드시 먼저 이야기하는 것이 더 좋다.

Time Bounded: 언제 있었던 일(활동)인지 시기를 언급하라

흔히 시중의 취업관련 자료를 보면 앞서 언급한 대로 한결같이 자신의 역할에 대한 구체적인 언급도 없이 자극적인 내용, 에피소드 등을 곁들여 가면서 무조건 근거가 부족한 상태로 소속팀이나 조직이 수행한 결과치를 말하라고 하는 경우가 많다. 면접 답변은 그렇게 하는 것이 아니라 본인(개인)의 역할과 그 역할에 대한 측정이 가능한 숫자를 제시하여 신뢰도를 높여주어야 한다. 즉 구체적으로 답변한 응시자의 이 경험(경력)들이 언제부터 언제까지 겪었던 일들인지 명확하게 언급하여 면접관들로 하여금 답변에 대한 신뢰감을 높여야 한다. 다시 말해 5W1H에 더하여 제한 시간(기간)을 두고 계획을 설정하고 수행했다는 것을 이야기 하여야 한다.

PART 08 합격 자기소개서 및 면접 Q&A

01 1분 자기소개서-전체공통(인문 및 이공)

02 전공 및 직무별 합격 자기소개서

1) 현장실습직(1차): 대학복귀형(이론준비)

2) 일반정규직(현장실습 2차 및 인턴십 포함): 대학미복귀형

(수록순서: 계열-전공명-지원직무 가나다순)

구분	전공명	지원 분야별 직무
인문 사회 계열	E-비즈니스	온라인마케팅
	국제경제학	수출입업, 해외영업
	경영학(계열)	경영지원, 공기업(기획,회계) 기업회계, 기획 및 전략, 기획 및 홍보, 마케팅, 물류 및 유통, 미디어렙, 쇼핑몰마케팅, 온라인마케팅, 온라인쇼핑몰, 인사·총무, 재무관리, 재무회계, 회계
	수학(통계)과	교육콘텐츠개발, 데이터분석,
	신문방송(언론)	동영상제작·디자인, 온라인마케팅
	심리학과	인사-인적성검사
	화학과	품질관리, 특허등록
자연 이공 계열	건설환경	공사설계 및 시공
	건축공학	건축시공, 건축디자인
	기계공학	3D모델, 기계가공, 레이저마킹, 로봇제어, 플랜트, 플라즈마
	반도체공학	전장설계, 반도체설계 및 공정, 포토공정, 포토리소그래피
	사이버보안	보안솔루션 진단
	산업공학	물류, 생산 및 품질관리, 품질관리
	소프트웨어(SW) 공학	AI, DevOps, HW/SW, 게임, 데이터서버, 미디어아트, 보안, 소프트웨어(SW) 개발, 웹개발, 웹구축, 웹프로그래밍, 프론트엔드, 웹디자인, 인공지능, 자동화프로그램, 백엔드
	신소재공학	열처리, 반도체소재 개발
	응용화학생명	분자세포 실험
	자동차공학	소프트웨어(SW) 개발, 자율주행
	전자(전기)공학	반도체공정, 반도체소자(회로), 반도체장비, 분산제어시스템, 임베디드SW, 품질관리, 회로설계
	화학공학	공정설계, 바이오지문인식, 플랜트, 화학약품제조
	환경안전공학	화학안전컨설팅

03 실전 면접 Q&A

□ 창의력

□ 조직력

□ 성격의 장단점

□ 어려운 일 극복사례

□ 성공한 일

□ 실패한 일

□ 존경하는 인물

□ 좋아하는 책

□ 컴퓨터 활용능력

[참 고]

다음의 합격 자기소개서 작성 내용은 이미 각 기업에 제출하여 합격이 된 사례이므로, 본 내용에 대한 전부 또는 일부를 재복사 또는 재인용 시 오히려 서류전형 등의 평가에서 감점 요인이 될 수도 있음을 알려드립니다. 부득이 인용이 필요한 경우는 필자가 제시한 작성 형식과 주제 및 키워드별 가중치에 의한 질문 항목별 내용 전개 방법, 소제목 배열순서와 방법, 문장사용에 따른 용어(낱말) 사용수준 등만 참고하시기 바랍니다. 또한 예시에 나온 내용 중 주소, 기업명, 부서명, 지도교사명 등의 고유명사 부분은 필자가 필요에 따라 일부 내용을 변경하였으며, 최종합격요인은 본내용 이외에 기업별 여러 질문 문항과의 상호연관성, 전문성 등의 전체 구성내용을 고려하여 종합적으로 평가되었음을 알려드립니다.

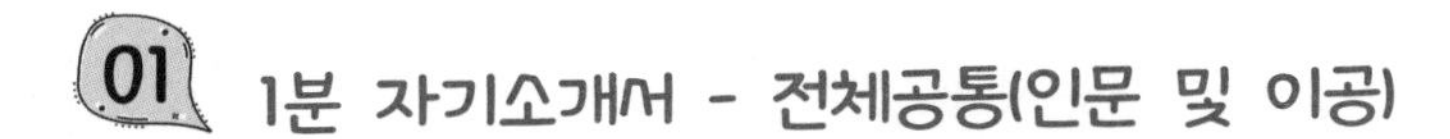

01 1분 자기소개서 - 전체공통(인문 및 이공)

1분 자기소개서 - 인문 · 사회계

[지원분야: 마케팅], [지원직무: 온라인마케팅-쇼핑몰]

안녕하십니까? 온라인마케팅－콘텐츠개발 분야에 지원한 정길동입니다. ㈜TK통신은 우리나라 통신산업중 무선 30%, 인터넷 40% 이상을 차지하는 대한민국 최대 통신회사입니다. TK는 올해 본격적으로 디지털 플랫폼 기업으로 정체성 강화 및 차세대 통신기술에 자율주행, 인공지능(AI), 사물인터넷(IoT) 등 첨단 기술을 접목해 디지털 전환 수요를 흡수하겠다는 전략을 세웠습니다.

저는 이러한 회사의 미래상품인 디지털전환 수요 고객을 확보하기 위해 다음과 같은 준비를 하였습니다. 대학 3학년 때 온라인 이커머스 홍보관련 ㈜아시아의 SNS팀에서 현장실습중 STP전략으로 맞춤형 광고를 제안해 쇼핑몰 판매상품에 대한 매출을 향상시켰고, ㈜문화홈쇼핑에서는 마케팅 인턴으로 근무하면서 소싱 파트너사에 대한 전반적인 마케팅 기획, 광고 매체 운영전략을 수립하였습니다. 4학년 때는 기존에 수행했던 2번의 온라인 마케팅 실습경험을 바탕으로 ㈜미디어 퍼포먼스 마케팅팀에서 각 판매상품에 대한 시간대별, 가격대별, 지역별 구매자 성향을 면밀히 분석하여 우수 고정고객으로 연계하기 위해 요일 단위로 CPC, CPA 기법 등을 활용하여 구매 성향을 분석하였습니다.

저는 이와 같은 온라인 마케팅의 여러 분야에서 수행한 작지만 소중한 경험을 통해 ㈜TK의 온라인마케팅 홍보팀에서 일해 보고자 지원하였습니다. 감사합니다.

※ 참고: 이해를 돕기 위해 본 교재 내 수록된 예시 자료를 인용하였음.

1분 자기소개서 - 자연·이공계

[지원분야: 반도체설계], [지원직무: 회로설계]

안녕하십니까? 반도체설계－회로설계 분야에 지원한 박일연입니다. ㈜GD반도체는 현재 120조라는 천문학적 자금을 투입하여 경기도 용인에 반도체 클러스터를 만들고 있습니다. 또한 인텔의 낸드사업부 인수와 키파운드리를 인수하여 D램 중심의 메모리 업체가 아닌 종합반도체 기업으로 나가고 있습니다.

저는 반도체 제품양산에 따른 제품 불량분석 업무와, Schematic 제작 후 설계 제약 조건을 관리하는 업무를 수행한 바 있습니다. 첫 번째인 제품 불량분석 업무는 대학 4학년 때 6개월 장기현장실습으로 경기 화성의 콘셉에서 OFI의 다양한 광학기술을 사용하여 소자 불량의 원인을 찾아낸 후 전기적 인 고장 원인을 분석하였습니다. 두 번째인 Schematic 제작 후 설계 제약조건을 관리하는 업무는 2022년 여름 방학 때 2개월간 성남의 LTT의 개발팀에서 Migrate Constraints 창으로 Migrate constraints from schematic design 옵션을 부여하는 방법과 PCB Editor에서 작업한 Constraint Manager를 테크 파일로 Export하여 설계제약 조건 데이터를 내 보내 파일을 관리하는 등의 방법으로 회로 설계자가 PCB 설계자에게 설계 환경을 전달하거나 설계된 데이터와 PCB 간에 발생하는 문제점에 대한 해결 방법을 실습하였습니다.

저는 이와 같은 반도체 회로설계 업무와 관련하여 관련 분야의 기업에서 수행한 현장실습 경험을 바탕으로 ㈜GD반도체의 반도체 회로설계팀에서 일해 보고자 지원하였습니다. 감사합니다.

※ 참고: 이해를 돕기 위해 본 교재 내 수록된 예시 자료를 인용하였음.

전공 및 직무별 합격 자기소개서

1) 현장실습직(1차)-대학복귀형(이론 준비)

□ 인문사회계(※복사 및 인용금지-이하동일)

<table>
<tr><th colspan="2">전공 및 분야</th><th>경영학 계열</th><th>업종·기업</th><th>에어컨 등 전자제품 제조/대기업</th></tr>
<tr><td>구분</td><td>지원
직무</td><td>경영기획
(전략수립)</td><td>요구 사항</td><td>• 전략기획의 직무역량 함양 능력
• 논리적이고 체계적인 분석 능력
• 의사소통 능력 및 갈등 관리 능력</td></tr>
<tr><td>질문
항목</td><td colspan="4">본 지원 분야에 대해 본인이 이제까지 준비한 차별화된 직무준비 경험에 대해 상세히 기술하시오.(총1,300자 이내)</td></tr>
<tr><td>자
소
서</td><td colspan="4">[지원분야: 사업전략수립], [실습기간: 6개월 이상]
[SWOT 분석으로 공기청정기 산업 매출확대 전략 프로젝트를 수행하다]
3학년 1학기 경영전략 수업중 “공기청정기 산업의 발전동향 및 사업전략 수립”이라는 팀 프로젝트를 진행하였습니다. 팀은 총4명으로 구성후 공기청정기 산업에 대한 전체 시장규모를 기준으로 SWOT 분석 및 세계 상위 5대 기업(LG, 삼성, 샤오미, 코웨이, 다이슨)의 기존 제품 판매 전략을 분석하여 가장 효율적인 각기업의 매출 확대 전략을 추가로 제시키로 하였습니다. 제가 맡은 부분은 공기청정기 산업에 영향을 주는 외부환경 요인을 분석하여 기업의 중장기 전략목표 수립에 따른 자료를 확보하는 것이었습니다. 1차적으로는 국내 및 해외를 망라한 전세계 공기청정기 시장을 기준으로 전략을 수립코자 하여 마케인사이트(https://univdatos.com)의 자료를 기초로, 전세계 휴대용 공기청정기 시장은 2021~2027년 기간 동안 약 10%의 연평균 성장률(CAGR)을 기록할 것으로 추정하였습니다. 휴대용 공기청정기는 가정, 사무실, 식당 또는 기타 밀폐된 공간에서 실내 공기질을 개선하는 효과적인 전자제품으로 가장 큰 장점 중 하나는 설정, 일일사용 및 유지 관리가 간편하다는 것입니다. 저는 상위 5대기업별 핵심기술, 시장점유율 등을 파악하여 조사해본 결과 가격이 무조건 낮다고 소비자의 선호도가 높은 것이 아니라 소비자의 수요에 맞는 제품을 판매해야 한다는 것을 알았습니다. 첫째, 최근 소비자들의 사용패턴도 기존에는 한 집에 한 대 설치하는 것이 일반적이었지만 이제는 거실이나 각각의 방마다 설치하는 소비자가 늘고 있다는 것입니다. 이에 대한 원인을 알아본 결과 공기청정 성능과 효율 등을 감안할 때 가정에서는 대형 공기청정기 한대를 사용하는 것보다, 공간에 맞는 중형 제품 여러 대를 사용하는 것이 낫다는 것을 확인하였습니다. 둘째, 코로나19 사태로 코로나 바이러스가 공기를 통해 전파된다는 것이 알려지면서 소비자들의 불안심리가 높아졌기 때문이었습니다. 셋째, 가정이나 사무실에서 공간 활용을 목적으로 공기청정기와 에어컨을 합친 하이브리드형 에어가전 판매량도 급증하여 에어가전 판매량이 지난 2021년 공기청정기 350만대와 에어컨 250만대를 합쳐 총 600만대에 도달한 것으로 조사하였습니다. 이와 같은 최근의 3가지 전세계 공기청정기 소비시장에 대한 변화를 SO전략으로 제시하여 기업의 매출확대전략은 에어컨은 냉방은 기본이고, 공기청정, 가습, 제습, 난방 등 다양한 기능을 더하면서 4계절 가전으로 활용토록 하는 전략을 수립하였습니다.</td></tr>
<tr><td>서류
평가</td><td colspan="4">• SWOT에 대한 기본적인 개념 정립과 전략수립용 자료접근 방법이 우수
• 팀플레이로 과제 수행을 한 경험</td></tr>
<tr><td>면접
질문</td><td colspan="4">• 새롭게 하이브리드형 에어컨이나 공기청정기가 증가할 경우 판매 전략은?
• 마케인사이트(https://univdatos.com) 이외 다른 루트로 확보한 자료는 없었나요?</td></tr>
</table>

□ 자연이공계

전공 및 분야		기계공학 계열	업종·기업	로봇, 자동차/자동차 계열 대기업
구분	지원 직무	사물형 로봇개발	요구 사항	• 아두이노(라즈베리파이 등) 활용 가능자 • Python 프로그래밍, ROS 활용 가능자
질문 항목	지원분야 직무수행 관련으로 본인만의 차별화된 직무준비 경험을 이야기하고, 입사후 이를 직무에서 어떻게 활용할 것인지를 기술해 주십시오.(1,200자 이내)			
자소서	[지원분야: 로봇 프로토타입 개발], [실습기간: 2개월 및 6개월 모두 가능] [아두이노를 활용한 설계제어프로그램을 프로토타이핑 하도록 하드웨어를 구성하다] 대학 4학년 1학기 때 "마이크로프로세서 응용"과목에서 아두이노를 활용하여 정해진 임무를 수행하면서 트랙을 통과하는 자동차를 제작하는 프로젝트를 진행하였습니다. 프로젝트 진행도중 자동차가 가끔씩 경로를 이탈하는 문제가 발생한 적이 있었습니다. 이에 저는 처음에 하드웨어적인 문제인지 소프트웨어적인 문제인지를 몰라 고민을 하였고, 이러한 문제가 가끔씩 발생했다는 점에서 소프트웨어적 문제인 코딩에는 큰 문제가 없다고 판단하여 다른 부분에서 문제가 발생이 된다고 보고 검증 단계별로 순차적으로 발생원인을 분석해 보던 중 경로를 이탈하는 지점에서 자동차 바퀴의 움직임을 자세히 관찰했더니 바퀴와 바닥과의 슬립이 작용하여 목표값으로 바퀴가 움직이지 않는다는 것을 알게 되어, 이 부분을 미끄러 지지 않는 마찰력이 높은 재질로 변경하여 문제를 해결한 바 있습니다. 본 프로젝트 수행을 통해 아두이노를 활용하여 설계한 제어 프로그램을 실제로 프로토타이핑해 볼 수 있도록 하드웨어를 구성하는 역량을 길렀습니다.(444자) [자동차 제어 설계변수를 최적화 하여 제어기의 성능을 향상시키다] 저는 전공인 "자동차인공지능"이라는 과목에서 자동차 제어를 위한 개인 프로젝트를 진행하였습니다. 이 프로젝트 수행을 통해 크게 2가지 역량을 키웠습니다. 첫째, 제어하고자 하는 시스템의 특성을 이해하고 이에 맞는 모델링 할 수 있는 역량입니다. 지금까지 기계공학전공 과목을 통해 어떤 대상을 역학적으로 분석하여 수식적으로 모델링해 본 경험은 있었습니다. 하지만, 모델링한 결과를 어디에, 어떻게 사용되는지는 잘 모르는 상태였고, 활용을 해본 경험은 없었습니다. 제어를 하기 위해서는 목적에 맞는 입력과 출력이 나올 수 있도록 적절한 가정을 통해 새롭게 모델링해야 한다는 사실을 본 프로젝트를 통해 배울 수 있었습니다. 이를 바탕으로 제어하고자 하는 목적에 맞게 적절한 가정을 하여 시스템을 다시 모델링하였고, 오차분석을 통해 정확도가 상승했음을 확인했습니다. 둘째. 각 제어 과정에서 나오는 신호 및 데이터를 분석하여 문제점을 발견하고 해결하는 역량입니다. 이 프로젝트를 하면서 가장 힘든 부분은 제어기를 설계하여 제어성능을 확인하는 과정에서 생긴 오차의 원인을 분석하는 과정이었습니다. 설계한 제어기의 출력 데이터에는 다양한 설계변수가 연관되어 있었기 때문에 각 설계변수가 출력에 미치는 영향이 무엇이며, 변수들 사이에서 서로 어떤 영향을 미치는지 찾아내는 것은 쉽지 않았습니다. 이 해결을 위해 먼저 각 설계변수가 독립적으로 어떤 영향을 끼치는지, 또 결과 데이터에 있어서 얼마나 우세한지에 대해 분석했습니다. 그 결과를 바탕으로 설계변수를 최적화시킴으로써 결국에는 제어기 성능을 향상시켰습니다.(647자)(총 1,091자)				
서류 평가	• 아두이노 활용사례 제시 • 하드웨어를 구성해본 실전 경험			
면접 질문	• 이와 관련된 모델링 실습을 몇 번이나 하셨나요? 구체적인 사례를 제시해 보세요. • RoboDK(로봇시뮬레이터)에 대해 아는 대로 설명해 보세요.			

2) 일반 정규직(현장실습 2차 및 인턴십 포함)-대학미복귀형(계열-전공-직무순)

□ 전공: E-비즈니스학과(※복사 및 인용금지-이하동일)

<table>
<tr><th colspan="2">전공 및 분야</th><th>인문사회계열</th><th>업종·기업</th><th>이커머스업 – 대기업 및 중견기업 등</th></tr>
<tr><td>구분</td><td>지원
직무</td><td>온라인마케팅
(퍼포먼스마케팅)</td><td>요구 사항</td><td>• 온라인 리마케팅 업무 수행 경험자
• SEM 및 SEO 업무 가능자</td></tr>
<tr><td>질문
항목</td><td colspan="4">1. 지원한 직무와 관련하여 본인이 보유한 전문성에 대해 서술하고, 이를 바탕으로 본인이 지원한 직무에 적합한 사유를 구체적으로 서술하세요(한글 1,000자)
2. 우리회사를 지원한 이유와 입사 후 회사에서 이루고 싶은 꿈은?(한글 700자)</td></tr>
<tr><td>자
소
서</td><td colspan="4">[온라인 리마케팅과 리타겟팅 업무를 통해 광고효과를 극대화 하다]
2022년 9월 부터 4개월간 서울 마포 소재 온라인 퍼포먼스마케팅 전문 ㈜IBI의 광고집행팀에서 실습을 하였습니다. 제가 맡은 업무는 광고집행 금액 대비 구매관련 데이터 분석을 통해 캠페인을 최적화시키는 업무로, 제가 담당하고 있는 특정 제품별 특성과 가망고객을 정확히 알고 그에 맞게 광고금액과 매체를 조정하여 광고의 효율을 극대화시키는 것입니다. 캠페인 내부 집행 방법 조정 뿐만 아니라 동적 리마케팅을 활용하여 소비자들에게 노출되는 빈도수를 높여 제품에 대한 접근성을 높이는 업무도 수행하였습니다. 우선은 광고별로 구매효율을 일일 단위로 분석하여 효율성을 파악후 예산을 조정했습니다. 회사에서는 자체 개발 솔루션에 대해 교육도 하였습니다. 솔루션 주요기능은 1) 자동입찰솔루션(CPC 광고를 진행할 때 필요한 자동입찰 프로그램으로 가장 짧은 주기로는 5분 주기 까지 입찰이 가능)으로 일반적인 키워드광고 외에 파워콘텐츠, 쇼핑검색 광고 등 여러가지 유형의 CPC광고에 순위를 맞출 수 있는 기능, 2) 경쟁사 분석 프로그램(나와 경쟁하는 경쟁사, 대략적으로 매출이 어느정도 나오고 있을지를 추정), 3) 부정클릭 솔루션(부정클릭을한 IP 뿐만이 아니라 어떤기기로 어느지역에서 접속했는지 까지 확인), 4) 리뷰 추출기 프로그램(상품을 구매하고 리뷰를 작성하는 고객들의 의견 추출 및 분석)의 기능이 있었습니다. 저는 이 솔루션을 바탕으로 제가 관리하는 상품을 기준으로 어떤 상품이 현재 판매가 잘되는지, 가장 판매가 잘되는 시즌이 언제인지, 리뷰 글자수가 긴 내용의 리뷰만 추출해서 진짜 우리 상품을 구매한 가장 큰 이유가 무엇인지 한눈에 파악하였으며, 또 불만이 있는 리뷰만을 별도로 추출하여 환불율을 최대한 줄이는 업무도 수행하였습니다. 또한 주 5일제에 따라 주말 동안 광고효율이 급격하게 하락하는 광고들이 있는 경우, 돌발적인 문제가 생긴건 아닌지 알아 보고 즉각적으로 광고집행 예산을 조정하는 등 조치를 하여 집행효과를 높였습니다. 또 구글, 인스타그램, 페이스북 각각의 특성을 고려하여 광고 집행 영상의 크기를 다르게 설정하기도 했습니다. 이러한 집행 결과 페이스북에는 일대일 비율의 영상이 효율이 좋았고, 구글은 1,920×1,080 비율, 인스타그램은 9×16 비율의 영상의 효율이 눈에 띄이게 효과가 좋았습니다. 이뿐만 아니라 광고의 효율을 높이기 위해서 지역별, 접속시간대별, 성별, 연령별로 차등화 하여 리마케팅 및 리타겟팅 가망고객을 바꾸거나 썸네일의 이미지를 바꾸는 등의 시도를 지속적으로 진행 했습니다.(총 997자)</td></tr>
<tr><td>서류
평가</td><td colspan="4">• 4개월간의 관련 기업에서의 현장실습 경험
• 온라인 리마케팅과 리타겟팅 업무를 통해 광고집행 실습 경험</td></tr>
<tr><td>면접
질문</td><td colspan="4">• 구글, 인스타그램, 페이스북별로 영상비율로 인해 고객의 차이가 생기는 이유는?
• 리마케팅과 리타겟팅 업무에 대해 비교하여 설명해 보세요.</td></tr>
</table>

□ 전공: 국제경제학과

전공 및 분야		경제학과 계열	업종·기업	수출입업 – 대기업 및 중견기업
구분	지원 직무	수출입업-무역 (보험 및 기업신용)	요구 사항	• 무역업무 지원 유 경험자 • 재무관리 분야 기본지식 보유자
질문 항목	지원한 직무와 관련하여 본인이 보유한 전문성에 대해 서술하고, 이를 바탕으로 본인이 지원한 직무에 적합한 사유를 구체적으로 서술해 주시기 바랍니다.(1,200자)			
자소서	[실제 무역업체에서 수출입 업무 지원에 대한 전반적인 실습을 진행하다] 2022년 7월 부터 2개월간 (주)한국무역에서 수출입업에 대한 전반적인 실습을 진행하였습니다. 먼저 이론으로는 한국무역의 관련업무 지원 제도 및 전체적인 수출입업 업무 진행 방식과 개인별로 해야 할 일에 대해 교육을 받았습니다. 이후 실습으로는 1) 수출자 신용평가(수출자 신용평가 방식: 무역보험공사 평가모형을 통한 평가(계량지표: 회사별 재무제표 등, 비계량지표: 회사 대표자 신용도, 영업방식 등))를 수행하였고, 2) 신용평가 절차로는 업체 상담 및 서류안내>서류 및 재무제표 접수>접수된 재무제표 및 기타 업체정보를 회사보유 운영 시스템인 신용평가 모형에 입력>결과 값 도출>도출된 결과를 분석하여 적절한 신용등급 부여(결과 분석시 회계 및 재무관리 지식과 공식을 활용), 3) 수출신용보증 심사업무 보조를 통한 기업분석 작업(선적 전 보증 심사단계 중 기업 재무상태 분석 보조(이 부분은 경영학의 재무관리 부분이라 관련 자료를 보면서 처음에는 진행하였음)): 선적전 보증 청약, 중소기업의 기본적인 재무지표 분석(안정성 재무비율 위주로-부채비율, 매출액 대비 차입금 비율, 이자보상배수, 유동비율, 차입금 의존도 등 분석), 4) 다양한 산업군의 기업 재무제표 분석을 통한 중소기업 재무구조에 대한 시야 넓히기(선적 후 보증 심사를 위한 수출계약서류 읽기: 수출계약서, 견적송장(P.I: Profoma Invoice), 구매주문서(PO: Purchase Order) 등을 통해 심사 시 필요한 정보 추출하기(수출입자 서명, 수입자 정보(주소, 대표자의 교포여부 등), 계약내용(계약금액, 물품개수, 기타조항 등))을 확인하였습니다. 또한 수출보험이란 수입자의 계약 파기, 파산, 대금지급지연 또는 거절 등의 신용위험과 수입국에서의 우크라이나와 러시아 관계처럼 전쟁, 내란 또는 환거래 제한 등의 비상위험 등으로 수출자 또는 수출금융을 제공한 금융기관이 입게 되는 손실을 보상하는 것이므로, 매 단계 마다 매우 신중히 몇 번이고 자료체크 내용을 확인 후 반복하며 한 치의 오차가 생기지 않도록 매번 서류검토와 입력을 진행하였습니다. 저의 현장실습은 이러한 수출업체를 지원하기 위한 금융 공공기관인 한국무역이 회사의 가치창출을 목적으로 하는 사익보다는 공공의 가치창출을 목적으로 하는 공익을 추구하는 일에 같이 했다는 점에서 뿌듯함과 성취감을 느꼈습니다. 또한 이러한 현장실습 활동을 통해 기업의 전반적인 무역관련 업무를 느껴볼 수 있는 좋은 기회였고, 중소 중견 수출업체들의 어려움과 이를 지원하기 위한 지원사업에 대해 이해하고 직접 도움을 줄 수 있었던 경험이었습니다.(총 1,028자)			
서류 평가	• 2개월간의 관련 업종 기업에서의 현장실습 경험 • 실제 무역업체에서 수출입업 지원에 대한 업무 수행경험			
면접 질문	• P.I(Profoma Invoice)에 대해서 이야기 하세요. • 구매주문서(PO, Purchase Order)에 대해 말해 보세요.			

□ 전공: 국제경제학과

<table>
<tr><th colspan="2">전공 및 분야</th><th>인문사회계열</th><th>업종·기업</th><th>무역 및 수출입업 - 대기업</th></tr>
<tr><td>구분</td><td>지원
직무</td><td>해외영업(무역)</td><td>요구 사항</td><td>• 관련분야 자격증 취득자 및 어학 우수자
• 관련업무 실무 경험자</td></tr>
<tr><td>질문
항목</td><td colspan="4">본인이 가진 역량 중 지원분야와 관련하여 가장 강점이 될 것이라 생각하는 전문 역량과, 입사 후 본인이 지원분야와 관련하여 하고자 하는 일에 대한 계획을 서술하여 주십시오.(각 400자 이상 총 1,200자 이내)</td></tr>
<tr><td>자
소
서</td><td colspan="4">[무역영어 자격증을 준비하면서 무역실무를 익히다]
저는 장차 기업의 무역분야에서 일해 보고자 대학 2학년 때 부터 전공과목으로 무역에 관한 기초이론을 공부한 후, 본격적으로 관련분야 자격증을 취득하기 위해 대한상공회의소 자격평가사업단에서 시행하는 공인자격증 시험에 도전하였습니다.
무역영어는 대학에서 공부할 수 있는 전반적인 이론 위주의 내용 보다는 전문적인 지식을 요구하는 내용이 많고, 외국어 능력을 반드시 필요로 하는 해외 영업, 국제통상 필드에서 실무적인 영어 능력을 평가하는 자격증 시험이기에 토익 고득점을 갖춘 저로서는 무역영어를 실무 위주로 공부하여 추가로 자격증을 취득하면 향후 기업에서 하는 직무수행 능력에 더욱 자신감을 갖을 거라고 생각하였습니다. 기본적인 토익 영어실력을 바탕으로 온라인 강의 및 학원 전문 강좌를 통해 무역실무 기초, 무역관리제도, 수출계약의 주요 조건, 수출계약의 체결, 수출대금의 결제, 수출승인과 수출물품의 확보, 수출입통관, 수출물품의 선적과 운송, 해상보험과 무역보험, 선적서류 정비 및 대금회수, 관세환급 과정에 이르기까지 해외영업에 필요로 하는 전분야를 공부하였습니다. 무역이라는 것은 전반적인 흐름에 대한 이해도 중요하지만 실무능력도 매우 중요하기에 자격증 취득 공부에 더하여 예상되는 실무예제를 중심으로 가상의 상황을 설정하여 틈틈이 예제풀이도 지속적으로 반복하였습니다. 그리하여 결국 관련자격증 도전 11개월만에 무역영어 1급 자격증을 취득하였습니다.(575자)

[몇 개 국가 위주의 수출입선을 인디아, 인도네시아 등으로 다변화하다]
현재 우리나라는 대외적인 경제여건 등 중국과 미국의 무역분쟁의 틈바구니에 끼여 있습니다. 물론 이런 문제가 당장에 해결될 것으로 보이지 않고 계속될 것으로 보입니다. 또 무역에 있어서 미국과 중국에 대한 의존도가 너무 높으며, 지난해 세계경제는 러시아-우크라이나 전쟁으로 에너지와 원자재 가격이 급등한데다, 코로나19 팬데믹 장기화로 어려움을 겪었습니다. 이로 인한 우리나라 무역수지 누적 적자는 472억 달러를 돌파하면서 글로벌 금융위기 당시였던 2008년 132억 6700만 달러의 무역수지 적자를 기록한 이후 14년 만에 최대적자로 돌아섰습니다. 저는 이에 대한 대안으로 중국에 대한 수출의 의존도가 높은 국내 산업과 또한 중국 시장규모를 고려해 보았을 때 이는 큰 영향을 미칠것으로 보여 ㈜한국제철로서는 비슷한 시장규모를 가진 인도와 인도네시아 등의 인구 대국으로 수출 다변화를 할 필요가 있다고 생각 합니다. 이를 위해 현재 운영중인 현지기업과의 네트워크 및 파트너십 강화를 통한 대책이 필요합니다. 저는 입사 후 이들 나라에 대한 수출입 시장분석을 통해 수익채널을 다양화 함으로써 안정적인 해외시장유지가 되는데 온힘을 다하겠습니다.(480자)(총 1,055자)</td></tr>
<tr><td>서류
평가</td><td colspan="4">• 관련 분야 자격증 취득 및 어학능력 우수
• 자격증 취득을 위한 공부 보다는 실무를 중심으로 공부를 병행하였음</td></tr>
<tr><td>면접
질문</td><td colspan="4">• 러시아와 우크라이나 간의 전쟁이 현재처럼 계속되면 우리 한국제철에 어떤 영향이 미친다고 생각하나요? 단기, 중기, 장기 구분하여 말씀하여 주세요.
• 귀하가 입사후 이에 대한 대책으로는 어떤 업무를 수행할 수 있습니까?</td></tr>
</table>

□ 전공: 국제경제학과

<table>
<tr><th colspan="2">전공 및 분야</th><th>인문사회계열</th><th>업종·기업</th><th>무역업 – 대기업 및 중견기업 등</th></tr>
<tr><td>구분</td><td>지원
직무</td><td>해외영업
(수출입·무역업)</td><td>요구 사항</td><td>• 해외영업 관련업무 유경험자
• 수출입업 관련 무역영어 가능자</td></tr>
<tr><td>질문
항목</td><td colspan="4">1. 지원한 직무와 관련하여 본인이 보유한 전문성에 대해 서술하고, 이를 바탕으로 본인이 지원한 직무에 적합한 사유를 구체적으로 서술하세요(한글 1,200자)
2. 우리 회사를 지원한 이유와 입사 후 회사에서 이루고 싶은 꿈은?(한글 700자)</td></tr>
<tr><td>자
소
서</td><td colspan="4">[수출입 상품 발주 및 재고현황 관리업무를 수행하다]
2022년 7월부터 2개월간 인천 서구 소재 (주)동진무역의 해외영업팀에서 해외영업 지원업무를 실습하였습니다. 이 회사는 수도권 소재 중견 및 중소기업의 수출 및 수입 업무를 전문적으로 대행해 주는 회사입니다. 제가 맡은 업무는 기존직원들이 수행하는 해외영업 업무를 지원하는 것이었습니다. 처음에는 회사에서 수행하는 해외영업 업무관련 전반적인 이해 및 해외영업팀 담당 업무에 대한 오리엔테이션도 받았습니다. 이후 지도교사인 정진기 과장의 지도로 수입서류 공유, 식품 통관 및 입고 상황에 따른 통관 및 입고 된 품목을 대상으로 수입신고필증, 수입신고확인증, COA(Certificate of Analysis)를 각 품목 담당 관세사에 요청하여 수령 후 수입서류를 편집한 뒤 회사 보고 방에 공유하였습니다. 또 2개월째 부터는 통관 및 입고 된 품목들 중 수입서류가 공유되지 않은 품목들을 정리하여 수입 서류를 공유하였고, 수입품 발주 및 재고현황표를 업데이트(자재지원팀과 물류지원팀에서 매일 오후에 업로드 해주는 각 공장별 재고현황표가 기준) 하였으며, 전일자 입고된 물품이 있을 경우, 해당 품목 입고 중량만큼 보세창고 물량을 수정하였고, 통관 및 입고 날짜를 확인하여 미착재고(예상입고 기준일)는 수정하였습니다. 그리고 수입원장 관리 및 수입내역확인 발주넘버, ERP코드, 품목명, 품목 영문명, 공급처/구매처, 인보이스 넘버, B/L넘버, 컨테이너넘버, 발주일자, 중량(수량), 단가, 합계, 실수량, 실금액, 인코텀즈, ETD, ETA, 입고일자, 운항일수, 서류수령일자, 지급방식, 지급만기일자, 실지급일자, 결제환율, 수입통관 원가, 생산일, 유효일자(권장기간), LOT 넘버, 검역업체, 관세사, 입고지, 비고 등 수입 품목에 대한 모든 정보가 담긴 수입원장도 관리하였습니다. 해당 수입원장을 바탕으로 해외영업팀의 모든 업무가 진행되었으며 ERP 내 발주서를 조회하고 등록할 때는 재고-구매관리-발주서 검색-발주서 조회 순서로 진행하였으며, 새로 입고된 품목의 경우 발주일자, 거래처, 담당자, 납기일자, 품목코드(ERP 코드), 수량(중량), 단가 삭제, 적요를 기입하여 발주서를 등록하였습니다. 관세율표 정리는 수입품목의 HS CODE와 수입원장을 바탕으로 정리하였고 결제환율 정리는 기업은행과 하나은행에 공동인증서로 로그인 후 TT, L/C, D/P, CAD 외환송금 내역의 조회를 통해 모든 수입 품목 결제시의 결제환율을 정리하였습니다. 기타 샘플 통관(DHL)작업은 두건의 샘플통관을 진행하였는데 판매목적이 아닌 샘플의 경우 수입승인 면제 사유서를 제출하여 관세면제를 받았고 PL, Invoice, HS CODE, Loading Port, 컨테이너 종류, 선적일 등을 정리하여 적하보험 부보를 진행하였습니다.(총 1,101자)</td></tr>
<tr><td>서류
평가</td><td colspan="4">• 2개월간의 관련 기업에서의 현장실습 경험
• TT, L/C, D/P, CAD 외환송금 내역의 조회를 통해 수입품목 결제환율 정리 경험</td></tr>
<tr><td>면접
질문</td><td colspan="4">• HS CODE에 대해 말해 보세요.
• ERP 내 발주서를 조회하고 등록하는 항목과 과정에 대해 말해 보세요.</td></tr>
</table>

□ 전공: 국제경제학과

<table>
<tr><th colspan="2">전공 및 분야</th><th>인문사회계열</th><th>업종·기업</th><th>무역업 - 대기업 및 중견기업 등</th></tr>
<tr><td>구분</td><td>지원
직무</td><td>해외영업
(중국마케팅)</td><td>요구 사항</td><td>• 토익 및 토익스피킹 우수자
• 중국지역 영업분야 근무 희망자</td></tr>
<tr><td>질문
항목</td><td colspan="4">1. 지원한 직무와 관련하여 본인이 보유한 전문성에 대해 서술하고, 이를 바탕으로 본인이 지원한 직무에 적합한 사유를 구체적으로 서술하세요(한글 1,300자)
2. 우리회사를 지원한 이유와 입사 후 회사에서 이루고 싶은 꿈은?(한글 700자)</td></tr>
<tr><td>자
소
서</td><td colspan="4">[코트라 중국 북경 무역관에서 현지 시장조사 업무를 수행하다]
2018년 7월 부터 6개월간 중국 북경 소재(베이징시 차오양구) 코트라 북경무역관에서 인턴십을 수행하였습니다. 무역관은 국내기업의 중국진출을 위한 중소기업 해외세일즈 출장지원, 무역사절단(구, 시장개척단) 지원, 방한구매단 유치 및 개별 방한 바이어 유치 등의 업무를 수행합니다. 제가 맡은 업무는 국내기업의 중국진출을 위한 시장조사와 이미 중국에 진출하여 사업을 하고 있는 우리기업들에 대한 애로사항 및 만족도 조사 였습니다. 먼저 기초 이론 교육으로 북경에서의 전화응대기법, 자료번역, 파견국(중국)에 대한 경제현황 보고서 작성 방법 등을 지도받았습니다. 첫 번째 일은 북경지역 경제시장 트렌드 및 전시회에 대한 분석이었는데 제가 단독으로 하는 것이 아니라 북경 내 은행 및 각종 기관에서 작성한 영문 보고서와 북경 소재 언론사의 영문사이트 등에 있는 전시회 정보 제공 영문 사이트를 통해 자료를 수집하여 참고후 보고서를 작성하였습니다. 두번째는 북경진출 한국IT 기업에 대한 현황자료 작성이었습니다. 회사명, 설립일자, 대표자, 매출액, 취급품목, 전화번호, 주소 등으로 직접 1차 전화를 하여 약 500개 기업에 대한 자료 작성을 마무리 하였습니다. 세번째로는 중국진출 한국기업에 대해 직접 방문 후 애로사항을 청취하였습니다. 제가 현지 지리를 잘몰라서 지도교사의 도움을 받아 5W1H에 의거하여 약 50개 기업을 선별한 후 직접 방문을 통해 면담조사를 하였습니다. 상담 내용은 한국기업 CEO들이 중국과 중국인들의 소비형태에 대한 인식과 태도, 중국에 진출하여 가장 극복하기 힘든일 등을 물어보아 업종별로 분류후 정리 보고하였습니다. 기타 무역관안에 근무할 때는 자사화 사업(베이징무역관이 수출기업의 해외지사와 같은 역할을 수행하며, 수출기업을 대신해 시장조사, 수출거래선 발굴은 물론 거래 성사 단계에서 바이어 사후관리까지의 전 과정을 밀착 지원하는 사업) 지원업무로 시장정보 제공(품목별 수요/수출입/가격/경쟁/신제품 동향 등), 품목별 바이어정보 제공 및 바이어 신용조사, 관심바이어 발굴, C/L발송, 카타로그 배포, 현지 세일즈 출장지원(호텔예약/상담주선/상담장제공/통역지원 등), 무역관 내도 수출 인콰이어리 제공 등의 자료를 정리하였습니다. BI(Business Incubator) 업무로는 베이징 무역관 내에 사무공간을 제공하고, 수출마케팅, 법률·세무·회계 자문업무를 보조하였습니다.(총 957자)</td></tr>
<tr><td>서류
평가</td><td colspan="4">• 6개월간의 관련 기업에서의 해외 현장실습 경험
• 토익 등 어학 능력 우수</td></tr>
<tr><td>면접
질문</td><td colspan="4">• 자사화사업 현지 지원업무중 특별히 기억에 남은 기업이 있다면 말해 보세요.
• BI(Business Incubator)지원 업무에 대해 실제 수행했던 내용 위주로 말해 보세요.</td></tr>
</table>

□ 전공: 경영학과

전공 및 분야		경영·사회 계열	업종·기업	이커머스 – 대기업 및 중견기업
구분	지원 직무	경영지원 (고객관리)	요구 사항	• 한글, PPT 및 엑셀 사용 가능자 • 온라인 마케팅 업무에 관심이 있는자 • 쇼핑몰 홈페이지 고객지원 업무 가능자
질문 항목	지원한 직무와 관련하여 본인이 보유한 전문성에 대해 서술하고, 이를 바탕으로 본인이 지원한 직무에 적합한 사유를 구체적으로 서술해 주시기 바랍니다.(1,200자)			
자소서	[기업 ERP를 이용하여 각종 매출확대를 위한 고객지원 업무를 수행하다] 2022년 대학 3학년 하계 방학 때 서울 강남 소재 (주)NM에서 2개월간 현장실습을 하였습니다. 제가 근무한 부서는 모바일사업본부 영업2팀이었는데 회사는 네비게이션 브랜드의 태블릿PC를 판매하는 회사였습니다. 소속부서 전체인원은 9명으로 태블릿 PC단말기를 중국으로 부터 수입해서 그 모델을 상품화하여 판매하는 업무가 주 업무였습니다. 수십 톤의 기기를 중국에서부터 수입해오는 과정부터, 엔지니어가 기기를 개선하는 과정, 상품화, 영업, 온라인 판매에 이르기 까지 업무를 보조하였습니다. 첫 번째는, 오픈마켓에 올라온 상품에 대한 문의에 답하고, 그에 관련된 부서에 사내 메일로 전달하여 고객의 문제를 해결해 드리도록 전달하는 일이었습니다. 이때 고객의 불편을 최소화하고 문제 발생시 이를 빠르게 해결하는 지름길은 고객의 불만과 요구사항을 명확하게 파악하는 것이었습니다. 이렇게 일하는 과정에서 사내 메일을 보내는 예의와 방법, 회사의 ERP 시스템 운영방법을 익혔습니다. 두 번째는 엑셀로 진행하고 있던 이벤트 사은품을 발송하기 위해, 고객이 보내준 이메일의 정보와 고객정보를 취합하여 물류시스템 포맷에 맞게 리스팅 작업을 하였습니다. 어떻게 보면 단순 업무라고 할 수 있지만, 회사 규정대로 메뉴얼에 맞게 엑셀 작업을 하였고, 급한 경우 지도교사인 김상식 과장님이 출장 가신 사이에 상품 교환 선출고 엑셀 작업을 대신하여, 선출고를 해야 하는 고객들의 요구사항과 고객정보를 고객관리부서 직원들에게 받은 후, 취합하여, 물류센터로 이메일로 보내기도 하였습니다. 이때 고객문의사항 접수 단계로 시작하여, 택배 예약, 회수 예약까지 이루어지는 과정을 보며 단순할 줄 알았던 고객 정보 교환도 이렇게 여러 사람의 손에 의해 이루어진다는 알게 되었고 기업의 어떠한 업무도 쉽게 되는 일은 없다는 것을 배울 수 있었습니다. 세 번째는 홍원희 상무님이 지시하는 업무로 현재 회사에서 이용하고 있는 온라인 오픈마켓 3곳 중, 광고를 잘하는 데도 광고를 하지 않는 쇼핑몰보다 매출이 낮은 이유, 새로 출시하는 상품을 미리 써보고, 비슷한 사양의 제품들을 쓰며 고객이 어떻게 느꼈는지, 상품화 관련 과제 등에 대해 나름대로 분석 자료를 만들어 제목과 날짜와 보고하는 사람의 이름, 내용과 끝에는 결론까지 형식을 갖추어서 보고를 하였으며, 네 번째는 박승호 사장님이 주신 과제로 온라인 이벤트 홍보용 장기프로젝트를 진행해보라고 하여 지도교사의 도움으로 신제품 출시 기념 이벤트 안을 발표하였습니다. 그리하여 사장님을 포함한 여러 직원들 앞에서 하는 두번의 발표와, 상무님께 드린 다섯번의 보고 등 총 7회의 임원보고서를 작성 한 바 있습니다.(총 1,032자)			
서류 평가	• 이벤트 등 실무 업무 수행 • 2개월간의 현장실습 경험			
면접 질문	• 대표님께 보고 드린 신제품 출시 기념이벤트 내용에 대해 설명해 보세요. • 광고량과 매출실적이 상호 비례하지 않는 가장 큰 이유는 무엇이었나요?			

□ 전공: 경영학과

<table>
<tr><th colspan="2">전공 및 분야</th><th>인문사회계열</th><th>업종·기업</th><th>전 업종 공통 - 대기업 및 공기업</th></tr>
<tr><td>구분</td><td>지원
직무</td><td>경영지원
(인사·총무)</td><td>요구 사항</td><td>• 외국어 능력 우수자
• ERP 시스템 운영 경험자</td></tr>
<tr><td>질문
항목</td><td colspan="4">지원한 직무와 관련하여 본인이 보유한 전문성에 대해 서술하고, 이를 바탕으로 본인이 지원한 직무에 적합한 사유를 구체적으로 서술해 주시기 바랍니다.(1,000자)</td></tr>
<tr><td>자
소
서</td><td colspan="4">[기업의 인사총무팀에서 직원근태관리 지원 및 복리후생업무 등을 수행하다]
대학 2학년 2학기 수원 소재 (주)SJ전자 인사총무팀에서 2개월간 현장실습을 수행하였습니다. 대기업 경영지원 업무에 관한 서비스 용역 전문기업인 이 회사는 체온 정보 기반으로 출입자에 대한 자동 체크 관리 시스템을 개발하기도 한 회사였습니다. 저는 배치된 부서에서 온라인과 오프라인 업무를 모두 동시에 실시간으로 업무를 수행하였는데, 온라인 업무로는 직원 사원증(협력업체 및 SJ전자 임직원의 사원증별 각종 등급 권한 부여) 발급, 외국인 임직원 지원 관리(외국인 임직원들의 한국생활중 느끼는 불편함을 해소하여 부여받은 업무에 몰두 할 수 있도록 각종 불편사항 지원 서비스 개선 등)를 수행하였습니다. 또한 이들 외국인들에게는 입사 후 사택 선택, 가전 및 소모품 생활비품 세팅 방법과 ERP를 이용하여 외국인에 대한 전산등록 방법 등에 대해서도 지원하였습니다.
오프라인 업무로는 주로 복리후생, 리셉션 준비, 회의실관리 등의 업무로 복리후생분야는 4대보험, 재증명 신청 및 발급, 원천징수 영수증, 휴양소 관리업무와 의료비 지원업무로는 본인과 배우자 자녀, 급여 전액 지원과 비급여 특수 진료비 5가지 항목 지원 가능 여부 등을 안내하였고, 회의실은 기자재 관리, 회의실 예약 관리 등의 업무를 수행하였습니다.
통상적으로 반복되는 업무는 쉽게 바로 즉시 처리가 가능했는데 대부분 직원들은 주로 복리후생 분야에 대해 관심이 많은 듯 주로 이 분야에 대해 많은 질문을 하였습니다. 미리 부여받은 매뉴얼을 틈틈이 읽어보아 요구사항이 가급적 지체되지 않도록 처리하였으며, 의료비는 직원본인과 가족에 대해 구분하여 설명을 하였고, 임직원이 개인적 사유로 휴직하거나 직무 외 상병휴직 기간인 경우는 제외되고 육아휴직은 지원이 가능하다고 알려주었습니다. 또한 외래진료의 경우 본인부담금은 일반의원, 보건소, 한의원, 치과의원 별로 진료 총금액에 따라 본인 부담금액이 다르다고 알려주었습니다. 부가적으로는 수시로 각 부서 또는 사업장에서 직원의 재직여부 및 가족사항을 확인하기 위하여 저에게 담당자 확인 요청 메일이 올 경우 ERP 허브시스템에서 요청한 정보를 확인한 후 지정 양식 내용 등을 완성하여 발송한 메일주소로 다시 회신해 주기도 하였습니다.(총 868자)</td></tr>
<tr><td>서류
평가</td><td colspan="4">• 2개월간의 관련분야 현장실습 경험
• 인사(총무) 관련분야 업무 수행경험 보유</td></tr>
<tr><td>면접
질문</td><td colspan="4">• 외국인들과의 대화는 어떻게 하였나요?
• 직원의 4대 보험 신고 업무도 해보았나요?
• 임원 또는 비서실 지원에 관한 업무도 수행하였는지요?</td></tr>
</table>

□ 전공: 경영학과

<table>
<tr><th colspan="2">전공 및 분야</th><th>인문사회 계열</th><th>업종·기업</th><th>전 업종 – 공기업 및 정부연구기관</th></tr>
<tr><td>구분</td><td>지원
직무</td><td>공기업 기획
(경영전략)</td><td>요구 사항</td><td>• 엑셀 및 파워포인트 가능자
• 경영전략 및 사업성평가 업무 희망자</td></tr>
<tr><td>질문
항목</td><td colspan="4">지원한 직무와 관련하여 본인이 보유한 전문성에 대해 서술하고, 이를 바탕으로 본인이 지원한 직무에 적합한 사유를 구체적으로 서술해 주시기 바랍니다.(1,000자)</td></tr>
<tr><td>자
소
서</td><td colspan="4">[정부출연기관 기획팀에서 예산지출에 대한 사업성 분석업무를 보조하였습니다.]
2023년 1월 부터 2개월간 세종시 소재 산자부 산하기관인 나라기술진흥원에서 현장실습을 진행하였습니다. 회사의 주력 사업은 산업기술 R&D 성과분석, 기획연구 업무 사업 안내 등의 수행입니다. 저는 회사의 사업성 평가팀에 소속이 되어 주로 수행하는 업무는 정부 지원금을 각 연구기관들에게 주는데, 이를 수행하기 위해서는 어떤 연구기관의 어떤 사업이나 과제에 지원을 해줄 것인가 평가하는 것이었습니다. 또한 보통 3~5년간의 중장기 과제여서 매년 년도별로 연차평가를 통해 지원금을 늘리고, 줄이는데 이에 대한 전문가들의 평가를 준비하는 역할을 하였습니다. 쉽게 말하면 산자부와 각 연구기관 사이에서의 예산 배정에 대한 중재 역할을 한다고 할 수 있습니다. 본격적으로는 평가가 있는 날에는 기업체 평가장에 들어가 평가 과정을 참관하였고, 평가항목별 평가 기준과 배점, 신뢰성 및 시장성에 대해 평가하는 업무를 지원하였습니다. 또한 호텔에서 열리는 신뢰성기술기반구축사업 수행기관 간담회에 참석도 하였으며, 워크숍이 있으면 워크숍 준비와 세팅은 물론 워크숍에 참석해 어떤 이야기들이 오가는지, 현장에서의 소재부품은 어떻게 연구되고 있으며 어떤 방법으로 진행되고 있는지를 파악하였습니다. 이렇게 워크숍이 끝나면 각 제품에 대한 신뢰성 기술 확산사업에 대한 연차평가를 진행하도록 지원하였습니다. 워크숍이 신뢰성을 어떻게 하면 높일 수 있을까 하고 의논하는 자리였다면 후순위의 연차평가는 실제 중소기업들이 주력 생산제품에 대한 신뢰성을 높이는 방법에 대한 평가자리였습니다. 관련분야에 대한 지식이 부족한 경우 회사 운영메뉴얼과 전략경영기술, 지식재산론과 같은 전공 과목들을 통해 니즈를 파악하여 문제점을 도출 후 개선 및 향후 진행 방향을 제시하는 부분까지 보조를 하였습니다. 중간 중간에 지도교사의 지시로 관련 제품에 대한 시장규모나 기술력 등에 대한 리서치 업무를 통해 기술동향분석을 실시하였으며, IT기술에 대한 트랜드 등을 찾아 정리하는 업무도 하였습니다. 이러한 과정을 통해 앞으로 다가올 산업군 들과 미래 유망한 기술들을 찾아 정리하면서 산업기술이전 및 사업화, 산업기술기반조성, 부품소재산업육성 프로젝트 지원자료를 조사 하였고, 일부사례 이지만 MTBF(평균고장간격), MTTF(평균고장시간)을 산출해 보기도 하였습니다. 이러한 경험으로 회사의 중장기 사업기획 및 성과분석, 산업기술 전략 수립과 같은 업무에 필요한 자료도 스크랩하여 제출하였습니다.(총 977자)</td></tr>
<tr><td>서류
평가</td><td colspan="4">• 2개월간의 정부기관 연구소에서의 현장실습 경험
• 정부 기관에서 경영평가 및 사업성 분석 지원업무 수행 경험</td></tr>
<tr><td>면접
질문</td><td colspan="4">• MTBF(평균고장간격), MTTF(평균고장시간) 대해 아는대로 설명해 보세요.
• 연차평가 방법에 대해 아는대로 설명해 보세요.</td></tr>
</table>

☐ 전공: 경영학과

<table>
<tr><th colspan="2">전공 및 분야</th><th>인문사회 계열</th><th>업종·기업</th><th>이커머스 – 공기업 및 정부연구기관</th></tr>
<tr><td>구분</td><td>지원
직무</td><td>공기업 회계
(구매)</td><td>요구 사항</td><td>• 나라장터쇼핑몰에 대해 관심이 있는자
• 공기업 회계 및 구매업무 희망자</td></tr>
<tr><td>질문
항목</td><td colspan="4">지원한 직무와 관련하여 본인이 보유한 전문성에 대해 서술하고, 이를 바탕으로 본인이 지원한 직무에 적합한 사유를 구체적으로 서술해 주시기 바랍니다.(1,000자)</td></tr>
<tr><td>자
소
서</td><td colspan="4">[정부 조달청의 나라장터쇼핑몰을 이용하여 정부물품 구매업무를 수행해 보다]
2023년 1월 부터 2개월간 경기 성남 소재 대한나노기술원에서 현장실습을 진행하였습니다. 실습업무로 배치받은 부서는 구매부서로 저는 학생 신분이었기 때문에 지도교사가 수행하는 기술원에서 필요로 하는 각종 정부물품 구매업무를 보조하였습니다. 처음에는 기본적인 나라장터쇼핑몰에 대한개요, 흐름을 이해하였고 바로 보조업무를 수행하였습니다. 조달청 나라장터종합쇼핑몰의 다수공급자계약(MAS) 재계약을 진행하기 위해서는 우선 지난번 자료를 나라장터 국가종합전자조달 사이트에서 인증서로 로그인 후 나라장터쇼핑몰에 등록을 해야 합니다. 공급자가 물품을 등록하기 위해서는 다수공급자계약(MAS) 적격성평가를 받아야 하고, 보통 등록하고자 하는 물품(세부품목기준)의 최근 판매실적이 3건 이상 있어야 합니다. 제출서류로는 신용평가등급확인서, 직접생산확인증명서 등이 필수이며, 적격성평가가 완료되면 가격자료를 제출하고 가격협상을 하게 됩니다. 기술원의 심사자는 협상기준 가격 작성을 위해 적격자로 하여금 전자세금계산서를 제출하게 합니다. 다만 계산서 가격 자료만으로 협상기준 가격 작성이 곤란하다고 판단되는 경우에는 적격자로 하여금 구매입찰공고서에 명시된 기간 내에 가격자료 제출서, 가격총괄표, 규격별거래내역, 가격증빙자료 등을 추가로 요청할 수 있습니다. 제출된 가격자료를 검토하여 협상기준가격을 결정하고 그 기준으로 적격자가 제출한 가격제안서에 따라 가격협상을 하게 됩니다. 가격협상이 완료되면 적격자를 계약상대자로 결정하고 다수공급자계약을 체결하게 됩니다. 총액계약 요청방법은 로그인 후 조달청계약요청(중앙조달)>물품/용역 계약요청서>물품구매/일반용역>내자계약요청서 또는 물품>중앙조달_계약요청>물품구매일반용역계약요청>내자계약요청서를 작성한 후 송신합니다. 실습은 주로 구매계약과정을 보조하는 식으로 진행하였고 업체를 survey하고 구매협상에 참가하였습니다. 그리고 납품 검수하는 과정을 보조하여 정확하게 납품되었는지 검사하였고, 문제가 없다면 계약하였으며, 항상 계약체결을 하는데 참가하여 어떠한 대화가 오고 갔는지 무슨 서류를 확인해야 하는지를 수행했습니다. 이후 대금지급신청 접수 업무를 보조하였고, 각 건별로 구매가 완료될 경우 일정 단위별로 관련 서류들을 모두 모아 정리하는 작업도 진행하였습니다.(총 946자)</td></tr>
<tr><td>서류
평가</td><td colspan="4">• 2개월간의 정부기관 연구소에서의 현장실습 경험
• 정부조달 물품 구매업무 수행 경험</td></tr>
<tr><td>면접
질문</td><td colspan="4">• 정부 “나라장터쇼핑몰”에 대해 아는대로 설명해 보세요.
• 나라장터 등록용 품목별 “가격협상” 과정에 대해 아는대로 설명해 보세요.</td></tr>
</table>

□ 전공: 경영학과

전공 및 분야		인문사회계열	업종·기업	기계/정밀기계 – 중견 및 중소기업
구분	지원 직무	기업회계 (재무 및 세무)	요구 사항	• ERP시스템, 부가가치세에 대한 이해 • 내부통제관리제도에 대한 이해 • 재고자산 조회서 및 채권채무조회
질문 항목	본인이 가진 역량 중 지원한 분야와 관련하여 가장 강점이 될 것이라 생각하는 역량 한 가지를 들고, 그 역량을 갖추기 위해 어떤 노력이나 경험을 하였는지 서술하여 주십시오.(800자 이상 1,200자 이내)			
자소서	[지출결의서 작성부터 결산보고서에 이르는 전 회계처리 과정을 실습해 보다] 서울 구로동 소재 (주)파크 회계팀에서 4개월간 대학생 현장실습과정으로 나노원자현미경 제조 기반의 중소기업 상장사 회사 지출비용 및 각 회계 일정에 따른 회계 업무의 처리 과정을 수행하였습니다. 제가 주로 수행한 분야는 정규 직원들이 사전 및 사후 지출결의용으로 결재를 요청한 전표를 승인 및 반려하는 업무였는데 (주)영림에서 제공하는 ERP프로그램을 이용하였습니다. 저는 이 업무를 진행하며 각 회계거래에 요구되는 필요 증빙서류의 첨부 여부를 판단하고 이 증빙을 바탕으로 정확한 계정과 금액으로 전표가 입력되었는지 상세히 확인하였습니다. 이런 흐름의 과정을 통해 회사의 재무회계 운영 업무를 경험하였습니다. 또한 이 업무 처리과정에서 회계부서가 다양한 각요구 부서의 직원들과 커뮤니케이션도 많이 해야되고 그 과정에서 상호 의견이 안 맞을 경우 다소간의 마찰도 생길 수 있다는 것도 알게 되었습니다. 제가 처음 1월에 3학년 동계방학 과정으로 입사를 하였는데 마침 이전 회계연도에 대한 결산 시점이어서 실습생임에도 불구하고 부가되는 업무로 첫날부터 재고자산에 대한 현장 재고조사를 나가기도 하였고, 이를 시작으로 결산과 감사 그리고 1월 정기 부가가치세 신고업무도 병행하였습니다. 이때 저는 제2확정 신고용 전자 세금계산서, 계산서, 영수증, 신용카드 거래내역 등의 거래 증빙자료와 채권채무조회서, 타처보관조회서와 같은 자산, 부채관리 자료의 수취, 기장 및 정리를 했습니다. 이를 통해 회계 업무에서는 외부감사에서 수월하게 대응하기 위한 사전 증빙자료 관리와 정리의 중요성에 대해 알게 되었습니다. 또한 결산명세서에 알맞은 금액을 기입하는 업무, DART 편집기를 활용하여 당해 년도 재무제표 작성에서 전기의 금액을 기입하는 업무, 내부회계 관리제도 평가보고 내용 자료 제작 보조 업무, 외화입금내역 파악 등의 업무를 통해 회계의 주요 업무중 하나인 공시업무에 관련된 과정 또한 간접적으로 수행하였습니다. 이 과정에서 가장 어려웠던 업무는 판매 및 일반관리비의 증감 현황분석이었습니다. 이 업무는 전년도와 비교해서 당해 어떤 항목에서 어떠한 이유로 비용이 증가하고 감소했는지 특이사항을 파악하는 업무였는데, 이때 지난 1년 동안 거래되었던 수많은 전표를 확인해 보았지만 쉽지가 않아서 실습 지도교사의 도움을 받아야 했고 이러한 도움으로 제가 처음 모르고 마구잡이로 진행했던 전표승인 업무 전체에 대한 수행목적과 회계정보 분석에 대한 흐름을 이해하는 계기가 되었습니다.(총 970자)			
서류 평가	• 기업체 현장 실습 경험 보유 • 회계 년도 종료에 따라 외부감사 보고서 작성 등 부수되는 결산업무 수행경험			
면접 질문	• 결산용 시산표를 작성해보셨나요? • 제무제표에 대해서 설명해 보시고 실제 수행한 작성 사례를 말해 보세요.			

□ 전공: 경영학과

<table>
<tr><th colspan="2">전공 및 분야</th><th>인문사회 계열</th><th>업종·기업</th><th>통신판매업 – 중견기업 및 중소기업</th></tr>
<tr><td>구분</td><td>지원
직무</td><td>기획 및 전략
(사업계획)</td><td>요구 사항</td><td>• 사업전략 계획서 작성 경험자
• 홈페이지 구성 가능자(레이아웃 등)</td></tr>
<tr><td>질문
항목</td><td colspan="4">지원한 직무와 관련하여 본인이 보유한 전문성에 대해 서술하고, 이를 바탕으로 본인이 지원한 직무에 적합한 사유를 구체적으로 서술해 주시기 바랍니다.(1,100자)</td></tr>
<tr><td>자
소
서</td><td colspan="4">[한국을 방문하는 외국인 대상 USIM 판매 사업계획 수립 및 사이트를 구축하다]
2022년 9월 부터 4개월간 경기 판교 소재 ㈜MNET 개발팀에서 한국을 방문하는 외국인을 대상으로 USIM을 판매하는 사이트의 기획, 개발 프로세스 구성, 안드로이드 IOS에서 개발 작업, 기존 운영 플랫폼 디자인 개선 방법에 대한 실습을 진행하였습니다. 우선 경기도에서 하반기 중소기업을 대상으로 모집하는 ICT 개발 융합성장과제를 맡아서 수행하기로 하고 저는 구체적인 사업계획서를 작성하기에 앞서서, 사업계획서에 필요한 다양한 필요 요소들(주제, 개요, 목표, 과제 진행계획 등)을 파악하는 과정을 거친후 세부적인 항목 보다는 앱 개발이라는 큰 항목들을 대략적으로 나눠서 구체적인 계획을 수립하기 위한 전체 항목을 도식화 하였습니다. 이러한 정부과제는 각 진행 과정을 수행하면서 특정 아이디어나 아이템을 구체적으로 상품화하기 위해 건별로 분석하기 보다는 전체적으로 큰 틀인 숲의 위치에서 보는 것이 중요하다고 생각하여, 앞서 수립한 계획서 들을 토대로 하여 사업화 과제를 위한 전체계획서를 구성하였습니다. 먼저 진출하고자 하는 분야의 국내외 시장상황과 경쟁사의 현황, 비슷한 제품에 대한 사람들의 인식 등 상당히 많은 자료들을 미리 조사할 필요가 있었고 관련 자료를 조사하는 과정에서는 이 자료들이 진행하고자 하는 사업계획에 부합하는지 신중하게 판단할 필요가 있었습니다. 또한, 수집한 자료들의 신뢰성도 고려해야 했고, 원활한 사업계획서 작성을 위해서 매일 아침마다 회의를 거쳐 현재 진행상황과 자료들을 사원들 끼리 보고하며 공유하는 과정을 거쳤습니다. 이러한 과정을 반복하여 사업계획서를 작성하였습니다. MVNO 사업, usim판매 촉진을 위한 사내 홈페이지 개편 계획 및 수행 등 앞서 세운 계획을 토대로 진행하여 판매와 홍보를 활성화하기 위해서 사내 홈페이지를 정비하고 콘텐츠 내용도 개선하기 위한 계획도 수립하였습니다. 본격적인 개편 과정에 앞서서 홈페이지에 필요한 요소 개편 툴로는 워드프레스를 사용하였고, 그 툴을 이용하여 홈페이지의 소개, 연혁, 약도 등의 기본 정보와, 앞으로 도입할 사업 아이템들의 소개와 판매 전략을 위한 정보를 디자인하여 게시하였습니다. MVNO 사업의 아이템을 위한 커뮤니티 사이트의 콘텐츠 설계와 MVNO에 관한 정보제공사이트를 구상하였는데, 중요한 것은 이 사업을 통해 회사가 얻을 수익이 얼마인지 여부이므로 수익 모델을 구상하기 위해 관련 사업에 종사하는 기업이나 시장구조, 현 상황에 대한 조사결과를 바탕으로 그들이 가지지 못한 요소를 파악하여 이를 차별화하는 요소를 만들어 경쟁력을 확보하였습니다.(총 1,009자)</td></tr>
<tr><td>서류
평가</td><td colspan="4">• 2개월간의 관련기업에서의 현장실습 경험
• 사업계획서를 작성용 기업체 프로젝트 수행 경험</td></tr>
<tr><td>면접
질문</td><td colspan="4">• MVNO 사업을 개략적으로 설명해 보세요.
• 판매활성화를 위해 새로 개선한 콘텐츠에 대해 말해 보세요.</td></tr>
</table>

□ 전공: 경영학과

<table>
<tr><th colspan="2">전공 및 분야</th><th>경영·경제 계열</th><th>업종·기업</th><th>전 업종 – 대기업 및 공기업</th></tr>
<tr><td>구분</td><td>지원
직무</td><td>기획 및 홍보
(홍보 및 SNS)</td><td>요구 사항</td><td>• 경영기획 및 홍보 업무 유경험자
• 어학우수 및 SNS 홍보업무 수행가능자</td></tr>
<tr><td>질문
항목</td><td colspan="4">지원한 직무와 관련하여 본인이 보유한 전문성에 대해 서술하고, 이를 바탕으로 본인이 지원한 직무에 적합한 사유를 구체적으로 서술해 주시기 바랍니다.(1,000자)</td></tr>
<tr><td>자
소
서</td><td colspan="4">[해외 박람회 참여관련 추진기획 및 참여기업 모집홍보 업무를 수행하다]
2021년 경기 판교에 위치한 (재)수도권혁신센터의 글로벌사업팀에서 2개월간 현장실습을 진행하였습니다. 재단에서는 매년 정기 또는 수시 개최되는 국제행사 참여에 대비해 수도권내 소재 기업을 대상으로 1년전 또는 6개월 전부터 행사 주제별로 스타트업 기업, 예비창업자, 3년 내외 창업기업, 일반기업 등으로 분류하여 리스팅후 주기적으로 방문과 교육 등 창업 성공을 위한 지원을 하고 해외진출을 위한 해외 행사참여도 안내하고 있었습니다. 저는 글로벌 사업팀에 배정되어 차기에 있을 각종 컨벤션 참여 기획서 작성 및 참여기업 홍보 업무를 맡았습니다. 먼저 과거 진행자료를 찾아 정리해보니 기획서 작성, 자료 리서치, 영문메일 작성 등, 사소한 것에서 부터 시작하여 MWC(Mobile World Congress) 박람회 참여 관련 기획서 작성, 재단 사업 등에 대한 SNS 홍보전략 수립, 투어 가이드라인 작성, 성과 평가 PPT 기획서 작성과 SI 담당 외주업체 커뮤니케이션 등으로 구성이 되어져 있었습니다. 저는 실습생으로서 SNS전략 수립, MWC 관련기획서 작성작업, SI 외주업체에 대한 PM 역할을 수행하였습니다. MWC 박람회 기획서에는 우리기업들이 해외 행사장소에서 묵을 숙소 선정, 박람회에 참관해야 할 프로그램들 추천, 재단과 기업간의 수시 미팅장소까지 고려한, 전반적인 가이드라인(동선을 고려한 지도와 소요시간 등 포함)을 작성했습니다. 세부적으로는 각 날짜마다 언제 출발하고 도착할지와 총 소요 시간을 산출했고, 어떤 교통수단을 이용할지(도보, 대중교통 및 택시), 대중교통을 이용할 시에 배차 간격은 몇 분인지, 예약이 필요한 경우 어떻게 해야 하는지, 예산은 단계별로 어느 정도인지 등의 여러 변수를 고려했습니다. 1차 작업 후 중간보고서를 제출하였으며 이후 최종보고서에 대해 상사의 결재를 득하고 기획서 내용대로 순서대로 추천했던 숙소, 레스토랑 등을 모두 예약하고 결제를 하였습니다. 2단계로는 참여 기업 모집홍보였습니다. 기존 리스팅 자료를 바탕으로 SNS를 활용하여 참여 기업을 모으기로 하고 업종별 기업별로 행사참여에 따른 비전, 전략, 기대효과 순으로 논리를 전개하여 참여에 대한 혜택과 해외진출시 시장확대에 따른 여러가지 이점을 이야기 했습니다. 이에 맞추어 새로운 기업체에 대한 접근 방법도 참여후 성공한 케이스(case), 경쟁사와의 비교 자료를 한글판과 영문판 2종과 동영상까지 만들어 참여시의 여러 혜택 등이 있음을 적극 홍보하였습니다.(총 976자)</td></tr>
<tr><td>서류
평가</td><td colspan="4">• 2개월간의 관련기업에서의 현장실습 경험
• 각종 컨벤션 참여 기획서 작성 및 참여기업 홍보 업무 경험</td></tr>
<tr><td>면접
질문</td><td colspan="4">• MWC(Mobile World Congress)에 대해 말해 보세요.
• SNS 홍보전략 방법에 대해 실제 수행했던 것 위주로 간략히 말해 보세요.</td></tr>
</table>

□ 전공: 경영학과(수학과, 통계학과)

<table>
<tr><th colspan="2">전공 및 분야</th><th>인문사회 계열</th><th>업종·기업</th><th>여론조사업 – 중견기업 및 중소기업</th></tr>
<tr><td>구분</td><td>지원
직무</td><td>마케팅
(여론조사)</td><td>요구 사항</td><td>• 빅데이타 및 SPSS 등 가능자
• 여론조사 및 통계업무 희망자</td></tr>
<tr><td>질문
항목</td><td colspan="4">지원한 직무와 관련하여 본인이 보유한 전문성에 대해 서술하고, 이를 바탕으로 본인이 지원한 직무에 적합한 사유를 구체적으로 서술해 주시기 바랍니다.(1,000자)</td></tr>
<tr><td>자
소
서</td><td colspan="4">[여러가지 신제품 브랜드에 대한 수요조사 등을 직접 수행해 보다]
2022년 7월 서울 마포 소재 ㈜AMS의 여론조사팀에서 현장실습을 진행하였습니다. 근무했던 회사는 세계적인 수준의 신상품 등에 대한 시장수요조사 및 여론조사업을 전문으로 하는 글로벌 시장 및 여론조사 업체였습니다. 처음 부여받은 업무는 코로나19로 인해 수요가 폭발적으로 증가하는 의류제품인 아웃도어 제품의 소매용 원단에 대한 소비자들의 선호도 조사였습니다.
먼저 기존 사용했던 회사내 조사방법을 열심히 분석하여 상세히 단계별로 익힌 후에 1차로 직접 가상의 브랜드를 설정하여 브랜드 응답자 리스트 작성 → 설문지 로직 검토 → 좌담회 보조 → Face care Ethno 조사(구매 고려요소 및 터치포인트 정리)에 대해서 실습을 하였습니다.
이후 본격적으로 실제 신상품 출시에 대한 상품별 가망고객을 대상으로 표본을 추출(표본추출 개수 및 방법은 지도교사의 도움을 받아 항목별로 가중치를 적용하여 추출하였음)하여 여론조사를 시작하였습니다.
조기 출시용 브랜드로는
① 금융사 브랜드와 광고 인지도 및 사용 형태 조사
(온라인 설문 링크 로직 확인·보고서 작성에 필요한 데이터 입력)
② 제약영업 태블릿 사용 실태 및 인식 관련 의사 인터뷰
(인터뷰 스크립트 리뷰)
③ 드라이버 제품 선호도 조사(건설 시공업체 리스트 작성)
④ 암보험 광고 평가 조사(온라인 설문 링크 로직 확인)
⑤ 현대 소나타 모터쇼 조사
(온라인 설문 링크 로직 확인, 조사 종료 안내 이미지 제작)
⑥ 단장증후군 치료 관련 의사 인터뷰(전화인터뷰 스크립트 작성)
⑦ BMW 브랜드 인지 Tracking 조사(데이터 코드 검수)
⑧ 단장증후군 치료 관련 의사 인터뷰(전화인터뷰 스크립트 작성)
를 마무리하였습니다.
이 모든 조사 과정은 기존 배웠던 조사 방식대로 Face care Ethno 조사(가정 방문 인터뷰 ‘과거 자신에게 돌아가서 충고한다면’ 부분 스크립트 요약) 기법과 소나타 모터쇼 조사(현장 설문 구매의향변화 문항 작성) 등의 조사업무 수행 경험을 살려서 동일한 방식으로 진행하였습니다.(총 791자)</td></tr>
<tr><td>서류
평가</td><td colspan="4">• 2개월간의 관련기업에서의 현장실습 경험
• 글로벌 여론조사 기업 업무 보조 경험</td></tr>
<tr><td>면접
질문</td><td colspan="4">• Face care Ethno 조사에 대해 아는 대로 설명해 보세요.
• 현장 방문조사지 작성은 어떻게 하였나요?</td></tr>
</table>

□ 전공: 경영학과

<table>
<tr><th colspan="2">전공 및 분야</th><th>경영학 계열</th><th>업종·기업</th><th>IT기업(전 업종) – 중견기업·중소기업</th></tr>
<tr><td>구분</td><td>지원
직무</td><td>마케팅
(온라인-MD)</td><td>요구 사항</td><td>• 엑셀 혹은 데이터 처리 가능하신 분
• AMD 분야 직무 경험을 원하는 분
• 플랫폼 기업 인턴 근무 경험자</td></tr>
<tr><td>질문
항목</td><td colspan="4">지원한 직무와 관련하여 본인이 보유한 전문성에 대해 서술하고, 이를 바탕으로 본인이 지원한 직무에 적합한 사유를 구체적으로 서술해 주시기 바랍니다.(1,200자)</td></tr>
<tr><td>자
소
서</td><td colspan="4">[SEO 및 SEM을 활용하여 온라인마케팅 MD업무를 보조하다]
3학년 2학기 단기현장실습으로 서울 구로디지털단지 내 (주)클락 세일즈팀에서 AMD업무를 수행하였습니다. 회사는 해외 및 국내 대표상품 전문 취급 쇼핑몰 회사였는데, 우선 회사에서 사용하는 메신저형 협업툴 슬랙(slack)을 이용하여 업무흐름을 익히고 팀내 MD분들의 보조 업무로 매일 발생하는 거래 데이터를 엑셀 피벗 테이블을 활용하여 정리후 MD분들이 일일 판매현황 데이터를 쉽게 파악할 수 있도록 돕는 상품별 개인별 실적 보고서를 작성하였습니다. 또한 아이템 스카우트라는 툴을 활용하여 상품별 소비자에 대한 키워드를 분석후 현재 각 판매상품과 관련하여 어떠한 키워드가 유행인지 그리고 향후 어떤 키워드가 그 키워드와 관련하여 뜨게 될 것인지를 예측할 수 있었습니다. 아이템 스카우트를 통해 분석하여 도출된 키워드를 통해서, MD분들이 보다 효율적으로 상품 소싱을 하도록 정보를 제공하였습니다.
이후 인플루언서 마케팅 보조업무로는 온라인 세일즈 이슈를 수시로 체크하여 제가 실습중인 소속사의 대표 상품인 패션의류 또는 패션잡화 상품을 기준으로 현재 국내외 패션 트렌드나 유명 인플루언서가 착용하는 브랜드를 온라인상에서 여러 커뮤니티 들의 평가내용 혹은 SNS에서 어떻게 소구가 되는지를 분석하였습니다. 이러한 분석 자료를 매일 이루어지는 스크럼회의 시간 때, 부서 MD분들에게 전달하여 MD분들이 현재 트렌드나 유행하는 아이템(상품)들을 쉽게 파악할 수 있도록 도왔으며, 인터넷에서 더 저렴한 상품들이 있다면 해당 상품들 목록 또한 정리후 MD분들에게 전달하여 새로운 상품을 수시로 소싱하여, 판매실적달성에 도움이 될 수 있도록 도왔습니다. 또한 추가로 물건을 파시는 셀러님과 카카오톡으로 상시 판매실적 정보를 공유함으로써 비즈니스적인 마인드도 습득하였습니다.

[검색엔진최적화 기법으로 판매상품 소싱을 직접 수행해 보다]
회사 대표상품 이외에는 추가로 해외식품의 국내수입 가능여부 등과 같은 상품에 대해서는 수입 관세법 조항 확인 및 의문사항에 대해 식약처 등에 전화로 문의하여 해결하였고, 매출확대를 위해 최저가 상품 서칭을 직접하여 제가 일하고 있는 기업과 타기업 사이의 상품중 어떤 상품이 최저가이고 어떤 상품이 비교적 비싼 상품인지에 대해서 엑셀로 리스트를 만들어 MD분들에게 전달하였으며, 필요시 셀러님과 직접 컨택하여 셀러님의 상품 중 메리트가 있는 상품을 찾고 이를 리스트화 시켜 셀러님의 상품이 부각될 수 있도록 온라인 테마전을 열었습니다. 이를 통해 어떤 상품이 고객들에게 더 메리트 있게 다가갈 수 있는지 알게 되었고, 셀러님과 추가로 공조하여 이번 데이터를 기준으로 차년도에는 계절별로 인기상품을 미리 소싱하기 위한 예측법이 있다는 것과 매출확대를 위해 키워드 검색은 계절별로도 수시로 많은 차이가 있다는 것도 알게 되었습니다.(총 1,089자)</td></tr>
<tr><td>서류
평가</td><td colspan="4">• 인플루언서 지원 업무 경험 보유
• 실전 SNS 마케팅 수행 경험 보유</td></tr>
<tr><td>면접
질문</td><td colspan="4">• MD의 역할에 대해 말해 보세요.
• SEO와 SEM에 대해 아는 대로 설명해 보세요.</td></tr>
</table>

□ 전공: 경영학과

<table>
<tr><th colspan="2">전공 및 분야</th><th>경영학 계열</th><th>업종·기업</th><th>IT기업(전 업종) – 중견기업·중소기업</th></tr>
<tr><td>구분</td><td>지원 직무</td><td>마케팅 (온라인 홍보)</td><td>요구 사항</td><td>• 전자상거래 소매업 등 유경험자
• 플랫폼 기업 인턴 근무 경험자</td></tr>
<tr><td>질문 항목</td><td colspan="4">지원한 직무와 관련하여 본인이 보유한 전문성에 대해 서술하고, 이를 바탕으로 본인이 지원한 직무에 적합한 사유를 구체적으로 서술해 주시기 바랍니다.(1,000자)</td></tr>
<tr><td>자소서</td><td colspan="4">[소비자 니즈 분석으로 온라인 플랫폼 이용 고객 맞춤형 판매상품을 기획하다]
서울 강남에 소재한 (주)IR의 콘텐츠기획팀에서 콘텐츠기획 업무를 하였습니다. 회사는 소비자니즈에 따른 제품효능 분석, 소비자 만족도 등을 고려하여 판매상품을 개발하고 여러 가지 마케팅 플랫폼을 통해 고객에게 알리는 미디어커머스 전문회사였습니다. 기본적인 이론으로 페이스북 광고 라이브러리 기능을 통해 키워드를 분석하는 법과 네이버 키워드 검색량 분석을 통해 온라인 상품에 대한 트렌드를 파악하여 틈새시장 개척을 통한 신제품을 제안하는 방법을 배웠습니다. 세부적으로는 유행 상품 제안서 문안작성 연습, 브랜드 네이밍, 소구점을 정리하고 제품 홍보 상세페이지에 필요한 상품 배열 정보와 상세페이지 구성 및 작성법을 먼저 실습하였습니다.
제가 담당한 첫 제품은 건강관련 기능성 식품으로 기능성 원료인 파크랜크랜베리 분말을 함유한 요로건강 건강기능식품에 대한 아이디어를 구체화하여 기획안을 작성 후 팀장님에게 발표를 하고 진행방향에 대해서 일부 수정 지시를 받았습니다.
수정 후 다음 단계로는 샘플링 작업을 진행하기로 하고 제조사와의 직접적인 미팅을 통해 제조사가 요구하는 가장 소구점이 높은 문구를 넣어서 샘플링 작업을 완료한 후 전체 구성 아이디어를 마무리 하였습니다.
이후에는 이러한 경험을 바탕으로 제품 업종을 바꾸어 자동차 관련 제품 브랜드에 대해서도 구체적으로 디벨롭 해보기로 하였습니다. 그리하여 추가적인 신제품 아이디어를 기획하여 기획안을 발표하였고 자동차브랜드에 대해서는 신제품 유리막 코팅제에 대해 샘플링을 진행하였습니다.
(관련상품 웹주소: https://www.coupang.com/XXXX/products/71018)

[4P 전략을 통하여 창업기업에 대한 영업 전략을 수립하다]
대학 2학년 때 창업론 강의를 수강하며 가상의 비즈니스 아이템을 설정하고 기업에 대한 영업 전략을 수립하였습니다. 비즈니스 아이템으로 단백질 스낵을 선정한 후, 유력 경쟁사의 4P 전략을 먼저 분석하여 비교 자료를 확보 한 후, 후발 신생주자로서 신규 창업기업이 가격 면에서는 기존기업과의 경쟁에서 우위를 가질 수 없다고 판단하고, 차별화된 프로모션 전략과 유통 전략을 통하여 경쟁우위를 극대화하는 전략 방향을 설정하였습니다. 그리하여 최초 구매자에 한하여 샘플 팩을 제공하는 프로모션 전략을 추진하여 제품 구매 경험을 극대화하고, 편의점과 체인형 헬스장에 제품을 입점하여 유통망을 다변화하는 전략을 도출하였습니다.(총 960자)</td></tr>
<tr><td>서류 평가</td><td colspan="4">• 4P전략 및 소구점에 대한 이해 보유
• 실제 콘텐츠기획 업무 경험 보유</td></tr>
<tr><td>면접 질문</td><td colspan="4">• 디벨롭에 대해 아는대로 말해보세요.
• 회사에서 수행한 브랜드 네이밍 절차와 그 결과물에 대해 이야기 해보세요.</td></tr>
</table>

□ 전공: 경영학과

<table>
<tr><th colspan="2">전공 및 분야</th><th>경영·산업공학과</th><th>업종·기업</th><th>물류관리업 – 대기업 및 중견기업 등</th></tr>
<tr><td>구분</td><td>지원
직무</td><td>물류 및 유통관리
(TV홈쇼핑)</td><td>요구 사항</td><td>• 홈쇼핑 관련업무 관심자
• 벤처 회사 홍보업무 유 경험자</td></tr>
<tr><td>질문
항목</td><td colspan="4">지원한 직무와 관련하여 본인이 보유한 전문성에 대해 서술하고, 이를 바탕으로 본인이 지원한 직무에 적합한 사유를 구체적으로 서술해 주시기 바랍니다.(1,300자)</td></tr>
<tr><td>자
소
서</td><td colspan="4">[홈쇼핑 입점 협상 및 SWOT 분석 등을 이용한 클라우드펀딩을 수행하다]
2022년 9월 서울 구로디지털단지 내 유통 및 제조 전문회사인 (주)리벤테크의 마케팅팀에서 4개월간 현장실습을 하였습니다. 이 회사는 TV 홈쇼핑에 자사의 제조품을 내보내서 판매하는 업무와 다른 제조회사들이 홈쇼핑에 들어가서 방송할 수 있도록 요청 의뢰해 온 제품을 받아 각 홈쇼핑사 소속 MD에 제안을 해서 홈쇼핑 방송에 올리는 업무와 중국 등으로 회사 생산제품들을 수출하는 업무로 나뉘어져 있었습니다. 처음에는 유통과정이 어떻게 돌아가는 시스템인지와 TV홈쇼핑에서 어떻게 광고가 되고 배송이 이루어지는지 그리고 MD나 바이어들과 어떻게 유통 협상을 해야 하는지에 대해 배웠습니다. 지도교사는 TV홈쇼핑에 광고를 내기 위해서는 국내외 모든 경쟁 제품들을 살펴봐야 한다고 하여 해외 제품 시장을 분석하기 위해 QVC 일본 페이지에 들어가서 전기를 쓰지 않는 주방용품, 가정용품, 생활용품 등을 엑셀 파일로 정리하였고, 그 다음으로는 국내 대형마트의 바이어를 만나러 가기 위해 사전에 국내 편의점 현황과 할인점 현황을 전부 조사하여 엑셀로 정리하였습니다. 이후 대형마트 담당자와 입점 협상을 하기 위해 준비한 자료를 지참 후 대표 및 지도교사와 함께 동행하여 실제로 입점협상에 참여하였습니다. 회사의 주요품목인 만능토스트팬 등도 경쟁사제품과 가격경쟁력에 대해 조사하였고, 타 경쟁사 제품에 비해 경쟁력이 있는지에 대해 알아보았습니다. 또 회사가 사업 확장을 계획하고 있어서 wadiz를 이용하여 클라우드펀딩을 받기 위해 이 회사 제품소개 등의 IR용 브로슈어 작성 등의 필요한 작업들을 수행하였습니다. 회사의 주력 생산제품을 외부 투자자들에게 어떻게 하면 더 임팩트 있게 전달해서 원하는 금액만큼 투자를 받을 수 있을지 SWOT 전략을 잘 세워서 제출을 하였습니다. 추가로 회사 페이스북 페이지도 새로 만들어서 입체적인 홍보를 강화하였습니다. 벤처 중소기업들은 항상 자금난에 시달리기 때문에 이러한 클라우드펀딩을 하는 방법이 참 좋은 제도라고 생각하였고 비즈니스 모델이 좋으면 투자금액도 많아져서 자금난을 어느 정도 해결할 수 있다는 것도 알게 되었습니다. 실습 3개월 후 부터는 외부에서 TV홈쇼핑 요청 의뢰를 해온 회사를 대상으로 협상을 진행하였습니다. 이 회사는 맛 부분에서 특허를 받은 원두커피 제조회사의 vendor 역할을 하기 위해 우리 회사가 어떻게 하면 이 요청회사의 제품을 대형사 편의점에 납품할 수 있을지에 대해 제안을 해와, 이사님께서 제게 이 막중한 일을 해보라고 지시하여 현재 편의점의 커피 현황을 전부 파악하고 시장조사를 하여 편의점 커피로 무엇이 입점되어 있는지 전부 알게 되었으며 이 자료를 토대로 직원회의 때 입점제안용 PT를 하였습니다.(총 1,048자)</td></tr>
<tr><td>서류
평가</td><td colspan="4">• 4개월간의 관련 물류 및 유통기업에서의 현장실습 경험
• 사업전략, 펀딩, 홍보, 유통분야 업무 수행 경험</td></tr>
<tr><td>면접
질문</td><td colspan="4">• 클라우드펀딩에 대해 아는대로 설명해 보세요.
• TV홈쇼핑 광고시 협상과정과 절차에 대해 이야기 해보세요.</td></tr>
</table>

□ 전공: 경영학과

전공 및 분야		인문사회계열	업종·기업	광고홍보업 – 대기업 및 중견기업 등
구분	지원 직무	미디어렙 (크로스미디어)	요구 사항	• 온라인 마케팅 업무 수행 경험자 • 미디어 렙 관련 업무 가능자
질문 항목	1. 지원한 직무와 관련하여 본인이 보유한 전문성에 대해 서술하고, 이를 바탕으로 본인이 지원한 직무에 적합한 사유를 구체적으로 서술하세요(한글 1,100자) 2. 우리회사를 지원한 이유와 입사 후 회사에서 이루고 싶은 꿈은?(한글 700자)			
자소서	[미디어 렙사에서 온 · 오프라인 크로스광고 대행업무를 수행해 보다] 2022년 3월 부터 6개월간 서울 강남소재 ㈜미디어Q의 크로스미디어광고팀에서 실습을 하였습니다. 이회사는 미디어 렙사중 업계 매출 1위 기업이었습니다. 제가 맡은 업무는 크로스미디어플래너로서 광고주에게 가장 효과적인 매체를 선정해 집행 스케쥴을 제시하는 업무입니다. 미디어 렙사는 광고주와 매체사를 연결해주는 역할을 하는데 일반적인 방법과 달리 광고 내용이 어떤매체에 언제 어떤 방식으로 얼마나 집행되면 좋을지를 판단 및 제안하고 매체사에 게재를 요청하는 업무를 합니다. 그렇기 때문에 광고의 소재 및 캠페인별로 노출 및 클릭에 관한 데이터를 수집하여 이를 통한 리포트를 만들어 광고주에게 제공하는 업무를 항상 동시에 수행을 합니다. 1) 스페셜 DA(디스플레이 광고)부킹: 매주 월요일마다 광고 게재 지면 확보를 위한 부킹 업무(광고주들의 광고를 게재하기 위한 온라인 상의 게재 지면은 선착순으로 확보가 진행되기 때문에 수강신청이나 티켓팅을 하는 것처럼 순간적으로 부킹을 시도), 2) 브랜드검색 리포트: 집행을 시작한 광고의 효과가 어느 정도인지 파악하기 위한 리포트를 작성(키워드별이나 광고 소재별로 일간/주간/월간 노출 및 클릭 변동 내역을 엑셀 피벗 테이블 및 수식을 활용하여 정리하고 이를 기반으로 광고 소재 수정 및 보완 과정을 거침으로써 효율적인 광고 집행을 진행), 3) 광고비 집행 내역 취합: 광고주의 요청에 따라 광고주 및 경쟁사의 광고비 집행 내역을 취합(TV/라디오/디지털 배너/디지털 영상/PC/모바일 등의 채널에 각각 얼마나 광고비를 집행하였는지 기간별 데이터를 정리하여 광고주들에게 효과적인 제안 준비), 4) 레퍼런스 취합: 광고주 및 경쟁사가 어떻게 광고를 진행하고 있는지 실제 광고 화면을 취합 정리, 5) 제작용 가이드 제작: 광고주들에게 각 광고 매체별로 어떤 형식 및 어떤 포맷으로 제작하는지 가이드 파일을 제작(디지털 매체 뿐만 아니라 지하철역 및 디지털 사이니지, 버스 및 버스 쉘터 등 옥외광고 매체의 제작 가이드도 포함), 6) 광고 게재 보고: 집행한 광고들이 어떻게 실제로 게재되고 있는지 게재 지면을 파악하여 광고주 측에 전달(유튜브/네이버 디스플레이 광고 뿐만 아니라 옥외광고 게재 지면도 분류 및 정리하여 게재 보고서를 작성)해 보았습니다. 이러한 실습을 통해 반복적인 업무를 진행하면서 보다 쉽고 빠르게 엑셀을 사용하는 방법과 검산, 또 가공되지 않은 로우데이터를 자주 다루면서 해당하는 데이터가 어떤 방식으로 활용될지에 대해 고민도 해보고 적용할 수 있는 능력을 기를 수 있었습니다.(총 992자)			
서류 평가	• 6개월간의 관련 기업에서의 현장실습 경험 • 미디어 렙사에서 온·오프라인 크로스광고 대행업무 경험			
면접 질문	• 크로스미디어플래너로 실제로 실습중 제안한 기업이 있으면 말해 보세요. • 스페셜 DA(디스플레이 광고) 부킹에 대해 그 과정을 설명해 보세요.			

□ 전공: 경영학과

<table>
<tr><th colspan="2">전공 및 분야</th><th>인문사회계열</th><th>업종·기업</th><th>광고홍보업 – 대기업 및 중견기업 등</th></tr>
<tr><td>구분</td><td>지원
직무</td><td>미디어렙
(퍼포먼스마케팅)</td><td>요구 사항</td><td>• 네이버 NOSP 사용 가능자
• 퍼포먼스마케팅 수행 경험자</td></tr>
<tr><td>질문
항목</td><td colspan="4">1. 지원한 직무와 관련하여 본인이 보유한 전문성에 대해 서술하고, 이를 바탕으로 본인이 지원한 직무에 적합한 사유를 구체적으로 서술하세요(한글 1,300자)
2. 우리회사를 지원한 이유와 입사 후 회사에서 이루고 싶은 꿈은?(한글 700자)</td></tr>
<tr><td>자
소
서</td><td colspan="4">[네이버 NOSP을 사용하여 실제 기업홍보용 온라인 광고를 집행해 보다]
2022년 9월 부터 6개월간 서울 강남에 있는 종합광고대행사 (주)서울미디어기획 광고3팀에서 미디어플래너 업무를 실습하였습니다. 이 회사는 대기업 계열사로서 종합광고대행사입니다. 저는 처음 네이버 NOSP을 사용하는 방법(네이버 NOSP을 통해 네이버 광고에 대한 전반적인 이해와 네이버에서 어떠한 광고 형태의 결과 값이 나오는지, 해당 시간과 타겟팅에 따라 어떠한 CTR 및 예산이 측정 되는지에 대한 교육)과 미디어렙사에서 기본적으로 쓰는 용어들 즉, CPM, CPC, CTR, 순 이용자수와 같은 광고 집행(캠페인)에 필요한 용어들을 배웠습니다. 추가로 버즈워드, 앱애니, 리서치애드 사이트를 통해서 금융업 중 신용카드 업계에서의 다양한 기업들 광고 현황과 과거 값을 확인하고 그에 대한 결과 값을 기입하고 보고하는 형식의 과제도 수행하였습니다. 제가 소속한 팀에서는 한국자동차와 질레트라는 광고주 광고를 관리하였는데 해당 광고주들의 요청 즉, 페이스북, 인스타그램, 유튜브 등과 같은 매체에 광고를 게재하고 이 광고 실제 게재 내용을 캡쳐해서 PPT로 제공하였고 추가로 카카오톡 플러스 친구를 통한 홍보도 진행하였습니다. 약 50만명이 넘는 사람들에게 메시지를 통해 홍보를 하였으며, 홍보를 진행 한 후의 현재 이 회사의 누적 플러스 친구 수, 또 해당 광고의 클릭 수, 노출 수, (구매) 전환율 등을 엑셀 파일로 정리해서 제공하였습니다. 2개월째 부터는 광고 집행에 대한 월간 리포트를 작성하였습니다. 저는 한국자동차 월간 리포트를 직접 작성하였는데 각 데일리(일간) 리포트를 진행했던 정보들과, 주간에 진행했던 리포트에 대한 결과 값들이 나온 파일들을 통해 결과 값들과 광고가 나가고 그광고 집행에 대한 현황과 분석 예측 값을 해당 광고주에게 작성 완료하여 제출하였습니다. 이 과정이 처음에 매우 어려워서 지도교사인 박규식 과장의 지도를 받아 계속 반복해 보고 또 시도하고 질문하면서 점차 익숙해져 결국 해당 업무를 잘 마무리 할 수 있었습니다. 또한 교육 관련해서는 광고 용어들을 배우고 시험을 보게 되었는데, 미디어 렙사에서 대부분 기본적으로 쓰는 용어들 즉, CPM, CPC, CTR, 순 이용자수와 같은 용어들 이었습니다. 3개월째 부터는 추가로 고객사들이 요즘 진행되고 있거나 떠오르는 마케팅 형태를 요구하여 관련 계획서를 작성 제출한 후 광고업계에 대한 게재 및 집행 결과 값을 제공한 바, 저는 금융 업종중에 카드업종을 배정받아 PC게재용 10개, 모바일 게재용 10개 등 총20개의 온라인 광고를 수주 후 집행하였습니다.(총 996자)</td></tr>
<tr><td>서류
평가</td><td colspan="4">• 6개월간의 관련 기업에서의 현장실습 경험
• CPM, CPC, CTR, 순 이용자수 분석 경험</td></tr>
<tr><td>면접
질문</td><td colspan="4">• 네이버 NOSP와 네이버 성과형 광고플랫폼 GFA에 대해 아는 대로 말해 보세요.
• 미디어 믹스에 대해 말해 보세요.</td></tr>
</table>

□ 전공: 경영학과

<table>
<tr><th colspan="2">전공 및 분야</th><th>인문사회계열</th><th>업종·기업</th><th>온라인마케팅업 – 대기업 및 중견기업 등</th></tr>
<tr><td>구분</td><td>지원
직무</td><td>쇼핑몰마케팅
(MD 보조)</td><td>요구 사항</td><td>• 온라인 직구 쇼핑몰 업무 수행 경험자
• 온라인 데이터분석 업무 가능자</td></tr>
<tr><td>질문
항목</td><td colspan="4">1. 지원한 직무와 관련하여 본인이 보유한 전문성에 대해 서술하고, 이를 바탕으로 본인이 지원한 직무에 적합한 사유를 구체적으로 서술하세요(한글 1,000자)
2. 우리회사를 지원한 이유와 입사 후 회사에서 이루고 싶은 꿈은?(한글 700자)</td></tr>
<tr><td>자
소
서</td><td colspan="4">[해외직구 쇼핑몰 7번가에서 플랫폼 성장 MD 지원업무를 수행하다]
2022년 3월 부터 6개월간 서울 마포 소재 (주)LCT의 MD 운영팀에서 현장실습을 진행하였습니다. 이회사는 자체 개발한 해외직구 플랫폼인 7번가를 운영중인 기업으로 플랫폼의 서비스 성장 및 커머스 플랫폼의 MD 지원업무에 집중하고 있습니다. 제가 맡은 업무는 7번가의 비즈니스 파트너인 해외현지 셀러영입과 데이터 분석을 통한 셀러관리 업무였습니다. 가장 중점적으로 수행하는 일은 1) 7번가에 처음 입점하는 셀러들이 잘 정착할 수 있도록 온보딩 혹은 컨설팅, 셀러들이 직접 상품등록을 하는 것을 보고, 7번가의 색깔과 맞지 않은 상품이나 온라인 혹은 해외수입이 불가능한 것들을 찾아 판매 중지를 시키고 셀러와 컨택하여 컨설팅 및 광고센터를 운영하면서 셀러들의 거래건을 붐업시킬 수 있도록 컨설팅해 주고 셀러들에게 광고를 집행할 수 있도록 유도하는 것입니다. 광고센터 업무는 셀러들이 광고를 신청하고, 승인 혹은 반려 여부가 정해지면 그에 적절한 안내를 해주고, 반려된 이유 중에 보완할 사항이 있다면 지도교사의 지시를 받아 규정된 기준을 적용하여 적절하게 컨설팅을 해주는 업무를 하였습니다. 또한 쿠폰 서비스를 병행하면서 쿠폰을 신청한 셀러들에게 쿠폰을 발행해 주고 안내도 해주었습니다. 2) 주단위 업무로는 이전주와 그 전전주의 거래데이터를 분석하여 셀러들이 가장 처음 클릭한 좌표를 알아보고 왜 해당 좌표를 많이 선택했는지 알아 본 다음, 셀러들의 상품을 보면서 메리트가 있거나 독특한 상품을 발견하면 거래건을 붐업시킬 수 있는 방법을 기존 자료집에서 찾아내어 의견서를 작성하였습니다. 3) 전주셀러들의 거래건을 계산하여 입력한 후 AM(보조)은 MD들이 영입하지 않은 그외의 셀러들과 밀접하게 관여하여 거래건을 상승시켜야 하기 때문에 매주 전주의 거래건(실적)을 파악하는 일을 하였습니다. 4) 1～2달 사이에 각 셀러들이 입점하는 방식이 새롭게 바뀌기 때문에 셀러 입점 가이드 영상 제작(마켓등록, 상품등록, 상품등록 후 관리, 고객관리 기법, 자주하는 질문을 바탕으로 영상을 제작하고 설명)하였습니다. 마지막 과정으로는 콘텐츠 1개를 기획을 하였는데 과거 1차, 2차 광고센터 분석 당시 셀러들의 거래건 붐업이 생각보다 이루어지지 않았음을 알고, 구매자들이 좀 더 후킹될 수 있는 타임특가라는 이벤트를 기획하여 진행하였습니다. 키워드를 확 바꾼탓인지 실제로 3차 광고센터에서는 이러한 후킹포인트로 거래건 상승률이 이전에 비해 크게 높아졌습니다.(총 963자)</td></tr>
<tr><td>서류
평가</td><td colspan="4">• 6개월간의 관련 기업에서의 현장실습 경험
• 커머스 플랫폼의 MD 지원업무를 수행 업무 경험</td></tr>
<tr><td>면접
질문</td><td colspan="4">• 후킹포인트의 개념에 대해 말해 보세요.
• 상품별로 가장 많이 사용했던 후킹에 대해 2개만 사례를 들어 말해 보세요.</td></tr>
</table>

□ 전공: 경영학과

전공 및 분야		경영·경제 계열	업종·기업	전 업종 – 대기업 및 중견기업
구분	지원 직무	온라인마케팅 (B2B 전략)	요구 사항	• B2B, B2C 마케팅 경험자 • 온라인마케팅 수행업무 경험자
질문 항목	지원한 직무와 관련하여 본인이 보유한 전문성에 대해 서술하고, 이를 바탕으로 본인이 지원한 직무에 적합한 사유를 구체적으로 서술해 주시기 바랍니다.(1,100자)			
자소서	[B2B 및 B2C로 온라인 상품판매 업무를 직접 수행해 보다] 서울 마포 창업보육센터에 입주해 있던 ㈜꿈방은 주업무가 B2B 업무로 협력사가 필요한 고객사와 신규고객 창출이 필요한 협력사를 연결시켜주는 O2O 아웃소싱플랫폼 서비스(B2B 기업업무 지원 및 중개 서비스) 기업입니다. 회사는 고객사가 원하는 우수한 협력사 소개와 각 단위별 미션들을 성공적으로 수행하는 기업으로 저는 온라인마케팅 팀에 배치되어 기업 마케팅 및 지원분야 부터 기업용 DB 구축, 온라인 마케팅 채널 활용, 시장분석 및 고객반응 관리, 기업홍보 동영상제작, 판매(매출) 실적관리 및 분석 등의 업무를 하였습니다. 저는 6개월전에 이미 동계 실습과정으로 2개월간 이와 관련하여 기능성 양말 온라인 판매업체인 ㈜나랑이라는 벤쳐기업의 판매팀에서 B2C로 온라인 판매업무를 해본적이 있었습니다. 그리하여 이번 실습은 B2B라는 이전과는 약간 다른 일반인이 다소 접하기 어려운 분야라서 일반 소비자가 아닌 기업을 고객으로 하는 B2B이므로 사전에 시장 규모의 특징 분석, 종업원수별로 대·중견·중소기업의 구매 특징 등에 대해 사전에 조사를 완료하여 관련 상품별 가망고객 확보를 위한 기초 DB작업 부터 구축하였습니다. 2달 동안 두 지도교사(멘토)인 차장님들의 지도로 교육-과제-피드백, 단발성 리서치 업무, 다트 및 잡코리아 등에 게시된 기업정보 사이트와 홈페이지 분석을 통한 협력사에 대한 DB자료를 추가하였습니다. 부족한 이론 부분은 상무이사님의 지도로 Value Chain, 회사운영, Role & Responsibility, 사업계획서 작성(3C분석, SWOT분석, STP, Marketing Strategy), 5 forces model, B/S, I/S, BCG Matrix 등에 대해 재교육을 받았습니다. 업무 수행방식은 교육-실습-교육-실습을 상품별로 반복해 나가면서 업무에 대해 숙달 및 감각을 익혔으며, DB작업으로는 엑셀함수 및 Raw데이터로 부터 피벗테이블을 이용한 유의미한 data 도출 방법과 품의서를 작성하였습니다. 온라인 마케팅 방법으로는 스토리보드 기획, PR작성법, 키워드 마케팅, 홈페이지 기획, 블로그 이벤트 기획서 작성 등을 기획이 잘 되어있는 타 홈페이지를 참고하여 홈페이지 분석과 비교도 하였습니다. 가장 중요한 것은 이 때 타 대기업들은 왜 이 탭은 이 자리에 이 크기로 구성을 하였는지? 그것이 어떤 고객유도 효과를 일으키는지와 이 회사의 홈페이지는 어떤 부분이 유저입장에서 불편한지 평소에는 생각해보지 못한 시각으로 홈페이지에 접근하여 비교 후 반영하였습니다. 이후 시장조사는 최저가 조사 등 리서치와 전화를 통한 영업인들과의 상담 및 가격 조율도 했습니다.(총 1,040자)			
서류 평가	• 2회에 4개월간의 관련 업종 기업에서의 현장실습 경험 • 영업관리와 영업지원 업무에 대한 전반적인 경험 풍부			
면접 질문	• B2B 및 B2C에 대해 이야기 해보세요? • SWOT와 STP의 Marketing Strategy과 5 Forces model 전략을 비교해 보세요.			

□ 전공: 경영학과

<table>
<tr><th colspan="2">전공 및 분야</th><th>경영학과 계열</th><th>업종·기업</th><th>이커머스업 – 대기업 및 중견기업</th></tr>
<tr><td>구분</td><td>지원
직무</td><td>온라인마케팅
(쇼핑몰 운영)</td><td>요구 사항</td><td>• SNS마케팅 업무 수행가능자
• 정부사업자금 신청계획서 작성 경험자</td></tr>
<tr><td>질문
항목</td><td colspan="4">지원한 직무와 관련하여 본인이 보유한 전문성에 대해 서술하고, 이를 바탕으로 본인이 지원한 직무에 적합한 사유를 구체적으로 서술해 주시기 바랍니다.(1,200자)</td></tr>
<tr><td>자
소
서</td><td colspan="4">[온라인 쇼핑몰 자금운영 사업계획서 작성 및 실제 유료홍보를 진행해 보다]
2022년 1월 부터 2개월간 서울 마포 DMC에 소재한 ㈜컴마트 온라인마케팅팀에서 2개월간 현장실습을 진행하였습니다. 이 회사는 가구 도소매, 무역, 전자상거래 등을 하는 회사인데 특히 수입 스포츠용품에 특화되어 있는 쇼핑몰을 운영하고 있었습니다. 제가 소속된 온라인마케팅 팀은 기존에 구축된 쇼핑몰관리, 온라인 홍보, 유입고객 확장 및 배송, 고객지원까지 모든 과정을 담당하였습니다. 먼저 2개월간의 사업목표를 대표이사와의 협의를 통해 회계, ERP 관리, 마케팅 전략수립 등으로 나누어 실무에 적용해 보고 오픈마켓 시장에 진입하여 매출을 올린 후 최종적으로는 온라인 E마트 쇼핑몰 까지 입점하는 것을 최종 목표로 하였습니다. 1차목표는 매출확대 전략으로 기존 판매상품 중 캐시카우였던 외국수입유통 제품 Skins와 McDavid의 비중을 줄이고 직접 자사가 상품화한 아이템인 COM-MART와 MAXBAND의 매출을 늘리는 것이었습니다. 그러기 위하여 자사 온라인쇼핑몰에 대한 레이아웃 내용의 수정 및 홍보, 11번가와 같은 오픈마켓에서의 쇼킹딜 기획전(설 선물세트), 현장영업(마라톤 대회 현장영업 등), 위탁업체 물색, SNS 및 블로그를 이용한 소셜마케팅, 프로선수 스폰서 등 다양한 홍보방법을 겹겹이 동원하여 홍보활동을 하였습니다. 또한 년초라서 각 정부기관별로 발표되는 2022년도 사업지원계획서를 실시간으로 확보하여 중소벤처기업청 및 산하 여러기관에서 진행하는 중소기업마케팅 지원사업과 청년사관학교, 클라우드펀딩 방안, 소상공인 마케팅지원사업 등의 수많은 정부 지원사업에 사업계획서를 작성 제출하여 지원금을 타내는 신청서를 작성하였습니다. 특히 보고서 작성시에는 각 수행기관별로 예시된 신청서 항목별로 대표이사와의 협의를 통해 타 제품개발계획, 생산 및 고도화 방안, 전체 마케팅 전략, 홍보 방안들을 통한 매출 향상, 그리고 최종으로는 해외수출을 통한 글로벌 스포츠브랜드로 도약하는 것까지 작성하였습니다. 특히 작성과정에서 효과 검증용으로, 네이버 키워드 광고를 클릭 한건당 몇백원으로 하였는데, 1주~2주 지나고 나니 1주일에 10만원 이상 지출만 되고 오히려 그 효율(구매전환율)은 매우 낮았고, 카카오옐로스토리(기업 가상계정), 페이스북 페이지 등 최근 가장 핫하다고 볼 수 있는 SNS마케팅을 이용하여 홍보를 하였는데도 예상보다 매출실적이 저조하여 현재 회사의 매출로는 추가 광고진행은 무리가 있어서, 각매체별 ROAS 분석을 통해 그나마 비용대비 효과가 가장 큰 블로그마케팅(위드블로그)을 통하여(캠페인 1번에 20만원 수수료, 10명의 파워블로거 연결(1주차: 신청자 모집, 2~3주차: 제품사용 및 후기올리기, 4주차: 결과보고서 받아보기)에 집중하기로 하여본바, 자사 온라인 쇼핑몰에서 1개씩 개인단위로 판매하는 실적을 올렸습니다.(총 1,122자)</td></tr>
<tr><td>서류
평가</td><td colspan="4">• 2개월간의 관련기업에서의 현장실습 경험
• 정부사업자금 신청용 사업계획서 작성 경험 보유</td></tr>
<tr><td>면접
질문</td><td colspan="4">• ROAS, SEO, SEM에 대해서 각각 말해 보세요.
• 사방넷에 대해서 말해 보세요.</td></tr>
</table>

□ 전공: 경영학과

<table>
<tr><th colspan="2">전공 및 분야</th><th>경영·경제학 계열</th><th>업종·기업</th><th>이커머스 기업 – 대기업 및 중견기업</th></tr>
<tr><td>구분</td><td>지원
직무</td><td>온라인마케팅
(스포츠마케팅)</td><td>요구 사항</td><td>• 경영·경제학 계열 전공자
• 스포츠마케팅에 관심이 있는 자</td></tr>
<tr><td>질문
항목</td><td colspan="4">지원한 직무와 관련하여 본인이 보유한 전문성에 대해 서술하고, 이를 바탕으로 본인이 지원한 직무에 적합한 사유를 구체적으로 서술해 주시기 바랍니다.(1,100자)</td></tr>
<tr><td>자
소
서</td><td colspan="4">[기업의 스포츠마케팅, 전시회참여 기획, 수요조사업무를 수행해 보다]
이 ㈜제이컴이라는 회사는 주요 직거래처인 국내 각종 아마추어 운동구단 및 프로구단과의 미팅 등을 통해 제품을 판매해 오는 스포츠마케팅 전문 회사입니다. 저는 현장실습으로 2020년 7월부터 6개월간 (주)제이컴의 마케팅팀에 배정 되어 회사의 전반적인 마케팅 업무보조를 하였습니다. 먼저 사무실에서 할 수 있는 스포츠마케팅 및 서류작성부터 시작하여 회사가 널리 알려진 브랜드파워가 없는 회사이기 때문에 회사제품을 알리는데 많은 시간을 투자했습니다. 모든 운동종목의 아마추어 선수들과 프로선수들에게 회사제품 홍보물과 함께 손편지를 써서 보냄으로써, 입소문 마케팅을 하였고, 택배를 보낼 선수를 선별하여 이번 2020년 동계올림픽에서 금메달을 목에 건 선수, 근대 5종 국가대표 선수, 아이스하키 선수 등 아마추어 부터 프로 선수까지 종목에 한정을 두지 않고 열심히 마케팅을 하였고, 그 결과 여러 선수들에게 답장이 와서 1차 목표인 입소문 마케팅이 충분히 홍보 효과가 있었다고 생각했습니다. 또한 경기장에 대표님, 팀장님과 함께 나가서 저축은행 배구단, 손해보험 배구단 등 각 프로구단과의 실제 미팅에 함께 참여하여 협상을 진행하였고 손해보험 배구단과는 계약이 완료되었습니다. 뿐만 아니라 홈쇼핑, 백화점, 마트 MD들과의 미팅에도 참여하며 수시로 질문도 던지고 답도 하는 등 실전 경험도 많이 쌓았습니다. 어느 정도 지난 후 직접 회사가 일본 동경전시회에 참여하기 위한 지원방안으로 마네킹 주문 부터 마네킹판 제작, 케이스 제작 등 회사의 미래와 직결되는 중요한 일들을 수립해야 했었습니다. 저는 마네킹판 제작 같은 경우는 어떻게 하면 우리 제품을 고급스럽게 만들 수 있는 받침대를 만들 수 있을까라는 고민부터 시작해 받침대의 재질, 색상, 모양, 크기 등을 제가 컨셉을 정해 주도하여 외주업체와의 컨택까지 맡았습니다. 케이스 또한 다른 회사들의 케이스와 비교 후, 소속 마케팅 팀원들과 회의를 통해 업체 컨택 및 미팅을 통해 제작을 완료하였습니다. 3개월 째 부터는 추가로 한국산업기술평가관리원에서 진행하는 년도별 국가산업수요조사에 대한 서류제출 작성업무를 지시받아 3억이라는 R&D 사업을 확보하기 위해 수요조사 단계부터 서류 작성 및 제출 까지 완료하였습니다. 실습중에 느낀 것은 처음 2개월은 업무 적응기간이었다면, 이후 부터는 회사란 곳이 어떤 곳이고 실제업무가 어떤 분위기에서 진행이 되고, 내가 이 곳에서 살아남기 위해서 부족한 부분이 무엇인지? 또 부족한 것을 어떻게 준비하여 헤쳐나가야 하는지를 뼈저리게 느꼈습니다. 다시 말해 회사란 무에서 유를 창조하는 곳이고 방법을 찾아서 실제로 일을 해야 하는 곳이었습니다.(총 1,030자)</td></tr>
<tr><td>서류
평가</td><td colspan="4">• 6개월간의 관련 업종 기업에서의 현장실습 경험
• 스포츠마케팅, 전시회참여 기획, 수요조사업무 수행경험 있음</td></tr>
<tr><td>면접
질문</td><td colspan="4">• 바이럴 마케팅에 대해 설명해 보세요.
• 맨처음 손편지 마케팅 부터 하게 된 이유가 무엇인가요?</td></tr>
</table>

□ 전공: 경영학과

<table>
<tr><th colspan="2">전공 및 분야</th><th>경영학과 계열</th><th>업종·기업</th><th>IOT기업 – 대기업 및 중견기업</th></tr>
<tr><td>구분</td><td>지원
직무</td><td>온라인마케팅
(퍼포먼스마케팅)</td><td>요구 사항</td><td>• 스마트폰 앱 홍보업무 경험자
• 퍼포먼스마케팅 유경험자</td></tr>
<tr><td>질문
항목</td><td colspan="4">지원한 직무와 관련하여 본인이 보유한 전문성에 대해 서술하고, 이를 바탕으로 본인이 지원한 직무에 적합한 사유를 구체적으로 서술해 주시기 바랍니다.(1,300자)</td></tr>
<tr><td>자
소
서</td><td colspan="4">[온라인마케팅 팀에서 앱 홍보 퍼포먼스 마케팅을 수행하다]
2020년 대학 3학년 때 하계현장실습으로 2개월간 서울 강남 소재 (주)A&D컴의 온라인마케팅 팀에서 퍼포먼스 마케팅을 수행하였습니다. 이 회사는 시스템·응용 소프트웨어 개발 및 공급업체로 이미 스마트폰 앱으로 “M넘버”라는 어플을 개발하여 소비자 확보를 위한 온라인 및 오프라인 마케팅을 하고 있었습니다. 이 앱은 식당 등 여러 매장에서 이용자가 대기하는 줄 없는 세상을 꿈꾸는 대한민국 NO.1 모바일 순번대기 서비스 앱이었습니다. 주요기능은 이용자 중심으로 일정거리에 있는 매장검색(주차장 유무 등 상세정보 포함), 순번접수, 모바일 순번표, 입장 알림 서비스, 나만의 메뉴와 사전결제까지 가능한 앱이었습니다. 우선 저는 가망 이용자층을 중심으로 고객을 세분화하여 SMS로 전송문자와 매장에 전화걸기 부터 시작하였습니다. 이후 기존의 야놀자 등의 앱 홍보 성공사례를 분석하여 벤치마킹 후 전체 고객을 세대와 업종을 나누어 20~30대에게 인지도가 있는 업종은 인플루언서, 페북, 인스타그램 등에 앱에 대한 홍보물을 손수 게시하여 올렸습니다. 그리고 나서 실제 고객이 해당 홍보물을 본 후 최종 액션까지 얼마나 이루어졌는지는 추정하였습니다. 사실 100% 확신할 수는 없었지만 그래도 조금씩 이용자수가 늘었습니다. 홍보 효과를 측정하기 위해 브랜드 인지도, 전환률, 사용횟수 등을 실시간 단위로 체크한 후 사용빈도가 높은 업종과 지역위주로 재분류 후 홍보를 더 하였습니다. 2단계부터는 이처럼 가망고객으로 확인된 고객을 대상으로 인스타그램, 블로그, 페이스북 등에만 집중하여 앱에 대한 혜택과 편리함 등에 대해 지속적으로 게시하였습니다. 또한 회사 제휴 매장의 콘텐츠를 제작하여, 같이 게시하는 경우도 있었고 계절 및 기간대 별로 이벤트 등을 실시하기도 했습니다. 3단계로 일부지역에서는 제휴매장이 적고 있어도 멀리 떨어져 있거나 굳이 바로 가도 된다는 매장도 있어서 새로운 제휴 매장을 조사 후 발굴하였습니다. 또 잠재적 고객인 경우는 업체에 대한 사전 정보를 수집하여 이러한 정보를 바탕으로 계약을 하게 된 경우에는 업체의 순번관리 뿐 아니라 고객 관리까지 동시에 이루어지도록 하였습니다. 방문 영업일 경우는 본 앱 서비스에 관심이 있는 매장에 직접 방문하여 회사 제안서를 보여드리며 서비스에 관해 설명을 하며 기타 세부 계약내용을 조율하였습니다. 이를 통해 서비스 이용을 시작하게 되면 다시 매장을 방문하여 매장 직원들을 교육하여 일반인들이 이용에 문제가 없도록 하였으며, 만약 서비스를 더 이상 이용하지 않는 경우는 방문하여 서비스의 불편한 점 또는 단점 등의 피드백을 듣고 철수를 하였습니다. 그리고 나머지 시간에는 온라인 소비자 건의사항, 후기를 보고 답변을 하였으며, 프로그램 보완이 필요한 경우는 대표님께 문제점을 정리 후 제출하였습니다.
(총 1,082자)</td></tr>
<tr><td>서류
평가</td><td colspan="4">• 2개월간의 관련 업종 기업에서의 현장실습 경험
• 온라인 및 오프라인 마케팅 수행 경험(제안서 작성 업무 포함)</td></tr>
<tr><td>면접
질문</td><td colspan="4">• 기업체 방문 섭외에서 가장 어려웠던 점은?
• 초기에 제휴 가맹점이 적어서 상당한 어려움이 있었을 텐데 가망고객 발굴은?</td></tr>
</table>

□ 전공: 경영학과

<table>
<tr><th colspan="2">전공 및 분야</th><th>경영학과 관련계열</th><th>업종·기업</th><th>이커머스업 – 대기업 및 공기업 등</th></tr>
<tr><td>구분</td><td>지원
직무</td><td>온라인마케팅
(해외직구쇼핑몰)</td><td>요구 사항</td><td>• 오픈마켓 운영 경험자 우대
• 온라인마케팅 관련 경험자</td></tr>
<tr><td>질문
항목</td><td colspan="4">1. 지원한 직무와 관련하여 본인이 보유한 전문성에 대해 서술하고, 이를 바탕으로 본인이 지원한 직무에 적합한 사유를 구체적으로 서술하세요(한글 1,000자)
2. 우리회사를 지원한 이유와 입사 후 회사에서 이루고 싶은 꿈은?(한글 700자)</td></tr>
<tr><td>자
소
서</td><td colspan="4">[해외 직구 오픈마켓에서 고객 유치 온라인 마케팅을 수행하다]
2022년 1월부터 2개월간 서울 송파 소재 해외직구 전문 쇼핑몰인 ㈜K-BAY의 온라인 마케팅팀에서 자사가 운영하고 있는 해외직구 쇼핑몰에 대한 고객 유치 홍보 업무를 수행하였습니다. 처음 1주일간은 국제거래 및 해외마케팅, 인바운드 마케팅, 해외 이커머스 동향, 국내 역직구몰 현황, 업계 선도기업 현황분석, 주요 이커머스사 시즈널 프로모션 및 마케팅 전략 리서치, 역직구몰 운영 및 솔루션에 대한 이해, 타깃 국가별 주요지표, 마케팅전략 및 프로세스 수립, 국내외 주요 온라인 리테일사 경쟁력 분석, 해외 뷰티시장의 이해 및 산업동향 분석과 우수성공사례에 대한 조사를 하였습니다. 이후 부터는 실전 온라인 마케팅 작업으로 들어갔습니다. 1단계로 자사 쇼핑몰에 대한 SWOT 분석으로 K-BAY 사업영역, 강점 분석과 STP 전략으로 뷰티 및 관광 사업단 베이나루의 타겟팅과 포지셔닝 방향 설정 및 문제점 개선방안 등을 분석하였습니다. 2단계로는 기존 운영중인 쇼핑몰의 피상적인 멤버십제도를 탈피하여 고객 유입률을 높이고 구매율을 높이는 새로운 멤버십 제도의 도입 방법, 3단계로는 기존 홍보되고 있는 제품에 대한 가맹점 홍보물 관련 이미지 서칭 및 보완, 4단계로는 현재 운영중인 쇼핑몰을 중국시장을 대상으로 웨이보 등의 중국 SNS 매체를 통해 저비용 고효율로 홍보하기 위한 전략 수립, 5단계로는 프리비아 웹사이트 유입 링크들과 방문객의 관심사를 시밀러웹(www.similarweb.com) 툴을 이용하여 정리하였습니다. 기타 부수적인 업무로는 회사 이용상품 고객들에 대한 마스터카드 Visit Korea 가맹점들과 관련한 가맹점 유지, 중국에서의 한국 홍삼 인지도 및 포지셔닝 현황조사 및 한국 면세점, 중국 역직구몰, 오픈마켓 등 유통채널 별로 중국인 대상의 베스트셀링 아이템을 조사하였습니다. 또한 현장 방문을 위해 중국의 최대 여행관련사이트인 “씨트립” 내의 한국 관광 제품판매 방법, 포인트 조사 및 메디컬 상품을 포함한 여행상품을 조사한 후 지도교사와 팀장 등을 수행하여 실제로 서울 명동, 이태원 등에 위치한 7천 여개의 마스터카드 Visit Korea 가맹점들을 직접 방문하여 회사 주력사업인 Visit Korea 캠페인을 공격적으로 잘 이행하고 있는지 조사하고, 행사 및 고객유치 과정에서 예상치 않게 나오는 그들의 불만 사항이나 생각을 듣고 최종 종합하여 총정리하는 보고서를 작성 제출하였습니다.(총 945자)</td></tr>
<tr><td>서류
평가</td><td colspan="4">• 2개월간의 관련 기업에서의 현장실습 경험
• 이커머스 회사의 SWOT 및 STP 분석 업무 수행</td></tr>
<tr><td>면접
질문</td><td colspan="4">• 시밀러웹(www.similarweb.com)과 프리비아에 대해 말해 보세요.
• 회사가 관리하는 Visit Korea 가맹점 운영 및 유지 방법에 대해 말해 보세요.</td></tr>
</table>

□ 전공: 경영학과

전공 및 분야		인문사회계열	업종·기업	이커머스업 – 대기업 및 중견기업 등
구분	지원 직무	온라인마케팅 (이커머스)	요구 사항	• SEO 및 SEM 분석 업무 가능자 • 쇼핑몰관리 업무 가능자
질문 항목	1. 지원한 직무와 관련하여 본인이 보유한 전문성에 대해 서술하고, 이를 바탕으로 본인이 지원한 직무에 적합한 사유를 구체적으로 서술하세요(한글 1,000자) 2. 우리회사를 지원한 이유와 입사 후 회사에서 이루고 싶은 꿈은?(한글 700자)			
자소서	[폐쇄형 커머스 몰의 이벤트 기획, 비용관리 및 기획업무를 수행해 보다] 2022년 9월 부터 6개월간 인턴십으로 서울 강남 소재 (주)대한텔레콤 커머스운영 기획팀의 기획파트 업무를 수행코자 M몰에서 진행하는 이벤트(타임특가)를 기획, 비용관리, 운영 업무(구매페이지 기획, 스토어 관리, 데이터 관리, 상품 비용 산정 및 검수 등)에 대해 이론 교육을 받았습니다. 이 회사는 미디어 렙사이지만 제가 속해 있는 데이터커머스실에서는 대한텔레콤 고객만을 위한 폐쇄용 M몰을 AI큐레이션을 통해 제품을 선보이면서 운영을 하고 있었습니다. 저는 M몰에서 진행하는 이벤트(타임특가)의 기획, 비용관리, 운영을 맡았습니다. 1차로는 M몰에서 진행하고 있는 요일별 이벤트의 쿠폰 셋팅과, 지도교사 보조 업무, 이벤트별 매출에 대한 1차 검수와 2차 검수를 진행했습니다. 업무 진행은 메신저(slack과 outlook 등 사용)와 엑셀로 작업하였고, 이벤트(타임특가)는 주로 M몰이 매주 수요일과 금요일 2시부터 6시까지 매 시간마다 최저가로 상품을 고객들에게 선보이는 이벤트입니다. 따라서 MD가 소싱해 온 상품들을 AMD들이 상품 셋팅을 완료하면 비용산정을 위한 단계 부터 고객에게 노출되기 까지의 모든 과정들을 담당하고 관리하는 역할을 합니다. 저는 회사에서 매 이벤트별 매출을 분석하고 고객 유입 및 다양한 데이터들을 관리하는 고유솔루션을 통해 전날의 매출액과 회사의 수익구조를 고려한 회사수익과 대한텔레콤 수익, 트래픽 데이터, 앱설치 현황 등을 분석하여 보고를 하였고, 매출확대를 위한 고객세분화 전략을 통해 새로운 이벤트로 시간대를 바꾸어 상품수를 줄이거나 늘려서 주력 상품에 대한 상세 정보와 해당 상품을 최저가로 고객들에게 제공하기도 하였습니다. 그리고 나서 해당 상품에 대한 고객반응 및 재구매율을 온라인에서 통계적으로 확인하였습니다. 매출이 당초 기획단계에서 예상했던 실적보다 보다 낮게 나오는 경우는 다음 이벤트 때 그 원인이 무엇인지를 철저히 분석하여 M몰 커머스에 더 많은 소비자가 몰려오도록 홍보하는 방안을 연구하여 컨텐츠를 새로 기획 및 제작하여 실제로 문자, 앱푸시 발송 기능을 통해 M몰 서비스를 계속 홍보하고, 이벤트 상품과 기타 여러 상품들의 판매 매출을 지속적으로 높혀 왔습니다. 이 과정중에는 대학에서 배운 CRM 마케팅 기법을 활용하기도 하였고 매출 성과 데이터를 분석하는 회사 운영 솔루션 툴(GA 기법 등)에 대해서도 익히어 데일리 매출 성과 데이터를 분석하여 봄으로써 SEO 및 SEM의 퍼포먼스 마케팅까지 수행하였습니다.(총 980자)			
서류 평가	• 6개월간의 관련 기업에서의 현장실습 경험 • CRM 마케팅 수행 및 매출성과 데이터 분석 운영 솔루션 툴 사용 경험			
면접 질문	• 당초 기획했던 실적보다 낮게 실적이 나올 때 이에 대한 만회 대책 방법은? • CRM 마케팅과 퍼포먼스 마케팅 개념에 대해 비교하여 말해 보세요.			

□ 전공: 경영학과

<table>
<tr><th colspan="2">전공 및 분야</th><th>인문사회계열</th><th>업종·기업</th><th>이커머스 – 대기업 및 중견기업 등</th></tr>
<tr><td>구분</td><td>지원
직무</td><td>온라인쇼핑몰
(해외직구 MD)</td><td>요구 사항</td><td>• 해외직구 업무 유경험자
• 영어 회화가능자(어학우수자)</td></tr>
<tr><td>질문
항목</td><td colspan="4">1. 지원한 직무와 관련하여 본인이 보유한 전문성에 대해 서술하고, 이를 바탕으로 본인이 지원한 직무에 적합한 사유를 구체적으로 서술하세요(한글 1,100자)
2. 우리 회사를 지원한 이유와 입사 후 회사에서 이루고 싶은 꿈은?(한글 700자)</td></tr>
<tr><td>자
소
서</td><td colspan="4">[해외직구 쇼핑몰 판매용 전시상품을 미국현지에서 직접 소싱해 보다]
2020년 1월 부터 3개월간 서울강남 소재 해외직구 쇼핑몰 소싱 대행업체인 G-MART의 미국 뉴욕 뉴저지에 소재한 사무소 MD팀에서 온라인 쇼핑몰 판매 상품에 대한 소싱 업무를 수행하였습니다. 국내 대형마트들이 해외 직구 네트워크를 확대하지만, 상품기획(MD) 자체 인력이 많지 않아 G-MART는 이들 기업을 대상으로 현지 직구 소싱을 대행하여 적시에 상품을 공급해 주는 회사였습니다. 제가 수행한 일은 크게 3가지로 1) 직구 주문상품 소싱 작업, 2) 인기상품 추가확보 후 쇼핑몰 홍보, 3) 주문 상품에 대한 입고 및 출고 작업입니다. 이중 가장 어려운 부분은 미국과 한국의 소비자 유행에 맞추어 떠오르는 새로운 인기상품을 적시에 가장 저렴한 가격으로 구매하여 한국의 구매자에게 보내거나 홍보를 통해 이용자들이 구매하도록 각 쇼핑몰에 올리는 것이었습니다. 1단계는 아침에 출근하면 앱시트(구매 요청자 리스트)에 나열되어 있는 버버리, 프라다 등 브랜드 제품 구매자들에게 물품과 맞는 고객 이름과 번호를 적어 발송중으로 처리하고 포장하여 출고작업을 끝냅니다. 2단계는 보통 국내팀에 보낼 중저가 브랜드의 옷들을 사진촬영하고 뉴저지나 뉴욕 등의 아울렛들을 방문하여 사진작업 및 소싱을 합니다. 3단계는 이 자료와 함께 미국내 각주에서 최저가 이벤트가 진행되는 곳으로 수시 출장을 가서 한국에서 잘팔릴 만한 제품을 찾는 것입니다. 소싱 기준은 한국 사람들이 좋아하는 브랜드를 찾고, 그 브랜드 내에서도 가격이 알맞고 사람들이 좋아할 만한 제품들만 골라냅니다. 또 그 제품들의 재고가 얼마나 있는지, 최종판매 가격과, 추가 할인 여부 등을 파악하고 해당 수집정보를 즉시 국내 회사로 넘기면 국내팀은 이 정보로 포스팅 업무를 합니다. 이때 사진을 많이 찍어 다양한 제품을 보여주는 것도 중요하지만, 제일 중요한 것은 대박을 칠 상품을 고르는 감각을 기르는 것입니다. 그래서 처음에는 가장 가까운 뉴욕 우드베리 아울렛에 가서 지도교사(대표자)를 수행하면서 상품 소싱에 대한 방법을 배웠고, 숙달이 되자 미국 내 각 지역별로 최저가 이벤트를 하는 지역을 비행기 출장 등을 통해 혼자 또는 상사와 같이 쉬지 않고 소싱을 하였습니다. 주로 소싱으로 다녀온 미국내 지역은 플로리다, 보스턴, 워싱턴 등으로 이들 지역은 비행기 당일치기로 소싱업무를 완료하였으며, 미국은 매달 공휴일이 있고, 거기에 맞춰 세일이 진행되므로 이 시기를 노려서 한번은 너무 급한 나머지 승용차를 이용하여 방문 구매했던 CORA DRESS IVORY 제품이 대박이 난적도 있었습니다. 2개월 째 부터는 너무 인기 있는 제품은 구매량의 재고가 필요하여 1인당 구매제한이 있는 품목은 전 직원을 동원하여 대량으로 미리 소싱을 하기도 하였습니다.(총 1,056자)</td></tr>
<tr><td>서류
평가</td><td colspan="4">• 3개월간의 미국 해외현장 인턴십 경험
• 해외직구 MD를 위한 소싱업무 수행경험 보유</td></tr>
<tr><td>면접
질문</td><td colspan="4">• 사방넷과 G-MART라는 회사에 대해 아는 대로 말해 보세요.
• 미국은 각 주별로 이벤트 기간이 다를 텐데 이러한 정보는 어떻게 확보했나요?</td></tr>
</table>

□ 전공: 경영학과(교육학과)

<table>
<tr><th colspan="2">전공 및 분야</th><th>인문사회계열</th><th>업종·기업</th><th>전 업종 공통 – 대기업 및 공기업</th></tr>
<tr><td>구분</td><td>지원
직무</td><td>인사·총무
(교육)</td><td>요구 사항</td><td>• HRD 업무 수행가능자
• ERP 시스템 운영 경험자</td></tr>
<tr><td>질문
항목</td><td colspan="4">지원한 직무와 관련하여 본인이 보유한 전문성에 대해 서술하고, 이를 바탕으로 본인이 지원한 직무에 적합한 사유를 구체적으로 서술해 주시기 바랍니다.(1,000자)</td></tr>
<tr><td>자
소
서</td><td colspan="4">[HRD전문회사에서 교육영업과 교육진행을 직접 수행해 보다]
서울 마포 소재 ㈜청림의 교육팀에서 2개월간 교육영업 및 교육운영업무를 실습하였습니다. 회사는 대학과 기업에 위탁교육 컨설팅을 제공하고, 실제 현장교육 운영 등을 진행하는 HRD 전문기업인데, 제가 소속된 팀은 HRD사업부 영업팀으로 교육기획, 교육운영, 현장운영팀으로 구성되었으며, 첫 번째 교육기획의 단계는 기업과 정부기관으로부터 특정주제로 강의 운영을 진행해달라는 요청을 받고 제안서를 제출하여 수주를 하는 단계인데, 저희 팀은 해당 주제로 강의를 하는 강사들에게 참석가능 여부를 문의 후 강사 리스트와 프로필을 정리하여 제안서를 작성합니다. 제안서를 해당 기업에 제출 한 후에 수주가 이루어지면 두 번째 단계인 교육운영 단계로 넘어갑니다. 교육운영은 주로 현장 운영을 위한 기본 준비작업들이 이루어집니다. 강사진들을 섭외 후에 최종 진행일정에 대한 확정을 하고, 교육생들이 숙박할 장소 예약, 교육을 위한 교재, 교보재 제작 및 준비 등의 교육 전에 필요한 사전 준비 작업을 합니다. 마지막으로 3단계인 현장운영 단계는 실제 현장 교육 운영 및 인원 관리, 교육 내용에 대한 교육생 들의 모니터링, 사후 지속적인 관리 제공 등의 업무로 이루어집니다. 현장에서 교육이 잘 이루어질 수 있도록 운영만 하고, 단지 운영으로 끝나는 것이 아니라 교육 평가와 모니터링 일지를 ERP 데이터베이스에 저장함으로, 교육생들의 관리까지 책임을 맡았습니다. 저는 이러한 각각의 단계에서 교육기획의 경우 문서 작업 강사진들의 프로필을 검색, 양식에 맞게 정리하였고, 또한 강사들에게 전화문의를 하여 시간당 및 전체 강의료 금액, 해당 주제로 강의 가능여부 등을 확인하였습니다. 저의 지도교사와 기존 직원들이 직접 기업별 제안서를 작성할 때 필요한 정보나 자료를 정리할 때는 이를 보조하였습니다. 교육운영의 단계에서는 전화로 연수원 및 강사섭외 확정관련 문의를 드리고, 필요한 교보재를 제작하고 준비도 하였습니다. 명찰 제작 및 조립, 교보재 구매, 교재 작성 등도 하였습니다. 마지막으로 교육현장 운영의 경우 첫 운영은 지도교사님과 함께 한강 뚝섬유원지에서 Rowing을 통한 팀워크 향상 교육을 참관하였습니다. 마지막 주에는 제가 직접 혼자 대전에 내려가 교육 현장운영 진행과 오리엔테이션, 교육생 인솔, 모니터링 일지 작성 등 교육이 원활하게 이루어질 수 있도록 하는 업무들을 수행하였습니다. 주 업무인 이 3가지 업무 외에도 영업팀 내 중복된 데이터정리 작업, 엑셀파일 오류 확인 작업, 시스템 오류 여부 확인 작업 등의 부가적인 업무 역시 계속하여 추가로 실습을 진행하였습니다.(총 1,000자)</td></tr>
<tr><td>서류
평가</td><td colspan="4">• 2개월간의 현장실습 경험 보유
• 교육영업 및 제안서 작성 보조업무 참여</td></tr>
<tr><td>면접
질문</td><td colspan="4">• 제안서에 넣은 각각의 내용과 본인의 역할에 대해 이야기 해보세요.
• 교육장에서 가장 많은 민원은 어떤 것 이었고 그 민원을 어떻게 해결하였나요?</td></tr>
</table>

□ 전공: 경영학과

<table>
<tr><th colspan="2">전공 및 분야</th><th>경영·경제학</th><th>업종·기업</th><th>금융업 – 대기업 및 중소기업</th></tr>
<tr><td>구분</td><td>지원
직무</td><td>재무관리
(증권)</td><td>요구 사항</td><td>• 기업분석 또는 증권분석 업무 경험자
• 경영회계 및 경제학 전공자</td></tr>
<tr><td>질문
항목</td><td colspan="4">지원한 직무와 관련하여 본인이 보유한 전문성을 제시하고, 이를 바탕으로 본인이 지원한 직무에 적합한 사유를 구체적으로 서술해 주시기 바랍니다.(1,200자)</td></tr>
<tr><td>자
소
서</td><td colspan="4">[주식시장에서의 주식 변동성모델의 활용 및 변동성 측정 업무를 수행하다]
2022년 대학 4학년 2학기에 서울 강남 소재 (주)한국회계법인에서 장기현장실습을 하였습니다. 주식시장의 변동성이란 특정 주식시장의 투자 자금 움직임이나 투자 주체의 투자력이 주식시장 내외부적 요인에 의해 움직이는 성질 및 그 정도라고 볼 수 있습니다. 주식시장 변동성이 높은 경우, 국내외 경제, 정치, 사회적 이슈와 이벤트를 비롯해 해외 주식시장의 가격 움직임에 민감하게 반응하는 특성을 보입니다. 주식시장 변동성이 높아질 경우, 주식시장에 상장된 주식을 비롯한 각종 투자 상품 매매와 그 가격 움직임과 크기에 직간접적인 영향력이 비교적 크다고 볼 수 있습니다. 주식시장 변동성이 낮은 경우, 국외에서 벌어지는 각종 이슈와 이벤트에도 주식시장에 상장된 주식을 비롯한 각종 투자 상품 가격 움직임과 그 크기가 비교적 적다고 볼 수 있습니다. 변동성 낮은 주식시장은 변동성 높은 주식시장에 비해 상대적으로 안정성이 높은 주식시장이라 볼 수 있습니다. 따라서 주식시장 변동성이 높다면, 작은 이슈에도 주식시장 전체가 크게 들썩이는 특징이 있습니다. 주가변동성이란 주식의 주가가 경제, 정치, 기업, 주식시장, 투자 환경 등 다양한 내외부적 요인에 의해 움직이는 성질 및 그 정도를 뜻 합니다. 주식변동성은 대체적으로 주식의 주가 변동성을 뜻하며, 주식변동성과 주가변동성은 같은 의미로 사용됩니다.
저는 매일 아침 팀별 회의가 끝난 후 한국거래소로에서 주식에 대한 다양한 데이터를 제공받았으며, 한국거래소의 주가정보는 공식적인 데이터이며 시초가와 종가, 그리고 주식의 거래량과 전체 주식의 수까지 매우 다양한 데이터를 알려줍니다. 한국거래소에서 비상장회사의 유사상장회사의 주가정보를 다운받아서 평가기준일을 바탕으로 그날 주가부터 다양한 정보를 활용하여 다운받은 데이터 중 가장 먼저 거래량을 체크한 후 일반적인 주식이라면 거래량이 0이 되는 것이 현실적으로 불가능하므로, 매일 마다 거래되어야 하는데 주식 거래량이 0이라는 것은 그 주식이 어떠한 사유에 따라 거래정지가 된 것이고, 이 점은 주가 변동을 측정하는 점에 있어 매우 큰 변수이기에 제거해 주어야 합니다. 다음으로는 주식수 변동을 체크하는데 주식 수의 경우, 증자 또는 감자, 소각 등을 통해 변동이 가능한데, 대개 기업들은 자본적인 항목으로 자금을 조달하기 위해 유상증자 또는 전환사채, 신주인수권부사채의 발행을 통해 전환권행사, 주식매수선택권행사에서 주식 수가 증가하도록 실행합니다. 하지만 주식수의 변동사유가 자금유입 없이 주식수가 변동되는 케이스의 경우 무상증자, 액면분할의 케이스로 아무래도 일반적인 사유가 아니기에 주식 수의 변동을 체크하면서 자금유입이 없는 경우를 주목하여, 주목할 만한 부분을 체크하고 정해진 기간 속에서의 변동성을 측정해보았으며, 또한 배당과 무상증자 등의 큰 이벤트를 제외한 수정변동성까지 측정해 봄으로써 더 정제된 변동성 수치를 측정해볼 수 있었습니다.(총 1,132자)</td></tr>
<tr><td>서류
평가</td><td colspan="4">• 4개월 기업체 현장실습 경험 보유
• 현장에서 실제로 회계관련 프로그램 운영 경험 및 부가세 신고경험 보유</td></tr>
<tr><td>면접
질문</td><td colspan="4">• 실제로 분석해 본 기업이 어느 기업이었나요?
• 보통주와 우선주에 대해 비교하여 말해 보세요.</td></tr>
</table>

□ 전공: 경영학과

<table>
<tr><th colspan="2">전공 및 분야</th><th>경영·경제학</th><th>업종·기업</th><th>금융업 – 대기업 및 중소기업</th></tr>
<tr><td>구분</td><td>지원
직무</td><td>재무관리
(증권)</td><td>요구 사항</td><td>• 산업분석 또는 증권분석 업무 경험자
• 경영학, 회계학 및 경제학 전공자</td></tr>
<tr><td>질문
항목</td><td colspan="4">지원한 직무와 관련하여 본인이 보유한 전문성에 대해 서술하고, 이를 바탕으로 본인이 지원한 직무에 적합한 사유를 구체적으로 서술해 주시기 바랍니다.(1,200자)</td></tr>
<tr><td>자
소
서</td><td colspan="4">[베타계수를 이용하여 기업별 주가지수의 움직임을 분석해 보다]
4학년 2학기 인턴십으로 서울 여의도 소재 (주)대한에서 주가지수변동률을 분석해보았습니다. 사용된 지표는 베타계수로 베타계수란, 흔히 증권과 관련된 업무를 처리하면서 볼 수 있는 수치로 베타수치에서 베타는 시장민감도라고도 하며, 주식시장 전체의 가격 변동폭 대비 펀드의 수익률이 얼마나 변동하는지에 대한 민감도를 나타내는 지표로, 현재 우리나라의 거의 모든 증권사, 금융권에서는 미국 블룸버그가 산정하는 베타계수를 매달 일정한 금액을 지불하며 사용하고 있습니다. 저는 정확한 절차를 통해 베타계수를 측정해 보았고, 이어서 그 기업의 산업분석 보고서도 작성하고 검토하는 업무를 진행해 보았습니다. 산업분석의 경우 재무제표분석 과목을 공부한 이론을 바탕으로 진행하였는데, 먼저 업무대상기업이 종사하는 산업에 대한 분석과 기업자체에 대한 분석 등 크게 2가지 측면으로 구성해서 작성하였습니다. 제가 작성하는 기업의 경우에는 재무제표를 분석적으로 검토하여 작성해 보았지만 실습생이어서 한정된 자료 속에서 산업분석과 기업을 분석해야한다는 점에서 다소 어려움이 느껴졌고, 그 산업에 대한 이해가 전반적으로 사전에 철저히 분석해야 할 필요성을 느낄 수 있었습니다.

[DCF 등 기업가치평가 업무를 수행해 보다]
먼저 실습한 베타계수 분석 단계를 마친 후 다음 단계로는 실제 기업의 DCF(현금흐름 할인모형)의 전반적인 분석흐름은 각 기업의 손익계산서를 통해 매출액, 매출원가를 파악하여 매출총이익을 산출하고, 매출 총이익에 판관비를 제외하여 최종적으로 영업이익을 구하는 업무를 수행하였습니다. 우선 OCF-CAPEX=FCF를 도출한 후 매년도의 FCF를 바탕으로, 지금 시점의 현재가치로 계산하기 위해 WACC(가중평균자본비용)을 할인율로 사용하여 매년의 FCF를 현가계수로 나누어 주었습니다. 즉 WACC=Ke(×)S/V+Kdt(×)D/V이고, kdt=kd×(1-t), S/V=1-D/V이 되고, FCF의 현재가치의 전체 합+영구가치를 통해 영업가치를 구할 수 있습니다. 영업가치+비영업가치(유가증권, 기타 투자자산으로 부터의 가치)=전체 기업가치(자산의 현금주의 개념)에서 즉, 비영업자산의 합=비영업가치임을 알 수 있었습니다. 여기서 전체 기업가치-부채가치(타인자본가치-이자발생부 부채만 해당)=자기자본가치를 구할 수 있었고, 자기자본가치/보통주식수=주당 가치(주당평가금액)를 구하였습니다. 마지막 단계로는 전환사채와 신주인수권부 사채, 교환사채 까지 대표적인 회계적으로 분류되는 파생상품을 회계기준에 맞춰 실제로 발행될 당시에 최초전환가와 현재전환가를 분석하고 찾아보는 업무를 진행해 보았습니다.(총 1,058자)</td></tr>
<tr><td>서류
평가</td><td colspan="4">• 4개월 기업체 현장실습 경험 보유
• 현장에서 실제로 주식가치 분석 경험 보유</td></tr>
<tr><td>면접
질문</td><td colspan="4">• FCF에 대해서 설명해 보세요.
• 베타계수에 대해 아는 대로 설명해 보세요.</td></tr>
</table>

□ 전공: 경영학과

전공 및 분야		경영·경제학 계열	업종·기업	금융권 – 대기업 및 중견기업
구분	지원 직무	재무관리 (클라우드펀딩)	요구 사항	• 경영·경제학 전공 및 어학우수자 • 스타트업 클라우드펀딩 수행 가능자
질문 항목	지원한 직무와 관련하여 본인이 보유한 전문성에 대해 서술하고, 이를 바탕으로 본인이 지원한 직무에 적합한 사유를 구체적으로 서술해 주시기 바랍니다.(1,200자)			
자소서	[클라우드펀딩 성공을 위한 온라인마케팅 전략을 직접 수행해 내다] 2021년 3월 부터 4개월간 경기 판교 소재 (주)사운드M의 마케팅팀에서 현장실습을 진행하였습니다. 제가 처음 한일은 당시 이 회사가 첫 클라우드펀딩을 막 시작하려고 미국 최초의 클라우드펀딩 사이트 "인디고고"에서 펀딩을 신청할 때 였습니다. 저는 5명이 1팀으로 구성된 마케팅 팀에서 클라우드펀딩(Crowdfunding) 성공을 위한 마케팅전략을 기획하였습니다. 우선 실전 경험이 없어서 자료 확보를 위해 (주)와디즈의 과거 성공사례를 상세히 분석한 후, 1) Social Network(페이스북, 인스타그램, 트위터, 유튜브, 구글플러스, 링크딘)의 활용: 페이스북, 인스타그램 광고를 통한 타겟층 노출수 증가(기존 홈페이지 계정 재정비, 팔로워수 증가, 업로드용 컨텐츠 제작(사진, 동영상), GoDJ Plus 제조현황을 스토리라인으로 만들어 포스팅 및 번역, Direct Message를 통한 고객들 이메일 주소 얻기 및 홍보, 언론사 기자들에게 배포한 보도자료로 만들어진 기사 리포스팅 등), 2) Indiegogo 사이트(Indiegogo GoDJ Plus 사이트 리뉴얼링, 제품공식 영상제작 회의 및 촬영, 구매자들에게 새로운 정보 메일링, 고객 예상질문 사전제작 및 번역), 3) 홍보전략(영어, 독일어, 한국어로 된 보도자료 제작 및 배포, Agency2.0과 함께 협동 마케팅(주요 portability제공, 정보공유), 매주 메일 챔프를 통한 2,500명 E-mailing, 미국 Reddit 등 각종 전자기기 커뮤니티 사이트에 제품 정보 포스팅, Google Adwords를 통한 국가별 키워드 마케팅)과 기타 부수적인 각종 메일, 홈페이지 번역 업무 등을 수행하였습니다. 특히 기존에 대학에서 배운 온라인마케팅에 대한 포괄적인 지식(바이럴 마케팅, 노이즈 마케팅 등)의 개념을 바탕으로 이번 회사의 국제온라인 마케팅전략은 아주 세심한 부분 까지, 상황별 어떠한 문구, 사진, 동영상이 주 펀딩 타켓층에 어필될 수 있는지를 페이스북 픽셀 등을 활용하여 광고효율을 측정하였습니다. 이용 소재는 회사에서 제공한 이미지/영상 파일, 혹은 스토리 내에 있는 이미지를 활용 후 사용하였고, 실시간 측정 지표로는 1명이 알림 신청하는데 드는 비용(전환비용), 1명이 펀딩하는데 드는 비용(전환비용-본펀딩), 1명이 광고를 클릭하는데 드는 비용(유입비용)을 기준으로 효율성값을 기준으로 타깃 매체전략을 수시로 바꾸어 수행하였습니다. 광고를 보고 들어온 사람이 펀딩이나 알림 신청을 누르는 비율(전환율)을 보면서 작은 포스터를 즉각 만들기 위해 하루 종일 회의를 하기도 하였고, 동영상 제작을 위해 1주일간 회의를 하고 새로 촬영도 하며 소비자의 needs에 대해 진지하게 생각하며 진행을 한결과 1차 목표액 50,000 달러를 달성하였고, 2차 목표도 70,000 달러가 조금 넘는 금액을 확보하였습니다.(총 1,140자)				
서류 평가	• 4개월간의 관련 업종 기업에서의 현장실습 경험 • SEO 및 SEM 등 퍼포먼스 마케팅 관련 업무 수행 경험 있음			
면접 질문	• 인디고고, 와디즈에 대해 아는대로 비교하여 설명해 보세요. • 각 온라인 광고매체 집행방법별 효율성 값 도출방법에 대해 건별로 말해 보세요.			

□ 전공: 경영학과

<table>
<tr><th colspan="2">전공 및 분야</th><th>경영·경제 계열</th><th>업종·기업</th><th>전 업종 – 대기업 및 중견기업</th></tr>
<tr><td>구분</td><td>지원
직무</td><td>재무회계
(기업가치분석)</td><td>요구 사항</td><td>• 회계원리, 중급회계 이론 보유자
• 기업홍보, IR자료 작성 유 경험자</td></tr>
<tr><td>질문
항목</td><td colspan="4">지원한 직무와 관련하여 본인이 보유한 전문성에 대해 서술하고, 이를 바탕으로 본인이 지원한 직무에 적합한 사유를 구체적으로 서술해 주시기 바랍니다.(1,000자)</td></tr>
<tr><td>자
소
서</td><td colspan="4">[기업 재무회계팀에서 대외 배포용 IR자료 지표를 작성 및 발표를 해보다]
2022년 2학기 현장실습으로 경기 판교 소재 (주)NII기업 재무회계팀에서 현장실습을 진행하였습니다. 이회사는 내비게이션, 블랙박스 전문제조 업체로 전체직원은 약300명 이상이었습니다. 제가 맡은 업무는 기존의 대학에서 배운 회계분야 재무이론을 바탕으로 매주 1개의 보고서 작성 발표, 발표자료 보고 후 상사의 지적사항 수정 및 추가 요구사항 작성, 완성된 보고서를 매일 언론사의 국내 보도자료로 정리 제출 등 이었습니다. 순서는 1) 기업분석 보고서 작성 및 발표, 2) 기업 현황, 재무분석, 경쟁사 조사, 기타 시장 현황 등으로 작성하여 발표하였습니다. 주주나 외부인들은 주식투자시 기업투자 지표를 보고 결정을 많이 하기 때문에 항상 저는 실습하고 있는 이 기업에 대한 가치분석 지표를 제시할 경우 같은 업종 대표 경쟁기업들과 항목별로 비교하여 제시하였습니다. 이때 사용한 기업의 가치분석 지표로는 자기자본이익률(ROE), 주가수익비율(PER), 기업가치·세금, 이자지급전이익(EV/EBITDA), 주가순자산비율(PBR) 등을 사용하였습니다. 여기에 추가하여 과거 5년 동안의 회사 재무제표(대차 대조표와 손익계산서, 자본변동표, 현금흐름표 등)를 기업신용평가와 분석보고서에 회사분석시 유리하도록 항목별로 나누어 주석을 달아 초보자도 쉽게 알수 있도록 표기 하였습니다. 이 모든 각종 대내외 발표용 보고서 포맷과 출처는 기존에 회사에서 사용해오던 방식대로 하였고, 필요시 추가로 2021~22년 당기순이익이 낮은 이유 분석과 다트 전자금융공시에서 재무제표 주석 체크와 RSV 기업분석 보고서를 작성하였습니다. 총 25페이지 정도 분량이 나왔는데 보고서를 제출할 때는 최대한 요약해서 짧게 제출을 하였으며, 나올 수 있는 예상 질문에 대답할 수 있도록 숙지를 해놓는 것이 좋다는 것도 지도를 받았습니다. 추가로 산업 및 경쟁사 대비 RSV 투자지표를 분석, 해외 블랙박스 시장동향에 관한 보고서도 작성하였습니다. 또 임플란트 회사인 DT에 관한 시장조사 및 재무정보 분석과 이와 연계하여 오스템 임플란트 등 경쟁사 4개 회사를 동시에 분석하였습니다. 실습 종료시점에서는 현재기준으로 해외 블랙박스 시장 동향을 분석 발표하였고, 추가로 지도교사의 지시로 북미, 러시아 블랙박스 장착 의무화 법안 현황 및 관련 규정(적용시기 등), 미국의 블랙박스 년도별 보급률 예측자료 추출, 이 분야 세계적으로 인기있는 블랙박스 및 네비게이션 대상으로 상위 3개 브랜드 현황분석과 중국 유통사별 블랙박스 판매 점유율을 조사했습니다.(총 1,002자)</td></tr>
<tr><td>서류
평가</td><td colspan="4">• 2개월간의 관련기업에서의 현장실습 경험
• 재무지식을 활용한 IR 자료작성 및 회사대외 홍보업무 경험</td></tr>
<tr><td>면접
질문</td><td colspan="4">• 관리회계와 재무회계의 차이점은?
• ROE, PER, EV/EBITDA, PBR에 대해 간략히 말해 보세요.</td></tr>
</table>

□ 전공: 경영학과

<table>
<tr><th colspan="2">전공 및 분야</th><th>회계 세무계열</th><th>업종·기업</th><th>전 업종 – 대기업 및 중소기업</th></tr>
<tr><td>구분</td><td>지원
직무</td><td>회계
(세무)</td><td>요구 사항</td><td>• 회계 또는 재무관련 전공자
• 세무신고 관련 관심이 많은 사람</td></tr>
<tr><td>질문
항목</td><td colspan="4">지원한 직무와 관련하여 본인이 갖고 있는 전문지식, 경험(심화전공, 프로젝트, 논문, 공모전 등)을 작성하고, 이를 바탕으로 본인이 지원한 직무에 적합한 사유를 구체적으로 서술해 주시기 바랍니다.(1,000자)</td></tr>
<tr><td>자
소
서</td><td colspan="4">[Kclep 교육용 프로그램을 통한 전표 입력과 결산 경험을 하다]
저는 4개의 회계 및 세무분야 전공 관련 교과목 공부를 진행하면서 분개에 대한 전반적인 이해와 계정과목에 대해 공부를 하였습니다. 또한 이 지식을 바탕으로 Kclep 교육용 프로그램을 활용하여 일반전표를 입력해 보았고, 기말수정분개를 통한 결산을 하고 합계 잔액시산표를 결산자료와 비교를 통해 재고자산 기말재고액의 일치를 확인하는 것도 실습하였습니다. 또 가상기업을 생성하여 재무회계 및 원가회계 관련하여 초기이월, 오류의 발생원인 검토·수정, 잉여금처분사항의 입력 등에 대해서도 공부하였습니다. 또한 이 과정에서 부가가치세 신고는 Kclep교육용 프로그램을 활용한 유형별 매입, 매출거래 자료를 매입매출전표에 입력해 보았고, 주어진 문제의 자료를 보고 부가가치세신고서 작성을 완료한 후 예정신고 시 발생한 오류에 대해서 부가가치세 과세표준의 재계산 및 수정신고서 작성도 하였습니다. 여기에 추가하여 매입세액의 안분계산 및 정산, 가산세 적용(세금계산서 미발급가산세, 과소신고 가산세, 영세율과세표준 신고불성실가산세, 납부불성실가산세 등), 각종 부속서류 작성(대손세액공제신고서, 신용카드매출전표 등 발행금액집계표 등), 전자신고 과정 등의 업무도 수행해 보았습니다.
[홈텍스 등을 이용하여 연말정산 등의 세무신고 업무를 수행해 보다]
3학년 2학기 동계현장실습 2개월 과정으로 서울 성수동에 (주)기산 회계법인에서 연말전산 등의 세무 신고업무를 수행하였습니다. 세법, 연말정산 절차 등에 대해 공부는 하였으나, 실제로 이 과정이 기업에서 진행 되는지는 알지 못하였는데, 회계법인에 와서 공인회계사들과 같이 일을 해보니 소득공제 및 세액공제 항목과 공제율, 소득공제와 세액공제의 차이 등에 대해 좀 더 깊이 있게 공부를 해야 했습니다. 낮에는 일을 하고 밤에는 부족한 이론 부분을 보완하여 해외교육비를 계산할 때 환율은 어느 시점의 환율로 계산해야 하는지, 근로자가 육아휴직 중이어도 연말정산을 할 수 있는지 등의 방법도 세부적으로 체험하였습니다. 또한 국세청 홈텍스 등을 이용하여 전직장 근로소득 원천징수 검토를 마무리하고, 기부금과 월세액 공제 증빙서류를 확인하여 수정하였고, 기부금에서는 주로 종교기부금, 법정기부금, 지정기부금인지 기부금 코드를 유의하여 보고 각 금액과 사업자번호가 틀린 부분이 있나를 검토했습니다. 월세액은 임대차 계약서를 기초로 총월세액과 주택 임차기간을 맞춰서 작성하여 올바른 금액을 공제받을 수 있도록 입력하였습니다.(총 973자)</td></tr>
<tr><td>서류
평가</td><td colspan="4">• 2개월 기업체 현장실습 경험 보유
• 현장에서 실제로 회계관련 프로그램 운영 경험 및 부가세 신고경험 보유</td></tr>
<tr><td>면접
질문</td><td colspan="4">• 홈텍스와 홈텍스 이용방법에 대해서 순서대로 설명해 보세요.
• 연말정산이 무엇이고 왜 필요한지에 대해 설명해 보세요.</td></tr>
</table>

□ 전공: 경영학과

<table>
<tr><th colspan="2">전공 및 분야</th><th>인문사회계열</th><th>업종·기업</th><th>글로벌수출기업 – 중견 및 중소기업</th></tr>
<tr><td>구분</td><td>지원
직무</td><td>회계
(세무/세법)</td><td>요구 사항</td><td>• ERP시스템, 부가가치세에 대한 이해
• Kclep 프로그램 경험자</td></tr>
<tr><td>질문
항목</td><td colspan="4">지원한 직무와 관련하여 본인이 갖고 있는 전문지식, 경험(심화전공, 프로젝트, 논문, 공모전 등)을 작성하고, 이를 바탕으로 본인이 지원한 직무에 적합한 사유를 구체적으로 서술해 주시기 바랍니다.(1,000자)</td></tr>
<tr><td>자
소
서</td><td colspan="4">[회계원리, 중급 및 원가회계 등을 공부하여 회계관련 자격증 2개를 취득하다]
2022년 군에서 제대 후 복학하여 바로 전산 세무 2급 자격증 공부를 준비하였습니다. 이 과정에서 일반기업 회계기준에 따른 중급재무회계, 원가관리회계, 부가가치세, 소득세에 대한 전반적인 내용에 관해 공부한 후 합격하자 마자, 이어서 곧 바로 재경관리사 자격증을 취득하기 위해 K-IFRS 기준에 따른 중급재무회계, 원가관리회계, 부가가치세, 소득세, 법인세 내용 등 이전에 수강했던 회계학개론 이외의 회계 과목인 중급재무회계1, 중급재무회계2, 관리회계, 세무회계, 세법, 재무제표분석과 같은 과목 수강과 병행하여 공부를 한 후 자격증을 취득하였습니다.

[부가가치세법 및 부가세 신고방법에 대해서 공부를 하다]
저는 전산 세무 2급, 재경관리사 등을 준비할 때 부가가치세 신고 방법을 상세히 공부해왔습니다. 부가가치세는 1년을 2과세 기간으로 나누어 4번 신고합니다. 1기 예정신고 납부(4.25), 1기 확정신고 납부(7.25), 2기 예정신고 납부(10.25), 2기 확정신고 납부(1.25)에 맞춰 납부해야 합니다. 부가가치세는 매출세액과 매입세액을 올바르게 도출해야 하고 이후 매입세액 불공제 요소들을 파악하고, 이외의 공제세액과 가산세를 반영하여 차가감 납부세액을 구하게 됩니다. 부가세 거래에서 발생하는 세금계산서와 같은 증빙은 매우 중요합니다. 세금계산서의 필요적 기재사항은 공급하는 사업자의 등록번호 및 성명 또는 명칭, 또한 공급받는 자의 등록번호, 공급가액과 부가가치세액, 작성연월일이고 세금계산서는 월간합계로 작성할 수 있습니다. 또한 예외적으로 해외로의 수출이 많은 기업에 적용되는 영세율은 매출세액 없이 매입세액만을 환급받음으로서 기업의 수출에 많은 도움이 된다는 것도 알게 되었습니다.

[회계전문 ERP인 교육용 Kclep 프로그램을 사용해본 경험이 있습니다.]
학원에서 재무제표분석 수업을 수강하면서 Kclep 프로그램을 이용하여 가상으로 (주)오뚜기의 사업보고서를 통해 기업분석을 진행하였습니다. 이 과정에서 (주)오뚜기의 재무상태표, 손익계산서, 현금흐름표, 자본변동표, 주석을 해석하는 방법을 배웠으며, 재무제표에 나와 있는 각종 지표를 활용하여 오뚜기의 안정성 비율(유동비율, 부채비율, 이자보상비율 등), 수익성 비율(ROS, ROE, ROA 등), 활동성 비율(총자산 회전율, 재고자산회전율, 매출채권회전율 등)을 구해 보았고, 재무상태표에서 재고자산과 채권, 채무의 3년간의 지표로 흐름을 해석하는 방법도 배웠습니다.(총 1,002자)</td></tr>
<tr><td>서류
평가</td><td colspan="4">• 회계관련 자격증 2개 보유
• 기업회계, 관리회계 업무 수행 및 부가세 신고경험 보유</td></tr>
<tr><td>면접
질문</td><td colspan="4">• 부가세 신고 절차에 대해 말해 보세요.
• 재무제표 중 안정성에 대해서 설명해 보세요.</td></tr>
</table>

□ 전공: 수학과(교육학과)

<table>
<tr><th colspan="2">전공 및 분야</th><th>수학·사회계열 학과</th><th>업종·기업</th><th>이커머스업 – 대기업 및 공기업 등</th></tr>
<tr><td>구분</td><td>지원
직무</td><td>교육콘텐츠 개발
(LMS)</td><td>요구 사항</td><td>• 수학전공자 우대
• LMS 콘텐츠개발 가능자</td></tr>
<tr><td>질문
항목</td><td colspan="4">1. 지원한 직무와 관련하여 본인이 보유한 전문성에 대해 서술하고, 이를 바탕으로 본인이 지원한 직무에 적합한 사유를 구체적으로 서술하세요(한글 1,300자)
2. 우리회사를 지원한 이유와 입사 후 회사에서 이루고 싶은 꿈은?(한글 700자)</td></tr>
<tr><td>자
소
서</td><td colspan="4">[LMS용 인터넷 온라인 수학콘텐츠를 제작하다.]
2022년 1월 부터 2개월간 서울 강남에 소재한 데이터베이스 및 온라인정보 전문업체인 ㈜E-매스의 콘텐츠개발 팀에서 맞춤형 교육용 수학 콘텐츠 제작을 하였습니다. LMS(learning management system)는 온라인으로 학생들의 성적과 진도, 출석 등을 관리해주는 시스템으로 제가 수행한 업무는 학습 콘텐츠의 개발과 전달·평가·관리였습니다. 실습에 앞서서 1차 교육 서비스 개발에 필요한 데이터 확보기법, 수학 콘텐츠 제작, 웹기반 과제 시스템, iwebwork를 이용한 자동랜덤 수학문제 코드작성법, moodle의 기본퀴즈 유형과 stack의 퀴즈 유형 연구 및 분석법, iwebwork와 moodle(기본유형과 stack)의 비교, 데이터관리를 위한 리눅스에 대해 배웠습니다. iWebwork시스템은 다른 학생이 수행한 결과를 단순히 베끼거나 유사하게 작성하지 못하도록 Username과 Password를 입력하여 로그인하면 랜덤하게 생성된 수에 의해 학생 개인별로 독자적인 문제를 생성시키어 실시간으로 문제풀이에 대한 정답 여부를 확인할 수 있고, 정답을 입력할 때까지 반복적으로 과제 수행이 가능한 장점이 있습니다. 다음과정은 실제로 수학교육 프로그램을 만드는 단계로 사용되는 GPL(General Public License)과 아파치 라이선스(Apache License)에 대하여 자료를 조사하고 각 버전의 차이점을 정리하여, 서비스 이용을 위해 회원가입시 필요한 이용약관을 만들었습니다. 이후, 웹기반과제 시스템의 이해를 위해 수학 관련 전문적인 society인 MAA의 조사와 iwebwork를 이용한 임의의 홈페이지를 탐색과 homework set을 테스트 하였습니다. 또한 iwebwork 문제입력에 필요한 HTML, perl(텍스트 처리를 위한 스크립트 언어), TeX(조판언어)의 기본 사항을 익히고 MAA에서 제공하는 iWebwork sample problem을 학습한 후, 각종함수, 그래프 작성, 매칭문제, TF문제 등 sample problem을 test하였습니다. 테스트 후 본격적으로 iwebwork에 고등학교 수학2 과목을 기준으로 입력한 후 기본 시스템에 대한 기초지식과 데이터 관리 방법은 리눅스를 활용하였습니다. vi를 이용하여 파일 작성하였고, mysql로 moodle을 설치 후, moodle관리자 계정을 만들어 각 강좌에 대한 디렉토리를 만들고 과제작성 및 제출, 퀴즈, 채팅을 추가하는 등 홈페이지를 만들었습니다. 문제은행 부분은 sample 문제를 테스트하면서 moodle quiz에 있는 기본 문제형식들과 stack형식에 준하여 문제를 만들었고 각각의 형식에서 변수를 취할 수 있는지 없는지, 형식의 장·단점 등을 조사하고 전체를 비교, 대조, 분석하여 보고서를 완성후 제출하였습니다.
(총 1,125자)</td></tr>
<tr><td>서류
평가</td><td colspan="4">• 2개월간의 관련 기업에서의 현장실습 경험
• iwebwork와 moodle을 활용한 데이터관리를 업무 수행</td></tr>
<tr><td>면접
질문</td><td colspan="4">• LMS(learning management system)에 대해 말해 보세요.
• iwebwork와 moodle을 비교하여 설명해 보세요.</td></tr>
</table>

□ 전공: 수학과(통계학과)

<table>
<tr><th colspan="2">전공 및 분야</th><th>수학과/SW 계열</th><th>업종·기업</th><th>전 업종 – 대기업 및 중견기업</th></tr>
<tr><td>구분</td><td>지원 직무</td><td>데이터 분석
(에코점수 등)</td><td>요구 사항</td><td>• 차량 에코점수 분석 가능자
• Eclipse, Apache, Tomcat 수행 가능자</td></tr>
<tr><td>질문 항목</td><td colspan="4">지원한 직무와 관련하여 본인이 보유한 전문성에 대해 서술하고, 이를 바탕으로 본인이 지원한 직무에 적합한 사유를 구체적으로 서술해 주시기 바랍니다.(1,100자)</td></tr>
<tr><td>자소서</td><td colspan="4">[차량 저장 데이터를 분석해 에코점수 계산식 만드는 작업을 수행하다]
2022년 동계 기업체 현장실습으로 2개월간 서울 서초 소재 ㈜P&I 개발팀에서 데이터 분석 업무와 프로그래밍에 관련된 업무 두가지를 다 경험 할 수 있었습니다. 제가 맡은 주된 업무로서는 홈페이지를 Eclipse, Apache, Tomcat을 이용해 만드는 작업으로, ① 차량 데이터를 분석해서 흐름을 잡아 논문자료의 뒷받침을 할 자료를 가공하고, ② 차량 안전 점수라는 것을 만들 수 있도록 계산식을 만들어 나가는 작업, ③ 차량 데이터를 분석해 에코점수 계산식 만드는 작업 3가지 였습니다. 우선 제가 이 데이터 분석과 프로그래밍 2가지를 할수 있었던 것은 이미 이전의 3학년 하계 현장실습 때 2개월간 스텍M이라는 차량용 IoT를 개발하고, 차량 데이터를 모아 분석해서 더욱더 이용 가치를 높여 서비스를 제공하는 회사에서 회사의 차량 데이터 분석을 하는 업무와 더불어 java를 이용해 회사에서 직접적으로 소비자에게 제공하게 될 서비스가 포함된 web 홈페이지를 만든 경험이 있었기 때문이었습니다.
그리고 이번 동계 실습 때에는 별도로 데이터 분석 업무로 기본적인 과정은 이 회사에서 만든 단말기(펌웨어)를 통해 DB에 축적되는 데이터들을 가져오고 그 시점부터 작업을 시작하여 차량의 RAW 데이터는 각 TRIP(차량이 한번 시동을 켜서 끌 때까지의 운행기록)별로 주어지게 되는데, 그 때 주어지는 냉각수 온도, 속도, RPM, 주행거리, 퓨얼컷 등의 차량에 대한 정보를 바탕으로 어떤 데이터를 더 중요시 여길지에 대한 판단을 해서 그 판단 아래 분석된 결과를 가지고 의미있는 정보를 만들어 내느냐에 대한 업무를 분석하는 것이었습니다. 그렇게 정보를 만들어 낸 뒤 안전점수나 에코점수라는 것을 만들어서 사람들이 쉽게 판단 할 수 있는 수치로 나타내었습니다. 이후 회사에서는 이 추출된 수치 데이터를 가지고 고객들에게 차량에 관련된 더 좋은 서비스를 제공할 수 있도록 하였습니다. 이런 과정을 통해 데이터를 어떻게 분석하느냐에 따라 제공되는 서비스 자체가 근본적으로 달라질 수 있다는 것을 경험하였고, 또한 데이터라는 것은 수집내용과 데이터 분석을 하는 작업, 이를 토대로 수행한 웹페이지를 만드는 작업(웹 홈페이지는 JAVA Script로 하고, 웹 환경설정 및 JSP 파일에서의 Script 코딩, jquery 코딩, CSS 적용, DB 관리 등) 등은 이 최상의 서비스를 고객에게 제공하기 위해 꼭 필요로 하는 홈페이지라는 것을 알게 되었습니다. 물론 이 모든 작업을 할 때 가장 필요했던 능력은 코드해석능력과 코딩능력이고 아울러 추가로 디버깅도 중요한 능력이라는 것을 체험하였습니다.(총 1,008자)</td></tr>
<tr><td>서류 평가</td><td colspan="4">• 2번에 거쳐 4개월간의 관련 업종 기업에서의 현장실습 경험
• 웹페이지를 만드는 작업 경험 풍부</td></tr>
<tr><td>면접 질문</td><td colspan="4">• Eclipse, Apache, Tomcat에 대해 설명해 보세요.
• 에코점수 도출 및 분석 과정에서 가장 중요한 변수는 무엇인가요?</td></tr>
</table>

□ 전공: 신문방송학과(언론학과)

전공 및 분야		경영·신문방송학과	업종·기업	방송통신업 - 대기업 및 공기업 등
구분	지원 직무	동영상제작·디자인 (보도뉴스전문 TV)	요구 사항	• 방송 관련학과 전공자 우대 • 동영상 촬영 및 디자인 제작 경험자
질문 항목	지원한 직무와 관련하여 본인이 보유한 전문성에 대해 서술하고, 이를 바탕으로 본인이 지원한 직무에 적합한 사유를 구체적으로 서술해 주시기 바랍니다.(1,000자)			
자소서	[TV방송사에서 뉴스정리와 채용지원자 영상 촬영 및 편집 업무를 보조하다] 2019년 7월 부터 하계 현장실습으로 서울 DMC 소재 보도뉴스전문채널 (주)NBT에서 2개월 실습을 수행하였습니다. 제가 소속한 부서는 경제팀이었는데, 맡은 업무는 경제일자리 관련 분야 뉴스 스크랩과 이들 사업 중 주요 뉴스거리에 대한 TV방송자료 제작이었습니다. 수행업무는 크게 3가지로 1) 일자리 관련 뉴스 스크랩 정리 후 보고, 2) 지도교사가 특정 하는 일자리 관련 뉴스에 대한 영상 촬영 및 편집, 3) 부서 내 업무에 대한 일별 시간대별 정리 등이었습니다. 첫 번째 업무는 2019년 하반기 해외 취업인턴십 진행에 대한 정리 보고였습니다. 매일 취업관련 뉴스와 공고문을 스크랩하던 중 한국산업인력공단에서 운영하는 하반기 해외취업 인턴(K-move) 사업에 대해 공고가 나자 바로 나라별 참여기업과 모집인원, 자격사항 및 서류접수 일정 등을 TV화면 하단의 자막으로 내보낼 수 있도록 기존 규정(글자수 등)을 보고 편집하여 제출하였습니다. 두 번째는 회사 자체 내에서 실시하는 하반기 회사 기상 캐스터 3기 양성과정 지원자 모집공고 및 관리였습니다. 업무 순서는 먼저 전체 지원자에 대한 서류접수 결과를 보고하고, 개인별 영상이력서 촬영본 편집 과정으로 기상 캐스터 3기 양성 과정 지원자들의 영상 이력서를 촬영하였는데 이때 프리미어 프로와 MAGIX의 영상 편집 소프트웨어 패키지인 베가스 프로 프로그램을 이용하여 편집하였습니다. 이후에 이들 지원자들에 대한 일자별 시간대별 카메라 테스트 진행 준비를 하고 응시자들에게 통보를 하여 참석 여부를 재확인한 후 당일에는 기상 캐스터 지원자들이 영상(카메라) 테스트를 받는데, 불편함이 없도록 지도 교사의 지시에 의해 업무를 보조하는 스텝 역할을 하였습니다. 예를 들면 화면을 보면서 하는 프롬프터 넘기기, 화면 내용 확인, 지원자 출석 체크, 지원자 대기 안내 등을 지원하였습니다. 세 번째로는 회사가 발간하는 매월별 뉴스레터에 지난 한달 또는 기간별로 회사 내에서 있었던 주요 업무 내용(행사 등) 및 추진했던 프로젝트를 정리한 각종 자료들을 모아서 홍보물(예, 캐스터 양성과정 수료자(지원현황 및 합격자 명단 등), 캐스터 선발 화보 등)등으로 포토샵을 이용하여 제작하였습니다. 기타 부수적인 업무로는 부서 일정, 과장님 일정, 타 신문사, TV 및 방송사의 채용 공고 내용을 스크랩하여 부서 직원들이 수시로 회람할 수 있도록 준비하였습니다.(총 935자)				
서류 평가	• 2개월간의 관련 방송사에서의 현장실습 경험 • 프리미어 프로와 베가스 프로 프로그램을 이용한 업무 수행 경험			
면접 질문	• 포토샵을 이용하여 제작한 작품에 대해 말해 보세요. • 프롬프터 원고 작성과 화면에 넣은 절차에 대해 이야기 하세요.			

□ 전공: 신문방송학과(언론학과 등)

<table>
<tr><th colspan="2">전공 및 분야</th><th>문화콘텐츠 계열</th><th>업종·기업</th><th>IT기업(전업종) – 중견기업·중소기업</th></tr>
<tr><td>구분</td><td>지원 직무</td><td>온라인마케팅
(콘텐츠 기획)</td><td>요구 사항</td><td>• 온라인마케팅 홍보에 관심이 있는 사람
• 플랫폼 운영기업 인턴 근무 경험자</td></tr>
<tr><td>질문 항목</td><td colspan="4">지원한 직무와 관련하여 본인이 보유한 전문성에 대해 서술하고, 이를 바탕으로 본인이 지원한 직무에 적합한 사유를 구체적으로 서술해 주시기 바랍니다.(1,300자)</td></tr>
<tr><td>자소서</td><td colspan="4">[온라인 매체에 게시할 콘텐츠를 직접 작성하여 홍보를 하다]
대학 4학년 1학기 때 서울 강남 소재 온라인 콘텐츠개발 전문기업 (주)RSS의 콘텐츠 그룹에서 현장실습을 하였습니다. 제가 속한 그룹은 디지털 미디어, 매체관리, sns운영 3개 부서로 다양한 소프트미디어 콘텐츠를 제작 홍보하는 부서로 회사에서 가장 중요한 부서였습니다. 저는 매체관리 부서에 소속되어 주로 연예와 관련된 트렌드를 분석하고 이를 글로 작성해 보도하는 기자 역할을 하였습니다. 처음하게 된 일은, 해외 기사 사이트에 들어가서 내가 관심 있거나, 최근 이슈인 기사를 스크랩한 후 요약하고 나서, 스크랩했던 기사들을 인용해 직접 기사를 작성하였습니다. 인용 기사를 작성하는 업무중 가장 중요한 일은 해당 해외 인용 기사의 정확한 출처와 시간을 작성하는 것이었습니다. 마지막으로는 소속사 연예부 연락처를 정리하였는데 이는 해당 소속사의 최신 이슈 파악 및 기사 보도 전 사실 확인 등을 위해서 기본으로 확인해야 할 자료였습니다.
(웹주소: https://in.naver.com/cXXXX_/challenge/keyword/290012222673280?)

[꽃을 주제로 활용하여 콘텐츠 기획기사를 직접 작성 게시해 보다]
또한 추가업무로 출근하자 마자 밤새 있었던 이슈에 대한 서치를 하고 다양한 이슈를 스크랩하고 요약하여 그중 몇 가지를 기사로 작성해 왔습니다. 네이버에 검색하면 내 이름이 나오니 신기하기도 하고 한편으론 책임감을 갖고 기사를 작성해야겠다는 생각이 들었습니다. 사람들이 나를 구독하고 나에 대해 응원하기 버튼을 눌러주는데, 내가 작성한 기사는 내 이름과 메일 주소가 표시된 채로 발행되므로 메일을 통해 다양한 소속사 및 홍보 업체로 보도 자료를 내 보냈습니다. 몇 번의 이러한 기사작성 경험을 토대로 이번에는 처음으로 기획기사를 작성해 보기로 했습니다. 주제는 한 작가의 드라마 공식으로 작가가 드라마에서 꽃을 활용해 극의 흐름을 이어나가는 것에 대한 기사를 작성하였습니다. 글을 쓰기 전 서론, 본론, 결론으로 전체적인 프레임을 구상하고 간단하게 가제를 생각해 보았습니다. 서론에는 최근 장안의 화제인 드라마 글로리가 얼마나 흥행하고 있는지 정확한 수치 및 증거를 바탕으로 제시하고, 본론에는 드라마 들꽃에서 메밀꽃과 목화꽃을, 드라마 킹덤에서는 상사화를 다루었고, 마지막으로 글로리의 나팔꽃을 연계하였습니다. 결론 부분에는 본론에서 다룬 내용을 바탕으로 글로리 파트2가 어떤 식으로 진행될지를 예상해 보았습니다. 총 소요시간은 2시간 반 정도 소요됐으며 텍스트는 2,000자 가까이 작성했습니다. 그동안 썼던 기사 중 가장 많은 공을 들여야 했던 기사였지만 내가 관심 있는 주제를 깊이 있게 다루는 과정들이 어느 때 보다 즐겁고 보람 있는 시간이었습니다. 이후 앞으로도 더 발전하기 위해 기존 선배님들이 쓰신 기사를 수시로 읽어 보고 또 비평을 가하여 더 눈에 띄는 제목이 탄생하도록 현재도 노력해 오고 있습니다.
(웹주소: https://XXX.naver.com/0purelop0/003035281237)(총 1,175자)</td></tr>
<tr><td>서류 평가</td><td colspan="4">• 인플루언서 매체 마케팅 경험 보유
• 온라인 콘텐츠기획 기사 작성 경험 보유</td></tr>
<tr><td>면접 질문</td><td colspan="4">• 해외기사 검색시 사용한 키워드는? 그 나라는?
• 기획기사로 추가하여 제작한 것이 있으면 그 이유와 내용에 대해 말해 보세요.</td></tr>
</table>

□ 전공: 심리학과

<table>
<tr><th colspan="2">전공 및 분야</th><th>심리학과 계열</th><th>업종·기업</th><th>전 업종 – 공기업 및 대기업 등</th></tr>
<tr><td>구분</td><td>지원
직무</td><td>인사-인적성검사
(직원채용)</td><td>요구 사항</td><td>• 인성검사 업무 유경험자
• 기업체 채용업무 유경험자</td></tr>
<tr><td>질문
항목</td><td colspan="4">지원한 직무와 관련하여 본인이 보유한 전문성에 대해 서술하고, 이를 바탕으로 본인이 지원한 직무에 적합한 사유를 구체적으로 서술해 주시기 바랍니다.(1,300자)</td></tr>
<tr><td>자
소
서</td><td colspan="4">[대기업 신입사원 채용 적성검사 문항 검수 및 문항 개발업무를 수행해 보다]
지난 2021년 7월 하계 방학 기업체 현장실습으로 2개월간 서울 강남 소재 (주)BCG 컨설팅의 적성검사팀에서 신입사원 채용 적성검사 문항 검수 및 문항 개발업무를 수행하였습니다. 제가 먼저 수행한 일은 적성검사 검토업무를 위해 여러 차례의 기존 적성검사를 직접 풀어보았습니다. 언어이해, 언어추론, 수리력, 자료이해, 자료추론을 골고루 접했습니다. 우선, 문항별로 소요시간을 재어 난이도 측정을 하고, 오류에 대한 피드백을 진행하였습니다. 오탈자 및 문장구조를 바로 잡고, 정답과 오답을 수긍할 수 없거나 정답 도출과정이 이상한 경우를 지적하여 엑셀 파일로 정리하여 지도교사에게 보고하였습니다. 이 단계를 마치고 공간유형의 기존문항을 개선하고 신규문항을 개발한 후 도식적 추리의 신규문항도 개발하였습니다. 기존문항의 불필요한 과정, 규칙 등을 제거하여 새로운 규칙으로 보완하고 문항 오류를 수정하였습니다. 파워 포인트를 이용해 의견을 반영한 문항을 제작하고 회의를 통해 최종수정방안을 도출해냈습니다. 그 후 한글문서로 응답요령을 작성하고 예제 2개 문항을 만들었습니다. 위 업무를 끝낸 후에는 개발문항 검토 작업을 수행했습니다. 검토내용은 다음과 같은 순서로 진행되었습니다. 1) 시간체크하면서 문항 풀기, 2) 질문과 지문을 이해하지 않아도 금방 정답을 찾을 수 있는 선택지가 아닌지 확인, 3) 정답 및 해설 내용 이상 유무 확인, 4) 문제에 사용된 문장이 인터넷 백과사전에서 그대로 긁어온 것이 아닌지 확인, 5) 구글에 검색하면 나오는 문장을 변경하여 수정하거나 수정이 필요하다고 코멘트를 작성하고 이후 같은 업무를 진행한 다른 인턴과 파일을 교환하여 의견을 나누고 최종 파일을 작성하여 보고하였습니다. 이후에는 공간추리 영역 80개 문항, 언어이해, 언어추리, 인문역량, 수리력에서 각 20개 문항을 풀고 언어력 120개와 자료해석 20개 문항에 대한 리뷰 및 리뷰시트를 추가로 작성하였습니다. 매번 시간을 체크하면서 문항을 풀고, 난이도, 내용충실도, 참신성을 평가하였고, 수정 및 보완사항을 제안했습니다. 또한 상식유형 40개 문항 풀이를 통해 유형 감각을 익힌 후 유형이 같은 쌍둥이 문제 17개 문항들을 직접 출제하였고, 문제를 바꾸어 계속 반복하여서, 이전과 같이 언어력 40개, 자료해석 16개, 수리력 25개, 한국사 90개 문항에 대해 리뷰 및 리뷰시트 작성을 실시하였습니다. 또한 최종단계에서는 이전에 문제를 풀어보고 피드백을 했었던 공간지각·도식적 추리 문항의 수정본을 받아 재검토했습니다. 새롭게는 면접 3개 문항을 실제와 똑같이 풀어보고 리뷰하였습니다.(총 1,024자)</td></tr>
<tr><td>서류
평가</td><td colspan="4">• 2개월간의 관련 업종 기업에서의 현장실습 경험
• 신입사원 채용 적성검사 문항검수 및 문항개발 업무를 수행한 경험</td></tr>
<tr><td>면접
질문</td><td colspan="4">• 인성검사와 적성검사의 차이점은?
• 문항 검토 중에 가장 오류가 많은 부분은 어디였고 그 사례를 1개만 제시하세요.</td></tr>
</table>

□ 전공: 화학과

<table>
<tr><th colspan="2">전공 및 분야</th><th>화학과 계열</th><th>업종·기업</th><th>제조업 – 대기업</th></tr>
<tr><td>구분</td><td>지원
직무</td><td>품질관리
(QM)</td><td>요구 사항</td><td>• 인증 및 품질관리 자격증 소지자
• ISO 등 공인 인증업무 관련 경험자</td></tr>
<tr><td>질문
항목</td><td colspan="4">지원한 직무와 관련하여 본인이 보유한 전문성에 대해 서술하고, 이를 바탕으로 본인이 지원한 직무에 적합한 사유를 구체적으로 서술해 주시기 바랍니다.(1,000자)</td></tr>
<tr><td>자
소
서</td><td colspan="4">[ISO9001과 ASTM, ASME 인증으로 출하 제품에 대해 QM 검수를 수행하다]
2022년 7월 하계 현장실습으로 경기 화성 소재 ㈜APR의 QM팀에서 품질관리 업무를 수행하였습니다. 회사는 필터, 초순수제조장치, 기계설비공사업, 무역 등의 기체 여과기를 전문적으로 제조하는 업체입니다. 저는 QM팀에서 Quality Management의 기본적 지식과 이에 따른 실무능력을 우선적으로 배운뒤 QM이란 제품에 대한 품질관리를 통해 기업 우위성을 확보하는 한편 고객만족, 인간성 존중을 바탕으로 전 사원이 혁신과 개선에 참여해 경쟁력을 키우는 경영관리체계라는 것을 알게 되었습니다. 국제규정인 ISO의 정의에 의하면 “품질경영은 최고 경영자에 의해 공식적으로 표명된 품질에 관한 조직의 전반적인 의도 및 방향과 목표와 책임을 결정하고 또한 품질 시스템 내에서 품질계획, 품질관리, 품질보증 및 품질 개선과 같은 수단에 의해 이들을 수행하는 전반적인 경영 기능의 모든 활동이다” 라고 말하고 있습니다. 이 설명과 같이 제가 속한 팀은 각 생산 공정에서 생산되는 제품들의 상태와 그에 대한 분석 및 개선 방안을 항상 생각하는 부서이기 때문에 각 제품들의 이해, 사용용도, 각종 제품들의 Test 방법, Media 분석법, 생산된 제품들의 검수과정(또한 그에 따른 검사체계 등 포함) 등을 수행하였습니다. 구체적으로는 Filter들의 성능을 분석하는 Test와 검사하는 방법은 생산된 각 Filter들에 대하여 유량 및 효율을 측정하고 또한 구성 요소들의 성능을 하나 하나 알아보는 실험들을 하였습니다. 또 실제 만들어 지는 제품들이 제대로 만들어 지는지에 대하여 확인 할 수 있는 검사 메뉴얼에 대하여도 배웠습니다. 현재 국내에서 사용하는 전 세계적인 검사체계는 ISO9001과 ASTM, ASME 인증으로서 국외로의 수출과 국내로의 출하에 있어서 각 회사들이 사용하는 공통 검사 체계입니다. 이런 체계로의 검수가 확실하고, 승인을 받아야지만 제품을 받는 기업으로 부터의 신뢰를 얻을 수 있기 때문에 생산된 제품에 대해 QM팀에서는 검수 과정 절차에 따라 철저하게 제품들을 검사를 하였습니다. 이과정에서 분석장비의 성능수준과 검수방법(검수개수 변경은 불가하나 몇천개수준의 생산제품에 대한 ISO 규정에 맞춰 일일이 검색함)에서 각 부서별로 원하는 개인의 기대 능력치가 조금씩 다르다는 것을 느꼈어도 기본적인 지식들을 조금 만이라도 갖고 있다면 흡수할 수 있는 역량이 달라진다는 것도 느끼게 되었습니다.(총 954자)</td></tr>
<tr><td>서류
평가</td><td colspan="4">• 2개월간의 관련기업에서의 현장실습 경험
• QM 검수 및 지원업무 수행 경험</td></tr>
<tr><td>면접
질문</td><td colspan="4">• ISO9001과 ASTM, ASME 인증에 대해 아는대로 비교하여 설명해 보세요.
• Media 분석법에 대해 설명해 보세요.</td></tr>
</table>

□ 전공: 화학과

<table>
<tr><th colspan="2">전공 및 분야</th><th>화학·생명공학</th><th>업종·기업</th><th>화학생명 – 대기업 및 중견기업</th></tr>
<tr><td>구분</td><td>지원
직무</td><td>품질관리
(미생물류 등)</td><td>요구 사항</td><td>• 화학생명공학 관련분야 전공자
• 미생물 품질관리 업무 희망자</td></tr>
<tr><td>질문
항목</td><td colspan="4">지원한 직무와 관련하여 본인이 보유한 전문성에 대해 서술하고, 이를 바탕으로 본인이 지원한 직무에 적합한 사유를 구체적으로 서술해 주시기 바랍니다.(1,000자)</td></tr>
<tr><td>자
소
서</td><td colspan="4">[맥주 생산 공장에 실습을 가서 직접 품질관리 업무를 수행해 보다]
충북 청주소재 맥주공장에서 2개월간 현장실습을 진행하였습니다. 실제로 대학에서 이제 까지 미생물 품질관리 분야에 대한 간단한 이론 교육 이외는 특별한 전문적인 경험이 없는 저로서는 실제 기업에 가서 품질관리 업무를 해보고자 하였습니다. 제가 소속된 실습 부서는 품질관리팀으로 이화학 파트와 미생물 파트 등 총 2개였으며 저는 미생물 파트에서 실습을 하였습니다. 제가 속한 미생물 파트는 말 그대로 맥주를 발효시키는 효모를 키우거나 각 공정마다 오염되어 있을 수 있는 세균들이 번식하게 되는 것을 관리하며 마지막으로 생산되어져 나온 완제품 맥주에 대해서도 필터막을 통과시켜 걸러내어 세균의 존재 유무를 검사해보는 역할을 하였습니다. 이 파트를 완수하기 위해서는 무엇보다도 각 공정의 순서와 역할 등을 실제로 알아보는 것이 중요했기 때문에, 저는 각 공정을 보기 위해서 공장에 자주 가서 샘플을 받아오거나 발효를 시키기 위해서 맥즙을 받아오는 등의 역할을 초기에 맡다가 1주일 후 부터는 이 업무들 중 매일 꼭 수행해야 하는 업무를 새로 할당을 받았는데, 그 업무는 퀀텀이라는 업무로 어제 생산된 맥주가 오늘 출하해야 되는데 그 전에 이 맥주가 소비자에게 배달이 되어가도 되는 수준의 품질이 있는 맥주인지에 대해서 필터를 통과시키고 염색하여 세균의 유무를 검사하고 만약 있다면 기준치에 대해 어느 정도의 수치인지를 평가하는 업무였습니다. 각 단계별로 제가 확인을 철저하게 해야지 조기 출하를 할 수 있는지 없는지에 대해서 판단이 내려지기 때문에 다른 세균들의 유입이 되지 않게 하기 위해서는 기구에 소독을 많이 해야 했습니다. 여기에 추가하여 수행한 업무로는 생산된 맥주 완제품을 실온(약 28도)에서 2달간 보관한 뒤 그 후에 혼탁이나 침전물이 있는지 지속적으로 관찰하는 것이었습니다. 여기서 2달이라는 기준은 생산한 뒤 소비자에게 도착하는 시간을 평균적으로 추정하여 내린 기간입니다. 부수되는 업무로는 인라인이라는 업무(캔, 페트, 병, 생맥주 라인에서 각각 공정에서 맥주가 흘러나오는 곳에 필터를 설치하여 6시간씩 필터를 교체할 때 그 필터를 받아와서 배지(culture medium)에 배양시키는 것을 뜻함)로 만약 탱크안의 맥주에 세균이 있다면 흘러나오는 도중 필터에 걸러지게 될 것이며, 배지에서 배양하였을 때 인체에 무해한 균이 아닌 세균이 자라면 그 즉시 그 탱크에 있었던 맥주에 대해서 생산을 중단하는 등의 조치를 내리게 됩니다. 이런 모든 실습과정을 통하여 품질관리의 중요성을 다시 한 번 체험하였습니다.(총 972자)</td></tr>
<tr><td>서류
평가</td><td colspan="4">• 미생물 품질관리 관련 업무 수행
• 2개월간의 관련분야 현장실습 경험 보유</td></tr>
<tr><td>면접
질문</td><td colspan="4">• 공장내에서 기준에 부적합한 사례가 발견될 경우 보고 체계를 말해 말해 보세요.
• 배달기간이 2개월 이상 경과 후 생기는 문제점에 대해 경험한 사례가 있나요?</td></tr>
</table>

□ 전공: 화학과

<table>
<tr><th colspan="2">전공 및 분야</th><th>화학과 계열</th><th>업종·기업</th><th>화학 및 플랜트업 – 대기업 및 공기업</th></tr>
<tr><td>구분</td><td>지원
직무</td><td>품질관리
(수질검사)</td><td>요구 사항</td><td>• 국가공인인증 관련 업무 수행가능자
• 품질관리 업무 수행 가능자</td></tr>
<tr><td>질문
항목</td><td colspan="4">지원한 직무와 관련하여 본인이 보유한 전문성에 대해 서술하고, 이를 바탕으로 본인이 지원한 직무에 적합한 사유를 구체적으로 서술해 주시기 바랍니다.(1,100자)</td></tr>
<tr><td>자
소
서</td><td colspan="4">[Filtration과 Housing으로 필터 성능에 대한 품질관리 업무를 수행하다]
2021년 하계 방학 실습으로 2개월간 1차로 경기 과천소재 국제공인시험인증기관인 KTR의 안전인증부서에서 소재부품, 전기전자 ICT, 의료바이오헬스케어 분야 시험인증컨설팅 업무 보조를 수행하였습니다. 이 기관에서 업무 보조를 하면서 경험한 업무보조 경험을 바탕으로 장차 졸업 후 품질관리 업무를 수행하고자 6개월 뒤에 2차로 기업체 실습으로 2022년 4학년 1학기 때 경기 오산 소재 산업용 수처리용 필터 제조, 수처리 엔지니어링 및 플랜트 사업을 수행하는 차세대 물기업 ㈜앱필의 품질관리 부서에서 실습을 하였습니다. 제가 배치받은 품질팀에서는 Filtration업무와 Housing업무 2가지로 orientation으로 필터와 하우징의 원리, Filtration 업무에서 필터의 효율을 체크하는 분석, 하우징의 압력 테스트, 산세처리 등의 품질테스트를 배웠고 QM팀의 주업무도 익혔습니다. 추가로 water flow machine, particle counter 등의 분석장치 사용법을 익히고 외부의뢰 과제 분석업무도 하였습니다. Filtration의 3가지의 원리는 직접포집 방식, 관성충돌 방식, 흡착에 의해 오염입자들이 달라붙는 방식이 있는데 여기에 사용되는 부직포는 건식, 습식, 방사성 부직포 등을 사용하였습니다. 부직포 종류에 따라 미세입자의 포집양이 달라지기 때문에 작게는 1um부터 최대 100um까지의 여과를 가능케 하여 포집업무를 수행하였고, 분석방법은 분석 장비인 Water Flow Machine의 원리를 먼저 배운 다음, 필터의 효율성 측정을 위해 Water Flow Machine에서 DI Water에 카본 가루를 잘 녹인 후 희석액이 필터를 통과하게 하였고, 배출구에서 나오는 용액을 비커에 담아 필터가 희석액을 얼마나 맑게 정화시키는지를 실험하기도 하였습니다. 이후 비커의 용액을 분석실에 비치된 Particle Counter 장비에 통과시켜 용액이 얼마나 필터에서 정화되었는지 그 효율을 측정하였습니다. 이 같은 효율을 측정하는 분석장치인 Particle Counter의 작동법에 대해서 교육을 받은 후 제품이 출하되기 전 검수 작업에 대해서 관련 교육을 받고 검수과정과 절차를 보고 실습을 하였습니다. 추가로 또 다른 주 출하품인 Housing에 대해서는 한국산업안전공단 직원의 참관 하에 Housing 압력 베슬의 수압을 검사하는 테스트를 진행하여 큰 원통형의 하우징 3개가 관을 통해 연결되어 있는 형태였는데 하우징의 출구를 모두 막아 모터를 이용해 물을 채우면서 수압을 검사하는 테스트를 진행하였고 하우징 윗부분의 압력계를 통해 수압을 체크하고 나서 약 0.8bar의 압력까지 수압을 올린 후 물을 빼내는 테스트를 진행해 보았습니다.(총 1,090자)</td></tr>
<tr><td>서류
평가</td><td colspan="4">• 2회에 걸친 4개월간의 관련기업에서의 현장실습 경험
• Water Flow Machine의 원리 등을 실험한 경험</td></tr>
<tr><td>면접
질문</td><td colspan="4">• Filtration의 3가지의 원리에 대해 말해 보세요.
• KTR에서 계속하여 실습을 하지 않고 직무를 품질관리로 바꾼 이유는?</td></tr>
</table>

☐ 전공: 화학과

<table>
<tr><th colspan="2">전공 및 분야</th><th>화학과(경영학)</th><th>업종 · 기업</th><th>특허법인 – 공기업(특허청) 및 중견기업</th></tr>
<tr><td>구분</td><td>지원
직무</td><td>특허등록
(패밀리특허)</td><td>요구 사항</td><td>• 특허 검색 업무 경험자
• 창업 및 지적재산권 등록 희망자</td></tr>
<tr><td>질문
항목</td><td colspan="4">지원한 직무와 관련하여 본인이 보유한 전문성에 대해 서술하고, 이를 바탕으로 본인이 지원한 직무에 적합한 사유를 구체적으로 서술해 주시기 바랍니다.(1,000자)</td></tr>
<tr><td>자
소
서</td><td colspan="4">[특허법인에서 특허 및 패밀리특허 등록 출원 업무를 수행하다.]
대학 3학년 때 서울 강남 소재 특허법인에서 2개월 동안 현장실습을 하였습니다. 회사는 특허전문법인이라 특허출원을 위해 전단계로 개인이나 기업이 특허를 신청하기 위해 진행되는 분야별 과정별 특허 등록에 대한 업무에 대한 지원이 주 업무였습니다. 우선은 특허정보 검색 사이트인 키프리스에서 기존의 특허 출원 내용에 대해 검색할 줄 알도록 특허의 국가별 코드와 출원번호, 우선권번호, 등록번호나 공개번호와 같은 종류에 대하여 분류하였습니다. 그리고 특허별 대표 청구항을 파악하여 간략히 보기 좋도록 문단 별로 띄우는 작업도 했습니다. 간단한 일처럼 보이지만, 청구항 내의 내용을 전체적으로 파악할 줄 알아야 가능한 작업이며, 또한 수십 페이지에 이르는 화학분야 발명 내용의 상세한 내용 설명 부분을 읽고 해당 특허의 기술 분석을 해야 했습니다. 이는 전반적인 화학적 지식이 없는 사람은 불가능했을 것인데 이는 청구항과 같이 간단히 요약된 것이 아니라 세부적인 전문성이 내재된 내용들이 서술되어 있는 항목이기 때문입니다. 조사한 특허의 패밀리 특허(해당 특허와 같거나 비슷한 내용으로 다른 국가에 출원한 특허들을 말함)들을 알아내기 위해 원 특허가 등록이 되었다 하더라도 별개의 사안이기 때문에 패밀리 특허별로 각각 법적 상태가 어떤 상태인지를 알아보는 작업도 하였습니다. 법적 상태로는 등록이나 거절, 취하, 심사중 등이 있었습니다. 패밀리 특허의 경우 해당 출원 국가의 언어로 되어있는 경우이기 때문에 영어 원문을 해석하였고, 저는 전문 용어들이 어느 정도 화학과를 재학하며 전공 수업을 열심히 들었다면 그래도 조금은 이해가 가능한 부분들이 있어서 대부분 잘 마무리 하였습니다. 본 특허와 본 특허의 패밀리 특허들의 내용을 정리한 자료들을 요지서라고 하는데 요지서의 세부 내용에는 특허의 출원번호, 공개번호나 등록번호 및 발명의 명칭과 출원인, 특허의 대표 청구항과 대표도면 등을 기재해야 합니다. 또 각 슬라이드 별로 특허를 구분 짓는데, 슬라이드의 제목에는 특허의 번호를 적어서 보기 쉽게 하고 제목에 해당 특허 원문을 링크하여 언제든지 쉽게 찾아볼 수 있게 하였습니다. 이때 특히 해당 특허의 내용과 주요 기술은 원문을 통해 잘 파악한 뒤에 요약하여 기재한 후 특허의 대표 청구항을 써 넣는데, 청구항 내용을 단락별로 구분지어 이해하기 쉽도록 만들었습니다. 그런 뒤에는 법적 상태가 등록인 패밀리 특허들의 청구항과 본 특허의 청구항 간 차이점을 파악하여 보기 좋게 정리하여 마무리 하였습니다.(총 960자)</td></tr>
<tr><td>서류
평가</td><td colspan="4">• 2개월간의 관련 업종 기업에서의 현장실습 경험
• 특허법인에서 특허 및 패밀리특허 등록 업무 수행</td></tr>
<tr><td>면접
질문</td><td colspan="4">• 패밀리 특허에 대해서 구체적으로 말해 보세요.
• 패밀리 특허 검색 업무 지원중 가장 어려웠던 부분은?</td></tr>
</table>

□ 전공: 건설환경공학과

<table>
<tr><th colspan="2">전공 및 분야</th><th>건설환경공학과</th><th>업종·기업</th><th>ICT업 – 대기업 및 중견기업 등</th></tr>
<tr><td>구분</td><td>지원
직무</td><td>공사설계 및 시공
(토목건축)</td><td>요구 사항</td><td>• 견적서 및 공사 지명원 작성가능자
• 각종 공사, 공무 업무수행 경험자</td></tr>
<tr><td>질문
항목</td><td colspan="4">1. 지원한 직무와 관련하여 본인이 보유한 전문성에 대해 서술하고, 이를 바탕으로 본인이 지원한 직무에 적합한 사유를 구체적으로 서술하세요(한글 1,100자)
2. 우리회사를 지원한 이유와 입사 후 회사에서 이루고 싶은 꿈은?(한글 700자)</td></tr>
<tr><td>자
소
서</td><td colspan="4">[건설회사 공무팀에서 서류작성 및 실제 현장시공업무를 수행하다]
2022년 7월 부터 2개월간 경기 고양소재 ㈜SKG건설 공무팀에서 현장실습을 하였습니다. 이 기업은 관급위주의 건설 및 토목공사를 주로하는 종합건설회사입니다. 저는 공무팀에 배치되어 공무업무를 돕기 위하여 협력 업체에서 제출한 견적서 작성 내용에 대해 직접 협력 업체에 전화하여 견적 가능 여부를 여쭤보는 실습부터 진행하였습니다. 이후 업무가 숙달이 되자 발주처인 LH의 시방서에서 우회도로 설치시 필요한 교통신호기설비 자료를 찾아서 외주계약 첨부서류에 삽입, 우회도로 시공방법에 대한 하청업체의 요청에 따른 우회도로 시공 방법 등에 대해 배웠습니다. 본격적인 실습업무로는 침사지 현장을 방문하여 침사지의 시공목적과 시공방법에 대해 알아본 후, GPS 측량 현장을 직접가서 설계도와 비교하고 GPS 측량을 실시하였고, 시공현장에 건설중인 우수관, 우수관 기초 및 거푸집의 상태를 직접 확인해 보았습니다. 사무실안에서는 직접공사비 계산 및 정리, 직접공사비 중 환경관리비의 종류와 중요성에 대하여 배웠고 도급금액과 사용금액 등도 정리하였습니다. 품질시험 시험장에서는 시험체의 압축강도 측정, 몰드위 표기방법(슬럼프 목표 압축강도, 재령기간 및 재령 날짜), 고양 장항지구 배전관로 설치공사 설계 단가, 도급단가, 실정보고 등 공무업무를 지도교사의 도움을 받아 서류를 작성하였고 신호등 및 미끄럼 방지페인트 등 자재의 수량과 단가에 대하여 직접공사비(재료비+노무비+경비로 구분함)와 간접공사비를 계산하여 견적서를 수시로 작성하였습니다. 안전 검사는 회사 소속 안전팀과 동행하여 우수관 터파기 현장, 폐기물 선별작업 현장, 가설 판넬 분리 작업 현장을 방문하여, 일일이 제대로 규정에 의해 설치가 되었는지 검사하였고 터파기 현장에서는 내려가는 계단이 없는 것과 가설 판넬 분리 현장의 온도계가 없는 것을 확인하여 발견한 문제점에 대해 지도교사에게 보고하였습니다. 기타 추가로 현장 노무자들이 노가다 작업을 함에 있어서 미끄럼 방지용 시설을 사전에 조치하였는지를 세심히 살펴보고 노무자들에게 위험을 야기하는 요소들을 발견하면 즉시 안전조치를 강구토록 요청하였습니다. 이러한 실습에서 배운 것은 팀별로 공사 시공사는 전 인원이 현장에서 관리자 역할만 하고 사무실안에서는 서류작업, 민원처리, 협력업체 관리 등 관리자의 역할만 하는 줄 알았으나, 실제 현장에서는 시공과 설계를 하는 기업에 와보니 훨씬더 광범위한 업무를 수행한다는 것을 알게 되었습니다.(총 964자)</td></tr>
<tr><td>서류
평가</td><td colspan="4">• 2개월간의 관련 기업에서의 현장실습 경험
• 건설회사 공무팀에서 서류작성 및 실제 현장시공업무 보조 경험</td></tr>
<tr><td>면접
질문</td><td colspan="4">• 견적서 및 공사 지명원에 대해 아는대로 말해 보세요.
• 직접공사비와 간접공사비 계산 방법에 대해 간략히 비교하여 말해 보세요.</td></tr>
</table>

□ 전공: 건축공학과(설계 및 시공)

<table>
<tr><th colspan="2">전공 및 분야</th><th>건축공학과</th><th>업종·기업</th><th>건설업 – 대기업 및 중견기업 등</th></tr>
<tr><td>구분</td><td>지원
직무</td><td>건축시공
(건축설계)</td><td>요구 사항</td><td>• 건축관련학과 전공자
• 건축관련 분야 자격증 소지자 우대</td></tr>
<tr><td>질문
항목</td><td colspan="4">1. 지원한 직무와 관련하여 본인이 보유한 전문성에 대해 서술하고, 이를 바탕으로 본인이 지원한 직무에 적합한 사유를 구체적으로 서술하세요(한글 1,000자)
2. 우리회사를 지원한 이유와 입사 후 회사에서 이루고 싶은 꿈은?(한글 700자)</td></tr>
<tr><td>자
소
서</td><td colspan="4">[CAD 어플리케이션을 통하여 실제 건축설계 도면을 작성해 보다.]
2020년 7월 서울 종로 소재 ㈜LD의 설계산업본부에서 현장실습을 2개월간 진행하였습니다. 이 회사는 국내 굴지의 토목건축 시공회사입니다. 처음 이론부분은 설계프로세스의 전반, 설계 절차 중 기계설비의 역할, 환기(급기와 배기), 수행중인 프로젝트들의 폰트, 변경 등을 작업하면서 도면에 대한 이해를 높혔습니다. 기초과정이 끝나고 회사에서 진행되고 있는 프로젝트에 투입되어 도면과 계산서, 그리고 장비 일람표를 대조하며 건축설비 설계에 좀더 깊게 작업을 하였고 건별로 임박한 마감작업에 대비하여 그간의 설계내용을 임원진들이 검토하도록 인쇄 제출하였습니다. 이후 캐드로 프로그램 내부에 사용되는 여러 어플리케이션들을 활용하여, 작업의 효율성을 높였고 지도교사가 제공해 준 어플리케이션에 대한 이해를 토대로 기초적인 도면을 정리하는 간단한 작업도 수행하였습니다. 숙달이 되자 CAD 어플리케이션을 통하여 작업속도를 향상시켰고, 구사해 본 기능들로는 문자내용 동일화, 외부참조 상대경로, 해치테두리 생성, 마지막으로 폴리 외각선 만들기 등을 해 보았고 기존의 CAD에서 사용 가능한 기능들 외에 어플리케이션 작업이 손에 익어지자 보다 빠른 속도로 작업을 하였습니다. 또 회사 설비설계를 통해 산출한 장비일람표, 장비제공 업체에서 받은 기계 계산서 그리고 시공업체에 전달하게 될 최종 취합본 세부를 모두 비교하며 설비에 필요한 모든 기계의 수량을 검토하는 업무도 하였습니다. 추가로 설계과정과 그 이후 여러 가지 이유로 인하여 장비의 갯수가 변하는 것과 이로 인해 설비설계의 시작과 중간, 마지막으로 마감과정의 절차를 수행해 보았고 냉각수 살균장치 등이 건물 내부에서 하는 역할에 대해서 배운 후 이 장치들에 수반되어야 할 요건대로 도면들을 수정하는 작업도 하였으며, 주상복합 리노베이션 프로젝트에서는 음식물 쓰레기 자동처리 시스템과 관련하여 도면 수정방법을 기계실에서 부터 시작하여 단위 세대 까지 들어가는 전체공정 시스템을 평면 및 단면도를 통해 배운 후, 설비 설계의 기초 단계인 냉난방 장치의 용량을 결정하는 부하계산에 대한 도면작업, 레이어 정리, 부하계산 작업을 수행하였습니다. 부하 계산이란, 제가 수행한 건물이 어떤 과정을 통하여 지어지는지의 과정을 도면 설계작업에서 산출된 값을 통하여, 건물에 필요한 장비를 선정하는 것입니다. 최근에는 이부분에 대한 기술력의 발달로 인하여 여러 레빗 등의 BMI 소프트웨어를 통해 몇 가지 조건을 맞게 대입하는 것만으로도 이런 부하계산을 쉽게 도출하고 있습니다.(총 986자)</td></tr>
<tr><td>서류
평가</td><td colspan="4">• 2개월간의 관련 기업에서의 현장실습 경험
• 건축설계 도면을 작성한 업무 수행</td></tr>
<tr><td>면접
질문</td><td colspan="4">• BMI 소프트웨어에 대해 말해 보세요.
• 음식물 쓰레기 자동처리 시스템과 관련하여 도면 수정방법을 설명해 보세요.</td></tr>
</table>

□ 전공: 건축공학과(디자인)

전공 및 분야		건축공학 계열	업종·기업	건설업 – 대기업 및 공기업
구분	지원 직무	건축디자인 (설계 및 시공)	요구 사항	• 포토샵·일러스트 사용 가능자 • 2D-3D 디자인툴(고급) 사용능력 필수 • BAR 3D모델링 가능자
질문 항목	지원한 직무와 관련하여 본인이 보유한 전문성에 대해 서술하고, 이를 바탕으로 본인이 지원한 직무에 적합한 사유를 구체적으로 서술해 주시기 바랍니다.(1,000자)			
자소서	[건설현장에서 직접 디자인 툴로 드로잉, 스케치 및 시공 작업을 수행하다] 4학년 2학기 인턴십 과정으로 2개월간 서울 구로디지털단지의 (주)A.G.T에서 실습을 하였습니다. 제가 실습한 회사는 저명하고도 수준 높은 건축가, 디자이너, 아티스트 등에 의해 보다 체계적이고 완성도 높은 소자본 창업 Shop Series 부터 중대형 상업시설, 대형유통기업에 이르는 전문 상업공간의 공간마케팅 전략과 디자인인테리어를 설계하는 회사입니다. 저는 이 회사에서 학생수준에서는 다소 어렵지만 급변하는 산업 환경의 흐름에 발맞춰, 이전에 없던 새로운 창의적 가치를 발굴하여 공간마케팅이 기존의 보통 건축설계와는 무엇이 다른지를 배우고, 실무 도면 작성을 통하여 실내 공간 건축에 대한 이해를 높이고자 하는 실습을 진행하였습니다. 먼저 저는 인천 송도에 있는 공사현장인 송도 스마트밸리 사무실 인테리어 공사현장에서 시공감리 보조로 도장 공사 및 파티션공사를 관리 감독하였으며, 현재 진행하고 있는 프로젝트인 안동 상업시설 인테리어의 평면도, 패턴도, 실무도면 작성과 자재 물량 및 면적을 산출하는 업무를 담당하였습니다. 또한 스케치업 프로그램 교육에 참여하여 스케치업 사용방법 기술을 익혔으며 이를 통한 BAR의 3D 모델링을 작업하였고, 타일 디자인 모델 및 패턴모형, 스터디 모형을 제작하였습니다. 추가로 이 작업에 매우 중요하고도 필요한 기술인 일러스트와 포토샵으로 디자인 로고 제작 방법을 배워 작업복 제작 및 발주 업무를 담당하였으며, 해외 프로젝트의 공간마케팅 전략 수립을 위한 공용 공간 사례를 보고서로 정리하고, 200여개의 건축·인테리어 디자인 사례를 정리하였습니다. 실제 공사 작업에도 참여하여 기존에 이론으로만 배웠던 시공 작업(퍼티 작업과 페인트칠)을 몸소 수행하였고 이를 통해 이론적인 내용을 점검하면서도 현장 공사 근로자들의 어려움을 함께 이해하는 계기도 갖게 되었습니다. 이 과정에서 저 또한 현장 공사를 직접 진행, 관리감독하며 지도교사로 부터 시공 감리시 유의해서 점검해야 할 부분에 대한 설명을 틈틈이 듣고 몸소 수행해 본 바 이해가 더욱 쉽게 되었으며, 이후 인테리어 마감재 하나하나를 세밀히 점검하는 습관을 갖게 되었고 건축 도면 보는 법도 쉽게 이해하게 되었습니다. 이 실습에서 얻은 경험은 디자인 분야라는 것이 공학과 전혀 다른 분야가 아니라 물건, 가구, BAR 등의 하나하나 개체의 구조와 뼈대를 잡는 작업으로 공학 분야와 별반 다르지 않다는 생각을 하게 되었습니다.(총 944자)				
서류 평가	• 일러스트와 포토샵 사용 가능 • 인테리어 공사현장에서 시공감리 보조로 도장 공사 및 파티션공사를 관리감독			
면접 질문	• 공간마케팅에 대해 아는대로 설명해 보라. • 현장근로자(노가다)와 함께 일하며 배운 교훈 하나만 이야기해 보라.			

□ 전공: 기계공학과

<table>
<tr><th colspan="2">전공 및 분야</th><th>기계공학과</th><th>업종·기업</th><th>정밀기계가공업 – 대기업 및 중견기업 등</th></tr>
<tr><td>구분</td><td>지원
직무</td><td>3D 모델링
(정밀기계)</td><td>요구 사항</td><td>• Solidworks 사용 가능자
• 3D 스캔 및 AI솔루션 개발 업무 경험자</td></tr>
<tr><td>질문
항목</td><td colspan="4">지원한 직무와 관련하여 본인이 보유한 전문성에 대해 서술하고, 이를 바탕으로 본인이 지원한 직무에 적합한 사유를 구체적으로 서술해 주시기 바랍니다.(1,300자)</td></tr>
<tr><td>자
소
서</td><td colspan="4">[턱받이 모듈에서 유격현상을 개선 후 3D 모델링 도면으로 가공품을 제작하다]
2022년 9월 부터 4개월간 경기 성남 소재 (주)M플로우의 개발팀에서 현장실습을 진행하였습니다. 이 회사는 디지털 치료 솔루션(3D스캔, AI기반의 CAD, 치과용 3D 프린터 등)을 주로 개발하는 기업이었습니다. 제가 맡은 업무는 회사에서 사용하고 있는 제품의 턱받이 모듈에서 발생하는 문제점인 유격현상을 개선하고 3D 모델링을 통해 2D 도면을 작성하고 전문 제작업체에 발주하여 가공품을 제작해 보는 것이었습니다. 먼저 저는 이 제품에 대한 모듈의 완전 분해 및 완전 조립을 반복하여 턱받이 대한 메커니즘을 이해하고, 문제점이 무엇인지 개선할 점을 파악하였습니다. 그 다음으로는 이 모듈 좌우 유격현상을 개선하기 위해 턱받이 모듈의 좌우 유격현상 개선 실습을 여러번 반복 진행하였습니다. 툴은 Solidworks를 활용하였고 출력 결과에 대해 개선해야할 부분을 지도교사의 지도를 받아서 재설계 과정을 통해 피드백을 꾸준히 받았습니다. 또한 볼베어링의 추가로 생겨나는 좌우 유격현상으로 인해 일어날 수 있는 마찰을 개선하고, 볼베어링의 외경 및 내경을 잡아주는 SIDE BLOCK을 설치(즉, BRACKET CHINREST SIDE KNOB(R-L) REV.A와 BLOCK BOLT CHINREST의 체결 부분에서 좌우유격이 발생하여 BRACKET CHINREST SIDE KNOB(R-L)와 BLOCK BOLT CHINREST의 체결 방식을 SCREW 방식으로 변경한 후 나사로 고정하여 풀림을 방지하고 BLOCK BOLT CHINREST에 단차를 주어 결합 위치를 결정하였음)하여 볼베어링이 축 회전에 따라 내경만 회전토록 하였습니다. 그리고 나서 문제점을 개선한 내용으로 턱받이 모듈 모델을 3D로 모델링 한 후 이를 바탕으로 2D 도면을 작성하여 외주 가공품 업체에 1차 발주를 진행한 뒤 다시 가공품을 받고 나서는 의도대로 조립한 후 또 다른 문제점이 있었는지를 분석하였으나 추가 발생된 문제점은 없었습니다. 결론적으로는 1차 개선 모델에 대하여 가공품 조립 시 문제점 무엇인지를 파악한 뒤 이를 해결하고 나서, 3D 모델링을 해본 뒤 이를 바탕으로 2D 도면을 작성한 뒤 최종 발주를 진행하게 되었습니다. 전체 과정에서의 돌출된 문제점은 1개로 베어링 공차와 조립할 때 예압(PRE-LOAD)이 들어가지 않는다는 점으로 결론을 내렸습니다.(총 931자)</td></tr>
<tr><td>서류
평가</td><td colspan="4">• 2개월간의 관련 기업에서의 현장실습 경험
• 3D 모델링 도면으로 가공품을 제작한 업무 수행 경험</td></tr>
<tr><td>면접
질문</td><td colspan="4">• 예압(PRE-LOAD)의 개념에 대해 말해 보세요.
• Solidworks를 활용하여 제작한 추가 3D 모델링 사례를 말해 보세요.</td></tr>
</table>

□ 전공: 기계공학과

<table>
<tr><th colspan="2">전공 및 분야</th><th>기계공학과 계열</th><th>업종·기업</th><th>전 업종 – 대기업 및 중견기업</th></tr>
<tr><td>구분</td><td>지원
직무</td><td>기계가공
(기계도면작성)</td><td>요구 사항</td><td>• Auto CAD 이용 가능자
• Solidworks 사용 유경험자</td></tr>
<tr><td>질문
항목</td><td colspan="4">지원한 직무와 관련하여 본인이 보유한 전문성에 대해 서술하고, 이를 바탕으로 본인이 지원한 직무에 적합한 사유를 구체적으로 서술해 주시기 바랍니다.(1,000자)</td></tr>
<tr><td>자
소
서</td><td colspan="4">[Auto CAD로 도면 작성 및 Solidworks를 사용한 3D 모델링을 수행하였습니다.]
2021년 동계방학 현장실습으로 2개월간 경기분당 소재 ㈜셀존의 기계 설계팀에서 실습을 진행하였습니다. 제가 맡은 부분은 기계 가공법 및 기계 도면 작성법을 이해하고 도면을 실제로 작성하는 것이었습니다. 기본교육으로는 도면 삼각법 작성 및 이해도 향상, 기계 가공법에 대한 이해도 향상, 기계가공 도면 작성법 교육, 기계 조립 및 Systerm 구성도 작성법 등의 교육을 받았습니다. 실습 초반에는 Auto CAD의 사용법을 거의 몰랐는데, Auto CAD를 이용하여 기초적인 도형의 도면들을 그려보고 Solidworks의 사용을 위해 교육 동영상을 시청하면서 계속 Auto CAD 프로그램을 사용하여 도면을 그리다 보니, 처음보다 도면을 보고 나서 그리니 속도가 더욱 빨라졌었고 도면에 대한 이해도 또한 높아졌습니다. 추가로 도면을 보고 3D 모델링 하는 연습을 하다 보니 점진적으로 작업 시간을 단축할 수 있었고, 3D 모델을 보고 이를 도면으로 그리는 연습을 반복하다 보니 도면 그리는 실력도 덩달아 증가하였습니다. 그리하여 실습 중반 부터는 혼자서 Auto CAD 프로그램을 이용한 다양한 직접 도면 작성(기초적인 A(Arc), Z(Zoom), W(WBLOCK) 부터 S(STRETCH), X(EXPLODE), E(Erase), D(Dimstyle) 기능 까지 사용함) 및 Solidworks를 사용한 3D 모델링(첫 번째는 2D캐드에서 불필요한 내용을 정리, 두 번째는 2D 도면을 솔리드웍스 스케치 환경으로 불러와서 도면의 각 투상 방향에 맞게 가져온 도면을 2D to 3D 기능으로 분리, 세 번째가 각 투상 방향으로 분리된 스케치 도면을 이용해서 각형상의 모델링)을 동시에 작업하였습니다. 도면제작 작업 이외에 부수되는 업무로는 생산실에서 회사가 주로 생산하는 제품들의 슬라이드 코팅을 위한 준비 및 만들어진 약물을 포장하고, 거름망과 캡을 부착하고 끼우는 작업도 하였습니다. 즉 생산실에서 액상 보존액을 생산하면 생산실 실습으로 주로 오전에는 슬라이드 코팅을 위한 슬라이드를 끼는 작업을 하였고 오후에는 액상 보존액을 포장하거나 필터를 제작하는 일을 실습하였습니다.(총 864자)</td></tr>
<tr><td>서류
평가</td><td colspan="4">• 2개월간의 관련기업에서의 현장실습 경험
• 3D 도면제작 팀프로젝트 수행경험</td></tr>
<tr><td>면접
질문</td><td colspan="4">• Auto CAD로 작업한 도면이 추가로 있으면 이야기해 보세요.
• Solidworks를 사용한 3D 모델링 과정을 순서대로 말해 보세요.</td></tr>
</table>

□ 전공: 기계공학과

<table>
<tr><th colspan="2">전공 및 분야</th><th>기계공학과</th><th>업종·기업</th><th>기계부품제조업 – 대기업 및 중견기업</th></tr>
<tr><td>구분</td><td>지원 직무</td><td>레이저 마킹</td><td>요구 사항</td><td>• CAD(캐드) 작업 가능자
• 솔리드 웍스 사용 가능자</td></tr>
<tr><td>질문 항목</td><td colspan="4">지원한 직무와 관련하여 본인이 보유한 전문성에 대해 서술하고, 이를 바탕으로 본인이 지원한 직무에 적합한 사유를 구체적으로 서술해 주시기 바랍니다.(1,300자)</td></tr>
<tr><td>자소서</td><td colspan="4">[레이저 마킹 컨베이어 시스템에 대한 캐드 설계를 진행해 보다]
2022년 1월 부터 2개월간 경기 안산 공단 소재 (주)WIN에서 레이저마킹 실습을 하였습니다. 레이저 마킹은 다른 기기가 하는 마킹보다 훨씬 안정적이고 저소음, 저진동 기술로 직접 마찰을 하지 않는 형식으로 기기의 수명 또한 길다는 장점이 있습니다. 또한 레이저 커팅 기술은 사람이 직접 하는 것보다 훨씬 안전하고 더 정밀한 커팅 결과와 짧은 커팅 시간을 갖고 있다는 장점도 있습니다. 저는 공장에서 본 작업 수행을 위한 이론 과정으로 첫째 다양한 레이저의 원리와 사용법, 즉 레이저의 종류로는 Fiber laser, CO2 laser, UV laser 3가지가 있으며 이 3가지 모두 레이저 마킹용도로 썼지만 UV laser의 경우에는 의료용 천도 커팅 한다고 배웠습니다. 이후 실습과정으로 들어갔는데 레이저 기기 모두 LAXI라는 자체 개발 프로그램을 쓰고 있었으며 이 프로그램은 캐드의 도면을 그리는 프로그램과 비슷한 방식을 갖고 있었고, Fiber laser의 경우 금속과 잘 어울려서 금속 마킹에 용이하고 마킹속도나 주파수, 출력에 따라서 금속에 새겨지는 색이 달라지는 것을 확인 할 수 있었습니다. 또한 금속의 종류에 따라 여러 가지 결과물들이 나오고 CO2 레이저 마킹의 경우에는 대상을 태워서하는 방식인데, 유리나 나무 등의 마킹에 용이한 성격을 띠고 있었습니다. UV 레이저 장비를 통해 사기그릇, 와인병, 폴리에틸렌 재질의 약품 포장지 등의 많은 곳에 마킹 테스트를 해보았고, 의료용 천 커팅까지 테스트를 해보았습니다. 커팅에는 마킹속도가 느리고 출력이 세면 잘 잘리는 성질을 보였으나 4겹의 의료용 천이 녹아서 붙고 모서리가 그을리는 등의 손상을 입는 결과가 나타나기도 하였습니다. 셋째로 다양한 캐드 작업을 하였습니다. 새로운 사업을 하기 전에 사업계획서나 아이디어 구상에 필요한 기계설계 캐드 도안이 필요한데, 이와 관련된 캐드작업을 하였습니다. 사용한 프로그램은 솔리드 웍스였으며, 의료용 천 커팅 기계, 의료용 피코초 레이저 기기, 그릇 레이저 마킹 컨베이어 시스템의 캐드 설계를 수행하였습니다. 캐드 도안작업은 설계 구상부터 시작해서 1～2일 정도 소요되었으며 작업이 완료된 후에는 정면도, 우측면도, 윗면도, 전체 설계가 잘 보이는 각도로 캡처를 사용하여 문서에 알맞은 형식의 그림파일로 변환을 해서 지도교사에게 제출하였습니다. 전체과정에서 FIBER laser와 CO2 레이저를 통해 다양한 재료들에 여러 가지 글씨와 그림들을 만들어 마킹을 해보면서 레이저 마킹의 잉크 마킹 대비 갖는 우수성에 대해 알았고, 레이저 마킹의 지워지지 않는 특성이 신기하기도 하였지만, 이를 통해서 다양한 사업(반지의 글씨 마킹, 휴대폰 그림 마킹 등)에 사용하면 어떠할까 하는 사업적 마인드로도 레이저의 기술력을 바라볼 수 있게 되었습니다.(총 1,079자)</td></tr>
<tr><td>서류 평가</td><td colspan="4">• 2개월간의 관련 업종 기업에서의 현장실습 경험
• 솔리드 웍스 프로그램 구현 및 작업 가능</td></tr>
<tr><td>면접 질문</td><td colspan="4">• FIBER laser와 CO2 레이저 기술에 대해 비교하여 설명해 보세요.
• 캐드 도안 작업의 설계 구상 방법에 대해 이야기 하세요.</td></tr>
</table>

□ 전공: 기계공학과

<table>
<tr><th colspan="2">전공 및 분야</th><th>기계공학과</th><th>업종·기업</th><th>로봇산업 – 대기업 및 중견기업 등</th></tr>
<tr><td>구분</td><td>지원
직무</td><td>로봇제어 프로그램
(라즈베리파이)</td><td>요구 사항</td><td>• 로봇의 프로토타입 경험자
• 라즈베리파이를 활용 가능자</td></tr>
<tr><td>질문
항목</td><td colspan="4">1. 지원한 직무와 관련하여 본인이 보유한 전문성에 대해 서술하고, 이를 바탕으로 본인이 지원한 직무에 적합한 사유를 구체적으로 서술하세요(한글 1,000자)
2. 우리회사를 지원한 이유와 입사 후 회사에서 이루고 싶은 꿈은?(한글 700자)</td></tr>
<tr><td>자
소
서</td><td colspan="4">[인간–로봇간 상호작용이 가능한 사물형 로봇의 프로토타입을 개발해 보다]
2022년 3월 부터 6개월간 경기 용인소재 한국로봇연구원에서 사물형 로봇의 프로토타입 개발업무를 수행하였습니다. 이 연구원은 로봇센서 및 제어프로그램을 연구하는 전문연구소 였습니다.
실습생이기에 1차로 기본 이론 교육과정으로 1) 사회적 인간-로봇 상호작용과 사물형 로봇에 대한 개념을 이해, 2) 사회적 인간-로봇 상호작용이 가능한 사물형 로봇의 프로토타입을 개발, 3) 사회적 인간-로봇 사용작용에 대한 개념을 이해하고 실험을 설계하고 결과를 분석한후 논문을 작성하는 방법에 대해 배웠습니다. 실습은 총 3단계로 진행이 되었는데, 아두이노는 컴파일러가 PC에 설치되어 있어서 PC에서 컴파일을 해서 만들어진 Hex파일을 아두이노에 보내서 실행하는 것이고, 라즈베리파이는 컴파일러가 라즈베리파이에 저장되어 있어서 여기서 바로 컴파일하고 실행을 하게 되는 것인데 이 연구원은 라즈베리파이를 이용하여 개발을 하였습니다.
1단계로는 사물형 로봇의 프로토타입 개발(서재라는 공간에서 흔히 볼 수 있는 사물(책장, 책상, 의자 등)의 기능을 자동화하여 로보타이즈 프로토타입 개발), 로보타이즈 책장 개발(모터+OpenCR(제어기)+라즈베리파이+초음파센서를 활용, 벨트풀리 등 기구부품 선정 및 구매, 기타 부품은 3D 프린팅을 통해 제작), 로보타이즈 의자 개발(터틀봇3 Slam & Navigation을 활용하여 의자 구동, 하중을 견디기 위해 스프링을 활용한 기구 부품 설계), 로보타이즈 책상 개발(리니어모터+OpenCR(제어기)+라즈베리파이를 활용하여 수행)을 수행하였습니다.
2단계로는 ROS기반 사물형 로봇제어 프로그램 개발 과정으로 개발한 사물형 로봇 프로토타입을 제어하기 위한 프로그램을 개발하여 사물형 로봇의 상호작용을 구현(ROS 내에서 시리얼통신+통신받은 데이터를 활용하여 구동 알고리즘 개발(C, Python 활용))하였습니다.
3단계로는 사물형 로봇의 사회적 인간-로봇 상호작용 방식 설계로 로봇과 인간과의 상호작용에서 IV/DV선정하여 전체과정을 관련논문으로 작성(HRI LBR, ISCR design session 준비)하면서 설명을 보며 함께 설계하여 보았습니다. 이러한 과정을 통해 원활한 목표달성을 위해서는 각 과정별로 발생하는 문제점을 해결하기 위해 팀원들과 효율적으로 상시적인 소통하는 방법이 매우 중요하다는 것을 알게 되었습니다.(총 958자)</td></tr>
<tr><td>서류
평가</td><td colspan="4">• 6개월간의 관련 기업에서의 현장실습 경험
• 사물형 로봇제어 프로그램 개발 과정 지원 경험</td></tr>
<tr><td>면접
질문</td><td colspan="4">• ROS2의 micro-ROS(로봇운영체제)에 대해 설명해 보세요.
• HRI LBR, ISCR design session 준비에 대해 설명해 보세요.</td></tr>
</table>

□ 전공: 기계공학과

<table>
<tr><th colspan="2">전공 및 분야</th><th>기계공학과 계열</th><th>업종·기업</th><th>발전 및 플랜트업 – 대기업 및 공기업</th></tr>
<tr><td>구분</td><td>지원
직무</td><td>발전플랜트
(원전부품진단)</td><td>요구 사항</td><td>• Primavera 관련 업무 수행가능자
• 발전플랜트에 관심이 있는자</td></tr>
<tr><td>질문
항목</td><td colspan="4">지원한 직무와 관련하여 본인이 보유한 전문성에 대해 서술하고, 이를 바탕으로 본인이 지원한 직무에 적합한 사유를 구체적으로 서술해 주시기 바랍니다.(1,000자)</td></tr>
<tr><td>자
소
서</td><td colspan="4">[Primavera로 실습을 하면서 기본적인 원전 진단방법을 실습하다]
2022년 1월 부터 6개월간 경기 화성소재 ㈜M&D의 원전관리팀에서 현장실습을 수행하였습니다. 이 회사는 기계설비의 진단 및 장비개발, 공학연구 개발 및 서비스, 설비진단 및 정비 서비스를 제공하는 기업으로, 특히 국내 곳곳에 있는 원자력 발전소 기기에 대한 진단이 주요 사업입니다. 1차적으로 원전밸브 진단에 대한 기초 교육 및 센서 교육을 받고 다양한 센서의 원리 및 원전 관리에 대해 교육을 받았습니다. 세부 과정은 Data Acquistion은 Physical System → Transducer Sensor → Signal Conditioning → A/D Converter → Computer로 진행이 되며 Transducer은 물리적 신호를 전기신호로 변환하는 장치로 대표적으로는 온도를 측정하는 Thermocouple과 RTD가 있다는 것과 추가로 Anti-aliasing filter에 대한 학습 및 조사, 온도 계측 센서와 압력 계측 센서에 대한 조사 및 학습, 모터구동밸브 성능평가 개념도 교육을 받았습니다. 이후 본격적으로 플랜트 공정관리 프로그램인 Primavera 실습을 하면서 몇 차례 교육 과정을 더하여 원전을 구성하는 기초적인 부품인 모터구동밸브, 핵계장 센서, 기초적인 수준의 원전 진단방법, 진단시 데이터를 얻는 방법, 그 중 옳지 않은 데이터를 걸러내는 방법 등 원전 진단(원전은 18개월 마다 꼭 점검을 해주어야 하는 특성이 있음)에 대한 관련 실무 지식을 쌓을 수 있었습니다. 실습과정중에 건설기술교육원의 플랜트 교육과정을 이수하면서 턴키 계약 등 계약 및 수주 과정, 발전소의 원리와 구조, PF 등 플랜트 산업에 대해서도 같이 배울 수 있었습니다. 또한 기계직무로는 현장 업무인 배관, 설비공사 뿐만 아니라 WPS, PQR과 같이 관련 서류도 함께 다룬다는 것과 Primavera 프로그램을 이용해 resource 관리 및 스케줄 등을 관리함으로써 전반적인 사업추진 계획서도 작성해 보았습니다. 과제 수행중 우수한 공정 관리는 프로젝트의 공기단축과 원가절감의 핵심요소임을 알고서 실습중에서도 매일 건설 신문기사를 일일이 노트에 스크랩하며 건설업 및 건설회사에 관한 시장 동향들을 파악했습니다. 이러한 발주처 및 협력사와의 조율하는 방법, 프로젝트를 성공적으로 이끄는 방법을 바탕으로 입사후에 유능한 PM이 되겠습니다.(총 936자)</td></tr>
<tr><td>서류
평가</td><td colspan="4">• 6개월간의 관련기업에서의 장기 현장실습 경험
• 원전 진단관련 실무 업무 보조 경험 보유</td></tr>
<tr><td>면접
질문</td><td colspan="4">• Primavera 프로그램에 대해 말해 보세요.
• WPS, PQR에 대해 순서대로 말해 보세요.</td></tr>
</table>

□ 전공: 기계공학과

<table>
<tr><th colspan="2">전공 및 분야</th><th>기계공학과 계열</th><th>업종·기업</th><th>반도체 업종 – 대기업 및 중견기업 등</th></tr>
<tr><td>구분</td><td>지원 직무</td><td>상압 플라즈마 설계 (Simulation)</td><td>요구 사항</td><td>• 상압 플라즈마 설계 가능자
• Solidworks로 3D 구현 가능자</td></tr>
<tr><td>질문 항목</td><td colspan="4">지원한 직무와 관련하여 본인이 보유한 전문성에 대해 서술하고, 이를 바탕으로 본인이 지원한 직무에 적합한 사유를 구체적으로 서술해 주시기 바랍니다.(1,000자)</td></tr>
<tr><td>자소서</td><td colspan="4">[마이크로웨이브 상압 플라즈마 시스템을 제품화하기 위한 설계를 해보다]
2022년 1월부터 2개월간 경기 화성 동탄에 소재한 증류기, 열교환기 및 가스발생기 제조업체인 (주)브릿지에서 현장실습을 수행하였습니다. 실습 초기에는 수산화칼륨 용액을 전해액으로 사용하는 전기분해조의 원리와 구성품에 대해 교육 받았으나 강염기 용액을 사용하기에 직접 운전실습을 해보지는 않았고, 마이크로웨이브 상압 플라즈마 시스템은 비교적 안전하기 때문에 원리와 시스템 구성에 대한 설명을 듣고 직접 가동 실습을 해볼 수 있었습니다. 상압 플라즈마를 생성하기 위해 공급되는 에너지의 밀도는 국소열평형이든 아니든 간에 플라즈마의 상태에 많은 영향을 줍니다, 전반적으로는 밀도가 높은 에너지가 공급되면 전기아크와 같은 국소열평형 플라즈마가 생성되고 보다 낮은 공급 에너지 밀도를 가지거나 펄스 형태로 에너지가 공급되는 경우에는 비국소열평형 플라즈마가 생성되며, 상압 플라즈마 발생원들은 모드에 따라 직류 및 저주파수, 라디오주파수 파장으로 점화되는 플라즈마, 마이크로파 방전으로 3등분 됩니다. 이번 실습 중 제가 맡은 주요 업무는 이 마이크로웨이브 상압 플라즈마 시스템을 제품화하기 위해 시스템 구성품을 Solidworks로 3D 모델링 하고, 부품 배치 시뮬레이션을 하면서 최소한의 용적을 차지하는 케이스를 제작하는 것과 이 과정에서 발생한 설계 오류 등을 수정하는 것이었습니다. 시스템 구성품 배치 시뮬레이션을 한 뒤 지도교사의 의견을 반영한 간단한 형태의 케이스를 설계하고 나서 레이저 절단, 절곡가공, 분체도장은 가공업체에 제작 의뢰하였고, 직접 제품을 수령하러 다녀오기도 했습니다. 하지만, 실제 가공품들은 가공 과정에서 오차가 다소 발생하여 조립에 어려움을 겪기도 하였으며, 케이스에 마이크로웨이브 상압 플라즈마 시스템을 구성해 조립한 후 소모 전력 및 발열, 전자파 누설 테스트 등을 진행했는데, 인버터의 8kV 출력단자에서 접지된 케이스와 간격이 좁아 아크방전이 일어나기도 했었고, 용접회사에 용접을 의뢰했던 테이퍼드 웨이브가이드에서 전자파가 누설되는 등 많은 문제점이 발견되었습니다. 이 문제를 해결하고자 각 가공업체에 연락하면서 기업간 전화 예절에 대해서도 배울 수 있었고, 금속 가공, 특히 절곡 가공시 금속의 연신율에 따라 설계 도면과 가공품의 수치가 많이 달라질 수 있음을 몸소 체험할 수 있었습니다. 또 같은 가공 공정에 대해서 최소 10곳 이상의 업체에 견적 의뢰했으나 분체도장의 경우 가격이 많게는 10배 이상 나기도 해서 더 많은 업체에 연락을 해야 할 필요성을 느끼기도 했습니다.(총 989자)</td></tr>
<tr><td>서류 평가</td><td colspan="4">• 2개월간의 관련 설계 및 제조기업에서의 현장실습 경험
• 상압 플라즈마 시스템을 제품화하기 위한 설계 실습 경험</td></tr>
<tr><td>면접 질문</td><td colspan="4">• 전자파가 누설되는 등 많은 문제점의 원인은 무엇이라고 보는가요?
• 상압 플라즈마 발생 과정에 대해 순서대로 설명해 보세요.</td></tr>
</table>

□ 전공: 반도체공학과

<table>
<tr><th colspan="2">전공 및 분야</th><th>반도체공학과</th><th>업종·기업</th><th>전장산업 – 대기업 및 중견기업 등</th></tr>
<tr><td>구분</td><td>지원
직무</td><td>전장설계
(PLC 제어)</td><td>요구 사항</td><td>• ORCAD 프로그램 경험자
• PLC제어 프로그래밍 가능자</td></tr>
<tr><td>질문
항목</td><td colspan="4">1. 지원한 직무와 관련하여 본인이 보유한 전문성에 대해 서술하고, 이를 바탕으로 본인이 지원한 직무에 적합한 사유를 구체적으로 서술하세요(한글 1,100자)
2. 우리회사를 지원한 이유와 입사 후 회사에서 이루고 싶은 꿈은?(한글 700자)</td></tr>
<tr><td>자
소
서</td><td colspan="4">[E–PLAAN 프로그램을 활용한 컨버팅 업무와 PLC제어 프로그래밍을 수행하다]
2022년 3월부터 4개월간 경기 화성 소재 ㈜CKC의 SI팀에서 E-PLAAN 프로그램을 활용한 컨버팅 업무와 PLC제어 프로그래밍 업무를 담당했습니다. 이 기업은 반도체 장비 중 유틸리티 부분의 가스 공급장치를 전문적으로 만드는 회사였습니다. 가스 공급장치는 반도체의 제조공정에 큰 영향을 미치는데, 가스를 불순물의 오염없이 안정적으로 공급하는 일은 반도체의 수율과도 연관되기에 무엇보다 중요했습니다. 먼저 E-PLAAN 업무는 대학에서 배운 전자회로, 아날로그, IC 등 회로이론과 회로 실험 설계 프로젝트에서 배운 ORCAD 프로그램의 활용 능력을 기반으로 CAD전기 도면을 분석하고 이를 E-PLAAN을 프로그램을 활용해 컨버팅하였습니다. CAD전기 도면 분석과 달리 E-PLAAN은 처음이라 지도교사의 지도로 반복 실습후 역량을 길러 업무를 수행하였고, 컨버팅 업무도 방폭·비방폭, 히터의 유무에 따라 UVIR 센서나 HT를 고려해 컨버팅해야 했기에 장비부품을 이해후 GC, VMB, VB의 특성을 파악하여 업무를 수행했습니다. 숙달이 되자 다음 단계로 PLC 제어 프로그래밍 업무를 담당했습니다. 반도체 산업 특성상 24시간 동안 기기가 돌아가야 했고 그때 마다 유틸리티인 가스 공급장치가 공정에 필요한 가스를 제공해야 했기에, PLC 제어를 통해 가스 공급을 제어해야 했습니다. 가스 공급장치는 85,000개의 STEP 제어를 필요로 했고 이를 프로그래밍하기 위해서는 PLC 제어에 대한 프로그램 활용 능력이 필요합니다. 저는 지도교사의 각 업무단위별로 상세한 주기적인 지도와 이전에 삼성협력 아카데미에서 배운 PLC제어 기본 교육 내용을 활용하여, MPS의 4,000개 STEP 제어를 통해 가스 공급장치의 기초적인 PLC 제어부분을 이해하고 실제로 프로그래밍 할 수 있었습니다. 뿐만 아니라 QMS를 통해 전장 생산관리를 ERP와 BOM(Bill of Material)을 통해 품질관리 업무도 진행했습니다. BOM은 부품을 동일 성능의 가격 비교를 통해 BOM을 수정하고 분석하는 업무였습니다. 장비 안에 들어가는 부품의 갯수가 몇 백개에서 몇 천개이므로 조금만 가격이 달라져도 엄청난 손해나 이익을 낳기 때문에 엔지니어로서 원가 절감에도 신경써야 하므로 중요한 작업이었습니다. 가스 공급장치 하나를 개발하는 데 있어서도 표준 BOM을 통해 장비 스펙과 가격이 달라지지 않도록 신경 써야 했습니다. 또 각 구성 장비의 하나하나를 다 고려하는 PLC제어를 설계하면서 장비에 대한 이해도가 먼저 충분히 뒷받침되어야 앞뒤의 연결고리를 파악할 수 있다는 점도 깨달았습니다.(총 1,031자)</td></tr>
<tr><td>서류
평가</td><td colspan="4">• 6개월간의 관련 기업에서의 현장실습 경험
• PLC제어 프로그래밍을 수행 경험</td></tr>
<tr><td>면접
질문</td><td colspan="4">• E-PLAAN을 프로그램을 활용한 컨버팅에 대해 설명하라.
• 가스 공급장치가 반도체의 제조공정에 영향을 미치는 과정을 설명하라.</td></tr>
</table>

□ 전공: 반도체공학과

<table>
<tr><th colspan="2">전공 및 분야</th><th>반도체공학과</th><th>업종·기업</th><th>반도체 업종 – 대기업 및 중견기업 등</th></tr>
<tr><td>구분</td><td>지원
직무</td><td>반도체 설계
(Simulation)</td><td>요구 사항</td><td>• Oscillator 설계 및 Simulation 가능자
• 반도체회로 설계 구현 가능자</td></tr>
<tr><td>질문
항목</td><td colspan="4">지원한 직무와 관련하여 본인이 보유한 전문성에 대해 서술하고, 이를 바탕으로 본인이 지원한 직무에 적합한 사유를 구체적으로 서술해 주시기 바랍니다.(1,300자)</td></tr>
<tr><td>자
소
서</td><td colspan="4">[CMOS Inverter Simulation & Oscillator 설계 및 Simulation를 구현해 보다.]
경기 수원 소재 (주)AL반도체에서 2개월간 반도체회로 설계 현장실습을 하였습니다. 이 회사는 전자집적회로와 반도체 소자를 제조하는 회사로 저는 연구소에 배정이 되었습니다. 제가 실습한 부분은 ring oscillator와 hspice를 이용한 회로를 구현하는 것이었습니다. 처음에는 Linux의 명령어(rm(제거), mkdir(파일생성) 등)를 익힌 후 자기소개 글 써보기와 편집기 내에서 어떤 원리로 작동하는지 등을 배웠습니다. 이후 Oscillator 설계 및 Simulation 작업을 하였습니다. Oscillator는 특정 주파수를 가진 교류신호를 생성하는 회로로 생성된 주파수는 시스템의 기준 clock으로 사용되기도 하고, 무선통신 시스템에서 고주파 carrier에 실린 정보를 기저대역으로 내려주거나 그 반대의 경우를 위해 사용됩니다. Ring Oscillator는 Positive feedback을 이용하여 1이상의 gain을 갖는 amp를 고의로 발진 시키는 회로로서 입력은 없지만, 다양한 noise 덕분에 단일 주파수를 출력할 수 있습니다. 먼저 Ring Oscillator를 schematic에 그린 후 Pin을 설정해 주기 위해 inputoutput pin을 삽입하고자 했는데, 수차례를 해도 save가 되지 않아 지도교사의 도움으로 check and save가 안되는 이유는 이미 input pin으로 이 회로에 대한 symbol을 만들어져 있으면 또 다른 symbol을 만들지 못한다는 것을 알고 기존 symbol을 삭제하고 다시 만들었습니다. 이런 시행착오를 거쳐서 Ring Oscillator의 Symbol을 완성하고 Ring oscillator Symbol을 활용한 회로를 설계하였습니다. 회로는 주파수 영역이 높을수록 phase noise가 linear하게 감소하는 것을 볼 수 있었습니다. 두 번째는 HSPICE를 이용한 2 input NAND simulation을 수행하였는데 1) Transient simulation은 빨간색 Pulse파가 input A, 주황색 Pulse파가 input B, 노란색 Pulse파가 Vout에 대한 파형으로 Input A가 2us씩 High와 Low의 값을 번갈아 가질 때, input B는 1us씩 High와 Low의 값을 번갈아 가집니다. AB의 값을 연산하면 최종 Vout 값인 AB bar의 값을 보여줍니다. 위 simulation 결과 중 Vout을 보면 Va와 Vb의 edge가 겹칠 때에 voltage가 튀었는데, 이는 Pulse파의 주기 조절을 통해 일부 보완을 해주었습니다. 2) DC simulation은 Va가 linear하고 Vb=0인 switch0의 경우와, Va=0이고 Vb가 linear한 switch1의 경우가 나왔는데 2가지의 경우 모두 simulation의 결과가 같은 모습을 하고 있기 때문에 switch0의 경우만을 첨부하였습니다. 이 때 Va 값과 무관하게 Vb=0이기 때문에 Vout은 항상 High, 즉 Vout=1.8V의 값을 가지게 하였었습니다.
(총 1,257자)</td></tr>
<tr><td>서류
평가</td><td colspan="4">• 2개월간의 관련 설계 및 제조기업에서의 현장실습 경험
• input NAND gate 설계 및 HSPICE를 이용한 simulation 실습 경험</td></tr>
<tr><td>면접
질문</td><td colspan="4">• CMOS Schematic, Stick diagram, Cross section, Mask set에 대해 설명해 보세요.
• 반도체를 설계하는데 좋은 기준 3가지는?(사이즈 작게(제조원가 감소), 저전력, 속도 빠르게)</td></tr>
</table>

□ 전공: 반도체공학과

<table>
<tr><th colspan="2">전공 및 분야</th><th>전기 및 전자
반도체공학 계열</th><th>업종 · 기업</th><th>전기/전자/반도체 – 대기업</th></tr>
<tr><td>구분</td><td>지원
직무</td><td>반도체 설계
(포토공정)</td><td>요구 사항</td><td>• 반도체공학 관련학과 전공자
(반도체 공정 설계 및 품질확보 개발)</td></tr>
<tr><td>질문
항목</td><td colspan="4">지원한 직무와 관련하여 본인이 갖고 있는 전문지식, 경험(심화전공, 프로젝트, 논문, 공모전 등)을 작성하고, 이를 바탕으로 본인이 지원한 직무에 적합한 사유를 구체적으로 서술해 주시기 바랍니다.(1,200자 이내)</td></tr>
<tr><td>자
소
서</td><td colspan="4">[반도체 공정에 필요한 High–NA EUV 장비에 대해 공부하다]
반도체 8대 공정 중 포토공정에 대해 더 공부하기 위해 NCS 포토공정 강의를 수강하고, 학교 EUV-IUCC 센터장을 맡고 계시는 교수님의 강의를 통해 EUV기술의 원리와 그 연장기술로 꼽히는 High NA EUV기술에 대해 공부하면서 EUV 공정에 대한 이해도를 높혔습니다. High-NA의 NA는 Numerical Aperture의 약자로 개구수(렌즈의 크기)를 의미합니다. 지금까지는 기존의 High-NA 말고 일반 0.33 NA이라는 장비로 많이 나왔었으나, High-NA EUV는 개구율을 기존 0.33에서 0.55로 업그레이드 한 것으로 보면 되고, 어떻게 보면 기존 EUV 장비보다 성능이 뛰어난 차세대 장비라고 할 수 있습니다. 레일리의 식(Rayleigh’s Equation)이 리소그래피 노광의 가장 기본이 되는 수식이라고 보면되고 해상도는 우리가 작게 그릴 수 있는 패턴의 한계는 파장이 짧아질수록 작아지고, 개구수(NA)와 NA값(렌즈의 개구수, 집광능력)이 커질수록 또 작은 패턴을 그릴 수 있어서 렌즈를 크게 만들어서 빛을 많이 모을 수 있게 되면 더 작은 패턴을 할 수 있다는 그런 장점이 있습니다. 이 제품의 정식 출하 시기는 2024년에 출시할 계획이라고 합니다.

[포토공정의 Photolithography에 대해 실습을 진행해 보다]
반도체 공정기술교육원에서 포토공정의 recipe와 parameter를 배우고, 이를 바탕으로 공정을 실습한 경험이 있습니다. 포토리소그래피란 반도체의 표면에 사진 인쇄 기술을 써서 집적 회로, 부품, 박막 회로, 프린트 배선 패턴 등을 만들어 넣는 기법으로 실제 실습과정에서는 노광공정의 Proximity Gap을 변수로 잡고 원하는 ADI CD값을 얻기 위해 실험하고 결과 값을 분석했습니다. 우선 Proximity Gap이 0Mm/50Mm/100Mm로 변하도록 조건을 잡고 wafer 3개에 photolithography공정을 진행한 후에 각 wafer 당 3개의 die에서 ADI CD값을 측정했습니다. 그리고 측정 값을 토대로 x축을 proximity gap, y축을 ADI CD(Bar 형태)로 설정하여 결과값과 각 값의 산포를 표현했습니다. 그 결과, proximity gap이 커질수록 CD값이 커지는 경향성은 확인했지만, 원하는 CD값을 얻기 위해서는 100Mm보다 조금 더 큰 proximity gap을 주어야 한다는 결론을 도출했습니다. 이후 새로운 조건으로 공정을 다시 반복하여 진행하였고, 원하는 CD값을 얻을 수 있었습니다.(총 1,010자)</td></tr>
<tr><td>서류
항목</td><td colspan="4">• 지원분야 직무에 대한 이론과 실습내용을 자세히 제시하였음
• 반도체 공정에 필요한 장비에 대한 현황 및 추이에 대해 상세히 준비를 하였음</td></tr>
<tr><td>면접
질문</td><td colspan="4">• Photolithography에 대해 설명해 보세요.
• Photolithography 실습중 가장 어렵다고 느낀 부분과 그이유는?</td></tr>
</table>

□ 전공: 반도체공학과

<table>
<tr><th colspan="2">전공 및 분야</th><th>반도체공학과</th><th>업종·기업</th><th>반도체산업 – 대기업 및 중견기업 등</th></tr>
<tr><td>구분</td><td>지원
직무</td><td>반도체 공정
(식각 및 증착)</td><td>요구 사항</td><td>• 반도체 8대 공정관련 과목 이수자
• 전자공학 및 반도체 공학 관련학과 전공자</td></tr>
<tr><td>질문
항목</td><td colspan="4">1. 지원한 직무와 관련하여 본인이 보유한 전문성에 대해 서술하고, 이를 바탕으로 본인이 지원한 직무에 적합한 사유를 구체적으로 서술하세요(한글 1,300자)
2. 우리회사를 지원한 이유와 입사 후 회사에서 이루고 싶은 꿈은?(한글 700자)</td></tr>
<tr><td>자
소
서</td><td colspan="4">[반도체 제조공정 중 식각과정과 증착과정에 대한 실습을 수행하다]
2022년 9월 부터 4개월간 경기 화성 동탄 소재 반도체기판 제조전문 기업 ㈜알파솔루션에서 4개월간 실제 제조공장에서 반도체 기판이 어떤 공정과정을 통해 만들어 지는지를 실습하였습니다. 이 회사는 성남의 대한융합원 안에 위치한 ㈜NANO와 연구실을 공동으로 사용하는데, 먼저 실험장비의 구동원리와 실제 사용법 및 주의 사항에 대하여 지도를 받았습니다. 이 회사는 반도체 공정중 기판을 직접 patterning하지 않고 외주 업체에 발주를 주어 사용을 하였습니다. 납품받은 사파이어 기판의 공정은 크게 Reflow, ICP, ALD, Furnace, SEM, AFM 과정을 거치게 됩니다. ICP공정은 크게 WET과 DRY방법이 있는데 회사에서는 dry eching 이용하는데 플라즈마를 이용하여 웨이퍼에 불필요한 부분을 선택적으로 제거해 원하는 반도체 패턴을 만드는 방법을 사용하였습니다. 이후 ICP 공정을 통해 패터닝된 웨이퍼 위에 원하는 분자 또는 원자 단위의 물질을 박막의 두께로 입혀 전기적인 특성을 갖게 하는 증착(Deposition)작업을 하였습니다. 회사에서는 ALD(Atomic Layer Deposition)원자 방막증측이라는 기술을 사용하여, 기존에 사용되던 CVP, PVP 보다 우수한 점이 보다 낮은 온도인 400도 정도의 온도에서 나노스케일의 매우 얇은 박막 형성이 가능하여 박막의 정확한 두께 및 조성이 가능하고, 진공 조건에서 사용이 가능하여 기상반응에 의한 파티클 오염의 배제가 가능하고 증착박막의 물리적, 전기적 특성이 상대적으로 우수한 것이었습니다. 이후는 SEM, AFM 장비로 완성된 반도체 기판의 성능 및 오염유무를 확인하는 작업으로 미세한 나노사이즈 구조를 관찰 할 수 있는 현미경을 이용하여, 앞선 제조공정에서 발생한 문제(공정과정에서의 이물질의 출입으로 인한 웨이퍼의 오염 및 공정과정에서 패턴의 손실 등)들을 확인하고 설계된 패턴이 잘 공정대로 되었는지 확인하였습니다. 또한 공정실에는 여러 위험 물질들이 있어서 이에 따른 실험장비와 도구들의 대하여 안전교육도 이수하였고 실험 장비의 유지보수방법과 매일 점검해야 하는 기초사항과 매뉴얼 숙지, 자연 재해 및 오류로 인한 장비고장시 등에 대응하는 방법 등에 대하여도 교육을 받았습니다. 추가로 기초장비를 이용한 간단한 공정 실습으로 웨이퍼의 클린 및 드라이 과정에 대해 패터닝 처리된 웨이퍼를 DI water 속에서 세척 후, 질소가스를 이용하여 건조시키고 건조 과정이 끝난 후 광학 현미경을 이용하여 웨이퍼의 표면을 관찰하여 공정이 잘됐는지 확인후 문제점에 대한 원인규명과 문제해결 방법을 실습하였습니다.(총 1,035자)</td></tr>
<tr><td>서류
평가</td><td colspan="4">• 2개월간의 관련 기업에서의 현장실습 경험
• 반도체 제조 식각 및 증착과정 실습 병행 수행</td></tr>
<tr><td>면접
질문</td><td colspan="4">• ICP 공정에 대해 말해 보세요.
• ALD(Atomic Layer Deposition)에 대해 설명해 보세요.</td></tr>
</table>

□ 전공: 반도체공학과

<table>
<tr><th colspan="2">전공 및 분야</th><th>반도체공학 계열</th><th>업종·기업</th><th>전기/전자/반도체 – 대기업</th></tr>
<tr><td>구분</td><td>지원
직무</td><td>반도체 포토공정</td><td>요구 사항</td><td>• 반도체공학 관련학과 전공자
(반도체 생산 8대 공정과정 등 유경험자)</td></tr>
<tr><td>질문
항목</td><td colspan="4">우리 회사를 지원한 이유와 입사 후 향후 회사에서 이루고 싶은 꿈을 기술하십시오.(700자 이내)</td></tr>
<tr><td>자
소
서</td><td colspan="4">[포토공정의 PR 과정과 회로패턴 검사과정을 실제로 수행해 보다]
반도체에서 수율은 결함이 없는 합격품의 비율을 의미합니다. 반도체 수율은 웨이퍼 한 장에 설계된 IC 칩의 최대 개수 대비 생산된 칩들 중 정상 작동하는 칩의 개수를 백분율로 나타낸 것입니다.
이러한 반도체 수율의 매우 중요한 공정에 대해 대학 3학년 때 반도체공정 수업에서 빛으로 회로를 새긴다는 사실을 알고 포토공정 과정에 관심을 두고 더욱더 집중하고 공부를 하였습니다.
포토공정은 반도체 8대 공정에서 가장 오랜 시간을 차지하고 공정원가도 가장 높은 포토공정으로 포토레지스트를 웨이퍼상에 도포, HMDS 도포, PR코팅 등의 후속 과정을 연속적으로 수행합니다.
저는 3학년 2학기 까지 관련이론 과정을 마치고 실제 관련 제품 생산 기업에서 실습을 진행하고자 천안 소재 (주)SM의 생산팀에서 검사 장비를 사용하여 이 공정 중 구워낸 웨이퍼(PEB)에 대해 현상액을 사용하여 빛을 받은 PR부분이 날아가도록 하는 공정과 마지막 과정인 회로패턴이 잘 새겨졌는지 검사(검사장비명: AEGIS-DP, AEGIS-II 등을 사용함)를 하고 불량 패턴은 PR을 제거하여 Rework를 진행하는 공정의 실습을 반복하여 익혔습니다.
저는 또한 이러한 기업에서의 현장실습 이외에도 전공과목 수업과 병행하여 매일 아침 구글 알리미 기능을 활용해 반도체 산업과 포토공정 이슈 기사를 꾸준히 스크랩 하였고, EUV를 연구하시는 교수님의 강의를 통해 EUV 관련 기술과 그 연장기술인 Anamorphic High NA EUV기술을 공부하였습니다.
제가 회사에 입사 후 이루고 싶은 꿈은 최고 수율의 EUV 포토공정 실현에 기여하는 것입니다. 현재 EUV 공정에서 불량을 발생시키는 가장 큰 원인은 mask에서 발생하는 defect와 Line Edge 거칠기 측정이 최대 이슈라고 생각이 됩니다. 따라서 펠리클을 적용하여 mask를 이물질로 부터 보호하고 EUV 멀티패터닝 공정 도입을 통해 LER 이슈를 해결하여 수율을 향상시키겠습니다.(총 771자)</td></tr>
<tr><td>서류
평가</td><td colspan="4">• 저학년 때 부터 지원분야에 대한 전반적인 이론을 충분히 공부함.
• 대학에서 배운 반도체 관련 이론을 바탕으로 직접 현장에 가서 관련 장비를 사용하여 문제점을 파악하고 체험하는 현장실습을 수행하였음
• 향후 포부에 대해서도 기존 경험과 관련 산업계 동향 등을 꾸준히 오래도록 준비하여 상호간 세부적으로 잘 연계가 되도록 서술하였음</td></tr>
<tr><td>면접
질문</td><td colspan="4">• BJT와 MOSFET를 비교하여 말하세요.
• 현장실습 도중 검사에 사용한 장비 종류와 제조사에 대해 말해 보세요.
• 실습지도 교사는 누구였으며 본인이 수행한 공정에 대해 요약하여 말해 보세요.
• 반도체 산업의 경쟁력을 높이기 위한 방안을 지원분야와 관련하여 제시해 보세요.</td></tr>
</table>

□ 전공: 반도체공학과

전공 및 분야		반도체학과 계열	업종·기업	반도체산업 – 대기업 및 중견기업
구분	지원 직무	반도체공정 (포토리소그래피)	요구 사항	• 전자공학 및 관련학과 전공자 • 반도체공정 실습 경험자
질문 항목	지원한 직무와 관련하여 본인이 보유한 전문성에 대해 서술하고, 이를 바탕으로 본인이 지원한 직무에 적합한 사유를 구체적으로 서술해 주시기 바랍니다.(1,200자)			
자소서	[반도체 제조공정 중 포토리소그래피 과정을 직접 실습해 보다] 2022년 7월 부터 2개월간 경기 화성 소재 대한나노원에서 반도체 포토리소그래피 과정에 대해 실습을 하였습니다. 연구원은 다양한 반도체 장비와 나노기술에 걸맞는 여러 연구들을 실습하도록 크린룸 등이 준비되어 있는 정부기관입니다. 전공시간에 Photolithography는 반도체의 표면에 사진 인쇄 기술을 써서 집적 회로, 부품, 박막 회로, 프린트 배선 패턴 등을 만들어 넣는 기법으로 실리콘 기판의 깨끗한 표면에 포토레지스트 액을 스핀코팅(spincoating), 스프레이, 또는 담금으로써 고르게 도포한 후 건조하여, 마스크를 통해서 빛(되도록 자외광)을 선택적으로 조사하며, 레지스트 비중합(depolymerized) 부분은 적당한 용제로 제거하고 중합화 부분이 식각 프로세스에 있어서의 장벽으로서, 또는 디포짓 프로세스(deposit process)에 있어서 마스크로서 작용한다는 것으로 배웠습니다. 우선 저는 이런 기초지식 위에 나노기술에 대한 STEAM교육 과정으로 나노 STEAM열기, 나노과학기술과 미래직업, 나노크기에서의 특별한 현상, 현미경 실습, 나노패터닝 리소그래피, 나노바이오, 나노기술의 안전 및 환경 일 나누기, 나노기술의 혁신 및 로봇, 미세전자기계시스템, 드론실습, 빛과 양자·회절격자 분광기, 박막형성 과정, 진공플라즈마, 창의적발상과 혁신, 사물인터넷, 6시그마, 박막공정, 특성평가, 패턴공정에 대해 추가로 배운후 기술원 내부에 위치한 클린룸에서 반도체 제조공정 중 일부인 포토 리소그래피 실습을 실제로 진행하였습니다. 클래스 1에 해당되는 포토룸에서, 여러가지 장비를 통해 직접 웨이퍼위에 패터닝 하는 과정을 눈앞에서 볼 수 있었습니다. 실리콘 웨이퍼 위에 박막을 증착하고, 감광제를 도포한 후 현상, 에칭, 박리의 과정을 거쳐 패터닝을 완성하는 작업이었습니다. 대학 내부에도 반도체 실습용 클린룸이 있기는 하지만, 클래스가 높지 않은 편이라서, 반도체 기업 분야로의 취업을 희망하는 저에게는 이런 실습과정이 많은 도움이 되었습니다. 이어서 진공플라즈마 기기를 이용하여 물리 기상증착인 PVD 실험도 진행하였습니다. 이 작업은 PVD 스퍼터링을 통해 실리콘 웨이퍼 위에 저항을 패터닝하는 작업이었습니다. 챔버안을 진공으로 만들기 위해 밸브와 펌프를 조작하는 과정은 처음 겪어보는 매우 생소한 작업이었지만, 학부생 수준으로 직접 기기를 조작하여 박막을 증착하는 기회는 거의 없어서 매우 뜻깊은 경험이 되었습니다. 최종적으로는 증착된 저항의 저항값을 측정하고, SEM을 통해 증착된 박막의 높이 역시 측정하였습니다.(총 1,025자)			
서류 평가	• 2개월간의 관련기업에서의 현장실습 경험 • 포토리소그래피 실습진행 경험 보유			
면접 질문	• 기상증착인 PVD 실험에 대해 이야기해 보세요. • STEAM 교육과정 대해서 말해 보시오.			

□ 전공: 사이버보안학과

<table>
<tr><th colspan="2">전공 및 분야</th><th>사이버보안학과</th><th>업종·기업</th><th>보안산업 – 대기업 및 중견기업 등</th></tr>
<tr><td>구분</td><td>지원
직무</td><td>보안솔루션 진단
(시스템 진단)</td><td>요구 사항</td><td>• 모의해킹 운영 경험자
• Elasticsearch 서버 운영 가능자</td></tr>
<tr><td>질문
항목</td><td colspan="4">1. 지원한 직무와 관련하여 본인이 보유한 전문성에 대해 서술하고, 이를 바탕으로 본인이 지원한 직무에 적합한 사유를 구체적으로 서술하세요(한글 1,200자)
2. 우리회사를 지원한 이유와 입사 후 회사에서 이루고 싶은 꿈은?(한글 700자)</td></tr>
<tr><td>자
소
서</td><td colspan="4">[모의해킹을 통해 시스템 보안 설정방법 및 서버의 보안 취약점을 분석해 보다]
2022년 3월부터 4개월간 경기 판교 소재 ㈜KIT의 보안팀에서 현장실습으로 생산장비 웹서버 보안진단, 보안성 검토, 시스템(OS/Web Server)진단, 생산장비 보안솔루션 운영지원 업무를 수행하였습니다. 지도교사 교육으로 대기업 관계사 인프라 및 보안솔루션 환경, OS이해 및 점검방법 실습, 실제운영 환경에서 생산장비 보안성 검토, 보안운영 지원업무를 수행하였습니다. 작업 순서는 1) Outlook 메일 전송 자동화 프로그램 개발(DRM 후킹: DRM을 후킹해서 엑셀 파일의 복사 붙여넣기 과정에서 원본을 획득할 수 있는 작업), 2) Elasticsearch 서버의 취약점 분석(Elasticsearch 서버 구조)후, Elasticsearch 서버와 연계해서 로그를 검색할 수 있는 자체 개발 프로그램을 활용하여 해당 프로그램을 통해 어떤 서버와 통신하는지, 어떤 포트를 사용하는지, 주요 정보가 검색되는지를 확인, 3) 해당 이 프로그램을 실행하면서 패킷 캡처를 통해 사용하는 서버의 주소를 알 수 있었고, 어떤 포트가 열려있는지를 확인하였습니다. 모의해킹 테스트로 log4j를 시도하였는데 일반 사무망 사용자가 접근 이 가능한 9,200대 포트가 열려 있어서 해당 포트를 통해 일반 사무망 사용자가 접근할 수 있는 경우도 있었으며, 7,500, 7,900 포트는 웹을 통해 접근은 막혀있지만 fiddler나 burp sutie를 통해 통신할 수 있었고, 닫혀있는 포트와 에러 메시지가 다르기 때문에 어떤 포트가 열려있는지 확인할 수 있었습니다. 403(forbidden)과 404의 차이를 통해 모의해킹 과정에서 어떤 주소가 존재하는지 유추할 수 있어서 보통 모의해킹을 할 때는 전체 경로를 다 확인할 수 없기 때문에 403이 나오면 해당 경로부터 bruteforcing을 진행하였습니다. 또 err_invalid_http_response는 호스트를 막거나 헤더를 잘못 보냈을 때 발생하기 때문에 scan 방식을 바꿔가며 테스트를 진행하였고, err.connection_timed_out은 방화벽에서 차단된다는 차이를 실습하였습니다. 실습결과 모의해킹은 SSL/TLS 미적용 항목인 것인데 중요한 부분은 데이터를 평문으로 전송한다는 것이었습니다. 또한 사용자 인증 부재, 로그 감사기능 미흡, 데이터 평문 전송 등의 취약점은 시스템 보안 설정 미흡과 보안성 검토 절차의 부재가 원인이며 IT 보안자는 이를 항상 점검하고 개발회사는 시큐어 보안 설정 적용과 취약 버전 업데이트를 수행해야 한다는 것을 알았습니다. 반복하여 점검한 결과 함수 실행로그, ftp login fail, xml 로그, 공지사항, sql query 로그 등에서 pw, ip, id 등의 주요 정보를 발견하였고 이를 통해 로그 관리의 중요성에 대해서도 체험할 수 있었습니다.(총 1,119자)</td></tr>
<tr><td>서류
평가</td><td colspan="4">• 4개월간의 관련 기업에서의 현장실습 경험
• 웹서버 보안진단, 보안성 검토, 시스템진단, 생산장비 보안솔루션 운영 지원 경험</td></tr>
<tr><td>면접
질문</td><td colspan="4">• 실제로 수행해본 모의해킹 과정에 대해 설명하라.
• 시스템 보안설정 미흡과 보안성 검토 절차 부재에 대한 대안을 제시해 보라.</td></tr>
</table>

□ 전공: 산업공학과

<table>
<tr><th colspan="2">전공 및 분야</th><th>경영·산업공학과</th><th>업종·기업</th><th>물류관리업 – 대기업 및 중견기업 등</th></tr>
<tr><td>구분</td><td>지원
직무</td><td>물류관리
(물류컨설팅)</td><td>요구 사항</td><td>• 물류관련 자격증 소지자
• SCM 등 물류관련 과목 이수자</td></tr>
<tr><td>질문
항목</td><td colspan="4">지원한 직무와 관련하여 본인이 보유한 전문성에 대해 서술하고, 이를 바탕으로 본인이 지원한 직무에 적합한 사유를 구체적으로 서술해 주시기 바랍니다.(1,100자)</td></tr>
<tr><td>자
소
서</td><td colspan="4">[지역별 공장건설시 물류노선 선정 및 소요금액 산출로 사업예산을 편성해 보다]
2022년 9월 2학기 현장실습으로 4개월간 서울 구로디지털단지에 소재한 GIS관제 및 물류에너지관리 전문기업 (주)AM10의 컨설팅팀에서 대한식품 신공장 프로젝트 추진 관련 프로젝트를 수행하였습니다. 대한식품은 양주-용인-안산-거창 4개 공장이 있으나 팀에서는 4공장 거점에서의 생산 및 배송에서 낭비되는 비용이 더 많다고 생각하고 회사는 올해 신공장 건설계획을 확정하고자 신공장 건설에 따라 변화하는 물류환경에 대응하는 전략수립이 필요하였습니다. 제가 팀원들과 수행한 일은 고효율 물류운영을 위한 전략계획의 수립으로 1) 신공장 가동 전 기존 물류 현안 점검 및 개선방안 도출 필요, 2) 벤더(직판) 출하 증가 추세에 대응하고, 고객센터 점착율 향상을 위한 물류 전략 수립, 3) 4개 공장에서 3개 공장 체계로 전환에 따른 사전 시뮬레이션을 통한 문제점 도출 및 대응, 4) 물류 최적화를 전제로 한 각 공장별 생산품목 및 생산량 조정안에 대한 최적화 검증, 5) 물류거점 도입에 따른 공장별 배송권역 조정과 점착시간 예측, 6) 물류비 변화 예측과 물류거점의 효과를 측정하는 것이었습니다. 초기 1단계로 본사 ERP 시스템에서 작년에 실제 있었던 주문 및 출하 데이터를 뽑아서 그것을 기준으로 데이터 분석을 실시한 후, 금액별 분류를 통해 최적 날짜 3일을 도출하고 용역비+도로비+유류비를 고려했을 때, 1년의 하루 평균 입고 금액과 표준일수를 통한 하루에 필요한 입고 금액을 비교하고 표준일을 선정하였습니다. 이후 신공장 건설시 예상 입고량을 파악 후 각 공장과의 신규 입고 노선을 수립하였습니다. 본사 전체는 배송관리 ERP 시스템을 통해 노선에 따른 차량 및 팔레트 양을 환산하였고 이 산출 데이터를 기반으로 물류비를 비교하고 더 적합한 안을 선정하였습니다. 2단계로는 배송 부분에 대한 물류 컨설팅은 각각의 3개 일자(날짜)에서 지역별 주문에 따라 지역별 일일 물량 비교 데이터를 기준으로 공장과 물류거점에서 소화해야 할 지역별 물량을 파악하여 직판벤더와 일반벤더를 나누어 4거점 운영시 물류거점의 규모를 산출하였습니다. 저는 지도교사의 도움으로 두 가지 측면에서 물류센터의 규모를 정해 보았는데, 첫 번째는 물량 규모에 따라 물류 거점이 소화할 수 있는 거리가 어느 정도인지와 두 번째는 물류 거점이 소화 가능한 기준 거리를 임의로 정해 놓고 이에 따라 물량은 얼마나 소화할 수 있을지를 분석하였습니다. 각 공장 간의 거리와 신공장간의 거리를 기준으로 추가된 거리에 따른 배송 시 물류비 증가량 산출과 실제로 신공장과 각 벤더 간의 거리를 통한 회전율 및 추가 소요금액을 산출하였습니다.(총 1,014자)</td></tr>
<tr><td>서류
평가</td><td colspan="4">• 4개월간의 관련 제조기업에서의 현장실습 경험
• 배송관리 ERP 시스템 활용으로 컨설팅 프로젝트 수행 경험</td></tr>
<tr><td>면접
질문</td><td colspan="4">• 각 벤더간의 거리 산출시 사용한 방법은?
• 직판 벤더와 일반 벤더의 차이와 그 기능에 대해 비교하여 설명해 보세요.</td></tr>
</table>

□ 전공: 산업공학과

<table>
<tr><th colspan="2">전공 및 분야</th><th>산업공학과</th><th>업종·기업</th><th>전기전자업 – 대기업 및 중견기업 등</th></tr>
<tr><td>구분</td><td>지원
직무</td><td>생산 및 품질관리
(자동차부품)</td><td>요구 사항</td><td>• 품질관리 자격증 소지자
• Q-VOC, 구매품질(SCAS) 업무가능자</td></tr>
<tr><td>질문
항목</td><td colspan="4">1. 지원한 직무와 관련하여 본인이 보유한 전문성에 대해 서술하고, 이를 바탕으로 본인이 지원한 직무에 적합한 사유를 구체적으로 서술하세요(한글 1,100자)
2. 우리회사를 지원한 이유와 입사 후 회사에서 이루고 싶은 꿈은?(한글 700자)</td></tr>
<tr><td>자
소
서</td><td colspan="4">[카쯔 SW를 이용하여 자동차 부품 품질관리 업무를 수행하다.]
2021년 7월 부터 6개월간 인턴으로 경기 용인소재 (주)GB의 품질관리팀에서 현장실습을 진행하였습니다. 이 회사는 외국계 전기·전자기기 및 자동차부품 제작회사로 회사에서는 기본적으로 인턴과정은 다른 회사와는 달리 6개월로 진행되는데 6개월이라는 시간을 정한 이유는 인턴에게 비중있는 업무를 주기 위한 것이라고 하였습니다. 제가가 소속한 HY/SQW2 팀은 이 회사 제품에 대한 품질을 담당하는 부서로 고객사에서 들어온 클레임을 관리하고 분석하는 곳입니다. HY는 현대와 기아차의 약자로 현대와 기아차에 대한 클레임만 담당하는 곳입니다. 이곳에서 인턴이 하는 업무는 우선 이론만으로 회사에서 실제로 정규 신입사원들이 하는 업무 위주로 교육을 받았고, 가장 먼저 카쯔(Caatz)에 대한 교육부터 시작하였는데 카쯔는 현대에서 만든 프로그램으로, 협력사와의 거래와 품질관리를 온라인을 통해서 할 수 있도록 만든 사이트 입니다. 카쯔에서 내가 할 일은 품질관리 항목에 들어가 현대자동차와 기아자동차에서 보내온 클레임에 대해 긴급회수 요청을 하고, 전화를 통한 회수 요청을 실시하는 것입니다. 주로 현대에서 만든 Caatz에서 올라오는 클레임 고품들을 해당하는 담당자분들에게 알려드리고, 최종적으로 문제가 있는 제품을 회수하여 분석하는 일을 담당합니다. Caatz에 올라오는 일일 클레임 이외에도 Q-VOC, 구매품질(SCAS), GS파트 클레임(GQMS)을 확인하여 회수된 고품은 모두 분류하여 Excel을 통해 정리하고, 마지막으로 Tag작업을 실시하여 대전공장으로 보내며, 용인에서는 ETC와 ACV에 대한 고품을 분석합니다. 또한 보통 긴급회수 요청을 하면 고품을 보내주는 것이 맞지만, 대부분의 서비스센터에서는 팩스를 통한 인수인계증을 요구하기 때문에 꼭 전화를 통해 고품회수 유무를 확인해야 합니다. 카쯔에서 추가적으로 현대 본사에서 분석을 요청하는 Q-VOC에 대해서도 확인 가능하며, Q-VOC에 대한 회수 요청은 인턴이 하지 않고, 각 부서 실제 담당자가 하기 때문에, 인턴들은 필요한 정보를 캡쳐하고 그에 대한 정보를 Excel에 정리하는 보조작업을 합니다. 구매품질(SCAS)도 카쯔를 통해 확인가능한데, 이 관련 업무는 보통 오전중에 끝내고 오후에는 지도교사가 지정하는 랩실에 들어가서 ETC와 ACV고품에 대한 분석과 정기 고품들의 분류 및 태그 작업을 합니다. 이렇게 태그 작업까지 완료된 고품은 역시 대전 공장으로 보내집니다. 인턴이지만 막중한 업무를 부여 받아하다 보니 내가 클레임을 정확히 확인하지 않으면 모든 업무가 마비되고 진행되지 않았기 때문에 평소에 매일 매일 신중에 신중을 기해 실수가 없도록 확인을 하였습니다.(총 1,055자)</td></tr>
<tr><td>서류
평가</td><td colspan="4">• 6개월간의 관련 기업에서의 품질관리 현장실습 경험
• TC와 ACV고품에 대한 분석과 정기 고품들의 분류 및 태그 작업 실습 경험</td></tr>
<tr><td>면접
질문</td><td colspan="4">• 카쯔(Caatz)에 대해 아는 대로 말해 보세요.
• Q-VOC, 구매품질(SCAS), GS파트 클레임(GQMS)에 대해 설명해 보세요.</td></tr>
</table>

□ 전공: 산업공학과

<table>
<tr><th colspan="2">전공 및 분야</th><th>산업공학 계열</th><th>업종·기업</th><th>화학생명 – 대기업 및 중견기업</th></tr>
<tr><td>구분</td><td>지원
직무</td><td>품질관리
(헬스케어 등)</td><td>요구 사항</td><td>• 의료 및 화장품 분야 관심자
• 품질관리 업무 희망자</td></tr>
<tr><td>질문
항목</td><td colspan="4">지원한 직무와 관련하여 본인이 보유한 전문성에 대해 서술하고, 이를 바탕으로 본인이 지원한 직무에 적합한 사유를 구체적으로 서술해 주시기 바랍니다.(1,200자)</td></tr>
<tr><td>자
소
서</td><td colspan="4">[국내 및 해외 제품구매에 대한 생산관리와 품질관리 업무를 수행해 보다]
하계 방학을 이용하여 서울 구로디지털단지 소재 (주)RIT의 생산관리와 품질관리 팀에 배치돼 신제품에 관한 품질검사와 생산관리 업무를 함께 하였습니다. 이 회사는 의료용 및 기타 의약관련 헬스케어 관련 제품생산 전문업체로 글로벌 비즈니스도 함께 하는 회사였습니다. 저는 생산된 헬스케어 제품별 BOM(bill of materials)부터 출고를 위한 제품별 검사 지시서를 새로 작성하고, 이후에 각 제품 별로 추가된 사항을 입력해 실제로 QC가 검사하는데 필요한 항목만을 반영이 되도록 하는 업무를 하였습니다. 제품별 단계별 품질책임제를 위해 검사 지시서에 1차 생산자와 숙련자(P.M)의 사인을 받는 곳을 만들어 총 3번의 검사를 진행하도록 하였고, 마지막 QC가 검사를 함으로써 최대한 품질에 대한 불량품이 출고되는 것을 미연에 방지하도록 하였습니다. 또한 지시에 따라 신제품의 표준 작업지시서를 새롭게 만들고 새로 입사한 작업자가 즉시 이 지시서를 보고 따라 해도 제품을 우량품으로 만들 수 있게 하기 위한 사전작업도 수행하였습니다. 추가로 각 제품별 숙련자(P.M)와 프로젝트를 같이하여 각 공정별 노하우와 주의해야 할 점 등을 표준 작업 지시서에 반영하였습니다. 품질개선을 위한 개발부서 전체회의에 참여하여 회사 내의 가장 큰 문제인 3D 프린터의 노즐 막힘 문제에 대해서도 토론 후 품질에서 문제되는 부분이 어떠한 식으로 변하는지와 지금은 어떠한 부분이 문제가 되는지, 노즐의 구성원리 등에 대해 알 수 있었고, 필요한 부품들을 실제로 구로동 소재 부품상가나 구로유통상가에 지도교사와 함께 출장(외근)을 나가 회사와 거래를 하는 업체 분들에게 인사드리고 나서는 제가 직접 문제가 되거나 필요한 해당 규격의 부품을 구매하는 구매업무를 담당도 했습니다. 꼭 필요한 해당 부품을 최대한 찾아보고 그래도 없을 경우에는 차선책으로 부품을 대신할 수 있는 부품 판매 가능업체 사장님들과 토론을 하며 노즐의 문제를 수없이 설명을 하고 그 해결책을 같이 찾아보려고 했습니다. 또 1개월 이후부터는 제품 생산에 필요한 부품들의 재고가 안전 유지수준의 재고를 위협할 때 기존에 거래하던 부품 회사와 연락을 취하여 현재 재고량을 파악하고 추가 또는 재구매를 할 시에 우리 회사가 수령이 가능한 날짜를 파악하는 작업인 발주 작업과 새로운 제품에 들어가는 부품을 각 부품 회사에 연락하여 빨리 찾는 일도 담당했습니다. 자재를 해외에서 구매할 시에는 물건의 유무를 지속적으로 파악하는 작업과 제품에 필요한 자재가 도착하면 품질에 문제가 많이 생기는 자재를 일일이 전수 검사를 통해 불량이 들어올 경우, 다음 제품 생산을 위해서 빠르게 납품 업체가 회수하고 양품 자재를 가지고 오도록 연락을 취했습니다.(총 1,049자)</td></tr>
<tr><td>서류
평가</td><td colspan="4">• 제품에 대한 생산관리 및 품질관리 관련 업무 수행
• 2개월간의 관련분야 현장 실습 경험 보유</td></tr>
<tr><td>면접
질문</td><td colspan="4">• 3D 프린터 노즐 문제에 대한 원인과 해결방안에 대해 말해 보세요.
• 프린터 이외 제품은 불량이 없었는지와 있었다면 어느 제품이었나요?</td></tr>
</table>

□ 전공: 소프트웨어(SW) 공학과

<table>
<tr><th colspan="2">전공 및 분야</th><th>SW 개발학과</th><th>업종·기업</th><th>AI/ICT사업 – 대기업 및 공기업 등</th></tr>
<tr><td>구분</td><td>지원
직무</td><td>AI/데이터사이언스
(데이터마이닝)</td><td>요구 사항</td><td>• 데이터 사이언스 관련 전공자
• 데이터 마이닝 프로젝트 경험자</td></tr>
<tr><td>질문
항목</td><td colspan="4">지원한 직무와 관련하여 본인이 보유한 전문성에 대해 서술하고, 이를 바탕으로 본인이 지원한 직무에 적합한 사유를 구체적으로 서술해 주시기 바랍니다.(1,000자)</td></tr>
<tr><td>자
소
서</td><td colspan="4">[데이터 마이닝 소프트웨어 알고리즘 노드들에 대한 이해와 사용법 등을 익히다]
2020년 1월 부터 2개월간 서울 강남 소재 펌웨어 개발, 빅테이터 분석, 데이터마이닝 전문회사인 (주)EM에서 현장실습을 하였습니다. 처음 출근 후 팀장과의 인터뷰가 진행되었는데, 학부에서의 관련업무 수강과목, 프로젝트(내용과 저의 역할) 참여 경험에 대해 물어보았습니다. 이후 이론 부분인 데이터 마이닝 기술의 개념적 이해와 이회사가 가지고 있는 데이터 마이닝 소프트웨어에 대해 알고리즘 노드들의 이해와 사용법을 배웠습니다. 추가로 소프트웨어 중단 오류 검출과 오류 검정, 오류를 찾아 레드마인에 오류 목록들을 등록한 후 레드마인을 통해 오류 시연과 컴펌 작업도 하였습니다. 교육과정을 통해 PCA, PLS 모델 등의 알고리즘을 처음 접하게 되었는데 이산수학과 연관이 많았습니다. 기본 교육이 끝난 후 지정된 매뉴얼 대로 회사 프로그램에 대한 사용법을 반복하였습니다. 그리고 나서 본격적인 회사가 운영하는 데이터마이닝 프로그램을 사용하여 데이터들을 시각화하여 보기 위한 차트형태의 출력방식, 사용자가 원하는 방법으로 결과를 보기 위한 모델링 방법, 데이터를 저장하는 방법 등을 사용해 보고, 개발과 배포를 위한 오류 검정, 원하는 방향으로 나아가기 위해 데이터를 전처리하는 방법인 노드 부터 시작하여 출력 노드까지의 모든 노드들의 경우를 테스트하였고, 이 테스트 한것들 중에서 가장 우선순위가 높은 소프트웨어가 중단되는 경우를 일일회의 시간에 보고 드린 후 컨펌을 받은 오류들은 레드마인을 통해 temp 파일과 함께 올렸습니다. 이후 지도교사의 별도 지시로 새로운 버전에 탑재될 새로운 알고리즘을 개발하는 것에 대한 사전 자료 작성과 오픈소스를 통해 그 알고리즘들의 성능과 개발팀에서 개발 중인 성능을 비교해 보았습니다. 개발팀에서 연구 중인 알고리즘에 대한 코드를 접해 보았고, 연구하는 방법과 코드에 대한 간접적인 체험을 하였습니다. 마지막 과정으로 SW 외주용역 수행을 위한 제안서를 작성하는 업무 보조를 맡았는데, 학부과정에서는 입찰 제안서를 작성할 수 있는 기회나 경험이 없었으나 기존 회사에서 사용해 오던 과거 자료를 참고하여 기존 직원들이 하는 입찰 제안서 작성업무 보조를 하면서 각 파트별로 제안서 내용의 오탈자 체크, 그림 사이즈 체크, 회사소개와 경력 부분 중 회사 기밀로 외부에 노출하기 어려운 부분들이 제안서에 들어간 내용들 중 지시한 대로 삭제하라고 하는 부분은 삭제를 하였습니다.(총 939자)</td></tr>
<tr><td>서류
평가</td><td colspan="4">• 2개월간의 관련 기업에서의 현장실습 경험
• 데이터 마이닝 소프트웨어 알고리즘 노드들에 대한 이해 및 업무 수행 경험</td></tr>
<tr><td>면접
질문</td><td colspan="4">• 레드마인과 데이터 마이닝의 개념에 대해 말해 보세요.
• 데이터 마이닝 작동 방식과 자동패턴 인식 과정에 대해 이야기 하세요.</td></tr>
</table>

□ 전공: 소프트웨어(SW) 공학과

<table>
<tr><th colspan="2">전공 및 분야</th><th>SW 관련 학과</th><th>업종·기업</th><th>IT/ICT(자동차) 산업 – 대기업</th></tr>
<tr><td>구분</td><td>지원 직무</td><td>AI
(영상인식)</td><td>요구 사항</td><td>• 프로그래밍 언어 1개 이상 가능자
• 실내 GPS 음영지역 내 영상분석을 통한 객체 인식 알고리즘 개발 가능자</td></tr>
<tr><td>질문 항목</td><td colspan="4">지원한 직무와 관련하여 본인이 보유한 전문성에 대해 서술하고, 이를 바탕으로 본인이 지원한 직무에 적합한 사유를 구체적으로 서술해 주시기 바랍니다.(1,200자)</td></tr>
<tr><td>자소서</td><td colspan="4">[openCV 등을 활용하여 주차점유 판단기법의 문제점을 해결하다]
경기 판교 소재 (주)FD에서 6개월간 장기현장실습생으로 일하면서 기존 LP시스템을 사용할 경우, 사각지대나 원거리에 있는 차량은 detection하기 어려우므로, 이를 영상처리기법을 사용하여 해결하여 LP의 사용량을 줄여 GPU 사용량을 줄이고 CPU 사용량을 늘리는 알고리즘을 개발하기로 하여 전체 3명 1조로 구성후 저는 부정주차 영역추출에 대하여 연구를 진행하였습니다. 주차면 앞에 차량이 있을 경우, 부정 주차로 판단할 수 있고, 차량 뿐만 아니라 또 다른 물체(의자, 라바콘(꼬깔) 등)가 있을 경우 주변 주차 구역에 주차가 불가능함을 알 수 있었습니다. LP를 사용할 경우, 사전 학습되지 않은 물체는 detection이 불가능해지고 CCTV 가까이 차량이 위치할 경우 차량이 윗면만 관찰되어 이미 학습된 class인 차량도 detection이 불가능해짐이 확인되어서 object detection을 사용하지 않고 단순영상 처리 기법을 동원하여 물체의 존재로 인한 주차 불가능 영역을 추출하고자 하였습니다.
우선 이중으로 주차될 가능성이 높은 영역을 미리 ROI로 지정해서 판단하는 것 대신, CCTV 상에서 이중 주차된 구역을 자동적으로 추출하는 방안을 고안하여 1) 주차장 바닥면과 차량의 픽셀값 차이가 클 것, 2) 이중 주차된 차량은 정지해 있을 것, 위의 두 조건을 달성하면 이중 주차 구역을 추출할 수 있을 것이라 예상하고, 조건1을 통해 이미지 전처리, 이진화, 필터 적용 등을 사용하여 주차장 바닥면과 차량을 분리해 내었고, 조건2를 통해 분리된 영역에서 움직임이 존재하는지 판단하고, 존재하지 않으면 이중 주차된 차량임을 판단하고자 했습니다. 중간에 노이즈가 발생되어 보완장치로 노이즈를 최대한 제거하고 히스토그램을 stretching하였지만, 차량 라벨링 박스가 여러 개로 분할되어 있어서 이를 통합하여 차량 하나로 라벨링하는 것은 영상처리만으로 구현하기 힘들다고 보고 1) openCV를 활용하여 이미지 전처리를 통해 주차장 바닥면과 차량 객체 분리, 2) 객체 분리된 정보를 바탕으로 영역 분할 후, 영역 내 움직임 판단, 3) 움직임이 존재하지 않을 경우, LP로 차량 detection, 4) 영역 정보와 detection 좌표 정보를 활용하여 최종적으로 이중 주차 구역을 추출하였습니다. 이러한 알고리즘을 구성하여 추가 생성되는 문제점을 해결하기 위해, 원본 이미지와 같은 사이즈의 모든 픽셀값이 0인 mask를 생성 후, mask에 라벨링 박스를 표시하였고, 그 후, openCV contour를 적용하여 제일 바깥의 라벨링 박스만 추출한 후 하나의 라벨링 박스로 묶는데 성공하였습니다.(총 1,042자)</td></tr>
<tr><td>서류 평가</td><td colspan="4">• 데이터 분석 알고리즘 개발 경험 보유
• 실내 GPS음영지역 내 영상분석을 통한 객체 인식 알고리즘 개발 경험 보유</td></tr>
<tr><td>면접 질문</td><td colspan="4">• openCV contour를 적용시 추가로 발생되는 문제점들은?
• 화면노이즈를 제거하기 위한 방안을 순서대로 설명해 보세요.</td></tr>
</table>

□ 전공: 소프트웨어(SW) 공학과

<table>
<tr><th colspan="2">전공 및 분야</th><th>SW공학과</th><th>업종·기업</th><th>ICT업 – 대기업 및 중견기업 등</th></tr>
<tr><td>구분</td><td>지원
직무</td><td>DevOps Process
(SW테스트)</td><td>요구 사항</td><td>• BTS(JIRA, Redmine, Mantis) 가능자
• API툴(Postman, Charles) 가능자</td></tr>
<tr><td>질문
항목</td><td colspan="4">1. 지원한 직무와 관련하여 본인이 보유한 전문성에 대해 서술하고, 이를 바탕으로 본인이 지원한 직무에 적합한 사유를 구체적으로 서술하세요(한글 1,100자)
2. 우리회사를 지원한 이유와 입사 후 회사에서 이루고 싶은 꿈은?(한글 700자)</td></tr>
<tr><td>자
소
서</td><td colspan="4">[SW테스트 엔지니어로 DevOps 환경을 다양한 도구로 최적화 시키다]
2022년 3월 부터 4개월간 서울 강남 소재 ㈜GTL의 개발팀에서 SW테스트 엔지니어 프로젝트를 수행하였습니다. DevOps Process는 개발자 중심의 DevOps 환경을 다양한 도구로 구현하여 최적화 된 업무 환경의 구축 및 유지하는 일로, 관리에서는 소스 품질 및 배포까지 통합된 개발 환경을 제공하는 것이 중요합니다. 이회사는 이분야 업계 국내1위 기업입니다. 현재 국내 대부분 ICT산업은 시스템에 대한 차별화를 하고자 SW테스트에 대한 방법론과 서비스를 차별화하여 테스트 서비스의 패러다임 바꾸려고 하고 있습니다. 고객사가 요구하는 철학과 품질 가치를 중심으로 대기업뿐만 아니라 중소기업, 벤처기업의 Needs에 맞는 테스트 서비스를 하여 고객 및 사용자에게 만족감과 안정적인 서비스를 제공하려고 합니다. 제가 실습 중 수행한 일은 1) Test Case작성 및 Test수행, 2) 프로젝트 참여 및 산출물 관리, 3) 결과 분석 보고, 4) 결함 보고 및 관리였습니다. 사용자나 개발자가 모두 사람이기에 불완전함과 실수를 동반할 수밖에 없다는 것을 알게 되면서 계획을 짜고 그대로 진행하는 것을 좋아하는 저에게는, 기존의 계획과 일치하게 하는 것이 목적인 SW테스팅이라는 것에 관심을 가졌고, 서비스의 개발과정에서 버그나 기존의 요구사항과 달라지고 품질이 떨어지는 것은 당연하게 발생한다고 생각했습니다. 지도교사의 지도로 화면기획서 분석 및 리뷰, WBS 작성, 테스트케이스 작성 및 수행, Test Tool을 활용한 검증, 결함등록 및 관리, Testcase 수행과 Tool을 이용한 이슈 관리기법을 배웠습니다. 회사는 SS제품의 이슈와 결함을 발견하고 제품의 품질을 높여야 하는데 이 과정은 테스팅에 대한 기본지식은 물론 각 제품에 대한 분석력, 문서 작성능력, 수행능력 등도 필요합니다. 이 과정 수료후 저를 포함한 4명의 팀원은 고객사인 ㈜서울애버에서 진행하는 일본 모빌리티 플랫폼 구축 프로젝트를 수행하였습니다. 이전 2주 동안의 OT(기본적인 테스팅을 하는 방법과 문서를 작성하는 방법 등)를 바탕으로 서울 본사에 배정이 되어 프로젝트를 고객사 책임님들, 사원님들과 같이 진행을 하였습니다. 처음에는 TC(Test Consulting: 아직 테스트를 도입해 본 적이 없는 기업 및 테스트를 효율적으로 수행하고자 하는 기업에게 프로젝트 및 개발 조직 전체의 품질 관리 향상을 위한 베스트 솔루션을 제안하는 것) 수행을 하였으며, 중간 중간 JIRA에 이슈를 등록하고 관리하는 과정을 거쳐 TC수행률을 최대한 높히고 NT(Not Test)를 낮추고 FAIL건에 대한 조치률을 높이기 위해서 최선을 다했습니다. 마지막으로는 SQA 작업을 통해 최종적인 프로젝트를 마무리하는 작업을 수행하였습니다.(총 1,083자)</td></tr>
<tr><td>서류
평가</td><td colspan="4">• 6개월간의 관련 기업에서의 현장실습 경험
• DevOps 환경을 다양한 도구로 환경을 최적화 시킨 업무 경험</td></tr>
<tr><td>면접
질문</td><td colspan="4">• Test Consulting에 대해 말해 보세요.
• JIRA에 이슈를 등록하고 관리하는 과정에 대해 말해 보세요.</td></tr>
</table>

□ 전공: 소프트웨어(SW) 공학과

전공 및 분야		전자.SW 계열	업종·기업	전자기기 부품 – 대기업 및 중견기업
구분	지원 직무	HW/SW개발 (인공위성 등)	요구 사항	• 인공위성 부품 개발 분야 관심자 • 네트워킹용 프로그램 경험자
질문 항목	지원한 직무와 관련하여 본인이 보유한 전문성에 대해 서술하고, 이를 바탕으로 본인이 지원한 직무에 적합한 사유를 구체적으로 서술해 주시기 바랍니다.(1,000자)			
자소서	[인공위성 탑재용 하드웨어 조립 및 SW 코딩작업을 해보다] 2023년 1월 인천 소재 (주)JM시스템 개발팀에서 단기 현장실습을 수행하였습니다. 회사는 인공위성 국방관련 개발 및 연구를 하고 있는 회사로써 제가 맡은 업무는 이 회사에서 수행하는 인공위성용 탑재컴퓨터 개발에 필요한 전자 및 소프트웨어 개발 업무보조, 인공위성 탑재컴퓨터의 하드웨어 조립 및 시험과 시험용 소프트웨어에 대한 코딩을 하는 것이었습니다. 우선 실습 초기에는 인공위성용 탑재컴퓨터 개발에 필요한 전자 및 소프트웨어 개발 보조업무를 진행하면서, 이론교육으로 개략적인 인공위성의 주요 동작에 대해 이해하고 인공위성용 주탑재 컴퓨터 동작에 대해 습득하였습니다. 먼저 인공위성시스템의 구조는 system, segment, element, subsystem, assembly로 구성됩니다. 각 구조를 이해하기 위해 필요한 기본용어로는 위성(Satellite), 본체(Spacecraft, Bus), 탑재체(Payload), 발사체(Launch Vehicle), 궤도(Orbit)가 있습니다. 위성(Satellite)이란 큰 질량을 가진 물체 주변을 도는 작은 질량의 물체를 말합니다. 이미 널리 알려진 바 대로 인공위성(Artificial Satellite)은 사람이 특수한 목적을 달성하기 위해 지구 주변을 돌도록 만든 물체입니다. 인공위성의 경우 지구궤도상에 있는 것뿐만 아니라, 다른 행성탐사를 위해서 지구로부터 멀리 날아가는 경우도 편의상 인공위성으로 간주합니다. 그 다음단계 실습으로는 인공위성 유닛에서 사용하는 통신 중 CAN 통신에 대해 조사 후 이해를 높였고 CAN(Controller Area Network)은 1985년 Bosch사에서 차량 네트워크용으로 최초로 개발되었는데, 과거에 자동차 제조업체들은 포인트 투 포인트 와이어링 시스템을 사용하여 차량 내 전자장치를 연결하였으나 이럴 경우 계속하여 더욱 더 많은 전자장치를 차량 내에 탑재하게 됨에 따라, 배선장치(wire harnesses)는 공간을 많이 차지할 뿐 아니라 무게가 많이 나가서 부득이 비용이 많이 들게 되었습니다. 이에 업체들은 전용 와이어링을 사용함으로써 배선 비용, 복잡성 그리고 무게를 경감시키고 있습니다. CAN 통신은 여러 가지 ECU(Electronic Control Unit)들을 병렬로 연결하고 우선순위대로 처리하는 방식을 말하는데 저는 결국 여러가지 장치를 단지 2개의 선(CAN_H, CAN_L)으로만으로 컨트롤 할 수 있는 단계까지 실습을 하였습니다.(총 997자)				
서류 평가	• 2개월간 기업체 현장실습 경험 • 인공위성 유닛에서 사용하는 통신 중 CAN 통신에 대한 경험			
면접 질문	• CAN(Controller Area Network)에 대해 설명해 보세요. • 포인트 투 포인트 와이어링 시스템에 대해 프로세스를 설명해 보세요.			

□ 전공: 소프트웨어(SW) 공학과

전공 및 분야		SW개발학과	업종·기업	전 업종 – 대기업 및 중견기업
구분	지원 직무	SW개발 (Captive Portal)	요구 사항	• 우분투 사용 가능자 • 임베디드 시스템 사용 경험자
질문 항목	지원한 직무와 관련하여 본인이 보유한 전문성에 대해 서술하고, 이를 바탕으로 본인이 지원한 직무에 적합한 사유를 구체적으로 서술해 주시기 바랍니다.(1,200자)			
자소서	[우분투 환경에서 captive portal을 구현해 보다] 2021년 하계 현장실습으로 2개월간 경기 안양소재 ㈜다인의 개발팀에서 우분투를 이용한 captive portal을 구현해 보았습니다. 회사는 임베디드 시스템 개발 환경, 개발용 보드 및 OS 솔루션 개발을 하는 전문 기업이었습니다. 저는 전체 구현 프로세스로 임베디드 보드에 kernel을 올리고, 보드에 무선랜카드를 연결하고 wifi에 접속해 보도록 했습니다. 그리고 나서 임베디드 보드를 AP로 만들어 주는 것으로 설계를 하였습니다. 비록 captive portal의 구현되는 순서가 3가지 밖에 안되어 간단해 보이지만, 보드가 arm 프로세서 기반이여서 세부 과정마다 파생되는 수많은 에러들과 싸웠야 했습니다. 데스크탑 1대와 임베디드 보드 하나를 이용하여 데스크탑에 우분투를 설치하고 kernel image 파일을 받은 후, kernel을 컴파일해서 임베디드 보드에 올리고 정상적으로 부팅이 되는지 확인부터 시작했습니다. 그리고 안드로이드 sdk tool을 설치한 후 보드가 안드로이드도 지원하기 때문에 toolchain을 설치하기 위해 또 network/interfaces 파일을 수정하여 회사 wifi에 접속 시킴으로써 무선랜 모듈이 정상작동 하는지를 확인해 보았습니다. 그리고 AP를 만들기 위해 hostapd와 dhcp 설정 파일을 수정하여 wlan0를 infrastructure mode로 돌아가게 함으로써 wifi로 동작이 가능하도록 했습니다. 또 client 들에게 ip를 할당하고 외부망으로 나갈 수 있게 ip forwarding 까지 완료했습니다. 다음은 captive portal을 만드는 일로 처음 접근할때 wifidog이라는 프로그램을 사용해서 구현하려고 wifidog에 필요한 DB는 PostgreSQL 이라서 먼저 설치한 후 작업을 하려고 하였는데, package 오류가 발생하여 버전별로 tar파일을 받아서 설치해 보고 많은 시도를 했지만 설치가 안되었습니다. 그래서 wifidog과 같이 captive portal을 만들어주는 프로그램인 coova chilli를 사용하여 구현했습니다. coova chilli는 MySQL을 사용하였음에도 불구하고 이것도 보드에 설치가 안되서 노트북의 VMware에서 먼저 구현부터 했습니다. 지도교사가 추가사항 까지 구현해 보라고 하셔서 웹페이지 꾸미기, double ssid는 해결했지만 mac address로 인증하는 것은 해결하지 못하였습니다. 마지막 부분을 해결하지 못한 원인은 Linux에 대한 전문지식이 없이 명령어 몇개만 알고 회사시스템에 적응하려 했었고, shell script를 짧은 것만 몇번 보았는데 실제 회사의 script 파일과 다운받아서 본 make, configure 파일들은 매우 복잡했었기 때문이었습니다. 실습을 종료후 대학에 복귀하여 부족했던 부분인 script언어와 captive portal의 redirection이 어떻게 이루어지는지 집중적으로 연구하여 다시 이문제를 완성하였습니다.(총1,196자)			
서류 평가	• 2개월간의 관련기업에서의 현장실습 경험 • 우분투로 3단계 임베디드 시스템 수행 경험			
면접 질문	• captive portal에 대해 이야기해 보세요? • mac address로 인증하는 못한 이유를 말해 보세요.			

□ 전공: 소프트웨어(SW) 공학과

<table>
<tr><th colspan="2">전공 및 분야</th><th>SW학과계열</th><th>업종 · 기업</th><th>IT기업 – 자동차 · 교통(네비게이션)</th></tr>
<tr><td>구분</td><td>지원
직무</td><td>SW개발
(GPS)</td><td>요구 사항</td><td>• 네비게이션 관련 프로그래밍 가능자
• 3D 프로그래밍 경험자</td></tr>
<tr><td>질문
항목</td><td colspan="4">직무분야에 지원하게 된 이유와 선택한 직무에 본인이 적합하다고 판단할 수 있는 이유 및 근거를 제시해 주십시오.(최소 1,000자 이상, 최대 1,500자 이내 입력가능)</td></tr>
<tr><td>자
소
서</td><td colspan="4">[인천공항 구내 설치용 3D 네비게이션 개발 프로젝트를 수행하다]
4학년 2학기 인턴십 과정으로 판교소재 (주)GPS 개발팀에서 책임1명과 인턴4명이 1조가 되어 3D 네비게이션 프로젝트를 수행하였습니다. 제가 수행한 부분은 기본적인 내비게이션 카메라 이동에 따른 target으로 지정되는 대상과 카메라의 좌표를 동시에 이동시킴으로써 내비게이션처럼 감시화면에 보여주도록 구현하는 것이었습니다. 네비의 경우 카메라에 관여하는 요소가 많아 주된 카메라를 경로 데이터를 통해서 이동시키는 방향을 진행하였으나 각도가 제대로 나타나지 않는다는 점과 실제 카메라의 움직임처럼 화면이 부드럽게 움직이지 않는다는 문제점이 있었습니다. 해당 문제를 해결하기 위해 내부 데이터 구조를 바꿈과 동시에 카메라 관련해서 개입하는 요소를 최대한 수정, 삭제하였습니다. 이후에는 새로 카메라에 개입하는 요소를 만들지 않고 기존에 구현되어 있는 함수들을 이용하였습니다. 다만 이 방법은 대상이 움직일 때 마다 React Native상의 State를 계속 변경시켜서 컴포넌트가 리렌더링 되는 문제가 발생했습니다. 이러한 문제점을 해결하기 위해서 초기에 데이터를 저장하고 그 저장된 데이터를 사용하였습니다. 즉 특정 조건을 주어서 위치경로가 현재 컴포넌트에 제대로 입력이 되어 있다면 아무것도 하지 않고, 그렇지 않다면 데이터를 입력해 주는 형식으로 코드를 작성하여 적용하였습니다. 이리하여 실제 내비게이션처럼 카메라가 동작하도록 카메라 각도, 이동, 방향전환 등의 대부분 기능을 구현하였습니다. 추가적인 기능으로 성능고도화 등이 필요하여 개발 초기에 어려움이 있었던 사례를 바탕으로 이번에는 핵심적인 부분은 onPosChange( ), onCodeMove( ), onAngleChange( ), onCodeRotate( ) 함수, 카메라의 현재 위치에 관여하는 2개의 함수, 카메라의 각도 조정에 관여하는 2가지 함수를 사용하여 현재 사용앱에서 경로 정보는 직선단위로 끊어서 저장되고 각각 시작점의 x좌표와 z좌표, 끝점의 x좌표와 z좌표, 경로의 길이, 다음 경로와의 회전 각도가 표시되도록 구현하였습니다. 이 해당 데이터를 이용하여 카메라의 모든 이동 정보를 계산토록 하였습니다. 지도상에 경로가 그려지면 해당 데이터를 가져와서 상위 컴포넌트에 데이터를 저장하여 카메라를 세팅하는 과정입니다. 세 점이 한 직선 위에 존재하는 조건을 이용하여 시작점의 좌표와 끝점의 좌표를 통해서 카메라가 위치할 좌표를 구하고 카메라를 위치시켜 줍니다. 해당 코드는 추후 업그레이드시 사용자가 카메라를 동작해도 특정 시간 이후에 내 위치로 돌아오도록 구현하는 부분에서 재활용도록 하였습니다.(총 1,316자)</td></tr>
<tr><td>서류
평가</td><td colspan="4">• 지원분야 관련 프로젝트진행으로 사례를 제시함
• 구현방법에 대한 구체적인 방법을 제시</td></tr>
<tr><td>면접
질문</td><td colspan="4">• 개발 초기에 부딪힌 어려움으로는 어떤 것이 있었나요?
• 우리 회사에 입사하면 시스템 OS나 개발환경이 달라서 또 다시 개발에 어려움이 있을 것으로 예상이 되는데 응시자는 이럴 경우 어떻게 해결 할 생각인가요?</td></tr>
</table>

□ 전공: 소프트웨어(SW) 공학과

<table>
<tr><th colspan="2">전공 및 분야</th><th>SW학과 계열</th><th>업종·기업</th><th>전 업종 – 대기업 및 중견기업</th></tr>
<tr><td>구분</td><td>지원 직무</td><td>SW개발
(IoT, 아두이노)</td><td>요구 사항</td><td>• 아두이노 Uno 보드 사용 경험자
• Android를 기반 개발 경험자</td></tr>
<tr><td>질문 항목</td><td colspan="4">지원한 직무와 관련하여 본인이 보유한 전문성에 대해 서술하고, 이를 바탕으로 본인이 지원한 직무에 적합한 사유를 구체적으로 서술해 주시기 바랍니다.(1,200자)</td></tr>
<tr><td>자
소
서</td><td colspan="4">[IoT를 이용한 원격 유아 모니터링 시스템의 프로토타입을 개발해 내다]
2020년 7월부터 2개월간 하계방학 현장실습으로 서울 구로디지털단지에 있는 ㈜LINKB의 개발팀에 원격 유아 모니터링 시스템 프로토 타입 개발프로젝트를 수행하였습니다. 과제 개요는 유아가 cctv 등 감시 수단의 사각지대에 위치하였을 경우, 폭력의 위험에 노출되므로, 이를 위하여 유아가 신체적 심정적 위협을 받고 있다는 사실을 감지하기 위한 팔찌와 같은 디바이스와 디바이스에 연결된 어플리케이션을 개발하는 것이었습니다. 이 프로토타입 개발을 위해, 아두이노 Uno 보드, Android를 기반으로 하여, 유아의 상태를 실시간으로 체크 할 수 있는 센서와 그 상황을 녹음할 수 있는 기능, 유아가 노출된 위험 상황에 대한 알림을 외부에서 받을 수 있는 IoT 어플리케이션 기능도 탑재하기로 하였습니다. 1) 필요 장치로는 탐색(A: 모듈작동 및 알고리즘 실행을 위한 메인보드-선정모델: 아두이노Uno(선정이유: 많은 모듈들과 호환이 가능하며 라이브러리 이용이 간편함, B: 녹음을 위한 MP3 모듈-선정모델: Adafruit VS1053 MP3(선정이유: 음성파일 저장을 위한 SD카드 소켓을 갖고 있으며 녹음파일 생성이 가능), C: 심박측정을 위한 센서-선정모델: Pulse Sensor(선정이유: 시중에 판매중 이용이 용이한 유일한 심박 측정 센서임), D: 소리측정을 위한 마이크 센서–선정모델: Adafruit MAX4466(선정이유: 소리 값뿐만 아니라 음성 파일을 생성하기 위한 마이크 역할이 가능), E: 서버와 장치간의 통신을 위한 와이파이 모듈-선정모델: Adafruit CC3000(선정이유: 와이파이 가능 모듈 중 아두이노와 호환 되는 모듈 중 낮은 가격대)도구를 구성하였습니다. 2) 실전 장치테스트 및 문제점으로는 A)아두이노 Uno-모듈간 연동 문제는 없었으나, 라이브러리 및 코드 크기가 아두이노 Uno 수용 메모리인 256kb를 초과하였고, B) VS1053-기존의 SD 라이브러리를 사용하면 녹음이 끊기는 문제가 발생하여 다른 라이브러리를 사용하는 방법으로 극복하였습니다. C) Pulse Sensor/ Max4466/ CC3000는 문제가 없었습니다. 3) 각 모듈간 연동을 하여 A) 문제사항 분석 및 해결방안(①전력/전류 부족-전압은 12V 어댑터 교환으로 해결, 전류는 최소1A가 나와야 하여 PCB 작업을 통해서 제거함, ②아두이노 Uno의 메모리 문제로 SD카드의 제한 R/W수-아두이노 보드를 더 용량이 큰 버전으로 교체, ③모듈실행코드 통합시 아두이노 flash 메모리 크기 초과로 통합이 불가하여, 아두이노 보드를 더 용량이 큰 버전으로 교체 적용하여 완성하였습니다. B) 어플리케이션 개발을 마친후 원격 Trigger감지(위험을 감지하여 Trigger가 발생할 경우 기기가 등록된 스마트폰으로 Push 알람을 통해 전달)와 Trigger Log 확인(발생하였던 트리거 목록 확인)이 가능함을 최종적으로 검수 완료하였습니다.(총 1,173자)</td></tr>
<tr><td>서류 평가</td><td colspan="4">• 2개월간의 관련 업종 기업에서의 현장실습 경험
• 아두이노 Uno 보드, Android를 기반 개발 경험 풍부</td></tr>
<tr><td>면접 질문</td><td colspan="4">• 아두이노 Uno의 메모리 문제는 대부분 사전에 예측이 가능하지 않나요?
• 불량원인이 모듈 중 너무 낮은 가격대의 부품을 사용한 것이 아닌가요?</td></tr>
</table>

□ 전공: 소프트웨어(SW) 공학과

<table>
<tr><th colspan="2">전공 및 분야</th><th>SW학과계열</th><th>업종·기업</th><th>IT기업 – IOT(VR/AR)</th></tr>
<tr><td>구분</td><td>지원
직무</td><td>SW개발
(VR/AR)</td><td>요구 사항</td><td>• 증강현실 관련 프로그래밍 경험자
(Java, Eclipse, Android Studio, Kotlin 등)</td></tr>
<tr><td>질문
항목</td><td colspan="4">직무분야에 지원하게 된 이유와 선택한 직무에 본인이 적합하다고 판단할 수 있는 이유 및 근거를 제시해 주십시오.(최소 800자, 최대 1,200자 입력가능)</td></tr>
<tr><td>자
소
서</td><td colspan="4">[스크린 터치 등의 아닌 방식으로 증강현실(AR)을 제어하는 방법을 구현하다]
대학 4학년 2학기 때 성남 판교 소재 (주)동양에서 인턴십을 하였습니다. 개발팀은 미래에 AR기술 상용화와 HMD(Head mounted Display)가 경량화 될 것으로 생각해 AR환경을 스마트폰 터치 등이 아닌 손으로 직접 제어할 수 있는 기술을 개발하는 것이었습니다.
초기 AR은 한손으로 스마트폰을 들고 AR 환경을 체험하는 형태였습니다. 그러나 Google Glass등의 소형 HMD의 등장으로 사용자는 자유로운 두 손으로 AR 환경을 접할 수 있게 되었습니다.
이에 따라 사용자가 스크린 터치 등이 아닌 방식으로 증강현실을 제어할 수 있는새로운 방법 구현에 대해 각각의 팀원들은 생각하게 되었습니다. 손의 모양과 움직임을 인식하고 추적하는 기술은 증강현실의 디지털 컨텐츠에 물리적인 작용을 통한정보의 전달로 이어질 수 있으므로, 이러한 기술을 통해 AR 환경을 직접 손으로 제어할 수 있는 사용자 경험을 제공하는 방향으로 진행하였습니다. 팀원은 총 5명이었는데 제가 맡은 부분은 전체 과정 중 스마트폰 카메라를 통해 비춰지는 손의 움직임을 통해 화면에 보이는 AR 물체를 만지고 건드리는 방식 등으로 제어할 수 있게 하는 부분 이었습니다.
저는 HSV 색상 모델을 사용해 실시간 손 추적 알고리즘을 구현했고 단순한 추적 외에 가상의 3D 손 모델을 생성할 수 있게 필요한 손가락 끝과 손바닥의 좌표를 얻을 수 있도록 알고리즘을 개선했습니다. 피부색으로 판단되는 영역을 오브젝트 영역으로 만들어 이미지를 이진화하고, 노이즈를 제거한후 손의 가장자리와 꼭짓점들을 도출했습니다. 인접한 꼭짓점들을 통합해 꼭짓점 개수를 줄이고, 손의 중심으로부터 가장 먼 꼭짓점들을 구해 손가락 끝점을 구했습니다. 이렇게 구한 점들의 좌표를 유니티의 가상 세계에 대응시켜 가상 손 모델을 만들어 이 가상 손과 가상 세계안의 3D 물체가 상호작용하면서 손으로 증강현실을 제어할 수 있게 하였습니다.
여기에 기능의 정확성을 보다 더 높이기 위해 딥러닝 서버와 실시간으로 통신이 되도록 카메라 영상을 서버로 전송하는 소켓 통신을 구현했습니다. 또 서버에서 출력 값 수신 시 서버의 연산을 기다리는 동안 프레임이 블록화 되는 것을 막기 위해통신에 대해, 스레드를 생성해 추적 연산과 통신을 병렬적으로 처리했습니다.
결국은 제가 목표로 했던 최종목표인 증강현실에서 가상의 3D 물체를 손으로 직접 조작할 수 있었습니다.(총 931자)</td></tr>
<tr><td>서류
평가</td><td colspan="4">• 알고리즘의 구현방식 전개과정이 구체적임
• 팀원 중 본인의 실제 역할이 드러남</td></tr>
<tr><td>면접
질문</td><td colspan="4">• 전공이 산업공학인데 VR/AR에 관심을 가지게 이유가 있나요?
• 손조작 방식 도입에 사용한 알고리즘에 대해 말해 보세요.</td></tr>
</table>

□ 전공: 소프트웨어(SW) 공학과

전공 및 분야		SW공학 계열	업종·기업	IT기업/SW개발 – 대기업 등
구분	지원 직무	VR/AR 개발 (XR)	요구 사항	• C# / C++ 프로그래밍 언어 사용 가능자 • Unity 엔진 사용 가능자 우대
질문 항목	지원 분야의 전문가로서 본인의 차별화된 경쟁력이 무엇인지, 또 이를 위해 어떠한 노력을 하였는지 구체적으로 언급하고, 입사 후 어떻게 활용할 것인지 기술해 주십시오.(1,300자 이내)			
자소서	[온라인에서 과학실험을 할 수 있는 환경구축용 오픈랩 프로젝트를 수행하다] 3학년 현장실습으로 판교 소재 (주)듀젠 개발팀에서 Open Lab 프로젝트를 수행하였습니다. 사전에 기존 참여 오픈랩 개발자들과 회의 진행방법, 소통방법 및 프로젝트 진행에 대해 토론 후 각자 어떤 방식으로 개발 하였는지와 각 기능을 어떻게 구현하였는지를 보여주면서 설명키로 했고, 코드는 직접 합친 후 Git을 사용하여 계속 관리하기로 했습니다. 저는 우선 회사자체 패키지인 Open Lab의 코드분석 방법으로 많은 클래스의 상위 클래스가 되는 Open Lab Base, Objects, Object Components 클래스를 집중적으로 분석하여 프로젝트를 직접 플레이해 보며 어떤 방식으로 코드가 작동하는지 확인한 후 C#의 상속, 델리게이트, 유니티의 이벤트, 액션 등을 집중적으로 체크 하였습니다. 다음은 절차적 콘텐츠의 시나리오를 구상하여 ‘샤를 실험’ 프로젝트의 비주얼 스크립팅을 참고하여 새로운 State Machine 작성하였습니다. 여러 오브젝트와 상호작용할 수 있는 하나의 플로우를 비주얼 스크립팅을 활용하여 Open Lab 패키지의 UI 관리, 오프젝트 풀 관리 부분 분석과 C#의 Delegate, Function, Action 부분에 대해 추가적으로 부족한 부분을 공부하여 절차적 콘텐츠 과제를 완성하였습니다. 이후 오픈랩에서 사용할 수 있을 만한 모든 패키지를 탐색하여 UI, 파티클 효과, VFX 등 수많은 에셋을 찾아 직접 프로젝트에 적용해 보고 VSEPR 프로젝트의 시각적 효과와 로컬 Volume의 추가, 홀로그램 이펙트 조정 및 관찰 모델이 나타날 때 보여지는 효과와 관찰 모델의 타입이 변경될 때 보여지는 효과 등을 추가후 최대한 홀로그램의 느낌이 나도록 모든 시각적 이펙트 등을 완성하였습니다. 이후 회사 Git에서 커스텀 스크립트를 클론하여 사용할 수 있도록 새로운 레포지토리 생성을 완료하여 관찰형-수행형 실험 프로토타입 프로젝트 코드를 통일시켰습니다.(998자). 최근에 확장현실(XR)은 가상·증강현실(VR·AR) 기술의 개별 활용 또는 혼합 활용을 자유롭게 선택하며, 확장된 현실을 창조하고 있습니다. 한예로, 마이크로소프트(MS)가 개발한 홀로 렌즈는 최적화된 3D 홀로그램을 표시한다는 점에서 확장현실(XR)의 한 형태로 볼 수 있다고 생각합니다. 저는 실습 중에 구현해 본 관련분야 프로그램 개발 경험으로 홀로그램 기능이 추가된 시각적 이펙트 등의 기능을 활용하여 아바타, 메타버스 플랫폼 및 서비스 분야 콘텐츠 개발 업무을 수행해 보고 싶습니다.(290자) (총 1,288자)			
서류 평가	• 기업체 실전 현장실습(기존직원들과 협업프로젝트) 수행 경험 있음 • 프로그래밍 언어를 활용한 프로젝트 구축 수행 경험 있음			
면접 질문	• VR/AR/XR 의 차이점은? • 메타버스(제페토, 로블록스)에 대해 설명해 보세요.			

□ 전공: 소프트웨어(SW) 공학과

<table>
<tr><th colspan="2">전공 및 분야</th><th>SW 개발학과</th><th>업종·기업</th><th>ICT/게임업 – 대기업 및 중견기업 등</th></tr>
<tr><td>구분</td><td>지원
직무</td><td>게임 QA
(백오피스)</td><td>요구 사항</td><td>• 프로젝트별로 게임엔진 개발 경험자
• 게임별 컨텐츠 이해 및 QA 가능자</td></tr>
<tr><td>질문
항목</td><td colspan="4">1. 지원한 직무와 관련하여 본인이 보유한 전문성에 대해 서술하고, 이를 바탕으로 본인이 지원한 직무에 적합한 사유를 구체적으로 서술하세요(한글 1,100자)
2. 우리회사를 지원한 이유와 입사 후 회사에서 이루고 싶은 꿈은?(한글 700자)</td></tr>
<tr><td>자
소
서</td><td colspan="4">[게임회사에서 게임 플레이 QA업무로 현장실습을 수행하다.]
2021년 3월 부터 6개월간 경기 판교 소재 ㈜MQ라는 게임회사에서 게임 QA업무로 현장실습을 수행하였습니다. 이회사는 세계 최고의 자기혁신적인 MMO(Massively Multiplayer Online) 게임을 개발하는 회사입니다. 제가 수행한 업무는 프로젝트별로 사용하고 있는 DOB(Desert online Black) 엔진사용 방법(기능)에 대해서 익히고 개발과 라이브 업데이트 진행을 위한 게임별 컨텐츠 대한 이해 및 QA를 수행하는 것이었습니다. 품질보증(QA)은 사용자가 플레이하는 게임에는 당연히 버그가 존재하지만 이를 최소화하기 위하여 퍼블리셔는 품질기준을 가지고 게임을 제공하기 때문에, 기본적으로 오랜 시간 주어진 환경에서 작업을 진행하여야 하며, 맡은 게임을 오랫동안 테스트를 해야 합니다. 테스트를 하는 동안에는 버그를 발견하기도 하지만 보다 넓은 시각으로 게임의 중요한 부분들을 캐치하는 능력도 발견합니다. 한가지 예로, 카메라의 시점이 이상하거나, 밸런스가 맞지 않거나, 아이템의 경제 흐름 이상 등에 대해서도 분석력이 생기게 됩니다. 저는 기본교육으로 1) 라이브 프로젝트 게임 플레이 및 파악, 2) 명세 기반, 경험기반 테스트 기법, 3) 테스트케이스 작성 및 BTS에 대한이해(코스모스 툴 포함), 4) Sign-off 조건(QA업무를 위한 데이터들의 구조 및 명령어와 비기능 테스트 기법에 대한 이해 포함), 5) 프로젝트 게임 컨텐츠 구조 파악(GM, PVP/PVE 컨텐츠), 6) GS엔진(시퀀서 에디터: 캐릭터의 스킬이 어떤 방식으로 작동하는지와 QA는 어떤 방식으로 이루어지는지 등), 7) 게임 라이브업데이트 QA(실무체험: 기능/비기능 포함), 8) GS엔진 QA(시퀀서(실무체험))에 대한 교육을 먼저 받았습니다. 이후 계속하여 GS엔진 QA를 수행하였습니다. 매주 루틴 업무를 반복하면서 svn showlog를 활용하여 해당 로그에 작성된 부분이 어떤 파일을 어떻게 변경했는지 알아보고 추적(Live 업데이트 내역 확인 및 트렁크에서 어떤 내역들이 변경됐는지 추적)하였고, Ocean엔진, SVN(git과 유사한 협업 툴로 게임의 리비전 관리 및 diff 확인을 돕고 전체적인 개발을 진행해나가는 관리 툴)을 직접활용해 보면서 게임개발에 대한 이해와 서버 운영부분은 Trunk<Beta <Alpha<Live에 대해서도 이해를 하고, 직접 업데이트 QA에 참여하면서 게임개발 서버에 대한 이해를 높혔습니다. 추가 업무로는 해외 글로벌 서버를 직접 플레이 방법으로 모바일 게임 QA를 하면서 게임플레이 도중 겪을 수 있는 여러 구간들을 직접 플레이 해 보고 유저 사이드에서 느낄 수 있는 버그 관련 데이터 수집 및 리포트 밸런싱에 도움이 되는 조언을 하였습니다.
(총 1,088자)</td></tr>
<tr><td>서류
평가</td><td colspan="4">• 6개월간의 관련 기업에서의 현장실습 경험
• 게임 QA업무로 현장실습 수행 경험</td></tr>
<tr><td>면접
질문</td><td colspan="4">• 게임 품질보증(quality assurance)에 대해 설명하라.
• 가장 많이 발생하는 버그와 그 이유는?</td></tr>
</table>

□ 전공: 소프트웨어(SW) 공학과

<table>
<tr><th colspan="2">전공 및 분야</th><th>SW학과계열</th><th>업종 · 기업</th><th>IT기업 – 게임</th></tr>
<tr><td>구분</td><td>지원
직무</td><td>SW
(게임개발)</td><td>요구 사항</td><td>• 유니티와 언리얼 엔진 사용 경험자
(C#, C++ 등)</td></tr>
<tr><td>질문
항목</td><td colspan="4">직무분야에 지원하게 된 이유와 선택한 직무에 본인이 적합하다고 판단할 수 있는 이유 및 근거를 제시해 주십시오.(최소 800자, 최대 1,200자 입력가능)</td></tr>
<tr><td>자
소
서</td><td colspan="4">[유니티 엔진을 사용하여 게임용 축구경기 프로그램을 개발해 내다]
게임 엔진은 게임 개발을 위해 여러 기능을 제공함으로써 게임을 쉽게 제작할 수 있게 돕는 프로그램입니다. 게임엔진을 이용하면 게임제작의 생산성과 작업 효율을 높일 수 있습니다. 저는 대학 3학년 1학기 때 서울 구로 디지틀 단지에 있는 (주)먼데이에서 현장실습생으로 개발팀에 합류하여 축구를 주제로 하는 게임을 개발하였습니다.
팀은 최근 2022년 카타르월드컵이 종료된 후 유행하는 축구게임 트렌드에 맞추어 B급 감성으로 이를 녹여낼 콘텐츠로 축구경기를 선택했습니다. 컨셉은 일반적인 11대 11의 축구 게임이 아닌 개인전 축구게임으로 하고 공은 두개, 골대는 플레이어 수만큼 존재하며 플레이어는 자신의 골대는 방어하면서 상대방의 골대에 골을 넣어야 하는 형태로 진행하였습니다. 반칙이 없어서 마음대로 태클을 할 수 있으며 피버볼(fever ball game) 개념을 도입해 게임 시간이 1분 미만으로 남았을 때 점수가 큰 공이 추가되도록했습니다.
제가 맡은 부분은 플레이어와 공의 위치 동기화였습니다. 락스텝 방식, 서버 시뮬레이션 방식 등 여러 동기화 방식에 대해 찾아보았지만 서버 성능의 한계로 서버 시뮬레이션 방식은 불가능했고, 입력이 아닌 플레이어의 위치를 전송하는 구현 방식의 특성상 기존의 락스텝 방식을 사용하기에도 무리가 있었습니다. 캐릭터의 절대 좌표를 서버에 전송하고 서버에서는 다른 플레이어에게 이를 브로드캐스팅 하는 방식이었기에 캐릭터가 먼저 움직여야 했고 이것이 가장 큰 장애물이었습니다. 따라서 키 입력시 로컬에서 캐릭터를 움직이지 않고 보이지 않는 객체를 만들어 움직인 후에 그 좌표를 서버에 전송하고, 다시 서버로부터 수신했을 때 움직이도록 구현했습니다. 그 외에도 서버의 부하를 줄이기 위해 위치 정보를 모아뒀다가 일정한 시간간격을 두고 전송하고 그에 따라 클라이언트 측에서 움직임을 보간(interpolation) 하는 등 여러 작업을 추가했습니다. 완료된 후 플레이어의 움직임은 네트워크가 좋은 환경하에선 완벽하지만 네트워크가 불안정한 상태에서는 입력이 제대로 이루어지지 않는 등의 문제점이 있었습니다. 또한 공의 위치가 완벽하게 동기화되지 않아 이에 대한 해결책을 고민하던 중 상당수의 게임들이 유니티 엔진 기반으로 개발도중 언리얼 엔진4로 엔진을 바꿔 재개발하는 경우가 많은 사례가 나타나고 있는데 주된 이유는 프로젝트의 규모가 커지면서 유니티로는 감당하기 힘든 리소스 관리 및 고퀄리티 그래픽 대비 최적화, 개발 툴의 편의성과 엔진의 확장성, 유연성에 있다는 것을 알았습니다. 따라서 저 또한 이 문제점에 대한 근본적인 문제를 해결하기 위해 언리얼 엔진으로 구현하여 해결을 하였습니다.(총 1,032자)</td></tr>
<tr><td>서류
평가</td><td colspan="4">• 유니티 엔진과 언리얼 엔진의 장단점 분석 경험
• 2개월간의 기업체 현장실습을 통한 관련분야 개발 경험 보유</td></tr>
<tr><td>면접
질문</td><td colspan="4">• 언리얼 엔진으로 전환할 경우 기존방법 고수시 개선방안을 비교해 보셨나요?
• 회사에서 언리얼 엔진으로 미전환시 귀하의 또다른 대책이 있었나요?</td></tr>
</table>

□ 전공: 소프트웨어(SW) 공학과

<table>
<tr><th colspan="2">전공 및 분야</th><th>SW학과계열</th><th>업종·기업</th><th>IT기업 – 안드로이드앱 게임</th></tr>
<tr><td>구분</td><td>지원
직무</td><td>SW
(게임개발)</td><td>요구 사항</td><td>• 유니티와 언리얼 엔진 사용 경험자
(안드로이드, Vuforia, C#, C++ 등)</td></tr>
<tr><td>질문
항목</td><td colspan="4">직무분야에 지원하게 된 이유와 선택한 직무에 본인이 적합하다고 판단할 수 있는 이유 및 근거를 제시해 주십시오.(최소 800자, 최대 1,200자 입력 가능)</td></tr>
<tr><td>자
소
서</td><td colspan="4">[Vuforia 엔진을 사용하여 AR 환경을 구축해 보다]
3학년 SW 전공과목 프로젝트 과제로 AR을 활용한 대학 내 캠퍼스 구조물에 대한 정보 제공과 길 찾기(길 안내) 서비스 제공 방안으로 Vuforia 엔진을 사용해서 AR 환경을 구축했습니다. 먼저 캠퍼스 건물마다 터치하여 건물의 정보를 제공하는 UI가 필요해 씬에 지도를 넣고 해당 위치에 UI를 위치시킨 뒤, 씬 내 카메라의 위치를 스마트폰에 내장된 GPS로부터 얻은 위도와 경도 정보를 바탕으로 계산토록 하여 이동시켰습니다. 또 UI 작업을 주로하며 UI의 이벤트 처리 및 업데이트, 리소스를 동적으로 할당하는 방법 등을 구현하였습니다.

[OpenCVSharp을 사용해 스레드 프로그래밍 알고리즘을 구현하다]
기존 인터액티브가 아닌 손으로 스마트폰 터치 등 직접 AR 환경을 제어하는 사용자 경험을 제공하는 기술을 개발하는 것으로 OpenCVSharp을 사용해 손 추적 알고리즘을 구현하였습니다. 이렇게 구현한 추적을 더욱 정교하게 AR 환경에 적용하기 위해 손가락 끝점에 대응된 오브젝트가 손바닥을 향하도록 회전시키면서 두 물체 사이의 위치를 통해 각도를 계산했습니다. 이 과정에서 벡터와 삼각함수에 대한 개념을 다시 정리하고 원하는 값을 도출하기 위해 이를 활용하는 능력을 길렀습니다. 또 더욱 정확한 인식을 위해 딥러닝을 사용할 때, 입력 영상을 서버에 전송하기위해 소켓 통신을 구현하였는데, 동기식으로 구현하여 서버에서 데이터를 처리하고 클라이언트에게 다시 데이터를 주기 전까지 모든 전체 실행흐름이 block화 되어 있었기 때문에 통신에 대해 스레드를 생성했습니다. 그리고 큐를 만들어 서버로부터 데이터를 수신했을 때 큐에 데이터를 넣고, 메인 스레드에서 매 프레임 큐를 검사해 데이터가 있으면 꺼내 처리하였고, 큐에 데이터를 넣고 빼는 작업은 임계 영역으로 불러 들여 경쟁 상태 발생을 막는 등 멀티 스레드 프로그래밍도 구현하였습니다.

[학과 수업중 개인전 멀티 축구 게임을 개발해 내다]
4학년 2학기 전공수업 중 프로젝트 수행 과제로 개인전 멀티 축구 게임을 개발했습니다. 화면에서 축구공이 더욱 실제 공처럼 움직이도록 하기 위해 Physics Material을 만들어, 축구 게임에서의 골 판별을 하도록 하면서 충돌에 대한 처리 방법을 알게 되었습니다. 미니맵을 만들며 렌더 텍스처를 사용해 씬 내에서 역동적으로 만들어지는 화면을 텍스처로 만드는 방법, 플레이어 위치 보간을 위한 코루틴을 사용한 병렬 처리, 기타 UI 작업 및 오디오 소스 사용 등 유니티 엔진이 게임상에서 제공하는 많은 기능에 대해 알고 이를 즉시 구현하였고, 실시간 동기화나 래그돌 사용으로 발생하는 버그 등의 문제를 해결하면서 프로그램 상에서 통상적으로 돌출되는 문제 해결능력을 갖추었습니다.(총 1,049자)</td></tr>
<tr><td>서류
평가</td><td colspan="4">• 멀티 스레드 프로그래밍 경험 보유
• 관련분야에 대한 프로젝트 개발 경험 보유</td></tr>
<tr><td>면접
질문</td><td colspan="4">• 언리얼 엔진으로 추가 개발해보고 싶은 게임은?
• 래그돌(물리엔진) 효과에 대해서 말해 보세요.</td></tr>
</table>

□ 전공: 소프트웨어(SW) 공학과

<table>
<tr><th colspan="2">전공 및 분야</th><th>SW학과계열</th><th>업종·기업</th><th>IT기업 – 안드로이드앱 게임</th></tr>
<tr><td>구분</td><td>지원
직무</td><td>SW
(게임개발)</td><td>요구 사항</td><td>• 유니티와 언리얼 엔진 사용 경험자
(안드로이드, Vuforia, C#, C++ 등)</td></tr>
<tr><td>질문
항목</td><td colspan="4">주어진 일이나 과제 수행 시 새로운 것을 접목하거나 남다른 아이디어를 통해 문제를 개선했던 경험에 대해 작성해주세요.(800자 이상 1,200자 이내)</td></tr>
<tr><td>자
소
서</td><td colspan="4">[분신 객체라는 개념을 고안하여 멀티 게임의 동기화 방식을 구현하다]
4학년 2학기 캡스톤디자인 과목 수강 중 신개념 개인전 멀티 축구 게임을 개발하면서 네트워크 지연으로 인해 발생한 동기화 문제를 새로운 방법을 고안해 해결한 경험이 있습니다.
4인 1조로 구성된 팀은 게임 개발에 착수하여 전체 수업의 2/3 정도가 경과한 후 그간의 과제수행 결과를 평가단 앞에서 발표키로 하여 1차 작업을 마무리를 하고 발표 준비를 위해 마지막 리허설로 검증 시연해 보던 중, 이전의 게임 개발 중에는 발생하지 않았던 플레이를 했을 때 동시에 게임을 하는 두 플레이어가 보는 화면이 달라지게 보이는 것을 발견하였습니다. 원인을 분석해 보니 처음에는 동기화를 고려하지 않고 간단하게 멀티 플레이 기능만을 구현했기 때문으로 원인은 네트워크 지연과 데이터 손실 등의 이유로 발생한 문제였습니다. 이 문제를 해결하기 위해 동기화 구현 작업을 위해 락스텝, 서버 시뮬레이션 방식 등 여러 동기화 방안을 시도하여 보았습니다.
결론은 서버 시뮬레이션 방식은 서버에서 물리 연산이 가능해야 했지만 사용하고 있는 서버의 사양이 낮아 이 게임의 동기화 방식으로 채택할 수 없었고, 두 방식 모두 사용자의 입력을 전송해야 했습니다. 그러나 이미 캐릭터의 절대 좌표를 서버에 전송하고 서버에서는 다른 플레이어에게 이를 브로드캐스팅 하는 방식으로 게임을 구현하였기에 일반적인 락스텝 방식 적용도 불가능했습니다.
많은 고민과 시행착오 끝에 분신 객체라는 개념을 고안하여 사용자의 입력을 통해 로컬에서는 렌더링하지 않아 보이지 않는 분신 객체를 먼저 움직이고 서버에서는 이 객체의 좌표를 처리하도록 구현했습니다. 상대적으로 서버와 클라이언트간의 부하를 줄이기 위해 위치 정보를 모아두었다가 일정 시간 간격으로 전송토록 하고 그에 따라 클라이언트 측에서 부드러운 움직임을 위한 보간을 하는 등의 작업을 추가하여 동기화 퀄리티를 최대한 높였습니다. 또한, 물리적 충돌이나 래그돌로 Physic이 전환되는 등의 이벤트에 의해 분신 객체가 캐릭터 객체로 돌아오도록 구현하여 분신방식으로 인해 발생할 수 있는 버그를 모두 해결하였습니다. 이러한 노력의 결과 당초 계획했던 게임하는 플레이어가 일관된 화면을 볼 수 있는 수준으로 개발을 완료하였습니다. (총 851자)</td></tr>
<tr><td>서류
평가</td><td colspan="4">• 팀워크를 이용한 프로젝트 수행경험
• 관련분야에 대한 프로젝트 개발 경험 보유</td></tr>
<tr><td>면접
질문</td><td colspan="4">• 유니티, 언리얼의 차이에 대해서 말해 보세요.
• 락스텝 방식에 대해서 말해 보세요.</td></tr>
</table>

□ 전공: 소프트웨어(SW) 공학과

<table>
<tr><th colspan="2">전공 및 분야</th><th>SW 관련 학과</th><th>업종·기업</th><th>IT/ICT(자동차) 산업 – 대기업·공기업</th></tr>
<tr><td>구분</td><td>지원
직무</td><td>SW개발(교통)</td><td>요구 사항</td><td>• S/W 영문매뉴얼 판독가능 외국어 수준
• 조사시트 정리 및 코딩방법</td></tr>
<tr><td>질문
항목</td><td colspan="4">지원한 직무와 관련하여 본인이 보유한 전문성에 대해 서술하고, 이를 바탕으로 본인이 지원한 직무에 적합한 사유를 구체적으로 서술해 주시기 바랍니다.(1,000자)</td></tr>
<tr><td>자
소
서</td><td colspan="4">[여러 교차로를 선정하여 신호주기와 교통류율을 통한 최적화 방안을 도출하다]
판교 소재 (주)BS에서 단기 현장실습을 하였습니다. 수행과제는 여러 개의 교차로를 선정하여 신호주기와 교통류율을 통해 최적화하는 방안을 도출하는 것이었는데 전공시간에 비씸이나 싱크로와 같은 프로그램을 다루었으나, 회사는 T-7F라는 프로그램을 사용하였습니다. TRANSYT-7F 프로그램은 트래픽 시뮬레이션 및 신호 타이밍 최적화 프로그램으로 주요 애플리케이션은 신호 타이밍 설계 및 최적화이며, TRANSYT-7F는 주기 길이, 위상 순서, 분할 및 오프셋의 유전자에 대한 알고리즘 최적화를 제공합니다. 회사에서 제공해준 매뉴얼을 통해 각 함수별 입력카드를 입력하는 방법에 대해 익혔고, 최적화를 시행할 때 필수로 입력해야 하는 변수와 엔지니어가 설정해야하는 변수를 구분할 수 있었습니다. 또한 KHCS(도로용량편람 소프트웨어)를 통해 유형별 교차로를 분석하는 방법을 통하여 각 상황별로 교차로를 분석하는 방법에 대해 확실하게 익힐 수 있었습니다. KHCS를 기초로 실제 교차로에 대해 신호 교차로, 비신호 교차로와 비교적 간단한 2차로 도로를 대상으로 지형 선정을 하고, 양방향 교통류율 및 중차량 구성비, 속도, 차로 폭, PHF 등의 변수를 입력하여 MOE를 판단하였습니다. 입력변수 값을 바꿔가면서 입력한 결과, 가장 delay가 작은 값을 가지고 LOS가 A인 결과를 불러올 수 있었으며, 4차로 도로의 경우 신호등 개수, g/C 값, 유출입 지점수 등 입력해야 할 변수가 늘어났으며, 분석결과 첨두시간 환산 교통량 167 pcphpl, 평균 통행 속도 64.26 kph로 LOS C의 효과 척도를 나타낸 것을 볼 수 있었습니다. 모든 교차로 분석은 악조건 하에서 진행하기 때문에 연동된 두 교차로의 녹색신호 시간 중 더 짧은 시간을 선택하여 분석에 사용했고, 교차로 분석을 할 때에는 현장의 요건을 파악하는 것이 중요하기 때문에, 대기행렬의 차량대수와 같은 변수는 현장에서 직접 재보는 것을 원칙으로 해야 했습니다. 이런 기본적인 사항을 바탕으로 간선도로와 2차로 도로의 LOS를 판정하는 것을 계속 반복하여 실습한 후 최종적으로는 이후 전교차로 분석 및 비신호 교차로를 신호 교차로로 바꾸어 분석하여 본 바, 신호가 없는 교차로이기 때문에 지체 발생이 최소로 된다고 생각했는데 오히려 신호 교차로로 바꾸었을 때 지체가 덜 발생하는 것을 확인할 수 있었습니다. 이는 특정 방향의 교통량이 많아서 차이가 발생하기 때문이라는 것도 알게 되었습니다.(총 971자)</td></tr>
<tr><td>서류
평가</td><td colspan="4">• TRANSYT-7F 사용 경험
• KHCS(도로용량편람 소프트웨어) 활용경험</td></tr>
<tr><td>면접
질문</td><td colspan="4">• pcphpl 과 pcphgpl 차이는 무엇인가요?
• 비씸이나 싱크로와 같은 프로그램을 모두 다루었다는데 차이점은?</td></tr>
</table>

□ 전공: 소프트웨어(SW) 공학과

<table>
<tr><th colspan="2">전공 및 분야</th><th>SW 계열</th><th>업종·기업</th><th>이커머스 – 대기업 및 중견기업</th></tr>
<tr><td>구분</td><td>지원
직무</td><td>SW개발
(앱개발 등)</td><td>요구 사항</td><td>• 공유 숙박앱 개발 관련 분야 관심자
• 웹서비스 프로그램 개발 경험자</td></tr>
<tr><td>질문
항목</td><td colspan="4">지원한 직무와 관련하여 본인이 보유한 전문성에 대해 서술하고, 이를 바탕으로 본인이 지원한 직무에 적합한 사유를 구체적으로 서술해 주시기 바랍니다.(1,100자)</td></tr>
<tr><td>자
소
서</td><td colspan="4">[다국어로 된 신개념 공유숙박 앱 프로젝트를 수행해 보다]
2023년 1월 부터 2개월간 구로디지털단지에 소재한 ㈜KOSA의 개발팀에서 새로운 개념의 숙박공유 앱을 개발에 착수하였습니다. 먼저 숙박공유 서비스와 회사 사업모델 분석, 대표적인 숙박공유 서비스 앱의 벤치마킹, HTML 및 CSS에 대한 온라인 클래스 수강 및 실습을 하고 나서 회사 개발 플랫폼환경과 서비스의 장단점을 분석한 후, 핵심 기능에 대해 QA 과정까지를 완료하기로 하였습니다. 전체 구성은 기본이 다국어 컨텐츠 웹페이지 구축이므로, 이에 마추어 모바일 앱 전체 메뉴를 구성하였고, Javascript, Jquery, PYTHON 등으로 실제 프로그래밍을 진행하고 나서 소셜 마케팅 중 카카오스토리 채널을 이용하여 직접 마케팅을 진행하여 그 결과를 분석해 보고 PHP, MySQL 등으로 관련 프로그램을 직접 만든 후에 구글 지도 API를 링크하여 관광지, 숙소, 맛집 등을 나타내주는 지도를 웹상에 구현하기로 하였습니다. 추가로 지도에 검색기능, 다국어 지원 기능 등을 추가하고, 이 과정에서 오류가 발생하는 부분은 수정완료하여 전체 공정을 마무리 하도록 구성하였습니다.
처음에 숙박공유 서비스에 대한 국내뿐만 아니라 해외에 어떠한 업체들이 있는지 파악하고 벤치마킹을 해본 결과 해외에는 이미 에어비앤비, 홈어웨이 등 다양한 숙박공유 서비스들이 있었고, 웹에서 서비스 되는 부분 뿐만 아니라 안드로이드 어플리케이션에서도 제공되어 휴대폰 화면을 일일이 스크린샷으로 찍어서 PPT를 만들어 분석한 후 HTML&CSS로 회사에서 제공하는 서비스를 본격적으로 분석하고, QA를 진행하였습니다. 또 회사에서 제공하는 서비스의 장점은 무엇이고 어떠한 문제점이 있는지를 파악하고 개선안을 만들어 다음카카오에서 제공하는 안드로이드 기획툴인 Oven을 이용해서 회사서비스의 게스트 모드와 호스트 모드를 기획하고, 프로토타입을 만들었습니다. 이후 부터는 소셜마케팅과 직접마케팅 작업으로 페이스북, 네이버 블로그, 인스타그램, 트위터, 카카오스토리 등의 다양한 채널을 통해서 앱을 홍보하고 그 중에서 카카오스토리 채널을 관리하면서 회사 오픈앱과 관련된 글이나 여행, 숙박과 관련된 글을 게시하면서 구독자 수가 늘어나도록 하였습니다. 프로젝트 마지막 단계로는 회원가입 페이지와 회사앱을 통해 지도상의 숙소를 좀 더 효과적으로 홍보하는 방법으로 지도상에 관광지를 나타내고 그 주변에 회사앱이 서비스하여 숙소와 맛집 등을 보여주는 웹페이지를 PHP, MySQL, 자바스크립트 등을 연동해 가면서 만들었습니다. 그래도 미진한 부분은 기능을 추가하고, 이 과정에서 수시로 오류가 발생하는 부분을 수정해 가면서 프로젝트를 마무리하였습니다.
(총 1,044자)</td></tr>
<tr><td>서류
평가</td><td colspan="4">• 2개월간의 기업체 현장실습 경험
• 공유숙박 앱 프로젝트 구축 경험</td></tr>
<tr><td>면접
질문</td><td colspan="4">• 다음 카카오의 Oven을 이용해서 회사 서비스의 게스트 모드와 호스트 모드를 기획하고, 프로토 타입을 만드는 과정에 대해 말해 보세요.</td></tr>
</table>

□ 전공: 소프트웨어(SW) 공학과

<table>
<tr><th colspan="2">전공 및 분야</th><th>SW전공 계열</th><th>업종·기업</th><th>전 업종 공통 – 대기업 및 공기업</th></tr>
<tr><td>구분</td><td>지원 직무</td><td>SW 개발
(웹프로그래밍)</td><td>요구 사항</td><td>• 채팅 웹프로그래밍 개발가능자
• webRTC, 이클립스 사용 가능자</td></tr>
<tr><td>질문 항목</td><td colspan="4">지원한 직무와 관련하여 본인이 보유한 전문성에 대해 서술하고, 이를 바탕으로 본인이 지원한 직무에 적합한 사유를 구체적으로 서술해 주시기 바랍니다.(1,000자)</td></tr>
<tr><td>자소서</td><td colspan="4">[기본적인 채팅프로그램과 webRTC를 통해 웹프로그래밍 프로젝트를 완료하다]
4학년 2학기에 서울 강남소재 (주)NP의 개발팀에서 인턴십으로 프로젝트를 진행하였는데, 수행과제는 4명 1팀으로 구성 후 기본적인 채팅프로그램과 webRTC 방식을 이용한 웹프로그래밍으로 이용자 그룹을 선생님과 학생팀으로 상호 나누어 선생님이 학생들에게 영상 채팅 서비스를 통해서 원격으로 강의를 할 수 있도록 하는 서비스를 제공하는 것이었습니다. 저는 이 프로젝트 중 운영 서비스의 로그인 부분에 대한 개발 분야를 맡게 되었습니다. 웹브라우저 기반의 통신 방식인 webRTC는 구글이 오픈 소스화한 프로젝트에서 지원하였고, 국제 인터넷 표준화 기구가 프로토콜 표준화 작업을 진행하여 현재 webRTC 서비스는 구글과 파이어폭스 브라우저에서도 지원이 되고 있습니다.
우선 저는 웹서비스 개발에 활용되는 nodejs 툴에 대한 전반적인 이해와 html, javascript, jquery에 대한 기본적인 문법 및 활용 방법에 대해 습득한 후 nodejs를 활용한 이클립스 툴을 사용하였고, 실제로 자바스크립트와 html, 그리고 jquery를 활용하여 기본적인 채팅 서비스를 구현하였습니다. 또한 요구되는 채팅 서비스를 구현하기 위해서 기본적으로 socket io 기능과 socket io를 통한 채팅서비스가 구현되도록 client와 server라는 개념을 추가하였습니다. 이런 작업이 완료되면 기본적으로 선생님과 학생팀으로 나누어 로그인이 진행된다고 할 때, 선생님은 채팅 방을 개설한 후에 선생님의 소켓 아이디는 방 이름을 통해서 구분하여 저장되고, 이후 학생들이 해당 방에 입장하게 되면 선생님과 같은 방 이름으로 해당된 배열에 소켓 id가 함께 저장이 됩니다. 이렇게 방 이름을 기준으로 접속자를 구분해 준다면 차후에 귓속말 기능을 구현할 때에도 선택된 사용자의 소켓 id를 통해서 메세지를 보낼 수가 있습니다. 다음 작업으로 webRTC로 peer끼리의 직접적인 연결기능을 제공함으로써 서버의 중계 없이 데이터를 주고받을 수 있도록 mediaStream, RTCPeerconnection, RTCDatachannel이라는 세가지 api를 활용하여 상대방의 데이터 스트림에 접근하여 p2p 통신을 지원하도록 구현하여 기본적인 채팅 프로그램과 webRTC를 통해 웹프로그래밍에 대한 프로젝트를 완료하였습니다.(총 929자)</td></tr>
<tr><td>서류 평가</td><td colspan="4">• 채팅프로그램 프로젝트 수행 경험
• webRTC를 통해 웹프로그래밍 사용 경험</td></tr>
<tr><td>면접 질문</td><td colspan="4">• 본 프로젝트 완료 후 실습 종료시 까지 초기에 실제로 얼마나 많은 선생님과 학생들이 채팅방에 들어왔나요?
• webRTC(Web Real-Time Communication)에 대해 아는대로 설명해 보세요.</td></tr>
</table>

□ 전공: 소프트웨어(SW) 공학과

<table>
<tr><th colspan="2">전공 및 분야</th><th>SW개발 계열</th><th>업종·기업</th><th>전 업종 공통 – 대기업 및 공기업</th></tr>
<tr><td>구분</td><td>지원
직무</td><td>SW개발
(지리정보시스템
-백엔드)</td><td>요구 사항</td><td>• 지도연동 및 위치기반 서비스 경험자
• PHP, Java, C++, Kotlin 등 가능자
• Html, javascript, nodejs 개발 경험자</td></tr>
<tr><td>질문
항목</td><td colspan="4">지원한 직무와 관련하여 본인이 보유한 전문성에 대해 서술하고, 이를 바탕으로 본인이 지원한 직무에 적합한 사유를 구체적으로 서술해 주시기 바랍니다.(1,000자)</td></tr>
<tr><td>자
소
서</td><td colspan="4">[지리정보시스템(GIS) 구축에 대한 기본 개념과 구조에 대해 실습을 수행하다]
2023년 2학년 2학기에 2개월간 현장실습으로 경기 판교 소재 네비게이션 및 블랙박스 전문 SW개발 기업인 (주)MWA에서 지리정보시스템을 구축하기 위해 필요한 POI 관리 및 개발 툴 운영에 관한 실습을 진행하였습니다. 실습 첫 단계로 지리정보시스템(GIS)의 기본개념과 구조에 대해 학습을 한 후, 지리정보시스템을 구축하기 위해 필요한 오픈 POI(Point of Interest)에 대한 실시간 검색을 지원하는 시스템과 같은 세부정보에 대한 기능과 알고리즘 지식을 익히고 직접 이용할 수 있는 툴 사용법 역시 학습을 하였습니다. 이후 실무에서 이에 관한 공사중인 POI 조사를 하였는데, 공사중으로 조사된 POI들을 직접 전화로 조사하여 완공 여부를 확인하고 정보를 갱신하였으며, 그 다음으로는 대형마트의 오픈 및 클로즈시간을 조사하였습니다. 대형마트의 경우 지점별 오픈 및 클로즈 시간을 인터넷에 일괄적으로 정리해 놓았기 때문에 이정보를 참고하여 이전 업무보다 빠른 속도로 처리가 가능했고, 각 유명 브랜드는 모든 지점 주소를 조사하여 각각에 ADM(적응델타변조) CODE를 부여하였습니다. 이전 까지의 업무는 조사 후 MS ACCESS에 저장만 하면 되었지만, 이 업무는 ADM CODE가 들어 있는 ACCESS 파일과 쿼리문을 사용하여 연동해야 하는 차이점이 있었습니다. 또한 브랜드 지점의 경우 수가 매우 많았기 때문에 하나씩 복사하는 것에는 한계가 있어서 엑셀의 웹쿼리와 매크로를 사용하여 엑셀 자체에서 자동으로 브랜드 지점 데이터를 불러오게 함으로써 기존 방식보다 처리 속도를 크게 향상시켰습니다. 그리고 이렇게 조사한 주소를 각 도, 시, 구, 동, 번지 기준으로 나누어 저장을 해야 했는데, 엑셀의 VBA 기능을 사용하여 직접 함수를 만들어 분할하도록 프로그램을 만들었습니다. 주소마다 형식이 다르고 부분적으로 누락된 주소가 있어서 일부 에러가 발생하기도 하였지만 1,000개가 넘는 주소를 단 몇초 만에 지정된 형식에 맞춰 분할시킴으로써 처리속도를 크게 향상시켰습니다. 또한 KED조사 작업으로 기존에 배정되어있던 POI의 종별코드가 제대로 된 종별코드인지를 확인도 하였습니다. 이전 작업과는 다르게 이 과정은 일괄 적용을 할 수 없기 때문에 직접 하나씩 수동으로 확인을 해줘야 했으나, 인내심을 가지고 끝까지 수행 끝에 부여된 작업을 차질없이 모두 마무리하였습니다.(총 940자)</td></tr>
<tr><td>서류
평가</td><td colspan="4">• GIS 인증기관으로 부터 지리정보시스템 기사 자격증 보유
• 2개월간의 관련분야 현장 실습 경험 보유</td></tr>
<tr><td>면접
질문</td><td colspan="4">• 우리 회사에서 생산하는 주요 제품을 말해보세요.
• MES(메세지편집시스템), ERP 등 산업현장에서 사용하는 시스템에 대해 아는 대로 이야기 해 보세요.</td></tr>
</table>

□ 전공: 소프트웨어(SW) 공학과

<table>
<tr><th colspan="2">전공 및 분야</th><th>SW 계열</th><th>업종·기업</th><th>전자기기 부품 – 대기업 및 중견기업</th></tr>
<tr><td>구분</td><td>지원
직무</td><td>SW개발
(홈페이지 등)</td><td>요구 사항</td><td>• php, mysql, 자바스크립트 가능자
• 워드프레스 프로그램 경험자</td></tr>
<tr><td>질문
항목</td><td colspan="4">지원한 직무와 관련하여 본인이 보유한 전문성에 대해 서술하고, 이를 바탕으로 본인이 지원한 직무에 적합한 사유를 구체적으로 서술해 주시기 바랍니다.(1,000자)</td></tr>
<tr><td>자
소
서</td><td colspan="4">[GitHub 웹호스팅 서비스와 javascript 등을 이용하여 홈페이지를 구축하다]
2023년 1월부터 2개월간 서울 상암동 소재 ㈜M커뮤니케이션즈 홍보팀에서 현장실습을 진행하였습니다. 이회사의 주력사업은 영화, 비디오물 및 방송프로그램 제작 관련 서비스업인데, 저의 실습 최종 목표는 전공 공부를 최대한 살려서 회사에서 요구하는 수준의 창의적인 웹페이지의 기획 및 제작을 하는 것까지 였습니다. 실습은 워드프레스의 이해와 새로운 홈페이지 구축을 하는 것이 1차 목표였으며, 그 이유는 기존에 사용해 오던 회사 포토폴리오 홈페이지가 워드프레스를 기반으로 운영이 되고 있었고 이를 좀 더 수정하거나 개선시키기 위해 워드프레스를 먼저 파악하는 것이 필수 였습니다. 워드프레스를 파악한 후 새로운 크리에이터스 채널 홈페이지를 구축한 후 채널페이지에 들어갈 기능들과 데이터베이스 등을 파악하여 웹의 레이아웃 설계로 들어갔습니다. 이 프로젝트를 진행하면서 관련 레퍼런스를 찾기도 하고 필요한 개발도구와 플러그인 등을 설치함으로써 완성도를 높이었습니다. 또한 저는 웹페이지 담당자의 위치에서 기존 회사 홈페이지를 관리, 개선하고 새로운 채널페이지를 기획 및 개발하여 추가하기 위해 검색도 많이 해보고 지도교사의 자문도 구하면서 워드프레스에 대해 확실하게 전문가 수준 정도로 숙달을 한 후 채널 페이지는 워드프레스가 아닌 직접 제가 코딩하여 완성시키기로 하였습니다. 또 채널 페이지를 관리할 수 있는(사진이나 글을 등록할 수 있는 페이지) 관리자 페이지도 함께 만들기로 하였습니다. 관리자 페이지는 항상 동적으로 이루어져야 하며 게시판 형태로서 데이터베이스에 저장이 되어야 했기에 게시판 안에는 제목과 키워드 그리고 url을 입력할 수 있는 폼과 이미지와 썸네일을 등록할 수 있는 폼들로 구성하였습니다. 주로 사용한 언어는 php와 mysql이었고, 썸네일을 구성할 때에는 javascript 템플릿과 ajax를 사용하여 좀 더 편리하게 보이도록 하였습니다. 관리자 페이지가 완성되고 나면 이 페이지에서 데이터들을 등록했을 시 보여지는 메인페이지를 만들기로 하고 모두 php 확장자와 시각적인 요소에 더 집중하여 css를 주로 다루었습니다. 이 화면부분은 별도의 디자이너가 제작한 그림 파일을 이용하여 디자이너가 의도하는 대로 비주얼 디자인이 구현되도록 하기 위해 GitHub 웹호스팅 서비스와 javascript를 이용하여 썸네일 슬라이드 형식도 구현하였고, 또한 반응형 웹으로 작용할 수 있도록 모바일과 태블릿 사이즈 기능도 추가하였습니다.(총 976자)</td></tr>
<tr><td>서류
평가</td><td colspan="4">• 기업체 현장실습 경험
• GitHub 웹호스팅 서비스와 javascript를 이용한 홈페이지 구축 경험</td></tr>
<tr><td>면접
질문</td><td colspan="4">• GitHub 웹호스팅 서비스에 대해 설명해 보세요.
• 워드프레스에 대해 설명해 보세요.</td></tr>
</table>

□ 전공: 소프트웨어(SW) 공학과

전공 및 분야		SW 개발학과	업종·기업	이커머스업 – 대기업 및 중견기업 등
구분	지원 직무	데이터서버구축 (백오피스)	요구 사항	• 백오피스 개발 업무 수행 경험자 • API 연동 및 매크로 크롤링 가능자
질문 항목	1. 지원한 직무와 관련하여 본인이 보유한 전문성에 대해 서술하고, 이를 바탕으로 본인이 지원한 직무에 적합한 사유를 구체적으로 서술하세요(한글 1,100자) 2. 우리회사를 지원한 이유와 입사 후 회사에서 이루고 싶은 꿈은?(한글 700자)			
자소서	[플랫폼 매출 데이터를 API 연동후 Column구성과 매출 데이터 서버를 구축하다] 2022년 3월 부터 6월 까지 4개월간 경기 판교 소재 ㈜MI&C의 개발팀에서 미디어커머스 관리용 매출 데이터 서버를 구축하는 프로젝트를 수행하였습니다. 회사가 업력이 그리 길지 않고 회사내에 이분야 전문가나 기술적인 노하우도 많이 축적되어 있지 않아, 거의 전적으로 저 혼자 모든 것을 구축해야 했습니다. 그래서 지난번 1차 실습때 수행했던 경험을 바탕으로 전체 일정을 1) Workflow 및 미디어커머스 업종에 대한 전반적인 이해, 2) Notion, Slack, G suite(구글 워크스페이스) 등 실무 사용 툴 숙지, 3) 데이터 아키텍쳐 구조 설계 분석, 4) 외부 미팅 진행 KUSRC, Salesforce, Tableau와 협의, 5) 데이터 아키텍쳐 설계 및 서버 구축, 6) 각종 매출 플랫폼들로 부터 매출 데이터를 API 연동하여 Column 구성과 매출 데이터 서버를 만드는 것으로 구성하였습니다. 본격적인 작업은 툴인 Notion, Slack에 대해 배우고, 기존에 각 쇼핑몰에서 올린 매출들을 사람이 매일매일 금액과 제품명을 적다보니 오타도 많이 생기고, 여기에 드는 시간 및 비용들이 많아 프로젝트 방향은 6개에 분포되어있는 매출 데이터들을 Google BigQuery로 모았습니다. GDS라는 데이터 시각화 툴도 같이 써서 바로 매출 데이터를 플랫폼 별 OPEN API의 주문 조회 API와 연동하여 Python으로 데이터들을 가공해서 BigQuery로 전송하는 코드를 짜기 시작했습니다. API 별로 연동 방법도 달랐고 API KEY가 필요한 플랫폼이 있는 등 조건들이 달라 시간이 꽤 걸렸고 약 2달 가까이 작업을 하였습니다. 그리고 데이터 전송하는 걸 Python 스크립트로 돌리기에는 개발을 모르는 사람들이 사용하기 어렵다고 생각되어 GCP를 이용해서 매출 데이터 서버를 만들고 서버는 Flask, uWSGI, Nginx를 이용하여 구축하고, Docker-compose로 관리했습니다. 그리고 독립 Domain을 구매하여 웹사이트도 만들고, SSL 인증서도 구매해서 https를 연결했습니다. 그 다음에 각 매출 데이터들을 가져온 뒤에는 쇼핑몰에 가입한 회원 정보들을 가져오는 작업을 추가하였고, API로 가져오지 못할 경우, Selenium을 이용하여 웹 스크래핑 방식으로 가져왔습니다. 나머지 일반 회원 정보 외에 방문자 수, 적립금액 등의 Domain 관련 정보 데이터들을 가져오는 작업은 동시에 추가로 진행했습니다. 최종적으로는 상품 조회 정보들도 연동하여 가져와서 Tableau라는 데이터 시각화 툴을 이용하여 모아진 각데이터들을 바탕으로 시각화하는 작업을 완료였습니다.(총 1,050자)			
서류 평가	• 4개월간의 관련 기업에서의 현장실습 경험 • 미디어 커머스용 데이터 서버 구축(백엔드) 실습 경험			
면접 질문	• Google BigQuery를 사용한 이유는? • 본인이 수행한 작업중 API KEY가 필요한 플랫폼들에 대해 설명해 보세요.			

□ 전공: 소프트웨어(SW) 공학과

<table>
<tr><th colspan="2">전공 및 분야</th><th>SW 관련학과</th><th>업종·기업</th><th>광고 및 홍보업 – 대기업 및 공기업 등</th></tr>
<tr><td>구분</td><td>지원
직무</td><td>미디어아트개발
(LED Strip)</td><td>요구 사항</td><td>• Processing 언어 가능자 우대
• 동영상 촬영 및 디자인 제작 경험자</td></tr>
<tr><td>질문
항목</td><td colspan="4">1. 지원한 직무와 관련하여 본인이 보유한 전문성에 대해 서술하고, 이를 바탕으로 본인이 지원한 직무에 적합한 사유를 구체적으로 서술하세요(한글 1,100자)
2. 우리회사를 지원한 이유와 입사 후 회사에서 이루고 싶은 꿈은?(한글 700자)</td></tr>
<tr><td>자
소
서</td><td colspan="4">[LED Strip으로 정보를 표시하는 기능을 추가한 Info Blind 프로젝트를 수행하다]
2022년 7월 부터 2개월간 서울 서초 소재 고려아트센터 개발팀에서 미디어아트 요소를 더한 인포그래픽 영상 출력이 가능한 블라인드를 제작하였습니다. 이 센터는 국내 유수의 문화·스포츠·엔터테인먼트 전문회사입니다. 2개월 과정으로 제가 맡은 부분은 평소에 햇빛만 차단하는 역할을 했던 블라인드에 LED Strip을 이용하여 정보를 표시하는 기능을 추가한 Info Blind 제작 프로젝트입니다. 전체 구성은 데이터 서버와 연동하여 실시간으로 데이터의 시각화 한 정보 표현이 가능하고, 미디어아트 요소를 더한 인포그래픽 영상 출력이 가능한 블라인드를 제작하는 프로젝트입니다. 먼저 개발에 필요한 LED Strip, FadeCandy 보드 이해, Java 기반의 Processing 기술을 학습하여 지도교사 등 연구원분들과 프로젝트를 함께 진행하였습니다. 저는 먼저 아두이노를 사용하여 LED Strip 기본 동작 방식과 제어를 실습해 본 후, 이 LED Strip을 제어하기 위한 FadeCandy 보드 학습을 진행하여 LED Strip에서 LED 하나하나에 대해 컨트롤이 가능하고, FadeCandy Server를 사용하여 영상, 사진 등 실시간으로 출력이 가능토록 구성하였습니다. 데이터의 시각화를 위해 언어로는 객체지향 프로그래밍 언어인 Processing에 대해 배운 후, 오픈 소스로 구현된 다양한 데이터를 시각화 해주는 템플릿들을 먼저 상당히 많이 구축 후, 블라인드 프로젝트에 적용해 볼 수 있는 템플릿들을 선택적으로 실행시켜 보고, 코드 분석을 수행하였습니다. LED 하나하나 특정 위치에서 제어할 수 있도록 Open Pixel Control이라는 FadeCandy에 좀 더 간단하게 사용할 수 있는 라이브러리도 추가하였고, 이클립스 IDE에서 라이브러리를 추가한 후 LED로 간단한 사진 하나를 출력을 해본 바, 단순한 RGB 값을 가진 LED에서 블라인드에 스크린처럼 출력되었습니다. 그리고 FadeCandy를 제어하는 컴퓨터들의 IP주소가 고정되어 있어야 하기 때문에, 시설물 내부에서 사용하는 공유기 환경을 설정하여 블라인드가 안정적으로 동작할 수 있도록 하는 작업도 추가 하였습니다. 이번 기업체 현장실습에서 수행했던 Info Blind 프로젝트는 기존 프로젝트와는 다른 미디어 아트적인 요소가 더해진 프로젝트였습니다. 평소 소프트웨어 특성상 외관으로 나타나는 디자인이나 기타 외형요소는 신경 쓰지 않고 개발해 왔지만, 미디어아트라는 분야 특성상 외형적으로 보이는 요소들이 많다 보니 소프트웨어뿐만 아니라 디자인이나 영상같은 부분에 신경을 많이 써야 하는 분야의 프로젝트 였습니다.(총 1,058자)</td></tr>
<tr><td>서류
평가</td><td colspan="4">• 2개월간의 관련 기업에서의 현장실습 경험
• LED Strip을 이용하여 정보를 표시하는 기능을 추가한 Info Blind 프로젝트 수행</td></tr>
<tr><td>면접
질문</td><td colspan="4">• Processing 언어의 특징에 대해 말해 보세요.
• FadeCandy 보드에 대해 말해 보세요.</td></tr>
</table>

□ 전공: 소프트웨어(SW) 공학과(사이버보안학과)

<table>
<tr><th colspan="2">전공 및 분야</th><th>SW학과 계열</th><th>업종·기업</th><th>SI사업 – 중견기업 및 중소기업</th></tr>
<tr><td>구분</td><td>지원직무</td><td>사이버 보안
(솔루션 설계)</td><td>요구 사항</td><td>• 보안관련 분야 프로그래밍 유경험자
• 솔루션 설계 가능자</td></tr>
<tr><td>질문
항목</td><td colspan="4">지원한 직무와 관련하여 본인이 보유한 전문성에 대해 서술하고, 이를 바탕으로 본인이 지원한 직무에 적합한 사유를 구체적으로 서술해 주시기 바랍니다.(1,100자)</td></tr>
<tr><td>자
소
서</td><td colspan="4">[안구 마우스를 이용하여 장애인 등이 사용할 응용프로그램을 개발하다]
2022년 9월 부터 4개월간 경기 판교 소재 ㈜T1글로벌의 개발팀에서 안구 마우스를 이용하여 사용할 프로그램을 개발하였습니다. 이 회사는 보안전문업체로 보안기기 및 보안기기 관련 S/W개발을 전문으로 하는 업체였습니다. 제가 맡은 부분은 안구 마우스를 이용하여 사용할 새로운 프로그램을 개발하는 것이었습니다. 장애인 등이 안구마우스를 활용하여 컴퓨터의 활용, 의사소통 등이 가능하도록 하여 상호작용을 할 수 있도록 서비스를 하는 것이었고, 안구마우스는 컴퓨터를 사용할 때 일반적인 마우스를 대신하여 컴퓨터의 접근 보조기기로 안구마우스 본체의 소형 카메라가 이용자의 눈동자를 감지해 움직임을 인식하여 안구의 움직임으로 일반적인 마우스에서 처럼 작동하는 기능인 커서 이동, 클릭(더블클릭, 드래그 등) 등이 가능한 마우스입니다. 저는 먼저 국내외 관련 기술개발 사례와 시장 조사를 한 후 비주얼 스튜디오를 이용하여 본격적으로 프로그램 코딩에 착수 하였습니다. 이 프로그램은 사용자의 의사소통을 돕는 프로그램으로, 기능은 크게 3가지로 나누어 지는데 첫번째는 정신은 온전하지만 손을 쓸 수 없는 사용자가 하고 싶은 말을 작성 할 수 있도록 컴퓨터 화면에 이미지 키보드를 띄워 주고 음성으로 읽어주는 기능, 두번째는 매번 하고 싶은 말을 작성하기에 번거로울 수 있으니 단축키처럼 10개가 넘는 단어를 임의로 등록해 둘 수 있도록 하고, 마지막으로는 위급 상황에서는 단어 단축키도 번거로울 수 있으니 벨소리가 나도록 하였습니다. C#을 이용해서 지도교사의 지도하에 코딩을 하였고, 세가지 기능 중에서 가장 어려운 부분은 키보드 설계였는데, 버튼의 위치나 모양 등 디자인은 간단했지만 그 기능이 매우 복잡했기 때문 이었습니다. 그러한 이유는 32개의 버튼을 만들어 놓았지만 각 버튼을 눌렀을 때 다른 동작을 하고, 각 버튼의 상태가 영문이냐 한글이냐 특수문자 이냐에 따라서 또 다른 동작을 하기 때문에 고려해야 할 사항이 더 많았기 때문이었습니다. 그리고 영문이나 특수문자, 숫자는 그냥 한 줄로 출력해야 하지만, 한글은 현재 입력된 글자가 무엇이고, 이전에 입력된 글자가 무엇인지에 따라서 한 글자로 합쳐지느냐 새로운 다음 글자를 생성하느냐가 달라지므로 한글 입력 알고리즘 구현방법 부분이 가장 어려웠습니다. 이에 대한 해결 방안으로 인터넷에서 소스코드를 찾아보기도 했지만 C#으로 구현된 코드를 찾기도 어려웠고, 다른 언어로 작성된 것이라도 참고해 볼까 했지만 잘 이해가 되지 않아 제가 직접 각 경우의 수를 따져서 알고리즘을 설계하여 최종완료를 하였습니다.(총 996자)</td></tr>
<tr><td>서류
평가</td><td colspan="4">• 4개월간의 관련기업에서의 장기 현장실습 경험
• 보안관련 분야 프로그래밍 유경험자</td></tr>
<tr><td>면접
질문</td><td colspan="4">• 전체 개발 공정 기간은 총몇개월 이었고 최종완성된 프로그램 명칭은?
• 한글자판에 대한 알고리즘 설계가 어렵다고 한 이유를 예를 들어 설명해 보세요.</td></tr>
</table>

□ 전공: 소프트웨어(SW) 공학과

전공 및 분야		SW 계열	업종·기업	전 업종 공통 – 대기업 및 공기업
구분	지원 직무	웹개발	요구 사항	• (안드로이드, IOS) 웹개발 경험 보유자 • 프로젝트 수행 경험 보유자
질문 항목	지원한 직무와 관련하여 본인이 보유한 전문성에 대해 서술하고, 이를 바탕으로 본인이 지원한 직무에 적합한 사유를 구체적으로 서술해 주시기 바랍니다.(1,000자)			
자소서	[고객들의 긴 대기줄을 없애는 애플리케이션 서비스 "더 넥스트"를 완성하다] 서울 서초동 소재 ㈜식스 개발팀에서 은행, 음식점, 테마파크 등에서 손님들이 예기치 않는 특정시간대에 일시적으로 몰릴 경우 대기하면서 길게 줄서는 불편함을 없애고자 관련앱 개발 및 보급에 착수하였습니다. 회사에서는 이미 3개월 이전에 관련 프로젝트를 시작하여 어느정도 알고리즘이 완성은 되어 있었으나, PC버전과 안드로이드 버전 론칭시 화면구성에 일부 문제가 발견되어 정식 홍보를 못하고 있었습니다. 제가 실습생으로 입사를 하여 1차로 수행한 부분은 더 넥스트 앱의 기능중 음식점에 도착시 순서대로 줄 서 있기보다 접수를 해놓고 순서가 가까워지면 알림을 받고 오면 입장을 할 수 있는 서비스가 핵심이었는데, 이부분에 대한 먼저 국내외 경쟁 업체 및 시장을 조사하였습니다. 그리하여 중국 광저우와 베이징의 맛집을 조사하였고 추가로 더 넥스트와 비슷한 다른 애플리케이션 시럽 오더, 카카오 페이를 조사하였습니다. 이후 더 넥스트와 서비스 제휴를 맺을 수 있는 배달앱 배달의 민족과 요기요-배달통도 조사를 하였습니다. 그리고 나서 각각의 앱들이 보유한 장점만을 부각시키기 위해 더 넥스트 웹페이지의 기본인 html, css를 이용해 FTP에 접속하여 각 기능들을 하나하나 바꾸기 시작했고 기능이 생각보다 약한 부분은 실리콘밸리 소재 기업 대표와 줌(ZOOM)으로 멘토링을 받아 진행하였습니다. 그 결과 현재 개인 모바일 사용자가 이용할 수 있는 순번앱을 제휴 업체 측에서 관리할 수 있는 관리자용 애플리케이션 까지도 출시하였습니다. 또한 2차로는 갤럭시 탭 10.1을 각 모바일에 적용할 수 있도록 애플리케이션 코드를 수정하여 기존 갤럭시 탭용은 각 레이아웃 값이나 그 안의 오브젝트, 이미지들의 가로세로 값이 절대 값으로 지정되어 있었는데, 모바일 화면 사이즈에 상관없도록 상대 값으로 즉 조건 비율로 실시간으로 변경되어 이루어 지도록 구현하는 조건을 바꾸었습니다. 마지막 단계는 새로 출시될 예정인 아이폰 버전과 호환성이 자유롭게 되도록 하기 위해 애플리케이션 개발과 테스트를 반복적으로 하여 안드로이드 버전 수정과 아이폰 버전 테스트를 진행하여 안드로이드 버전은 지금 애플리케이션에서 제휴 업체의 메뉴를 바로 보여줄 수 있도록 개발을 완료하였고 아이폰 버전은 알파 테스트를 여러번 진행후 크게 문제점이 없어서 마켓에 올려 아이폰 유저도 안드로이드 유저와 마찬가지로 똑같이 사용할 수 있도록 개발을 완료 하였습니다.(총 937자)				
서류 평가	• 2개월간의 현장실습 경험 보유 • 안드로이드 및 아이폰 버전 앱 출시			
면접 질문	• 처음 앱에 문제가 생긴 근본인 이유는? • 전체 개발일정중 본인이 맡아서 수행한 핵심적인 내용에 대해 이야기 하세요.			

□ 전공: 소프트웨어(SW) 공학과

<table>
<tr><th colspan="2">전공 및 분야</th><th>SW학과 계열</th><th>업종 · 기업</th><th>전 업종 공통 – 대기업 및 공기업</th></tr>
<tr><td>구분</td><td>지원 직무</td><td>앱 및 웹개발</td><td>요구 사항</td><td>• 해당 직무관련 전공자 혹은 1년 이상 경력자
• 미국 J-VISA 취득 및 해외여행 결격사유가 없는자/H1B 또는 OPT 소지자</td></tr>
<tr><td>질문 항목</td><td colspan="4">지원한 직무와 관련하여 본인이 보유한 전문성에 대해 서술하고, 이를 바탕으로 본인이 지원한 직무에 적합한 사유를 구체적으로 서술해 주시기 바랍니다.(1,200자)</td></tr>
<tr><td>자소서</td><td colspan="4">[미국에서 2번에 거쳐 SW개발 관련 업무로 글로벌 학생 현장실습을 수행하다]
저는 2번의 미국 현지 소재 기업에서 현장실습을 수행한 경험이 있습니다. 1차는 2021년 9월 부터 약 10개월간 뉴저지주 소재 Royal Soverein International, Inc.의 IT개발팀에서 인턴십 신분으로 ERP 및 네트워크 시스템 관리, 소프트웨어 프로그램 개발 지원, IT 하드웨어 및 소프트웨어 관리 업무를 수행하였습니다. 이 회사는 글로벌기업으로 가전제품, 오피스 제품 및 그래픽 솔루션의 주요 공급업체입니다. 제가 맡은 분야는 프로그램 개발지원 단계 부터 네트워크 관리, 하드웨어 관리 등의 IT사업 관련 전반적인 업무를 수행하면서 IT 분야의 흐름에 대한 이해와 업무능력을 향상하는 것이었습니다. 저는 출국하기 전 부터 프로그램 개발은 인공지능 기술 분야를 집중적으로 수행보기로 하였기에, 현지에서 추가로 Python 기반 AI교육을 수강하면서 Python 언어 사용방법을 익히며 인공지능에 대해 이해를 높혔습니다. 이 과정에서 대학에서 수행하지 못했던, 네트워크 상의 이메일 프로토콜인 SMTP, POP3, IMAP에 대해 “IMAP 프로토콜을 통해 메일 서버에서 내 PC로 메일을 전송한다.” 등의 내용을 실제로 기업에서 수행해 보았고, 업무를 하면서 발생하는 메일 사용중 동기화 문제에 대한 해결 방법으로는, 서버에 있는 이메일을 열람할 경우 현재 사용하고 있는 기기에 다운로드한 뒤에 서버가 삭제되는 POP3 프로토콜로 세팅이 되고 있어 동기화가 되지 않아 생긴 문제라고 판단하여 개인 메일이라는 것을 고려후 적절하게 IMAP 프로토콜로 자동 변경 조치하여 동기화 문제를 해결하기도 하였습니다. 업무 수행시 영어 사용은 영어 능력 향상에 도움이 되어 이후 2차 해외 인턴십을 하면서 외국인들과 수월하게 의사소통을 하면서 일을 할 수 있었습니다.
2차 실습(인턴십)은 2개월 고급과정으로 인근 미국 뉴저지주 소재 Advanced Warehouse의 IT팀에서 단기 인턴십을 수행하였습니다. 회사는 3PL 전문 물류기업으로 Warehousing 솔루션을 제공하고 있는 기업입니다. 저는 IT팀에서 윈도우 서버 관리, 네트워크 지원, 하드웨어 관리, 프로그램 개발 지원 업무를 22년 07월 부터 2개월간 수행하였습니다. 주요 사용 시스템으로는 Window Server 환경하에서 setup group/share, folder/script, backup/restore로 support WMS, micro ERP, API, etc. 등의 활용 작업을 수행하였습니다. 개발분야 부속 업무로는 2개 회사 공통으로 총 1년간 프로그램 개발지원에 따른 테스트 버전 진행과 매뉴얼을 제작 후 직원들에게 교육을 할수 있도록 제공하였고, 프로그램 안내 과정중 기능적인 면에서는 긍정적 또는 부정적 피드백을 동시에 받기도 하였는데, 긍정적인 사용자 경험(UX)을 도출하는 것이 프로그램 완성에 가장 중요한 요인이라는 것도 체험하였습니다.(총 1,156자)</td></tr>
<tr><td>서류 평가</td><td colspan="4">• 총 1년간의 미국 해외인턴십 경험 2회 보유
• 관련분야 업무에 대한 영어를 사용한 실습(ERP 및 네트워크 시스템 관리 등)</td></tr>
<tr><td>면접 질문</td><td colspan="4">• 조기에 미국으로 혼자서 실습을 가게 된 이유는?
• 네트워크 상의 프로토콜 교환 문제로 가장 빈도가 많은 발생 사례와 그 이유는?</td></tr>
</table>

□ 전공: 소프트웨어(SW) 공학과

전공 및 분야		SW 계열	업종·기업	전 업종 공통 – 대기업 및 공기업
구분	지원 직무	앱 및 웹개발	요구 사항	• 비콘 등 이용 웹개발 경험자 • 안드로이드 사용 경험자
질문 항목	지원한 직무와 관련하여 본인이 보유한 전문성에 대해 서술하고, 이를 바탕으로 본인이 지원한 직무에 적합한 사유를 구체적으로 서술해 주시기 바랍니다.(1,200자)			
자소서	[현장실습 기간 중에 기업에서 쿠폰발급 시스템 프로젝트를 완성하다] 2022년 경기 판교 소재 ㈜공방 개발팀에서 쿠폰발급 시스템 구축 프로젝트를 수행하였습니다. 우선 실습 기업에서 보유하고 있는 객체 및 영상분석 알고리즘 기술을 바탕으로 안드로이드 기반 스마트폰과 접목시키고자 카메라를 통해 사용자의 연령, 성별정보를 인식하고, 평소 사용자 계층이 관심을 가지는 상품을 판별하고 해당하는 쿠폰을 발급해 주는 것으로 안드로이드 기반의 애플리케이션 "쿠폰매니저", Near Field Communication Tag기기, Database를 포함한 Server를 구성하기로 하였습니다. 이 시스템은 사용자의 소비증가와 사용자로 부터 얻은 축적된 정보를 기업에서 마케팅으로 활용할 수 있도록 지원하는 것이 최종목표 이므로 부가기능으로 Near Field Communication Tag기기를 대체하여 Blooth Low Energy 통신을 이용하는 Beacon으로도 프로젝트를 진행하였습니다. 저는 우선 프로젝트 구축에 필요한 서버와 데이터베이스로 서버는 Apache로 설계하고, 관리자가 정보확인 및 활용할 수 있는 웹페이지는 Hypertext Preprocessor와 Hypertext Markup Language 그리고 java script로 설계하였습니다. 구축한 웹페이지는 관리자 전용 웹페이지로 구성하였고, 로그인 기능을 바탕으로 프로젝트 시나리오 진행시 발생하는 여러가지 Near Field Communication 통신 정보와 쿠폰정보 등 다양한 로그 기록을 확인할 수 있도록 하였습니다. 설계한 서버에 데이터베이스를 입력하여 데이터베이스에 저장된 값을 웹 페이지에서 읽을 수 있으며, 반대로 웹 페이지의 정보들을 데이터베이스에 기록할 수 있도록 설계하였습니다. 스마트폰의 Near Field Communication Tag제품의 ID를 읽고, 이 값을 미리 구축해 놓은 웹페이지로 전송하는 기능과 웹페이지에서 생성한 쿠폰번호를 받아와 쿠폰번호를 실제 스마트폰으로 전송할 수 있는 장비용 애플리케이션을 개발하였습니다. 또한 Near Field Communication 통신을 통해 장비로 부터 쿠폰번호를 받고, 이를 SQLite를 통해 저장할 수 있는 스마트폰용 애플리케이션을 개발한 후, 안드로이드 스튜디오에서 어플리케이션을 개발하였는데, 사전에 구축하였던 Hypertext Preprocessor 코드와 데이터베이스와 달리 EUC-KR을 지원하지 않아 한글로 된 쿠폰명에 관한 데이터를 주고 받을 때 깨지는 현상이 나타나, 이를 해결하기 위해 쿠폰명을 전송할 때에만 UTF-8로 바꾸어 전송하도록 값을 수정하였습니다. 추가 프로젝트로 스마트 폰에서 Beacon의 UUID, Major, Minor 등의 값을 읽고, 미리 구축해 놓은 웹페이지로 전송하는 기능과 웹페이지에서 생성한 쿠폰번호를 받아 사용자가 쿠폰을 사용할 수 있도록 따로 저장하는 Beacon을 이용한 애플리케이션도 개발완료했습니다.(총 1,172자)			
서류 평가	• 2개월간의 현장실습 경험 보유 • 안드로이드 스마트폰 프로젝트 수행 경험			
면접 질문	• 비콘에 대해서 설명해 보세요. • SQLite에 대해 이야기 하세요.			

☐ 전공: 소프트웨어(SW) 공학과

<table>
<tr><th colspan="2">전공 및 분야</th><th>SW학과 계열</th><th>업종·기업</th><th>SI사업 – 중견기업 및 중소기업</th></tr>
<tr><td>구분</td><td>지원
직무</td><td>웹사이트 구축
(솔루션 설계)</td><td>요구 사항</td><td>• 교육용 웹사이트 구축 경험자
• LMS 설계 및 커스터마이징 가능자</td></tr>
<tr><td>질문
항목</td><td colspan="4">지원한 직무와 관련하여 본인이 보유한 전문성에 대해 서술하고, 이를 바탕으로 본인이 지원한 직무에 적합한 사유를 구체적으로 서술해 주시기 바랍니다.(1,000자)</td></tr>
<tr><td>자
소
서</td><td colspan="4">[웹사이트 구축 및 솔루션 설계와 커스터마이징 등의 업무를 수행하다]
2022년 1월 부터 2개월간 서울 강남 소재 ㈜CWK의 개발팀에서 AI스마트 통합지원시스템 구축 사업을 수행하였습니다.
이 회사는 에듀테크 전문기업으로 웹사이트 구축 및 솔루션 설계와 커스터마이징 등의 업무를 하는 회사입니다. 실습 초기에는 솔루션 “콤비니” 시스템에서 제공하는 학생들의 교과 및 비교과 과정 통합관리 기능과 국제표준 기반의 레코스 오픈 배지를 연계하여 학생들의 다양한 각종 활동에 대한 디지털 인증을 강화하는 업무를 수행하였으며, 이후 기존에 회사가 대한대학과 진행중인 AI통합지원시스템 구축 사업에 레코스 오픈배지 기술을 우선 적용하기로 하였습니다.
먼저 현장실습시스템 WESS sample의 테스트, 프로세스 이해, 일반형 및 NCS 버전 두 가지를 테스트하며 상호간의 차이를 비교했으며, 현재 시판되고, 실제로 판매되고 있는 대학교 현장실습시스템 홈페이지를 테스트하며 발생되는 오류를 찾아내었습니다. 그 결과를 PPT로 작성하여 개발팀에 수정요청하기도 하였으며, 현장실습시스템 기본 manual을 기반으로 NCS버전용 manual도 추가로 작성하였습니다. 또한 WESS 2.0 IPP 버전을 보면서 글자가 깨지는 부분과 오류 등이 있는지 검수와 병행하여 오픈예정 페이지를 보며 검수하는 일을 동시에 진행하였습니다.
추가로 기존 회사가 운영중인 한국건설산업 홈페이지에 대한 컨텐츠 내용을 수정하는 일과 경기여대 현장실습시스템 일반버전 매뉴얼 작성, NCS DB 엑셀 데이터 통합과 현장실습시스템 wess, ncs, ipp 버전별로 아이콘이 빠진 부분이 없는지 체크를 하였고, RFP 작성 관련 문서 편집과 기업용 운영 홈페이지에서 ai파일 찾아서 다운로드 후 정리도 하였습니다. 각 프린트 물에 대한 제본, pdf 변환, 이미지 파일로 된 데이터를 텍스트화하여 문서로 변환하는 작업도 수행 완료하였습니다.
특히 2개월간의 짧은 실습기간 중에 WBS 및 StoryBoard 등 기초 설계 문서에 대한 이해 및 실전 준비단계에서 부터 웹 사이트 구축의 진행에 대한 실전 개발작업(부분적인 업무를 위임받음), 솔루션 설계 및 제작, 커스터마이징의 방법론에 대한 이해 및 실무 진행까지 모두 마무리 해본 경험이 저에게는 너무나 소중한 경험이었습니다.(총 886자)</td></tr>
<tr><td>서류
평가</td><td colspan="4">• 2개월간의 관련기업에서의 현장실습 경험
• 솔루션 설계와 커스터마이징 등의 업무를 수행함</td></tr>
<tr><td>면접
질문</td><td colspan="4">• AI스마트 통합지원시스템에 대해 설명해 보세요.
• 레코스 오픈 배지에 대해 설명해 주세요.</td></tr>
</table>

□ 전공: 소프트웨어(SW) 공학과

<table>
<tr><th colspan="2">전공 및 분야</th><th>SW 공학 계열</th><th>업종·기업</th><th>여론조사업 – 중견기업 및 중소기업</th></tr>
<tr><td>구분</td><td>지원 직무</td><td>웹프로그래밍 (여론조사)</td><td>요구 사항</td><td>• node js 등을 활용 가능자
• 웹프로그래밍 가능자</td></tr>
<tr><td>질문 항목</td><td colspan="4">지원한 직무와 관련하여 본인이 보유한 전문성에 대해 서술하고, 이를 바탕으로 본인이 지원한 직무에 적합한 사유를 구체적으로 서술해 주시기 바랍니다.(1,100자)</td></tr>
<tr><td>자소서</td><td colspan="4">[node js 등을 이용하여 web app programming 프로젝트를 수행하였습니다]
2022년 1월 부터 2개월간 서울 성수동 소재 ㈜비링크의 개발팀에서 web app programming 프로젝트를 수행하였습니다. 실습전까지 대학에서 전공과목으로 나름대로 간단한 앱제작을 해보았지만, 이번처럼 정식으로 기업의 프로젝트 요원으로 투입되어 프로젝트를 하면서 프로그래밍을 하기는 처음이었습니다. 그리하여 단연 지금까지 해왔던 프로젝트들 중에 가장 규모가 컸고, 가장 조심스럽고 효율적인 프로젝트라고 말할 수 있었습니다. 처음에는 node js를 한번도 다뤄 본적이 없기 때문에 node js에 대해 학습하는 시간을 가진 후, 어느정도 node js에 익숙해 졌을 때 본격적으로 발신메시지함, 예약메시지함, 예약 메시지 수정, 수신 메시지함을 제작하였습니다. GUI작업까지 모두 마무리 했는데 예시 템플릿이 있어서 많은 어려움을 겪지는 않았습니다. 기존 탬플릿을 참고하여 레이아웃을 짜고, 쿼리를 구성하여 DB에서 데이터를 가져와 사용자가 한눈에 데이터를 알아볼 수 있도록 작업하였습니다. 필요시 수업시간에 배웠던 UX를 이용하였고, 대부분 list up작업을 하였지만, 예약 메시지를 수정하는 부분은 직접 기능을 구현하였습니다. 사용자가 예약 메시지를 만들고 예약메시지 리스트에서 메시지를 수정할 수 있게 하는 것으로, 단순히 text만 들어가는 것이 아니라 파일을 첨부할 수 있었기 때문에 서버에 파일을 올리는 작업까지도 직접 작업하였습니다. node js와 EJS, java script, html, MySQL을 이용하여 저에게 주어진 업무를 수행하면서 모르는 부분은 동료나 개발을 맡으신 최인수 이사님에게 여쭈어 보면서 해결하였습니다. 지금까지 했던 이 프로젝트들은 결과 중심적이어서 코드의 가독성, 효율성 그리고 사용자 인터페이스의 사용성, 접근성, 편의성이 많이 고려되었습니다. 누군가 저의 코드를 하나하나 감시하고 있다는 생각은 코드 한자 한자를 입력 할 때조차 코드를 조심스럽고 신중하게 짜게 해 주었습니다. 또한 실제 개발자이신 이사님께서 코드를 작성하시는 스타일을 보고, 지금까지 내 코드 작성 스타일의 단점을 찾을 수 있었고, 앞으로 그 단점을 극복하여 깔끔하고 가독성이 높은 코드를 짜야 겠다는 생각을 했습니다. 가장 중요한 것은 server side programming 기술의 향상으로 프로젝트를 통해 node js 및 MySQL을 이용할 수 있는 기술 또한 향상되어, 다른 사람이 짜 놓은 code를 reuse하는 방법까지도 익힐 수 있었습니다.(총 1,000자)</td></tr>
<tr><td>서류 평가</td><td colspan="4">• 2개월간의 관련기업에서의 현장실습 경험
• node js 및 MySQL을 이용한 기업체 프로젝트 수행 경험</td></tr>
<tr><td>면접 질문</td><td colspan="4">• 사용했던 OS 환경 등을 설명해 보세요.
• 기존 개발팀원들과 개발과정에서 돌출된 문제해결용 대화는 어떻게 하였나요?</td></tr>
</table>

□ 전공: 소프트웨어(SW) 공학과

<table>
<tr><th colspan="2">전공 및 분야</th><th>SW 계열</th><th>업종·기업</th><th>전 업종 공통 – 대기업 및 공기업</th></tr>
<tr><td>구분</td><td>지원
직무</td><td>웹
(프론트엔드)</td><td>요구 사항</td><td>• photoshop, illustrator 사용 가능자
• 프론트엔드 개발 경험자</td></tr>
<tr><td>질문
항목</td><td colspan="4">지원한 직무와 관련하여 본인이 보유한 전문성에 대해 서술하고, 이를 바탕으로 본인이 지원한 직무에 적합한 사유를 구체적으로 서술해 주시기 바랍니다.(1,000자)</td></tr>
<tr><td>자
소
서</td><td colspan="4">[인턴십 수행 중 HTML, javascript, DBMS 등으로 회사 홈페이지를 보완하다]
2022년 4학년 여름방학 때 (장기)인턴십을 경기 용인 소재 (주)해림에서 수행하였습니다. 회사가 당면한 과제는 사업영역의 확장 및 조직개편에 따라 조기에 현재 운영중인 홈페이지를 개편하여 완전히 새로운 홈페이지를 만들어 오픈하는 것이었습니다. 저는 이미 대학에서 해본 관련 프로젝트 경험이 있기 때문에 팀이 아니라 단독으로 전체 일정을 진행하겠다고 회사에 요청하였습니다. 4학년 1학기 중 캡스톤디자인 과제 수행 때 했던 방식대로 전체 개발 프로세스를 초기 기획단계, 중간 개발진행 단계, 최종 마무리 단계 등으로 구분한 후, 일자별 주단위로 각 프로세스에 대한 완료 예정 일자를 세팅한 후 1차 팀장에게 보고를 하였습니다. 구체적으로는 자사 홈페이지 개선을 위한 기획·설계 작업(기존 홈페이지의 문제점 파악, 타 사이트 템플릿 참조, 종합정리 보고 및 개발일정, 개선안을 반영한 레이아웃 초안 작성, 코딩 작업 및 이미지 수정, 고객사, 협력사 관련 이미지 작업) 등 이었습니다. 2단계는 본격적으로 개선작업에 착수하여 HTML, JSP, SERVLET, javascript, DBMS 등을 사용하여 공지사항 게시판 코딩작업(게시판 추가를 위해 serlvet, jsp 설계-추후에 추가·유지·보수를 용이하게 하기 위하여 MVC Mode 방식 사용 및 Model, View, Contoller를 각각 분리함), 기본적인 UI구상(photoshop 등으로 제작한 완성된 layout을 토대로 jQuery, bootstrap framework를 사용하여 시각적 효과·편의성을 증대), ajax(목표한 홈페이지가 한 페이지로 구성되었기 때문에, 새로운 데이터를 불러올 때 사용자가 원하는 데이터만을 페이지 이동 없이 가져오기 위하여 ajax를 사용 함)하여 이용한 데이터의 읽기·추가·수정 작업을 하였습니다. 마지막 단계로는 유효성 검사(FAQ 게시물 추가, 수정 작업 시 DB에 알맞은 데이터를 넣기 위하여 script단계에서 유효성 체크 로직을 추가), FAQ 게시판 검색, 페이징 기능 추가, 기존 레이아웃과 게시판의 결합, UI개선, News 게시판을 추가한 후 UI 최종수정 작업으로 QA, 코드소스 주석작업 및 문서화, 실제 데이터 입력 작업을 한 후 호스팅 작업을 마무리 하였습니다.
인턴십 수행중에 수시로 담당 지도교사의 조언을 구하고 기업 내 팀원들과의 각세부 공정과정 구축에 대한 대책 회의를 통해, 효율적인 프로젝트 수행을 위한 토론 경험도 매우 큰 도움이 되었습니다.(총 997자)</td></tr>
<tr><td>서류
평가</td><td colspan="4">• 4개월간의 인턴십 경험 보유
• 프론트엔드 수행 경험</td></tr>
<tr><td>면접
질문</td><td colspan="4">• 홈페이지 수정작업 중 가장 힘들었던 부분이나 문제점은?
• 개편작업 전체추진일정을 얼마로 잡았고 이후 추가로 수행한 과제가 있었나요?</td></tr>
</table>

□ 전공: 소프트웨어(SW) 공학과

<table>
<tr><th colspan="2">전공 및 분야</th><th>SW학과 계열</th><th>업종·기업</th><th>IOT기업 – 대기업 및 중견기업</th></tr>
<tr><td>구분</td><td>지원
직무</td><td>웹개발
(프론트엔드)</td><td>요구 사항</td><td>• 웹 및 앱개발 등 다수 프로젝트 경험자
• 안드로이드 어플 개발 가능자</td></tr>
<tr><td>질문
항목</td><td colspan="4">지원한 직무와 관련하여 본인이 보유한 전문성에 대해 서술하고, 이를 바탕으로 본인이 지원한 직무에 적합한 사유를 구체적으로 서술해 주시기 바랍니다.(1,100자)</td></tr>
<tr><td>자
소
서</td><td colspan="4">[어린이(유아)용 안드로이드 어플 개발을 수행해 내다]
2022년 7월 부터 2개월간 서울 구로디지털단지 소재 (주)D-NET의 개발팀에서 현장실습으로 기존에 회사에서 오픈하여 운영중인 “아가야”와 관련된 추가적인 프로젝트로 아이와 부모간의 커뮤니케이션을 가능하게 하는 플랫폼 개발에 착수하였습니다. 이 회사는 업력 3년 내외로 이미 이 분야에서 어느 정도 인지도가 있는 회사였습니다. 회사는 개인미디어 기반의 웹2.0 플랫폼을 비롯, 다양한 소프트웨어를 개발하고 있었고. 또한 모든 블로그의 게이트웨이(Gateway)의 확보 및 개방, 공유, 협력, 참여형 web 3.0 네트워크 플랫폼인 블로그 메카를 구축함으로써 포털 중심의 온라인 미디어에서 개인미디어 중심으로 패러다임을 선도하는 UCC 퍼블리싱 미디어 플랫폼을 만들고 있었습니다. 제가 맡아서 수행하는 부분은 추가로 요구되는 프로젝트로 아이와 부모간의 커뮤니케이션을 가능하게 하는 플랫폼을 개발하여 부모 측에서는 기존 스마트 폰을 활용한 안드로이드 어플로 제공되어, 아이와의 대화가 가능하게 하고, 아이 쪽에서는 스마트폰을 대신해 아이에게 친숙하게 다가갈 수 있는 장난감 형식의 스마트 토이를 제공함으로써 부모와 아이를 연결해 주는 작업 이었습니다.
우선 스마트토이 및 안드로이드 개발에 필요한 지식과 향후 유망 기술에 대한 조사를 한 후에 필요한 콘텐츠를 선별하여, 아이와 부모간의 동영상 메세지 전송, 동화녹음, “아가야”의 컨텐츠 보기, 음악재생 등이 가능한 스마트 토이와 안드로이드 어플을 구현하였습니다. 작업순서는 1) 안드로이드 어플개발 환경(안드로이드 스튜디오, API 19~23, 라이브러리(httpclient-4.3, httpcore-4.3.1, httpmime-4.3.1), 부모가 아이(스마트토이)에게 동영상 메세지를 주고받고, 음성녹음을 전송 하기위한 안드로이드 어플을 구현), 2) 스마트토이 개발환경(라즈베리파이 3.0, python 2.7 주기능(아이가 부모(안드로이드 어플)와 동영상 메세지를 주고 받으며 부모가 보낸 음성(동화 녹음)을 듣거나 기기 내부에 저장된 노래를 들을 수 있도록 하는 기능)을 구현)으로 하였습니다. 최종 개발 프로젝트 결과물로서는 안드로이드 어플리케이션 쪽에서는 동영상 전송, 음성 메세지 전송, 아가야의 컨텐츠 보기 등이 가능 하도록 했고, 스마트토이 쪽에서는 나무 느낌으로 외관 하우징을 하고 라즈베리파이의 활용과 5.5인치의 LCD로 화면을 띄어주면서, 스피커, 마이크, 카메라를 부착하여 동영상 전송, 음성 메세지 전송, “아가야”의 콘텐츠 보기, 음악재생 등의 기능을 하는데 문제가 없도록 완성하였습니다.(총 1,035자)</td></tr>
<tr><td>서류
평가</td><td colspan="4">• 2개월간의 관련 업종 기업에서의 현장실습 경험
• 안드로이드 어플 구현 가능</td></tr>
<tr><td>면접
질문</td><td colspan="4">• 동영상, 음성 등 전송과정에서 에라 발생은 없었는지요? 있었다면 어떻게 해결을?
• 나무 느낌으로 외관 하우징을 한 이유는?</td></tr>
</table>

□ 전공: 소프트웨어(SW) 공학과

<table>
<tr><th colspan="2">전공 및 분야</th><th>디자인제작전공 계열</th><th>업종·기업</th><th>전 업종 – 대기업 및 중견기업 등</th></tr>
<tr><td>구분</td><td>지원
직무</td><td>웹디자인-제작
(프론트엔드)</td><td>요구 사항</td><td>• 일러스트레이터과 포토샵 가능자
• 웹디자인 및 웹페이지 제작 가능자</td></tr>
<tr><td>질문
항목</td><td colspan="4">지원한 직무와 관련하여 본인이 보유한 전문성에 대해 서술하고, 이를 바탕으로 본인이 지원한 직무에 적합한 사유를 구체적으로 서술해 주시기 바랍니다.(1,300자)</td></tr>
<tr><td>자
소
서</td><td colspan="4">[기존 웹페이지의 내용을 수정 후 반응형 웹페이지로 새로 제작하여 론칭하다]
2021년 1월 부터 2개월간 서울 서초 소재 (주)PIT의 홍보팀에 현장실습을 나갔습니다. 이 회사는 업력이 약 10년 정도로 시스템통합(SI) 구축자문 및 유지보수 등 이 전문이었습니다. 그러다 보니 대부분 직원들이 HW 컴퓨터 전문가와 이 관련 현장 영업직원들로만 구성이 되었습니다. 회사는 설립 초기에 외주에 의한 웹페이지를 한차례만 만든 후 추가로 새로 내용을 개편하거나 만들지 않고 오로지 유지만 해오고 있었습니다. 제가 배치된 부서는 홍보팀이었는데 디자인 관련으로 업무를 수행하는 직원은 없어서 제가 맡은 업무는 현재 운영되고 있는 웹페이지를 새로 개편하는 것이었습니다. 별도의 실습 지도교사가 없어서 저는 혼자서 전체를 1단계로는 현행 웹페이지의 콘텐츠 보강 및 개편과 2단계로는 반응형 웹페이지를 새로 만들기로 하였습니다. 우선은 주로 Xpress Engine을 사용하였고, 디자인 툴은 포토샵과 일러스트레이터 툴을 사용하였습니다. 과거와는 달리 최근에는 대기업 중소기업 가리지 않고 PC를 이용한 접속자 보다는 스마트폰을 이용한 모바일 접속자가 많기 때문에 이런 환경에 맞추어 모바일 웹페이지를 제작하는 것보다는 접속상의 문제점을 해결하기 위해서 반응형 웹페이지로 구축하기로 하고, 기존 웹페이지에 대한 관리상의 문제점 해결과 콘텐츠를 추가하거나 디자인을 수정키로 하였습니다. 주로 html, css기반으로 웹페이지를 제작하고 Xpress Engine이라는 오픈소스 프로그램을 사용하여 누구든지 쉽게 웹페이지를 관리할 수 있도록 설계하였습니다. UI와 사용자가 보기에 편리한지, 한눈에 잘 들어오는 지에 중점을 두고 작업하였고 웹브라우저로는 HTML(화면툴), CSS(화면꾸미기)를 기반으로 제작하였습니다. 이미지 넣기는 포토샵과 일러스트로 요소별로 미리 제작부터 하였고, 최신유행 픽토그램 등은 무료 아이콘 사이트인 플래티콘에서 무료 일러스트가 필요한 그림만 다운 받아 회사 고유 이미지에 맞게 필요한 부분만 수정해서 사용하였습니다. 기타면 등의 웹페이지의 용도는 회사를 소개하고 회사의 주력상품과 주력사업을 알리고 회사의 위치(찾아오시는 길)나 연락처(고객센터 대표전화 등) 정보를 컴퓨터와 모바일 핸드폰을 통해서 사람들이 모두볼 수 있도록 제작하였습니다. 그리하여 단순 기능 위주의 웹페이지 보다는 입체적인 디자인 기능을 활용하여 팝업창도 신설하고 중요한 글 내용과 글의 위치, 배너의 위치 등을 눈에 뜨이도록 배열하였습니다. 필요한 경우 일러스트레이터 툴과 포토샵 툴을 사용하여 이미지 크기를 조절하였고, 신상품에 대해서는 팝업창에 즉시 내용이 서비스 되도록하여 반응형 웹페이지까지 제작을 완료하였습니다.(총 1,056자)</td></tr>
<tr><td>서류
평가</td><td colspan="4">• 2개월간의 관련 업종 기업에서의 현장실습 경험
• 웹페이지의 내용을 수정 및 추가하고, 반응형 웹페이지 제작 경험 보유</td></tr>
<tr><td>면접
질문</td><td colspan="4">• 반응형 웹페이지에 대해서 이야기 하세요.
• Xpress Engine에 대해서 아는 대로 말해 보세요.</td></tr>
</table>

□ 전공: 소프트웨어(SW) 공학과

<table>
<tr><th colspan="2">전공 및 분야</th><th>SW 계열</th><th>업종·기업</th><th>전 업종 공통 – 대기업 및 공기업</th></tr>
<tr><td>구분</td><td>지원
직무</td><td>인공지능
(머신러닝 등)</td><td>요구 사항</td><td>• AI 관련 개발 경험자
• 프론트엔드 및 백엔드개발 경험자</td></tr>
<tr><td>질문
항목</td><td colspan="4">지원한 직무와 관련하여 본인이 보유한 전문성에 대해 서술하고, 이를 바탕으로 본인이 지원한 직무에 적합한 사유를 구체적으로 서술해 주시기 바랍니다.(1,200자)</td></tr>
<tr><td>자
소
서</td><td colspan="4">[AI machine, Echo solution, AI machine NET 구축 관련 프로젝트를 수행하다]
2023년 1월 부터 2개월간 서울강남 소재 ㈜KAI의 SW개발팀서 동계현장실습을 수행하였습니다. 이 회사는 AI연구 및 사업환경 조성에 필요한 3가지 solution을 제공하는 회사였습니다. 먼저 기초적인 SW교육으로 MBR Partition CUDA 작동방식과 HW 교육으로는 AI machine, Echo solution, AI GPU 등에 대해서 이론과 실습을 하였습니다. 이 회사 개발제품은 서버의 경우 발열과 소음을 수냉각 시스템으로 해결하여 시스템의 소음과 발열을 최소화한 GPU 병렬처리 컴퓨팅 시스템으로 서버실을 따로 구축하지 않아도 되어 사무실이나 연구실 등 공간의 제약 없이 서버를 둘 수 있는 점이 특징이었습니다. 서버에는 총 4가지 모델이 있는데 AI를 처음 접하는 사람들이 연구 및 개발용으로 주로 사용을 하며, 사용환경은 CPU는 INTEL CORE i9-10900X, main board는 X299-sage, GPU는 RTX4090 24GB 모델로 2～4개, Storage는 NVMe를 탑재하여 최대한 안정성과 속도를 높힌 것들이었습니다.
저도 약 2개월째 부터는 현장개발 부서에 투입되어 팀장으로 부터 과제를 부여받았습니다. 본격적인 프로젝트 개발 실무에 앞서 웹 어플리케이션 프레임워크에 익숙해지고, 전체적인 프로세스와 기술을 익히기 위해 먼저 코드 분석을 철저히 하였습니다. SW교육에서 배웠던 Echo solution 중 하나인 TIE 코드를 받아 코드는 backend의 시선에서 주로 동작 방식과 코드의 개선 사항에 초점을 맞추어 분석하였습니다. 이후 좀 더 가공된 TIE 코드를 받아 한 주 동안 계속 분석을 하고 난 후, REST API와 Client가 URI를 통해 자원을 지정하도록 한 후 HTTP METHOD(GET, POST..)를 통해 서버에 요청하고, 서버는 이에 적절한 응답을 하여 자원에 CRUD(Create, Read..)를 적용하여 JSON을 통해 데이터를 주고 받도록 구축하였습니다. 추가로 지도교사의 지도를 받아 Backend 부분은 Echo solution 중 NET을 개발하는 프로젝트 개발 실무 작업 부분을 하면서 GPU server에서 resource script를 수집하여 3초 마다 web server에 POST 요청하여 Json형태로 전송된 정보가 terminal에 print 됨과 동시에 DB에 저장되기 까지의 resource 모니터링 코드를 구현하였습니다. 마지막 단계로는 Resource에는 CPU 사용률, MEMORY 사용량과 사용률, GPU 사용량·사용률·사용전력량 등의 내용을 포함시켰습니다.(총 1,063자)</td></tr>
<tr><td>서류
평가</td><td colspan="4">• 기업체 현장실습 경험
• 인공지능 시스템 네크워킹 구축 프론트엔드 및 백엔드 개발 경험</td></tr>
<tr><td>면접
질문</td><td colspan="4">• GET, POST에 대해서 말해 보세요.
• 간단히 AI 시스템 구축 개발환경과 본인이 수행한 역할에 대해 설명해 보세요.</td></tr>
</table>

□ 전공: 소프트웨어(SW) 공학과

<table>
<tr><th colspan="2">전공 및 분야</th><th>SW 관련학과</th><th>업종·기업</th><th>기계제품 제조업 – 대기업 및 공기업 등</th></tr>
<tr><td>구분</td><td>지원
직무</td><td>자동화프로그램
(PLC)</td><td>요구 사항</td><td>• MegaCAD등 프로그램 가능자 우대
• AutoCAD자인 제작 경험자</td></tr>
<tr><td>질문
항목</td><td colspan="4">1. 지원한 직무와 관련하여 본인이 보유한 전문성에 대해 서술하고, 이를 바탕으로 본인이 지원한 직무에 적합한 사유를 구체적으로 서술하세요(한글 1,100자)
2. 우리회사를 지원한 이유와 입사 후 회사에서 이루고 싶은 꿈은?(한글 700자)</td></tr>
<tr><td>자
소
서</td><td colspan="4">[PLC 프로그램으로 기계장비의 자동화시스템을 구축하다]
2021년 동계 방학 현장실습으로 경기 화성 소재 ㈜BK이엔지 자동화팀에서 현장실습을 진행하였습니다. 이 회사는 자동화 장비를 전문적으로 제작하는 업체입니다. 저는 회사의 기계제품 자동화를 위해 PLC 프로그램을 사용하였는데, 회사에서 사용하고 있는 자동화 장비 프로그램은 기존에 각 제품별로 특화되어 있어서 PLC는 바로 응용이 가능하였습니다. 실습하는 동안 지속적으로 기계장비 도면을 관리하였는데, 프로그램은 MegaCAD를 사용하였고 3각 투시방법을 이용하여 도면을 보고 이해하는 능력을 길렀습니다. 이후 각 장비의 작동원리를 알고나서 그에 맞는 시나리오에 따라 프로그램을 만드는 것이 제가 맡은 자동화 프로그래밍 업무였습니다. 추가 작업으로는 HMI 작업이었습니다. 기본적인 시나리오를 기반으로 사용자가 쉽게 볼 수 있도록 User Interface를 만드는 것인데, 자동화 장비에서는 기본적으로 HMI가 쓰였습니다. HMI (Human Machine Interface)는 기계를 사람이 다루는데 필요한 인터페이스입니다. 저는 우선 PLC와 HMI의 통신을 세팅하였습니다. 제작회사 마다 통신세팅 방법은 상이하나 이 회사에서 요구하는 방식대로 PLC측 세팅과 HMI측 세팅을 하였습니다. PLC는 미쓰비시 Q06UDEH와 이지뷰를 무선 공유기를 이용하여 세팅을 하였는데, 이러한 이유는 이 방법은 별도의 통신선 없이도 현장에서 터치와 PLC프로그램을 원활하게 수정이 가능하다는 장점이 있었기 때문이었습니다. PLC측 세팅은 내장 이더넷을 사용하여 PLC 파라메터에서 내장 이더넷 통신 세팅을 하기 위해 더블클릭 후 IP 어드레스의 세팅, C클래스 까지 HMI와 동일하게 세팅하면 나중에 무선으로 프로그램 수정이 가능합니다. 바이너리 코드교신을 체크(HMI에서 통신프로토콜 설정시 바이너리 교신하면 선택해야 함), RUN 중 쓰기를 허가 체크, 디폴트값은 체크해제 입니다. 다음은 HMI측 설정으로 시스템 파이메터 클릭 후 디바이스를 추가합니다. 이것은 내가 어떤 PLC를 사용하며 HMI측에서 제공하는 어떤 프로토콜을 사용하여 통신할 것인가를 세팅해 주는 것입니다. HMI에서는 가장 중요한 것이 자동화 장비 시나리오를 완벽하게 이해하고 최적의 방향으로 작업을 진행해 나가야 하는 것인데, 대학에서 배운 여러 지식들과 역량들이 크게 도움이 되었던 업무였습니다.(총 941자)</td></tr>
<tr><td>서류
평가</td><td colspan="4">• 2개월간의 관련 기업에서의 현장실습 경험
• PLC측 세팅과 HMI측 세팅 업무 수행</td></tr>
<tr><td>면접
질문</td><td colspan="4">• 자동화시스템을 설계한 제품군에 대해 말해 보세요.
• HMI(Human Machine Interface)에 대해 간략히 말해 보세요.</td></tr>
</table>

□ 전공: 소프트웨어(SW) 공학과

<table>
<tr><th colspan="2">전공 및 분야</th><th>SW공학과</th><th>업종·기업</th><th>이커머스 – 대기업 및 중견기업 등</th></tr>
<tr><td>구분</td><td>지원
직무</td><td>프론트엔드·백엔드
(API 개발)</td><td>요구 사항</td><td>• Django라는 Python 가능자
• lerna 구사 가능자</td></tr>
<tr><td>질문
항목</td><td colspan="4">1. 지원한 직무와 관련하여 본인이 보유한 전문성에 대해 서술하고, 이를 바탕으로 본인이 지원한 직무에 적합한 사유를 구체적으로 서술하세요(한글 1,000자)
2. 우리회사를 지원한 이유와 입사 후 회사에서 이루고 싶은 꿈은?(한글 700자)</td></tr>
<tr><td>자
소
서</td><td colspan="4">[Django와 Python을 이용해 새로운 API를 개발하다]
2022년 9월 부터 4개월간 서울 강남 소재 ㈜랜진 개발팀에서 API개발 업무를 수행하였습니다. 이 회사는 유명 브랜드와 크리에이터를 잇는(LINK) 패션 플랫폼 운영업체로 브랜드는 아이템을 제공하고 크리에이터는 아이템 선택합니다. 저는 프로젝트 개발팀에 소속하여, 회사가 빠른 매출 확대를 통해 성장할 수 있고, 유저들을 만족시키는 기능 개발을 하는 것이었습니다. 개발에 사용하는 기술 스택으로는 프론트엔드는 vue(typescript), 백엔드는 django(python)를 사용하였습니다. 우선 Django를 이용해 기존 회사 보유 데이터베이스와 연동해 실제 서비스에서 발생하는 트랜잭션이 일어나는 모습을 분석하였습니다. 그리고 나서 기존 Django 프로젝트의 소스코드를 분석하고 이해하는 과정에서 코드를 읽는 방법도 배우면서, 새로운 알고리즘 로직도 작성해 보았습니다. CTO님이 지도교사가 되어 이니시에이티브에서 주제를 만드시고 스토리를 만들어 주면 이게 실제 일할 Task가 되며, Task를 하나씩 처리하는 작업을 저는 수행했습니다. 또 최근의 기술을 챙기기 위해 클라이언트와 백엔드2.0으로 클라이언트2.0에 대한 밑작업을 수행하였습니다. 프론트엔드는 vite, react, react-native가 새로 도입됐으며, CSS와 상태관리 도구로는 tailwind와 zuntand로 결정하였습니다. 또 레포지토리는 모노레포로 lerna를 사용하여 lerna의 문제가 필요없는 레포지토리도 빌드하여 시간을 늘렸습니다. 다만 이렇게 시간이 늘어나는 것은 개발 생산성이 저하될 수도 있어서 Turborepo 기술을 도입한 후 필요한 부분만 빌드하고 빌드가 이미 완성됐다면, 캐싱되어 다시 빌드를 안하는 방식으로 설계하여 개발 생산성을 높였습니다. 또 모노레포의 구조를 관심사 분리를 통해 작은 단위로 분리하였으며, 해당 레포지토리는 실제 다른 레포지토리에서 공통으로 사용할 수 있도록 작업을 진행하였고 Client2.0에 대한 기술을 맡아 기존 레거시 프로젝트인 vue mobile과 react native를 교묘하게 조합하여 네이티브 화면과 vue화면이 혼용되도록 하는 하나의 프레임워크로 개발했습니다. 그리고 나서 해당 프레임워크의 이름은 stackbrowser로 명명하였습니다. 다만 이 과정에서 반복되는 코드 리뷰를 통해 코드 퀄리티가 스스로 높아지는 것을 느끼기도 하였지만, 기술적인 면에서는 처음 접해본 모노레포에 대한 이해도가 높아졌습니다.(총 997자)</td></tr>
<tr><td>서류
평가</td><td colspan="4">• 6개월간의 관련 기업에서의 현장실습 경험
• 백엔드를 구성하고, 프론트엔드와 주고받을 API를 작성한 경험</td></tr>
<tr><td>면접
질문</td><td colspan="4">• tailwind와 zuntand에 대해 설명해 보라.
• 모노레포에 대해 설명해 보라.</td></tr>
</table>

□ 전공: 신소재공학과(재료공학과)

<table>
<tr><th colspan="2">전공 및 분야</th><th>신소재(재료)공학과</th><th>업종·기업</th><th>금속(분말)산업 – 대기업 및 중견기업</th></tr>
<tr><td>구분</td><td>지원
직무</td><td>합금열처리
(Y2O3 코팅)</td><td>요구 사항</td><td>• strain 및 size를 분리 계산 가능자
• 합금 분말제조에 관심이 있는 자</td></tr>
<tr><td>질문
항목</td><td colspan="4">지원한 직무와 관련하여 본인이 보유한 전문성에 대해 서술하고, 이를 바탕으로 본인이 지원한 직무에 적합한 사유를 구체적으로 서술해 주시기 바랍니다.(1,300자)</td></tr>
<tr><td>자
소
서</td><td colspan="4">[합금의 산화물 분산강화를 통해 고온에서 creep특성 향상 과제를 수행하다]
2020년 7월 하계 방학 현장실습으로 경기 안산 소재 (주)성은에서 Al 합금 T6열처리를 통한 경도의 향상 및 Fe 또는 Ni계 합금의 산화물 분산강화를 통해 고온에서의 creep특성을 향상시키는 과제를 수행하였습니다. 1단계로 Al 합금 T6열처리는 용체화 온도 및 시간, 시효온도 및 시간을 달리한 27가지 각기 다른 조건 하에서 열처리된 금속시편의 경도를 측정하여 얻은 결과값이, 어떤 주로 요인에 기인하는지를 파악하는 것이 목표였습니다. 단순히 높은 경도 값만을 찾는 것이 아닌, 필요에 따라 활용할 수 있도록 넓은 범위의 경도 값을 갖는 샘플을 만들어야 했습니다. 반복 실험 끝에 결과적으로 100HV 이상의 경도를 얻었는데, 지도교사의 재 지시로 인해 더 낮은 범위의 경도 데이터 또한 필요하다고 하여서 최종적으로는 낮은 범위의 경도 값을 가질 수 있는 실험을 설계하는 것으로 1차 과제를 마무리 지었습니다. 경도 값은 용체화 시간 보다는 시효시간에 영향을 더 많이 받습니다. 그 이유는 상대적으로 단단한 석출상인 Al2Cu 상이 시효시간에 따라 생성되었다가 다시 사라지기 때문입니다. 2단계로는 산화물 분산강화 단계로 고온에서 사용될 금속합금을 제조하는 것이 과제의 목적이었습니다. 고온에서 뿐만 아니라 상온에서 또한 toughness가 좋아야 하기 때문에 고려해야할 요소들이 매우 많았습니다. 상온에서는 금속결정립이 작을수록 강도가 증가하지만 작은 크기의 결정립을 가진 금속은 고온에서 slip이 잘 일어나서 좋지 않은 결과를 나타냅니다. 그래서 사용하는 것이 Y2O3인데 Y2O3는 세라믹 계열로서 고온에서도 잘 버팁니다. 이 Y2O3 입자들은 금속 내에 균일하게 퍼져있음으로써 금속입자들이 미끄러지는 것을 방지하여 고온에서의 변형을 방해합니다. 제가 해결해야할 목표는 이 금속입자들을 미세하게 분쇄하여 Y2O3가 금속입자들 사이로 균일하게 퍼지도록 만드는 것이었습니다. 금속 분말을 더 미세하게 분쇄하는 과정에는 strain hardening의 효과를 적용(XRD한 분석결과 값으로부터 strain 및 size를 분리하여 계산)하였는데 Simoloyer 속에 들어간 금속 파우더는 세라믹볼과 충돌하여 계속하여 변형이 되는데, 변형이 진행될수록 파우더 입자가 경화되다가 나중에는 부서지게 됩니다. 이러한 top to bottom 방식(유압프레스, Graphite Vacuum Furnace, Box Furnace, Simoloyer, TGA, PSA, XRD, XRF를 스스로 조작)으로 실험 조건을 계속 바꿔가면서 함금 분말을 제조할 수 있는 최고의 효율적인 시간 에너지 조건을 찾아내었습니다.(총 1,149자)</td></tr>
<tr><td>서류
평가</td><td colspan="4">• 2개월간의 관련 업종 기업에서의 현장실습 경험
• 유압프레스, Graphite Vacuum Furnace, Simoloyer, TGA 등등의 조작 가능</td></tr>
<tr><td>면접
질문</td><td colspan="4">• XRD의 분석 과정에 대해 설명해 보세요.
• Y2O3 코팅 두께 측정에 대해 설명해 보세요.</td></tr>
</table>

□ 전공: 신소재공학과(재료공학과)

전공 및 분야		신소재공학 계열	업종·기업	전기/전자/반도체 – 대기업
구분	지원 직무	반도체 소자개발	요구 사항	• 반도체공학 관련학과 전공자 (반도체 요구성능 및 품질확보 개발)
질문 항목	본인의 성장과정을 간략히 기술하되 현재의 자신에게 가장 큰 영향을 끼친 사건, 인물 등을 포함하여 기술하시기 바랍니다.(작품 속 가상인물도 가능) (1,600자)			

자소서

〈※ 원문: 1,600자 이내〉

[대학 2학년 때 부터 복수전공으로 반도체공학을 새로 시작하다]

시장조사기관 IHS 마킷에 따르면 전력반도체를 포함해 전 세계 차량용 반도체 시장은 2021년 450억 달러에서 연평균 10%가량 성장해 2026년에는 730억 달러까지 커질 것으로 전망하였고 특히 실리콘카바이드 기반 전력반도체 시장은 2026년 까지 40% 정도의 높은 성장률을 기록할 것이라는 예측 하에 최근에는 (주)수원전자 까지도 실리콘카바이드 전력반도체를 포함해 차량용 반도체 분야를 확대한다고 하였습니다. 저는 대학에서 신소재공학을 공부하여 졸업 후 한국과 같이 보유자원과 소재가 부족한 나라의 신소재 부품 개발 분야에서 일해보고자 하였으나, 1학년 과정을 공부하면서 결국은 대부분의 소재(소자) 산업도 반도체 산업의 기초적인 한 분야라는 것을 알고 복수전공으로 반도체공학을 과감하게 선택하였습니다. 또한 (주)수원전자도 질화갈륨 반도체 파운드리 사업을 2020년 부터 준비해 오고 있었습니다. 1학년 때 신소재공학을 공부하면서 배운 것은 질화갈륨은 기존에 반도체 소자로 쓰이는 실리콘(Si)과 비교해 3배 이상 높은 전압으로 전기차 등 고전압 제품 생산에 유리하다고 합니다. 향후 실리콘카바이드와 함께 차량용 전력반도체 분야에서 쓰임새가 확대될 공산이 큰 소재이므로 당초 생각한 신소재 공학 분야의 기초 이론을 바탕으로 하여 기업의 전력반도체 생산 부서에서 일해 보고자 합니다.

[새로운 반도체 소자를 찾기 위한 방안으로 그래핀을 집중 연구해 오다]

반도체 소자 개발 및 불량 분석업무는 제품 요구 성능과 품질을 확보하기 위한 소자 설계, 제품 양산성 확보를 위한 소자 특성 및 신뢰성 향상 방안, 분석 장비와 통계적 및 물리적 분석 방법을 활용한 불량 분석 등의 업무를 포함합니다.

주된 원료는 실리콘으로 오늘날 대부분의 반도체는 실리콘(Si,규소)을 주원료로 사용하고 실리콘 결정에 불순물을 넣어서 만들어 냅니다. 그 외로 사용되는 반도체 재료는 단일원소로 저마늄(Ge, 게르마늄), 셀레늄(selenium)이 있고 화합물로는 갈륨비소(GaAs), 갈륨비소인, 질화갈륨(GaN), 탄화규소(SiC), 황화아연(ZnS) 등도 있습니다. 저는 현재 반도체 산업의 소재 확보 상황은 기존에 생산해왔던 Si 기반 반도체 소자의 미세화가 한계에 직면했다는 것을 알았고, 미래의 반도체 소자에서 Si를 대체할 물질을 찾아서 개발해야 된다고 생각 했습니다. 2학년 때 까지 소자와 반도체 기본 이론을 마치고 3학년 여름방학 때부터 관련분야 논문을 중심으로 연구를 시작했습니다. 이 과정에서 2004년 러시아의 물리학자 가임과 노보셀로프가 연필심에 투명 테이프를 붙여 떼어낸 뒤, 테이프에 달라붙은 흑연 가루를 반복해서 유리 테이프로 떼어내는 방식(물리적 박리법)으로 그래핀을 최초로 분리하였다는 것을 알았습니다. 이렇게 탄생한 그래핀은 다른 물질과 비교해 보면, 구리보다 100배 이상 전기가 잘 통하고, 반도체인 단결정 규소보다 100배 이상 전자를 빠르게 이동시킬 수 있으며, 강도는 강철보다 200배 이상 강하여, 다이아몬드보다 2배 이상 열 전도성이 높을 뿐만 아니라 탄성도 뛰어나 늘리거나 구부려도 전기적 성질을 잃지 않는다는 것을 알아 냈습니다. 우선 여러 연구 논문 중 2D 물질인 그래핀의 특성을 연구하고 소자에 적용하는 분야에 관심을 두고 연구를 집중하게 되었습니다. 막상 야심차게 시작은 했지만 기대 보다는 이 분야 연구가 시작된 지 오래 되지 않아 관련논문이 적어 기본 이론을 이해하는데 어려움이 있었습니다. 그러나 저는 복수전공까지 한 이상 더 이상 물러설 곳이 없다

	는 각오로 이 분야를 좀더 좁혀서 낮은 단계 부터 새로 시작하기로 하였습니다. 평일은 5일중 휴강(공강)이 있는 날을 포함하여 아침 9시 부터 매일 10시간씩 관련 논문을 읽고 정리한 후, 주말에도 학교에 나와서 그래핀의 특성과 선행연구 자료를 공부하였으며, 연구 도중에 모르거나 이해가 안 되는 것이 있으면 관련 교수님과 학과 선배님들이 귀찮아 할 정도로 자주 찾아가 조언을 구했습니다. 이러한 노력의 결과 그래핀을 channel로 사용하는 그래핀-FET로 제작하게 되었고 연구실 그래핀 개발 과제에 제 이름을 올리는 성과도 얻을 수 있었습니다.(총 1,596자)
	〈※ 요약: 700자 이내〉 [대학 2학년 때 부터 복수전공으로 반도체공학을 새로 시작하다] 저는 대학에서 신소재공학을 공부하여 졸업 후 한국과 같이 보유자원과 소재가 부족한 나라의 신소재 부품 개발 분야에서 일해보고자 하였으나, 1학년 과정을 공부하면서 결국은 대부분의 소재(소자) 산업도 반도체 산업의 기초적인 한 분야라는 것을 알고 복수전공으로 반도체공학을 과감하게 선택하였습니다. 1학년 때 신소재공학을 공부하면서 배운 것은 질화갈륨은 기존에 반도체 소자로 쓰이는 실리콘(Si)과 비교해 3배 이상 높은 전압으로 전기차 등 고전압 제품 생산에 유리하다고 배웠습니다. 향후 실리콘카바이드와 함께 차량용 전력반도체 분야에서 쓰임새가 확대될 공산이 큰 소재이므로 당초 생각한 신소재 공학 분야의 기초 이론을 바탕으로 하여 기업의 전력반도체 생산 부서에서 일해 보고자 합니다. [새로운 반도체 소자를 찾기 위한 방안으로 그래핀을 집중 연구해 오다] 반도체의 주원료는 실리콘으로 오늘날 대부분의 반도체는 실리콘(Si, 규소)을 주원료로 사용하고 실리콘 결정에 불순물을 넣어서 만들어 냅니다. 저는 현재 반도체 산업의 소재 확보 상황은 기존에 생산해왔던 Si 기반 반도체 소자의 미세화가 한계에 직면했다는 것을 알았고, 미래의 반도체 소자에서 Si를 대체할 물질을 찾아서 개발해야 된다고 생각했습니다. 3학년 여름방학 때 부터 관련분야 논문을 중심으로 연구를 시작하면서 2004년 러시아의 물리학자 가임과 노보셀로프가 연필심에 투명 테이프를 붙여 떼어낸 뒤, 테이프에 달라붙은 흑연 가루를 반복해서 유리 테이프로 떼어내는 방식(물리적 박리법)으로 그래핀을 최초로 분리하였다는 것을 알았습니다. 이렇게 탄생한 그래핀은 다른 물질과 비교해 보면, 구리보다 100배 이상 전기가 잘 통하고, 반도체인 단결정 규소보다 100배 이상 전자를 빠르게 이동시킬 수 있으며, 강도는 강철보다 200배 이상 강하여, 다이아몬드보다 2배 이상 열 전도성이 높을 뿐만 아니라 탄성도 뛰어나 늘리거나 구부려도 전기적 성질을 잃지 않는다는 것을 알아 냈습니다. 평일은 5일중 휴강(공강)이 있는 날을 포함하여 아침 9시 부터 매일 10시간씩 관련 논문을 읽고 정리한 후, 주말에도 학교에 나와서 그래핀의 특성과 선행연구 자료를 공부하였으며, 연구 도중에 모르거나 이해가 안 되는 것이 있으면 관련 강좌 교수님과 학과 선배님들이 귀찮아 할 정도로 자주 찾아가 조언을 구했습니다. 이러한 노력의 결과 그래핀을 channel로 사용하는 그래핀-FET을 제작하게 되었고 연구실 그래핀 개발 과제에 제 이름을 올리는 성과도 얻을 수 있었습니다.(총 981자)
서류 평가	• 성장과정과 복수전공 선택에 대한 근거가 충분히 있음 • 지원동기와 관련되어 사건이나 인물이 잘 서술되어 있음 • 현장실습 경험이 없는 것을 관련분야 신소재 분야 집중 연구로 대체하였음
면접 질문	• 전 세계가 탐내는 신소재 그래핀이 왜 지금도 상용화되지 못했다고 생각하나요? 그 이유를 간단히 설명해 보세요. • 이제까지 알려진 그래핀의 합성 방법에 대해 아는 대로 이야기해 보세요. • 그래핀과 실리콘형 반도체의 주요 차이점에 대해서 비교하여 이야기해 보세요.

□ 전공: 응용화학생명공학과

<table>
<tr><th colspan="2">전공 및 분야</th><th>응용화학생물</th><th>업종·기업</th><th>화장품·바이오 – 대기업</th></tr>
<tr><td>구분</td><td>지원
직무</td><td>분자세포실험
(추출 및 분획)</td><td>요구 사항</td><td>• 관련학과 전공자
• 추출물 분석 및 제형실습 가능자</td></tr>
<tr><td>질문
항목</td><td colspan="4">지원한 직무와 관련하여 본인이 보유한 전문성에 대해 서술하고, 이를 바탕으로 본인이 지원한 직무에 적합한 사유를 구체적으로 서술해 주시기 바랍니다.(1,200자)</td></tr>
<tr><td>자
소
서</td><td colspan="4">[식물화학연구실에서 식물의 추출 실험 및 분획업무를 수행하다]
평택소재 (주)FG의 분자세포 연구실에서 식물 추출물 및 발효물을 이용한 in vitro 활성시험(세포독성시험, 항산화시험, 항염시험 등을 통하여 추출물 및 발효물의 효능효과 검증), 미생물대사체 연구(화장품에서 미생물을 활용할 수 있는 방법), 제형 연구(개발된 화장품 원료의 화장품 적용), 생산업무 지원(화장품 원료의 생산지원을 통해 제품화 과정) 등의 업무를 실습하였습니다.
총 2개월 과정으로 미생물대사체 연구는 미생물의 발효를 이용한 제품에 사용되는 유효성분을 개발하는 작업을 수행하였고, 분자세포 연구는 -b16-f10 cell과 raw 264.7 cell의 계대 배양 실습을 한후 식물 추출물 및 발효를 통한 유효성분의 항산화 효과를 DPPH(2,2-diphenyl-1-picrylhydrazyl)를 통해 그 효과를 알아보았습니다. 식물화학 분야연구로는 식물 내의 유효성분을 추출해 추출한 추출물의 여과 및 분획, TLC 등을 이용하여 물질을 분리해 보았습니다. 마지막 과정으로는 화장품신소재 분야로 개발된 화장품 원료의 화장품 적용 과정을 -silicon/water, water/silicon의 water drop 화장품 제형을 실습해 보았습니다.
또한 미생물대사체 연구로는 CFU 꿀 유해 추출성분들을 이용한 발효 sample의 발효 정도를 테스트 하기 위한 MRS 배지를 제작한 후 CFU(cell forming unit)을 이용하여 sample 내의 미생물 수를 측정하였습니다. 배지 제작부터 clean bench에서의 도말 까지 직접 실습을 통해(사용 sample은 벌 노랑이 추출물을 이용한 mask sheet였는데 제품 안에 천연물을 이용한 방부제가 포함되어 있다고 함) 제품이 얼마만큼의 방부력을 가지고 있는지 5가지의 균주(E.coli, S.aurous, P.aeruginosa, C.alibucaus, A.brasilieuse)를 이용하여 테스트 하였습니다. 분자세포연구 방법으로는 계대배양 b16-f10 cell과 raw 264.7 cell을 실험에 사용하기 위해 일정 기간마다 계대배양을 해주어 세대를 이어 주고 방부력 테스트는 항산화 효과를 정량적으로 측정하기 위해 DPPH를 사용하였습니다. 또한 radical을 가질 때와 잃었을 때의 색이 달라지기 때문에 sample들에 넣어 준 후, 그 색의 흡광도 측정을 통해 비교하였고, 항 염증효과 테스트 NO를 검출하여 sample의 항염증 효과를 테스트를 수행하였습니다. NO의 경우 측정이 힘들어 간접적으로 NO2를 검출하고 나서 이 시약을 이용해 색 변화를 흡광도 측정을 통해 비교하였습니다. Western blotting Beta-actin을 Western blot하여 cell내의 단백질 발현 정도를 알아본 다음 식물화학연구로는 백년초, 귤, 녹차 추출물 환류추출을 이용하여 각 재료의 유효성분을 추출해 보았습니다.(총 1,154자)</td></tr>
<tr><td>서류
평가</td><td colspan="4">• 식물세포 분석 실험 경험 보유자
• 2개월간의 현장실습 경험</td></tr>
<tr><td>면접
질문</td><td colspan="4">• 클로람페니콜에 대해 말해 보시오.
• DPPH(항산화 실험) 과정을 설명해 보라.</td></tr>
</table>

□ 전공: 자동차공학과

<table>
<tr><th colspan="2">전공 및 분야</th><th>자동차공학 계열</th><th>업종·기업</th><th>자동차산업 – 대기업 및 중견기업</th></tr>
<tr><td>구분</td><td>지원
직무</td><td>SW개발
(자율주행)</td><td>요구 사항</td><td>• 자동차공학 관련학과 전공자
• 자율주행 관련 SW개발 업무 경험자</td></tr>
<tr><td>질문
항목</td><td colspan="4">지원한 직무와 관련하여 본인이 보유한 전문성에 대해 서술하고, 이를 바탕으로 본인이 지원한 직무에 적합한 사유를 구체적으로 서술해 주시기 바랍니다.(1,000자)</td></tr>
<tr><td>자
소
서</td><td colspan="4">[자율주행 플랫폼 개발을 위해 실제 도로를 주행하며 SW의 문제점을 도출하다]
경기 판교 소재 ㈜IQN은 자동차 ICT 미지원 차량을 보유한 대다수의 운전자들이 안전하고 편하고 저렴하게 이용할 수 있는 표준 허브 스마트 단말기 보급과 차량 운전자 운행정보를 지식정보로 체계화한 개방형 서비스 플랫폼 개발을 통한 모든 운전자의 스마트 드라이빙 실현이 되도록 하는 프로그램전문 개발기업입니다. 저는 2개월 현장실습 과정으로 참여하여 자동차 자율주행 분야 실습계획에 따른 1) 목표설정, 2) 계획수행, 3) 자율형 현장실습수행, 4) 수행결과 리뷰 및 보완, 5) 2차 자율형 현장실습 수행, 6) 자율형 현장실습 중간평가, 7) 자율형 현장실습 중간평가 및 보완, 8) 자율형 현장실습 최종평가 및 결과물 제출 순으로 실습을 수행하였습니다. 저는 회사의 업무 추진 일정에 맞추어 먼저 UI설계와 디자인, 제품설계 관련 업무와 관제서비스 업무를 동시에 수행하였습니다. 회사 관련하여 과거 업무수행 서류를 바탕으로 제품 설계 관련 업무로 표준화 문서를 읽고나서 영문 문서인 ISO가 요구하는 표준 문서로 바꾸었으며, 부품 조사를 위해 중국 사이트와 중국 회사를 조사하고 부품 정보도 번역했습니다. 관제 서비스 관련 업무 관련해서는 회사의 기존 벤치마킹 자료들과 보고서, 스토리보드를 참고하여 수정하거나 추가하여 지시한 보고서를 작성 후 제출하였습니다. UI 설계와 디자인 업무로는 관제 서비스 홈페이지에 있는 디자인 시안을 보면서 사용자 입장에서 수정할 점과 추가할 점이 있으면 의견을 내는 부분에 대해 정리하였고, 어플의 디자인과 문구를 정하는 업무에도 참여 및 이후부터는 실제로 회사 차량으로 시내의 도로를 주행하며 제품을 테스트하는 일, 사무보조, 설명회 참석, 서류 제출 등의 지원업무를 수행했습니다. 자율주행에 관여하는 하드웨어는 크게 레이다(RADAR), 라이다(LiDAR), 카메라 3가지인데 레이더의 문제점은, 인식 방법의 특성상 사물의 형체를 명확하게 인식하지 못한다는 것과 또한 라이다는 30미터 이내 가까이 있는 물체를 식별할 땐 인식률이 저하된다는 문제가 있지만, 레이더는 주파수 크기에 따라 단거리 파장은 0～100미터, 장거리는 150～200미터를 감지할 수 있습니다. 라이다(LiDAR)는 고출력 레이저 펄스를 발사하여 반사되어 돌아오는 시간을 측정하는 방식입니다. 레이다는 전파를 라이다는 레이저를 쓰는데, 주로 비나 안개 눈이 내릴 경우, 인식률이 저하되는 문제점도 있어서 계속 오차를 줄이는 방법으로 운행을 해가면서 날씨와 에러가 발생되는 원인을 연계하여 분석 및 반복하여 매회 자율주행 회차별로 변화추이 등의 평가결과 및 보완자료를 작성제출하였습니다.(총 1,029자)</td></tr>
<tr><td>서류
평가</td><td colspan="4">• 2개월간의 관련기업에서의 현장실습 경험
• 스마트 드라이빙 관련 프로그램전문 개발 경험</td></tr>
<tr><td>면접
질문</td><td colspan="4">• 자율주행 프로그램 SW의 개발에 있어서 가장 큰 어려움은?
• 계절별 날씨별로 가장 오차가 많이나는 원인을 유형별로 개략적으로 말해 보세요.</td></tr>
</table>

□ 전공: 자동차공학과

<table>
<tr><th colspan="2">전공 및 분야</th><th>전기·전자 계열</th><th>업종·기업</th><th>전 업종 – 대기업 및 중견기업</th></tr>
<tr><td>구분</td><td>지원
직무</td><td>자율주행
(임베디드)</td><td>요구 사항</td><td>• 임베디드 관련 유경험자
• Cortex M3보드를 이용가능자</td></tr>
<tr><td>질문
항목</td><td colspan="4">지원한 직무와 관련하여 본인이 보유한 전문성에 대해 서술하고, 이를 바탕으로 본인이 지원한 직무에 적합한 사유를 구체적으로 서술해 주시기 바랍니다.(1,100자)</td></tr>
<tr><td>자
소
서</td><td colspan="4">[마이컴 Cortex M3보드를 이용한 저비용으로 자동주행 미니카를 제작해 보다]
2021년 겨울방학 때 대학생 현장실습을 경기 화성소재 기계부품 제작 전문업체인 ㈜텍크윌에서 수행하였는데, 회사는 임베디드 프로그래밍 전문회사이며 로봇제어를 하는 제품들과 마이컴 보드 등을 제조하는 회사입니다. 제가 소속된 팀은 처음부터 확고한 대표님의 지시와 지원으로 이 회사의 제품들을 이해하고 나서 이 기술들을 이용하여 프로젝트를 진행해 보기로 하였고, 최종적으로 진행한 프로젝트 주제는 마이컴 Cortex M3 보드를 이용한 저비용으로 자동주행 미니카를 제작하는 것이 었습니다. 고성능, 고집적, 저전력 소모 특성의 APM32 시리즈 산업 및 차량용 MCU는 스마트 홈, 고급 소비 가전, 자동차 전장, 산업용 제어, 스마트 에너지, 기타 높은 안전성과 신뢰성을 필요로 하는 분야에서 널리 사용되고 있습니다. 또 Arm Cortex-M0+/M3/M4 코어를 기반으로 하는 이 MCU는 강력한 컴퓨팅 성능과 향상된 스토리지, 풍부한 코프로세싱 기능, 유연한 사용자 경험을 제공합니다. 이를 통해 우리팀은 사용자가 제품설계 시간을 단축하고 R&D 비용을 절감하며 제품 성능을 최적화하기로 하였습니다. Arm용 IAR 임베디드 워크벤치는 “지하이 세미컨덕터”의 MCU를 위한 완벽한 툴 체인을 제공하는데, 여기에는 고도로 최적화된 컴파일러도 포함이 됩니다. 일례로 컴파일러의 매우 유연하고 고도로 최적화된 옵션과 기능을 서로 다른 애플리케이션의 특정 요구 사항에 충족시키고 최적화할 수 있습니다.
대표님과 협의한 대로 프로젝트 초기에는 Cortex M3 보드의 기본 내장 기능들을 익히고 나서, 그다음에 프로젝트 전체 추진일정을 계획하고 대표님이 제작한 Cortex M3 매뉴얼을 기초로 GPIO, USART, TIMER, INTERRUPT 등을 최종적으로 구현해 보기로 하였습니다. 우선 ST사에서 배포하는 헤더들을 사용하기 전에 기본 코드로 구현해 보는 것이 먼저라고 생각하여 기본 코드들로 이 기능들을 각각 구현해 보고 난 후 저비용으로 자동주행 미니카를 만들기 위해 제작 부품을 최소화하였습니다. 차체와 DC모터, 서보모터, 초음파센서 3개를 이용하기로 하였고, 이를 위해 DC모터, 서보모터, 초음파센서를 구동할 코드를 작성하였고, 각 구성품들이 동작하는지를 모두 확인한 후 모두 합쳐 조립한 후 구동시켜 보았습니다. 이런 실습을 통해 임베디드 프로그래밍으로 Cortex M3 보드를 사용함으로써 마이크로컴퓨터의 코드 작성 및 동작 원리, 모터제어 기법, 마이크로컴퓨터와 연관지어 외부와의 연결없이도 제품을 구성하는 또 하나의 방법을 알 수 있었습니다.(총 1,025자)</td></tr>
<tr><td>서류
평가</td><td colspan="4">• 2개월간의 관련기업에서의 현장실습 경험
• 관련분야에 대한 팀프로젝트 수행경험</td></tr>
<tr><td>면접
질문</td><td colspan="4">• GPIO, USART, TIMER, INTERRUPT에 대해 말해 보세요.
• Arm Cortex-M0+/M3/M4 코어를 기반으로 하는 MCU를 말해 보세요.</td></tr>
</table>

□ 전공: 전자공학과(전기공학과)

<table>
<tr><th colspan="2">전공 및 분야</th><th>전기 및 전자
반도체공학 계열</th><th>업종·기업</th><th>전기/전자/반도체 – 대기업</th></tr>
<tr><td>구분</td><td>지원
직무</td><td>반도체 공정
(생산)</td><td>요구 사항</td><td>• 반도체공학 관련학과 전공자
(반도체 공정 설계 및 품질확보 개발)</td></tr>
<tr><td>질문
항목</td><td colspan="4">최근 사회적 이슈 중 중요하다고 생각되는 한가지를 선택하고 이에 관한 자신의 견해를 기술해 주시기 바랍니다.(1,000자)</td></tr>
<tr><td>자
소
서</td><td colspan="4">[반도체 산업도 새로운 메타버스 시대 도래에 대비해야 합니다]
최근 2년 이상 코로나19 사태가 지속되면서 비대면 생활시대가 급속히 도래하며 모든 기술은 원격지원이라는 시장의 수요를 피할 수 없게 되었습니다. 또한 5G, 가상현실(VR), 증강현실(AR) 기술의 발전으로 3차원 가상세계에서 실감나는 컨텐츠 구현이 가능해지면서 PC, 스마트폰 그 다음 플랫폼으로 거론되는 메타버스가 뜨거운 사회이슈로 떠올랐습니다.
메타버스란 웹상에서 아바타를 이용하여 사회, 경제, 문화적 활동을 하는 따위처럼 가상 세계와 현실 세계의 경계가 허물어지는 것을 이르는 말입니다.
우리나라 국회입법 조사처에 따르면 전세계 메타버스 시장규모는 2021년 307억달러에서 2024년 약 2,969억 달러까지 성장할 것으로 전망하고 있습니다. 이에 따라 고사양 게임 및 VR/AR 제품에 들어가는 CPU, AP, GPU와 같은 프로세서 수요가 확대될 것으로 예상되고, 소프트웨어 엔진의 발전이나 고사양 그래픽 처리를 위한 반도체 성능 고도화가 반드시 필요할 것으로 생각합니다. 따라서 (주)아주전자가 이러한 고성능 반도체 파운드리 시장을 선점하기 위해서는 다음과 같은 노력이 필요할 것으로 생각됩니다.
첫째, 기업 차원에서의 선제적인 반도체생산 Capa 투자입니다. 현재 반도체 파운드리 시장은 수급 불균형으로 공급이 수요를 따라가지 못하는 상황입니다. 이러한 상황에 3년간 10배 가까이 성장하는 메타버스 시장의 프로세서 수요까지 가세한다면 수급 불균형은 더 심화될 것입니다. 그러므로 평택 P2 EUV라인 생산량 확대와 평택 P3라인 조기 가동 등 전방위적 파운드리 분야에 추가로 투자가 필요합니다.
둘째, 공정기술 고도화입니다. (주)아주전자는 현재 양산되는 5nm FINFET공정을 넘어 3nm GAA공정의 테이프 아웃을 성공했습니다. 세계 최초 GAA공정 도입이라는 사실도 매우 중요하지만 더 중요한 것은 3nm GAA공정으로 안정적인 수율을 가져가는 것입니다. 선폭이 작아지는 만큼 작은 패턴 변화에도 반도체 수율이 큰 영향을 받기 때문에 미세공정으로 갈수록 품질 관리가 더 어려워집니다. (주)아주전자가 이 과정에서 안정적인 수율을 확보한다면, 이 수익성은 곧 새로운 설비투자능력으로 이어지기 때문에 파운드리 시장에서 더욱 더 국제적인 경쟁력을 갖추어 기존시장 유지는 물론 경쟁기업과 초격차를 더 벌릴 수 있을 것이라 생각합니다.
(총 925자)</td></tr>
<tr><td>서류
항목</td><td colspan="4">• CPU, GPU 등의 사례로 미래 반도체 시장과 연계를 잘 이끌어 냄
• 지원회사에 대한 최근 발표 자료를 세밀하게 잘 정리하였음</td></tr>
<tr><td>면접
질문</td><td colspan="4">• 초격차 전략에 대해 이야기 해보세요.
• 반도체 8대 공정 분야 중 수율부분이 얼마나 중요하다고 생각 하나요?
• 대만 등 TSMC 회사 등과 시장 점유율 격차를 줄이기 위한 방안을 지원분야와 연계하여 제시해 보세요.</td></tr>
</table>

□ 전공: 전자공학과(전기공학과)

<table>
<tr><th colspan="2">전공 및 분야</th><th>전자공학과</th><th>업종·기업</th><th>IOT기업 – 대기업 및 중견기업</th></tr>
<tr><td>구분</td><td>지원
직무</td><td>반도체소자-회로
(PCB판 소자)</td><td>요구 사항</td><td>• NodeMCU 사용 가능자
• PCB 기판의 소자 회로설계 가능자</td></tr>
<tr><td>질문
항목</td><td colspan="4">지원한 직무와 관련하여 본인이 보유한 전문성에 대해 서술하고, 이를 바탕으로 본인이 지원한 직무에 적합한 사유를 구체적으로 서술해 주시기 바랍니다.(1,100자)</td></tr>
<tr><td>자
소
서</td><td colspan="4">[스마트빌딩 제작 관련 제품개발 및 조립업무를 수행하였습니다.]
대학 4학년(2022년) 여름방학 때 2개월간 서울 서초 소재 (주)MB에서 스마트빌딩 관련 제품개발 및 조립 업무를 수행하였습니다. 이 회사는 소프트웨어 개발판매 및 기술자문, 컴퓨터 제조업 등의 사업을 하는 회사입니다. 제가 실습으로 배정받은 부서는 IoT팀으로 팀원은 모두 5명이었습니다. IoT팀에서 팀원들이 부여받은 업무는 스마트 빌딩제작 관련 제품개발 및 조립업무였습니다. 스마트 빌딩이란 빌딩 안의 에어컨이나 출입문, 전등 등과 같은 빌딩 안의 요소들을 자동화시켜 사용자로 하여금 편리한 생활을 영위할 수 있도록 도와주는 빌딩을 말합니다. 먼저 기본교육 과정으로 각 센서에 대한 이해, 스마트빌딩 관련 제품들의 구조와 동작 원리, ESPlorer 프로그래밍 사용 능력배양, 실제 제품제작 및 각종 소자 동작 방법 등을 배웠습니다. 실습은 큰 범주로 스마트빌딩 전력차단기, IR리모컨, 도어락, 전등스위치, 인체감지회로, 음성인식회로 등 총 6가지로 나뉘었는데 저는 음성인식 회로를 제외한 5가지를 다루었습니다. 1) 전력차단기는 스마트빌딩의 전력제어 장치로 누전차단기에 연결되어 원격으로 전력을 제어하는 장치로 NodeMCU를 사용하여 완성된 회로도를 보고 제작하였으며 ESPlorer 프로그래밍으로 테스트한 결과 이상 없이 동작함을 확인하였고 실제로 누전차단기에 연결하여 사용하였습니다. 2) IR리모컨은 온도센서를 사용하여 NodeMCU가 온도값을 받아들이고 일정 온도에 따라 에어컨을 on/off 하는 장치로 완성된 회로도로 제작 후 온습도센서를 온도센서로 변경하여 이에 맞는 pull up 저항을 찾아 수행하였습니다. 또한 소자가 바뀜에 따라 코드를 수정하였고 이를 테스팅하여 정확하게 동작하는 장치를 구현하였습니다. 3) 도어락은 기존 2개와 달리 소형화를 목적으로 하였기 때문에 NodeMCU의 WiFi chip, ESP-12E 만을 사용하였고 ESP-12E를 사용하는 과정에서 펌웨어 설치, 코드 실행, 코드 송수신하는 단자를 식별하고 간이로 ESP-12E를 업데이트하는 회로를 제작하였는데, 릴레이와 ESP-12E로 제작하였으며 테스팅 결과 이상없이 동작함을 확인하였습니다. 4) 인체감지회로는 소형화를 위해 ESP-12E를 사용하여 센서에 연결되는 저항에 따라 달라지는 동작을 파악후 간단한 장치를 제작하여서 테스팅하였습니다. 5) 전등스위치는 도전과제로 원격으로 제어할 수 있는 스위치의 회로를 개발하는 것인데, 많은 어려움과 애로사항으로 최종본 완성은 못하고 회로의 이해도만을 향상하였습니다. 하지만 직접 PCB 기판에 소자를 배치하여 동작을 확인하고 실제 제품을 제작하여 테스트까지는 완료하였습니다. (총 1,034자)</td></tr>
<tr><td>서류
평가</td><td colspan="4">• 2개월간의 관련 업종 기업에서의 현장실습 경험
• 소자 및 회로설계 업무 수행경험</td></tr>
<tr><td>면접
질문</td><td colspan="4">• NodeMCU에 대해서 이야기 하세요.
• 전등 스위치 회로 개발시 어려웠던 문제점을 말해 보세요.</td></tr>
</table>

□ 전공: 전자공학과(전기공학과)

<table>
<tr><th colspan="2">전공 및 분야</th><th>전자공학과</th><th>업종·기업</th><th>반도체 장비 – 대기업 및 중견기업</th></tr>
<tr><td>구분</td><td>지원
직무</td><td>반도체장비
(플라즈마)</td><td>요구 사항</td><td>• 반도체 공학 관련학과 전공자
• 플라즈마시스템 개선 및 개발 가능자</td></tr>
<tr><td>질문
항목</td><td colspan="4">지원한 직무와 관련하여 본인이 보유한 전문성에 대해 서술하고, 이를 바탕으로 본인이 지원한 직무에 적합한 사유를 구체적으로 서술해 주시기 바랍니다.(1,300자)</td></tr>
<tr><td>자
소
서</td><td colspan="4">[진공 플라즈마 시스템 및 대기압 플라즈마 유연 전극시스템을 구축하다]
2022년 4학년 2학기 현장실습으로 2개월간 경기 성남 소재 (주)JM테크에서 반도체 장비 중 플라즈마 시스템 구축을 실습하였습니다. 이 회사는 플라즈마를 이용한 장비를 전문적으로 제작하는 업체였는데 회사의 이번 수행과제는 2가지로 1) AMOLED 유기물 제거를 위한 진공 플라즈마 시스템, 2) 대기압 플라즈마 유연전극시스템 구축 이었습니다. 제가 맡은 부분은 진공 플라즈마 장비로 AMOLED 유기물 제거를 확인하기 위해 FMM 대체 Mask에 유기물 Alq3를 증착하는 실험과 진공 플라즈마 장비 업그레이드를 위한 업무를 보조하는 역할이었습니다. 실험으로는 mask에 Alq30.13g을 일 3회 2시간동안 350°C에서 Thermal evaporation을 통해 증착했습니다. Alq3는 tris-(8-hydroxyquinoline) aluminum의 명칭으로 분자식은 C27H18AlN3O3, 분자량은 459.43입니다. Alq3를 사용한 이유는 OLED 제작 시 quantum efficiency 중에서도 charge balance factor를 높이기 위해 다층 구조의 소자를 사용하게 되면서 ETL(electron transfer layer)과 HBL(hole blocking layer)에 재료로 사용되기 때문이었습니다. 특히, 유독성 물질로 인체의 호흡기, 피부, 눈에 들어가지 않게 주의가 매우 필요한 물질이었습니다. 유기물이기에 MP(Melting point)는 332°C로 낮고, Thermal evaporation 특성상 증기로 상변환이 되어 있으므로, 상당한 주의가 필요하다는 것도 알았으며, 항상 방진 마스크를 쓰고 매회 실험을 반복하였습니다. 먼저 mask와 bare glass에 증착한 이후, 대형 진공 플라즈마 장비에서 세정을 하는 실험을 하였습니다. 방법은 Ar, O2, NH3 등의 gas를 넣고, 전압을 걸어 플라즈마를 방전시켰습니다. pump로는 1차 pump로 rotary pump, 2차 pump로는 dry pump를 사용하다가 dry pump에서 oil 역류 현상에 의한 고장으로 진공이 잘 안 잡히자 부득이 비상용으로 확보해 놓은 중고제품인 turbo pump booster를 사용하게 되었고, 그 제품 설치 과정도 보조하였습니다. 이 후 개시한 실험에서 플라즈마에 의한 bare glass 표면에 roughness변화에 의한 surface energy 변화를 관찰 할 수 있었으며, bare glass에 증착된 Alq3 세정효과를 관찰하였고 이 과제는 회사에서 추후 OLED를 제조하는 경기도내 소재 여러 대형 디스플레이 회사와 협의 후 공정단계 중 한 단계로 들어가는 것을 최종 목표로 하였습니다. 실험을 마치고 나서는 실습(Thermal evaporation을 통해 mask에 유기물을 증착하는 일, 유연전극 제작 및 수리하는 일은 전적으로 저 혼자서 수행) 내용 이외에 추가로 진공 장비를 조립하는 방법에 대해서도 간단히 익히게 되었습니다.(총 1,195자)</td></tr>
<tr><td>서류
평가</td><td colspan="4">• 2개월간의 관련 업종 기업에서의 현장실습 경험
• 진공 플라즈마 시스템 및 대기압 플라즈마 유연 전극시스템 구축 경험</td></tr>
<tr><td>면접
질문</td><td colspan="4">• pump의 종류와 원리에 대해서 이야기 하세요.
• turbo pump booster의 원리에 대해서 말해 보세요.</td></tr>
</table>

□ 전공: 전자공학과(전기공학과)

전공 및 분야		전자공학과	업종·기업	전기전자업 – 대기업 및 중견기업 등
구분	지원 직무	분산제어시스템 (PLC)	요구 사항	• DCS, PLC 업무 가능자 • 원자력 발전 감시제어 업무경험자
질문 항목	1. 지원한 직무와 관련하여 본인이 보유한 전문성에 대해 서술하고, 이를 바탕으로 본인이 지원한 직무에 적합한 사유를 구체적으로 서술하세요(한글 1,300자) 2. 우리회사를 지원한 이유와 입사 후 회사에서 이루고 싶은 꿈은?(한글 700자)			
자 소 서	[Isagraf를 이용한 logic구현 및 DCS(분산제어시스템)에 대해 실습하다] 2020년 7월부터 2개월간 서울 마포소재 ㈜대한기술에서 현장실습을 수행하였습니다. 이 회사는 한국전력 관계사로서 원자력 발전 및 산업용 감시제어시스템 제조전문 업체입니다. 저는 제어감시팀에서 DCS 모듈구성과 Isagraf를 이용한 logic을 구현하였습니다. 분산제어시스템은 대규모 복합 회로를 처리하기 위해 공장영역 전체에 제어 장치를 분산 시켜 놓은 것입니다. PLC는 공장 자동화에 있어서 고속으로 파라미터 값을 제어하고 모니터링하는 데 사용하지만 입력 장치 수가 제한되어 그 이상의 복잡한 구조의 사용에는 제한적입니다. DCS는 이러한 문제점을 극복하기 위해 둘 이상의 입력 장치를 배치 프로세스 제어를 통해 통합 제어를 하는 데 사용합니다. 실습에 앞서 저는 계측제어에 사용되는 PLC, DCS에 대한 간단한 이론을 배우고 직접 관찰해 보았습니다. 그 중 이 회사에서 주로 사용하고 있는 분산제어시스템 DCS에 대해 DCS를 구성하고 있는 I/O 모듈, CPU 모듈, 통신 케이블 등이 어떠한 방식으로 구성되어 분산제어시스템(DCS)을 이루고 있는지 배웠고, 구체적인 구성내용을 직접 확인하였습니다. 이후에 간단한 입출력 조작을 통해 DCS의 동작을 확인했으며, CPU 모듈의 정상 test를 통해 현재 사용되는 CPU 카드의 성능을 직접 확인하여 문제가 발생한 것들을 구분하고, 기존에 이미 사용했던 ROM을 새로운 설계에 사용하기 위해 메모리를 삭제하여 ROM을 초기화시키는 작업을 수행하였습니다. 그리고 DCS의 자세한 동작, 역할 등을 이해하면서 현재 DCS가 실생활에서 적용되고 있는 예시들에 대해서 배우고 이 회사에서 개발한 DCS는 원자력발전소에서 사용하는 경보설비와 해양플랜트 DCS가 있는데 이 장비들에 대한 설명과 동작 시스템을 작동해 보면서 실제 우리 생활에서 사용되는 분산제어시스템(DCS)도 알게되었습니다. 이중 원자력발전소에서 사용되는 경보설비가 작동하는 sequence에 대해 더 자세히 실습하고 Isagraf program(SW)을 사용하여 직접 경보설비 logic을 설계하였으며, 경보설비 logic은 상황에 따라 여러 가지 sequence를 통해 동작하는데, 크게 equal logic, and logic, or logic, test의 알고리즘을 가지면서 동작하였습니다. 이것을 직접 설계 및 실행하여 동작을 확인하였고 부사장님께서 진행한 원자력발전소에 대한 강의 청강을 통해 원자력발전의 원리, 동작 등과 같은 원자력발전의 기본적인 지식도 습득하여 원자력발전소에서 계측제어를 이용한 원자로 정지 불능 예상과도사건인 ATWS 대비 설계와 같은 심화적인 내용도 배우고 이해할 수 있었습니다.(총 1,069자)			
서류 평가	• 2개월간의 관련 기업에서의 현장실습 경험 • sagraf를 이용한 logic구현 및 DCS(분산제어시스템)에 대해 실습 경험			
면접 질문	• 원자로정지 불능 예상과도 사건에 대해 말해 보세요. • Isagraf program(SW) 사용법에 대해 설명해 보세요.			

□ 전공: 전자공학과(전기공학과)

전공 및 분야		전자공학 계열	업종·기업	IT/ICT – 대기업·중소기업
구분	지원 직무	임베디드 SW (드론)	우대 사항	1) 우수한 알고리즘 기반 문제 해결 능력 보유자 2) 정보올림피아드, 각종 경진대회 수상 혹은 참가자 3) 정보 및 컴퓨터공학부 동아리 A.N.S.I 소속 회원 4) 영어 독해 실력 우수자 5) 리눅스 서버 기반 서버 프로그램, 웹 프로그램, PC 응용프로그램, 네트워크 프로그램 개발 경험자
질문 항목	지원한 직무와 관련하여 본인이 보유한 전문성에 대해 서술하고, 이를 바탕으로 본인이 지원한 직무에 적합한 사유를 구체적으로 서술해 주시기 바랍니다.(1,000자)			
자소서	[칩의 여러가지 기능을 통한 주변장치들에 대한 임베디드 관련 실습을 수행하다] 저는 대학 4학년 때 판교소재 ㈜우정의 개발팀에서 4개월간 현장실습을 진행하였으며, 처음 1개월은 기본과정으로 LED 매트릭스 보드를 이용한 게임 프로그래밍을 시도해 보았고, 이후 stm32f103c8t6 칩을 통해서 칩의 여러가지 기능을 활용한 주변장치 제어 실습의 반복과정을 통해 본격적인 임베디드 관련 실습을 수행하였습니다. 위의 초기 1개월간의 실습과정을 통해서 습득한 지식과 경험을 바탕으로 남은 3개월 동안 회사 제작팀과 공조하여 임베디드 추진 프로젝트로 드론을 제작하기로 최종 프로젝트 목표로 설정하였습니다. 임베디드 소프트웨어(embedded software)란 일반 PC를 제외한 각종 전자제품, 정보기기 등에 설치된 마이크로 프로세서에 미리 정해진 특정기능을 수행하는 소프트웨어를 내장시킨 시스템을 말합니다. 저는 우선 LED 매트릭스 보드에 프로그래밍을 통하여 게임을 만드는 프로젝트를 진행한 후, LED 매트릭스 보드가 어떤 기능을 동작할 수 있을지 파악을 하고, 그 결과로 어떤 게임을 만들지 계획을 하였고, “길건너 친구들” 게임을 모티브로 한 게임 기획, 제작 및 시연회를 개최 하였습니다. 2번째로는 stm32f103c8t6 칩을 통해서 칩의 여러가지 기능을 통한 주변장치들에 대한 제어 실습을 통해 본격적인 임베디드 관련 실습을 수행하였습니다. 임베디드에 처음 입문해서는 사실상 아무것도 모르는 상태였는대, 인터넷 검색, 칩의 레퍼런스 메뉴얼, 회사내 프로그래밍 메뉴얼 책자를 보면서 지도교사의 도움을 추가하여 가면서 작업을 진행하였습니다. 그리하여 2주뒤에는 LED제어, KEY제어 USART 통신, 인터럽트, 타이머 기능을 임베디드 프로그래밍을 통해 컨트롤 해보았습니다. 마지막 과정으로는 드론 제작 회사에 구비되어 있는 저가형 드론의 외형과 모터만을 사용해서 드론을 재제작하는 프로젝트를 진행하였습니다. 저가형 드론을 가지고 하드웨어, 소프트웨어 부분은 많은 수정과 제작을 반복 하였고, 기존에 내장되어 있던 드론의 보드를 제거하고 대신에 stm32f103c8t6 보드를 새로 탑재하여서 직접 작성한 코드를 통해 드론 작동 모터 제어를 작동하였습니다.(총 865자)			
서류 평가	• 4개월간의 현장실습 경험 보유 • 임베디드 프로그램 사용 경험			
면접 질문	• LED제어, KEY제어 USART 통신, 인터럽트, 타이머 기능에 대해 설명해 보세요. • 몇명이서 프로젝트를 진행하였고 최종완료시 까지 작업기간이 얼마나 걸렸나요?			

□ 전공: 전자공학과(전기공학과)

<table>
<tr><th colspan="2">전공 및 분야</th><th>전자공학 계열</th><th>업종·기업</th><th>전자기기 부품 – 대기업 및 중견기업</th></tr>
<tr><td>구분</td><td>지원
직무</td><td>임베디드시스템
(통신장비 등)</td><td>요구 사항</td><td>• 임베디드 분야 관심자
• Ubuntu(우분투)/리눅스 가능자</td></tr>
<tr><td>질문
항목</td><td colspan="4">지원한 직무와 관련하여 본인이 보유한 전문성에 대해 서술하고, 이를 바탕으로 본인이 지원한 직무에 적합한 사유를 구체적으로 서술해 주시기 바랍니다.(1,200자)</td></tr>
<tr><td>자
소
서</td><td colspan="4">[우분투 및 리눅스로 임베디드시스템 개발 환경을 구축해 보다]
2022년 7월 하계 현장실습으로 인천 송도 소재 ㈜유넷의 생산팀에서 일을 하였습니다. 회사는 기지국, 중계기 등의 망관리 및 통신관련 디지털 솔루션 개발전문업체였습니다. 저는 통신장비 컨트롤러와 계측기 디지털 회로 및 소프트웨어 개발팀에서 주력 제품들의 생산 제조과정 참여하여, 임베디드 시스템에 대한 전반적인 이해와 이론 및 적용 MCU, 임베디드 보드(기종: AT91SAM9X5-EK)에 대한 학습과 데이터시트 숙지로 Host PC-Guest PC-타깃보드 간의 디렉토리 공유를 통한 실제 개발환경을 구축하였습니다. 먼저 생산부서에서 자동응찰기의 기능 및 제조방법, 응찰기의 제조과정 중 전원부의 전력공급장치를 직접 조립해 보는 실습을 하였고, 각 버튼의 기능과 Lcd 출력 방식에 대한 학습 후 배터리와 액정 판넬 등에 들어가는 스펀지, 고무패드 등 세세한 부분까지 직접 붙이고 조립하는 실습을 하였습니다. 자동응찰기의 하드웨어 부분에 대해 실습하고 RF(ZigBee)파일과 GUI가 어떻게 구성되어있는지를 파악 후, 완성된 하드웨어에 다운로드하는 작업도 해보았습니다. MCU 방산 감지장치를 직접 조립하고 기본적인 리눅스 명령어를 숙지하여, 직접 디렉토리와 파일을 생성 또는 삭제하는 과정과 테라텀(Linux)에서의 vi 텍스트 편집과정 까지 실습해 보았습니다. 추가로 전반적인 회사내 개발환경을 꾸미는 작업으로 서버용, 작업용으로 최소 2대의 PC가 필요했는데 이것을 한 컴퓨터에서 이루어 내기 위하여 하나의 PC에 가상머신을 설치하기로 하고 가상머신 위에 Ubuntu OS를 설치하고 네트워크 설정을 통해 host PC(windows)와 guest PC(Linux, Ubuntu)간의 통신을 ping test를 함으로써 제대로 이루어지는 프로세스의 흐름을 확인하였습니다. 또 Virtualbox 내의 공유폴더를 생성해 보고, 삼바(SAM-BA)툴을 이용한 공유폴더도 생성하여 가상PC-Host PC간에 원활한 파일공유가 가능한 것도 확인하였습니다. 개발환경을 구축하기 위해서는 첫째로 타깃보드(ARM, AVR, 8015 등)가 필요한데 이것은 기업측에서 교육용으로 준비해준 Atmel 사의 AT91SAM9X5-EK를 사용하였습니다. 두 번째로 중요한 것은 컴파일러였는데, 사용된 타깃보드는 ARM기반의 MCU였으므로 arm-none-linux-gnueabi-gcc 라는 크로스컴파일러를 Ubuntu상에 설치하였습니다. 기초적인 텍스트 출력 코드를 작성하여 컴파일 과정을 수시로 확인해 보고 마지막으로 한 일은 host PC와 타깃보드 간의 통신이었는데, 이것은 타깃보드와 host PC를 랜선으로 연결하여 이더넷(Ethernet)통신 환경으로 구축하였습니다. 그리하여 host PC의 IP와 서로 통신이 가능하도록 타깃보드의 IP를 설정해 주고, ping test를 통해 서로간에 이상없이 ping을 주고받는지 최종확인을 하였습니다.(총 1,173자)</td></tr>
<tr><td>서류
평가</td><td colspan="4">• 기업체 현장실습 경험
• Ubuntu OS/host PC(windows)/guest PC(Linux, Ubuntu)간의 환경구축 경험</td></tr>
<tr><td>면접
질문</td><td colspan="4">• 임베디드 시스템 구축방법에 대해 설명해 보세요.
• 실습중 본인이 구축한 임베디드 시스템에 대한 프로세스를 설명해 보세요.</td></tr>
</table>

□ 전공: 전자공학과(전기공학과)

<table>
<tr><th colspan="2">전공 및 분야</th><th>전자공학 계열</th><th>업종·기업</th><th>전자기기 부품 – 대기업 및 중견기업</th></tr>
<tr><td>구분</td><td>지원
직무</td><td>품질관리
(3D프린터 등)</td><td>요구 사항</td><td>• 3D프린터 및 전자제품 생산분야 관심자
• 품질관리 업무 희망자</td></tr>
<tr><td>질문
항목</td><td colspan="4">지원한 직무와 관련하여 본인이 보유한 전문성에 대해 서술하고, 이를 바탕으로 본인이 지원한 직무에 적합한 사유를 구체적으로 서술해 주시기 바랍니다.(1,000자)</td></tr>
<tr><td>자
소
서</td><td colspan="4">[3D 프린터를 이용하여 3D 출력물에 대한 품질관리 업무를 수행해 보다]
3학년 동계방학 중 서울 강남 소재 (주)벤팀에서 현장실습을 하였습니다. 이 회사는 3D 프린터를 전문적으로 제조하여 판매하는 회사입니다. 저는 처음에 3D 프린터의 가장 기본적인 출력 방식, 출력물재료에서 부터 시작해서 개발회사 프린터의 구조에 이르기 까지 배웠습니다. 우선 출력 방식에는 선을 가늘게 뽑아 한 층 한 층 쌓아 올리는 방식인 FFF(FDM) 방식, 레진을 경화시킨 후 레이저를 조사해 층층이 쌓아 조형을 하는 SLA 방식, 분말을 기반으로 하는 선택적 레이저 소결 방식으로 대량의 작은 플라스틱 분말 세라믹 금속, 유리 분말을 레이저로 녹인 뒤 응고시켜 입체적으로 조형 하는 SLS 방식 등 여러 가지 방식에 대해 공부 및 실습을 하였습니다. 이 회사는 3D 프린터 중에서는 가장 흔한 FDM 방식으로 출력을 하고 있었으며, 출력물의 품질 향상을 위해 현재도 계속 연구개발 하고 있었습니다. 저는 이들과 함께 품질개선을 위한 연구 및 개발을 진행하는 동시에 다른 세계 유명 회사의 프린터들과 기능을 비교하기 위해 계속해서 다른 회사 프린터들을 구입하여 출력한 후 품질을 비교하였습니다. 예를 들어 Ultimaker, formlabs와 같은 회사의 프린터들을 구입했는데, 이 중에는 FDM 방식도 있고 SLA 방식도 있었으며, 심지어 DIY 식의 프린터도 있어서 각각 출력 후 피 출력물의 품질을 상세히 비교했습니다. 실습기간 중 지도교사님이 DIY 프린터가 고장 났다고 저보고 고쳐서 출력물을 뽑아보라고 지시를 하여 경험이 없는 저는 처음에는 매우 막막하고 어떻게 할지 전혀 감이 안 왔지만 기존 자료를 꼼꼼히 찾아서 분석해 보고 그 방식을 활용하여 1차로 진행하고자 하니, 지도교사님이 개인적으로 운영하고 있는 블로그를 알려주어 그 게시 내용을 보면서 요청 직원의 설명을 하나하나 들어가면서 해본 결과 고장난 프린터를 고칠 수 있었습니다. 또한 프린터를 설정하고 조절하는 프로그램으로는 아두이노, 큐라 등이 있고 이들에 대해서도 공부를 한 후 출력한 출력물의 품질은 생각보다 높았고 모든 출력물이 잘 나와 매우 뿌듯했습니다. 실습기간 중 가장 많이 한 것은 조립업무로 단순 조립이라고 하면 단순 반복 노가다라고 생각할 수 있지만 저는 조립을 하면서 3D 프린터에 많은 부품과 손이 정말 많이 간다는 것을 알아 점차 프린터가 어떤 원리로 어떻게 작동하는지 이해가 되서 어떻게 하면 오차가 줄어들고 출력물의 품질이 향상될까 라는 생각까지 할 수 있었습니다.(총 946자)</td></tr>
<tr><td>서류
평가</td><td colspan="4">• 제품에 대한 생산관리 및 품질관리 관련 업무 수행
• 2개월간의 관련분야 현장 실습 경험 보유</td></tr>
<tr><td>면접
질문</td><td colspan="4">• 3D 프린터 품질에 가장 영향을 많이 미치는 요소는 무엇인가요?
• 전자공학도로서는 드물게 품질관리 분야에 관심을 갖게 된 큰 이유가 있나요?</td></tr>
</table>

□ 전공: 전자공학과(전기공학과)

전공 및 분야		전기·전자공학	업종·기업	전자부품 – 대기업 및 중견기업
구분	지원 직무	회로설계 (OrCAD, PCB)	요구 사항	• OrCAD 구사 가능자 • PCB 납땜 가능자
질문 항목	지원한 직무와 관련하여 본인이 보유한 전문성에 대해 서술하고, 이를 바탕으로 본인이 지원한 직무에 적합한 사유를 구체적으로 서술해 주시기 바랍니다.(1,200자)			
자소서	[OrCAD를 이용하여 아날로그 전자회로 설계 및 PCB 회로도면을 재구성해보다] 2022년 동계 2개월 단기현장실습으로 경기화성 소재 (주)VEC에서 OrCAD를 이용하여 아날로그 전자회로 설계 및 PCB 회로도면을 재구성하는 실습을 하였습니다. 우선은 기업의 업무 프로세스를 알기 위해 이론 부분인 정보수집, 3C분석, 시장조사 단계부터 아이디어 도출, 그리고 소프트웨어, 하드웨어 개발과 제품양산에 이르기까지 전과정을 교육받았습니다. 이후 실전으로 데이터베이스 구축 기초 업무로 캐나다 BC(British Columbia)주에 있는 골프장의 위치 파악하고 각 골프장 사이트에 접속하여 스코어보드 비교분석과 더불어 그린과 티박스의 위치를 파악하는 업무를 수행하고 난 후 데이터베이스 업무와 BIGMAP을 바탕으로 확장된 업무를 수행하였습니다. 추가로 150개 이상의 웨어러블 디바이스의 동향 파악 등은 Notepad를 이용하여 html과 php로 다루었으며, 이미 구축된 서버에 통계자료 분석을 하는 것을 프로그래밍 하였습니다. 그리하여 데이터베이스로 부터 불러온 자료를 기반으로 제품의 전원부에 해당하는 부분을 학습하고 기기의 가장 기본이 되는 파워서플라이 동작 부분과 하드웨어에 대한 내용들을 바탕으로 OrCAD(Capture)를 이용하여 회로를 설계하였습니다. OrCAD Capture는 전자회로 설계와 문서화에 가장 널리 쓰이는 도면 설계 솔루션입니다. 통합환경에 의해 일반적인 회로도 입력은 물론 Block Diagram, 복잡한 PCB Block PCB, FPGA, CPLD등의 설계 대상에 관계없이 입력툴로 사용할 수 있어서, 설계자가 새로운 아날로그 회로를 설계하거나, 기존의 PCB의 회로도면을 재구성 또는 HDL 모듈로 디지털 회로를 구성하고자 할 때 사용하는데, 저는 이 툴을 이용하여 기존에 완성된 회로와 비교해 가면서 출력 값에 약간의 변화를 주었고(저항값의 차이 등), 제공받은 회도로의 초안이 다소 설계자가 업무 하기에 어려움이 있어서 문제가 있다고 보고 설계한 회로도를 바탕으로 PCB에 납땜을 하여 마무리 하였습니다. 이때 처음에는 납땜실력이 미숙하여 납땜이 손에 익을 때 까지 연습을 하였고, Charger와 DC-DC 컨버터, 그리고 레귤레이터로 연계되는 동작이 완료되는지 까지 확인하는 작업을 반복하여 수행하였습니다. 또한 기존의 완제품(MCU와 LCD, SPEAKER가 결합된 제품 등)에서 전원부만 제거하여 이제껏 제가 수행해 온 작업들이 제대로 동작을 하는지 확인하기 위해 연결을 하여 정상적으로 작용하는 것을 최종적으로 확인하였습니다. 이와 같은 전체 업무를 수행하면서 데이터시트 보는 방법, 하드웨어 구성 원리 및 동작방법, 실제로 IC에 납땜 까지를 해보면서 주어진 과정 중 어느 한 부분도 결코 간과해서는 안 된다는 것을 알게 되었습니다.(총 1,095자)			
서류 평가	• OrCAD(Capture) 구사 능력 보유 • 2개월간의 관련분야 현장 실습 경험 보유			
면접 질문	• OrCAD Capture CIS(Component Information System)에 대해 말해 보세요. • 대학 전공과목 공부중 납땜 교육 과정이 없었나요?			

□ 전공: 화학공학과

전공 및 분야		화학공학과 계열	업종·기업	화학산업 – 대기업 및 중견기업
구분	지원 직무	공정설계 (고압분체설계)	요구 사항	• 화학공학 계열 전공자 • 공정설계에 관심이 있는 자
질문 항목	지원한 직무와 관련하여 본인이 보유한 전문성에 대해 서술하고, 이를 바탕으로 본인이 지원한 직무에 적합한 사유를 구체적으로 서술해 주시기 바랍니다.(1,100자)			
자 소 서	[기술연구소에서 고압 분체 펌프 설계를 수행하다] 2021년 경기 판교 소재 한국기술연구소에서 2개월 현장실습 과정에 참여하여 고압 분체펌프 설계 과제를 부여받았습니다. 먼저 기존 연구소에서 연구중인 석탄 가스화 공정에 대한 논문 및 특허 자료 조사를 통해 공정에 대해 학습한 후 기류 수송을 이용한 건식 분체 이송 및 미분탄과 액체를 섞어 슬러리(SLURRY)를 제조하여 분체를 이송하여 가스화기에 공급한 경우 가스화 결과에 대한 자료를 분석하였습니다. 이를 통해 건식 분체이송의 장점에 대해 분석하고, 화학공정 설계 세미나 참석과 가스화 공정에서 “feeding system” 분야의 현재 사용되는 건식 분체 이송 방법에 대해 논문자료를 조사하여 정리하고 과정에 대해 분석하였습니다. 구체적으로는 Aerojet Rocketdyne사의 dry solids pump에 대한 자료조사를 통해 구조 및 미분탄 이송 원리 분석과 기존의 기류수송(Lock-hopper)방식과 비교하여 장점을 파악한 후, 피스톤, 석탄파쇄기와 dry solids pump의 혼합형, 전기적 인력을 이용한 고압분체 이송펌프설계 아이디어를 고안하였고 PPT 애니메이션을 통해 구현하였습니다. 그리고 발표를 위한 1차 고압분체펌프 설계 PPT를 제작한 후, 실험동의 3ton/day급 가스화 공정 시설 견학 및 세부 장비들의 실물 확인과 작동원리 및 역할에 대해 학습한 후 2차 고압 분체 이송펌프 설계를 위해 Dry solids pump의 단점을 보완하고, 원심력, 스크류를 이용한 펌프 아이디어를 고안하여 PPT 애니메이션을 통해 구현하였습니다. 그리고 2차 발표를 위한 PPT자료 제작과 PCHE 열교환기의 구조 및 원리에 대해 학습 후 열교환기 설계를 위한 열교환 면적, 열 전달량에 대해 계산하였습니다. 이후 석탄가스화의 결과에서 발생하는 슬랙과 슬랙을 활용한 지오폴리머에 대해 교육받은 후 지오폴리머의 활용(고로시멘트 대체, 여제 등)에 대해 교육을 받았습니다. 지오폴리머 분쇄 장치 및 세부 장비에 대해 교육받은 후 슬랙 분쇄실험 및 공정설계를 위한 장치 설계 프로그램에 대한 교육과 공정 설계시 진행 메커니즘에 대해 교육도 받았습니다. 이후 Aspen hysis 프로그램을 이용하여 PFD 작성하는 요령 및 방법과 각각의 장치의 역할에 대해 교육과 실습을 하였습니다. Dry solids pump의 미분탄 이송 원리 및 작용하는 힘과 상관관계에 대해 분석과 고체 및 기체시료의 분석의 종류, 분석장비와 장비의 분석 방법(공업분석, 원소분석, 회융점 분석, TGA, GC, IR, Electrochemical 등)과 장단점에 대해 교육 및 실습을 하면서 밸브, NFC 등 공정을 구성하는 세부 장비 요소들에 대해서도 학습할 수 있었고 PLC, HMI를 이용하여 공정을 그래픽화 하여 제어하는 것에 대해 학습하고 실습도 진행하였습니다.(총 1,091자)				
서류 평가	• 2개월간의 관련 업종 기업에서의 현장실습 경험 • 분체기술을 이용한 설계경험 보유			
면접 질문	• PCHE 열교환기의 구조 및 원리에 대해 설명해 보세요. • 지오폴리머에 대해 말해 보세요.			

□ 전공: 화학공학과

<table>
<tr><th colspan="2">전공 및 분야</th><th>화학공학과 계열</th><th>업종·기업</th><th>화학산업 – 대기업 및 중견기업</th></tr>
<tr><td>구분</td><td>지원
직무</td><td>공정설계
(플랜트. PCHE)</td><td>요구 사항</td><td>• CAD 프로그램을 사용가능자
• 공정설계 제작에 관심이 있는 자</td></tr>
<tr><td>질문
항목</td><td colspan="4">지원한 직무와 관련하여 본인이 보유한 전문성에 대해 서술하고, 이를 바탕으로 본인이 지원한 직무에 적합한 사유를 구체적으로 서술해 주시기 바랍니다.(1,200자)</td></tr>
<tr><td>자
소
서</td><td colspan="4">[Tool(Aspen Hysys, Aspen Plus, Aspen Energy Analysis)로 설계를 실습하다]
2022년 1월 부터 2개월 간의 현장실습으로 경기 평택 소재 대한기술연구원에서 플랜트 설계에 필요한 실제설계 상용 Tool(Aspen Hysys, Aspen Plus, Aspen Energy Analysis)로 설계 과정 전체를 직접 절차를 밟아가며 실습해 보고, 각 Tool에 대한 이론과 사용방법을 습득하였습니다.
1단계 실습 순서는 1) 연구원에서 연구중인 SNG Synthesis Process에 대해서 이해(메탄합성 실증공정 설계도서 등을 이용), 2) 다양한 SNG 연구 사례와 Design Basis부터 Block Flow Diagram까지 이해(Hardor Topsoe 사의 공정 활용), 3) P&ID에 사용된 PIP 코드의 기호를 이해(Controller와 Stream의 물성들이 설계 조건과 어떤 관련이 있는지 이해: Reactor 온도, 압력, 조성비 등) 하였습니다. 2단계로는 1) 공정 설계 주제 선정을 위하여 자료 조사(메탄올 합성 공정 등), 2) Design Basis 선정 및 양론비 계산, 3) Reformer와 Methanol Reactor의 Reaction을 찾고, Kinetic Data 검색 및 참고문헌 정리, 4) Battery Limit, Block Flow Diagram 그리기, 5) Aspen HYSYS에 Case를 만들고, Components 입력 및 Fluid Pakage 선정하기 까지 하였습니다. 3단계로는 1) Bio Gas를 Feed로 재선정하여, 각 Unit의 Stream에 관한 조건을 선정(Reformer 조건: 900°C, 1bar Methanol 합성 조건: 250°C, 50 bar 이상, 2) Recycle Ratio 선정(Purge Gas와 Recycle Stream간의 Case를 선정하여 가장 최적의 Case를 선택함), 3) 설계 과정에 대한 근거들을 정리하고 지시내용 수정, 4) Aspen Hysys로 공정 모사하기를 수행하였습니다. 마지막 4단계로는 1) 열교환기의 타입 조사, 2) 응축이 필요한 지점의 Dew Point 계산, 3) Compressor의 유출 온도, 4) Methanol Reactor로 유입되는 양을 조사한 후 마무리 하였습니다. 각 단계별로 구현이 가능했던 CAD 프로그램을 사용하여 절차에 따라 필요시 직접 PFD까지 작성해 봄으로써 플랜트 설계에 대한 이해도를 높일 수 있었습니다. 또한 단계별로 매주 업무 회의에 참여하여, 토론과 의견공유를 통해 과제를 해결해 나가는 방식을 배울 수 있었고, 설계를 통해서 경제성 평가를 하는 부분도 배워서 PCHE라는 새로운 분야도 알게 되었습니다. 이러한 경험으로 플랜트 공정의 EPC와 운영하는 전반에 대한 Project Manager가 되고 싶습니다. 이를 위해 입사후 화학공학에 대한 이해력을 바탕으로 부서원들과 의견 조율, 의견 전달법 등 필요한 역량을 계속 쌓아 나갈 것입니다.(총 1,185자)</td></tr>
<tr><td>서류
평가</td><td colspan="4">• 2개월간의 관련 업종 기업에서의 현장실습 경험
• 공정설계 경험 및 CAD 프로그램 가능</td></tr>
<tr><td>면접
질문</td><td colspan="4">• PCHE(차세대열교환기)에 대해 설명해 보세요.
• Aspen Hysys, Aspen Plus, Aspen Energy Analysis의 차이를 설명해 보세요.</td></tr>
</table>

□ 전공: 화학공학과

<table>
<tr><th colspan="2">전공 및 분야</th><th>화학공학과 계열</th><th>업종·기업</th><th>바이오 업종 – 대기업 및 중견기업 등</th></tr>
<tr><td>구분</td><td>지원
직무</td><td>바이오 지문인식
(바이오인식)</td><td>요구 사항</td><td>• 바이오인식 관련학과 전공자
• 화학 또는 광학 업무 수행 가능자</td></tr>
<tr><td>질문
항목</td><td colspan="4">지원한 직무와 관련하여 본인이 보유한 전문성에 대해 서술하고, 이를 바탕으로 본인이 지원한 직무에 적합한 사유를 구체적으로 서술해 주시기 바랍니다.(1,100자)</td></tr>
<tr><td>자
소
서</td><td colspan="4">[시스템이 생체지문으로 인식하도록 하는 위조지문을 제작하여 취약점을 보완하다]
2021년 7월 부터 2개월간 경기 성남에 소재한 지문인식과 얼굴인식 기술을 기반으로 출입통제, 근태관리, 모바일 인증 등을 전문으로 보안기업 (주)바이오Q에서 현장습을 하였습니다. 지문 인식이란 지문 이미지를 통해 본인을 인증하는 것으로 지문 인식 방법에는 크게 광학식 지문인식과 반도체식 지문인식이 있는데 핸드폰이 아닌 지문인식기의 경우 주로 광학식 지문인식기를 사용하여 정밀도를 높이고자 합니다. 하지만 광학식 지문인식기의 경우 지문 형상을 통해 본인인증을 하므로 지문 형상만 얻어내면 타인의 지문을 사용할 수 있는 위조 지문을 제작할 수 있습니다. 따라서 지문인식기는 이러한 위조 지문을 막고자 LFD기능이 내장됩니다. 이 LFD 기능은 해당 지문 인식기가 얼마나 보안성을 갖는지를 판단합니다. 저는 실습 중 이러한 LFD 기능을 무력화시키는 다양한 위조 지문을 제작하는 것이었습니다. 또한 어떠한 재질의 위조 지문이 LFD 기능을 무력화 시키는지, 어떤 재질이 무력화 시키지 못하는지에 대한 다양한 데이터를 수집하여 회사의 경쟁력을 높여줄 뿐만 아니라 더 나은 제품을 만들 수 있도록 하는 것이 저의 실습 주요 내용이었습니다. 제가 이 과정에서 맡게 된 프로젝트는 다양한 위조 지문을 제작하여 기존에 있던 지문 인식기를 무력화 하는 것입니다. 앞서 언급한 것처럼 반도체식과 광학식 중 반도체식은 지문의 형상을 전류로 광학식은 광원에 의해 반사된 형상을 얻는 것인데, 일반적인 지문인식기란 광학식으로 광원에 의해 형상을 얻게 되는 것으로, 이로 인해 지문을 인위적으로 만든 위조 지문이 지문 인식기를 혼동시킬 수 있게 됩니다. 이러한 일을 방지하고자 지문인식기에는 지문을 인식할 때 지문의 생체 정보를 파악하는 시스템이 내장됩니다. 저는 이 시스템이 생체지문으로 인식하도록 하는 위조 지문을 제작하여 시스템의 취약점을 파악하는 프로젝트를 담당하였습니다. 지문 인식기는 빛의 반사율, 피부의 유전율 등의 인간의 생체 피부 특성을 사용하여 생체 지문 여부를 판단합니다. 대부분의 지문인식기에서는 빛의 변화된 특성 차이를 통해 판별하는 광학식 검출법을 사용합니다. 이러한 검출 방법에 유의하며 위조지문 제작 재료 및 제작 방법을 분석하였습니다. 각 제작 회사마다 검출 방법이 다르기에 다양한 재료로 제작을 하였으며 최적의 제작방법을 도출하였습니다. 이 결과를 가지고 다양한 데이터를 얻어 지문 인식기 간의 차이를 비교한 후 광학식 지문 인식기 이기에 발생할 수 있는 외부광(빛)의 유입에 따른 잔류지문 및 생체지문의 위조지문 인식률의 변화율 또한 분석해 보았습니다.
(총 1,005자)</td></tr>
<tr><td>서류
평가</td><td colspan="4">• 2개월간의 관련 제조기업에서의 현장실습 경험
• 시스템의 취약점을 파악하는 프로젝트 실습 경험</td></tr>
<tr><td>면접
질문</td><td colspan="4">• 광학식 지문인식과 반도체식 지문인식의 과정에 대해 설명해 보세요.
• LFD개념 및 그 기능에 대해 설명해 보세요.</td></tr>
</table>

□ 전공: 화학공학과

<table>
<tr><th colspan="2">전공 및 분야</th><th>화학공학과</th><th>업종·기업</th><th>석유화학플랜트 – 대기업</th></tr>
<tr><td>구분</td><td>지원 직무</td><td>플랜트</td><td>요구 사항</td><td>• 관련학과 전공자
• 플랜트분야 직무 수행 경험자</td></tr>
<tr><td>질문 항목</td><td colspan="4">직무분야에 지원하게 된 이유와 선택직무에 본인이 적합하다고 판단할 수 있는 이유 및 근거를 제시해 주십시오.(최소 800자, 최대 1,200자 입력가능)</td></tr>
<tr><td>자
소
서</td><td colspan="4">[기업체 현장실습을 통해 플랜트의 눈 C&I를 직접 판독해 보다]
화공플랜트에서는 각 공정의 흐름을 파악하고 그 값을 조절해 줄 수 있는 것이 바로 Control & Instrument, 즉 C&I입니다. 구체적으로 화공플랜트에서의 수많은 FT, PT, LT, TT 등의 계장설비로 DCS와 Local Panel 등을 통해 설비의 현황을 관측하고 Control Valve 등을 통해 이를 조절해 줄 수 있게 해주는 장치입니다.
저는 4학년 2학기중 전남여수 소재 ㈜금피의 관련팀에서 6개월간 인턴 활동을 하면서 24시간 가동하는 화공플랜트에서 DCS와 계장설비들을 보며 화공플랜트에서 눈이 어떤 것인지를 알게 됐습니다.
우선 저는 출근하자마자 정규직원이 아니었기에 플랜트 인턴과정 중 가장 생소했던 C&I에 친숙해지기 위해 노력했고, 어느 정도 흐름이 눈에 들어오게 되자 플랜트의 P&ID(공정 배관 계장도)의 열람도 상사님께 요청을 하여 각 구역별 세부적인 설계를 볼 수 있었습니다. 각 공정상의 정상운전(Normal Operation), 비상운전(Emergency Operation), 시운전(Start-Up Operation) 및 운전정치(Shutdown) 시에 필요한 모든 공정장치, 동력기계, 배관, 공정제어 및 계기 등을 점검하였고, 이들 상호간에 연관 관계를 나타내 주는 상세설계, 건설, 변경, 유지보수 및 운전을 하는 데 기본이 되는 P&ID를 통해 LT, LI, LGT, PV, PSV, FI 등 수많은 계장설비와 Control V/V의 배치 그리고 해당 계장이 Local이나 DCS에 수용됐는지도 판독할 수 있는 역량을 갖추게 되었습니다. 또한 P&ID에 표시되어야 할 사항으로는 모든 계기 및 자동조절밸브 등이 표시되어야 하며, 표시에는 센서, 조절기, 지시계, 기록계, 경보계 등을 포함한 제어계통 각호의 사항 등이 반드시 포함되어야 한다는 것도 배웠습니다.(642자)

[팀원과의 협업을 통해 캡스톤디자인(졸업작품 설계)을 마무리하다]
장기현장실습 도중 마지막 2개월은 그동안의 경험을 바탕으로 팀을 만들어 마지막 남은 졸업작품을 완성해 보기로 하였습니다. 화공, 안전, 환경, 배관 설계 그리고 구매, 시공 등의 업무는 다른 부서 사람들과의 협업이 필수적인 자리인데 가장중요한 것이 리더십과 커뮤니케이션 능력이었습니다. 저는 인턴팀 관리 Project 팀장과 협의후 주제를 설정하고 졸업설계 작품 완성팀의 조장을 맡을 수 있었습니다. 회사내 팀원간은 Zoom과 오프라인 병행 미팅을 기획하고 주차별 공정과 각자가 수행해야 할 부분을 나누어서 일정을 조정하였습니다. 또 여러 파트의 의견을 수용하고 정리하며 매주 팀원들간의 차이가 나는 부분은 의견을 조율했습니다. 그 결과 팀원들 모두의 역량을 최대한으로 끌어낼 수 있었고 2차로는 팀장님에게 문제점과 대안에 대해 수정할 내용을 지시 받았고 몇 번의 반복을 거쳐서 최종 작품을 완성하였습니다.(총 1,020자)</td></tr>
<tr><td>서류 항목</td><td colspan="4">• 충분한 이론을 겸비하여 4학년 2학기에 현장실습을 수행하다.
• 학과공부 중 실습과 조직력을 동시에 수행해 보다</td></tr>
<tr><td>면접 질문</td><td colspan="4">• 졸업작품에 대해 수행한 내용을 구체적으로 이야기 해주세요.
• 단기간의 현장실습과 졸업작품 설계를 동시에 병행할 수가 있었나요?</td></tr>
</table>

□ 전공: 화학공학과

전공 및 분야		화학공학과 계열	업종·기업	화학제품제조 – 대기업 및 중견기업
구분	지원 직무	화학약품제조 (표면처리)	요구 사항	• 표면처리 업무 관련 업무 관심자 • 화학공학관련 전공 및 약품개발 경험자
질문 항목	지원한 직무와 관련하여 본인이 보유한 전문성에 대해 서술하고, 이를 바탕으로 본인이 지원한 직무에 적합한 사유를 구체적으로 서술해 주시기 바랍니다.(1,000자)			
자소서	[전해도금 및 전기도금 원리 실습 및 습식분석과 기기분석 업무를 보조해 보다] 2022년 하계 기업체 현장실습과정으로 경기 안산 소재 ㈜엠텍에서 화공약품 실험을 하였습니다. 이 회사는 대표적인 표면처리 기업으로 화학약품(금도금용) 제조, 도매, 화학제품 제조를 전문으로 하는 업체였습니다. 제가 수행한 업무는 교육으로는 1) MSDS에 대한 교육(Material Safety Data Sheet로 물질안전 보건자료라고 하며 화학물질을 안전하게 사용하고 관리하기 위하여 필요한 정보를 기재한 Sheet로 제조자 명, 제품명, 성분과 성질, 취급상의 주의, 적용법규, 사고시의 응급처치방법 등이 기입되어 있고 대상 화학 물질의 유해성, 위험성을 파악하는데 도움이 되도록 취급상 주의사항 및 응급조치 요령, 사고 시 대처방법 등), 2) 안전관리 교육: 도금공장 내에서 일어나는 사고의 종류에 대해 배우고 일반적 재해와 안전관리에 대해 배웠습니다. 이후 본격적으로 실습 및 분석작업에 들어가 습식분석 및 기기분석 보조업무를 시작하였는데 습식분석이란 시료와 시약을 용액으로 만들어 화학 반응을 통하여 그 화학 성분을 조사하는 분석법을 말하며 그 중 주로 산화환원 적정법을 사용하여 분석을 실시하였으며, 산 성분으로 시편에 거칠기를 주는 에칭액 뿐만 아니라 주석 도금액으로 사용하는 MT-100, MT-200에 대하여 습식분석을 실시하여 액이 소모되었을 때 얼마만큼의 양을 더 보충해주어야 하는지에 대한 양을 파악하기 위해 분석을 실시하였고 실제로 현장에 적용되는 부분이기 때문에, 주의 깊게 분석을 실시하였습니다. 이어서 기기분석이란 비교적 고도의 메커니즘을 가진 기기를 이용하여 물질이 갖는 물리적·화학적 특성을 검출함으로써 이루어지는 분석법을 말하는데 시료용액 속에 전극을 삽입하여 전지를 형성시켜 이 전지의 기전력·저항·전기전도도·통과전기량 등을 측정하는 전기화학적 분석법과 시료에 들어 있는 각종 성분을 자동적으로 분리시켜 각 분리성분의 물리적 측정량을 구하는 분리분석법, 모든 파장의 전자파의 발생 또는 흡수를 자동적으로 측정하여 화학분석을 하는 전자파분석법을 사용하여 기기분석을 실시하였습니다. 마지막 단계로 도금실습은 무전해 도금과 전기도금에 대한 실험 보조업무로 무전해 도금은 환원제는 금속이온이 금속분자로 환원되도록 전자를 공급하여 이 반응은 촉매 표면에서 일어나도록 했고, 전기도금은 전기에너지를 이용하여 금속 또는 비금속 소지에 다른 금속의 피막을 만들어주는 방법으로 전류를 흘려주어 도금하였고 전류, 전압, 시간의 조건과 용액을 달리하며 실험을 진행하였습니다.(총 997자)				
서류 평가	• 2개월간의 관련기업에서의 현장실습 경험 • 전해도금 및 전기도금 원리 실습 및 습식분석과 기기분석 업무를 보조			
면접 질문	• 전해도금 및 전기도금 원리에 대해 말해 보세요. • 습식분석과 기기분석 업무과정을 개략적으로 비교하여 말해 보세요.			

□ 전공: 환경안전공학과

전공 및 분야		환경안전공학과	업종·기업	환경안전업 – 대기업 및 중견기업 등
구분	지원 직무	화학안전컨설팅 (PFD 시험)	요구 사항	• 환경안전공학 관련 전공자 • PFD 시험 평가업무 가능자
질문 항목	1. 지원한 직무와 관련하여 본인이 보유한 전문성에 대해 서술하고, 이를 바탕으로 본인이 지원한 직무에 적합한 사유를 구체적으로 서술하세요(한글 1,000자) 2. 우리회사를 지원한 이유와 입사 후 회사에서 이루고 싶은 꿈은?(한글 700자)			
자소서	[화학사고예방관리계획서 작성법 및 각 평가항목과 평가기준에 대해 배우다] 2022년 9월 부터 경기 시흥 소재 경기화학시험원에서 4개월간 현장실습을 진행하였습니다. 이 시험원에 실습 개시전 각 유해물질에 대한 물리학, 생물학, 화학적 수처리를 수강하면서 유해물질별 효과적인 제거방법에 대해 익혔고, msds와 도움이 되는 사이트인 ncis를 통해 물질의 특성 위험도, 독성에 대해 분석을 하였습니다. 시험원은 각종 환경측정기기검사 이외에 화학물질관리 컨설팅으로 화학사고예방관리계획서, 설치검사, 정기검사 등과 같이 업체들의 공장가동에 있어 화학사고를 예방하기 위한 컨설팅도 하였습니다. 저는 화학사고예방관리계획서 작성 매뉴얼에 대해 교육을 받은 후 컨설팅 업무에 대한 역할 및 적용분야에 대해 배웠습니다. 교육을 받으면서 장외평가정보 및 유해 화학물질 취급 방법에 대해 현장실습을 하는 곳은 공장가동을 위한 화학물질관리 컨설팅을 진행해 주는 회사이기 때문에 여기에서 다양한 공장의 정기검사를 맡으면서 바로 실무에 들어가 일을 하였습니다. P&ID 공정배관계장도의 역할과 legend를 통해 도면을 보는 방법에 대해 배우면서 각 화학물질마다 흐르는 배관과 장치의 PSV(안전밸브)를 표시하는 마킹 작업도 진행하였습니다. 기관은 대부분 화학물질관리법에 따른 컨설팅을 진행하기 때문에 화학물질관리법에 무게를 두고 검사를 실시하며, 타 법과의 관계도 비교하며 추진계획을 세우고 PFD 공정흐름도에 대해 기업에서 주로 쓰는 화학물질에 대해 그리고 기관이 맡은 화학물질에 대한 물질수지표 및 ncis에 따른 유독물질, 사고대비물질에 대한 정보를 얻은 후 흐름도를 보며 화학물질 비율이 유독물질의 함량을 넘는지에 대해 비교를 한 후, 물질수지표를 종합하여 PFD에 물질흐름을 마킹하였습니다. 정기검사에 사용할 PFD 도면에 유해물질의 흐름일 경우 물질수지표를 통해 계산하여 유독물질 함량 이상 유무를 판단하고 이상일 경우 마킹작업을 한 후 PFD도면을 바탕으로 공정배관계장도(P&ID)에도 마킹 작업을 하였습니다. 이후 유해물질 함량, 비중과 장치의 용량을 통해 무게를 구한 후, 최종적으로 정기검사의 공정안전보고서를 위해, 유해 위험설비 설비 명세서를 비교하며 누락된 것이 있는지에 대해 검토를 하였습니다. 이 정보를 통해 위험도 판정 사고 시나리오를 파악할 수 있는 코라(KORA)프로그램을 사용하였고, 화학사고예방관리서 평가업무 작성을 마무리 짓기 위해 목록 순서에 맞게 처리 완료 후 각종 평가업무를 완료하였습니다.(총 970자)				
서류 평가	• 4개월간의 관련 기업에서의 현장실습 경험 • 코라(KORA)프로그램을 사용 경험 보유			
면접 질문	• PFD 공정흐름도에 대해 말해 보세요. • 물질 수지표에 대해 설명해 보세요.			

□ 전공: 환경안전공학과

전공 및 분야		환경안전공학과	업종 · 기업	환경안전업 – 대기업 및 중견기업 등
구분	지원 직무	화학안전컨설팅 (화사예)	요구 사항	• 환경안전공학 관련 전공자 • 화학사고 예방관리 계획서 이해 가능자
질문 항목	1. 지원한 직무와 관련하여 본인이 보유한 전문성에 대해 서술하고, 이를 바탕으로 본인이 지원한 직무에 적합한 사유를 구체적으로 서술하세요(한글 1,100자) 2. 우리회사를 지원한 이유와 입사 후 회사에서 이루고 싶은 꿈은?(한글 700자)			
자소서	[화학사고 예방관리계획서에 대해 교육을 받고 안전관리기법에 대해 실습하다] 경기 판교에 소재한 화학물질관리 법인 허가서류, 환경안전 학술연구개발 전문 기업인 ㈜ JEM에서 2020년 하계방학 때 1차 2개월 실습에 이어 이번는 학기제 4개월 심화실습 과정으로 실습을 수행하였습니다. 1차 실습과는 좀더 심도 있게 업무 또한 화학안전컨설팅이기 때문에 크게 화학물질관리법과 화학사고예방관리계획서라는 큰 틀안에서 움직이는 업종이므로, 이를 더 깊게 이해하기 위해 화학안전원 및 타 법령의 처리기관에서 배포한 자료를 정리하는 것이 1차로 저의 목표였습니다. 이론 실습은 화학사고예방관리 계획서라는 큰 틀 안에서 설치검사 및 정기검사와 같이 다양한 검사를 컨설팅 해주는 업종이기 때문에, 화학사고 예방관리 계획서(화사예)의 교육이 많이 이루어졌습니다. 또한 교육에서 모자란 부분은 실무에 바로 적용하여 짧게 짧게 포인트로 교육을 받은 후 바로 적용하니 법령 및 기준에 대해 더 쉽게 알 수 있었습니다. 특히 저의 주된 업무는 “화사예” 1장, 2장, 3장 즉 기본정보, 시설정보, 장외 평가정보를 다루는 작업으로, 저장량에 대해 다루는 비상대응요약서, 총괄취급, 세부취급개요서, 장치명세정리 및 대표성 물질 7호서식에 대한 작성을 했습니다. 이 작업은 많은 공정 중 다양한 장치의 저장량을 다루기 때문에 만약 저장량이 다른 값이 나오면 다시 찾아봐야 되기 때문에 시간 소요가 커 최초 작성시 꼼꼼하게 하는 것이 중요합니다. 그 밖에 코라(kora) 프로그램을 통해 총괄영향범위나 장치별 시나리오 분석을 통해 시나리오 관리를 하는 작업과 장치의 물질이 추가될 경우, 변경 제출을 통해 총괄 영향을 재분석하였습니다. 또한 PID와 장치명세의 온도 압력값 및 용량값을 맞추기 위해 용량값 산정방법을 익혀 용량을 계산하고 값을 맞추기 위해 공정별 PSM 자료를 통해 확인했습니다. 부가적인 CAD 수행작업으로는 회사의 공정용 전기 캐드도면을 원본 파일 및 업데이트 파일과 비교하여 cad의 수치, 심볼, DWG NO. 및 기타 값등 맞게 되었는지 재확인하였습니다. 클레임으로는 업체 보완사항을 다시 수정하기 위해 코라(kora)프로그램을 통해 별지 11호 사고 시나리오, 사업장 주변지역 영향평가와 별지 13호 서식 사고 시나리오별 시설 빈도를 확인하였습니다. 이때 11호와 13호 서식의 주민수는 코라에 다르게 입력하는데 그 이유는 업체가 국가산단지역일 경우 11호는 산업단지+일반산단+일반공업의 주민수 근로자 수가 다 들어가는 한편, 13호 서식은 일반공업지역만 입력하기 때문에 입력하는 주민수가 다르다는 것을 배웠습니다.(총 1,000자)			
서류 평가	• 2회에 거쳐 6개월간의 관련 기업에서의 현장실습 경험 • PID와 장치명세의 온도 압력값 및 용량값을 맞추기 위해 용량값 산정 실습 경험			
면접 질문	• PSM(공정안전보고서)에 대해 말해 보세요. • 코라(kora) 프로그램에 대해 설명해 보세요.			

실전 면접 Q&A(※복사 또는 인용금지 - 이하동일)

□ 분야: 나만의 특장점

[전학과 공통]

<table>
<tr><th colspan="2">전공 및 분야</th><th>전학과 공통</th><th>업종·기업</th><th>전 업종 및 전 산업 공통</th></tr>
<tr><td>구분</td><td>지원
직무</td><td>나만의 특장·점</td><td>요구 사항</td><td>• 지원회사에 대한 각종 준비
• 지원직무에 대한 교차직무 준비 내용</td></tr>
<tr><td>질문
항목</td><td colspan="4">네, 이제 면접이 거의 다 종료가 되었습니다. 마지막 질문입니다. 내가 왜 이번 면접에서 꼭 뽑혀야 하는 남다른 이유가 있다면 말씀해 주세요. 준비된 응시자 부터 먼저 손을 들어 답변하시면 되구요, 답변 시간은 1분입니다.(※ 글자수는 참고용임)</td></tr>
<tr><td>답변
내용</td><td colspan="4">[이공계–회계공부: 직무준비(반도체설계)]
저는 반도체공학을 전공하였습니다. 반도체설계는 분명 회계나 재무와는 크게 관련이 없을 수도 있습니다. 그러나 저는 그렇게 생각하지 않습니다. 대학 3학년 1학기 때 전공과목 공부중 경기화성 소재 반도체장비 제조공장에 견학을 갔었습니다. 그런데 사무실 한쪽벽 화이트보드에 “원가절감, 줄이지 못하면 우리는 죽는다.”라는 적색 글씨가 쓰여져 있었습니다. 좀 무섭기도 한 표현이었는데요 저는 이후 틈틈이 회계분야에도 관심을 갖고, 회계원리와 원가회계 등을 공부하면서 직접재료비와 간접재료비 등 원가구성에 대해서도 공부하였습니다. 반도체는 성능도 중요하지만 반도체원가 구성부분도 중요하여 회계지식 또한 필요하다고 생각합니다.(276자)

[인문계–SNS: 직무준비(해외마케팅)]
대학졸업 후 철강산업 분야에서 일하고자 하였습니다. 그러나 저는 전공이 신소재공학이나 화학공학도 아닌 국어국문학입니다. 그래서 저학년때 부터 장차 철강기업의 해외 마케팅 업무에 필요한 국제경제학을 2018년 대학 2학년 때 부터 복수전공하면서 철강관련 전문 제 개인 블로그를 오픈하였습니다. 우선 이 분야 전문지식이 없어서 복수 전공과목 공부 중 배운 내용을 요약하여 먼저 올리고 나서, 콘텐츠를 다양화하기 위해 틈틈이 국내외 철강관련 뉴스 스크랩, 철강 산업에 대한 기본적인 이론 정리, 포스코 등 세계적인 관련기업 동향, 심지어 철강기업 임원들에 대한 프로필 까지도 올렸습니다. 3년이 지난 현재까지 구독자수는 약 70여 명입니다. 면접에서 주소를 말씀드릴 수는 없지만 네이버에서 키워드로 철강을 치시면 제 블로그 내용에 대한 확인이 가능합니다.
(※ 참고(웹주소): https://blog.naver.com/0XXXqark) (322자)

[인문계–SNS: 직무준비(온라인마케팅)]
저는 철학을 전공하였습니다. 대학 입학 때는 기자가 꿈이었는데 하루가 달라져 가는 ICT 및 IOT 사회의 변화된 추이를 보고 온라인마케팅 분야에서 일해 보고자 방향을 바꾸었습니다. 이후 2019년 부터 퍼포먼스마케팅과 유튜브 인플루언서에 대해 공부를 한 후, 저도 유튜브를 우리들 MZ세대가 관심이 많은 “핸드폰”을 주제로 미리캔버스, 프리미어 프로, 애프터이펙트 등을 활용하여 오픈하였습니다. 지역별 핸드폰성지 리스트와 탐방 및 인터뷰, 제조사별 스마트폰 신상품의 기능, 카카오톡 서랍장 만들기 등의 유용한 동영상을 먼저 20여개 올렸고, 이후는 동영상을 보고 난 구독자들의 댓글 내용을 보면서 사례별로 필요로 하는 동영상을 제작하고 있으며 현재 구독자수는 150여 명입니다.
(※ 참고(웹주소): https://www.youtube.com/watch?v=XXXPT0jtZAQk) (295자)</td></tr>
</table>

□ 분야: 나만의 특장점

전공 및 분야		전학과 공통	업종·기업	전 업종 및 전 산업 공통
구분	지원 직무	나만의 특장·점	요구 사항	• 지원회사에 대한 각종 준비 • 지원직무에 대한 교차직무 준비 내용
질문 항목	네, 이제 면접이 거의 다 종료가 되었습니다. 마지막 질문입니다. 내가 왜 이번 면접에서 꼭 뽑혀야 하는 남다른 이유가 있다면 말씀해 주세요. 준비된 응시자 부터 먼저 손을 들어 답변하시면 되구요, 답변 시간은 1분 입니다.(※ 글자수는 참고용임)			
답변 내용	[인문계-해외인턴: 직무준비(회계)] 저는 캐나다 토론토 TD은행(지점명: 핀치지점)에서 2개월간 현장실습을 하였습니다. 제가 이 지점에서 일을 하게된 것은 다른 캐나다 국내은행 지점과는 달리 한국 유학생들이 주로 많이 거래를 하고 있었기 때문이었습니다. 실무 경험이 많이 필요한 일반 고객상담 텔러와는 달리 저는 학생인턴이라 일일 결산용 회계자료 처리업무를 담당하여 1일 단위로 영문으로 된 거래유형별 지출증빙내역서를 취합(입금·출금과 차변·대변 구분)하여 ERP로 각계정(각각의 비용항목)별로 분개하여 입출금 내역을 전산에 입력하였습니다. 통상 1일에 300건 내외를 처리하였고, 거래금액은 약 2,000만원(한화 기준 추정)정도 였습니다. 그리고 1일 결산 마감시점에는 당일 입력완료된 모든 전표거래 내역에 대한 리스트를 출력후 실제전표 기재 내용과 이상없이 입력되어 일치하는지를 최종 검산확인 후 제출하였습니다.(346자) [인문계-해외인턴: 직무준비(고객지원)] 재학중인 대학과 MOU로 연계된 중국 상하이(상하이 징안구)의 그랜드 머큐어 호텔에서 6개월간 호텔리어 현장실습을 하였습니다. 제가 담당한 부서는 프론트 데스크 였습니다. 일반적인 업무는 우리나라 5성급 호텔 업무와 유사하나 영어와 중국어 능력이 추가되었습니다. 프론트는 호텔에 도착해서 가장 먼저 게스트를 맞이하는 도어 데스크, 게스트의 짐을 나르는 벨 데스크 등으로 나누어져 있는데 저는 프론트에서 1일 24시간 교대조로 일하면서 체크인과 체크아웃, 방문 또는 투숙 고객의 요청사항이나 우편물 발송대행, 항공권의 발권예약 대행 등의 고객지원 업무와 각 객실에서 호텔 서비스(식사메뉴, 시내관광 정보 등) 등에 대한 각종 문의를 위해 데스크로 전화가 오면 가장 1차적으로 대응하는 게스트 지원 서비스 업무를 수행하였습니다.(315자) [인문계-해외인턴: 직무준비(경영전략)] 2019년 브라질 소재 K-Beauty Shop에서 6개월간 인턴을 하였습니다. 10년간 이회사는 남미전역에 한국브랜드화장품 독점판매권이 있었는데 한국본사와 재계약과정에서 갑자기 1국가로 판매지역을 한정하여 향후 큰손실이 예상되었습니다. 저는 대안으로 지난 10년간의 회사 사업실적, 성과달성도, 고객만족도, 국가별운영판매채널수 등을 지표로 하여 SWOT 분석과 STP 작업 후 주로 국가별로 소재한 고객들에게 고객관점에서 우리회사에 대한 평가로 "운영의 우수성, 제품의 선도력, 고객 친밀성"의 세가지 요소로 평가 받아 조사한 자료를 구체적인 수치로 증명하여 새로운 기업보다 기존기업에게 재계약하는 방안이 더 시장확대에 도움이 된다고 한글 및 3개 외국어로 보고서를 작성제출 후 이 회사가 기존 시장을 그대로 유지하는 전략에 성공하였습니다.(331자)				

□ 분야: 나만의 특장점

<table>
<tr><th colspan="2">전공 및 분야</th><th>전학과 공통</th><th>업종·기업</th><th>전 업종 및 전 산업 공통</th></tr>
<tr><td>구분</td><td>지원
직무</td><td>나만의 특장·점</td><td>요구 사항</td><td>• 지원회사에 대한 각종 준비
• 지원직무에 대한 교차직무 준비 내용</td></tr>
<tr><td>질문
항목</td><td colspan="4">네, 이제 면접이 거의 다 종료가 되었습니다. 마지막 질문입니다. 내가 왜 이번 면접에서 꼭 뽑혀야 하는 남다른 이유가 있다면 말씀해 주세요. 준비된 응시자 부터 먼저 손을 들어 답변하시면 되구요, 답변 시간은 1분 입니다.(※ 글자수는 참고용임)</td></tr>
<tr><td>답변
내용</td><td colspan="4">[인문계–해외인턴: 직무준비(물류)]
저는 2019년 1월 부터 6개월간 말레이시아 수도 쿠알라룸프르에 소재한 ㈜KM JAYA의 물류팀에서 인턴십을 하였습니다. 제가 맡은 업무는 쿠알라룸푸르, 페낭시 등 이 나라 7개 지역 소재 해외 물류센터 운영 지원, 말레이시아 자사몰 및 출고 주문서 관리, 물류비 관리 및 정산, 말레이시아 물류센터 내 재고관리 및 마감, 재고수불부 작성 등이었습니다. 구체적으로는 사용한 ERP는 SQL Financial Accounting과 POS시스템을 사용하였으며, 말레이시아 정부 공식 할랄 인증기관인 자킴(JAKIM) 인증을 받은 김치, 라면, 김 등의 품목을 중심으로 상품별 매출데이터 정리, 판매실적 보고, 실지재고조사법으로 재고조사, 신상품별 카테고리 재분류, 신상품 입고시 선입선출법에 의한 입고작업 등을 수행하였습니다.

[인문계–현장실습: 직무준비(온라인마케팅)]
2022년 1월 부터 2개월간 서울 강남소재 ㈜PIM의 쇼핑몰에서 현장실습을 하면서 실제 매출을 올렸습니다. 회사는 중고나 반품 또는 신제품 등을 떨이로 판매하는 회사였습니다. 저는 MD 보조로 경쟁쇼핑몰 분석, 상품등록 등의 업무를 하면서, 상품 등록방법이 신청업체가 요구하는 방식과 운영사가 직접 발굴하여 등록하는 2가지 방법이 있는데 회사 직접발굴 방식에 주목하여 기존 회사 이용고객 자료를 기준으로 구글 애널리틱스를 활용하여 타깃고객, 타깃상품, 유통기한 마감 임박상품을 기준으로 약 200여개 기업을 1차 가망고객으로 추출하고 이중 SKU(재고관리)가 적은 기업 130여개를 추가로 분석후 최종 압축하여 직접 아웃바운드 콜로 전화를 하였습니다. 이결과 제가 발굴한 10개 기업이 입점하였고 이중 6개기업에서는 썬크림 등 18개의 재고상품을 직판매하여 수량 3,289개, 금액 1,270만원의 매출액을 올렸습니다.

[이공계–경진대회 참여 및 입상: 직무준비(CATIA)]
2021년 7월 한국국제건설기계대전이 “CATIA기반 미래형 건설기계 컨셉 모델링 경진대회”이었는데 저는 미래형 건설장비에 대하여 안전을 키워드로 하고 기계적인 구성요소를 결합하여 굴착기를 설계한 후 CATIA와 3D프린터를 활용하여 실제로 작동되는 목업을 제작 발표하였습니다. 구체적인 방법은 자주발생하는 굴착기 전복사고를 방지하기 위해 크롤러 및 차륜형의 복합형 바퀴, 가변형 무게 추 방식을 도입하였고, 유압식 액추에이터를 활용한 다자유도 암 방식으로 설계 후 이와 관련된 기계적인 구성요소와 센서, 회로설계, 시제품을 직접 제작하였습니다. 결과로는 입상을하였고, 이때 굴착기는 운전자나 주위에 노출되는 사람들에게는 항상 안전해야 하고 장비의 이동을 최대한 줄여야 작업의 효율성이 높아진다는 것도 알았습니다.(총 1,064자)</td></tr>
</table>

□ 분야: 존경하는 인물

<table>
<tr><th colspan="2">전공 및 분야</th><th>전학과 공통</th><th>업종·기업</th><th>전 업종 및 전 산업 공통</th></tr>
<tr><td>구분</td><td>지원
직무</td><td>평소 좋아하거나
존경하는 인물</td><td>요구 사항</td><td>• 좋아하는 인물(소설속 인물 포함)</td></tr>
<tr><td>질문
항목</td><td colspan="4">평소 좋아하거나 존경하는 인물이 있으면 말해 보세요. 실재 인물이 아닌 책이나 소설속의 인물을 말씀하셔도 가능합니다.(1분 이내)</td></tr>
<tr><td>답변
내용</td><td colspan="4">(대기업)

[현대그룹 창업주(創業主) 정주영 회장입니다]
1952년 12월 한국전쟁 중 미8군은 아이젠하워 미국 대통령 당선인의 부산 유엔군묘지 방문에 대비 현대건설에 묘지단장 공사를 주었었습니다. 요구 조건은 5일안에 묘지를 모두 파랗게 해달라는 것이었습니다. 당시는 전쟁 중이었고 한겨울에 파란 잔디를 어디서도 구할 수 없었으며 또한 5일안으로 공사를 완료해야 되는 상황이었는데, 그러나 정주영 회장은 이 기상천외한 주문에 당황하지 않고 공사 담당자에게 가서 “풀만 파랗게 나 있으면 되는 거냐?”고 확인 후 “그렇다.”고 하자 정 회장은 아이디어 값을 포함해서 실제 공사비의 세 배를 요구했습니다. 그리고 그 길로 트럭 30대를 사방에서 끌어 모아 낙동강 연안 남지, 모래질(점토질) 벌판의 보리밭을 통째로 사서 파란 보리 포기들을 가져와 묘지에 심은 후 공사를 완료하였습니다.

[미국 ABC 방송 앵커 테드 카플입니다]
테드 카플(TED KOPPEL)은 미국 ABC 방송의 주말 WEEKEND NEWS의 진행 앵커였습니다. 테드 카플은 한국 등 동양 사람들하고도 가깝고 아주 인간성이 좋아서 직장 내외를 막론하고 대인 관계가 좋은 기자였습니다. 이 앵커가 근무할 때 이란에서 회교 극단주의자들이 팔레비 국왕을 축출하고 미국 대사관을 점령하여 직원들을 인질로 잡은 대 사건이 발생하자, 테드 카플은 매일 밤 대사관 직원들의 안위와 사건의 진행상황을 톱뉴스로 보도하기 시작하였고, 뉴스 제목 자체도 “미국인이 인질로 잡히다.”’로 정하자 방송 뉴스 시청률이 크게 올라갔습니다. 결국 시청률은 계속 올라갔으며 나중에 이란에서 인질들은 석방되었습니다. 이후 테드 카플은 “위크엔드 뉴스” 명칭도 아예 “NIGHT LINE”로 바꾸어 매일 그날 그날의 주요 뉴스를 대담과 해설로써 진행하면서 결국은 미국에서 가장 유명한 뉴스앵커로 자리 잡았고 이 한 방송국에서만 오로지 42년을 계속 근무하고 퇴직한 살아 있는 전설적인 앵커입니다.

(공기업)

[청백리의 대명사라 칭해도 손색이 없는 잠롱 태국 방콕시장입니다]
잠롱시장은 초대 태국 방콕시 민선 시장에 무소속으로 당선된 후, 월급을 자신은 한푼도 쓰지 않고 전부 자선 단체에 기부하였고, 비가 오면 물난리를 겪는 방콕 시내의 하수도, 도로 정비를 하고 24시간 이내에 침수를 막아 냈으며, 시민들의 건강과 일자리를 위해 힘썼고, 시장 상인들과 함께 채식 가게를 차리고 부정 부패를 없앴습니다. 청백리의 대명사라 해도 손색이 없는 인물로 방콕시장 시절, 거리를 깨끗이 하고 부정 부패를 쓸어내어 태국어로는 나이시안, 영어로는 미스터 클린(Mr. Clean)으로 불리고 있는 시장입니다. 잠롱 시장은 우리 한국을 방문한 적도 있습니다.</td></tr>
</table>

□ 분야: 감명깊게 읽은 책

<table>
<tr><th colspan="2">전공 및 분야</th><th>전학과 공통</th><th>업종·기업</th><th>전 업종 및 전 산업 공통</th></tr>
<tr><td>구분</td><td>지원
직무</td><td>가장 감명 깊게 읽은 책</td><td>요구 사항</td><td>• 좋아하는 책과 그이유는?</td></tr>
<tr><td>질문
항목</td><td colspan="4">최근에 읽은 책 중에서 가장 감명 깊게 읽었던 책이 있었으면 이야기 해 보세요
그리고 그 이유가 있다면 함께 이야기 해주세요. (1분 이내)</td></tr>
<tr><td>답변
내용</td><td colspan="4">(공 · 대기업 공통)

[“20대, 세계 무대에 너를 세워라”라는 책입니다]
저자 김영희 전(前) 대사의 자서전으로 국내의 명문대학을 나와 학연이 있는 것도 아니고, 외무고시 출신이란 든든한 배경을 가진 것도 아니면서 외교관으로서 최고의 영예인 대사직에 까지 이르렀던 김영희 대사의 인생 역정을 읽고 감동을 받았습니다. 김대사는 어린나이에 독일로 가서 간호보조원(현, 간호조무사)으로 일하며 3년간의 주경야독 끝에 명문 쾰른대학에 입학했고, 박사학위를 취득한 뒤에는 대학에서 강의도 했습니다. 나름대로의 능력을 갖추고도 현실에 안주할 방법에만 골몰하는 저같은 요즘 젊은이 들에게 글로벌 시대에 세계무대의 일원으로 경쟁력 있는 사람이 되기 위한 조건들이 무엇이고 어떤 실력을 갖출 것인지, 인간관계는 어떻게 만들 것인지, 어떻게 생각하고 행동할 것인지 등의 여러 분야에서 큰 도움이 되었습니다.

(대기업)

[“일본전산 이야기”라는 책입니다]
따라가기 힘들 정도로 쉴 새 없이 바뀌는 요즈음 비즈니스 세계에서 일본전산과 나가모리 시게노부 회장의 이야기는 저에게 감명을 주었습니다. 일본전산은 1973년 처음만 해도 사장을 포함한 단 4명이 보잘 것 없는 자본금을 가지고 세 평짜리 시골 창고에서 시작한 회사였습니다. 그러나 오일쇼크와 10년 불황 속에서도, 모터라는 단 하나의 키워드에 집중하여 일류 기업이 되었고, 2020년 매출 약 14조에 직원 11만명을 거느린 막강한 기업으로 성장하였습니다. 일본전산은 모든 구동 제품에 들어가는 정밀모터를 생산합니다. 저는 특히 책의 내용 중 “직원을 아끼는 상사가 호통을 더 많이 친다”라는 글이 마음에 와 닿았습니다. 바꾸어 말해서 이 말의 뜻은 상사가 저에게 그만큼 관심을 보이고 있다는 것도 알게 되었습니다.

[일본 소설 “불모지대”입니다]
유명한 야마사키 도요코의 소설로 특히 주인공인 이끼 다다시의 미래예측 능력 부분입니다. 주인공은 기업활동에서 가장 중요한일 중의 하나가 현재 변화의 흐름을 읽고 미래를 예측하는 일인데 이끼는 시장 추이에 대한 정확한 미래를 예측해 남의 위기를 회사 도약의 발판으로 삼은 것입니다. 1973년 1차 오일쇼크 개전 10년 전부터 그는 신문기사를 통해 이스라엘과 아랍국과의 갈등에 주목하였고 10년 동안 꾸준히 쉬지 않고 관련 기사들을 지속적으로 스크랩하여 종합 분석해 본 결과, 유대 명절인 10월 6일에 전쟁이 일어날 것으로 예측하여 회사에서는 충분한 양의 석유를 미리 비축해 둔 후 예측한 날짜에 제4차 중동전쟁이 발발하였고 전 세계적인 석유파동이 일어나자 회사(이토추 상사)는 엄청나게 많이 비축해 두었던 석유판매로 인한 큰 시세차익을 누렸습니다. 특히 이중에서 기업의 전략 담당부서는 정보수집도 중요하지만 수집한 정보에 대한 정확한 분석 작업이 더 중요하다는 것을 알게 되었습니다.</td></tr>
</table>

□ 분야: 창의력 및 도전의식

<table>
<tr><th colspan="2">전공 및 분야</th><th>전학과 공통</th><th>업종·기업</th><th>전 업종 및 전 산업 공통</th></tr>
<tr><td>구분</td><td>지원
직무</td><td>창의력 및
도전의식 등</td><td>요구 사항</td><td>• 창의력, 도전의식, 사회봉사 추진 사례
• ESG 참여 후 실천 사례 등</td></tr>
<tr><td>질문
항목</td><td colspan="4">지원분야와 관련하여 창의력, 도전의식, 봉사 및 희생정신 등으로 조직과 사회발전을 위해 활동한 사례가 있으면 구체적으로 제시하여 주시기 바랍니다. 대학 밖에서 수행한 사례가 없으면 대학 내 활동사례를 말하셔도 됩니다.(1분 이내)</td></tr>
<tr><td>답변
내용</td><td colspan="4">[창의력–주유소: 알바]
저는 세종시 소재 새로 오픈하는 주유소에서 알바를 하였습니다. 길 맞은편에는 수년전 오픈한 주유소가 있음에도 불구하고 새로 오픈한 이 주유소는 흔히 본사에서 지원해주는 일반적인 방법인 가격차별과 화장지 셋트 등을 동원한 개업 사은품 주기 등 판촉 방법을 사용하여 인접 주유소 이용 고객을 끌어들이려 했으나 생각보다는 쉽지가 않았습니다. 그래서 저는 틈만 생기면 건너편 주유소의 차량출입 현황을 면밀히 분석하던 중 주말에는 주로 대기고객이 많고 일부 운전자는 기다리다가 다른 주유소로 간다는 것을 알고 금요일 주유고객 특별 이벤트를 만들어 평상시 5만원 이상 주유시 3,000원 주유할인권을 "금요일 주유시 1,000원 세차할인권 및 50만원 이상 주유시 1만원권 식사쿠폰 추가 제공"이라고 현수막을 2곳에 내걸어 인접주유소 고객을 조기에 확보하였습니다.

[집착력–편의점: 알바]
저는 서울 성수동 소재 편의점에서 밤10시 부터 익일 06시 까지 알바를 하였습니다. 어느 겨울철 이었는데 하루는 새벽 3시경에 한 고객이 매장안에 들어와 한바퀴를 둘러보더니 보통의 통상적인 고객들과는 달리 저에게 다가와서 찾고자 하는 물건을 없다고 찾아 달라고 요청하여 매대(賣臺)에서 그 물품을 찾은 후 계산하였습니다. 그 이후 저는 뭔가 느낌이 꺼림직하여 아침 06시경 교대 시간에 점주에게 그런 사실을 이야기 하였고 편할 때 그 시간대 CC-TV를 돌려 보시라고 요청하였습니다. 이후 다음날 저녁 출근 할 때 점주님이 전날 이야기한 그 고객이 그때 제가 잠깐 카운터를 비운사이 상단에 진열되었던 비싼 물품 1개를 가져갔다고 말하였습니다.

[창의력–패밀리레스토랑: 알바]
서울 종로 소재 패밀리레스토랑에서 알바를 할 때 금요일 등 특정요일과 시간대에는 대기 고객이 특히 많다는 것을 알았습니다. 이때 대기고객이 많아지면 레스토랑에서는 주기별로 고객별 예상대기시간을 안내해 주는데, 저는 이때 이 안내제도에 착안하여 점주님께 MZ 세대와 가족고객들이 대부분인 점을 감안하여 연령대별로 가족단위별로 구분하여 당일 인기 있는 메뉴를 같이 안내하도록 해 줌으로써 대기에 대한 지루함을 해소하고 매장 안에 들어와서도 조기에 음식 주문이 완료되도록 건의하였습니다. 이후 실제로 혼잡 시간대에 이런 서비스를 해본 결과 대기고객이 많은 날에는 주문관련 손님에 대한 서빙 대기 시간도 줄고 음식준비 시간도 빨라졌습니다.</td></tr>
</table>

□ 분야: 창의력 및 도전의식

전공 및 분야		전학과 공통	업종·기업	전 업종 및 전 산업 공통
구분	지원 직무	창의력 및 도전의식 등	요구 사항	• 창의력, 도전의식, 사회봉사 추진 사례 • ESG 참여 후 실천 사례 등
질문 항목	지원분야와 관련하여 창의력, 도전의식, 봉사 및 희생정신 등으로 조직과 사회발전을 위해 활동한 사례가 있으면 구체적으로 제시하여 주시기 바랍니다. 대학 밖에서 수행한 사례가 없으면 대학 내 활동사례를 말하셔도 됩니다.(1분 이내)			
답변 내용	[창의력–쓰레기무단투기: ESG] 저는 현재 까지 서울 신림동에서 4년간 자취를 해오고 있습니다. 최근 몇 개월 전부터 오전에 대학 등교시 마다 집앞 골목 교차로를 지날 때 전봇대에 설치된 스피커에서 "띵동! 쓰레기 무단투기 단속 촬영중 입니다. 적발시 100만 이하의 과태료가 부과 됩니다. 쓰레기를 무단 투기 하지 맙시다"라는 안내 발송이 쉬지 않고 주기적으로 반복되어 나오는 것을 알았습니다. 그래서 저는 이런 방법에 대한 개선을 위해 서울시 민원실에 쓰레기 무단투기 예방도 중요하지만 야밤에는 소음도 생기고 지나가는 사람들에게 불쾌감을 줄 수도 있으니 무조건 24시간 반복하여 동일한 방법으로 방송을 할 게 아니라 지나가는 행인이 전봇대 근처 2미터 이내로 접근 시에만 감지 센서가 작동하여 방송이 되도록 건의하였습니다. [창의력–하천 자동차단기: ESG] 저는 서울 대림역 근처에서 살고 있습니다. 여름철 비가 많이 내리면 관악산 쪽에서 내려오는 수량이 많아 도림천 강물 수위가 수시로 위험 수위에 도달하여 시청에서는 천변 출입을 통제하고 있습니다. 실제로 도림천 천변 출입구에는 강물이 불어날 경우 익사 사고에 대비하여 긴급구조장비들이 다리 난간에 비치되어 있습니다. 저는 서울시에 건의하여 이런 방법과 준비도 좋지만 IOT 기술을 이용하여 천변의 다리 교각을 기준으로 1키로 지점마다 강물 수위표를 설치하여 위험수위에 도달할 경우 출입문이 자동으로 닫히게 하거나 풀리게 하면 우중에 공무원들이 긴급히 동원될 필요도 없고 자동출입 통제로 사고를 미연에 방지토록 건의하였습니다. [창의력–지하철 빈공간 활용: ESG] 서울시에는 대략 지하철역이 수백 개가 있습니다. 지나가다 보면 서울교통공사에서 지하철역에 있는 지하상가를 임대해 준 뒤 경기불황과 코로나19로 인해 사업자가 폐업 후 나가자 새 입주자 모집용 임대간판만 붙여서 방치한 곳이 많으며 1년이 지나도 그대로인 곳도 많습니다. 최근에는 보행자중심 평면 교차로 설치로 인해, 지하도 이용자수가 크게 줄어든 것도 한 원인입니다. 반대로 서울시내 소재 대학들은 청년 창업공간이 부족하여 전전긍긍하고 있습니다. 그래서 저는 서울시에 지하철역을 중심으로 인근 대학과의 협업을 통해 지하철 역사 내 빈 공간을 젊은 청년들이 창업공간으로 상시 활용토록 저리의 임대료로 임대하여 줄 것을 건의하였습니다.			

□ 분야: 창의력 및 도전의식

전공 및 분야		전학과 공통	업종·기업	전 업종 및 전 산업 공통
구분	지원 직무	창의력 및 도전의식 등	요구 사항	• 사회봉사 및 희생정신 사례 • ESG 참여 후 실천사례
질문 항목	지원분야와 관련하여 창의력, 도전의식, 봉사 및 희생정신 등으로 조직과 사회발전을 위해 활동한 사례가 있으면 구체적으로 제시하여 주시기 바랍니다. 대학 밖에서 수행한 사례가 없으면 대학 내 활동사례도 언급이 가능합니다.(1분 이내)			
답변 내용	[창의력–운전중 통화금지: 교통(자동차)] 최근 뉴스에 졸음 운전이나 운전 중 핸드폰 사용으로 인해 교통사고가 많이 발생한다고 합니다. 저 역시 택배 알바를 해보면서 부득이 핸드폰을 긴급하게 사용할 때가 있었습니다. 그래서 저는 생각해 낸 아이디어가 대부분의 차량들은 네비가 설치되어 있습니다. 그러나 네비는 운전 중에 잠깐 화면을 보더라도 문제가 되지 않으므로 두기기를 블루투스로 상호연결하여 운전중에 전화가 오면 벨이 울리자 마자 운전자가 먼저 위험하게 수화를 하는 것이 아니라 네비와 연동하여 네비 화면에 먼저 발신자 정보가 문자 또는 음성으로 나오게 하는 것입니다. 그러면 운전자는 스팸전화도 걸러내고 꼭 필요한 전화인 경우에 한해 일시정지 조치나 휴게소에 들어가서 본 통화를 할 수 있도록 네비와 자동차회사에 기능 추가를 건의하였습니다. [창의력–톨게이트 지붕 개선: 교통(도로공사)] 고속도로 톨게이트는 최근 하이패스 이용시스템이 대부분입니다. 그러나 하이패스가 장착이 안된 차량은 수동으로 요금 계산을 해야 합니다. 문제는 이때 발생합니다. 눈이나 비가 올 때 차량 운전자가 요금정산을 위해 창문을 내려 정지하는 부분의 지붕이 너무 짧아 운전자는 조금이라도 비나 눈이 차량 안으로 들어오지 못하도록 항상 미리 또는 빨리 문 열기를 꺼려하고 폭설의 경우에는 바닥에 수시로 눈이 쌓일 수도 있어서 저는 도로공사 민원실에 톨게이트 상단 지붕은 예산이 허락한다면 앞뒤로 현재보다 1미터 이상 좀 더 길게 설치해 달라고 요청하였습니다. [창의력–버스도착시간 안내 방법 개선: 교통(지자체)] 현재 전국의 지자체는 경쟁이나 하듯이 하루가 다르게 정류장 버스도착시간 안내시스템을 운영하고 있습니다. 안내시스템 종류는 크게 2가지로 노선번호가 낮은 순서대로 안내하는 방법과 다른 하나는 빨리 도착하는 노선번호 순서대로 안내하는 경우입니다. 서울의 경우 빨리 도착하는 순서대로, 수원시는 낮은 번호 순서대로 안내를 합니다. 이럴 경우 변두리의 경우는 큰 문제가 없으나 시내 중심가의 경우는 한 정류장에 버스노선이 수십 개가 되므로 1사이클 안내 완료까지는 상당한 시간이 소요됩니다. 그래서 저는 이 2가지 방법은 상시 교차하여 1번은 낮은 번호순, 다음 1번은 빨리 도착하는 노선안내 방법 순으로 변경하여 안내해 주도록 서울시와 수원시에 건의하였습니다.				

□ 분야: 창의력 및 도전의식

<table>
<tr><th colspan="2">전공 및 분야</th><th>전학과 공통</th><th>업종·기업</th><th>전 업종 및 전 산업 공통</th></tr>
<tr><td>구분</td><td>지원
직무</td><td>창의력 및
도전의식 등</td><td>요구 사항</td><td>• 사회봉사 및 희생정신 사례
• ESG 참여 후 실천사례</td></tr>
<tr><td>질문
항목</td><td colspan="4">지원분야와 관련하여 창의력, 도전의식, 봉사 및 희생정신 등으로 조직과 사회발전을 위해 활동한 사례가 있으면 구체적으로 제시하여 주시기 바랍니다. 대학 밖에서 수행한 사례가 없으면 대학 내 활동사례도 언급이 가능합니다.(1분 이내)</td></tr>
<tr><td>답변
내용</td><td colspan="4">[창의력–혼잡도 안내 긴급 문자보내기: ESG(통신)]
외국의 미국이나 캐나다는 어린이 유괴사건 등 발생 시 긴급문자가 핸드폰으로 전송되어져 옵니다. 우리나라도 코로나19 이후 산불 등으로 다양한 긴급 안전안내 문자가 오고 있습니다. 저는 지난 22년 10월 서울 이태원참사 이후 이러한 후진국 형 압사 사고의 재발 방지를 위해 국가나 각 지자체와 LG, KT, SKT 등의 통신사가 3자 상호 연계하여 특정지역에 각종행사 등으로 일시에 특정인파가 기준치 이상으로 몰릴 경우 통신사에서 자동으로 1차 예비 혼잡경보를 가입자들에게 알려서 분산을 유도하여 사전에 혼잡도를 완화하고, 그래도 해소가 안 될 경우 2차로는 본 경보를 발령하여 더 이상 군중들이 모이지 못하도록 긴급 안전안내 문자를 해당 가입자들에게 전송하는 방안을 각 통신사에 건의를 하였습니다.

[창의력–LG, KT, SKT 등 고객상담전화 수신방법 개선: 통신(감정노동자)]
현재 정부기관, 통신사, 카드사, 보험사 등 주로 대기업은 고객지원방법으로 감정노동자가 근무하는 콜센터를 운영하고 있습니다. 그런데 대부분 콜센타에 전화하여 직접 통화하기란 너무너무 어렵고 또 통화 때 까지의 대기시간도 만만치 않습니다. 해당기업들도 이런 문제를 알고 있지만 대안으로 메뉴선택식이나 챗봇만 도입하고 있습니다. 저는 이런 방식보다 먼저 고객의 전화를 받으면 자동으로 혼자 해결가능 상담과 상담사 필수 이용 상담으로 2분류(중간변경 가능)하여 고객들이 혼자 해결가능할 경우 그 메뉴로 가서 안내에 따라 민원을 해결하면 상담 만족도로 높고 대신 24시간 자동으로 운영한다면 기업의 예산도 절감이 된다고 생각하여 각 해당 기업에 제안하였습니다.

[창의력–에스컬레이터 역주행 사고방지: 교통(지자체)]
지하철역사 사고 중 하나가 에스컬레이터 역주행 사고입니다. 전국의 많은 역사에 설치되어 있는 에스컬레이터는 역주행시 잡고 버틸 수 있는 안전 손잡이 장치가 없어서 항상 안전사고 위험이 있습니다. 저는 그래서 제작회사에 에스컬레이터도 엘리베이터처럼 역주행시 안전장치로 발을 내 딛는 스텝(바닥) 옆 하단 부 측면 부위 철제부분 공간에 손잡이를 새로 방향으로 설치 후 평상시에는 철판에 붙어서 작동이 중지되어 있다가 에스컬레이터가 역주행이 되면 자동으로 손잡이가 위쪽으로 나와서 역주행 사고 발생시 이용자들이 이것을 비상 손잡이 대용으로 잡아 버티게 하여 다치지 않도록 설계하여 주도록 건의를 하였습니다.</td></tr>
</table>

□ 분야: 창의력 및 도전의식

전공 및 분야		전학과 공통	업종·기업	전 업종 및 전 산업 공통
구분	지원 직무	창의력 및 도전의식 등	요구 사항	• 사회봉사 및 희생정신 사례 • ESG 참여 후 실천사례
질문 항목	지원분야와 관련하여 창의력, 도전의식, 봉사 및 희생정신 등으로 조직과 사회발전을 위해 활동한 사례가 있으면 구체적으로 제시하여 주시기 바랍니다. 대학 밖에서 수행한 사례가 없으면 대학 내 활동사례도 언급이 가능합니다.(1분 이내)			
답변 내용	[창의력–꽃값의 2등분화로 환경 개선: 마케팅(ESG)] 화원에서 알바를 할 때 였습니다. 이 분야는 너무 경쟁이 심하고 인터넷 광고도 비용이 많이 들어 판매를 한다 해도 실제로 들어오는 이익률이 매우 낮았습니다. 저는 가족 결혼식에 참석하면서 알게 된 사실인데 결혼식이 끝나면 배달회사에서 일부는 화환을 지하나 1층으로 수거하여 꽃은 그대로 두고 리본만 바꾸어 다시 그 자리로 배달한다는 사실에 주목하여 아예 처음 부터 고객 주문을 받을 때 생화용과 인조꽃 혼합후 리본 교체용 등 2종류로 구분하여 받아 리본교체형은 판매 가격을 10～50% 할인하는 방식으로 주문을 받자고 제안하였습니다. 이 결과 주문수량도 늘어날 뿐만 아니라 배달 시간 및 비용절감이 되고 남는 꽃에 대한 재활용으로 쓰레기량을 줄임으로서 환경개선에 도움이 되었습니다. [창의력–학원 반송우편물 발송비용절감: 고객지원(공기업)] 학원에서 2개월 현장실습 중 보조업무로 고객통신문이나 월간소식지를 우체국을 통해 대량으로 발송하고 나면 10% 내외가 통상 주소틀림 등의 사유로 반송이 옵니다. 반송이 오면 못받은 고객들은 고객대로 불만이 쌓이고 학원에서도 이 반송물을관리 보관하는 것도 큰 문제였습니다. 그래서 저는 이 반송온 고객에 대한 리스트를 엑셀로 별도로 만들어 핸드폰 문자알림 서비스를 이용하여 1차로 반송 내용을 알리고 올바른 주소를 문자로 수신받았고, 문자 등이 안오는 고객은 2차로 유선전화를 사용하여 사과 및 고객만족도 상담을 함께 하면서 고객정보도 추가로 받아 1석 3조(비용, 시간, 인력)의 효과를 올린 사실이 있습니다. [창의력–졸업식 꽃파는 장소 자리 배치 추첨: 고객지원(교육기관)] 대학 총무처에서 근로학생으로 일할 때였습니다. 1～2달 후인 2월에 졸업식이 있는데 1월 초순 부터 인근 꽃집에서는 졸업식 당일날 좋은 좌판 자리를 선점하여 꽃을 많이 팔기 위해 대학 정문 양쪽 울타리에 세탁건조대 등 다양한 물건들을 이용하여 철사 등으로 묶어 놓아 평소 출퇴근길에 보기가 흉하였습니다. 그래서 저는 대학 본부에 건의하여 총무처 홈페이지에 미리 공지를 하여 입구쪽을 기준으로 당일 5미터 간격으로 50미터 총 10명으로 하여 양쪽으로 20명(구역)은 추첨으로 할 테니 홈페이지에 신청을 하도록 하였습니다. 그리하여 졸업식 하루전에 입구쪽 부터 1번으로 하여 전체 신청자에 대해 20명을 추첨한 결과를 게시하여 이 문제점을 해결하였습니다.			

□ 분야: 창의력 및 도전의식

<table>
<tr><th colspan="2">전공 및 분야</th><th>전학과 공통</th><th>업종·기업</th><th>전 업종 및 전 산업 공통</th></tr>
<tr><td>구분</td><td>지원
직무</td><td>창의력 및
도전의식 등</td><td>요구 사항</td><td>• 사회봉사 및 희생정신 사례
• ESG 참여 후 실천사례</td></tr>
<tr><td>질문
항목</td><td colspan="4">지원분야와 관련하여 창의력, 도전의식, 봉사 및 희생정신 등으로 조직과 사회발전을 위해 활동한 사례가 있으면 구체적으로 제시하여 주시기 바랍니다. 대학 밖에서 수행한 사례가 없으면 대학 내 활동사례도 언급이 가능합니다.(1분 이내)</td></tr>
<tr><td>답변
내용</td><td colspan="4">[창의력–식당에서 고객용 밥그릇을 2원화 하여 자원을 절약: 고객지원(ESG)]
서울 신촌에서 알바를 할 때였습니다. 손님들이 식사를 하고 나면 빈그릇을 치울 때 항상 일부 밥그릇은 밥이 남아 있었습니다. 그래서 유심히 살펴보니 예상대로 식사량이 작은 대부분 여성들은 밥을 남기는 것이었습니다. 저는 이점을 주목하여 매니저에게 밥그릇을 남성용은 그대로 두고 여성용은 작은 것으로 새로 구입하여 사용하고 부족 시 추가로 더 드리자고 제안하였습니다. 매니저는 즉각 수용하였고 이후 여성 고객들은 불평보다는 오히려 고맙다고 이야기 하였습니다.

[창의력–미국입국메모(전분야 공통)]
4학년 때 오빠가 미국에서 대학원을 졸업하게 되어 졸업식 참석차 부모님 두분만이 미국을 가시게 되었는데 미국은 입국심사시 직업, 방문목적, 숙박지, 방문지 등을 꼼꼼히 물어보는데 영어를 못하시는 부모님의 입국심사가 걱정이 되었습니다. 저는 인터넷을 뒤져서 미국 입국시 필요한 질의응답 내용을 1장으로 요약 정리하여 미국 입국 심사장에서 부모님이 심사차례가 되면 미리 검사원에게 영문으로 작성된 안내문을 제출하여 읽어보고 난후 인터뷰를 받도록 말씀드렸습니다. 그래서 어려움 없이 입국하였습니다.

[창의력–경쟁사 고객전략을 역이용한 매출 확대: 고객지원(공기업)]
대학 2학년 봄 대학축제 때 학과에서 주점을 운영하기로 하였습니다. 그런데 갑자기 대학본부에서 주점에서는 술판매를 금지한다고 통보를 하여 대부분 주점에서는 술 보다는 안주로 이익을 남기는데 저로서는 너무 황당하였습니다. 긴급 친구들과 협의를 하였으나 뚜렷한 대안이 없어서 축제 참여를 포기하려다가 저는 한가지 아이디어를 생각하였습니다. 대학교 앞 주점이나 카페 또는 식당은 1인이 4시간 이상 이용할 시 추가 주문을 해야 한다는 게시글을 본 바가 있어서, 이 전략을 역이용하기로 하고 제가 오픈하는 주점은 늦은 오후에 시작하므로 그 대학교 앞 카페들 보다 운영시간이 더 짧기 때문에, 적색글씨로 “1시간 반 이상 테이블을 이용하는 손님들은 추가 메뉴를 주문해 주셔야 한다” 방법을 아이디어로 제안했습니다. 그러자 술만 사가지고 와서 맛있는 안주를 저렴하게 먹을 수 있어서, 손님들이 늘었고 저는 다시 한 번 말로 매 주문 시마다 양해의 설명을 하고 화이트 보드를 이용하여 모두가 볼 수 있도록 탁자별로 출입 기록을 게시 관리하였습니다. 결과적으로 이 운영방식을 통해서 주점 테이블의 회전율을 크게 높일 수 있었고, 수익을 계산해 본 결과, 당초 계획 보다 더 많은 초기 비용을 빼고도 플러스의 순이익을 창출해 내었습니다.</td></tr>
</table>

□ 분야: 힘든일 어려운일 극복사례

<table>
<tr><th colspan="2">전공 및 분야</th><th>전학과 공통</th><th>업종·기업</th><th>전 업종 및 전 산업 공통</th></tr>
<tr><td>구분</td><td>지원
직무</td><td>어려운 일
극복 사례</td><td>요구 사항</td><td>• 협업이나 조직력 구현사례
• ESG 참여 후 실천사례</td></tr>
<tr><td>질문
항목</td><td colspan="4">조직이나 기업 등에서 협업 또는 조직력이나 창의력을 활용하여 어려움을 극복한 사례가 있으면 구체적으로 제시하여 주시기 바랍니다. 대학 밖에서 수행한 사례가 없으면 대학 내 활동사례도 언급이 가능합니다.(1분 이내 또는 400자)</td></tr>
<tr><td>답변
내용</td><td colspan="4">[어려운 일–하루 5시간 출퇴근하며 2개월 현장실습을 마무리 하다]
2020년 1월 겨울방학 현장실습으로 서울 이화여대 산학협력단에 있는 (주)원컴에서 현장실습을 하였습니다. 회사는 악세사리 제조 및 수출업체였는데 제가 맡은 일은 상품별 국내외 시장조사 업무였습니다. 저는 경기 수원에서 살고 있어서 집에서 수원역 까지 버스를 이용하여 출발 후 수원역에서 1호선 이용, 신도림역에서 2호선 이용, 이대입구역에 하차하여 마을버스 이용 후 출근하였습니다. 평소 9시에 일어나던 습관이었는데 6시에 일어나 6시 30분에 집에서 출발하다 보니 회사 도착 후 자리에 앉으면 졸음부터 밀려왔습니다. 출퇴근에 하루 5시간을 소비하자 너무 힘들어서 담당교수님께 실습을 포기하겠다고 하니 1주일만 버티면 몸이 적응이 되어 괜찮아 질것이라고 하였습니다. 결국 교수님 조언대로 1주일 정도 버티자 생활의 리듬이 살아나 업무에 적응이 되어 무사히 2개월간의 현장실습을 잘 마칠 수 있었습니다.

[어려운 일–조기출근으로 밀린 업무를 잘 해결하다]
서울 마포 소재 (주)대한경제 편집실에서 2개월간 현장실습으로 전일 기사요약 보고 업무를 수행하였습니다. 보통 조간 석간을 떠나 당일 18시 까지 보도된 기사를 정리하여 다음날 9시 30분 까지 실장님께 보고를 하였는데 지도교사가 말하기를 누락된 기사가 많아 다시 작성하라고 하여 원인을 분석해 보니, 18시 이후 분 기사가 많이 누락되어 이후 부터는 07시에 조기 출근하여 2시간 동안 전일 18시 이후 기사를 추가 요약하여 보고하였습니다. 이후 회사는 업무를 잘했다고 하면서 주간단위로 전체 근무시간을 탄력적으로 조정하여 주어서 무사히 2개월간의 현장실습을 마무리 하였습니다.

[어려운 일–갑작스런 부서변경에 따른 업무적응 문제를 슬기롭게 극복하다]
서울 강남 소재 (주)동부넷에서 웹디자인 현장실습 중 옆 부서 콘텐츠개발팀 에서 2명이 갑자기 퇴사를 하여 입사 2주일만에 긴급히 실습생인 제가 그 팀으로 전출이 되었습니다. 실습 시작전 하고 싶었던 업무는 현재 수행하던 웹디자인 제작이 아니어서 너무 황당하였고 또 이 분야에 대해 아는 것이 없어서 몹시 불안하였습니다. 그러나 이전 부서에서 해왔던 업무방식 대로 기존제작 완료된 콘텐츠에 대한 유형별 소비자 성향 분석, 네티즌들의 댓글 수 및 내용, 좋아요 수, 싫어요 수 등을 종합적으로 분석한 후 각 업종별 인기가 좋은 콘텐츠의 주제, 카드뉴스 내용, 이용자 층을 세분화 하여 타깃 고객을 좁혀서 설정한 후 이들의 눈높이에 맞게 콘텐츠를 제작하였습니다. 처음에는 한번도 안해본 콘텐츠제작 업무를 갑작스레 기존 정규직원들 수준에 맞게 제작한다는 중압감에 중도 포기 까지 고려하였으나 기초부터 차근차근 답습하여 다시 시작하다 보니 팀원들 사이에 서로 피드백 해주는 내용도 줄어들고 새업무에도 잘 적응하여 업무에 대한 스트레스도 줄일 수 있었습니다.</td></tr>
</table>

□ 분야: 힘든일 어려운일 극복사례

<table>
<tr><th colspan="2">전공 및 분야</th><th>전학과 공통</th><th>업종·기업</th><th>전 업종 및 전 산업 공통</th></tr>
<tr><td>구분</td><td>지원
직무</td><td>어려운 일
극복 사례</td><td>요구 사항</td><td>• 협업이나 조직력 구현사례
• ESG 참여 후 실천사례</td></tr>
<tr><td>질문
항목</td><td colspan="4">조직이나 기업 등에서 협업 또는 조직력이나 창의력을 활용하여 어려움을 극복한 사례가 있으면 구체적으로 제시하여 주시기 바랍니다. 대학 밖에서 수행한 사례가 없으면 대학 내 활동사례도 언급이 가능합니다.(1분 이내 또는 400자)</td></tr>
<tr><td>답변
내용</td><td colspan="4">[어려운 일–실습생으로 2개 부서 업무를 동시에 수행하다]
2020년 7월 서울 영등포 소재 (주)하나기획에서 공연팀 업무로 현장실습을 하였습니다. 처음 1개월 동안은 당초 공고된 실습계획서 대로 진행이 되다가 공연팀 업무가 일부 업무량의 기복이 있어서 한가할 때는 다소 육체노동이 필요로 하고 업무량이 많은 패션팀 업무 지원도 수행하게 되었습니다. 새로 직원을 채용하기는 업무량이 부족한 수준이라 제가 그 팀 업무까지 2가지를 동시 수행하다 보니 처음에는 업무에 집중도 안되고 육체적으로 너무 힘들어 일과를 마치고 집에 돌아가면 발이 퉁퉁 부었습니다. 지도교사에게 개선을 요구하였지만 일시적인 일로 다시 업무가 줄어들 거라고 설득을 하여 꾹 참고 남은 1개월 동안 2가지 업무를 종료하였습니다.

[어려운 일–짧은 실습기간에 여러 가지 업무를 여러 형태로 수행해 보다]
경기 판교 소재 (주)로텍 신사업팀에서 현장실습을 하였습니다. 처음 출근하자 마자 월요일 전체 OT때 개인의 가치관, 좌우명, 인생계획들을 제출하라 하였습니다. 정규직원도 아닌데 너무 황당하여 심사숙고 후 제출하자, 이번에는 개인별 분장업무만 알려주고 아직 업무수행도 안 했는데 부여받은 업무에 대해 추진할 향후 일간, 주간, 월간 업무수행계획서를 작성하라 하였습니다. 이에 반발한 실습생 1명이 중도포기하자 저에게 그 퇴사자 업무 까지 맡으라 하여 너무 당황하여 어쩔줄 모르다가 부여 받은 각각의 업무에 대해 우선 기존 사내 직원들이 수행했던 관련 보고서를 참조하여 작성하였습니다. 이걸로 끝나나 했는데 본 업무 개시 2주일 경 사내에 코로나19 감염자가 발생하여 부서 전체가 1주일간 재택 근무에 들어갔습니다. 업무 경험이 없어서 지도교사의 허락을 얻어 필수 참조자료를 집에 가지고 가서 몇 번이고 반복하여 읽어보고 또 읽어보아 지시받은 신규사업계획서 작성을 완료 하였습니다.

[어려운 일–컵라면과 김밥1개로 2일간 전산시스템을 이설하다]
서울 강남 압구정동 (주)N컴의 개발팀에서 4개월간 현장실습을 하였습니다. 직원 대부분은 마케팅을 담당하였고 웹개발 쪽은 SW전공인 저 혼자였습니다. 대표님은 저의 개발능력에 대해 기대를 많이 하여서, 계획 일정대비 기간이 다소 지연됐음에도 지도교사와 협의하여 거의 혼자서 외주 관리되는 기존 시스템에 대해 도메인 작업 등 기초작업 부터 웹개발 까지 착수 2개월만에 완료하였습니다. 그런데 문제는 그 이후였습니다. 개발이 완료되자 갑작스레 대표님은 사무실을 이전해야 한다고 하면서 전산시스템을 포장하라 하였습니다. 이삿짐센터에서는 단 1명만 나왔고 전산담당은 처음부터 오지도 않았다고 말하여 업무를 중단하고 2일 동안 컵라면과 김밥 1줄로 점심을 때우고, 하루평균 6시간의 중노동 끝에 이사를 마무리 하였습니다.</td></tr>
</table>

□ 분야: 힘든일 어려운일 극복사례

<table>
<tr><th colspan="2">전공 및 분야</th><th>전학과 공통</th><th>업종·기업</th><th>전 업종 및 전 산업 공통</th></tr>
<tr><td>구분</td><td>지원
직무</td><td>어려운 일
극복 사례</td><td>요구 사항</td><td>• 협업이나 조직력 구현사례
• ESG 참여 후 실천사례</td></tr>
<tr><td>질문
항목</td><td colspan="4">조직이나 기업 등에서 협업 또는 조직력이나 창의력을 활용하여 어려움을 극복한 사례가 있으면 구체적으로 제시하여 주시기 바랍니다. 대학 밖에서 수행한 사례가 없으면 대학 내 활동사례도 언급이 가능합니다.(2분 또는 500자 이내)</td></tr>
<tr><td>답변
내용</td><td colspan="4">[어려운 일–돌발적인 문제점 직면시 납득되는 상황설명으로 극복하다(고객지원)]
서울 신촌의 대형 AFC에서 6개월간 아르바이트를 하면서 저는 고객응대 서빙을 하였습니다. 주로 준비된 음식의 양과 필요한 양을 빠르게 파악해서 주방에 전달하는 것이 저의 역할이었습니다. 바쁜 저녁시간, 당일 근처에서 집회가 있었는데 저는 그 내용을 잘알지 못하였고 주문이 갑자기 밀린 상황이 되자 저녁 타임이라 흔히 그랬듯이 그런줄 알고 주문을 받던 중 몇몇 요리 세트의 구성품 중 하나가 다 소진되었음을 뒤늦게 알아차렸습니다. 앞의 주문건은 주문 받은지가 이미 10분이 지났고, 구성품의 평균 조리시간은 15분이었습니다. 매니저님은 2층에 계셔서 1층에는 저혼자 있었고 또 1층을 무작정 비울 수도 없어서 '지체할 수 없는 시간, 대체품의 선정, 매장의 손해'를 고려해야 했습니다. 대안을 생각한 끝에 우선 해당 음식을 주문하신 고객님들께 곧바로 다가 가서 근처 집회종료로 갑작스레 주문량이 폭주하여 일부재료가 다 소진되었다는 상황을 설명하였습니다. 그리고 그 구성품과 가격이 비슷한 다른 사이드 메뉴를 제안했고, 사과의 말과 함께 음식을 교환하여 제공해 드렸습니다. AFC는 고객 만족도 평가를 매우 중요시했기에 매장을 이용하는 고객들이 최대한 불편하지 않게 하는 것을 고려한 선택이었습니다. 다행히도 추가로 접수된 불만 사항은 없었습니다.

[어려운 일–문제점 발견시 아이디어를 동원하여 적극적으로 해결하다(고객지원)]
2022년 12월 선릉역 근처의 일본식 선술집에서 아르바이트를 하였는데, 이 주점은 아직 오픈 한 지 얼마되지 않아 여러 문제점이 많은 상태였습니다. 주점은 총 2층으로 되어 있었는데 1층과 2층 직원간의 의사소통 수단이 부재하여 필요할 경우 개인 휴대폰을 사용하여 의사소통을 하였습니다. 이렇게 하다 보니 필요한 의사소통을 제때 할 수 없게 되었고, 손님 앞에서 휴대폰을 수시로 하니 손님들의 만족도도 낮았고 또한 직원들의 서빙 태도에 대한 인식도 나빠졌습니다. 그래서 제가 사장님께 홀 써빙 직원들만이라도 손님의 입장과 퇴장, 음식조리 상황 등 각각의 상황에 대한 정보를 교환하기 위한 무전기를 사용하자고 건의하였습니다. 사장님도 기존의 개인 휴대폰을 이용한 의사소통 방식에 문제점이 있다고 인식하여 즉각 무전기를 사용하는 것에 동의하였습니다. 이후 무전기를 구입해서 사용한 결과, 서로 다른층 직원과의 의사소통이 신속하게 연결되어 각 테이블 회전속도도 빠르게 되고, 가게가 조금 더 체계적으로 운영되기 시작했습니다. 그리고 테이블 회전이 빨라지니 매출 역시 이전에 비해 1.5배 이상으로 상승하였습니다. 저는 이러한 경험을 통해 문제점을 발견하면 그대로 두지 말고 여러 아이디어를 동원하여 적극적으로 나서서 주도적으로 해결해야 조직이나 회사에도 긍정적으로 기여할 수 있다는 점을 깨달았습니다.</td></tr>
</table>

□ 분야: 성격의 장단점

<table>
<tr><th colspan="2">전공 및 분야</th><th>전학과 공통</th><th>업종·기업</th><th>전 업종 및 전 산업 공통</th></tr>
<tr><td>구분</td><td>지원
직무</td><td>성격의 장단점</td><td>요구 사항</td><td>• 본인이 보유한 장점에 대한 설명
• 본인이 가지고 있는 단점과 극복 사례</td></tr>
<tr><td>질문
항목</td><td colspan="4">성격의 장점(단점)은 무엇이며 해당 장점(단점)을 보여줄 수 있는 사례를 말해 보세요. 대학 밖 또는 대학 내 활동사례도 언급이 가능합니다.(2분 또는 500자 이내)</td></tr>
<tr><td>답변
내용</td><td colspan="4">[장점–문제 해결을 위해 지속적으로 새로운 방법을 찾는 습관을 기르다]
서울 홍릉 소재 연구원에서 6개월 인턴을 수행할 때입니다. 저에게는 이번이 2번째 인턴이었는데, 저는 두 명의 연구원분들과 두 명의 인턴으로 팀을 구성하여 프로젝트를 진행하였습니다. 이 추진 과정은 기존에 매뉴얼이 갖추어져 있거나 선례가 있는 작업이 아니라 연구원분들이 간단하게 구상한 틀을 가이드라인으로 삼았으며, 인턴학생 두명이 이 가이드라인을 기반으로 실질적인 정보검색과 정보수집을 하는 것이 주된 업무였습니다. 이 과정에서 연구원들은 본인들의 주업무와 별개로 이뤄진 작업이라 저희의 질문을 받아 주고 검토하는 역할을 해주었고, 1~2일에 한 번씩 전체 회의가 있었습니다. 저와 10살 이상의 나이 차이가 나는 연구원들과의 업무였지만, 저는 매일 같이 전날 수행업무중 목표로 하는 결과값이 안나오면 바로 다음날은 검색방법을 계속하여 새로운 방법을 찾아 바꾸어 진행하였고 이 업무 과정중 실무에서 느낀 제한점이나 보완점을 적극적으로 이야기 하면서 업무의 추진 방향성을 계속해서 수정해 나아갔습니다. 이렇게 하여 연구원들과의 협력 업무를 통해서 더 나은 결과물이 도출되는 것을 직접 경험하였고, 성공적으로 프로젝트를 마무리하였습니다. 이 때 느낀점은 업무수행 방법은 무엇이든지 과거 기존의 조직원들이 열심히 오랬동안 잘해온 방식도 중요하지만 이를 바탕으로 항상 새로운 각도에서 접근하여 동시에 여러 가지 해결방안을 찾아 볼 필요가 있다는 것을 알았습니다.
[장점–모르는 것은 더 배우기 위해 능동적으로 항상 묻고 노력하는 태도를 지니다]
4학년 때 전공과목 캡스톤디자인으로 “MOx 소재의 유전상수 값이 SiO2 비해 왜 높은지에 대해 소재적 관점에 대해 서술하시오”라는 신소재적 해석을 과제로 3명이 1조가 되어 프로젝트를 수행하였습니다. 저는 처음에 방향을 잡지 못해 애를 먹었습니다. 과제를 해결하기 위해 가장 먼저 한 일은 관련 논문과 서적을 찾아보는 것이었고, 조금 지식이 쌓인 후에 정확한 방향과 조언을 얻기 위해 주제와 관련된 연구를 하고 있는 신소재 공학과 교수님을 찾아가서 문의를 드렸습니다. 그 결과 “high k”의 전기음성도 차이에 따른 산소 결합시의 쌍극자 모멘트 세기에 의해 유전상수가 올라간다고 생각했었지만, 이것 이외에도 4가지 분극에 의해 유전상수가 올라간다는 것을 알게 되었습니다. 이러한 정보를 기반으로 키워드를 뽑아내어 좀 더 연구를 진행하였고, 그 결과 팀원들과 과제를 올바르게 해결하여 우수한 결과를 낼 수 있었습니다. 저는 이처럼 능동적으로 배우고자 필요할 경우 질문을 하는 태도는 문제를 빨리 해결하고, 지식을 효과적으로 쌓는데 큰 도움을 준다고 생각합니다.</td></tr>
</table>

□ 분야: 성격의 장단점

전공 및 분야		전학과 공통	업종·기업	전 업종 및 전 산업 공통
구분	지원 직무	성격의 장단점	요구 사항	• 본인이 보유한 장점에 대한 설명 • 본인이 가지고 있는 단점과 극복 사례
질문 항목	성격의 장점(단점)은 무엇이며 해당 장점(단점)을 보여줄 수 있는 사례를 말해 보세요. 대학 밖 또는 대학 내 활동사례도 언급이 가능합니다.(1분 또는 400자 이내)			
답변 내용	[단점–문제해결 중 각단계별로 확신이 없으면 다음 단계로 넘어가지 못합니다] 저의 단점은 단계를 나누어 문제를 해결하던 중 해당단계에 확신이 없으면 쉽게 다음 단계로 넘어가지 못한다는 점입니다. 따라서 전단계를 최대한 완벽히 이해하고 넘어가다 보니 남들보다 일의 처리속도가 늦습니다. 이러한 단점은 프로젝트의 완성도 측면에서는 장점이될 수도 있지만, 전체적인 일정을 생각하여 정해진 일정내에 문제를 해결해야하는 프로젝트의 특성상 문제가 될 수도 있습니다. 저는 이러한 문제점을 인지하고 과제나 프로젝트를 수행시 제 나름대로의 시간 기준을 구체적으로 세분화하여 정해진 기간안에 문제를 해결하도록 노력했습니다. 또한 세분화된 시간 기준을 못지킨 경우 밤을 세워서라도 끝내서 전체적인 일정에 차질이 생기지 않도록 노력했습니다. 지금도 이처럼 부족한 부분은 개선하려고 노력하고 있습니다. [단점–제 성격의 단점은 감정 표현이 다소 미숙하다는 점입니다] 2020년 처음 경기랜드와 PGV에서 알바 때 친절함이라는 감정을 고객에게 전달하는 것이 제게는 어려웠습니다. 경기랜드 같은 경우 고객응대가 중요하므로 VOC시스템이 발달해 있었습니다. VOC는 칭찬VOC와 불만VOC로 나뉘었는데, 매장 근무자들이 월평균 2~3회 칭찬VOC를 받는 것에 비해 저는 첫한달 동안에 칭찬VOC를 하나도 못받았고, 근무 두달째도 매장에서 가장 적은 칭찬VOC를 받았습니다. 서비스업에 종사하면서 칭찬 VOC를 적게 받는다는 것은 능력이 부족하다는 것을 의미하였기에, 그 이후부터 쿠션언어 사용과 표정관리를 지속적으로 연습하였습니다. 이후 3개월째 부터는 월평균 5회의 칭찬VOC를 받았고 그 이후 부터는 약 10회의 칭찬VOC를 받아 매장에서 가장 많이 칭찬VOC를 받은 아르바이트원으로 뽑혔습니다 [단점–메모 습관으로 단점을 극복해 내고 장점으로 변화시키다] 저는 해야 할 일이나, 챙겨야 하는 물품 등을 잘 잊는 편인데, 이러한 문제점을 고치기 위해서 구글엑셀을 통해 일정관리를 하며, to do list와 그날 챙겨야 할 물품 check list를 만들며 관리하였습니다. 이 방식의 단점은 노트북이나 핸드폰으로 구글 엑셀에 들어가 확인하지 않는 이상 확인할 수 없다는 것이었습니다. 막상 급할 때 확인 하는 게 힘들다 보니, 집에서 나가기 전 check list는 현관문에 화이트보드를 붙여 나가기 전 확인을 하고, 밖에 나가서 해야 할 일들은 핸드폰 뒷면에 메모지를 넣어 놓아 매일 밖에서 바로바로 확인할 수 있게 하는 등의 방법으로 전보다 덤벙거리는 일들이 줄어들었습니다. 최근에는 이 부분을 더 발전시켜 작은 수첩을 항상 소지하고 다니며 수첩에 오늘해야 할 to do list 목록을 우선순위 대로 정리하고, 내일의 내가 더 발전할 수 있도록 오늘 하루에 대한 자기반성, 고찰을 간단하게 한 줄로 적는 습관을 들여 단점이던 저의 문제를 꼼꼼함이라는 장점으로 변화시켰습니다.				

□ 분야: 본인의 성공사례

<table>
<tr><th colspan="2">전공 및 분야</th><th>전학과 공통</th><th>업종·기업</th><th>전 업종 및 전 산업 공통</th></tr>
<tr><td>구분</td><td>지원
직무</td><td>본인의 성공사례</td><td>요구 사항</td><td>• 업무나 기타 활동 등으로 성공한 사례
• 어려움 또는 갈등 극복사례</td></tr>
<tr><td>질문
항목</td><td colspan="4">지원 분야와 관련하여 대학이나 대학 이외에서 활동중 어려움이나 갈등에 대한 극복 또는 성공한 사례가 있으면 말씀하여 주시기 바랍니다.(1분 30초 이내)</td></tr>
<tr><td>답변
내용</td><td colspan="4">[성공: 창업캠프를 통하여 진로상담 로봇시스템을 개발 후 특허출원하다]
2020년 12월 부터 2개월간 아주대, 성균관대, 한양대, 중앙대 4개대학 연합창업캠프(총4명)에 참가하였습니다. 주제는 “데이터댐”과 관련한 디지털뉴딜정책으로 전년령대를 상대로 진로상담을 해주는 AI챗봇을 만드는 것이었습니다. 상담내용의 신뢰도를 높이기 위해 여성가족부가 보유한 청소년 학업 및 진로 고민상담 2개년분(년평균 10만여건) 실적을 이용하여 단순히 AI챗봇으로 상담만 하는 것이 아닌 데이터화된 각분야 전문가들의 지식을 AI챗봇에게 교육을 시켜 분야별 캐릭터가 실제 요청한 상담자들과 상담을 해주도록 구성하였습니다. 제가 맡은 부분은 주로 프론트엔드 부분 개발과 초기 매출 확보전략 수립이었는데 온라인 노이즈마케팅으로 이용자를 끌어 모았으며 시장선정, 타깃시장 설정, 수익구조에 따른 기간별 매출확대 전략, 인력운영계획 등을 세워 완료한 후 이 “진로상담 로봇시스템”은 특허청에 정식 특허등록을 완료하였습니다.

[성공–(주)다임에서 해외로 KF80 마스크를 수출하다]
2020년 7월 부터 2개월간 서울 강남 소재 ㈜다임에서 해외수출 마케팅 실습을 하였습니다. 이 회사는 화장용품 도매 및 수출입업을 하는 회사로 마침 전세계는 코로나19가 대유행하기 시작하던 때였습니다. 한국은 물론이고 각나라별로 갑작스런 대유행으로 모두가 마스크가 부족한 상태였으나, 국내는 KF94만을 선호하여 KF80은 여유가 약간 있었습니다. 회사는 이점에 주목하여 해외로 수출을 하기로 하였으나 기존직원들은 기존거래처 관리에 바빠 학생인 제가 맡았습니다. 우선 회사에서 지금까지 새로운 바이어를 개척했던 영업관행대로 이미 확보된 바이어들에게 마스크 구매를 위한 광고성글을 보냈으나 답장이 없었고 별도로 광고를 새로 하려고 알아보니 기간도 많이 걸리고 또 장기계약을 요구하여 중소기업 형편상 포기를 했으면 했지 예산부족으로 1회성 광고를 이용한 수출은 불가능하였습니다. 그래서 저는 곰곰이 처음에 외면당한 원인을 생각해 본 끝에 KF80마스크가 단가는 좀 비싸나 타국 제품에 비해 기능이 탁월하다는 점에 착안하여 품질에 대한 신뢰성으로 고객들을 파고 들고자 1) 위생적인 생산과정, 2) 코로나 비말 전파를 막은 기사, 3) 비말투과율 실험 영상을 제작하여 회사 홈피에 게시하고 이를 링크하여 매일 20명 이상씩 개인메세지로 같은 내용을 전송하였고, 답장율이 높았던 문구 내용을 다시 분석 후 비즈니스레터를 제작 배포하였습니다. 그러던중 세계제 4위 제약회사, 포춘지 500대 기업에 해당하는 기업 등에서 KF80마스크 구매의향을 밝히고 견적서를 보내달라는 연락을 받았습니다. 이때 제가 얻은 교훈은 무엇이든 상대방에게 공감을 얻기 위해서는 주관적인 생각을 버리고 객관화하여 상대방을 설득해야 한다는 것이었습니다.</td></tr>
</table>

□ 분야: 본인의 성공사례

<table>
<tr><th colspan="2">전공 및 분야</th><th>전학과 공통</th><th>업종·기업</th><th>전 업종 및 전 산업 공통</th></tr>
<tr><td>구분</td><td>지원
직무</td><td>본인의 성공사례</td><td>요구 사항</td><td>• 업무나 기타 활동 등으로 성공한 사례
• 어려움 또는 갈등 극복사례</td></tr>
<tr><td>질문
항목</td><td colspan="4">지원 분야와 관련하여 대학이나 대학 이외에서 활동중 어려움이나 갈등에 대한 극복 또는 성공한 사례가 있으면 말씀하여 주시기 바랍니다.(1분 30초 이내)</td></tr>
<tr><td>답변
내용</td><td colspan="4">[어려운일 극복: 잘못된 사실에 대한 진심어린 설득으로 어려움을 극복하다]
2021년 1월 부터 2개월간 방학 알바로 서울 영등포 소재 L체인점에서 일을 하였습니다. 코로나 시국임에도 테이크아웃을 하는 고객이 많아 매출은 유지됐는데 마침 수입 거래선으로 부터 감자튀김이 국내로 수입이 되지 않아 불가피하게 국내산 제품 및 타브랜드의 감자튀김을 임시로 제공을 하였습니다. 그러나 해당 제품들은 기존제품에 비해 맛과 모양이 달라서 고객들의 컴플레인이 많았습니다. 이에 저는 이러한 일시적인 수급문제로 인해 생긴 일이란 점을 고객에게 알려야겠다고 생각하고 그 관련 근거를 찾아 보았습니다. 인터넷에는 코로나19의 여파로 비행기 등 전세계의 운송인력(수단)이 확 줄어서 국제물류에 대한 병목현상으로 인해 운송대란이 생겼다고 보도가 되었습니다. 그리하여 이 내용을 요약하여 게시하고 고객들이 주문시 이점을 다시한번 말로 설명을 드려 양해를 구하고 주문을 받았습니다. 그리하여 그 많았던 고객들의 민원을 해결할 수 있었습니다. 이 때 저는 어떤 문제가 생기면 임시방편적인 변명으로 일관할게 아니라 상대방이 납득할 수 있는 충분한 근거를 가지고 인정받을 수 있는 방안을 내놓고 상호간의 신뢰를 이끌어 내면 쉽게 해결이 가능하다는 것을 알게 되었습니다.

[성공–고객맞춤형전략으로 페이스북 트래픽 증가 및 DAU를 크게 높이다]
서울 강남소재 (주)SMG의 온라인 퍼블리싱 사업팀에서 2개월간 현장실습중 프로야구 매니지와 프리스타일2 게임에 대해 활성화시키는 작업을 하였습니다. 우선 문제점을 분석해 보니 매니저의 경우 70% 이상이 부정적인 글이었고, 프리스타일2는 참여율이 10명도 안되어 과거 자료를 토대로 타이밍을 바꾸어 여러 차례 현물이벤트를 개시하였으나 특별한 반응이 없어서 1차 시도는 실패하였습니다. 그 원인을 철저히 분석해 보니 유저에 대한 성향분석 실패였습니다. 이에 대한 대안으로 1) 관련 커뮤니티 분석, 2) 유저데이터 분석을 통한 프로야구매니저 및 프리스타일 게임의 타깃 고객을 알아냈습니다. 결론은 1) 매니저의 경우 경제력이 있는 남성 야구매니아, 2) 게임의 경우는 패션과 농구에 관심이 많은 10~20대 유저임을 알아내어 이들을 대상으로 맞춤형 콘텐츠를 1) 매니저의 경우 99%가 남성임을 감안해 여성캐릭터 페북지기와 공감형 콘텐츠로 제작을 하고 2) 게임유저들은 B급 유머가 가미된 콘텐츠 제작과 인터넷 이슈를 패러디한 이벤트진행과 웹툰으로 게임 업데이트를 제작하였습니다. 공통으로는 업로드 후 실시간으로 유저들이 쓴 글에 대해 댓글, 손편지, 캐릭터를 각각 새로 제작하여 전송하였습니다. 이런 작업을 1개월쯤 계속하자 유저들이 감동받아 스스로 인증샷을 올리면서 자발적인 홍보가 이루어 졌고, 유저들의 성향도 80% 이상이 “재미있다”라는 반응으로 바뀌어 작업 2개월쯤에는 페북 팔로워수가 약 1,000여 명이 되었고 DAU트래픽수 또한 처음보다 3배 정도로 크게 증가하였습니다. 이때 저는 타깃 고객성향 분석이 얼마나 마케팅에서 중요한지를 체험하였습니다.</td></tr>
</table>

□ 분야: 본인의 성공사례

<table>
<tr><th colspan="2">전공 및 분야</th><th>전학과 공통</th><th>업종·기업</th><th>전 업종 및 전 산업 공통</th></tr>
<tr><td>구분</td><td>지원 직무</td><td>본인의 성공사례</td><td>요구 사항</td><td>• 업무나 기타 활동 등으로 성공한 사례
• 어려움 또는 갈등 극복사례</td></tr>
<tr><td>질문 항목</td><td colspan="4">지원 분야와 관련하여 대학이나 대학 이외에서 활동중 어려움이나 갈등에 대한 극복 또는 성공한 사례가 있으면 말씀하여 주시기 바랍니다.(2분 또는 500자 이내)</td></tr>
<tr><td>답변 내용</td><td colspan="4">[성공–데이터분석을 통한 맞춤형 고객세분화 전략으로 매출을 확대하다]
2020년 7월 부터 2개월간 ㈜한강기획 온라인광고팀에서 현장실습을 진행하였습니다. 회사는 이커머스 판매 전문회사 였는데 홈쇼핑 TV 방송사와 연계한 광고를 집행하고 매출을 올려 일정액의 수수료로를 받는 회사였습니다. 제가 맡은 업무는 방송사의 광고운영 및 관리 업무로 제품을 방송에 홍보할 회사를 소싱하고 판매에 관한 전체 운영을 맡았습니다. 한번은 스포츠용품 판매회사가 코로나 유행 당시 대부분 홈트레이닝 상품이 주목받던 것에 비해 다른 상품들 보다 현저히 매출이 낮은 것을 알고서, 다른 판매처 보다 늦은 시기에 집행한 것으로 생각하여 고객사에게 추가로 적극적인 광고 집행이 필요하다고 제안하였으나 비용부담을 느낀 회사는 진행을 꺼렸했으나 타 상품의 광고효과에 대한 판매효과 요약 비교표를 만들어 광고효과에 대한 기대감을 제시하며 2주간의 설득끝에 성공했습니다. 이후 저는 애플리케이션 푸시광고와 사이트 내 메인배너 구좌를 집행한 후, 일별 리포트를 작성 후 시리얼로 분석해 본 결과, 앱푸시보다는 메인배너 구좌의 효율이 높은것을 알았고, 구좌가 일별로 집행되는데도 시간대별로 매출과 클릭수가 분명히 차이가 있다는 것을 발견했습니다. 사내자체 데이터 분석시스템으로 시간대별 분석과 고객세분화 분석후 이탈률을 조사해 보니 기존엔 헬스장 갈 시간이 부족한 직장인을 타깃으로 했는데, 요즈음은 점심이후 오후 2시경에 유입이 높았으며 대부분 4050대의 여성이 주된 고객이고 2030대 고객들의 구매 경로는 구좌가 아닌 키워드 검색만 상당수를 차지했습니다. 그래서 일단위별 구좌 집행을 중지하고, 기존 중년여성 고객의 최대 방문 시간대에 집행타임 구좌를 집중적으로 진행했고, 또한 젊은 고객을 겨냥하기 위해 퇴근 후 시간대에 앱푸시 광고를 집행했습니다. 1달이 지나자 고객 특성별 맞춤화된 광고 운영으로 인한 효과가 크게 나타나 기존보다 매출이 8배 이상 상승했습니다.

[성공–텀블벅 공개예정 프로젝트에 참여후 1위효과를 낸 광고전략을 성공시키다]
클라우드 펀딩을 진행하며 인스타그램에 광고를 진행하였습니다. 주요방법은 펀딩오픈 전, 제품의 썸네일과 제품명만을 공개하여 사람들의 기대감을 높이고, 판매오픈 후 알림 신청한 고객들을 대상으로 펀딩 오픈 알림을 보내어 공개 예정 2주 기간에 알림 신청 2,081개를 받아 공개예정 1위를 기록하였습니다. 또 텀블벅 주 고객층이 관심을 두는 전통문화 느낌을 살리기 위해 신비로운 분위기가 연출된 제품 사진을 썸네일로 활용했고, 전통 스토리텔링을 담은 제품명을 설정하여 2,081개의 알림 신청수를 통해 홍보효과를 확인하고 이를 바탕으로 인스타그램에 스토리 광고를 구성했습니다. 텀블벅 주 고객층인 20~40대의 여성중 브랜드 공식계정 팔로워와 유사한 사람들을 타깃으로 두 달간 광고를 집행한 결과 16,412개의 계정에 광고를 도달시켰고, 그중 678명이 펀딩 웹사이트 링크를 클릭하였고, 제품검색 해시태그 구성 시, 네이버 데이터 랩으로 타깃층 인기 검색어를 확인하여 해시태그를 구성한 바, 사이트 내 유입을 대폭 증가시켜 목표매출액 대비 847%의 매출을 달성하였습니다.</td></tr>
</table>

□ 분야: 본인의 실패사례

전공 및 분야		전학과 공통	업종·기업	전 업종 및 전 산업 공통
구분	지원 직무	본인의 실패사례	요구 사항	• 업무나 기타 활동 등에서 실패한 사례 • 어려움 또는 갈등의 해결 실패 사례
질문 항목	지원 분야와 관련하여 대학이나 대학 이외에서 활동중 어려움이나 갈등에 대한 해결 실패 사례가 있으면 말씀하여 주시기 바랍니다.(1분 또는 300자 이내)			
답변 내용	[실패–해외직구 창업: 기획 및 마케팅(전분야)] 대학 3학년 때 네이버 스마트 스토어를 창업하여 해외구매대행 사업을 하였습니다. 초기자금이 필요없고 다른 마켓보다 수수료가 저렴하여 시작하였는데 상품 소싱은 아마존프라임과 오플닷컴을 주로 이용하였습니다. 플레이스데어(Placethere)라는 사이트를 만들고 유산균, 영양제, 헬스 보조제를 팔기시작하여 처음 시작할 때 하루 접속자가 4~5명에 불과했으나, 첫 구매시 사이트 홍보 및 단골고객 확보를 위해 할인쿠폰 제공 이벤트를 공격적으로 시작하자 구매가 늘기 시작하였습니다. 그러자 가격 측면에서도 경쟁력을 갖추고 있던 경쟁사들이 많이 나타나 어려움이 생겨서 전략을 바꾸어 해외에서는 유명하지만, 아직 한국에서 알려지지 않은 제품 위주로 판매하는 전략을 변경하였습니다. 그러자 이제는 구매자가 확 줄었습니다. 결국 판매전략의 실패로 오픈 5개월만에 스마트스토어 문을 닫았습니다. [실패–카카오톡 글자 수정하기: 소프트웨어(SW)개발(전분야)] 대학 4학년 때 캡스톤디자인 수행 과제로 카카오톡 문자수정하기 기능 보완작업에 착수해 보기로 하였습니다. 현재 카카오톡은 톡내용을 입력후 그 내용 삭제는 되나 입력한 내용에 대해서는 수정이 되지 않습니다. 그래서 저와 팀원 3명은 이 문제를 해결하고자 지도교수의 지도를 통해 SW 기능 변경에 대해 개발을 시작하였습니다. 당초 수행계획서는 총 16주 중 전반기 7주 중 수행한 것은 8주차에 중간보고 후 최종 16주 차에 완료보고를 하기로 하였습니다. 그러나 SW개발을 완료하여 앱으로 배포한 후 희망자에 한해 설치 사용하는 방법도 추가 하였는데, 결국은 계획보다 훨씬더 많은 개발 기간이 필요하여 중간보고후 다음단계 개발은 착수하지 못했습니다. [실패–지하주차장 내차 위치 자동으로 뜨게 하기: 소프트웨어(SW)개발(전분야)] 대학 3학년 때 캡스톤디자인으로 딥러닝 기술을 이용하여 앱으로 지하 주차장 입구에서 톨게이트를 차량이 통과후 주차할 수 있는 빈자리와 주차 이후 그 위치를 이용자에게 문자나 톡으로 알려주는 서비스 개발에 착수하였습니다. 큰 빌딩 주차장은 매우 넓어서 차주가 안내를 받아 주차 후 신경을 써서 주차 장소를 기억한다 해도 나갈 때 쉽게 찾기가 어려운 경우가 많아 서버를 이용하면 충분히 이 알림 메시지의 이용 수요는 많을 것으로 판단하였습니다. 전반적인 계획서를 만들어 착수하던 도중 어느 주차장이나 기존주차 구역은 쉽게 정해지는데 반해 핵심인 자동차 차량번호와 운전자의 핸드폰 전화번호의 연계 작업이 문제였습니다. 핸드폰 번호는 개인정보 문제여서 출입차량의 운전자들로 부터 사전에 일일이 차량번호와 전화번호의 수집 동의를 받아야 하여 결국은 SW프로그램은 완성되었으나, 관련법규 문제 미 해결로 실제 이용을 못하였습니다. 이상입니다.				

□ 분야: 컴퓨터 활용능력

<table>
<tr><th colspan="2">전공 및 분야</th><th>전학과 공통</th><th>업종·기업</th><th>전 업종 및 공기업·대기업 공통</th></tr>
<tr><td>구분</td><td>지원 직무</td><td>컴퓨터 활용능력</td><td>요구 사항</td><td>• 한글, Word, Excel, Powerpoint 가능자
• MOS 자격증 소지자</td></tr>
<tr><td>질문 항목</td><td colspan="4">1) 한글(Word, Excel, Powerpoint 등) 등 잘 사용하실줄 아시나요? (1분 이내)
2) 포토샵(일러스트, 프리미어 프로, 파이널컷)을 사용하실줄 아시나요? (1분 이내)</td></tr>
<tr><td>답변 내용</td><td colspan="4">[OA–엑셀]
네, 저는 서울 강남 GB어학원에서 2개월간 현장실습을 할 때 고등부 수강 학생들을 대상으로 엑셀로 학생들의 수강과목에 대해 과목-이름-학교-수강기간 등을 입력후 주단위 기준 1과목 수강학생, 2과목 이상 수강 학생 등으로 구분 입력한 후 이 기초 입력 엑셀 시트를 기준으로 2과목 이상 동시 수강하는 학생들을 VLOOKUP 함수를 사용하여 별도 추출 후 수강료 할인 대상자로 선정 보고한 바 있습니다.

[OA–파워포인트]
네, 저는 2022한국야구위원회(KBO)와 10개 대학이 연합으로 운영하는 “KBO나인(NINE) 시즌 2022”대회에 참가하여 아주대, 한밭대, 조선대가 1팀(3명)이 되어 한화이글스가 대전에 새로 신축하는 야구장지붕 등을 태양광 시설로 설치를 하여 야간 경기중 소모되는 막대한 전력 소모를 줄이고 프로야구단의 지역사회와 ESG 상생분야 기여방안에 대한 아이디어를 PPT 20장 분량으로 작성 후 심사위원들에게 발표한 사실이 있습니다.

[OA–한글]
네, 저는 2020년 7월 부터 2개월간 월드비전에서 현장실습시 매일 190건 정도의 민원 서신을 번역한 후 먼저 엑셀을 이용하여 성명, 주소, 연락처 순으로 발송리스트를 만들었습니다. 그 다음에 한글에서 [도구]-[메일 머지]-[메일 머지 만들기]를 하여 이 엑셀화일과 연결하여 만든 후 주소들을 출력후 개인별로 발송하였습니다.

[동영상–썸네일]
네, 저는 전공 과제로 “인테리어 하는 줄자 언니”라는 유튜브 동영상 제작 메인 PD로 일하면서 콘텐츠기획, 영상촬영 및 편집을 한 사실이 있습니다. 주 구독자층을 30~40대로 세분화하여 폰트가 큰 썸네일이 인기가 있어서 미리캔버스를 활용하여 폰트를 크게 넣어서 제작하였고 가구 및 제품을 소개한 영상의 썸네일로 사용토록 하였으며 해당 영상은 첫 6개월 동안에 총 1.2천 회의 조회수를 기록하였습니다.

[동영상–프리미어 프로 등]
네, 저는 대학 졸업 후 인터넷 방송국 등 언론매체에서 인플루언서 등으로 일해 보고자 유튜브 등 온라인 매체를 이용하여 프리미어 프로, 애프터이펙트, 포토샵 등의 툴들을 독학으로 공부하였으며, 대학 4학년 전공과목 중 콘텐츠제작 워크숍 수업시간에 프리미어 프로로 교수님과 학생들을 상대로 6가지 버전(주제)의 광고영상과 이와 별도로 15분 짜리 교내 아카이빙(※보관영상) 다큐멘터리를 제작 시연 한 바 있습니다. 이상입니다.</td></tr>
</table>

PART
09

첫 3개월까지 직장생활 잘하기

01 연봉과 회사보다 취업 후 일할 직무를 보라

02 최종합격하면 즉시 출근준비부터 하라

03 직장생활 조기적응과 성공은 회사 흐름에 따르는 것이다

04 첫 출근 후 제기하는 불만은 대부분 잘못 알고 있는 것들이 많다

05 첫 출근 후 첫날부터 일 잘하는 법

06 문제가 생기면 나부터 잘못이 없는지 먼저 돌아보라

07 정 근무하기가 어려울 경우 명예롭게 이직을 하라

필자도 취업지도를 하다 보면 한 번에 최종합격하여 입사한 후 큰 문제 없이 장기간 근무한 사람들부터 1주일도 못되어 조기에 퇴사하는 사람에 이르기 까지 수많은 경우를 목격하면서 다양한 경험을 하기도 한다. 주로 퇴사의 근본적인 문제는 경우에 따라 다르나 대부분 회사보다는 취업자(신입사원)에게 그 원인이 더 많다. 필자의 경우 창업 5번에 취업만 9번 이상을 하였다. 옮길 때마다 급여가 오르고 하여 좋은 점도 있었지만 그때마다 새로운 환경에 적응하기가 쉽지 않았다. 물론 사람마다 각각의 경우가 모두 다를 것이다. 운이 좋게도 필자에게는 대한상공회의소 및 중소기업중앙회 등에서 재직 시 수행한 회원사 CEO 면담, 취업지원과 창업경험이 이런 책을 만들게 되는 계기가 되었다. 그러나 여러분들은 다르다. 앞서 언급한 대로 직장인 대부분이 취업 후 재취업하거나 창업하는 경우가 대부분이다.

취업도 창업도 주특기(직무)가 없으면 불가능 하다. 공무원, 공사, 공기업 계열 출신들이 창업도 재취업도 어려운 이유가 여기에 있다고 이미 여러 번 언급하였다. "그래서 정년을 보장해 주는 거다"라고 말이다. 바꾸어 말해 모두가 다 어렵지만 우리 MZ세대들은 "일은 쉽고 적으며 편하게 연봉은 높게"라며, 취업을 너무 쉽게 생각한다. 여러분들이 어느 기업을 들어가든지 여러분보다 더 경험 많고 노련한 사람들이 이미 들어가서 일을 하고 있다. 그런데 어떻게 여러분들이 꿈꾸는 그런 일들이 기업 안에서 가능하겠는가. 그 사람들이 그런 내용을 모를 리가 없다. 더 이상 이야기하면 꼰대라는 소리를 들을까봐 별도로 하고, 우선은 첫 지원회사에 최종합격 후 근무를 시작하여 3개월까지 잘 적응해 장기 근무로 가는 방법을 알려주려 한다. 이것은 순수 필자의 기업 CEO 인터뷰를 통한 경험이다. 비법도 아니고 알만한 경력이 있는 직장인은 다 알고 있는 것들이다. 여담으로 참고하기 바라며 앞서 언급한 내용과 일부 중복되는 내용도 있음을 알려드린다.

01 연봉과 회사보다 취업 후 일할 직무를 보라

대기업이든 공기업이든 일반기업이든 연봉과 급여가 다 다르다. 현재 정부에서는 공기업부터 직무급 제도를 도입하고자 서두르고 있다. 이는 즉 입사일 순서가 아니라 직무의 난이도(難易度)에 따라 급여를 책정(策定)하겠다는 것이다. 입사일 순서로 똑같이 적용하다 보니 일의 난이도가 낮고 쉬워도 먼저 들어와 오래 근무만 하면 능력이 뛰어난 후배들보다 급여를 더 받는 모순이 나오기 때문이다.

연봉은 기업의 특성(경쟁도, 독점도, 매출액, 시장규모 등)에 이미 결정되어 있으므로 여러분이 특정 기업을 지원 시 이미 연봉은 정해져 있는 것이다. 연봉 좇아 이곳저곳을 옮기어 다닌들 연봉이 높으면 그만큼 업무 난이도나 회사 내부와 외부의 경쟁(경쟁도)이 심하다. 그래도 그것을 버틸 수 있으면 높은 연봉을 좇아서 옮겨도 된다. 하지만 그게 아니라면 부족하지만 그대로 머무르는 게 좋다. 친구나 지인이 자기가 근무하는 회사가 좋고 연봉이 높다며 현재 다니는 기업을 그만두고 오라는 경우는, 그 친구나 지인이 그 기업과 궁합이 잘 맞고 부여 받은 직무를 월등히 잘해서(그래서 회사는 그 사람을 최종합격시킨 것임) 만족한 결과이지, 회사가 무조건 누구든지 들어와서 일만 대충 하면 그렇게 대우 해주겠다는 것이 아니다. 여러분의 경우와는 전혀 다른 상황인 것이다. 우리나라 기업은 미국과 달리 한번 스스로 퇴사한 사람은 다시 받아주지 않는 것이 원칙이다. 입사 몇 년 후 수년 전 상담했던 학생이 직장인이 되어 다시 찾아와 첫 입사한 직장이 그래도 가장 좋았다고 후회를 하는 경우가 있다. 참으로 안된 경우이다. 이유 없이 마구잡이로 연봉은 높게 주고 휴식만 많이 주는 회사는 없다. 결론적으로 경쟁이 심해 들어가기 어려운 기업은 입사 후 사내 경쟁 또한 심한 것이다. 연봉과 회사 규모를 기준으로 선택한 입사는 그게 정말 본인이 원했던 입사인지 아닌지 최소 3년 이상을 근무해 보아야 아는 것이다. 또 이런 꿈만 꾸는 현상은 앞서 언급했듯이 인턴십이나 기업체 현장실습을 한 번도 안 해본 사람일수록 더 흔하다.

최종합격하면 즉시 출근준비부터 하라

일부 기업이기는 하지만 최종합격하면 곧바로 회사에서 꽃과 케이크 등이 집으로 보내지니, 기분에 도취되어 만사를 놔두고 지인들에게 알려 합격 축하소식이나 받으며 출근일까지 쉬기만 하는 경우가 많다. 완전히 잘못된 선택인 것이다. 최종합격은 고졸, 전문대졸, 대졸, 석사, 박사, 중고신입 등이 종류가 다양하다. 입사하면 정말 바쁘게 시간이 흘러간다. 월요일 출근만 하면 1주일이 금새 지나간다고 보아야 한다.

출근하는 첫날 출신지, 나이, 자격증 보유 여부, 출신대학 수준, 전공, 경력과 학력에 상관없이 모두가 동일한 출발선상에 있는 것이다. 어떠한 차별도 없다. 그날부터 단지 일로만 승부를 하는 출발점에 모두가 새로이 서 있는 것이다. 누구든지 미리 준비한 직무경험이 없으면 학력에 상관없이 뒤처진다. 학교는 연구하는 곳이고 기업은 일을 하는 곳이다. 일은 머리와 행동으로 하게 된다. 토익이나 학점, 이론으로 하는 것이 아니다. 그러므로 이전에 유사한(똑같은 업무는 없음) 직무를 수행했던 경험자가 절대적으로 유리하다. 행정고시 등을 합격해도 30년 뒤에 어떤 사람은 장관 또는 그 이상이 되고 어떤 사람은 2급 수준에서 조용히 퇴사하는 것과 같은 논리이다. 합격을 통보한 회사에 문자, 전화, 메일, (재)방문 등을 통해 철저히 출근 전 업무 준비를 해야 한다. 이게 안 된 사람은 출근 후 1년이 안 되어 계속 이 회사 저 회사로 떠돌아다니며 불만만 갖고 편한 곳만 찾는다. 입사 첫날부터 동기생들보다 직무수행능력면에서 뒤처지기 때문이다. 바꾸어 말해 점점 더 어려운 길로 가게 되는 것이다. 우리나라 기업들은 분야를 막론하고 직원이 새로 입사를 하게 되면 기업 내 담당 부서에서 대부분 신입사원 본인 모르게 관리자급이 첫 3개월 뒤 쯤 해당자에 대한 개인별 업무수행역량을 평가하게 된다. 역량 미달자의 경우 어느 기업은 심층상담을 통해 그 원인을 분석 후 부서나 업무 내용이나 양 등을 재조정 해주기도 하나, 첫 부서에서 일을 못하는 사람을 이미 소문이 다 났는데 다른 부서에서 그냥 받아줄 리가 만무하다. 오히려 새로 선발된 신입사원을 받으려 한다. 여러분도 그 위치라면 그럴 것이다. 약간 뒤처진 것은 1~2개월이면 대부분 스스로 보완이 되어 다시 동기생이나 동료들과 엇비슷한 수준에서 정상적으로 업무수행이 가능하게 되는데, 3개월 이상 계속 뒤처져 수시로 교육도 해주고 개별 지도도 했는데도 개선되지 않으면 회사는 새로 채용하는 방안을 선택한다. 또한 본인 스스로도 주위의 눈치가 보여 더 이상 일을 지속할 수가 없으므로 결국 회사를 자의반 타의반으로 나와야 한다. 이것은 순수히 본인에게 모든 책임이 있다. 여러분이 일을 못하고 회사 직무 적응에 문제가 생기면 채용부서에서부터 면접자, 심지어 현재 근무하는 부서장에게까지 줄줄이 그 영향을 미친다. 그래서 분위기가 좀 이상하다 싶으면 괴롭힘을 당했다고 핑계를 대고 중도에 그만두는 것이다. 이런 경우가 소위 스펙이 좋고 명문대학 출신일수록 심하다. 지금의 큰 차이는 처음 시작때에는 아주 사소한 부분으로부터 출발한다.

03 직장생활 조기적응과 성공은 회사 흐름에 따르는 것이다

대학 졸업 후 회사에 첫 출근하면 어떠한 경로로 나의 연락처 및 출근과 입사 내용을 알았는지 모르겠지만 보험회사, 카드회사, 통신회사, 자동차회사, 금융권 등에서 수없이 많은 상품판매 관련 메일·문자·전화가 온다. 이런 것들에 대해 갓 입사 후 이제 막 업무를 배우는 MZ세대들은 귀찮아하거나 짜증도 낼 수 있지만, 한편으로는 이제부터 대한민국의 경제발전을 위한 첫 경제인이 되었다는 자부심을 가져야 한다. 바꾸어 말해 여러분의 향후 인생을 부모님의 도움 없이 여러분 스스로가 결정을 해 나가도 된다는 의미이다. 그만큼 직장생활은 누구에게나 중요하고 또 중요하다.

우리나라처럼 동양사회에서는 각 CEO나 창업주의 창업정신을 매우 중요하게 생각하고 그 최초 창업한 기업가 정신 속에서 최소 1년부터 수십년 동안 주력사업 등을 크거나 작게 운영하면서 경쟁 속에서도 기업을 확장해 간다. 그러므로 누구든지 어느 한 기업에 입사하면 서류와 면접에서 어떤 경우가 있었는지 불문하고 자신이 선택한 기업의 문화에 따라야 하는 것이다. 시중에 나가보면 삼성에서 직장생활 잘하기, LG에서 입사생활 잘하기 등의 책이 있다. 저자가 누구인지 모르지만 이것은 출발부터 방향을 잘못 잡은 것이다. 본인도 답을 모르면서 정답이라고 책만 쓴 것이다. 직장생활 잘하기는 세간에서 이야기하는 직장 예절이 아니다. 내가 소속된 부서(팀)원들과 상사와의 업무를 같이 수행함에 있어서 상호 간에 호흡을 잘 맞추어 바라는 목표를 달성하는 게 전부다. 즉 간단히 말해 직장에 들어가면 항상 개인의 일보다는 회사 일을 우선시 하라는 것으로, 이러한 자세가 직장생활 성공의 첫 걸음이며 회사 흐름에 따르는 길이다. 이런 부분에서 먼저 입사한 사람들은 신입사원보다 모든 면에서 앞서간다. 분명한 것은 어느 모로 보나 먼저 입사하여 그 일을 더 많이 해 본 사람들은 업무 관련 또는 업무 비관련으로 숙달된 경험이 풍부하다는 것이다. 반대로 신입사원들은 여러 가지 면에서 선임(선배)들보다 업무수행능력뿐만 아니라 기타 다방면에서 뒤

떨어진다. 그러므로 이를 잘 조화롭게 극복하여 업무공백이나 조직력이 약화되지 않도록 하는 것이 직장생활 적응의 1순위이고 직장예절인 것이다.

직장예절의 시작은 직장생활 잘하고 조직에 빨리 적응하여 내가 부여받은 업무를 먼저 수행한 사람과의 유대 관계를 유지하고, 부서 내 보유 또는 비치되어 있는 과거 업무수행 자료를 빨리 확보하여 바로 이어서 하는 것이다. 그 자료들은 회사나 부서 내의 오랜 역사 속의 살아있는 자료로, 사원부터 임원에 이르기 까지 수없이 다듬고 보완되어 최종 결론이 종결된 자료들이다. 그러므로 이보다 더 정확한 자료가 회사 내에는 없는 것이다.

대부분 신입사원들이 이런 단순한 이론을 모르고 부여 받은 일에 대해 모르면 과거 대학에서 공부했던 전공책을 찾거나 대학교수 및 외부 인터넷 자료를 참고하여 일을 하는데, 이것은 틀렸다기 보다는 순서가 뒤바뀐 것이다. 회사의 흐름에 잘 적응한다는 것은 난이도가 높은 게 아니라, 아주 낮은 단계에서부터 시작하는 것이다.

다시 말해 직장예절이라는 것은 칼출근과 칼퇴근, 커피 심부름 잘하고 전화 잘 받고 상사 및 동료들에게 미소 지으며 인사 잘하는 것이 아니라, 부여 받은 업무에 대해 과거에서부터 이어져온 회사 전통대로 미래를 위해 본인의 역할을 무리 없이 팀워크를 발휘하여 소속된 팀원으로서의 역할을 성실히 수행해 내는 것이라고 보아야 한다. 더 이상의 오해가 없기를 바란다.

04 첫 출근 후 제기하는 불만은 대부분 잘못 알고 있는 것들이 많다

회사 출근 후 근무하면서 회사의 임금체불 문제나 불가피한 사고 발생 등을 제외하고는, 여러분들이 주로 흔히 겪는 문제에 대해 주위를 한번 둘러보면서 냉정하게 판단해 보기 바라는 뜻에서 아래와 같이 몇가지 사례를 간략히 요약해 본다. 각 기업별로 다소 현장과 본 내용이 다를 수가 있으나 참고하여 보기 바란다.

연봉 지급 문제

전반부에서 이미 대략적으로 언급했듯이 모든 기업들은 장기근무자 위주로 급여가 책정이 되어 있다. 보너스(상여금)도 입사일과 근무기간(경력 및 호봉)에 따라 다르게 책정되기도 한다. 또 공무원과 공기업은 남성의 경우 군경력 추가 외에 대기업의 경우처럼 수습 3개월, 수습 6개월 등의 일정기간의 수습(사원)기간이 있다(일반기업도 수습기간은 대부분 있음). 인턴직, 현장실습을 통해서 연계하여 입사가 된 경우는 경우에 따라 수습기간을 면제하는 경우도 있고, 면제가 안 될 경우 급여는 기본급의 50% 적용, 80% 적용 등의 제도가 있다. 또 계속 수습기간 중 업무에 부적응 시 기업에서는 최악의 경우 수습기간만 채우면 바로 종료 후 정규 채용 계약을 포기하는 경우도 있다(이렇다고 하여 법적으로 문제가 되지는 않는다). 그러므로 특히 초기 1년차 신입직원의 경우는 거의 연봉을 다른 회사와 비교 자체도 할 수 없는 것이다. 그럼에도 불구하고 입사 후 1년도 안 지난 신입사원 입장에서, 일이 좀 어려우면 단순히 입사 첫해를 기준으로 (월 급여액)×12하여 연봉을 추정하여 비교하는데 이것은 모순투성이인 것이다. 급여도 월 고정급이 있고 상여금이 별도로 있으며, 수당(手當(Allowance): 기준 외 보수로서 기본급을 보완해 주는 부가급을 말함) 체계도 연장근로, 야근, 휴일수당, 특수지역 근무수당 등 다양하다. 상여금(인센티브)도 통상적으로 쓰는 방법인 1월과 7월, 6월과

12월, 설날과 추석 등으로 2회, 3-6-9-12월 등 4회, 기타 6회, 또는 혼합형 지급 방법과 국내외 경제적인 여건 변화 등으로 갑자기 지급사유가 발생하여 경영진이 긴급 안건으로 의결하여 지급하는 특별상여금 등 셀수 없이 그 종류가 다양하다. 그러므로 어느 한 시점을 기준으로 쉽게 단순히 연봉을 비교한다는 것 자체가 모순이라는 것이다. 또 시중에 떠도는 연봉비교표는 전혀 근거도 없는 것들이다. 기업에 가면 기업마다 급여 및 급여 이외로 지급하는 여러 복지제도가 다 다르고 혜택을 받는 사람(학위 또는 자격증 보유수당 등)도 여러 가지 조건별로 다 다르다. 한가지 공통적인 것은 장기 근무자일수록 혜택이 많다는 것이다. 한 예를 보면 본인의 대학 또는 대학원 학자금 보조 이외에도, 주택구입 또는 전세자금에 대한 대출금 지원이나 이자금액 일부 보조(금액과 이자율 등) 등의 제도가 기업별로 약간씩 다르지만 있다. 이럴 경우 신입사원이나 1~2년차 사원은 대상 자체도 안 되는 경우가 많다. 그런데도 채 몇 개월도 근무 안 해본 사람들이 업무에 적응도 못하고 중도에 퇴사하면서 본인 잘못은 이야기하지 않고 회사의 각종 혜택에서 차별받았다며 온갖 인터넷 등에 회사 연봉이 작아서 퇴사했다는 식의 악성 댓글로 도배를 하는 경우가 있다. 참 어리석은 짓이다. 전혀 사실이 아닌 경우가 오히려 더 많다. 대부분의 회사는 개인 간의 급여 차이 문제에 대해 동료 직원들에게 물어보지도 않고 또 동료들이 잘 알려주지도 않는다. 그러한 이유는 사실상 특정 부서 직원이 아니면 급여산정 기준을 상세히 알지도 못할 뿐만 아니라 알고 있다 하여도 개인별로 여러 가지 모르는 적용 변수가 생겨서 차이가 있을 수 있기 때문이다. 어느 회사(공무원도 동일함)나 여러분들이 입사하면 오래 근무할지 아닐지를 모르는 상태에서 수년 이상 또는 수십년 이상 함께 고생하면서 동고동락을 같이해 온 직원들에게나 주는 각종 복지 혜택을 여러분들에게 동등하게 대우해 주려고 하겠는가? 잘 생각해 보라. 그런 문제에 대해 불만이 있는 사람들은 항상 모순만을 찾고 있는 것이다. 재론하지만 여러분들이 처음 회사에 입사 시 첫 연봉이나 월급은 비교하나 마나 전체 회사 내에서 가장 적다. 그런데 무슨 급여를 누구와 어떻게 비교를 한다는 말인가?

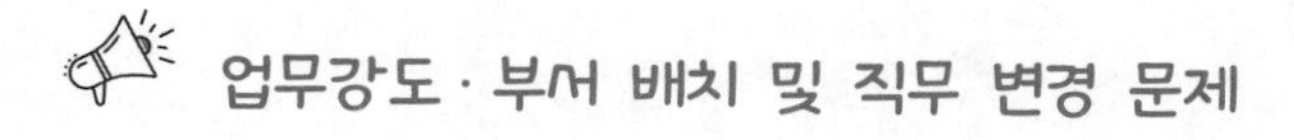

업무강도 · 부서 배치 및 직무 변경 문제

우리나라 기업은 신입사원이 처음 들어오면 보통 고졸과 대졸 및 대학원 졸업 등

학력이나 학위로 먼저 사람을 나누어 직무를 부여하는 하는 것이 아니라, 기존 조직에 결원이 생긴 부서부터 먼저 배치를 하고 그 직무에 대한 적임자 부터 단계별로 선발을 한다. 그러므로 여러분들이 처음 입사하여 직무가 너무 쉽다거나 너무 어렵다고 불만을 갖는 것은 잘못된 판단이다. 깊이가 없이 반복만 된다며 단순히 직무에 대해 불만을 제기하는 것은 회사 방침에 따라 어느 정도 시간이 흘러가야 해결이 된다. 기업에서는 이전에 그 직무수행에 대한 업무추진 필요역량과 수행결과를 보고 적절한 후임 신입사원을 난이도의 수준에 맞추어 선발하여 배치를 한다. 공무원과 공사는 대부분 이것 마저도 고려함이 없이 필기시험 성적만으로 배치한다.

즉 기업은 신입사원에 대해 아는 것이라고는 면접결과표와 입사지원서류밖에 없다. 그리고 담당 부서장 혼자서 그 합격자를 모두 평가하여 선발하는 것도 아니다. 다시 말해 거의 신입직원에 대해서는 토익 등 계량지표 및 얼굴과 외모 이외에는 아는 정보가 없다. 오로지 제출서류와 각 단계별 면접결과표를 가지고 부서와 직무를 배정할 수밖에 없는 것이다. 이 과정에서 본인의 직무스펙을 1~2가지로 정확히 구체적으로 밝힌 사람은 대부분 그 요구 직무대로 배치가 되지만 확실한 직무스펙이 없는 차점자나 겨우 합격한 사람은 선순위 합격자를 먼저 배치하고 남은 자리에, 같은 부서 내에서라도 차(후)순위 합격자가 배치된다. 그러므로 합격을 했음에도 일부 합격자들은 뜻하지 않게 부여받은 직무에 만족하지 않을 수도 있는 것이다. 이러한 사소한 차이가 추후 많은 격차로 벌어지기도 하고 중도퇴사에 이르기도 한다. 그래서 필자가 계속하여 서류 제출 시 확실한 본인 희망직무를 무조건 밝히라고 하는 것이다. "우선 붙고 보자"라는 식의 합격 목적이 아니라, 서류작성과 면접과정에서 확실한 본인의 직무를 밝히는 게 더 급선무다.

특히 정규직원이 아닌 현장실습직이나 인턴십 사원의 경우는 하루에도 몇 번씩 업무가 바뀌기도 한다. 사실 이런 경우는 오히려 인턴직보다 정규직 신입사원이 업무가 더 안 바뀔 수도 있다. 게다가 실습생의 경우 초기에는 업무 개수가 늘어나거나 줄기도 하여 도무지 감을 잡기가 어려운 경우도 있다. 대부분의 기업은 기업의 필요에 따라서 신입직과 경력직을 적절하게 조화를 이루어 뽑는다. 그런데 계획대로 사람이 선발되기도 하고 또 선발했는데 갑자기 출근 전에 그만두기도 한다. 그러면 기업의 입장에서는 긴급히 충원을 하겠지만 채용까지 시간이 몇 개월 이상이 걸린다. 이럴 경우 언제든지 빈자리 또는 퇴사직원에 대한 업무는 남아있는 기존 직원들 중 누군가가 일부 또는 전부를 대신하여 해내야 하고 최악의 경우 인턴십이나 현장실습 직원이 긴급히 임시직원으로 대행을 하기도 한다. 다시 말해 이러한 업무 변동이 직원들을 괴롭히고 내쫓기 위한 도구가 아니라 기업의 연간 목표달성을 위한 부득이한 임시 조치인 경우가 더 많다는 것이다. 그런데도 이것을 가지고 중도포기하면서 나쁜 회사라고 이야기 한다는 것은 매우 잘못된 것이다. 기업 안에서는 언제 어떤일이 생길지 아무도 모른다. 심지어 회사 CEO도 잘모르는 것이 많다.

출근 및 퇴근 등 근무시간에 대해

기업의 근무 시간은 출근시간도 8시, 9시, 10시 다양하고 평균 1일 8시간이 기본이다. 퇴근시간은 출근시간에 맞추어 결정이 된다. 회사마다 다르지만 점심시간(12:00~13:00) 1시간, 저녁시간(18:00~19:00) 1시간은 대부분 비슷하다. 우리나라 기업(해외도 유사함)들은 관례상으로 출근시간이라 하면 통상(일부 예외도 있음) 사무직 계열의 경우 회사건물의 정문을 통과하거나 1층에서 신분증으로 보안 출근체크 카드로 태그(tag)하는 시점이 아니라, 실제 일터(본인의 근무자리)에서 PC를 켜고 업무를 시작하는 때이다. 기술직 계열의 경우는 현장에서 작업복(단체복 및 가운(gown) 등) 등의 업무에 필요한 근무 복장을 취하고 본인의 일터에 도착을 완료한 때가 출근시간이다. 반대로 퇴근은 사무직과 기술직 공통으로 퇴근체크 기기에 태그(tag)를 하는 시점을 보통 퇴근 시간으로 본다. 근로기준법에 따라 1시간 기준으로 50분 근무에 10분 휴식이 원칙이다. 그러나 담배도 피우고, 카톡도 하고, 개인메일도 열어보고, 병원에도 가고, 은행에 갈 때도 있고, 몸이 불편해 조기 퇴근도 하고, 전철(버스) 고장·태풍 및 폭설로 30분 이상 늦게 출근도 하고, 모르는 사람 혹은 친구나 지인으로부터 걸려오는 전화를 일부 받기도 하고, 기타 페북 내용 읽어보기, 문자 확인, 인스타그램 내용 확인 등 수없는 업무 이외의 일들이 수시로 찾아오는 등 본의 아니게 직무와 상관없이 부득이한 소모적인 시간을 낭비하게 된다. 그래서 1시간 기준으로 50분 근무하고 10분 휴식이라고 규정이 되어 있어도 최소 1일 평균 6시간 이상 계속 일에만 집중하여 직무를 수행하기가 어려운 것이다. 때문에 당일 아침에 계획했던 업무추진 스케줄이 약간씩 연기되어 불가피 대부분의 직장인들은 18시(오후 6시)가 넘어서 퇴근하는 것이 기본이다. 아니면 다음날 9시 전에 미리 출근하여 남들이 오기 전 업무 효율성이 높은 시간대에 속

전속결로 어제 밀린 일들을 처리하기도 한다. 그런데 이런 근무 제도가 정당함에도 9시 전에 출근한 것에 대해 급여를 전액 못받았다고 불만을 표현하기도 하고, 무작정 18시가 넘었다고 하여 연장근무다 야근이다 하고 받는 급여에 대해 불평불만을 하고 중도에 퇴사를 하는 사람도 있다. 정말 어처구니가 없는 것이다. 심지어 대부분의 경우 18시부터 19시는 어차피 저녁시간이기에 19시 전에 퇴근하기 위해 당일 아직 정리 안 된 일부 업무를 이 시간에 정리하려고 남아서 일하는 것이 그다지 이상하지 않은 근무인데도, '야근이다, 연장근무다' 하여 회사를 상대로 급여를 일부 못 받았다고 소송을 하거나 큰소리 치는 사례가 흔히 있다. 하지만 전혀 사실이 아닌 경우가 더 많다.

[근무기간에 대해]

대부분 직장인들은 입사하면 주민등록등본 등 각종서류를 정식으로 제출하고 사원증(신분증)과 사번도 부여를 받는다. 인사팀은 제출서류를 근거로 통상 14일 이내에 4대보험부터 입사일자를 기준으로 가입(건강보험은 입사 후 14일 이내, 기타는 입사일이 속한 달의 다음달 15일까지 신고하면 됨)을 한다. 여러분들이 추후 퇴직·이직이나 경력 산출 시 대부분 이 건강보험 가입 내력으로 근무기간을 환산받게 된다. 기업에 따라서는 인턴기간이나 현장실습 기간도 동일기업인 경우에 경력으로 산정하는 기업도 많다. 그렇기에 이유 불문 가급적 빨리 입사를 하는 게 유리하다. 또한 근로기간과 건강보험 등의 4대보험 가입기간이 약간씩 틀린 경우가 종종 생기기도 하는데 이 이유는 회사마다 다르다. 보통 신입사원의 경우 근로기간과 건강보험 사이에 상황에 따라 재직기간이 1주일에서 최대 1개월 정도는 차이가 날 수도 있다. 물론 그렇다고 하여도 추후 재직(경력)증명서상의 근무기간 날짜가 보험가입 기간과 동일하게 되지는 않고 이런 차이는 계속 별도로 가게 된다. 결론적으로 큰 문제는 없다.

[본인과 성격이 맞지 않는 상사가 있다?]

100에 1 정도 그런 경우가 있을 수 있다. 뒤집어 보면 기업 내 직장인들은 서로 모르는 사람들이 기업의 실적 목표달성을 위해 모인 것이다. 그 모두가 힘을 합쳐서 이룩한 노동력 제공의 대가로 직장인들은 급여나 각종 복지혜택을 받는다. 그런데 이러한 다양한 사람들이 모여 있는 조직의 모든 직원이 다 내 마음과 성격에 맞는 친한 사람으로만 구성이 되어 있을 수는 없다. 조직에 들어가면 내가 먼저 스스로 조직의 목표달성과 흐름에 맞추어 시시각각으로 나의 목표와 눈높이를 조직원들과 맞추어야 한다. 지금 본인과 성격이 맞지 않는 그 상사도 분명 신입사원 시절이 있었을 것이다. 그 사람 또한 그런 경우가 생기면 경험을 했다고 생각하면서 눈높이를 맞추어 가며 일을 했을 것이다. 어느 조직이나 조직은 다양한 사람이 다양한 생각을 가지고 그들의 능력을 총동원하여 1개의 목표를 달성해 나가는 것이지 동일 성격의 사람들이 모여서 편하게 일하는 곳이 아니다. 부당한 지시를 한다고 혼자 투덜거리는 사람도 많다. 이럴 경우 그 부당한 지시를 내린 사람을 제외하고 동료직원(팀원)에게 물어 보아서 그 원인(배경)과 대책을 조언 받는 것이 중요하다. 원인도 모르면서 본인이 개인적으로 판단하여, 일하기 힘들다고 무작정 부당한 지시라고 불평불만만 늘어놓지 말기를 바란다. 앞뒤 배경부터 살펴 과거 유사 사례를 보면 대책이 있고 또 해결도 된다. 기존에 근무하고 있는 직원들과 대화를 하다 보면 모두 다 풀리는 경우가 더 많다.

05 첫 출근 후 첫날부터 일 잘하는 법

기존에 회사에서 해왔던 자료부터 먼저 찾아서 정리하라

통상 신입사원이나 현장실습생, 인턴 등은 대부분 기업에서 처음에 많은 업무를 한꺼번에 부여하지 않고 업무수행역량을 평가하여 낮은 단계 수준의 1가지 업무 부터 시작하여 서서히 업무량을 늘려나간다. 첫 출근 후 회의 등에서 업무를 부여 받을 때 당연히 업무경험이 없으므로 지시내용을 말로만 모두 들을 경우 자기 자리에 돌아오면 하나도 기억이 나지 않을 것이다. 그러므로 노트북이나 필기도구 등을 미리 준비하여 메모부터 하고 나서 부여받은 업무에 대한 과거의 추진 실적자료를 찾아 추적분석 후 일(직무)의 우선순위를 정해서 진행을 하여야 한다. 그다음에 추가로 부여받은 업무에 대해서는 모아 두거나 골라서 하는 것이 아니라, 순서대로 처리해야 한다. 바로 먼저 지시를 한 사람에게 다가가서 물어보고, 이미 진행 중인 현재업무와 비교하여 다시 우선순위를 또 정해 급한 일부터 수행 후, 그 급한 일에 대한 중간 진행결과를 지시한 사람에게 수시로 보고하여야 한다. 9시에 출근하여 6시에 퇴근이니 6시 퇴근 전까지 보고하면 되겠지 하는 생각은 아주 잘못된 업무 태도다. 상사가 업무 진행사항에 대해 먼저 호출하여 부르기 전에 선제적으로 중간 진행사항을 보고하여 재지시를 받는 것이 무엇보다도 중요하다. 부여 받은 일이 잘못된 방향으로 가고 있는지도 모르고 경험도 없는데, 오후 6시까지 무작정 혼자 생각으로 진행을 하면 결국 연장근무로 가게 되는 것이다. 이러다 보면 출근 첫날부터 불만이 쌓이게 된다. 직장인의 하루 일과는 "아침에 하루 종일 할 일을 모두 나열해 놓고 할 수 있는 것만 골라서 하고 나머지는 내일로 미루는 것이 아니라, 무조건 순서대로 헤쳐나가는 것이다"라고 이미 이야기하였다. 왜냐하면 회사는 팀워크이기 때문이다. 한 사람이 그 소속팀에서 이탈해 버리면 그 팀 전체가 흔들린다. 무조건 먼저 부르기 전에 지시한 사람에게 다가가서 보고를 하고 언제든지 또 지시를 받아야 한다. 1가지 일을 마무리 하였음에도 남아 있는 일이 2개 이상일 경우는 그 남아 있는 일을 상호 비교하여, 타부서에 전달할 일부터 처리하고, 나머지 일 중에서는 먼저 보고해야할 일부터 순서대로 진행한다. 지시는 늦게 받았어도 보고는 먼저 해야할 일들이 수시로 생기고 또 없어지기도 한다. 이래서 직장생활을 어렵게 생각하면 한없이 어렵고 또 그렇게 생각하고 일해 온 그 사람들은 결국 이곳저곳 어느 직장에도 적응하지 못하는 것이다. 왜냐하면 직장생활의 예절과 기본을 모르기 때문이다. 절대로 못하거나 할 수 없는 일을 지시하는 기업은 없고, 일을 안 하는데 급여를 주는 회사 또한 없다. 어디든지 기존 직원들과 하던 대로 팀워크를 잘 맞추어 가면 되는 것이다. 이 과정에서 신입인 경우는 내가 좀 일을 못해도 팀원들이 너그러이 이해를 하고 보조를 해준다. 한번 해보고 힘드니 자신 없고 못한다고 포기하거나 안 하기 시작하면 결국은 팀원들이 그 이후부터는 도와주지도 않는다. 최종적으로는 혼자 헤쳐나가야 하는데 이런 상황이 계속된다면 결국은 중도에 스스로 포기하게 된다.

하버드대학교 박사 출신, 토익만점 동기생 등 타인의 스펙에 신경쓰지 마라

특별한 경우를 제외하고는 특히 공기업(일반기업도 비슷함)의 경우는 블라인드 채용이라 학사, 석사, 박사 등 구분없이 동일한 기준으로 채용이 된다. 첫날 입사 후 며칠 일하다 보면 소문으로 누구는 서울대 박사라거나 하버드대 박사학위자고, 누구는 토익 만점자, 누구는 포항공대 또는 카이스트 출신이라는 등의 이야기들이 일부 술자리 등에서 회자되면서 이 사람들이 뛰어나게 일을 잘할 것이라는 기대 섞인 말들이 뒤에서 거론되는 경우가 가끔 있다. 이미 필자가 이책에서 셀 수 없을 만큼 이야기했지만 그런 것에 신경쓰면 아무것도 못한다. 고졸이든 지방대 출신이든 서울대 박사 등 다 동일한 기준으로 선발이 된 사람들이다. 기업은 일하는 곳이지 학벌 자랑이나 논문 쓰는 곳이 아니다. 필자가 조사해 보면 오히려 고학력자들이 일반 대학출신들보다 조직에 적응을 못하는 경우가 더 많았다. 한 가지 예를 들어 보겠다. 천재 물리학자 아인슈타인은 보험회사에 취직 후 생활이 어려워 생활고 해결을 위해 지금으로 말하자면 투잡으로 과외 알바를 하다 회사 상사와 싸운 뒤 해고당해 어렵게 지인에게 부탁하여 독일도 아닌 스위스의 특허청 심사관으로 일하게 된다. 특허청 심사관은 그 시절이나 지금이나 출원된 특허 서류를 검토하면서 이게 특허 등록이 가능한 건지 아닌지 판정하고 허가를 내리는 일을 했다. 특허 심사관 한 사람이 연간 300여 건의 특허를 처리하는데다 다양한 분야의 특허를 처리해야 하므로, 심사관으로 근무하면서 자투리 시간에 하고 싶은 분야에 대한 연구를 해서 연구자로서 성과를 내는 경우는 거의 없었다. 하지만 아인슈타인은 다른 기존 근무자들과 다르게 그걸 해냈고 1905년에 5편의 논문을 독일의 물리학 연보에 연속으로 발표했다. 이 중 발표된 세편의 논문은 엄청난 것으로 3가지 논문 모두 이후 물리학의 세부 학문을 만들어 내면서 이중 광양자 가설으로 노벨상을 수상하게 되었다. 그가 이럴 수 있었던 이유는 타고난 고난도의 테크닉을 응용했기 때문이 아니라, 기존 다른 직원들과는 업무추진 방법을 달리하면서 당시 심사관으로서 업무 수행 중 시계들의 동기화를 하는 기계 분야에 대한 특허를 많이 접했기 때문이다. 19세기 말은 현대화가 가속되는 시점이었기 때문에 여러 시계들(이를테면 전국의 기차역들에 있는 시계들)을 동기화하는 것은 사업가들에게 아주 중요한 문제였다. 그리고 19세기 말은 제국주의의 시대였고 이들 나라들에게 본국과 점령지들 사이의 시계를 동기화 시키는 것(시간을 지배한다는 것)은 정치적으로도 큰 의미가 있었다. 이런 시대적 배경이 있었기에 시계들을 동기화하는 것에 대한 당시 사람들의 관심은 특히 컸다. 당연히 그중에는 전자기현상(빛)을 이용해 시계를 동기화하겠다는 아이디어도 있었고, 아인슈타인은 특허청에서 일하면서 이런 아이디어들을 자연스럽게 많이 접해보게 된 것이다. 때문에 아인슈타인에게는 절대 시간, 여러 관찰자들 사이의 변환 등의 개념은 단순히 추상적인 사고 대상이 아니라 여러 유형의 특허출원 내용들을 보며 현실적으로 풀어야 할 과제들이었던 것이다. 특히 아인슈타인은 이런 특허 신청 서류들을 보면서 전자기학에 대한 사고 실험을 많이 했다고 전해지며, 시간이 남을 때마다 도서관에 가는 것을 굉장히 즐겼다고 한다. 오늘날 GPS 등에서 시계를 동기화 하는 데 상대성 이론이 반드시 필요하다는 점을 생각하면, 당시 아인슈타인이 스위스 특허청에서 일하면서 병행한 관련분야에 대한 연구 경험이 미친 영향은 결코 적지 않다. 결국 아인슈타인의 천재성도 타고난 것이 아니라, 알고보면 직장생활의 기본에 충실한 것(먼저 과거자료를 묶어서 세밀히 조사해 봄)에서 시작되었다고 볼 수 있다.

약 20년 전인 2000년대초 서울과학고 졸업, 카이스트 졸업, 20대에 매사추세츠공과대학 대학원 컴퓨터 신경과학 박사 학위 취득, 세계경제포럼에서 차세대 지도자로 선정, 아시아 월스트리트저널이 주목할 만한 세계 여성기업인 50명으로 거론되어 한국을 놀라게 한 천재적인 여성이 우리나라에 있었다. 그분은 촉망받는 과학자로 기대를 한 몸에 받았으나 귀국 후 잠깐의 대기업 직장생활을 정리하고 모바일게임회사의 창업자와 결혼하여 평범한 경영자가 되었다. 기대를 받았던 천재공학도의 모습은 더 이상 찾아 볼 길이 없다. 그분이 위에서 언급한 그러한 분야(시험, 학점, 논문쓰기 등 혼자서 하는 것)로 성공한 것인지는 모르겠다. 그분을 폄하하고자 말하는 것이 아니다. 그러나 우리가 알고 있는 기업의 대졸 신입사원으로 취업하여 직장에서의 무수한 경험과 경력을 통한 직무수행이나 창업으로 성공한 것은 아니다. 그만큼 직장이라는 곳은 누구든지 노력만 한다면 성공의 기회가 동등하게 주어지는 곳이며, 하고 싶은 일만 골라서 하는 것이 아니라 주어진 일을 혼자가 아닌 전체 일정에 따라 조직 안에서 팀워크로 일하여 평가가 되는 곳이다. 업무와 상관없는 타인의 스펙에 너무 신경쓰지 말기를 바란다. 그럴 시간에 주어진 나의 직무인 본업에 신경쓰는 게 더 효율적이다. 입사 전 스펙이 화려하다고 기업에서 좋은 대우를 받는 것은 아니다. 다시 말하지만 기회는 꾸준히 준비하면서 찾는 사람에게는 반드시 찾아 온다. 10대나 20대에 천재소리 들었던 사람들보다 가정 형편이 어려워서 고졸이나 대학만 겨우 나오고도 이들보다 더 크게 성공한 사람들이 어느 나라에서나 더 많다. 성공이라는 것은 단기간에 혼자만의 노력으로 되는 것이 아니라, 소속된 조직 안에서 팀(원)으로 서로 함께 오랫동안 일해야 이루어지고 또 성공의 기회도 그런 과정 속에서 계속 반복적으로 공평하게 찾아온다.

06 문제가 생기면 나부터 잘못이 없는지 먼저 돌아보라

몇 년 전에 있었던 일이다. 상담했던 학생이 국내 5대기업 중 1곳에 그토록 원하던 취업을 했다고 전화가 왔다. 그래서 “축하한다. 모든 것은 이제부터 새로 시작이다. 앞으로가 정말 중요하다. 잘해라”라고 격려를 해주었다. 6개월 뒤쯤 우연히 같은 학과 소속으로 아직 취업이 안 된 학생을 상담 중에 그 전화했던 학생이 회사를 그만두었다는 소식을 듣고 사실 여부를 확인코자 전화를 하였다. 왜 그만두었냐 물어보니 “입사한 지 얼마 안 되어 부서를 2번이나 개편하면서 책상과 비품 등을 각 소지자가 옮기라 했습니다. 대졸 신입사원에게 무슨 이런 것을 시킵니까?”하고 회사를 그만 두었다고 하였다. 참으로 할 말을 잃었다. 대졸이든 박사든 회사에서 시키면 그만한 이유가 있을 터인데, 우선 일이나 완료해 놓고 나서 나중에 상황을 알아보면 될 것인데, 무슨 불만부터 터트린다는 말인가? 내 개인 사물(私物)은 내가 간직하는 것이 맞는 것이다. 앞이 캄캄했다. 이 사람보다 더 유능하고 5년 이상된 백전노장의 경력 직원들도 다 그런 과정을 거쳐서 대리－과장－부장－임원이 되었을 것이다. 참으로 자괴감이 들었다. 직장생활은 그 유형을 떠나 시간과의 싸움일 때가 매우 많다. 기업이 이삿짐센터나 화물회사에 연락하여 부서별로 사무실을 옮기거나 집기비품 등을 특정한 날을 지정하여 옮길 줄 몰라서 그랬을까? 직장생활 경험이 거의 없는 여러분들로서는 항상 업무 중 다소의 불만이 생길 수 있겠지만 그때마다 주위를 둘러보면서 신중하게 판단을 하였으면 한다. 매사에 혼자서 즉흥적으로 결정을 하는 것은 추천하지 않는다.

새로 시작하라

입사하면 모든 조건이나 경력 내용은 서류로 1막이 끝나고, 서울대학교 수석졸업을 하든 말든 지방대학을 겨우 가까스로 졸업했든 말든 출신과 학력과 경력에 상관없이 새로이 누구든지 동일한 조건하에서 개인별 부여 받은 업무(일)를 수행하기 위해 완전히 새로운 출발을 한다. 이후 일어나는 모든 행동 결과에 대한 책임은 모두 본인에게 있다. 공무원을 포함한 모든 유형의 직장인과 창업자까지도 또한 다 같으며, 그 과정에서 마음에 드는 일과 안 드는 일에 대한 불만이 항상 곳곳에 도사리고 있다. 다시 말해 기존 직원들, 아니 더 확대하여 공무원, 공사, 기업체 직원 및 CEO 또한 마찬가지다. 취업하면 일부터 먼저 하는 것이지 우리는 회사로부터 대우 먼저 받으려고 취업하는 게 아니다. 그럼에도 불구하고 입사 후 수동적인 자세로 일관하며 대학에서 필기시험 보듯이 맘에 드는 일만 골라서 하겠다고 외치는 사람들이 있다. 이러한 근무 태도는 정말 안 된다. 또한 있어서도 안 된다.

CEO와 기존 동료 직원들을 존경하라

인터넷과 유튜브 등에는 중도 퇴사한 사람들의 여러 가지 불만이 섞인 퇴직 사유가 나와 있다. 나름대로 근거가 될 수는 있을지 몰라도 그 내용은 대부분 사실이 아닐 가능성이 많다. 예를 들어 중소기업에 들어갔는데 대표자 가족들이 곳곳이 포진되어 있어 일을 제대로 못하겠다고 불만을 갖고 회사를 나온 경우가 있다. 이것은 잘못되었다고 불만을 가질 게 아니라 오히려 더 좋은 일이다. 그만큼 CEO와 그 가족들이 뭉쳐서 한가지 사업에 매진하고 있다는 증거다. 그렇게 온 가족을 총동원하여 다 같이 사업을 하는 그 CEO를 존경해야 맞는 것이다. 또 기존 근무직원들은 이유를 막론하고 그 직장에서 어려운 일, 쉬운 일을 이제까지 해결해 나가면서 오늘에까지 일하고 있다. 경험 없는 여러분들이 경우에 따라서는 얼핏 부분적으로 기존 경력자들보다 더 유능하다고 생각되는 단편적인 능력이 있다 하여도, 이들에게 그런 능력을 과시하기보다는 좀 더 적극적으로 무엇이든 도움을 받는 자세가 먼저 필요하다. 여러분들이 먼저 남을 존경해야 나중에 여러분들이 그 위치에 올라갔을 때 비슷한 방법으로 존경과 인정을 받는다.

정 근무하기가 어려울 경우 명예롭게 이직을 하라

근무기간과 직무수행기간은 다르다

취업 후 3개월 이상이 경과되면 회사에서도 어느 정도 신입사원이 회사 근무환경과 부여받은 직무에 잘 적응하여 장기 근무 패턴으로 가겠거니 판단을 한다. 그러면서 이제는 본격적으로 도약을 위한 여러 가지 업무를 추가 또는 변경하여 부여하게 된다. 대부분이 현재 업무방식대로 동일하게 몇 년간 계속 가는 경우가 많으나, 이와 달리 전혀 새로운 업무를 주거나 기존직무에 대한 업무량을 늘리거나 줄이기도 한다. 또한 예기치 않게 회사 상황에 따라 부서가 바뀌기도 하고 그간의 탁월한 능력을 인정받아 회사의 신규사업 전략수립 등 특별한 일을 추진하기 위한 TF팀에 합류를 시키기도 한다. 이때 근무회사에 대해 불만을 가지면 안 된다. 능력이 있으면 항상 일이 많아지는 법이다.

앞서 언급했듯이 우리나라 기업들은 특별한 사유가 없으면 기존 경력 2년 이상이 되었을 때부터 경력사원으로 본다. 2년 이상이 안 된 경우는 경력사원으로 이직도 불가능하다. 문제는 이때 나온다. 신입사원 또는 중고신입은 준비된 별도 경력이 없기 때문에 대학생활 내용과 인턴십 등 몇 개월간의 직무 경험을 바탕으로 입사한 이후의 성장성과 가능성을 보고서 평가하여 기업에서 선발을 하지만, 경력사원은 이야기가 달라진다. 경력사원으로 이직을 하기 위해서는 신입직보다 훨씬 더 강한 임팩트(impact)가 있는 직무를 준비하여야 한다. 급여 등 분명 여러 가지 좋은 근무 조건을 보고 이직을 생각을 했을 텐데, 지원분야에 대한 확실한 주특기가 없다는 것은 이직도 어렵고 근무조건도 더 좋아지지 않을 확률이 높다는 것이다. 이럴 경우 모든 경우의 수를 다 접고 현재 기업에서 약간의 문제점이나 업무환경을 보완하여 잘 적응하는 것이 더 유리하다. 더구나 지난 2년의 기간 동안에 주로 1가지 분야에서 일을 했다고 할 경우 그 유사 업종 기업의 급여는 대부분 비슷하다고 보아야 한다. 느닷없이 다른 기업에서 현재보다 1.5배나 2배의 급여를 주지 않는다. 이유 없는 높은 급여 지급은 없다. 그리고 연봉 등이 비슷하더라도 결혼, 거주지 이사나 출퇴근 소요시간 등의 사유로 이직을 고려한다면 지난 2년 동안 현재 직장에서 여러 가지 수행했던 직무 중에서 가장 잘할 수 있는 것 1개만 압축 준비하여 이직하는 것이 또다시 이직을 안 하는 지름길이다. 비록 100% 나의 마음에 들지 않더라도 그 직무가 본인이 일생 동안 가장 잘할 수 있는 최고의 직무라고 생각을 해야 한다. 인생에서 더 이상의 쉬운 일 찾기만을 반복하는 계속된 실험이나 연습은 없다. 어느 기업이나(공기업은 주로 경력직을 선발하지 않음) 경력사원은 신입직 대비 이전 회사에서의 직무전문성(일치도 및 관련도 포함)으로만 평가를 한다. 이런 준비가 없이 단순히 연봉만 보고 이직한다면 이직 자체도 어렵거니와 또 언제까지고 이직만을 생각하게 될지도 모른다. 그러다가 3년이나 5년 후 동기생들은 이미 첫 직장에서 대리나 과장으로 승진(진급)하였는데 본인은 아직도 1가지 직무에 대한 뚜렷한 전문성이 나타나지 않아 계속 떠돌이로 전락할 수도 있다. 어디를 가나 직무에 대한 전문성으로 급여가 정해진다고 보는 것이 가장 합리적인 판단이며, 또 그렇게 기업들은 시행해 오고 있다.

직장을 자주 옮기면 생기는 문제들은?

앞서 이야기한 대로 누구든지 직장에 들어가거나 창업을 하게 되면 비로소 대한민국 국민으로서 가장 중요한 역할을 하는 경제인이 된다. 바꾸어 말해 경제력이 있다는 말이다. 경제력이란 내가 가지고 있는 급여, 부동산 등을 포함한 수중에 있는 유형의 자산이 될 수도 있지만, 나에 대한 잠재적인 신용도 또한 무형의 자산이 될 수 있다. 대부분 우리나라 소재 금융기관들은 대출 관련이든 아니든, 개인에 대한 신용도를 평가시 최근 연도의 연봉과 재직기간을 본다. 그만큼 한 사람의 기업체 재직기간은 중요하다. 같은 재직기간이라 할지라도 소속된 기업의 유형 즉 공무원, 공기업, 대기업, 중견기업, IT기업, 일반기업 등에 따라 소속 직원들에 대한 신용도 평가 점수가 달라지고, 그 기업의 연혁(업력)과 개인이 한 기업에서 오래 근무한 기간이 큰 변수로 작용을 한다. 기업의 우리사주 배정기준도 마찬가지다. 예를 들어 같은 4년의 재직기간이라 하더라도 2개 회사에서 2년+2년인 것과 한 회사에서만 4년인 것은 신용도(대출 이자율 등)에서 보이지 않는 차이가 생긴다. 이런 내용은 여러분들이 아직 취준생이기 때문에 매일 쏟아지는 아파트 등 부동산 대출 관련 뉴스를 그냥 넘겨 모르고 있는 것이다. 그러나 취업을 한 이후는 좀 관심을 두고 스크랩 해두어야 한다. 취업에도 보이지 않는 나비 효과가 있다. 여러 기업에서 두루두루 잘 근무하여 좋은 인맥을 많이 쌓아, 그 경험 중 확실한 아이템 하나를 가지고 이제까지 알게 된 인맥을 활용하여 조직을 만들어 퇴직 후 창업을 할수도 있고, 경우에 따라서는 먼저 퇴직한 선배를 따라가기도 한다. 단순한 유불리를 떠나 지금 당장 비교하기는 어렵지만 직무 문제가 아닌 다른 문제라면 좀 더 이직의 사유로 대상이 되는지 생각해 보기를 바란다. 또 다른 여러 가지 관점에서 보면 이직이 꼭 불리한 것은 아니지만 장기적으로 보고 결정을 해야 한다는 의미이다. 20대 때의 단순한 결정이 장래 본인의 퇴직기간까지 영향을 미치고 또 퇴직 이후 연금 수급액에 까지도 계속 영향을 미칠 수 있다. 당장 불편하다고 이직하기 보다는 좀 시간을 두고 비교 검토해 보기 바란다.

이제까지 같이 근무했던 회사나 직원들과 좋은 관계를 유지하라. 언젠가는 또 만난다

익히 알고 있는 내용이다. 반도체나 로봇, 광고 분야 등 등 대부분 우리나라는 지역별·업종별·산업별로 대한상공회의소, 중소기업중앙회 등의 각종 공공기관이나 경제 단체를 중심으로 CEO 모임이 활성화 되어있다. 사람이다 보니 취업을 한 후에도 여러 가지 사정이 생겨서 회사를 중도에 그만둘 수도 있고, 아니면 업무수행능력이 안 되거나 입사 전에 생각했던 회사에 대한 기대치에 비해 여러 근무환경과 조건이 맞지 않으면 퇴사를 할 수도 있다. 필자는 퇴사가 잘못된 것이라고는 생각하지 않는다. 그러나 2~3개월 또는 1년 미만의 기간에 퇴사하는 것은 추천하지 않는다. 최소 2년 이상 일을 해보면 자신의 보유 능력을 현재 소속된 기업에서 최대한 발휘한 것인지 아닌지도 알 수 있고, 근무하고 있는 회사의 직무에 적합한지 아닌지도 알게 되어 당연히 그 노력에 상응하는 연봉을 받았는지 안 받았는지도 대략 알게 된다. 누구나 본인이 보유한 능력의 높이에 따라 이직을 한다면 문제는 없을 것이다. 여러 가지 고민 끝에 회사를 이직하기로 마음먹었으면 예상 퇴직일 기준으로 적어도 회사에 1개월 이전까지 그 내용을 알려주어 그래도 정들면서 같이 일해 왔던 기업과 동료들로 하여금 본인의 퇴사에 따른 업무 공백을 최소화하기 위해 후임자를 충원하도록 여유있는 기간을 주는 게 좋다. 이 경우 간혹 기업은 퇴직을 막고자 상담을 통해 업무를 재배치하여 부서를 바꾸어 주기도 하지만, 수용이 안 되면 대부분 퇴직하는 걸로 알고 후임자 채용 절차에 들어간다. 그런데 이 과정에서 퇴직 사유를 자기의 잘못임에도 회사 탓으로만 돌리고 소송 등으로 대응하는 것은 바람직하지 않다. 우리나라 기업체수가 300만 개가 넘어 관련 산업이 매우 넓을 것 같지만 사실은 좁고도 좁은 게 우리나라 기업의 사업구조다. 대학생 신분으로 기업체 현장실습을 1번만 가도 대기업군(大企業群)기업들은 각 대학별 관련학과, 참여 학생수 등 여러분들의 실습 내용을 기업별로 다 알고 있는 경우도 있다. 수십 년 동안 업종별로 분야별로 신입사원과 경력사원들이 수시로 업무추진을 위해 관례대로 여러 기업들 사이를 왕래하기도 하고 업무를 떠나 평소에 학연, 지연 등으로 서로 알고 지내기도 하여, 각종 정보가 여러 보이지 않는 통로로 얼마든지 교류가 될 수 있다. 따라서 정말 그만두려면 내가 직무를 잘못 정해 기업을 잘못 골랐나 보다 하고 명예롭게 나와서 더 이상 회사와 분쟁을 하지 않기를 바란다. 결코 여러분들에게 득이 되지 않는다. 그래야 이직 후에도 편하고 이직 후 새로 근무하는 회사에서도 명예롭게 일을 시작할 수 있다. 그렇지 않으면 최악의 경우 이전 직장에서 안 좋은 감정으로 헤어졌던 그 사람과 현재 직장에서 다시 만나 같이 근무하는 경우가 생길 수도 있다. 필자가 상담해 본 중고신입의 경우, 제기하는 불만이 사실은 확인해 보면 실제로는 불만 사항이 아닌 경우가 훨씬 더 많았다고 언급한 바 있다. 회사에서 직원의 속사정을 알지만 노동관련 법규나 기타 사규 등의 규정으로 인해 회사에서도 함부로 못하는, 원래부터 그런 관행이나 일(직무) 등도 있다. 즉 혼자만의 생각으로 관련 규정도 알아보지 않고 객관적인 검증도 없이 주위의 잘못된 소문이나 인터넷에 떠도는 정보만 믿고 무조건 현재 다니는 회사에 대해 불만을 갖는 경우가 더 많다는 것이다. 어느 누구나 내가 100% 만족하는 직무도 회사도 없다. 내가 창업을 한다고 해도 이런 현상은 마찬가지이다.

부 록

출제 및 면접위원이 직접공개하는
사례중심 박사연 교수 취업TV

01 현장실습(인턴십) 이력서 견본(대학 복귀형 예시)

이 력 서

지원직무:
마케팅 – 온라인마케팅

기본정보 (※가급적 빈칸이 없게 채운다)

(사진: 필수)	학 생 명	홍 길 동	성 별	남자
	전화번호	(없을 시 휴대폰번호)	휴대폰	010 – 1234 – 1234
	E – mail	sayounpk@daum.net(수신가능한 메일 주소)		
	주 소	경기 수원시 영통구 월드컵로1번지(실제 거주지. 본적아님)		

학적정보

소속학과	경제학과	재학상태	재학
복수전공	경영학과	부전공	회계학과
학 년	3	총학점/평점	103/3.32

언어능력(최근순으로 입력. 2년 유효기간 지난 것도 입력)

외국어	구사능력	시험명	점수	등급	취득일자	파일첨부
영어	상	TOEFL	93	–	2022.08.17	O
영어	상	TOEIC	965	–	2021.08.29	O
영어	상	토익스피킹	170	AL	2020.12.12	X

자격증(최근순: 지원분야와 관련된 것. 최근 것을 위로 올린다)

자격증명	발급처	취득일자	파일첨부
GAIQ – 구글애널리틱스	금융투자협회	2022.07.02	O
컴퓨터활용능력1급	대한상공회의소	2021.03.30	O
MOS MASTER	마이크로소프트사	2021.02.02	O
워드프로세서	대한상공회의소	2019.08.31	O

컴퓨터활용능력(자격증이 아님)

기능명	수 준	파일첨부
한 글	상	X
WORD	상	X

EXCEL	중	X

경력사항(관련도가 높은 것부터 위로 쓰되 각 건별 기간을 나누어 최근경력 우선 기술)

구 분	내 용	기 간	파일첨부
인턴(or 현장실습)	㈜펀다-온라인마케팅팀(SEM전략)	2023.01.02.~2023.02.28	X
연합창업동아리	4개대연합-중진공창업경진대회참여	2022.07.06.~2022.07.14	O
창업동아리활동	LINC 3.0 - 쇼핑몰 모의창업 2회	2022.03.02.~2022.06.28	O
캡스톤디자인	주차자동화시스템설계-3개학과 4명	2021.09.01.~2021.12.24	O
아르바이트	GS25(영통) - 매장관리 및 고객응대	2020.01.01.~2020.03.31	X
아르바이트	수원세무서 - 부가가치세신고도우미	2019.01.02.~2019.01.24	X

교육이수(지원분야관련 대학정규교과목, 아카데미 등(동일건 2회 이상 시 구분 기입할 것))

교육명	교육기간	교육기관	교육내용	파일첨부
IAA-KOBACO	2021.04.20~2021.08.09	코바코	IMC마케팅전략 등	X
GA공인전문가	2020.10.12~2020.10.30	대학일자리센터	구글 티스토리 생성 등	O

해외연수(어학연수(2회 이상 시 구분), 교환학생, 해외여행(가족 등)도 서술할 것)

연수국가	연수기간	목적 및 내용	파일첨부
일본	2021.08.12.~2021.08.15	후쿠오카 여행(가족)	X
미국	2018.03.02.~2019.02.28	교환학생파견(University of Manoa. CA)	X

02 경력기술서(견본)

경력기술서(신입 또는 인턴직(대학 미복귀))

지원자: 홍 길 동 (서명)

1	기관(단체)명:	근무기간: ~	직급(직위):
	담당업무	※ 실제 본인이 담당하여 수행했던 업무와 실적을 구체적으로 기술	

※ **채용예정직무와 직접 관련된 업무경력**을 중심으로 서술식으로 자세히 작성
기재사항이 많을 경우 편집해서 **A4 3매 이내로 작성 가능**
※ 추후 증명서, 확인서 등 서면으로 확인할 수 있는 내용을 기재

2	기관(단체)명: 한국창조(주)	근무기간: 2022.01.01. ~ 2022.12.31.(1년)	직급(직위): 3급(사원)
	담당업무	(※지원분야: 기획 및 전략) 중장기사업 추진 전략 수립(연 2회) 등	

1. 업무명: 중장기사업 추진 전략 수립

(※ 넓은 범위에서 좁은 범위로, 가중치가 큰항목(위)에서 낮은 항목(아래)으로 두괄식으로 작성)

– (1줄 이격) –

□ 근무부서명: 기획본부 – 경영기획팀
□ 주요수행 직무(본인 경험 중 지원회사 부서업무와 일치되는 것부터 먼저 서술)
○ 기본현황 분석
– 대외환경 및 대내환경 분석
– 사업전략 수립의 필요성 분석
○ 목표달성전략 수립
– 신규사업 발굴 및 피벗(Spin off – 기업분사 등) 전략 추진
– 각 연도별 사업부문별 매출확대전략 수립
• 각 세부사업부문별 매출목표 설정(본사 및 지사 구분)
– 부문별 시장점유율 확대를 위한 경쟁우위 마케팅 전략 수립
• SWOT 분석을 통한 각 기간(분기)별 부문별 매출목표액 설정
– 조직개편 및 인력운영 계획 수립
– 예산편성 및 재무계획 수립
○ 관련부서 회의 개최(월1회)
– 사업성 및 매출 목표달성전략에 따른 문제점 분석
– 시장분석에 따른 문제점 보완 및 기간별 매출목표 조정 및 확정
– 부서별 추가요청 의견수렴 반영 후 실행계획 부문장 품의(보고)
○ 목표달성을 위한 비전선포식 개최
– 2022년 1월 2일 10시 본사 대강당
• 참석대상자: 본사 전직원 및 지역본부(지사) 과장급 이상 참석

– (1줄 이격) –

2. .... (창업경진대회 실적 등 이하 동일 양식)

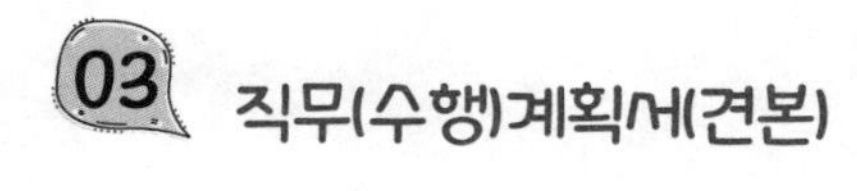

직무계획서(신입직(대상: 공기업) – 대학 미복귀형)

지원자: 홍 길 동 (서명)

※ 자유형식 / A4 1매 이내 / 채용예정직무에 대한 비전을 기술 / 글자 맑은고딕 11, 줄간격 130%

(※참고 ① 지원분야: (직군)일반행정 – 영업판매 – 영업 – (직무)해외영업(NCS 내용 참조)
② 넓은개념에서 좁은개념으로 전개하고 1, 2, 3항의 상하 배열순서를 일치시킴

1. 기본 현황분석

□ 3년 이상 코로나19 지속으로 인한 전반적인 내수시장의 위축
□ 대기업 대비 중소벤처기업의 해외수출 추진 전문인력 상시 부족
□ 중장기적인 지역별 업종별 중소벤처기업 해외수출 추진 전략 수립 필요성 대두
□ 공단과 수출기업간 긴밀한 업무 협조로 투명한 ESG 관리 강화

2. 세부 추진전략

□ 메타버스의 급부상으로 새로운 형태의 소비 증가 시장 분석 및 공략 제시
- 코로나19 이후 아바타 및 가상 자산에 대한 관심 증가로 연관 소비 증가 분석

□ 미국 등 반도체산업 공급망 강화를 위한 대규모 투자를 수출확대 기회로 활용
- 증착장비, 절단장비, 검사장비 등 중소벤처 반도체 생산장비 업체의 동반 진출

□ 지역별 국내 거점대학과 연계하여 한국 유학생 및 무역 관련학과 학생과 교류
- 중국·동남아는 한국유학생과 무역분야 진출 학생들을 인턴 등으로 채용 활용
- 각국가별 시장조사를 위한 시기, 방법 및 설문조사 자료 작성 등 활용

□ 코트라 및 OKTA와 연계한 국가별 대륙별 코로나19 이후 소비시장 추이 조사
- 중소기업의 제품, 상품, 서비스 등을 해외고객에게 판매하기 위해 시장 조사
- 지역별 벤처기업협회 회원사 중심 1차 미국과 중국팀으로 나누어 현지 방문

□ 중소벤처기업 해외진출 성공사례 각 회원사간 공유의 장 마련
- 분기별 중소벤처기업 CEO포럼, 지역협의회 등을 통한 수출성공사례 상시 공유
- 여성벤처 CEO 포럼 지역단위로 신설 운영

□ 찾아가는 중소벤처기업 수출지원 서비스 체제 도입
- 해외 신시장 판로 개척에 어려움을 겪고 있는 중소벤처기업을 우선적으로 방문
- 애로사항 청취를 통한 국가별 업종별 맞춤형 해외시장 진출 신속 지원

3. 기대 효과

□ 전세계적인 코로나19로 인한 시장변화에 신속히 대처함으로써 신시장 수출 촉진
□ 중소벤처기업의 부족한 수출전문 인력 문제를 인턴(직) 채용 활용으로 극복
□ 벤처사업의 지속적인 수출성공을 통한 추가 벤처창업 생태계 조성에 기여
□ 공단이 추구하는 지역사회 소재 중소벤처기업과의 상생협력으로 ESG 실현

주요기업 자기소개서 요구 문항

[삼성전자]

자소서 요구항목	작성요령
• 삼성전자를 지원한 이유와 입사 후 회사에서 이루고 싶은 꿈을 기술하십시오. 700자 (영문작성 시 1400자) 이내	회사와 직원분야 직무를 상호 연계하여 전개한다.
• 본인의 성장과정을 간략히 기술하되 현재의 자신에게 가장 큰 영향을 끼친 사건, 인물 등을 포함하여 기술하시기 바랍니다.(※작품 속 가상인물도 가능) 1500자 (영문작성 시 3000자) 이내	인물의 여러 역할 중 회사 또는 지원분야 직무와 관련있는 내용을 연계 시킨다. (본문 관련 내용 참조)
• 최근 사회이슈 중 중요하다고 생각되는 한가지를 선택하고 이에 관한 자신의 견해를 기술해 주시기 바랍니다. 1000자 (영문작성 시 2000자) 이내	국가보다는 회사 또는 관련업종(산업)을 지원직무와 연계 시킨다.
• 지원직무 관련 프로젝트/과제 중 기술적으로 가장 어려웠던 과제와 해결방안에 대해 구체적으로 서술하여 주시기 바랍니다.(과제 개요, 어려웠던 점, 해결방법, 결과 포함) 1000자 (영문작성 시 2000자) 이내	지원분야 직무와 연계하되 결과보다는 순수 자신이 창의력을 발휘한 방법론(과정) 위주로 서술한다.

주) 전 항목 공통으로 대학생활 중 주로 기업에서 수행했던 경험 중에서 우선 추출하여 작성

[LG에너지솔루션]

자소서 요구항목	작성요령
• LG에너지솔루션 및 모집분야에 지원한 동기를 구체적으로 소개해주세요. (1000자)(많은회사/모집분야 중 LG에너지솔루션의 해당 모집분야를 선택하신 이유를 구체적으로 기술해 주세요.)	최근 국내외 관련 산업 변화에 대해 서술후 본인의 지원직무와 연계한다.
• 지금까지 살아오면서 제일 많은 노력을 쏟아부었던 성공 혹은 실패 경험과 그 과정을 통해 무엇을 배웠는지 소개해주세요. (1000자)(무엇을 달성하기 위해, 구체적으로 어떻게 노력을 했으며, 성공/실패 경험이 자신에게 어떤 영향을 주었는지 구체적으로 기술해주시기 바랍니다.)	회사보다는 지원분야 직무와 관련하여 실습 등에서 본인이 겪어왔던 내용중에서 서술한다. 본문관련 내용 참조(2순위)
• 1. 본인의 지원분야와 관련된 경험을 가이드와 같은 형식으로 기술하시기 바랍니다.(3000자) (직무경험, 대내외 활동, 전공수업 프로젝트 등 최대 3개) • 2. LG에너지솔루션이 지향해야할 방향성에 대해 논하고, 위의 경험을 바탕으로 해당 직무에 어떻게 기여할 수 있는지 구체적으로 작성해주세요. (경험, 글자수를 다 채우지 않아도 괜찮아요)	1) 준비한 직무를 가중치대로 정리한 후 기업체 경험부터 위로 먼저 배열한다.(1순위) 2) 홈피의 부서 업무를 보고 지원분야 직무와 연계한다.

[SK하이닉스]

자소서 요구항목	작성요령
• 자발적으로 최고 수준의 목표를 세우고 끈질기게 성취한 경험에 대해 서술해 주십시오. (본인이 설정한 목표/ 수립 과정/ 처음에 생각했던 가능성/ 수행 과정에서 부딪힌 장애물 및 그 때의 감정(생각)/ 구체적 노력/ 실제 결과/ 경험의 진실성을 증명할 수 있는 근거가 잘 드러나도록 기술) (700~1000자, 10단락 이내)	가급적 재학 중 기업에 가서 한일 중 직무와 연계하여 작성한다.
• 새로운 것을 접목하거나 남다른 아이디어를 통해 문제를 개선했던 경험에 대해 서술해 주십시오. (기존 방식과 본인이 시도한 방식의 차이/ 새로운 시도를 하게 된 계기/ 새로운 시도를 했을 때의 주변 반응/ 새로운 시도를 위해 감수해야 했던 점/ 구체적인 실행 과정 및 결과/ 경험의 진실성을 증명할 수 있는 근거가 잘 드러나도록 기술) (700~1000자, 10단락 이내)	현장실습(인턴십) 수행 중 경험한 내용을 기술하고 그렇게 결정하게 된 근거를 합당하게 제시 후 서술한다
• 지원 분야와 관련하여 특정 영역의 전문성을 키우기 위해 꾸준히 노력한 경험에 대해 서술해 주십시오. (전문성의 구체적 영역(예. 통계 분석)/ 전문성을 높이기 위한 학습 과정/ 전문성 획득을 위해 투입한 시간 및 방법/ 습득한 지식 및 기술을 실전적으로 적용해 본 사례/ 전문성을 객관적으로 확인한 경험/ 전문성 향상을 위해 교류하고 있는 네트워크/ 경험의 진실성을 증명할 수 있는 근거가 잘 드러나도록 기술) (700~1000자, 10단락 이내)	최근에 기회주의식으로 무조건 서류를 제출한 게 아니라 오래전 부터 준비한 지원직무 관련 내용을 기술한다.
• 혼자 하기 어려운 일에서 다양한 자원 활용, 타인의 협력을 최대한으로 이끌어 내며, Teamwork를 발휘하여 공동의 목표 달성에 기여한 경험에 대해 서술해 주십시오. (관련된 사람들의 관계(예. 친구, 직장 동료) 및 역할/ 혼자 하기 어렵다고 판단한 이유/ 설정 과정/ 자원(예. 사람, 자료 등) 활용 계획 및 행동/ 구성원들의 참여도 및 의견 차이/ 그에 대한 대응 및 협조를 이끌어 내기 위한 구체적 행동/ 달성 정도 및 본인의 기여도/ 경험의 진실성을 증명할 수 있는 근거가 잘 드러나도록 기술) (700~1000자, 10단락 이내)	인턴십과 실습 중에 기업에서 겪은 과거 경험을 우선적으로 증거 위주로 기술한다.

※ 전체항목 공통 본문 서술내용 참조

[현대자동차]

자소서 요구항목	작성요령
• 본인이 현대자동차를 지원하게 된 이유와, 현대자동차 글로벌 비즈니스 분야에서 이루고 싶은 본인의 커리어패스에 대해서 기술해주십시오.	먼저 직무를 서술하고 이를 바탕으로 방향을 수직 또는 수평으로 할지를 제시한다.
• 본인이 지원한 직무를 수행함에 있어 가장 필요한 역량은 무엇이며, 본인이 해당 역량을 갖추기 위해 가장 열정을 가지고 참여했던 사건 및 경험에 대해 기술해주십시오.	준비 직무 중 가장 비중이 높은 것을 먼저 서술한다. (복수로 제시 가능)

• 다양한 의견을 가진 사람들과 의견을 조율/협력하여 노력했던 경험에 대해 작성해주시고, 그 의미와 영향을 구체적으로 기술해 주십시오.	인턴십 등의 경험에서 유사 내용을 추출하여 가중치가 높은 것을 서술한다
• 향후 (재경)본부 일원 으로서의 포부를 기술해주십시오.	본문 작성사례 참조(서술식)

[포스코]

자소서 요구항목	작성요령
• 본인이 회사를 선택할 때 가장 중시하는 가치는 무엇이며, 포스코가 그 가치에 부합하는 이유를 서술하여 주십시오. (600자 이내로 내용을 입력해 주세요.)	본인의 준비한 직무중 가중치가 높은 것을 회사업무와 연계한다. (키워드 중심)
• 희망하는 직무를 수행함에 있어서 요구되는 역량을 갖추기 위해 어떠한 학습 또는 도전적인 경험을 하였고, 입사 후 이를 어떻게 발전시켜 나갈 것인지 서술하여 주십시오. (600자 이내로 내용을 입력해 주세요.)	직무를 더 세분화하여 공기업인 만큼 희생정신과 윤리성을 강조한다. (서술식 전개)
• 존중과 배려의 마인드로 타인에게 도움을 주었거나, 타인과의 협업을 통해 갈등 상황을 극복한 경험에 대해 서술하여 주십시오.(600자 이내로 내용을 입력해 주세요.)	인턴십 등에서 경험한 내용을 직무수행과정과 연계하여 복수로 서술한다.

면접전형 공통질문 리스트

질문 유형	질문 내용
비전 및 목표	• 본인의 직업관은 무엇이니까? • 당신에게 일이 왜 중요합니까? • 직장은 어떤 면을 보고 선택합니까? • 일하는 목적이 무엇입니까? • 어떤 회사가 훌륭한 회사라고 생각합니까? • 인생에서 가장 필요한 사항은 무엇이라 생각하나요? • 중소(대) 기업을 선택한 이유는 무엇입니까? • 기업의 사회적인 책임은 무엇이라고 생각합니까?
조직력/팀워크	• 직원으로서 필요한 덕목이 무엇이라고 생각합니까? • 입사 후 회사와 맞지 않는다면 어떻게 하시겠습니까? • 당신은 조직에서 어떤 유형의 사람을 싫어하나요? • 어울리기 힘들었던 사람과 공동의 이익을 만들 수 있었던 경험은? • 당신은 조직 활동을 하면서 어떤 성취를 경험했나요? • 어떤 상황에서 스트레스를 많이 받나요?
가치관	• 기업의 사회 환원 활동에 대한 본인의 생각은 어떠합니까? • 가장 존경하는 인물은 누구입니까? • 가장 인상 깊게 본 영화 한 편과 이유는 무엇입니까? • 우리회사 소속 야구팀이 계속 이기고 있는 이유는 무엇이라고 보나요? • 가장 존경하는 인물로 링컨대통령을 언급했는데, 그 이유는? • 오늘 아침 신문의 톱기사는 무엇입니까? • 한 달에 책을 몇 권 정도 읽나요? • 본인만의 스트레스 해소법에 대해 이야기해주세요. • 정보를 수집할 때 효율적인 자신만의 방안은 무엇입니까? • 공익과 사익 중 무엇을 더 추구해야 한다고 생각합니까? • 평소에 결정할 때 과감하게 하는 편입니까, 신중하게 하는 편입니까? • 본인의 가치관과 그 가치관이 당사에서 어떻게 발휘될지 설명해보세요. • 만약 당신이 일할 때 로비나 뒷거래가 일어난다면 어떻게 하겠습니까?
창의력(성)	• 당신이 면접관이라면 어떤 것을 중심으로 평가하겠습니까? • 아이들을 웃게 하는 방법은 무엇입니까? • 자신이 얼마짜리 사람이라고 생각합니까? • 1분 동안 면접관을 웃겨보세요. • 자기 자신을 잘 표현할 수 있는 그림을 그려 보세요.
직무적합도	• 해당 직무와 전공이 맞지 않은데 왜 지원을 했나요? • 해당 업종의 최근 이슈에 대해서 말해보세요. • 지원 직무를 위해서 본인이 준비한 것은 무엇입니까? • 우리 회사 매장에 다녀온 소감이나 개선해야 할 점을 말해보세요. • 우리 회사의 사업분야에 대해 아는 대로 설명해주세요.

	• 우리 회사의 장단점에 대해 설명해주세요. • 우리 회사의 이미지에 대해 이야기해주세요. • 우리 회사에 궁금한 점이나 질문이 있나요? • 지원한 직무가 본인에게 잘 맞는 직무라고 생각하나요? • 우리 회사를 알게 된 경로는 무엇인가요? • 우리 회사의 핵심 가치는 무엇이라고 생각합니까? • 우리 회사가 나아가야 할 방향이 무엇이라고 생각합니까? • 우리 회사가 왜 지원자를 뽑아야 된다고 생각합니까? • 입사를 위해 어떤 노력을 했습니까?
성격 장·단점	• 본인의 갈등이나 좌절한 경험에 대해 말해주세요. • 본인의 차별화된 강점이 있나요? • 본인의 강점을 좋은 결과를 얻은 다른 사례가 있다면 무엇인가요? • 본인의 장단점에 대해 말해주세요. • 본인의 약점은 무엇이고 이를 극복한 경험은 있나요? • 가장 크게 실패 또는 성공했던 경험에 대해 말해주세요. • 본인은 팀 내에서 역할을 충실히 수행했다고 생각하나요? • 본인의 의사결정 노하우는 무엇이 있습니까? • 전공 선택 계기가 무엇인가요? • 전공에서 가장 자신 있는 과목이 어떤 것이었나요? • 전공을 어떻게 직무에서 활용할 수 있습니까? • 자신을 색깔로 표현한다면 어떤 색깔이고, 그 이유는 무엇입니까? • 학업 이외에 시간이나 노력을 열정적으로 투자해 본 경험이 있나요? • 완벽성을 추구한다고 했는데, 이와 관련된 경험을 말해보세요. • 본인의 성격을 한 단어로 표현하여 이를 역량과 연관 지어 말해보세요. • 가장 소중하게 생각하는 것은 무엇입니까?
IT/ICT	• 지금까지 어떤 프로젝트를 해봤나요? • 전 회사에서 진행했던 프로젝트의 아키텍처를 설명해 보세요. • AWS 기반 인프라 서비스의 구성 요소들에 대해 설명해 보세요. • 운영체제 커널 분석을 수행해 본 적이 있나요? • 직접 만들어본 게임은 무엇이며 자신은 거기에서 얼마나 기여했나요? • 자신이 제출한 포트폴리오를 설명해 보세요. • 게임을 기획한다면 어떤 게임을 기획하고 싶은가요? • 프로세스와 스레드의 차이점은 무엇인가요? • 왜 게임 기획자의 길을 선택했으며, 어떤 노력을 했나요? • GET과 POST의 차이는?
디자인	• 주로 영감은 어디에서 받나요? • 업무 중 스케쥴에 없던 일이 생길 때가 많은데 어떻게 대처할 것인가요? • 각각의 작업물에 대해서는 시간이 얼마나 소요되었나요? • 일상에서 UX를 경험한 적이 있나요? • UX 디자인이 무엇이라고 생각하나요? • 평소 작업할 때 어떤 디자인을 참고하나요? • 본인이 하고 싶은 디자인이 있나요? • 업무량이 과다할 때 잘 버틸 수 있나요?

기타	• 면접관에게 직무와 관련해서 물어보고 싶은 것이 있나요? • 본인의 성격이나 업무 스타일에 특징이 있다면? • 경쟁에서 져본 적이 있는지와 그때 배운 점이 있다면? 무엇인가요? • 자신은 숫자와 창의 중 어떤 것에 더 가까운가요? • 직무와 관련하여 자신 있는 것과 자신 없는 것은? • 마케팅이 무엇이라고 생각하십니까? • 정장 대신, 비즈니스 캐주얼을 입은 이유는? • 본인이 창의성이 있는 지원자라 생각하나요? • 주 52시간 근무제에 대해 어떻게 생각하는지? • 희망하는 2개 회사에 동시에 모두 합격시 어디를 선택할 건지? • 친구를 사귈 때 가장 중요하게 생각하는 부분은? • 내가 남들보다 뛰어나다고 생각하는 점은?

출제 및 면접위원이 직접공개하는
사례중심 박사연 교수 취업TV

[저자 소개]

박사연

[학력]
국민대학교 경제학과 졸업 (경제학사)
고려대학교 경영전문대학원 졸업 (경영학석사)
미국 Midwest University 대학원 졸업 (경영리더십학박사)

[주요경력]
KT(구. 한국통신) 공채
대한상공회의소 근무
중소기업중앙회 임원
세종대학교 근무
국립 한밭대학교 교수
순천향대학교 교수
아주대학교 교수 (현재)

[주요활동]
국가직무능력표준(NCS) 일학습병행제(IPP) 프로그램 개발
한국산업인력공단 HRD 원격교육과정 개발
과학기술정보통신부(구. 미래창조과학부) 창조경제타운 멘토
중소벤처기업부 중소기업기술개발사업 평가위원
고용노동부 직업능력심사평가위원
중소벤처기업진흥공단 심의위원
서울경제진흥원(SBA) 우수인재 추천위원
유튜브 “박사연 교수 취업TV” 채널 운영
한양대, 강원대 외 대학취업특강 등 다수

임진혁

[학력]
숭실대학교 법학과 졸업 (법학사)
한국방송통신대학교 일본학과 졸업 (문학사)
국가평생교육진흥원 지식재산학과 졸업 (지식재산학사)
한국방송통신대학교 대학원 법학과 졸업 (법학석사)
핀란드 Helsinki School of Economics 경영대학원 졸업 (MBA)
미국 Midwest University 대학원 졸업 (경영리더십학박사)

[주요경력]
한진그룹 정석기업 근무
TOMEN그룹 Arysta LifeScience Korea 근무
이엑스알코리아 근무
THOMSON그룹 Drake Beam Morin Korea 근무
강원대학교 산학협력단 교수
한양여자대학교 행정실무과 교수
고려대학교 자유공학부 교수

[주요활동]
과학기술정보통신부 국가과학기술인력개발원 경력탐색멘토링 멘토
고용노동부 서울지방고용노동청 재취업촉진위원
서울중랑구시설관리공단 임원추천위원
세종특별자치시교육청 인정도서심의위원회 위원장
세종지속가능발전협의회 경제분과위원
한국기업경영학회 이사, 한국행정학회 이사
국가직무능력표준(NCS) 개발위원
국가직무능력표준(NCS) 학습모듈 집필
'핵심만 콕! 바로쓰는 총무실무' 외 이러닝 콘텐츠 제작 다수

취업! 서류, 면접 한 번에 합격하기

초판발행 2023년 8월 31일

지은이 박사연 · 임진혁
펴낸이 안종만 · 안상준

편 집 소다인
기획/마케팅 정연환
표지디자인 BEN STORY
제 작 고철민 · 조영환

펴낸곳 (주) 박영사
서울특별시 금천구 가산디지털2로 53, 210호(가산동, 한라시그마밸리)
등록 1959. 3. 11. 제300-1959-1호(倫)
전 화 02)733-6771
f a x 02)736-4818
e-mail pys@pybook.co.kr
homepage www.pybook.co.kr
ISBN 979-11-303-1839-4 93320

정 가 26,000원